高等学校规划教材

Dangdai Qiche Diankong Xitong Jiegou Yuanli Yu Jianxiu

当代汽车电控系统结构原理与检修

（第二版）

吴际璋　王林超　编著

人民交通出版社

内 容 提 要

本书对当代汽车的多种电控系统的结构、原理、检测、维修进行了阐述，并对本田乘用车系、丰田乘用车系、通用乘用车系、大众乘用车系的几个特殊结构进行了介绍。本书内容是经生产一线汽车技术人员精心筛选和验证后编撰而成的，适合广大汽车维修人员阅读，也可作为专业院校新技术补充教材。

为配合多媒体电教化的需要，同步制作了 Power Point 专题课件，作为此书的配套光盘。

图书在版编目（CIP）数据

当代汽车电控系统结构原理与检修 / 吴际璋，王林超编著. —2 版. —北京：人民交通出版社，2009.7

ISBN 978-7-114-07879-8

Ⅰ. 当…　Ⅱ. ①吴…②王…　Ⅲ. ①汽车 - 电子系统：控制系统 - 构造② 汽车 - 电子系统：控制系统 - 检修

Ⅳ. U463.603　U472.41

中国版本图书馆 CIP 数据核字（2009）第 116209 号

书　　名：当代汽车电控系统结构原理与检修（第二版）

著 作 者：吴际璋　王林超

责任编辑：何　亮

出版发行：人民交通出版社

地　　址：（100011）北京市朝阳区安定门外外馆斜街3号

网　　址：http：//www.ccpress.com.cn

销售电话：（010）59757969，59757973

总 经 销：人民交通出版社发行部

经　　销：各地新华书店

印　　刷：北京交通印务实业公司

开　　本：787×1092　1/16

印　　张：18.75

字　　数：466千

版　　次：2002年 2 月　第 1 版
2009年 8 月　第 2 版

印　　次：2010年 8 月　第 2 次印刷

书　　号：ISBN 978-7-114-07879-8

印　　数：4001—7000册

定　　价：35.00元

再 版 前 言

1997年9月由我校主编的高等学校试用教材《汽车构造》,因教学时数和课程分工的限制,电控部分的知识内容不能满足汽车机电检修一体化的教学要求。为此,我们编写了《当代汽车电控系统结构原理与检修》,作为基础教材的一个补充。本书初版自问世以来,已在我院和其他兄弟院校试用了5年。基于完善教材内容的构想,笔者本着“除旧更新”的编写原则,增补了大量的电控系统新内容,再次印刷出版,以满足读者求知需求。本书特点如下:

以机电一体化的模式和检修一条龙的内容,加大应用力度,以规律性知识和典型结构为基础,讲述结构和原理,检测和维修内容也融入其中。

本书的素材来源于常见电控汽车基础教材和生产实践中的心得体会,经过实践验证、综合整理而成,专题专论、针对性强、使用价值高。

本书由山东交通学院汽车检测维修中心(山东省汽车综合性能检测中心站)、克莱斯勒汽车、大宇汽车、本田汽车、雷诺汽车、东南汽车特约维修站总工程师吴际璋教授和山东交通学院汽车工程系王林超副教授合作编写。由于作者水平所限,疏漏在所难免,敬希读者多提宝贵意见。

吴际璋　王林超

目　录

绪　论

一、常规系统定型化

物质世界的发展规律有其共性特点，人们筛选出汽车的先进结构，除旧换新，走定型化的道路，这是历史发展的必然。

当代汽车的定型化表现在：

（1）发动机方面——顶置式凸轮轴结构、链条和皮带传动、半球形燃烧室、四气门配气机构、可变配气相位机构（VTEC 或 VVT-i）、液力挺柱、香蕉形进气管、分隔式排气管、电动风扇、硅油风扇、液压风扇、膨胀水箱、计算机控制的各种电气系统、废气涡轮增压系统等；多种能源的开发，液化煤气和双燃料系统的使用，电控汽油喷射系统 EFI 的普及，柴油机蓄压式共轨喷油系统 ECD-CR 的普及，混合动力汽车的开发等，它们使汽车向高转速、大功率、低油耗、低污染这个目标发展。

（2）底盘方面——膜片式离合器、中央弹簧式离合器、两轴式变速器、前轮驱动、四轮驱动自动控制、变速器同步器化、电控自动变速器、行星齿轮式副变速器和轮边减速机构、烛式独立悬架、五连杆定位悬架机构、电控油气悬架和车身高度自调系统、盘式制动器、制动间隙自调机构、制动力调节机构、制动防抱死 ABS 及制动力分配 EBD 系统、防滑转系统 ASR、电控行驶稳定系统 ESP、定速巡航系统 CCS、齿轮齿条式转向系统、循环球式转向器、电控动力转向系统 EPS、四轮转向机构 4WS，它们使汽车的操纵性、稳定性、安全性得到提高。

（3）车身方面——自动门窗控制系统、CAN-BUS 多路传输系统率先使用，空调系统（AC）、音响系统、通信系统、防盗报警系统、安全气囊系统（SRS）、酗酒报警系统、GPS 卫星导航系统，它们有效地提高了汽车的安全性、稳定性、舒适性和居住性。

二、控制系统微机化、自诊化，进入半自动化控制领域

点火、喷油和空燃比（A/F）的控制，采用了微机 EFI 系统；液力式自动变速器采用了微机 ECT 控制系统；定速巡航采用了微机 CCS 控制系统；制动系统采用了防抱死 ABS + EBD 控制系统（防滑移）；驱动系统采用了微机 ASR 控制系统（防滑转）；车身高度和悬架刚度的调节，采用了微机电控空气悬架控制系统；碰撞保护系统采用安全气囊（SRS）控制系统。控制系统微机化和智能化，报警、自诊系统走向了代码化和语言化。它们都离不开传感器，多元化的传感器又叫“转换器”，它把信号传给微机 ECU，ECU 又通过执行元件把电量变为非电量，完成自动化控制的四个过程（图0-1）。

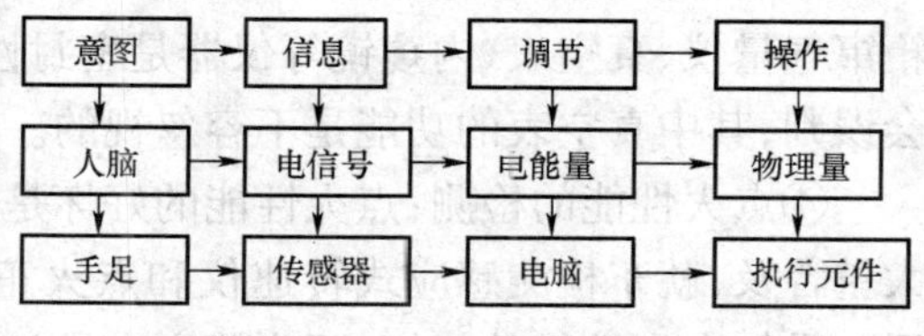

图 0-1　自动化控制的四个过程

可见，机电一体化能把机器和人联系起来，人脑和电脑结合为一体，传感器必须多元化。

热敏传感器——冷却液温度传感器、气温传感器、空气流量计；

压敏传感器——进气压力传感器、爆震传感器；

光敏传感器——曲轴位置传感器、转速传感器、转向角度传感器；

磁敏传感器——车速传感器、各式霍尔传感器、液位报警灯等；

气敏传感器——氧传感器、酗酒报警传感器等；

超声波传感器——空气流量计等；

红外线传感器——防盗、报警系统、废气分析仪等；

雷达——倒车保护装置、测速仪器、导航技术等。

三、汽车高速化带来的难题

(1)高速化后常见的五大难题——转动体动不平衡的消除和抑制(曲轴、传动轴、车轮)，使结构内容和技术标准值达到极限的程度；轮胎的偏磨损、前轮摆动和摇摆行驶问题成为多发病症；行驶跑偏和制动跑偏问题，给安全性、操纵性和稳定性提出新的挑战。

(2)高速化、立体化公路的出现，使汽车进入了空间行驶的领域。高架交通螺旋引桥的出现、超低压轮胎的使用、轮胎的弹性侧偏角对"不足转向特性"的影响力度、长时间高速加转向盘旋升降行驶、制动加转向综合操纵性能的要求等，都远大于过去。因此，微机控制的防抱死系统、安全气囊系统、防滑转系统、电控动力式四轮转向系统、电控汽车行驶稳定系统(ESP)已成为汽车上的必备装置。

(3)高速化后的操纵性和稳定性提高了，不仅控制系统提高了档次，普遍地装用了动力转向系统，行路机构也有了新的措施和新的理论概念。如：转向轮的负外倾、负前束、负侧滑量、主销负后倾、主销大内倾。后轮也有外倾和前束，演变为四轮定位悬架系统，为了更好地定位，五连杆悬架系统的出现，实现了三维立体定位的要求。

(4)高速化后综合性能指标大幅度的提高。汽车工业是综合国力的象征，它是多种工业原料的综合体。其性能好坏的指标应该是：动力性、经济性、净化性、可靠性、使用寿命、结构性能、安全性、舒适性、使用维护方便性、工艺水平和制造成本等。

(5)高速化、机电一体化后，不解体性能检测技术和电子检测仪器飞速发展。汽车的安全检测线、综合检测线的建立，是机电一体化发展的必然，必须走检修一条龙的道路，才能对使用性能进行有效的监控。耳听、手摸、眼看的落后手段，已无法完成当代汽车性能检测的要求。

①安全性能的检测：车容、车貌、侧滑量、制动力、灯光、排放、车速表试验设备是基本条件。

②综合性能的检测：除安全性能检测设备外，发动机综合测试仪、底盘测功机、四轮定位仪、跑板制动试验台、悬架检测仪、异响分析仪、四气体分析仪、油质分析仪、五轮仪等是不可缺少的设备。

③密封性能的检测：它是发动机基础检测的主要内容。汽缸压力表、汽缸漏气量仪、曲轴箱窜气量仪、真空表、内窥镜等仪器是密封性好坏不可缺少的检查仪器，单一的检测方法往往会误判，其中真空表的功能是不容忽视的。

④点火性能的检测：点火性能的好坏是指火花的强、弱、早、晚。发动机综合性能试验台应大量普及，就车检测感应式转速仪和点火正时灯是简便有效的仪器，而示波器应大力推广使用。最终点火性能的好坏，还应落实在排放污染值的检查上。

⑤空燃比(A/F)的检测：检码器、传感器检测仪、四气体排放分析仪等，能对ECU和传感器的性能进行监控。只有对CO、HC、NO_x这三种有害气体进行有效的综合治理，才能满足动力性、经济性、净化性的要求。

⑥异响的诊断：高速化后因"四急工况"(急起步、急加速、急转向、急制动)的出现，异响诊断是个难题。因此，汽车悬架检测仪和异响分析仪成为必备仪器。音位、音频、音幅的大小，已不能用耳听、手摸来判定分辨。

四、维修制度的重大变革

汽车高速化、高档化、电控化后，维修费用、耗损力度、技术含量、难度系数、质量标准、人员素质、检测设备等都发生了变化。由加工式的维修方式，转化为换件式的维修方式，取消了三级保养过程，二级维护加小修成为主体，换中段和四配套的大修方式普遍实行。维护过程包括了上线检测，维护的内容和检测的内容远比传统的内容多。根据交通部13号部令精神，落实为："正确使用、定期检测、强制维护、视情修理、换件为主"二十字令。例如：

(1)必须使用优质冷却液。发动机的正常冷却液温度已不是80～90℃，而是95～105℃。不管冬季或夏季，都应使用高沸点、低冰点、防水垢的冷却液，避免发动机过热。

(2)必须使用93号以上的无铅汽油。应根据压缩比的高低，使用指定的汽油标号，电喷发动机的压缩比多大于8.0，应使用93号或95号汽油；压缩比接近10，应使用97号汽油，防止"爆震"的产生，延长发动机的使用寿命。

(3)必须使用指定的润滑油。高档车不能使用低档油，机油的质量等级应为SG或SJ；其黏度等级应为5W/30(低温区)或10W/30(一般地区)。定期换油，不要迷信各种添加剂的作用，树立"好车用好油"的观念。

(4)必须使用指定的齿轮油和MTF、ATF传动油。不同车系因结构的需要，对润滑、传力油液有不同的要求，不能乱加混用，只能使用指定油种、定期更换。

(5)必须使用合成型高沸点制动液。因醇类制动液易产生热气阻，使制动踏板的有效行程减小，一脚不能完成全制动的要求，危险性大。高速乘用车的制动管路都是对角排列，必须先后再前地对角放气，而且最好用真空泵抽吸放气。

(6)定期维护，定期检测，定里程换油、换液、换"三滤"(汽油、机油、空气滤芯)，应形成制度。

五、给我们的启迪

只有知识更新，跨上机电一体化台阶，走检修一条龙的道路，才能跟上时代的步伐。科技是根，人才是本，创新是魂。维修行业的竞争，归根结底就是人才的竞争。当务之急，管、用、养、修人员的思想，必须和先进的汽车维修理念接轨；由于维修对象已经机电一体化，维修设备必须现代化，维修人员必须高素质化，维修资讯必须网络化，维修管理必须计算机化，维修故障诊断必须专家化。

当代汽车的维修方式，是综合优势的结晶体，各种指标的综合统一，相辅相成。犹如远古时代周易中的八卦图排列方式，存在着相生相克的关系，相生是相互促进；相克是相互制约。一个当代汽车修理厂的必备条件，如图0-2所示。

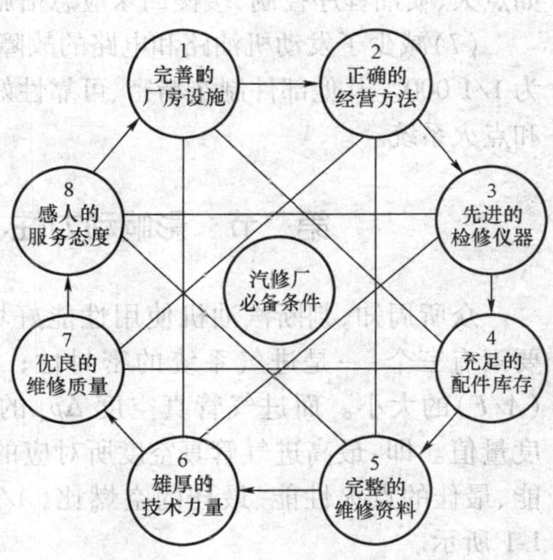

图0-2 汽车修理厂必备条件

第一章 电控汽油喷射系统结构、原理、检测与维修

电控汽油喷射系统简称 EFI，是英文 Electronic Fuel Injection 的缩写，就是用计算机控制的汽油喷射系统，它是中小型汽车电控系统的主体。

第一节 电控汽油喷射的优点

(1)进气系统无喉管和预热的影响；无流动损失、换向和抢气的影响；无雾化不良，分配不均的影响。

(2)充气效率好、燃烧条件好、热效率好。

(3)利用电脑 ECU 计量控制，均匀点喷，随机修正，能使空燃比(A/F)控制在 14.7 最佳区域内。

(4)获得了"动力性"、"经济性"、"净化性"三丰收。动力性提高了 15% ~20%；油耗降低了 5% ~10%；净化性提高了 20% 以上(CO、HC、NO_x)。

(5)开环控制与闭环控制相结合，改善了使用性能：冷起动性能、热起动性能、加速性能、急减速防污染性能、负荷自调性能、防止不熄火性能等。

(6)扩大了控制功能，还具有故障报警、存储和自诊功能、失效保护功能及备用系统功能，如点火、喷油程序控制，缓慢回家应急措施等。

(7)减少了发动机油路和电路的故障率：因其关键部件是电脑 ECU，10 万 km 的故障率仅为 1/1 000。其他部件制造精密、可靠性好，如使用维护合理，故障率远小于化油器式燃料系统和点火系统。

第二节 影响动力性、经济性、净化性的几个重要因素

众所周知，判断汽油机使用性能好坏的指标，是动力性、经济性、净化性。其主要影响要素有三个：一是进气系统的密封性；二是点火性能的好坏(早、晚、强、弱)；三是空燃比(A/F)的大小。而进气管真空度 Δp_x 的大小是三要素好坏的度量值。即：最高进气管真空度所对应的必然是最好的密封性能、最佳的点火性能、最佳的空燃比(A/F)。其因果反馈如图 1-1 所示。

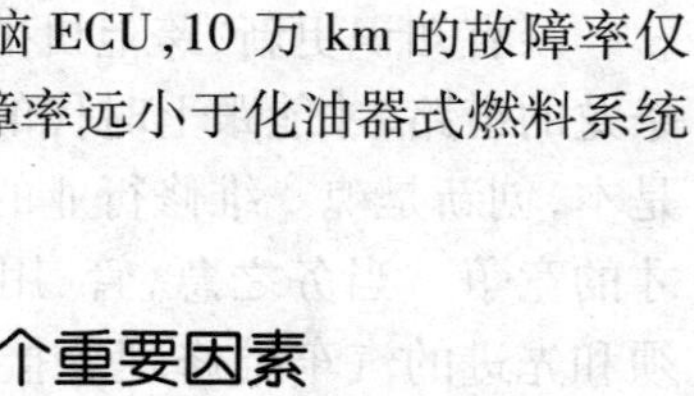

图 1-1 因果反馈框图

理论和实践都证明，当密封性一定时，下列因素是影响使用性能好坏的关键。

一、空燃比(A/F)的大小

最佳空气和燃油的比例为 14.7:1，空燃比过大、过小(过稀、过浓)都会影响 CO、HC、NO_x 三害气体的排放值，其分布情况如图 1-2 所示。

当空燃比偏小时，CO、HC 增加；当空燃比偏大时，CO 明显减小，但 HC 明显增加；NO_x 的

高峰是在稀区。

为此，为了有效地控制三害气体，氧传感器随机投入工作，用来修正空燃比。同时，还需装置三元催化转换器和废气再循环 EGR 系统，将大部分三害气体氧化还原为 CO_2、H_2O、N_2，再排入大气，以提高净化性能。

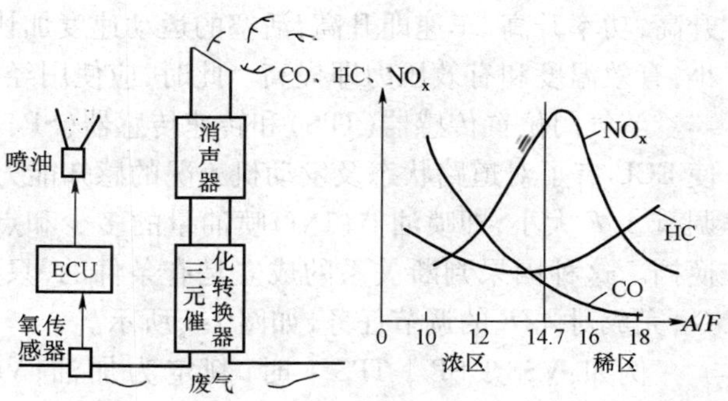

图 1-2 三害气体的分布规律图

二、负荷的大小

发动机的负荷（节气门开度）大小和转速高低，都直接影响喷油量值和功率的高低。发动机的负荷是指其内、外阻力矩的总和。通常以节气门开度（θ）的大小来表示（%）。负荷的改变，造成空气流入量的改变，可燃混合气的质和量随之改变，以满足发动机各工况的要求，如图 1-3 所示。

（1）起动工况：节气门开度为零，由怠速旁通道提供必要的空气量。当进气温度为 20℃时，$A/F=9:1$；低于 20℃时，$A/F=3:1$。可见，起动工况尚处于开环控制状态，是最费油和排放污染最大的工况。

（2）怠速工况：节气门开度为零，可燃混合气应偏浓而少，$A/F=11$。保证怠速的稳定性，它又分低怠速和高怠速状态。

（3）小负荷工况：节气门开度为 0～25%，可燃混合气仍处于浓态，$A/F=11$。保证工况良好地过渡，防止起步加速犯闯。

（4）中等负荷工况：节气门开度为 25%～85%，可燃混合气稀而多，$A/F=14.7\sim18$。因此，中等负荷工况为省油和低污染工况。

（5）大负荷和全负荷工况：节气门开度为 85%～100%时，为大负荷工况和全负荷工况，可燃混合气应偏浓而多，$A/F=12\sim13$。

可燃混合气变化曲线如图 1-4 所示。

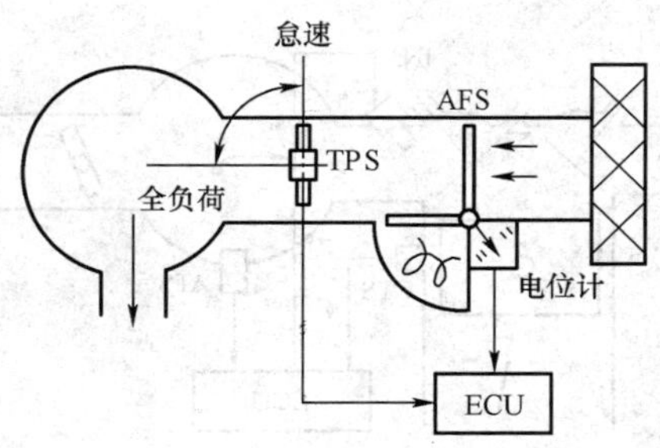

图 1-3 负荷大小的影响

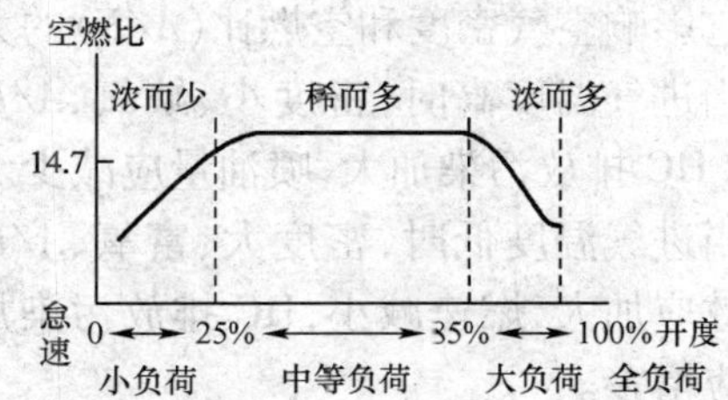

图 1-4 可燃混合气变化曲线

为此，对流入的空气量，必须用空气流量计（AFS）进行准确计量；对节气门开度的大小和快慢应有感知能力。节气门位置传感器（TPS）和空气流量计（AFS）的电压信号传给电脑 ECU，才能有效地控制各工况空燃比（A/F）的大小。

三、转速和车速的高低

发动机功率的调节，不单是节气门开度的变化。当节气门开度（θ）一定时，如发动机转速升高，功率升高，车速即升高，活塞的运动速度加快，可燃混合气的运动速度即加快，热损失减小，有效温度和有效压力即提高。此时，应使用经济混合气 $A/F=16\sim18$。

节气门位置传感器(TPS)和转速传感器(SP)及车速传感器(VSS)的信号传给电脑ECU，使ECU有了对道路状态及发动机工况的感知能力和逻辑分析能力，了解驾驶员的意图。随机调节 A/F 大小，即喷油器(INJ)喷油量的多少和点火修正量，并能控制自动变速器(AT)及时换挡。这种因果判断关系的成立是有条件的，只要条件成熟，计算机的逻辑门电路即发出指令，完成对 A/F 的调节任务，如图1-5所示。

例如：VSS↓SP↓TPS↑时，判定为加油；VSS↑TPS↓SP↓时，判定为减油或急减速断油。

四、点火时刻的早晚

因可燃混合气燃烧过程的需要，点火需要提前一定角度。传统的点火系统，点火提前角只随转速(n)和节气门开度(θ)的变化而变化，没有其他修正参数的修正值，很难实现最佳控制。而最佳的点火提前角 $\theta_{点}$，应为始终保证活塞在上止点后10°～15°出现最高压力点(p_{max})时，如图1-6所示。

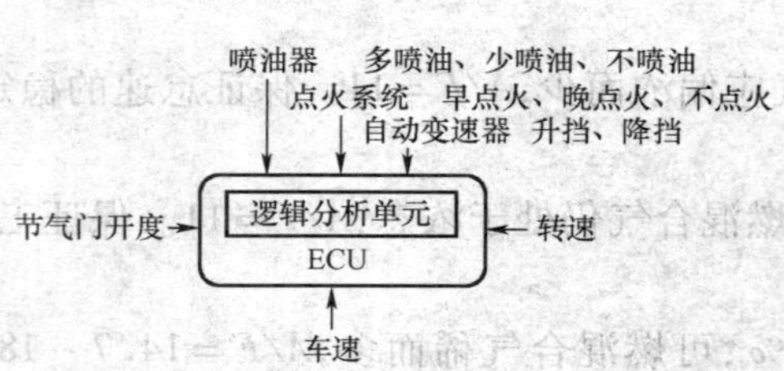

图1-5　逻辑分析能力的建立

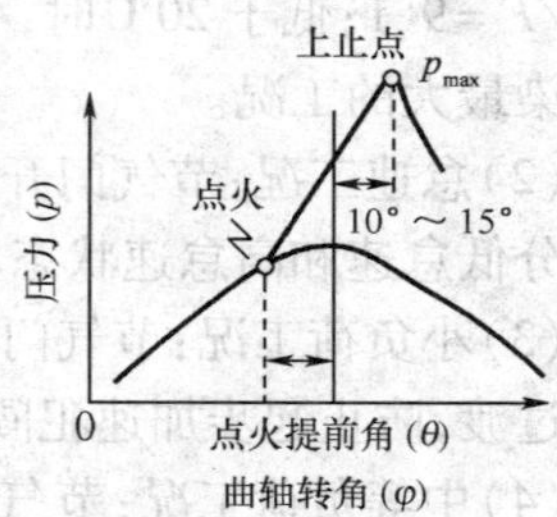

图1-6　最佳点火提前角

因此，用电脑ECU控制的点火系统，除转速、开度基本信号外，还附加若干随机修正的综合修正值，如爆震传感器(KNK)信号、冷却液温度信号、进气温度信号、空气流量计信号，这样，才能保持最佳的点火时刻控制。

实际最佳点火提前角＝初始装配提前角＋基本点火提前角±修正点火提前角。

五、进气温度的高低

它影响空气密度和空燃比(A/F)的大小。

当进气温度高时，密度小、缺氧、A/F 减小，CO和HC排放污染加大，喷油量应减少。

当进气温度低时，密度大、富氧、A/F 加大，冷激效应加大，燃速减小，HC排放污染加大，喷油量应增多。

为此，在进气系统中装有进气温度传感器(ATS)，随时给电脑ECU提供气温信号，如图1-7所示。

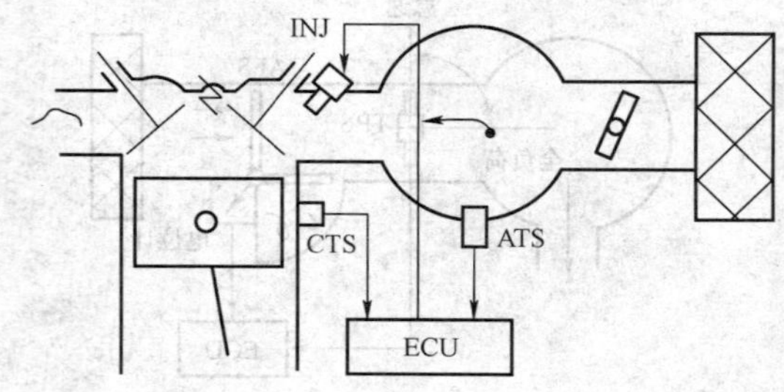

图1-7　进气温度传感器(ATS)和冷却液温度传感器(CTS)

六、冷却液温度的高低

冷却液的温差范围很大，要求空燃比(A/F)调节范围也大，形成了关键参数。

冷态时，汽化条件和燃烧条件差，喷油量应适当增加，点火提前角应增大，形成快怠速状态，以便热起。

热态时，喷油量应减少，点火提前角应适当减小，维持正常平稳的怠速和减小排放污染。

为此，应有冷却液温度传感器（CTS）及时传给电脑ECU冷却液温度高低的信号，以便调节喷油量和点火时间，改善发动机的使用性能（冷起动性能和快怠速热起性能），如图1-7所示。

第三节 最佳空燃比（A/F）的获得

电控汽油喷射系统是由各种传感器对进入的空气进行准确的计量，通过ECU控制喷油量的多少和点火时刻的早晚，完成喷油和点火一体化程序控制的要求。其最佳空燃比的获得，是多项信号参数的综合值。

电控汽油喷射系统的实际喷油量，应包括三个内容：一为基本喷油量；二为修正喷油量；三为额外喷油量（额外增量或减量）。

实际喷油量 = 基本喷油量 ± 修正喷油量 ± 额外喷油量

1. 基本喷油量

基本喷油量应与进气量（开度）成正比，而与转速成反比。

因为，基本工况 = 开度（θ）+ 转速（n）。

所以，当转速（n）一定时，节气门开度（θ）加大，喷油增多；节气门开度（θ）减小，喷油减少。

结论：当节气门开度（θ）一定时，转速（n）下降，喷油增多；转速（n）升高，喷油减少。

2. 修正喷油量

它包括：进气温度修正量（20℃为基准）、冷却液温度修正量（60℃为基准）、氧浓度修正量、额外负荷修正量（空调、转向助力、灯光等）、大气压力修正量（101kPa为基准）、蓄电池电压修正量（12V为基准）。

3. 额外喷油量

在特殊工况时，以异步喷射的方式，额外喷油加浓混合气，改善冷起动性能、加速性能、行驶稳定性能，如：冷机起动和热起增量、急起步加速增量、行驶中急加速增量；另外，为了运转的安全性、减小燃油耗量、提高净化功能和起动性能，尚有超速断油、急减速断油和清缸断油功能、AT换挡减扭、断油或减油控制功能。

实际喷油量的构成要素及影响因素如图1-8所示。

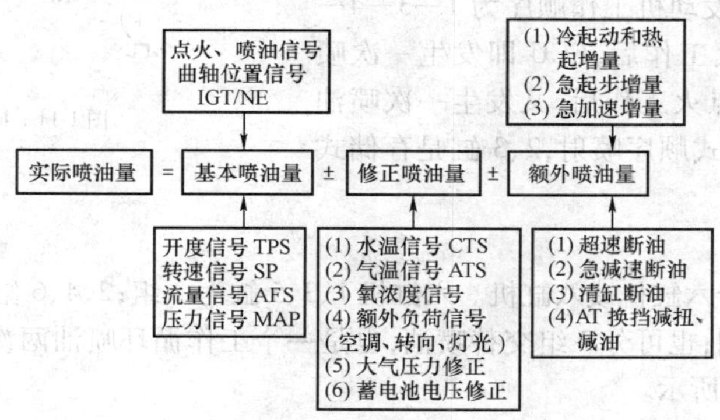

图1-8 实际喷油量的构成要素及影响因素

第四节　电控汽油喷射系统的分类

一、按喷射部位分类

1. 多点喷射(MPI)

多点喷射又叫"分缸喷射",每缸一个喷油器,将燃油喷射在各缸进气门外侧的气道中,如图 1-9 所示。

2. 单点喷射(SPI 或 TBI)

利用一个或两个喷油器,将燃油按进气顺序,喷射在节气门体的混合室中,再经进气歧管分配到各汽缸中。类似化油器式供油方式,又称节气门体喷射,如图 1-10 所示。

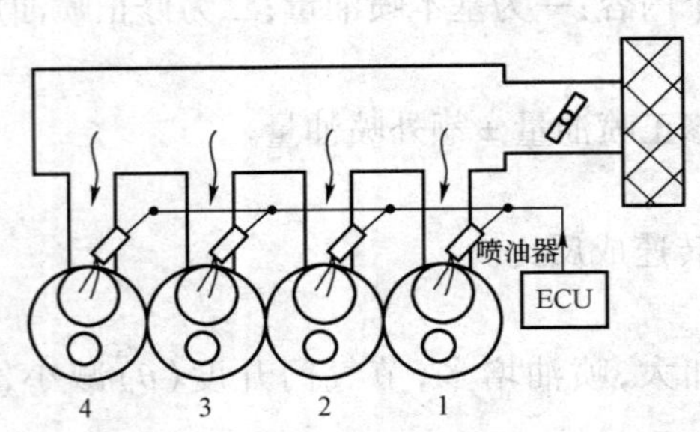

图 1-9　多点喷射

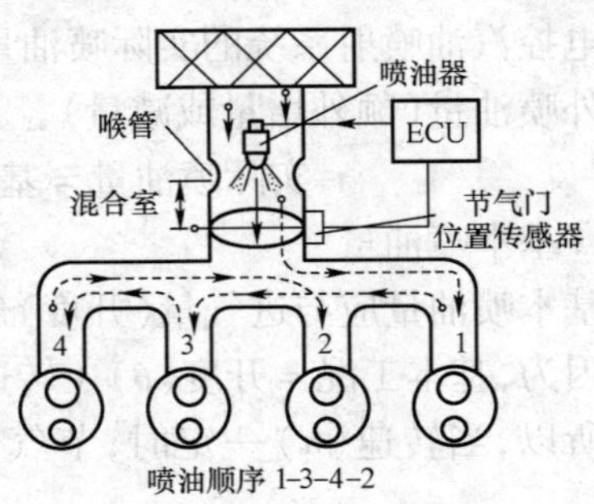

图 1-10　单点喷射

二、按喷油器的组合方式分类

1. 同时喷射

同时喷射多用于四缸机或备用系统。4 个喷油器并联用 1 个大功率三极管控制喷油。1 个工作循环喷油两次,又叫"半油量喷射"。ECU 控制的点火喷油系统,是利用点火确认信号(IGF)的反馈,实现程序控制,两次点火,喷油一次。目的是防止燃油过量存储,造成各缸分配不均,燃烧不完全,如图 1-11 所示。

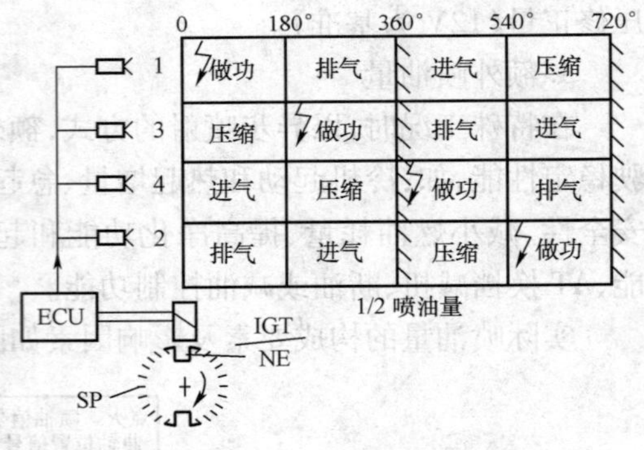

图 1-11　同时喷射

从图中得知:若发动机工作顺序为 1—3—4—2 时,1 缸和 3 缸点火工作后,ECU 即发生一次喷油脉冲;4 缸和 2 缸点火工作后,又发生一次喷油脉冲。1、4 缸是交替式顺序喷射,2、3 缸是存储式喷射。

2. 分组喷射

分组喷射多用于六缸机或八缸机。六缸机 1、3、5 缸为一组;2、4、6 缸为另一组,每组用一个大功率三极管控制;也可分 3 组交替喷油,也是一个工作循环喷油两次,3 次点火产生一次喷油脉冲,如图 1-12 所示。

汽缸的排列顺序因车而异。分组喷射有两组、三组或四组之分。但总的规律是:前、后、左、右交叉点火,交叉喷油。这样,在城市内行车时,因限速行驶,电脑 ECU 能自动关断一组或两组，以便节省燃油，平稳地运转。

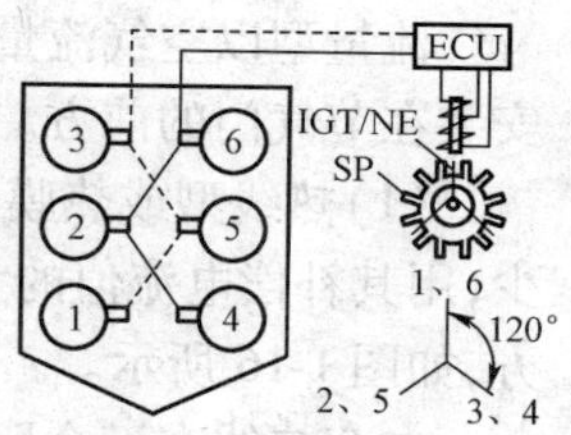

图 1-12　分组喷射图

可见，同时喷射和分组喷射，汽油不能直接都进入汽缸，在进气门外被加热汽化，体积被增加了许多倍，随之密度也下降了许多倍，使充气效率降低，减少了进入汽缸的汽油量。如果按进气顺序进行喷射，无加热汽化损失，油耗低、响应性较高。

3. 顺序喷射

顺序喷射是按进气顺序进行间歇喷射，多用于单点式节气门体喷射系统或多点式的喷射系统。如四缸机间隔 180°曲轴转角喷油一次，间歇地喷入节气门体内或进气门的外侧。这样，大功率三极管的数量与喷油器相等，点火系统中需有同步信号发生器，以便确认一缸点火、喷油的曲轴位置，按顺序导通喷油电路，如图 1-13 所示。

应该说明：点火和喷油都是程序控制。按喷油正时信号喷油，叫“同步喷射”，其喷油脉冲的长短，随工况而变；不按喷油正时信号喷油，叫“异步喷射”，它的喷油脉冲时间固定（1ms），为的是改善工况变化时瞬间的使用性能，又叫“提前额外喷油”（增量修正），如图 1-14 所示。例如：

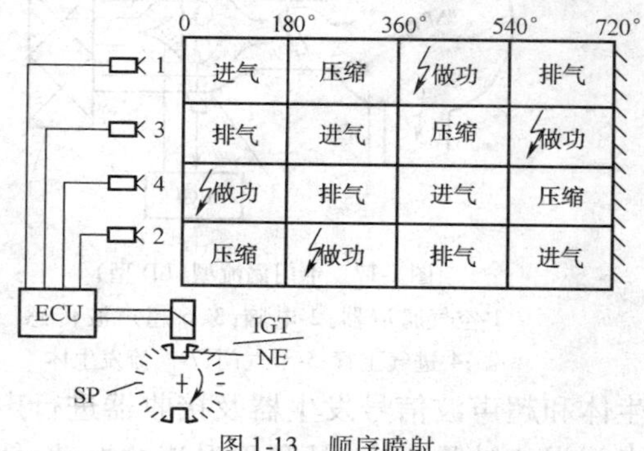

图 1-13　顺序喷射

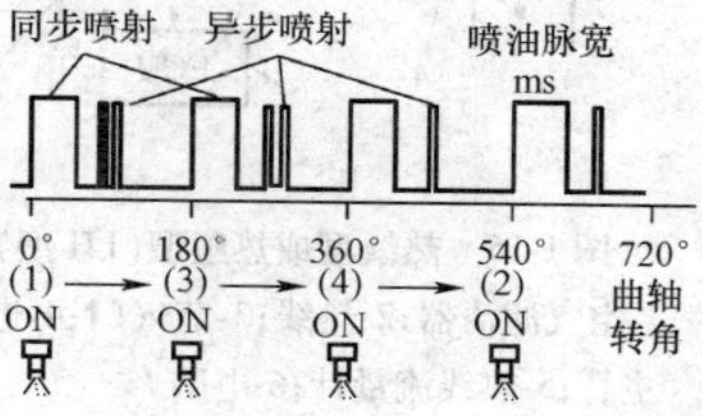

图 1-14　同步喷射和异步喷射

（1）起动时，当出现第一个转速信号 SP 时，增加一次或多次异步喷油脉冲，改善了起动性能。

（2）怠速向小负荷工况过渡时，为改善起步加速性能，当节气门位置传感器的怠速触点由 ON 变为 OFF 时，增加一次或多次异步喷油脉冲（决定于 CTS 和 ATS 的信号）。

（3）急加速时，为了提高响应性，节气门位置传感器的加速率信号传给 ECU，又增加一次或多次异步喷油脉冲。

这样，在一个工作循环中，除同步喷油量外，尚有一次或多次异步喷油量。相当于化油器式燃油供给系统的加速泵，瞬时使工况油量的变化更为合理。

可见，不管喷油器的组合方式如何，第一缸点火和喷油信号是关键因素。异步喷射的功能都存在，同时向各汽缸定量喷射，仅电脑 ECU 的控制单元的程序各异。

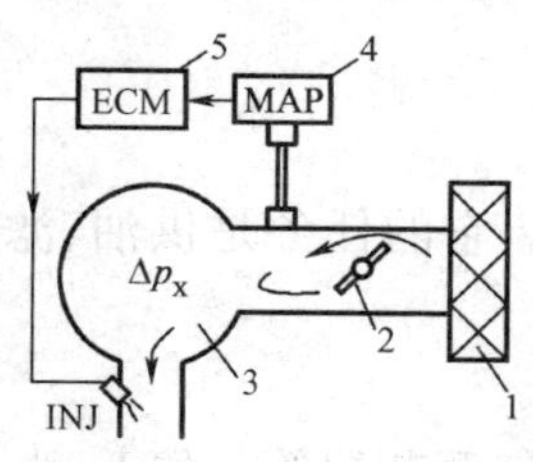

图 1-15　压力型（D 型）
1-空气滤清器；2-节气门；3-进气主管；4-压力传感器；5-电脑

三、按控制方式分类

有四种方式，后两种是前两种的发展变型。

1. 压力型（D 型）

压力型以计量进气管内压力的高低（kPa）来控制喷油量的多少。它的压力传感器 MAP 装在节气门后方的进气管上，如图 1-15 所示。

压力传感器（MAP）为压敏电阻型，它的安装位置因车而异，其连接软管应在节气门的后方，以便使进气管的负压 Δp_x 传入它的真空室中，有的车型是将 MAP 直接固定在进气主管上，避免了软管漏气的故障。

2. 流量型（L 型）

流量型以空气流量多少(计量单位为 g/s)来控制喷油量的多少。它的空气流量计(AFS)安装在节气门的前方。

(1)热线型或热膜型(LH 型)——是以热线或热膜的冷热变化程度,感知空气流量的多少,用其补偿电流值的大小来度量喷油量的多少。它的空气流量计(AFS)也装在节气门的前方,如图 1-16 所示。

白金热线在一个取样管中,它不受海拔高度的影响,计量较准,这是它的特点。热膜式与热线式原理相同,耐用可靠,使用寿命长,目前广泛使用。

(2)卡门涡流型(LD 型)——在进气管的节气门前方,装一涡流发生体,涡流串的大小与流速流量成正比,超声波通过涡流区后,相位发生变化,取出其声波值(Hz),作为喷油多少的度量值。可用超声波传感器或光电传感器来计量,如图 1-17 所示。

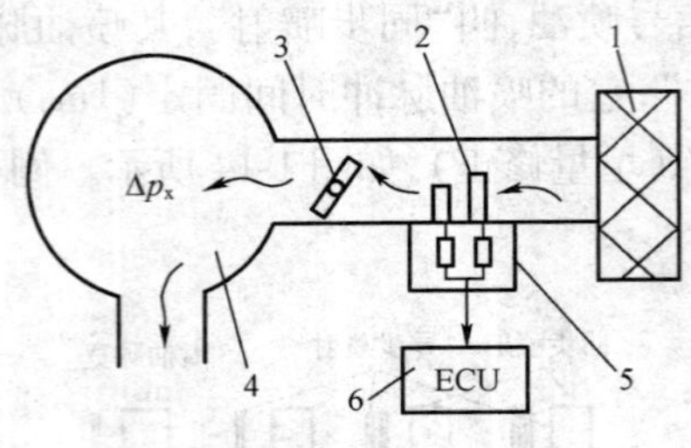

图 1-16　热线型或热膜型(LH 型)

1-空气滤清器;2-热线;3-节气门;4-进气主管;5-热线流量计;6-电脑

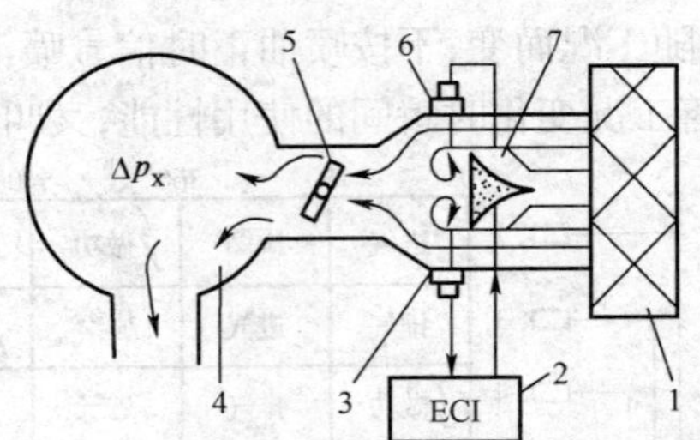

图 1-17　卡门涡流型(LD 型)

1-空气滤清器;2-电脑;3、6-超声波传感器;4-进气主管;5-节气门;7-涡流发生体

超声波卡门涡流计量方式,是利用涡流发生体和超声波信号发生器及接收器进行声波的产生和采样,进而决定喷油量的多少。光电式卡门涡流计量方式,是利用涡流的振动,使光敏三极管产生断续的疏密波,其振动频率值(Hz)即喷油度量值。

由于对空气计量方式的不同,控制范围的不同,电脑可分为 ECU、ECM、ECI、PCM 等形式。

第五节　典型电控汽油喷射系统的组成

不论电控汽油喷射系统是何种形式(L、D、LH、LD 等型),都是由供油系统、进气系统、控制系统和点火系统四大部分组成。

一、D 型喷射系统的组成

D 型喷射系统的组成如图 1-18 所示。

1. 供油系统

供油系统包括油箱、油泵、滤油器、油压调节器、分配管、喷油器等。它的任务是供油、滤油、调压、喷油。

2. 进气系统

进气系统包括空气滤清器、进气主管、节气门、怠速旁通道、怠速空气调节器等。如 L 型,在节气门前方装有空气流量计 AFS(热线式和卡门涡流式)。它的任务是滤清空气、计量、调节和均匀分配。

3. 控制系统

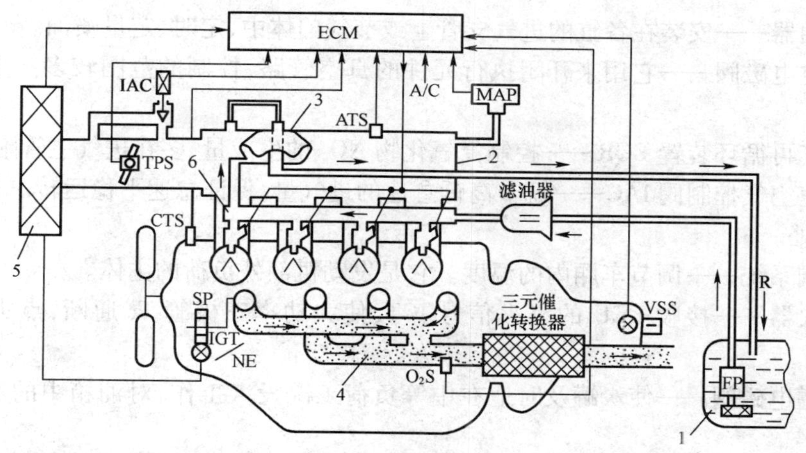

图 1-18　D 型喷射系统的组成

1-油箱;2-进气主管;3-油压调节器;4-排气管;5-空气滤清器;6-分配管;FP-汽油泵;MAP-压力传感器;ECM-电脑;A/C-空调信号;ATS-进气温度传感器;IAC-怠速空气调节器;TPS-节气门位置传感器;CTS-冷却液温度传感器;IGT/NE-点火和喷油信号发生器;SP-转速信号;O_2S-氧传感器;VSS-车速传感器

控制系统包括电脑 ECM、主继电器 EFI、10 个传感器和 10 个执行元件。

1)10 个传感器

(1)点火正时和曲轴位置传感器 IGT/NE——检测活塞在上止点的信号,以便点火和喷油。它多装置在曲轴的前端或后端,或在分电器中。有些车系在凸轮轴上也装有凸轮轴位置传感器,其作用为产生判缸信号(确认一缸位置信号)和监控配气正时。

(2)转速、转角传感器 SP——产生曲轴转速和转角的电压信号,以便判定转速的快慢和各缸的曲轴位置,SP 多和 IGT/NE 信号发生器成为一体。如曲轴上的触发齿轮为 60 个齿,对应一个齿的角度为:$360°/60=6°$,ECU 根据一缸的判缸信号,对两缸间的脉冲间隔进行均分,细分出每一度曲轴转角的位置,精确地控制每缸的喷油和点火时刻。

(3)节气门位置传感器 TPS——产生节气门开度大小和快慢的信号,输出给电脑 ECU,它在节气门轴的一端,与轴同步动作。

(4)进气压力传感器 MAP——测出进气管中的负压值,以便 ECU 度量喷油的多少。它可直接固定在进气管上,或在其他位置用软管与进气管连接。

(5)空气流量计 AFS——如果是 L 型喷射系统,则在节气门前方安装空气流量计 AFS,测定进气量的多少(g/s)。

(6)氧传感器 O_2S——安装在排气管上,监控废气中的氧含量,以便 ECU 调节空燃比的大小。

(7)冷却液温度传感器 CTS——监测发动机冷却液温度的高低,多安装在冷却液温度较高的汽缸盖上。

(8)进气温度传感器 ATS——监测进气温度的高低,多安装在进气主管上。

(9)车速传感器 VSS——提供车速信号,多安装在变速器输出轴后端。

(10)爆震传感器 KNK——监测爆震信号,调节点火时间,多安装在燃烧室附近的汽缸盖上。

2)10 个执行元件

(1)电动汽油泵——多淹没在油箱内或油箱外的底部,完成供油任务。

(2)喷油器——安装在各缸的进气支管上或节气门体中，定时、定量喷油。

(3)真空电磁阀——它用来开闭执行元件的真空管路，控制的范围较多。多安装在机体后方隔板上。

(4)废气再循环装置 EGR——控制氮氧化物 NO_x 的生成量，多在进气主管附近安装。

(5)怠速空气控制阀 IAC——调节高低怠速的进气量，保证怠速平稳运转。多跨接在节气门的前后方处。

(6)空调系统——调节车厢内的温度。它是发动机额外负荷的主体。

(7)点火器——接收 ECU 的点火信号 IGT，使大功率三极管 Tr 通断，点火线圈产生高压电。

(8)炭罐电磁阀——使炭罐及时地在中等负荷工况投入工作，对油箱中的油蒸气充分利用和回收。

(9)风扇继电器——使电动风扇根据冷却液温度的高低，及时转动，控制发动机温度。

(10)仪表显示器——仪表盘中的各种仪表显示，供驾驶员及时监控汽车的各系统。如果打开点火开关，仪表不显示，发动机就难以着火运转。

4. 点火系统

点火系统由点火器、点火线圈、分电器等元件组成，完成最佳点火控制。其又分为有分电器式和无分电器式（直接点火式）两种形式。

二、L 型喷射系统的组成

如图 1-19 所示，流量式喷射系统是在节气门的前方安装空气流量计（AFS），对空气量的多少进行计量，各种传感器对 ECU 形成了网络系统。

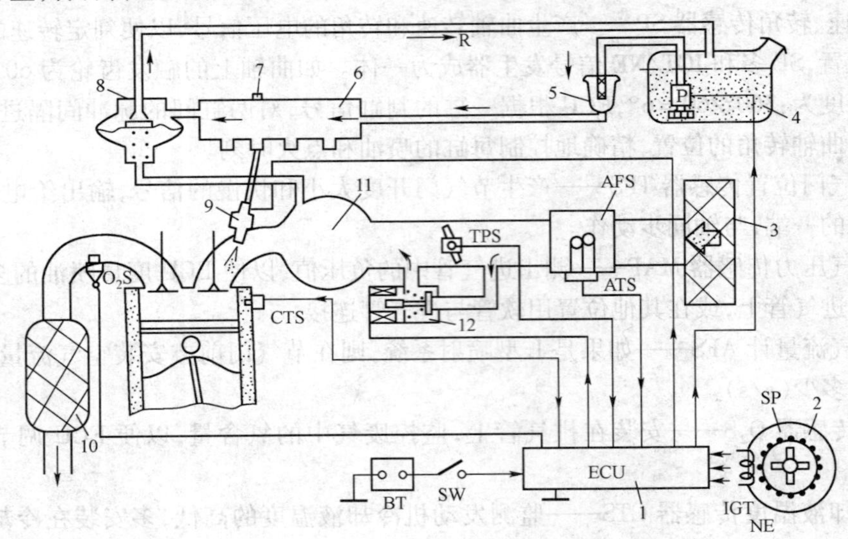

图 1-19　L 型喷射系统的组成

1-电脑；2-分电器；3-空气滤清器；4-汽油箱；5-汽油滤清器；6-燃油分配管；7-测压孔；8-油压调节器；9-喷油器；10-三元催化转换器；11-进气主管；12-怠速空气调节器；TPS-节气门位置传感器；AFS-空气流量计；ATS-进气温度传感器；EFI-主继电器；P-电动汽油泵；CTS-冷却液温度传感器；R-回油管

三、节气门体电控汽油喷射系统的组成

如图 1-20 所示，它是将一个或两个电磁喷油器安装在单腔或双腔节气门体的上方，将燃油喷入大喉管的进气流中，再由进气管分配到各汽缸中。

1. 构造和工作情况

（1）球阀和衔铁为一体，圆弧面上控制着阀座上的 4 个或 6 个径向喷孔，并在复位弹簧的作用下贴合密封。它居中性好、密封性好、运动灵活、无摩擦面、工作可靠。

（2）当电脑 ECM 发出的脉冲电流通过电磁线圈 L 时，磁吸力将球阀吸起而喷油，间歇地按各缸的进气顺序喷射，喷油持续时间为 1.5～5.5ms。

（3）节气门轴平行于进气管轴线，喷油器的中心线与节气门垂直但不相交，偏于节气门下半圆的一侧，以保证小开度工况均匀地向各缸分配混合气。

（4）扁平状的衔铁质量惯性小，球形阀的开闭时间可降低为 1ms，开闭重复性高。怠速时，喷油量为全负荷的 20%，喷油时间仅 1ms，只好强化磁场加大驱动电流，线圈的电阻值较小（1.5Ω 左右），因此怠速喷油性能稳定。

（5）油压调节器和电磁喷油器为可拆式，可单独更换，用来维持恒定的喷油压力（100kPa），其膜片下方是燃油压力 p，上侧是弹簧力 F。其关系式是：$p>F$，阀开回油；$p<F$，阀关不回油；$p=F$，平衡在某一位置。因为它是往节气门体内喷油，所需的喷油压力较低，不必再投入 Δp_x 的控制。

（6）腰部进油，滤网面积大，不易堵塞，简化了维护内容。

（7）可采用压力传感器，也可采用热线式流量计计量。

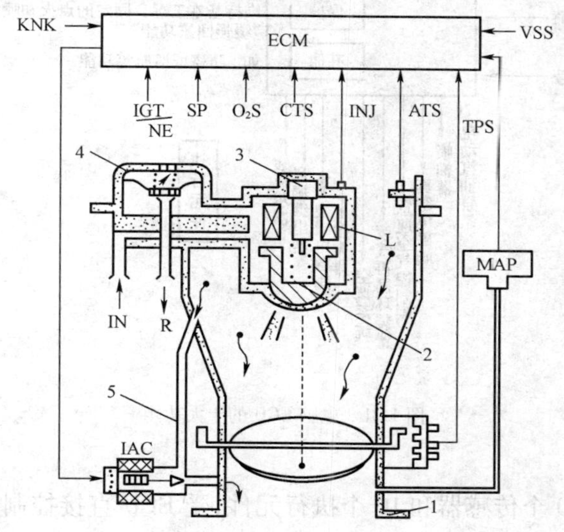

图 1-20　节气门体喷射系统的组成

1-节气门体；2-电磁喷油器的球形阀；3-球形阀的定位杆；4-油压调节器；5-怠速旁通道；L-线圈

2. 节气门体喷射系统的优点

（1）它是向气流速度较高的大喉管中喷射，喷油压力只有 100kPa 即可，可采用使用寿命较长的叶轮式汽油泵。

（2）结构简单、工作可靠、维护方便，为此，在小、中、大排量的汽油机中广泛使用。

（3）节气门体热负荷小，喷油器不易脏堵（碳化物和铅化物），故障率低，维修周期长。

四、电控系统的十大功能

由上可知，10 个传感器和 10 个执行元件，与电脑 ECM（或 ECU）组成一个电控点火、喷油的网络系统，电脑的内部结构复杂，电脑 ECU 是许多半导体基片制成的模拟电路，数字电路和逻辑分析、运算电路统称大规模集成电路。其中央处理器 CPU 和存储器是核心部件，它接收各种传感器的信号，具有数据处理（整形、放大）、模式转换、逻辑分析、计算修正、输入输出、学习控制、报警自诊、代码储存等多项功能，是电控网络的智能化神经中枢。在此只讲述其10个功能内容，如图1-21所示。

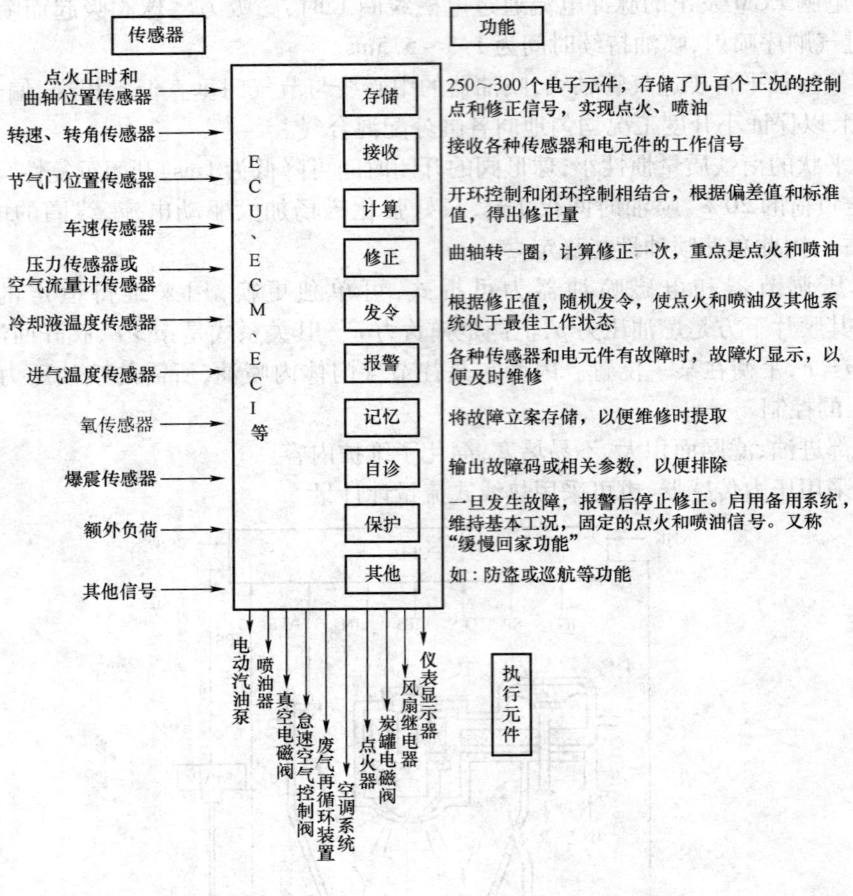

图1-21　电脑ECU的十大功能

应该说明：

（1）电脑ECU的10个传感器和10个执行元件，受ECU直接控制的传感器和电元件（如INJ、IAC等），都在其自诊系统下监控工作，一旦发生故障，及时报警存储。

（2）其他间接控制的执行元件（受继动控制的，如FP、AC等），ECU自诊系统不能覆盖，应以机理分析和电测量来判断其好坏。

（3）当主控制系统相关的传感器失效（如AFS、TPS、VSS等），无法进行喷油和点火正时修正时，即启用“缓慢回家”的备用系统。

（4）失效保护内容较多，包括以下几点：

①没有了高压火花，就停止喷油，点火和喷油是连锁程序控制。

②冷却液温度传感器CTS有故障后，它的代用值为80℃。

③AFS或MAP有故障时，它的代用值为101kPa。

④保护功能是有条件的，如IGT/NE、SP信号失效时，ECU得不到上止点的位置信号和转速、转角信号，无法进行点火、喷油，只能停止运转。

第六节　各种电元件和传感器的构造、原理、检测与维修

一、电动汽油泵

电动汽油泵多装在油箱内的液面以下或油箱外面的底部，淹没在汽油中，与空气隔绝，又因汽油为绝缘物质，无着火的危险。其目的是为便于抽油、排气，防止热气阻的产生。

1. 作用

供油、排气、升压，便于喷油雾化。由于燃油是喷入负压的进气管中或混合室中，喷油压力要求不高。多点喷射系统为 200～350kPa；节气门体喷射系统仅 100kPa 即可。这样，低油压的多用结构简单的涡轮式汽油泵；稍高油压的多用齿轮式或滚柱式汽油泵，或采用涡轮式双级油泵。

2. 构造和工作原理

电动汽油泵由永磁直流电机和泵组成；另外，还有止回阀和过载溢流阀。泵的形式因车而异，现就滚柱式汽油泵说明其工作原理。

如图 1-22 所示，泵的偏心转子上装有若干滚柱，转子转动时，滚柱在离心力的作用下，压贴在壳的内表面上，起密封作用。在相邻的两个滚柱之间形成多个空腔，一部分空腔的容积不断增大，成为吸油腔；而另一部分空腔的容积不断减小，成为压油腔。因此，油泵输出的油压为脉动状态。

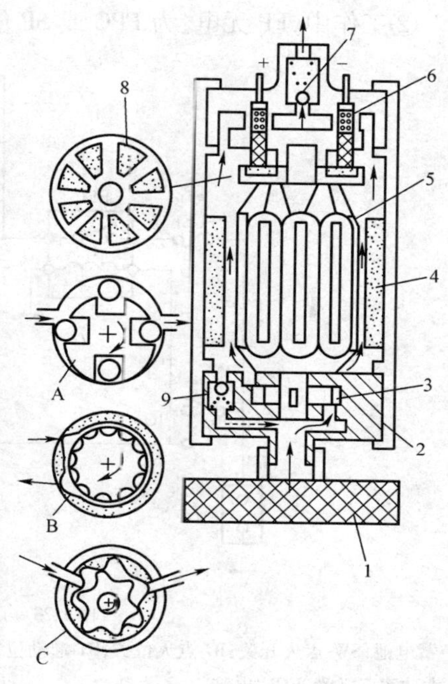

图 1-22　电动汽油泵

1-滤网；2-外壳；3-泵；4-磁极；5-转子和绕组；6-电刷和弹簧；7-止回阀；8-换向片；9-溢流阀；A-滚柱式；B-涡轮式；C-齿轮式

在泵的出口处设有止回阀，防止停机后燃油倒流，保持油管中的油压，便于下次起动。

在油泵的出口端和入口端设有溢流阀，在汽油滤清器堵塞或油压调节器失效时，起溢流保护作用。

可见，各式油泵都是利用容积的变化，使进口端降压，出口端升压而泵油，其泵油量的多少决定于泵的尺寸和转速的高低，以及外部油路的负载的大小。电动汽油泵转速的高低，决定于驱动电压的高低，与发动机转速无关。

涡轮式油泵不是靠容积的变化泵油，而是利用液体的转移堆积升压泵油，其噪声小、脉动小，无摩擦件，使用较广泛。

3. 控制电路

总的要求是：发动机运转，油泵工作；发动机不运转，接通点火开关，油泵不工作或只工作 2s 即断电。为此，油泵的控制电路采用电感式主继电器 EFI 和电感式油泵继电器 FPC 双级控制，以减小油泵的磨损和不必要的电能消耗，防止油泵无谓地工作。

常见的油泵控制电路有如下四种方式：

1)用转速信号(SP)控制的油泵电路

多用于 D 型、LH 型、LD 型喷射系统，其电路如图 1-23 所示。

(1)打开点火开关，L 线圈磁化，EFI 触点闭合，给 FPC 加上 12V 电压，但不导通。

(2)将点火开关转到起动位置,L_1 线圈磁化,FPC 触点闭合,FP 泵油,发动机工作。

(3)转速 SP 信号给 ECU,三极管 Tr 导通,L_2 线圈磁化,FP 长时间工作。发动机如熄火,无 SP 信号,L_2 断电,FP 停止工作。

(4)如将检查连接器 ALDL 的 + B 接口和 FP 接口连接,开关打开,FP 泵油,它是用来检查 FP 的好坏和应急使用的(丰田车系)。

(5)从图中看出:

①起动时,EFI 触点闭合,FP 处无电,为 FPC 的故障或其线路故障。

②工作中,FP 无电,为 FPC 或 SP 信号的故障或线路故障。

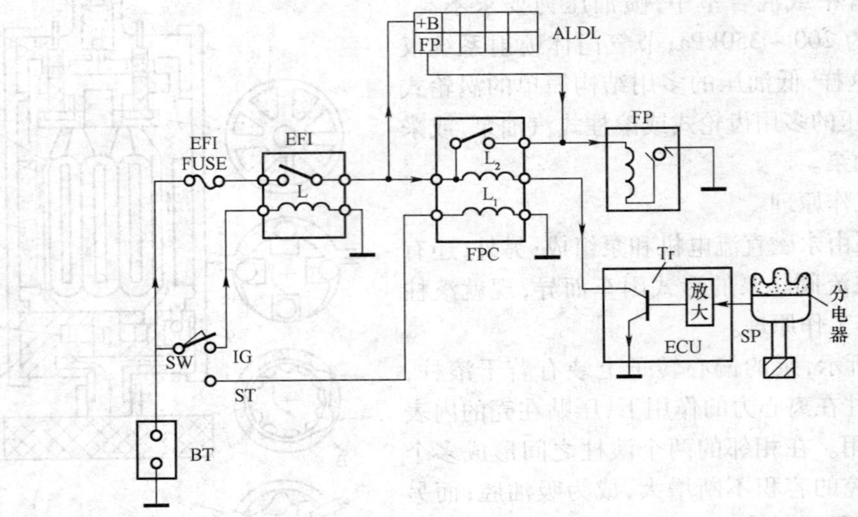

图 1-23　用转速信号(SP)控制的油泵电路

BT-蓄电池;SW-点火开关;IG-点火位置;ST-起动位置;EFI-主继电器;L-线圈;FPC-油泵继电器;FP-油泵;ALDL-检查连接器;Tr-大功率三极管;ECU-电脑

2)用机油压力开关控制的油泵电路

通用公司汽车系列多用此方案,如图 1-24 所示。

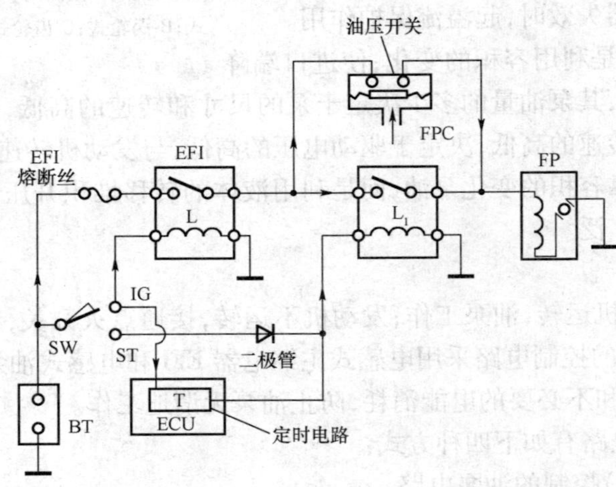

图 1-24　用机油压力开关控制的油泵电路

(1)打开点火开关时,EFI 的 L 线圈磁化,触点闭合,给 FPC 加上工作电压;定时电路通电 2s,L_1

磁化,FPC 触点闭合,FP 工作。提高分配管内油压;以便于起动。如不起动,FPC 触点又断开。

(2)将点火开关转到起动位置时,L_1 又磁化,FPC 触点又闭合,FP 运转泵油。

(3)机油压力开关的油压达 28kPa 时即闭合通电,FP 长时间工作。发动机熄火,FP 断电,如机油压力过低时,断电保护。它多和机油压力传感器制为一体,安装在主油道上。

(4)从图 1-24 中看出(未画出 ALDL):

①起动时,FP 处无电,是 FPC 的故障。

②工作中,FP 处无电,是机油压力开关和其线路的故障。

③正常情况,打开开关,EFI 和 FPC 处应有两响,可用手触摸感知。

④单向导通二极管串联在起动电路中,防止开关打开,定时电路电流使起动机随之运转,它多和 FPC 一起装在熔断器盒中,或包扎在电缆中。

3)用组合式继电器控制的油泵电路

本田车系的主继电器和油泵继电器与众不同,两者合一,为组合式结构,该电路是利用转速信号控制原理设计而构成的,简化了线路,单独置于熔断器盒之外,形成了本田车系又一特色。如本田雅阁、市民、奥德赛等乘用车。其结构原理如图 1-25 所示。

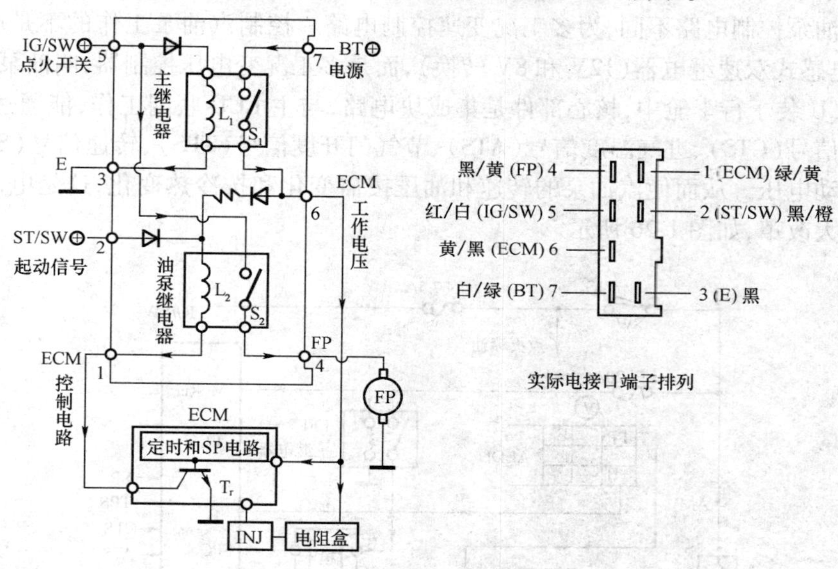

图 1-25　本田车系汽油泵控制电路图

(1)组合式继电器的特点:

①两继电器串、并联互控,并装有 3 个单向导通的二极管和 1 个限流保护电阻,使组合式继电器具有互控、截止和保护功能。为此,只能用正向通电方式,检测其通断功能。

②电动汽油泵的工作电流,通过点火开关 IG/SW 直接控制,对油泵的保护作用好。但点火开关的电流负载较大,易烧蚀损坏,这是顾此失彼的必然结果。

③任一继电器和相关元件出现故障(如线圈损坏、触点烧蚀、二极管损坏、保护电阻损坏),必须整体换新,这是组合式继电器的缺点。

(2)工作原理:

①点火开关转至点火位置,线圈 L_1 磁化,主继电器触点 S_1 闭合,给电脑和喷油器电路加上工作电压。同时,油泵继电器线圈 L_2 也磁化,使触点 S_2 也闭合,(电脑的定时电路使大功率三极管导通 2 ~5s),油泵 FP 即供油 2 ~5s,使燃油分配管中油压提前升高,便于起动着火。

②点火开关转至起动位置，曲轴转动，产生转速信号 SP，使大功率三极管又导通，线圈 L_2 又磁化，触点 S_2 又闭合，使油泵供油着火。当点火开关回到 ON 位置后，油泵长时间运转是依靠转速信号 SP，使大功率三极管长时间的导通，触点 S_2 保持闭合，发动机长时间地工作。

(3)组合式继电器的检测：

①给端子 5、3 加上正向电压，端子 7、6 应导通，为主继电器良好；否则，为二极管损坏或线圈 L_1 损坏或触点 S_1 损坏，应换新件。

②给端子 2、1 加上正向电压，端子 5、4 应导通，为油泵继电器良好。否则，为二极管损坏或线圈 L_2 损坏或触点 S_2 损坏，应换新件。

③给端子 6、1 加上正向电压，端子 5、4 也应导通；否则，为二极管损坏或保护电阻损坏或线圈 L_2 损坏或触点 S_2 损坏，应换新件。

注：图 1-25 所示接口各端子的编号，是为了便于说明工作原理而自定的。实际接口端子排列与图示编号有异，应根据实际接口端子排列编号进行检测。

4)用油泵 ECU 控制的油泵电路

丰田车系中的 2JZ—GE3.0L 轿车和 1993 年 1 月后的凌志 LS 400 轿车，汽油泵的控制电路与传统的油泵控制电路不同，为多工况变速控制电路。控制汽油泵工作的不是电感式继电器，也不是电感式双速继电器(12V 和 8V 转换)，而是多工况变电压控制器，叫油泵 ECU。

油泵 ECU 装于行李舱中，核心部件是集成块电路，与主 ECU 联网工作，能通过主 ECU 的冷却液温度信号(CTS)、进气温度信号(ATS)、节气门开度信号(TPS)、转速信号(SP)，给汽油泵不同的驱动电压。从而使汽油泵的转速和油压按需变化和按冷热变化，这是电动汽油泵控制电路的一大改革，如图 1-26 所示。

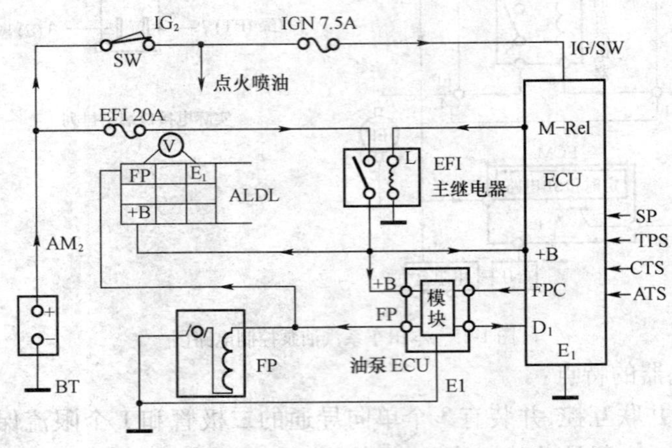

图 1-26 用油泵 ECU 控制的电动汽油泵电路

(1)控制电路的说明：打开点火开关，通过 IG/SW 点给 ECU 加上工作电压，同时也给点火系和喷油系加上工作电压，又通过 M-Rel 点向 EFI 主继电器提供磁化电源，触点闭合后向 ECU 的 +B、油泵 ECU 的 +B 点、检查连接器(ALDL)的 +B 提供电源，主 ECU 进入工作状态。

(2)工作原理：油泵 ECU 受主 ECU 端子 FPC 和 D1 的信号控制，当发动机运转时，主 ECU 向油泵 ECU 输出控制信号，使 +B 端子的 12V 电压转化为多工况电压，从 FP 端子输出给汽油泵。不同的工作电压使汽油泵以低速、中速、高速运转泵油，实现了按需供油、按温度供油的要求。为此，该控制器应叫“油泵 ECU”，不能叫“双速继电器”。

(3)多工况变速汽油泵的性能检查:性能好坏的依据是油泵ECU对发动机负荷、转速和冷热态变化的适应性,以测量检查连接器(ALDL)中+B和FP接口的电压为主,同时在燃油分配管处安装油压表,其标准油压值为256~304kPa;油泵的电阻值在20℃时,应为0.2~0.3Ω。工况分类和性能检查如表1-1所示。

工况分类和性能检查表

表1-1

检查内容	连接端子	运转条件	标准值	说明
通否	E-搭铁	静态	通	搭铁好坏检查
通否	D1-搭铁	静态	通	搭铁好坏检查
电压	+B-E1	SW为ON或运转	8~16V	蓄电池电压和发电机电压检查
电压	FP-E1	冷起动时	12V	主ECU根据CTS和ATS信号,使油泵ECU发令:高转速泵油
电压	FP-E1	怠速时	8V	用油少,油泵转速低
电压	FP-E1	正常工况时	8~10V	小负荷、中负荷、大负荷时
电压	FP-E1	急加速时	12~14V	主ECU根据TPS信号使油泵ECU发令:高电压、高转速泵油
电压	FP-E1	突然加速到6 000r/min时	4-6V	减油控制,减小磨损
电压	FP-E1	高于6 000r/min	2.5V	断油控制,防止超速
电压	FP-E1	转速低于120r/min时	0V	不运转,防止无谓工作
电压	FP-E1	发动机罩内温度高时	12V以上	主ECU根据CTS和ATS信号通过油泵ECU发令:提高油压,克服热气阻

由表1-1内容可知,油泵ECU的电压控制特性如图1-27所示。

(4)电压控制特性分析:传统的电动汽油泵,其转速和油压的高低,决定于驱动电压的高低,与发动机转速无关。恒压喷油是依靠油压调节器单方面的回油多少来控制,是属于"只供油、不调压"的汽油泵。大量的回油能带走分配管的热量,减小热气阻的危害,但对分配管内油压的脉动和油泵的无谓工作加大了影响力,使油泵的寿命缩短。同时,怠速工况的稳定性变坏。为此油泵ECU就应运而生。它一方面通过油压调节器进行恒压控制;又利用油泵ECU按需供油和按温度供油,进行双向调节,这是油泵ECU最大的供油特性。事实证明,油泵的使用寿命可达10万km以上。

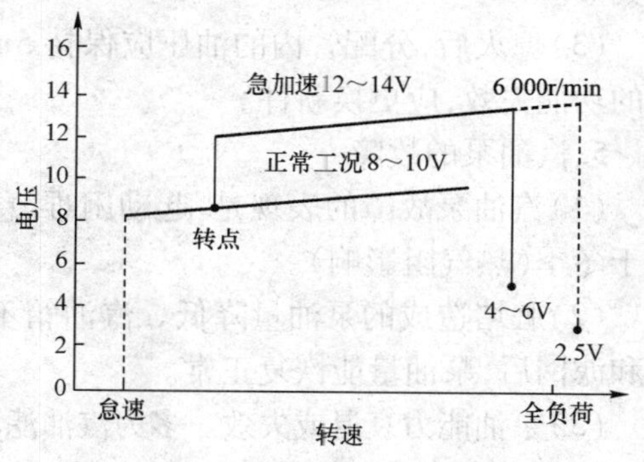

图1-27 多工况油泵ECU电压控制特性图

(5)多工况变速油泵的好处:

①怠速稳定性好。怠速时,喷油量少,驱动电压低,油泵转速低,泵油少,回油量也少,分配管中的油压脉动小,油压平稳,可准确计量。因而,怠速工况的空燃比(A/F)稳定,发动机转速

也稳定,排放污染小。

②各工况的适应性好。汽车发动机的工况变化幅度大,油泵的转速和油压最好与发动机的负荷和转速相适应。即要油给油;不要不给;要多少给多少。泵油的始端由油泵来控制,泵油的终端用油压调节器来控制,这种双向调节的功能,保证了分配管内各工况油压的适应性能。

③重复起动性能好。它是指冷起动性能和热起动性能的好坏。因油泵 ECU 与主 ECU 联网控制,CTS 的冷却液温度信号和 ATS 的进气温度信号,成为冷热态起动的依据,满足了过冷态油压要高和过热态油压也要高的要求,都是为了提高起动的重复性。

④防止热气阻危害的能力强。汽油在分配管中,因环境温度高达 80℃以上,极易由液态变为气态(蒸气和气泡),它会被油泵排出的燃油反复压缩和伸张,在用油端形成气垫,加大了对油泵的阻抗力,油泵转速将被降低,使用油端出现了"供不应求"现象,这种现象叫"热气阻病"。此时,分配管内油压降低,油压调节器停止回油,使热气阻更加恶化,导致发动机怠速不稳、加速不良、走走停停,热天更为严重,最终使油泵加速损坏。如果能使油泵按需供油和按冷热态供油,可有效地克服热气阻的危害,并减小油泵的无谓工作,提高使用寿命。

⑤传统的检查方法应该改变。过去对汽油泵好坏的检查方法是:测其电阻值和测量分配管的油压值。较简便的判断办法是检查油压调节器回油管是否回油,这一办法对用油泵 ECU 控制的汽油泵不能使用,它只是在急加速时有较多的回油,其他的工况回油较少,不能依此现象为凭据,判定油泵的好坏。应按各工况测量 FP-E1 间的各种电压值和分配管中油压值来定论。

4. 电动汽油泵的检测

(1)电动汽油泵为不可拆式,只能一次性使用。工作电压多为 12V;绕组和电刷的电阻值一般为 0.2 ~ 1.0Ω;油压为 200 ~ 350kPa;流量为 80 ~ 120L/h 为好,这是检验汽油泵好坏的依据。

(2)在分配管的测压孔上接油压表,静态油压应略高于动态油压。夹住调压器上的回油管,油压应升高 100kPa 以上;转速上升 100r/min 以上为好。如油压和转速不上升,说明油泵已失效。

(3)熄火后,分配管内的油压应保持 5min 不降低为好;否则,说明调压器、油泵中止回阀门的功能失效,应更换新件。

5. 汽油泵的故障

(1)汽油泵故障的表现是:起动困难、怠速不稳、加速不良、行驶无力、走走停停,夏季故障高于冬季(热气阻影响)。

(2)脏堵造成的泵油量降低。汽油箱不定期清洗,造成油泵进油口处滤网堵塞。清洗油泵和滤网后,泵油量能恢复正常。

(3)泵油能力衰退或失效。多为汽油滤清器脏堵或接反,有时因加油不及时,造成热负载加大。电刷、弹簧、换向片、绕组发热,磨损加大,电阻值变大,转速下降,油压和油量下降而失效。

6. 电动汽油泵的"热气阻病"

1)热气阻产生的机理

汽油必须具有良好的蒸发性,才能得以保证在低温条件下汽化和燃烧。但蒸发性好的汽油在炎热的夏天或大气压力较低的高原地区,又会在封闭的油路中汽化而产生热气阻。

当前我国生产的汽油,10% 的馏出温度不高于 75℃;50% 的馏出温度不高于 120℃,而发动机罩内的温度高达 100℃以上，热气阻的产生是不可避免的现象。

汽油在封闭的油路系统中受高温热源（大气温度、排气管热辐射、机体高温热传导）的影响，轻则蒸发、重则沸腾，液态变为气态，统称为"汽化"。汽化后的状态为蒸气和气泡，并产生饱和蒸气压力，可达 66.66kPa，从而使油路失去了输油的能力。蒸气和气泡将被油泵排出的燃油反复地压缩和伸张，燃油就停止了流动，降低了用油端的供油量，出现供不应求的现象，这就叫"热气阻病"。此时，分配管内的油压即从 300kPa 左右（正常油压）迅速下降，有时下降为 80kPa，油压调节器即停止回油，使热气阻现象更加恶化。

热气阻导致发动机怠速不稳、加速不良、频繁熄火、走走停停，热天更为严重，最后导致电动汽油泵损坏而报废。

2）电动汽油泵加速损坏的原因

电动汽油泵的排油量是耗油量的 6～8 倍，它通过油压调节器大量的回油来维持喷油器恒压喷射，并利用回油后泄压、降温在油箱内恢复液态，以减小气阻对供油的影响。

当气阻严重时，油泵输油的阻力加大，电机的负载加大，转速随之下降，驱动电流加大。又因排油量减少，失去冷热交换的条件，使泵体温度升高。油泵的绕组、电刷、弹簧、换向片发热，电阻值明显增大，可达 3Ω 以上，摩擦损失加大和电刷的接触压力减小，形成了恶性循环。

实践证明：正常电动油泵的电阻值小于 1Ω，当电阻值达 1.2Ω 时，其供油能力即衰退，丧失克服气阻的能力，无法正常行驶。

3）夏天克服热气阻的对策

热气阻的产生有其先天性的原因，如汽油滤清器、油箱布置不合理，受热率高。但后天使用也是关键，应从以下几个方面来避免：

（1）汽油箱汽油泵滤网应定期（1 年）在换季时清洗，不加添劣质汽油，减少爆震的产生，防止发动机过热。

（2）及时添补汽油，夏天始终保持油箱中的汽油量在 50% 以上，以保证淹没式油泵有较好的冷却条件。

（3）夏天也应使用高沸点、无水垢的优质冷却液。一是为了防止发动机过热；二是为了防止水垢使散热器管道、水套及冷却液温度传感器或温控开关积垢失灵，造成电动风扇启动滞后，加剧发动机过热。

（4）在运行中严密监视冷却液温度仪表，定期检查和更换水箱、水泵、节温器、电动风扇、硅油风扇、温控开关等部件，保持良好的散热条件。

（5）自动变速器的冷油器多在水箱中，应定期更换新油，确保油质良好，也可减轻发动机的热负荷。

（6）尽量避免大负荷、高转速长时间运转，运行中应有间歇时间，维持在中等负荷内工作。一般是节气门开度在 85% 以内，转速在 3 000r/min 以内，对应的经济车速在 80～120km/h 范围内为好。

（7）严禁因油泵电路系统有故障时，不更换油泵继电器或控制油泵的机油压力开关，从点火开关处直接驱动油泵，造成油泵无谓地运转，早期损坏（应急处理例外）。

二、汽油滤清器

1. 作用

滤去汽油中的杂质。它是一次性使用件，定期更换，一般是 2 万 km 的使用里程。

2. 构造

如图 1-28 所示，它为内压式纸制滤芯，双层袋状卷筒，套在芯管上，有 12 ~ 16 圈，袋口在进油端，袋底在出油端。

3. 特点

内压式袋状滤芯的滤清面积，远大于外压式波折状滤芯，滤清面积达 1 500cm^2，过滤面积增大 40 倍，保证了畅通供油。它对安装方向有严格的要求，防止挤扁滤芯，造成供油不畅、加速无力，并对油泵造成负载过大，绕组发热，丧失泵油能力。实践证明：如果接反管口，过滤面积将减少 1 000 倍，不仅来油不畅，也加大了油泵的负载，油泵很快报废。

三、脉动衰减器

分配管具有储油、储压的作用，但燃油在分配管内呈脉动状态，原因有三：第一，泵油时油泵内容积的变化，形成泵油脉动；第二，回油时调压器阀门开闭形成的回油脉冲；第三，喷油器间歇喷油，形成的喷油脉冲。为此，在燃油分配管进口处或油泵处的出油口设有脉动衰减器，利用其膜片和弹簧的变形使容积随压力的大小而变化，缓和衰减分配管内油压的脉动，使油压稳定，保证了燃油计量的准确性，如图 1-29 所示。

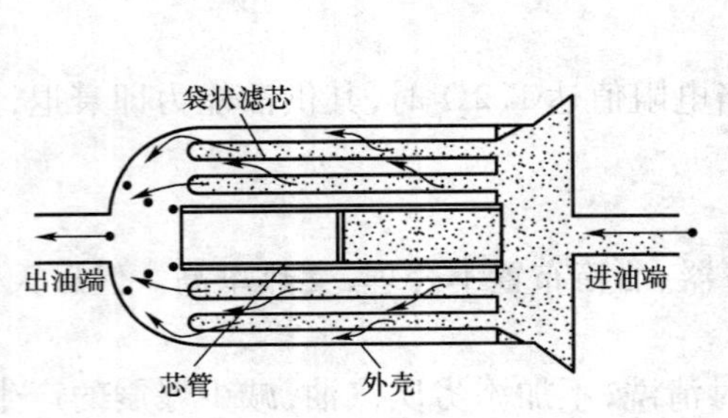

图 1-28　袋状汽油滤清器

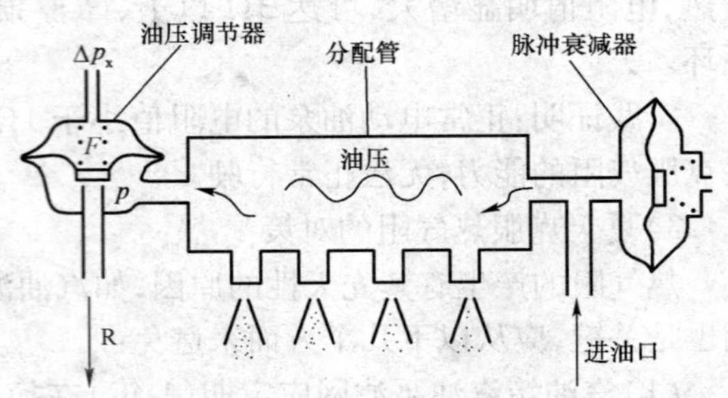

图 1-29　脉动衰减器原理图

四、油压调节器

它安装在燃油分配管的一端，用油道连通。

1. 作用

油泵的供油压力一般在 200 ~ 350kPa 内，为了保证各工况喷油压力恒定，分配管内油压与进气管内压力差应保持恒定，一般为 250kPa。故分配管内的油压应随各工况下进气管真空度 Δp_x 的变化而变化。

2. 构造和原理

油压调节器由外壳、膜片、阀门、弹簧、进回油管口、真空管口等组成，如图 1-30 所示。

因为喷油器是往各缸进气歧管中喷油，进气管的负压 Δp_x 是随转速 n 和节气门开度 θ 的大小而变化。喷油器喷油量的多少，只能受喷油脉冲宽度来控制，喷油压差必须恒定。为此，Δp_x 的变化，必须附加在调压器的膜片上，使分配管内的油压等于初始油压 p 加 Δp_x。

其工作原理是利用弹簧的预紧力和膜片的尺寸，使分配管内的油压随 Δp_x 的高低而变化。即：油压 p、弹簧力 F、进气管真空度 Δp_x 的相互作用。其关系式如下：

$p + \Delta p_x > F$ 时回油，回油是经常的，定压 250kPa。

$p + \Delta p_x < F$ 时停回，熄火后储压，定压 250kPa。

$p+\Delta p_x=F$ 时阀门维持一定开度，定压 250kPa。

因为，发动机工况的表征是转速 n 和开度 θ 的变化，Δp_x 的变化与转速成正比，又与开度的变化成反比。

当转速一定时，$\theta\uparrow$、$\Delta p_x\downarrow$、回油量↓，因为此时用油量多。

$\theta\downarrow$、$\Delta p_x\uparrow$、回油量↑，因为此时用油量少。

当开度一定时，$n\uparrow$、$\Delta p_x\uparrow$、回油量↑，因为此时外部阻力少，用油少。

$n\downarrow$、$\Delta p_x\downarrow$、回油量↓，因为此时外部阻力大，用油多。

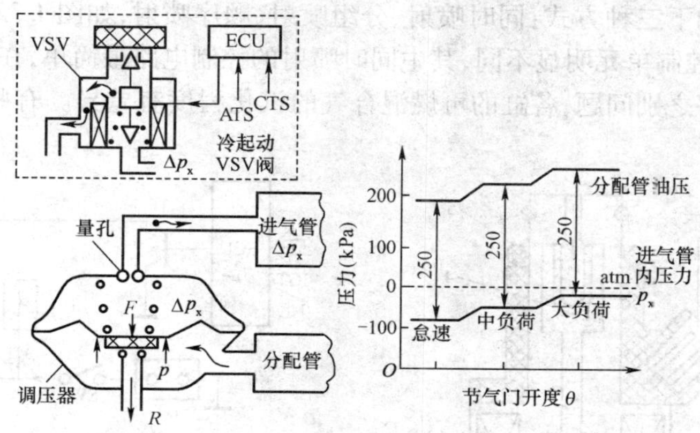

图 1-30 油压调节器原理图

从上述内容看出：

(1)恒压控制是通过回油量的多少来实现的。因泵油量远大于耗油量的 6 ~ 8 倍，回油是经常的，不回油或少回油则表明汽油泵或汽油滤清器有了故障。

(2)在分配管处测油压时，油压表压力应随节气门的开度 θ 加大而加大，不低于规定值；否则，说明汽油泵或滤油器工作不良。

(3)如果利用冷却液温度信号 CTS 和进气温度信号 ATS，通过 ECU 控制一个真空电磁阀 VSV 来关闭 Δp_x 管路，可使油压升高 100kPa，延续加浓时间为 100s。可改善冷起动性能和热起性能。在热态时(冷却液温度高于 100℃时)，也可调节控制油压，提高克服热气阻能力(丰田车系)。

3. 故障

油压调节器也是一次性使用的部件，应定期检查它的调压能力，及时更换。它的使用寿命较长，一般在 10 万 km 以上。

(1)膜片弹簧疲劳。回油过多，分配管内油压过低，喷油量和雾化质量变差。卡住回油管，压力又正常，说明汽油泵和滤油器无问题，应更换调压器。

(2)膜片破漏。汽油流入进气管中，造成空燃比极小，冒黑烟，严重时发动机窒息。

(3)膜片和阀结胶、硬化、犯卡会造成油压过高，产生排气管冒黑烟故障。

五、喷油器

1. 作用

在恒压下定时喷油、定时断油，并提高雾化质量，改善燃烧条件。

2. 构造和原理

喷油器由壳体、绕组、针阀、复位弹簧、喷嘴等组成，如图 1-31 所示。其喷嘴的形式有单孔、双孔、多孔之分；其关闭件又分针阀式、球阀式、平阀式三种形式，因车而异。其中平阀式响应性高、体积小、故障少，日渐广泛使用。

1）喷油器原理

喷油器受电脑ECU喷油电路控制，ECU根据有关传感器信号（IGT/NE、SP），输出电流脉冲信号，使大功率三极管Tr导通或截止。回路导通时，绕组磁化，产生磁吸力，当超过复位弹簧和油压的合力时，将针阀吸起而喷油。当Tr管截止时，回路被切断，针阀关闭而停止喷油。Tr管的反应速度快，寿命长，通断速度可达1 000次/s以上。可见，Tr管基极电流的通断时间，也就是喷油脉冲时间。

2）按喷油器的组合方式分类

控制电路有如下三种方式：同时喷射、分组喷射、顺序喷射，如图1-32、图1-33、图1-34所示。电脑ECU的控制单元明显不同，其中同时喷射的控制电路最简单，在四缸机中使用较多，但它有存储和顺序之别问题，各缸的可燃混合气的汽化程度有差异。有些车系只把此方式用于备用系统。

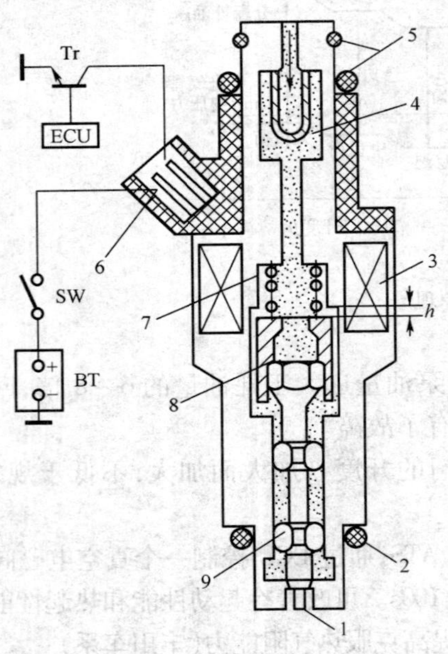

图1-31 喷油器的构造

1-针阀；2、5-密封圈；3-电磁线圈；4-滤网；6-电接头；7-复位弹簧；8-衔铁；9-针阀导向部；*h*-升程

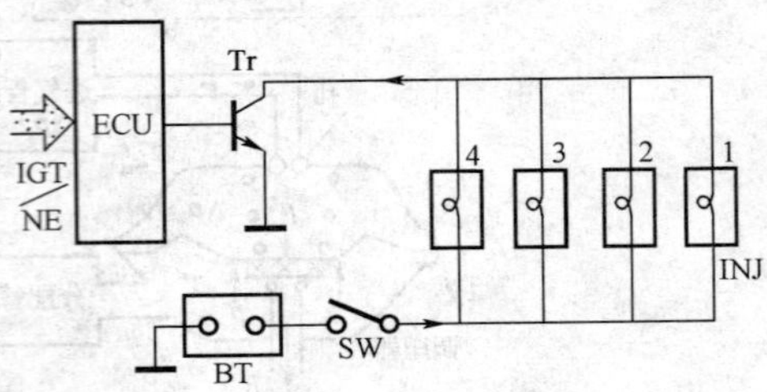

图1-32 同时喷射的控制电路

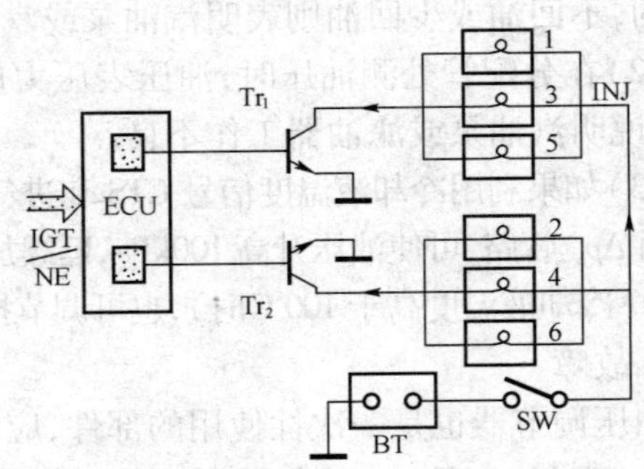

图1-33 分组喷射的控制电路

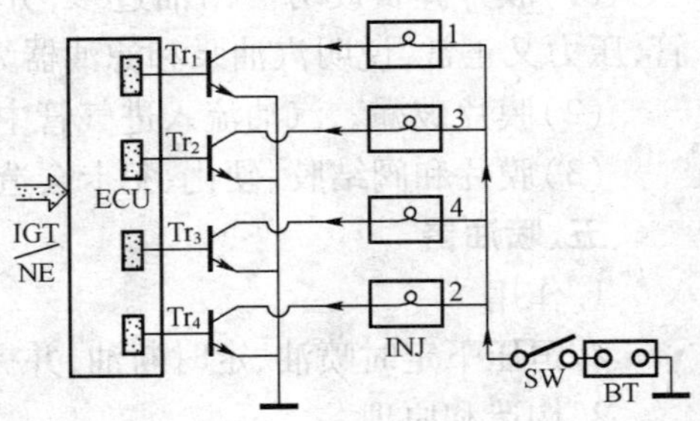

图1-34 顺序喷射的控制电路

3）喷油器是一次性使用的元件，应弄清三个问题

（1）当喷孔的断面、喷油压力一定时，喷油量的多少决定于喷油持续时间的长短，即电磁线圈中脉冲电流信号的宽度——喷油脉冲宽度（ms）。这是衡量喷油控制电路好坏的重要依据。

（2）当脉冲电流宽度一定时，则喷孔的断面、喷油压力是喷油量多少的关键因素。这是清洗喷油器和更换汽油泵的重要依据。

（3）喷油时脉冲宽度的大小，随发动机的工况（开度和转速）成正比变化，是一个线性随机变量值。

3. 性能参数

喷油持续时间 1 ~ 20ms；稳定电流为 2A；针阀的升程为 0.15mm，电磁线圈的电阻值为 3 ~ 15Ω。喷油量准确，雾化良好，噪声小，一般 15s 的喷油量为 45 ~ 55mL；各缸的差值应小于 5mL。

4. 故障

1）脏堵

碳化物和胶油是脏堵的物质，使循环供油量减少，造成怠速不稳、加速不良等故障，应适时检查、清洗或更换。

2）绕组烧毁

电阻值变化而报废。

3）针阀犯卡

有四种症状：

（1）不喷油。单缸断电无降速症状。

（2）常喷油。不雾化、冒黑烟；不着火、冒白烟。

（3）滴漏。不雾化、不熄火；断电后 1min 少于 1 滴为好。

（4）雾化不良。锥角、射程不良，怠速游车或冒黑烟，排气管中有不规则的突噜声。

4）升程扩大

噪声大、喷油关断时间变化失常，喷油量失常。

5）密封圈失效，漏油、漏气

其壳体外的密封圈是一次性使用的易损件，封闭分配管的密封圈一旦失效，造成漏油，有失火的危险；封闭进气歧管的密封圈一旦失效，造成漏气，进气管真空度 Δp_x 会降低，使喷油量失准，运转失常。

六、空气流量计

空气流量计 AFS 分为热线式、卡门涡流式两种形式。都是通过对流入汽缸的空气量进行计量来控制喷油量的多少。其中热线式流量计因不受海拔高度的影响，对空气的阻力小，日渐广泛使用。不少车系用热膜替代热线，使用寿命较长。

1. 热线式或热膜式空气流量计（LH—AFS）

1）构造和原理

如图 1-35 所示，它由 4 个热敏电阻组成 1 个电桥，其中的热线 R_H 和冷线 R_C 在取样管中，取样管在进气管的中央或一侧。取样管两端设有整流网和防回火网，控制气流匀速流动和保护热线。其他电阻和放大器在控制电路板中，为一盒式部件。现在多用热膜式，将热膜镀在陶瓷片上，受气流作用力的影响小，使用寿命长。

R_H——白金热线，是一个桥臂，是正温度系数的热敏电阻 PTC。

R_C——白金冷线，是另一个桥臂，是负温度系数的热敏电阻 NTC。它又是进气温度传感器 ATS。打开点火开关后，对热线 R_H 加热，使 R_H 和 R_C 的温差为 100℃保持不变。

I_H——加热补偿电流，在 50 ~ 100mA 内变化。温度差多少，补偿多少。

R_A——精密电阻（10kΩ），是另一个桥臂，是 ECU 的测量端（取值端）。

R_B——电桥电阻，是电桥的另一个桥臂。

自洁加热线的作用是发动机熄火后，ECU 使 R_H 瞬时温度达 1 000℃（1s），以烧掉热线上的污物。

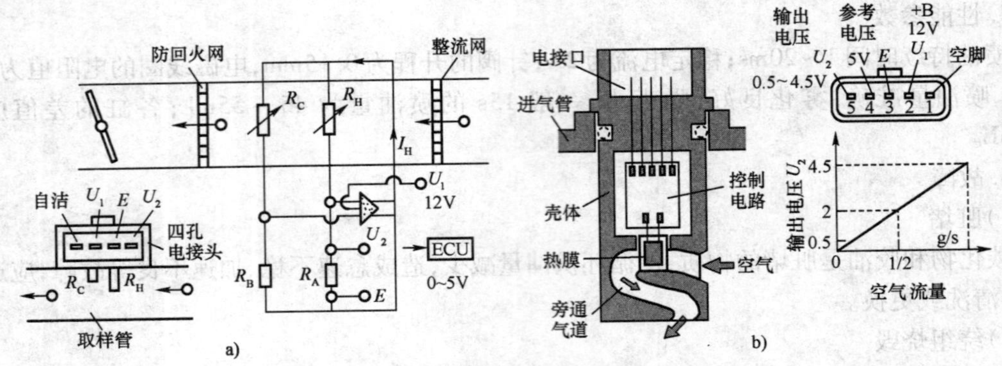

图 1-35　热线式和热膜式空气流量计原理图

a)热线式;b)热膜式

工作原理是:发动机运转,空气流过时,带走热量,热线 R_H 的电阻值变小(PTC),冷线 R_C 电阻值变大(NTC),电桥失去平衡。为了保持电桥的平衡,需提高桥压,放大器即加大流过热线 R_H 的补偿电流 I_H,使冷热线恢复正常温差(100℃)。电流 I_H 的增加,会使 R_A 的电压降增大,只要测量 R_A 两端的电压降,即可得知流过空气量的多少,ECU 就能确定所需空燃比的喷油量。

2)LH—AFS 的检测参数

可按下述内容静态测量:U_1—E 输入电压 12V;U_2—E 输出电压 0 ~ 5V;对 LH—AFS 检测,可用压缩空气向管中吹气测量。不吹气时 U_2—E 基准电压为 0.8 ~ 1V;吹气时的随动电压变为 2V,吹气口距离变化,电压也应随动变化。

例如,Ford—LH 型的 AFS 检测参数为:未起动前输出基准电压为 0 ~ 0.5V;怠速时输出电压为 0.5 ~ 1V;经济转速时输出电压为 1.5 ~ 2.5V;节气门全开时输出电压为 3 ~ 4.7V;静态时对 LH 吹气,电压有变化为好。

3)LH—AFS 的故障

(1)热线或热膜式流量计的常见故障为:外表脏污、计量失准,特别是曲轴箱通风不良时更为严重,造成起动困难、怠速不稳、加速不良、空燃比(A/F)失准。可通过清洗或换新件。

(2)如发现有怠速不稳、加速无力、熄火等现象时,关闭点火开关,拔下 AFS 电接头,起动发动机,运转情况反而明显好转,表明 AFS 应更换新件(此时是备用系统以基本供油量工作)。

2. 卡门涡流式空气流量计(LD—AFS)

在进气道中设涡流发生体,涡流串的大小与进气流速和流量成正比,取出其声波频率(Hz)来计量。其方法有两种:一是超声波计量方式;二是光电式计量方式。

1)超声波计量方式

它由整流网、涡流发生体、超声波发射器、超声波接收器、取样管、控制电路等组成,如图 1-36 所示。

(1)工作原理:

①发动机不运转时,无涡流发生,超声波接收器始终能接收到发射器的超声波。

②当有涡流发生时,涡流使超声波失去部分信号,相位发生变化,而变为强弱不等的疏密波。整形后为方波脉冲电压信号传给电脑 ECI,它与涡流频率相对应,随进气量的变化而变化。随动脉冲电压信号为 0 ~ 5V,当转速为 1 000r/min 时,为 45Hz 声波频率信号,并随进气量的变化而变化。

③因涡流受大气密度的影响较大，需加装大气压力传感器 ATM，以便海拔高度变化时，修正空燃比（A/F）和点火正时。进气温度传感器 ATS 多并装在 AFS 中（图 1-36 中未画出）。

（2）性能检测。可用测电压法或示波器测频率法进行，相关参数如图 1-36 所示。如发现有怠速不稳、加速无力、熄火等现象时，关闭点火开关，拔下 AFS 电接头，起动发动机，运转情况反而明显好转，表明 AFS 应更换新件（此时是备用系统以基本供油量工作）。

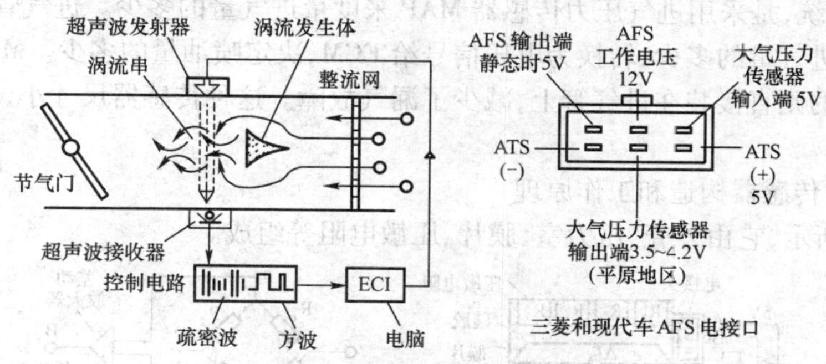

图 1-36　超声波计量方式

这种空气流量计不怕脏污，无可动件，但抗电波干扰能力差，仅用于三菱车系和现代车系。

2）光电式计量方式

它由振动反光镜、发光二极管、光敏三极管、涡流发生体、控制电路板等组成，多用于减振能力良好的高档乘用车上，如图 1-37 所示。

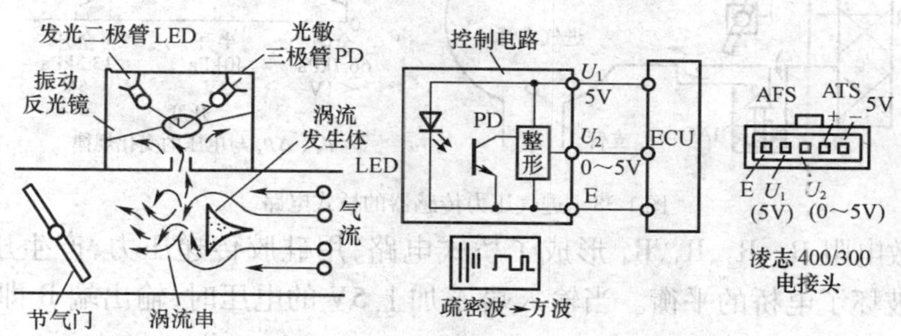

图 1-37　光电式计量方式

（1）工作原理。空气流过涡流发生体时，产生涡流区，压力发生变化，经压力孔使反光镜振动，将发光二极管 LED 照射的光反射给光敏三极管 PD，其振动光束产生的基极电流，使该管断续地导通，产生疏密波，整形后的方波传给电脑 ECU，即测得涡流的振动频率，其电压信号与涡流频率相对应，高频率对应大的进气量和喷油量，低频率则反之。

（2）可用测电压法或示波器测频率法对性能进行检测。

①当打开点火开关时，U_1—E 端应为 5V 工作电压。

②U_2—E 为输出随动电压，在 0 ~5V 内呈线性变化。当转速为 2 000r/min 时，随动电压应为2 ~4V；1 000r/min 时工作频率为 45Hz 为好。

③如发现有怠速不稳、加速无力、熄火等现象时，关闭点火开关，拔下 AFS 电接头，起动发动机，运转情况反而明显好转，表明 AFS 应更换新件（此时是备用系统以基本供油量工作）。

④该流量计最怕油污染，影响反光镜和光电管的性能，要求曲轴箱通风系统应良好，PCV 阀工作正常。

⑤光电式 AFS 的性能好坏，除用仪器检测外，也可用敲击法应变检查。通用公司 GM 专

家的结论:此法100%准确。即在怠速时,用螺丝刀轻轻敲击AFS外壳,随动电压应有变化为好。如果发动机转速大幅度地忽快、忽慢地变化,甚至熄火,表明AFS有故障。

⑥ATS为负温度系数NTC热敏电阻(图1-37中未画出)。气温为20℃时,电阻值应为2~3kΩ;电压值应为1~3V为好;气温高时,其电阻值应按比例减小。

七、进气压力传感器MAP

D型喷射系统,是采用进气压力传感器MAP来度量进气量的多少。进气管内绝对压力的高低,也代表了进气量的多少,转换为电压信号给ECM,决定喷油量的多少。MAP多用软管与进气管连接,有的则直接装在进气管上,减少了漏气故障。这种传感器尺寸小,响应性好,使用较广。

1. 进气压力传感器构造和工作原理

如图1-38所示,它由外壳、压力室、膜片、压敏电阻等组成。

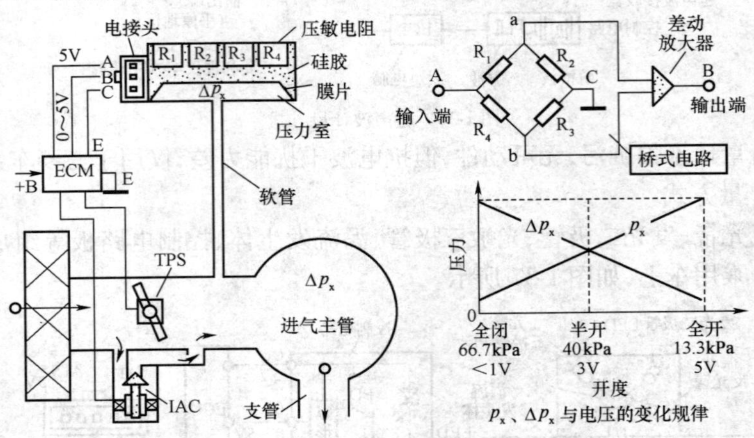

图1-38 进气压力传感器的桥式电路

(1)4个压敏电阻R_1、R_2、R_3、R_4形成了桥式电路,用硅胶传递压力,产生压敏电阻效应,使电阻值变化,破坏了电桥的平衡。当输入端A加上5V的电压时,输出端B即产生随压力变化的随动电压0~5V给电脑ECM。

(2)压敏电阻效应:

R_1、R_3为正应变$R_1+\Delta R$;$R_3+\Delta R$。R_2、R_4为负应变$R_2-\Delta R$;$R_4-\Delta R$。

因而在桥的a、b两端产生电位差,产生正比于绝对压力的电压信号,通过差动放大器处理后,从B端输出给电脑ECM。其电压值与绝对压力成正比,与Δp_x成反比。

2. 进气压力传感器的检测方法

进气压力传感器(MAP)的好坏,除用专用仪器检测外,还可用万用表检测对应各工况的电压值,其程序如下:

(1)拔下真空软管,打开点火开关,AC端即输入5V的工作电压。

(2)用手动真空泵对MAP施加13.3~66.7kPa的负压(此负压即节气门全闭、全开时的Δp_x),测出BC端的随动电压值。其电压值应与绝对压力p_x成正比;与Δp_x成反比。至少要测出对应节气门全开、半开、全闭这三个位置的电压值。

如图1-38所示:p_x、Δp_x与电压的变化规律(三点法):Δp_x↑、p_x↓、电压↓、喷油量↓;Δp_x↓、p_x↑、电压↑、喷油量↑。

(3)无真空泵时,就用真空表,动态下配合测量,或用嘴吸软管,一般Δp_x可达20kPa左右;对应电压值为4.4V为好。

3. 进气压力传感器的故障

MAP是一次性使用的电元件,因其本身无摩擦件的影响,故障率较少。它最怕漏气和Δp_x不正常,Δp_x直接受发动机密封性能、点火性能、空燃比的影响,故MAP报警往往是假性故障,它本身通过检测各工况输出电压值后,应从其他方面排除影响MAP的相关因素。

八、怠速空气调节器(俗称怠速阀)

因为发动机的运行条件是变化的,怠速运转时的喷油量和空气量的多少应随机调节,目的是保持怠速时空燃比(A/F)的稳定值和排放值的稳定性。

所谓运行条件是指怠速运转时的冷却液温度、气温、摩擦损失、燃油品质、额外负荷等因素的变化。电脑ECU据此输出修正喷油多少的信号,怠速空气调节器随机调节怠速空气量的多少。

1. 怠速空气调节器的作用

(1)保证低温起动后的快怠速热起,使发动机转速达1 500r/min。此时,ECU根据CTS和ATS的信号多喷油(一般多喷2ms),怠速调节器也应多进气,应有100s的快怠速状态。

(2)热起后喷油量减少。进气量也相应减少,维持平稳的低怠速运转。四缸机800r/min;六缸机和八缸机600~700r/min。

(3)额外负荷加大时,又处于快怠速状态和稳定的怠速状态,适量地多喷油和多进气,防止发动机转速降低而熄火。

额外负荷是指空调接通、动力转向工作、自动变速器P/N挡开关进入运行挡位、全车电器投入使用等情况。此情况下,都会造成怠速转速下降200~400r/min不等。

2. 怠速空气调节器的形式

(1)体外直推式。在节气门体外面,利用电动机使节气门适量微开,调节怠速空气量。

(2)怠速旁通道式。在节气门体内,另设怠速旁通道,跨接节气门前后,用怠速阀调节怠速空气量。

3. 体外直推式怠速空气调节器

如图1-39所示,利用步进电动机正反两个方向的转动,通过推杆长度的变化,调整节气门在怠速时开度的大小。传统的观念认为:因有节气门复位扭簧的存在,它的推力要大(减速增扭、增推),对控制速度变化的响应性较差,且进气量变化率较大,稳定性较差。但近年来经过不断改进,大众车系采用了"直推原理"组合式怠速阀(IAC+TPS),效果非常好。将在后续内容中讲述。

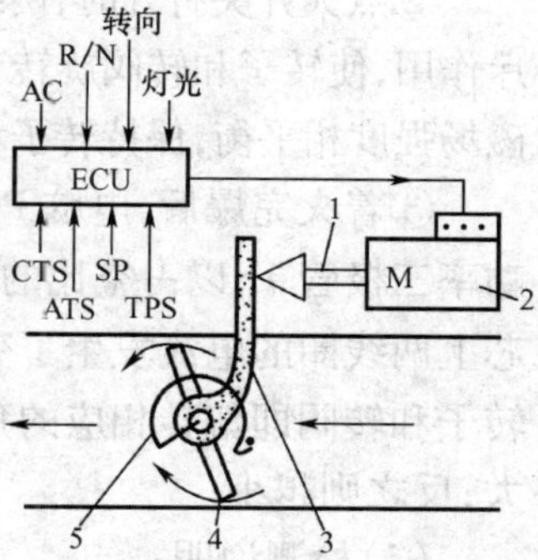

转向
R/N
AC
灯光
ECU
CTS
SP
ATS
TPS
M

图1-39 体外直推式怠速空气调节器
1-推杆;2-步进电动机;3-操纵臂;4-节气门;5-复位扭簧

4. 旁通气道式怠速空气调节器

利用平阀、锥阀、转阀,对怠速旁通道的大小进行调节或用开启时间的长短来调节。因对阀驱动方法各异,又分为电磁阀式、转阀式、步进电动机式等多种结构。

1)电磁阀式怠速空气调节器

如图1-40所示,它受ECM(ECU)控制,有负荷自调功能。阀杆上套有尼龙波纹管,是为了消除阀门内外压差对阀门开启位置的影响。阀门开闭程度的大小,由电磁吸力和弹簧力的相互作用决定。一旦波纹管损坏,在Δp_x的作用下使阀门常开,怠速失控。ECM通过三极管以占空比的方式来控制阀门开启度。

占空比是一个脉冲循环周期线圈通电时间所占的比值（%）。占空比越大，阀门开启时间越长，进气量越多，怠速越高。

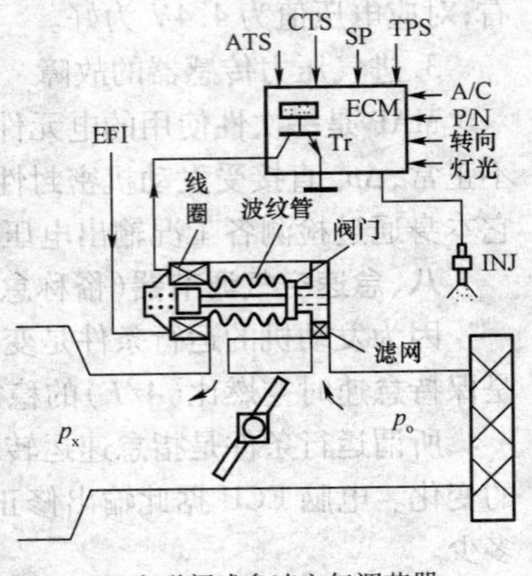

图 1-40　电磁阀式怠速空气调节器

2）转阀式怠速空气调节器

转阀式怠速阀体积小、质量轻，对控制信号的响应性好，控制的空气通道面积大。

（1）结构和工作原理：

转阀式怠速空气调节器是利用两个铁芯通电后，产生合成磁场力，与永久磁铁转子的磁场力相互作用与平衡，使转子和转阀偏转相应角度，来调节空气量的多少，完成快怠速控制和保持平稳最低怠速。其结构和原理如图 1-41 所示。

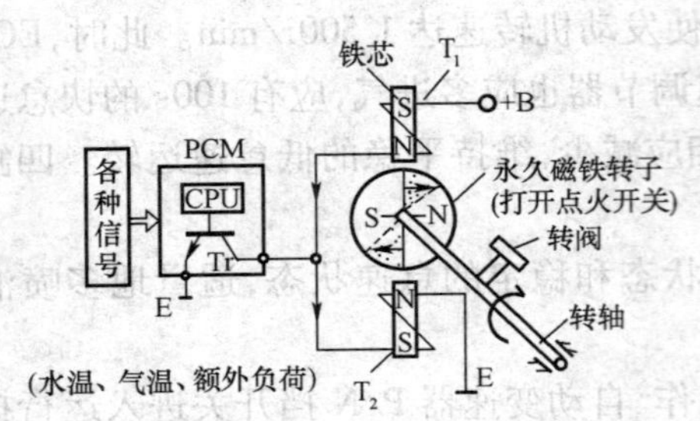

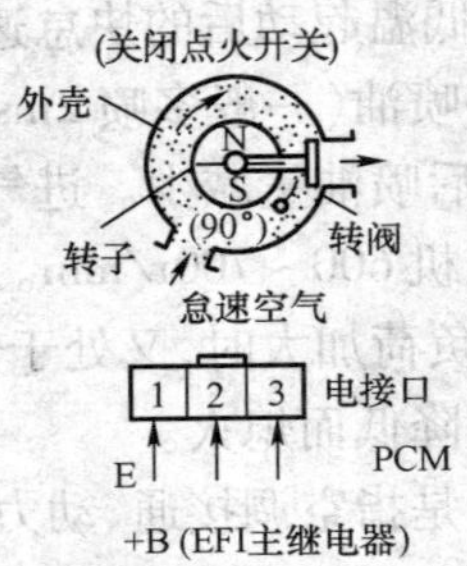

图 1-41　转阀式怠速空气调节器结构和原理

①点火开关关闭时，两铁芯上线圈 T_1 和 T_2 的磁场消失，永久磁铁转子的磁性，对铁芯产生反动吸引（逆时针转动），使其转阀全关，切断怠速空气通道，防止了不熄火现象的发生。此时，转阀上的转子磁极为一上、一下的排列。

②点火开关打开时，两线圈同时通电而磁化，使两铁芯产生等强度的合成磁场。因磁力的吸斥作用，使转子和转阀旋转 90°而全开，其磁极为一左、一右。铁芯的磁场强度与永久磁铁转子的磁场强度相平衡，保持转子和转阀定位不动，为冷起动提供最大的空气量，便于着火完爆。

③着火完爆后，电脑 PCM 根据各种信号（冷却液温度、进气温度、额外负荷等信号），使大功率三极管 Tr 以占空比的方式导通，控制着线圈 T_1 的搭铁回路和线圈 T_2 的电流来路，使铁芯上两线圈的电流发生了变化，线圈 T_1 电流加大，线圈 T_2 电流减小。因而，两磁场强度失衡，转子和转阀即偏转相应的角度，处于需求的最佳位置。占空比越大，转子和转阀偏转的角度越大；反之则越小。

（2）检测说明：

①两线圈的电阻值都为 60Ω，通电后所产生的磁极相对。如从电接口处给端子 2 和 1 加上 12V 电压，转阀应能全开为好；否则为脏污、犯卡或损坏，应清洗或换新。

②清洗了怠速阀后，如最低稳定怠速超出了规定值。转阀的外壳上有两个调节弧槽，松开其固定螺钉，转动外壳，即可改变转阀的初始开启位置，从而改变怠速转速的高低。

③转阀的维护周期为 2 万 km，到期应拆下清洗其油垢和积炭，或根据其工作性能的好坏，视情维护（清洗或调整）。维护后应使发动机加上额外负荷（打开空调或前照灯等）时，怠速转速等于或略高于正常怠速转速为好。

④怠速阀正常工作的前提，是节气门位置传感器的初始位置应正常。即初始位置的输出电压正常(0.7V)，从而就保证了其数字电路中的怠速触点为 ON 的状态，怠速阀才能据此投入工作。

3)步进电动机式怠速空气调节器

步进电动机式怠速阀用来调节怠速旁通道通气断面的大小，调节范围较宽。它根据冷却液温度信号 CTS、进气温度信号 ATS、额外负荷信号的高低和大小，有 0～125 个调节步级，步数与进气量呈线性关系，因而，广泛地用于 D 型、L 型、LH 型、LD 型等汽油喷射系统。

(1)构造和工作原理：

①它由锥阀、螺杆、定位弹簧、螺母、永磁转子、定子绕组、壳体等组成，如图 1-42 所示。由 ECU 用正反向控制电路，进行步进操作。其阀座处有水加热通道，防止因缝隙进气流产生降温结冰现象。

②螺杆的螺旋角较大，摩擦损失小，传动效率高，无自锁作用。人工推拉锥阀，可自由进出，以试验其动作的灵敏度。螺杆上有导向槽，只能使锥阀轴向移动。定位弹簧是防止转子因转动惯量较大，而产生转动偏移现象，用来随机定位。

③永磁转子内壁置有螺母，它由多对永久磁铁组成，N 极和 S 极沿圆周相间排列，一般为 8 对永久性磁极。

④定子绕组分两种形式，如图 1-43 所示。

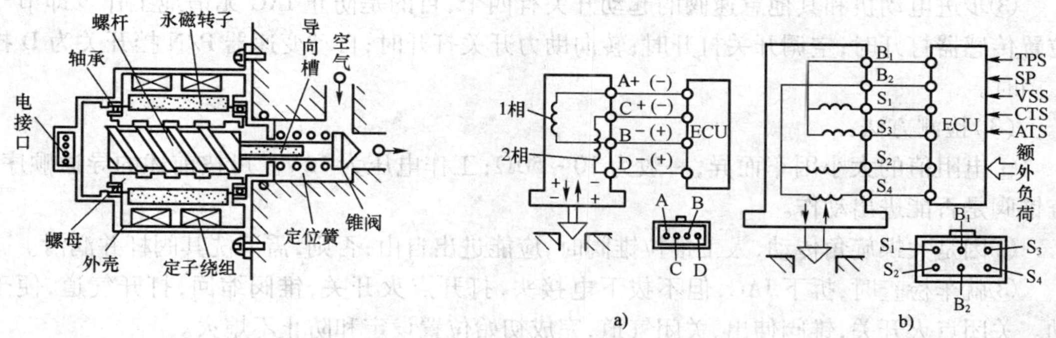

图 1-42 步进电动机式怠速空气调节器

图 1-43 定子绕组的两种形式

a)一个定子组四接头；b)两个定子组六接头

一种形式是一个定子组，内有 2 个线圈(1 相和 2 相)，绕线方向相反，为四接头 IAC，锥阀伸出，AB—CD(+、-)依次导通；锥阀缩回，DC—BA(-、+)依次导通。

另一种形式是两个定子组，内有 4 个线圈(1、3 相为一组和 2、4 相为另一组)，绕线方向相反，为“六接头”IAC。锥阀伸出，S_1—S_2—S_3—S_4 依次导通；锥阀缩回，S_4—S_3—S_2—S_1 依次导通。

⑤定子线圈被多对导磁性好的爪极包围，通电后产生磁极(N、S)。电流方向可变，极性也可变，因而转子能正转和反转。

⑥转动一步等于一个爪极的转角，通常为 8 对爪极，一个定子有 16 个爪，爪间的相位转角为：360°/16 = 22.5°；两个定子的有 16 对爪极，共有 32 个爪，爪间的相位转角为：360°/32 = 11.25°。也就是一个步进脉冲，转子转动 11.25°，锥阀轴向移动 0.08mm，转子旋转的总圈数为 3.9 圈，总行程为 10mm，转速调节范围为 300r/min，常用步数为 5～45 步，如图 1-44 所示。

⑦步进原理。ECU 通过各相位的 Tr 管，使各相绕组依次交替导通，利用同性相斥，异性相

吸的原理,来驱动转子和锥阀移动。

⑧换向转动原理。ECU 按步进顺序,反向切换线圈中的电流方向,使定子的极性转换。可利用反向器转换定子的极性,或使各相位角提前、迟后导通,使定子的极性改变而换向。

(2)性能特点:

①定子未导通前,转子靠永久磁铁的磁性定位,关键是定在什么位置。为此,应该设定初始位置。所以关闭点火开关,断电后 ECU 延时 2s,使转子和锥阀到达关闭位置,听到"咔"一声;否则,正反转即失控(脏污、犯卡造成)。

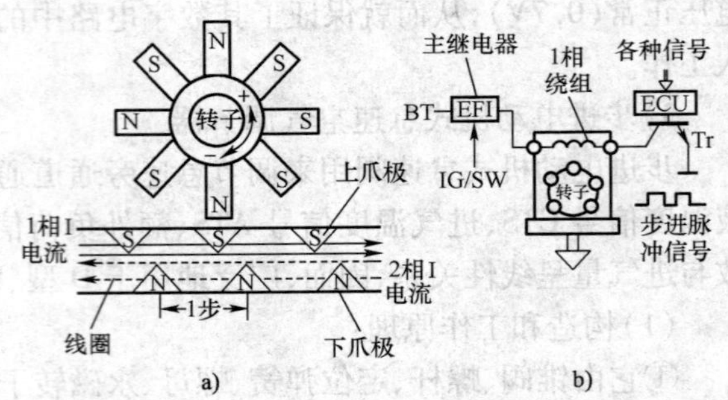

图 1-44　步进电动机的工作原理

a)定子组;b)定子的控制电路

②转子的旋转方向,决定于输入定子的第一个脉冲时的极性,第一个脉冲总是通往打开旋转方向的绕组,以便于起动空气量的建立。打开的步数,决定于冷却液温度 CTS、进气温度 ATS 的信号值。如果转子和锥阀卡死在不坐落的位置(脏污后),起动时的空气量即失控,影响起动着火几率和怠速的调节功能,不熄火现象可能发生(炽热点火造成)。

③步进电动机和其他怠速阀的起动开关有四个,目的是防止 IAC 无谓地工作。即节气门位置传感器打开时;空调开关打开时;转向助力开关打开时;自动变速器 P/N 挡开关为 D 挡或 R 挡时。

(3)检测方法:

①电阻值的大小因车而异,一般为 10 ~ 50Ω;工作电压为 12V。可按前述的导通顺序,检查锥阀是否能进出动作。

②因是大螺旋角传动,人工推拉锥阀时,应能进出自由;否则,需清洗其阀杆并润滑。

③就车检查时,拆下 IAC,但不拔下电接头,打开点火开关,锥阀缩回,打开气道,便于起动。关闭点火开关,锥阀伸出,关闭气道,完成初始位置设定和防止不熄火。

④IAC 清洗后或消码后或换新后,在静态下反复打开后关闭点火开关数次,间隔时间为 5s,使其正反转动,设定初始位置。再动态加速到 3 000 ~ 3 500r/min,保持 3 ~ 5min,再回到怠速位置,IDL 为 ON,使其在正常工作范围内,全行程恢复学习控制记忆功能。如此反复进行 3 次(换蓄电池或换电脑后,也应如此操作)。

⑤以 10s 的间隔时间,进行加载试验。打开空调,自动变速器挂入 D 挡或 R 挡,有转向助力的汽车转向盘打到底,保持 5s 的时间。发动机转速应等于或略高于正常怠速值 100r/min 为好。这说明 IAC 的额外负荷自调功能良好。

⑥通过三项额外负荷加载试验,如不符合要求,应在仪器的监控下,调节节气门位置传感器的初始位置,或节气门限位螺钉,使 IDL 为 ON,或更换新的 IAC。

(4)步进电动机的故障:

它是一个工作频繁的电控元件,故障率较高,一般多在 2 万 km 后与喷油器一起清洗维护。主要是脏、堵、犯卡、运动迟缓。关闭点火开关后,2s 内不能坐落复位,造成初始位置不对,致使怠速过高、过低、游车、熄火或不能熄火,应清洗维护或换新。

节气门位置传感器失准。IDL-OFF,IAC 停止工作,也失去了异步喷射的起步加速能力,多为乱调节气门限位螺钉造成的故障,又造成 EGR 阀和炭罐系统过早地投入工作而游车。

九、节气门位置传感器

1. 节气门位置传感器的作用

反映节气门开度的大小和动作的快慢,是 ECU 感知负荷大小和快慢的输入信号。为此,成为 ECU 进行怠速控制、点火提前修正控制、异步喷射控制、急加速控制、急减速控制、断油控制等多功能的主要信号。

2. 全程式节气门位置传感器的构造和原理

1)构造和原理

节气门位置传感器是一个变阻电位器,只是多了一个怠速触点 IDL 开关电路,输出渐进随动电压信号,使电脑 ECU 有开度的大小、加速率和减速率的感知能力。用于 D 型、LH 型、LD 型汽油喷射系统。

如图 1-45 所示,变阻电位器用炭精镀膜电阻或陶瓷薄膜电阻制成,滑动触点臂用复位扭簧控制,与节气门同轴转动。当输入电压为 5V 时,输出 0~5V 渐进随动阶梯电压,与节气门开度成正比,目的是提高输出电压的稳定性,以防止在阻力无常的道路上颠簸行驶时,加速踏板抖动,使信号失准。不少节气门位置传感器为三接头式,没有怠速触点 IDL 开关电路,其怠速触点 IDL 在 ECU 中为数字控制电路或单独安装在节气门附近为一碰撞式开关电路。输出的电压信号变化率与转速传感器 SP、车速传感器 VSS 相配合,使 ECU 具备了逻辑分析的能力,还具有多项控制功能。

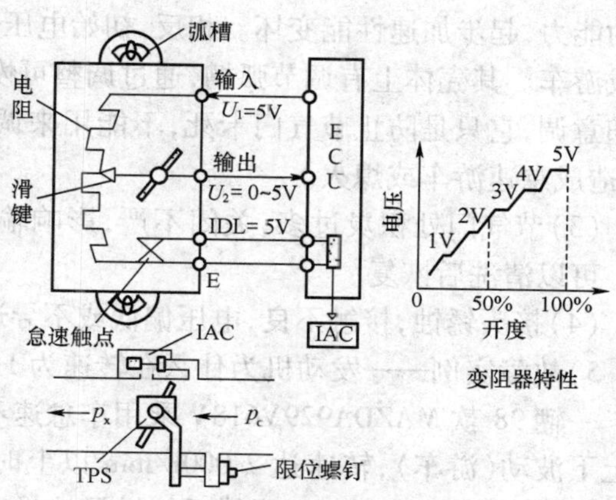

图 1-45　全程式节气门位置传感器原理图

2)节气门位置传感器的多项控制功能

(1)怠速控制。节气门全关,怠速触点 IDL 导通,触发怠速阀 IAC 的电路投入工作,保证平稳怠速运转。

(2)点火提前角的控制。当 TPS 的 IDL 为 ON 时,点火提前角即减小,保证怠速平稳运转和减小排放污染。

(3)起步加速增量控制。节气门开大,怠速触点 IDL 从导通变为断开,增加一次或多次异步喷射,提高了起步加速性能;否则,起步加速不平顺(犯闯)。此时,怠速阀 IAC 即停止工作。

(4)急加速增量控制。节气门快开时,TPS 的加速率信号给 ECU,调动浓度单元使空燃比变浓,同时增加一次或多次异步喷射,提高了加速响应性。

(5)急减速断油控制。高速行驶中,节气门急速关闭,TPS 产生急减速率信号,IDL 为导通,ECU 产生了断油控制。因此时发动机被反拖,转速较高,如转速 $n>1\ 800$r/min 时即断油控制,减小污染并节省燃油;当 $n<1\ 200$r/min 时又喷油,保证怠速运转。

(6)超速断油控制。如加速踏板踩到底后,输出电压达到了 5V,发动机转速超过 6 500r/min时,即停止喷油、点火,防止机件损坏,是保护功能。

(7)清缸断油控制。如多次起动不着火,缸内积油过多,火花塞淹湿不再跳火,可将加速踏板踩到底,产生全开 5V 的断油电压信号,用起动机拖动运转片刻,通过进气和排气过程,排掉缸内积油后，放松加速踏板，再起动运转。

(8) 自动变速器换挡控制。自动变速器换挡的主要信号是 TPS、SP、VSS 这三个逻辑控制信号，TPS 必须不间断地输出对应的电压信号，给自动变速器电脑 ECT，才能准确地换挡。

3) 节气门位置传感器的性能参数

输入电压为 5V，输出电压为 0 ~ 5V 的随动电压，全闭时为 0.7V，全开时为 5V，全闭时电阻值为 0.6 ~ 1kΩ，全开时为 4 ~ 5kΩ；全闭时 IDL-ON，稍开大时 IDL-OFF。

4) 节气门位置传感器的故障

节气门位置传感器是个摩擦件，工作频繁，所以是易损件，其故障多为：

(1) 镀膜失效，阻值变化造成输出电压失准，起步犯闯 加速不良，应换新件。

(2) 初始位置失准，输出电压偏高或偏低，造成怠速偏高或偏低。初始电压过高时，IDL 为 OFF，使 IAC 停止工作，造成怠速不稳。起步加速无 IDL 的 ON/OFF 信号输出，丧失了异步喷射的能力，起步加速性能变坏。相反，初始电压过低时，IDL 持续导通的时间过长，断油功能会造成游车。其壳体上有调节弧槽，通过调整可恢复正常。必须说明，节气门体上的限位螺钉不能随意调，它只是防止节气门卡死，不能用来调节怠速的高低；否则，IDL 为 OFF，IAC 停止工作，造成怠速游车或熄火。

(3) 节气门处积炭过多，关闭不严，影响输出电压值和流量值，造成空燃比失准，怠速不稳。可以清洗后恢复。

(4) 接头锈蚀，接触不良，电压偏低或不导通。可清洁处理，再涂上保护油脂。

5) 故障实例——发动机为什么在转速为 1 800r/min 时游车

一辆 98 款 MAZDA929V618V 乘用车怠速不稳，起步加速犯闯，在 1 800 ~ 1 200r/min 范围内上下波动(游车)，转速达 2 000r/min 以上时，运转正常，无故障码。最初怀疑是空燃比失常，误认为是废气再循环和炭罐系统过早地投入工作，经过一番路试，故障照旧。

(1) 排除经过：

①四接头式节气门位置传感器外壳上的弧形槽转动过，不在中间位置，判定节气门位置传感器的初始位置不对。

②节气门位置传感器初始位置的电阻值为 0.35kΩ；输出电压值 U_2 为 0.4V(过小)，致使转速达1 800r/min时，怠速触点 IDL 还是 ON 的状态，节气门位置传感器的断油功能在这里作怪。

③根据维修手册规定：全程电阻值应为 6.4kΩ；怠速时电阻值应为 0.7kΩ，输出电压应为 0.8V。据此，调节了节气门位置传感器的初始位置，故障排除。

(2) 得到的启迪：

①转动了一下节气门位置传感器外壳，手到病除，这里面包涵一个机理，就是断油功能在此作怪。

②无故障码，不一定没有故障，代码的覆盖内容是有限的，电测量和原理分析是解决问题的前提。

③节气门位置传感器的初始位置和节气门限位螺钉，不能随意乱动，应依靠数据来调节。

④实践证明，凡是节气门位置传感器外壳可转动的乘用车，都会发生此类故障。

(3) 急减速断油控制功能的参与：

在高速工况时，突然放松加速踏板，节气门快速关闭，节气门位置传感器产生较大的减速率信号，IDL 为 ON，发动机被反拖，可有效地降低车速。此时，若转速高于 1 800r/min 即断油控制，一是为了省油；二是为了减小排放污染。若转速降到低于1 200r/min时，ECU 又恢复喷油，保证怠速运转。急减速断油和复喷功能的好坏，只有通过路试，用扫描仪检测。

因四接头节气门位置传感器的IDL是开关电路，可以利用IDL使汽车在静态下，判定断油和复喷功能的好坏方法如下：

①短接节气门位置传感器上的怠速触点，即IDL与E短接，实际IDL处于ON的状态。

②起动发动机，踩下加速踏板，使转速稳定在1 800r/min左右。

③转速表指针即在1 800～1 200r/min之间大幅度地游车为好。

④否则，即说明节气门位置传感器的IDL和ECU的相关电路有故障，无断油功能。

由此可见，此现象如果在不短接IDL与E的情况下出现，即表明节气门位置传感器出了问题，原因只能有两个：一是，节气门位置传感器的IDL电路有短路故障；二是，节气门位置传感器的初始位置调节不当，初始电压过低，IDL为ON的时间过长，即IDL为OFF的过迟，致使转速升高到1 800r/min时，IDL还是ON的状态，断油功能随机出现，如图1-46所示。

3.大众车系的组合式节气门体

大众车系多采用组合式节气门体（如JETTA车），它是把节气门位置传感器TPS和直推式的怠速阀IAC融为一体，取消了怠速旁通道，简化了节气门体的结构，如图1-47所示。

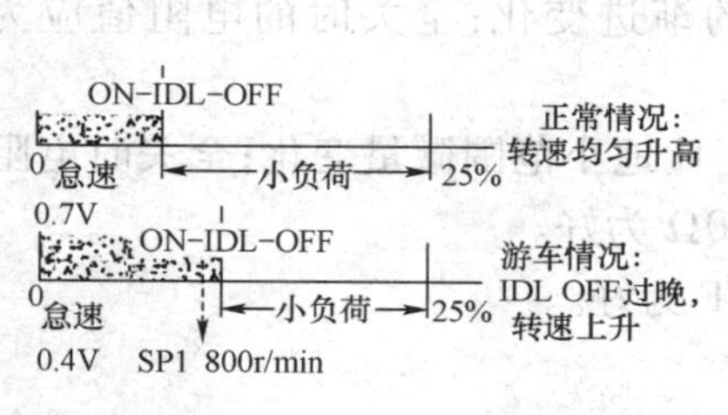

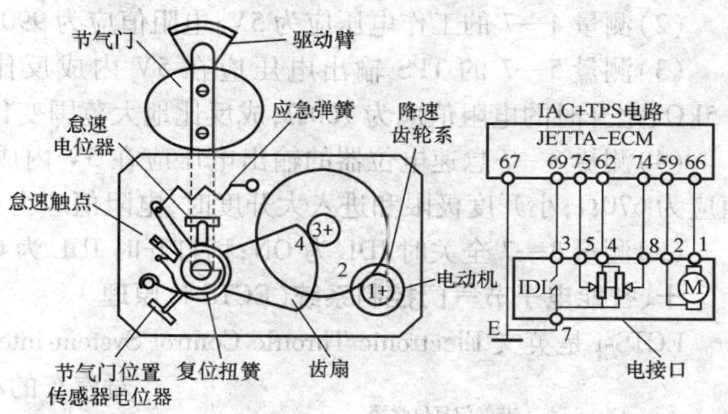

图1-46　IDL为OFF的过迟，断油功能的出现

图1-47　组合式节气门体的原理简图（JETTA车）

1）结构特点

（1）它由正反转电动机、两级降速齿轮、怠速节气门电位器、节气门电位器（TPS）、怠速触点（IDL）、应急弹簧等组成。封闭式的外壳，只能用仪器检测其好坏情况，不能打开人工清洗或调整。若出现故障，只能换新。

（2）怠速控制系统的IAC和节气门位置传感器TPS组合为一体。发动机的怠速控制是一个连续的动态平衡过程，是由TPS和IAC协同完成的。ECM根据TPS信号、转速信号、冷却液温度信号、额外负荷等信号，与规定值比较后，得出偏差修正量，调节喷油量和空气量的多少。怠速空气量的调节由正反转电动机控制，它经两级降速后，直接驱动节气门动作，完成快怠速和低怠速空气量的调节（此谓直推式的怠速调节机构）。IAC和TPS两者合一，有利于结构的简化和综合优化控制，它是智能化节气门体的原始雏形设计。

（3）节气门位置传感器（TPS）为双级连接控制。它是为了补偿小开度充气量巨变的缺点，专设了小开度微调控制区。进入大开度时，即转为随动线性控制区。因节气门在小开度时，空气流量变化率较大，设置了平缓变化的怠速节气门电位器，进行微动量化反馈控制，以保证怠速的稳定性，如图1-48所示。

（4）怠速自动调节机构与驱动臂之间为单向传动关系，分别驱动，互不影响。当节气门开度进入中等负荷后，即转入 TPS 的函数关系控制区，提供全程开度信号和加减速率信号。如怠速电机损坏或线路出现故障时，应急弹簧即将节气门拉回到怠速位置，防止转速失控。

(5)怠速触点 IDL 是一个碰撞电开关，它利用节气门轴上的摆臂碰撞闭合，在整个的怠速调节区内都闭合。IAC 依此信号而投入工作，进行快怠速或低怠速调节。当节气门进入中等负荷工况时，IDL 为 OFF，IAC 即停止工作，防止无谓的磨损。

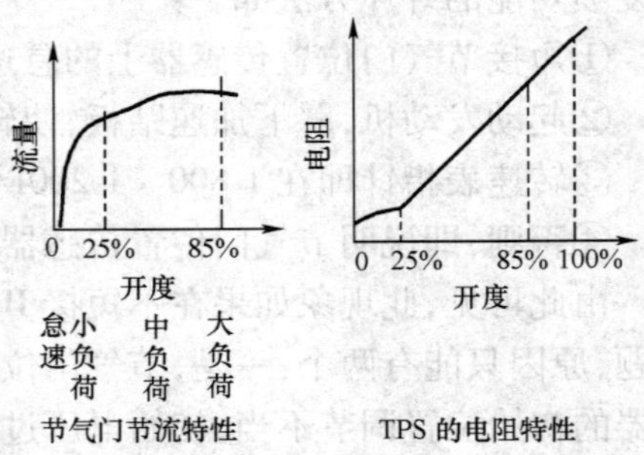

图 1-48 组合式节气门体电位器电阻特性

2)性能检测

组合式节气门体性能的好坏，可利用专门的仪器(如 V. A. G. 1551 阅读器)检测，通过数据流分析判断故障(如开度值、喷油脉宽值、转速值等)。也可用数字式万用电表，按图 1-47 编号，测电压值和电阻值的方式进行检查，作出正确的故障判断。

(1)测量 1—2 的工作电压应为 12V；电机绕组的电阻值应为 40Ω 为好。

(2)测量 4—7 的工作电压应为 5V；电阻值应为 990Ω 为好。

(3)测量 5—7 的 TPS 输出电压应在 5V 内成反比的渐进变化；全关时的电阻值应为 1.5kΩ；全开时的电阻值应为 760Ω，成反比地大范围变化。

(4)测量 8—7 怠速电位器的输出电压应在 5V 内成正比地小范围微量变化；全关时电阻值应为 670Ω；小开度极限和进入大开度时，电阻值应为 690Ω 为好。

(5)测量 3—7 全关时 IDL 为 ON；稍打开时 IDL 为 OFF 为好。

十、智能电子节气门控制系统(ECTS-i)原理

ECTS-i 是英文 Electronic Throttle Control System-intelligent 的缩写。随着时代的发展，人们对汽车的动力性、经济性、净化性、舒适性、安全性和方便性提出了更高的要求，为此，多样化、智能发动机管理系统就应运而生。智能化电动直推式节气门体，在新款的乘用车上日渐广泛使用，替代了拉索式的控制方式。从而使发动机的转速和功率调节进入了多功能智能化控制领域，如图 1-49 所示。

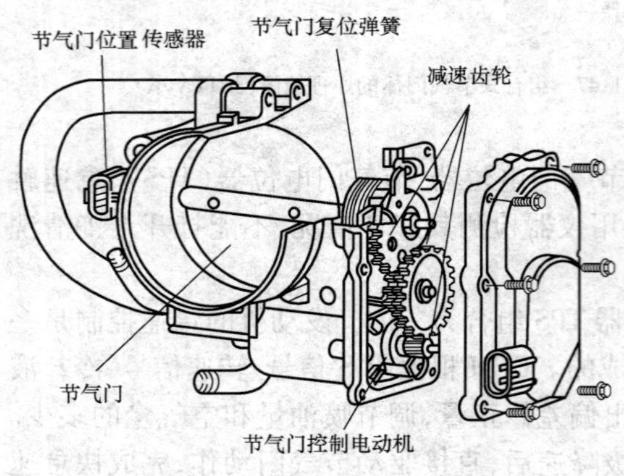

图 1-49 智能电子节气门体系统结构

1. 取消钢丝拉索的好处

(1)钢丝拉索与其导管间的润滑油质一旦耗尽，就会犯卡失去复位能力，使发动机转速失控，产生意外机械事故(飞车或换挡困难而失控)。

(2)发动机与车身是弹性连接，一旦弹性元件损坏，相对位置发生变化，影响加速踏板全程控制能力，动力性和经济性及净化性变坏。

(3)简化了各控制系统的整体结构，综合控制功能得到提高，进入优化智能领域，省掉了机械部位的维护、调整内容(拉索过松、过紧等)。

①取消了怠速旁通气道和各式怠速阀(IAC)，没有了犯卡漏气等故障和相关维护内容(漏气！混合气变稀，进气管真空度 Δp_x 降低，氧传感器反馈喷油量增多，油耗加大)。

②取消了防滑转 TRC 系统的转矩控制用副节气门。

③取消了巡航控制系统的巡航真空拉力器或巡航控制电动机。

④进行反馈控制。ECU 根据当前车速、道路情况、发动机工况这三个逻辑条件，决定节气门优化开度，控制和调节喷油量的多少和点火提前角的大小。

(4)提高了发动机的经济性(油耗降低了)和净化性(排放污染减小了)及适应性(对道路状况)。具备了智能保护功能，驾驶的平顺性和舒适性提高了，ECU 可根据实际车速、道路情况(特别是搓板路面，更为有利)，发动机工况这三个逻辑条件，判定汽车对道路的适应性是否正常，有无意外操作失误，决定是否投入工作，减小了对传动系统的扭转冲击，如图 1-50 所示。

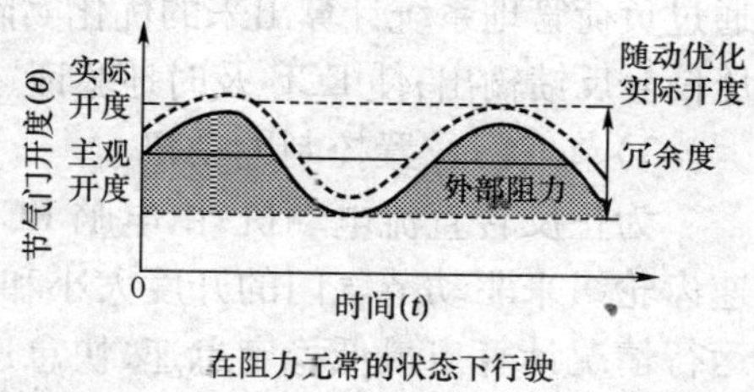

图 1-50　智能电子节气门对道路的适应能力

注：1. 发动机负荷 = 内部阻力 + 外部阻力 = 节气门开度；

2. 内部阻力为常数；

3. 外部阻力为道路平整度和额外负荷的变化无常；

4. 外部阻力加大，节气门开度自动加大；反之亦然

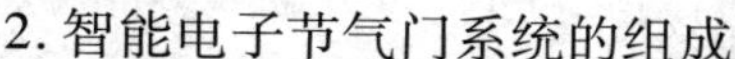

2. 智能电子节气门系统的组成

智能电子节气门系统由加速踏板位置传感器、节气门位置控制电机、电磁离合器、节气门位置传感器等电元件组成。它受 ECU 控制，ECU 和多个控制系统联网工作，具备了综合智能控制能力，如图 1-51 所示。

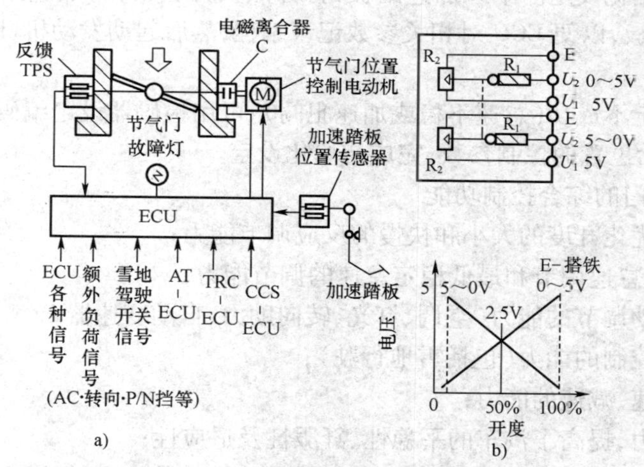

图 1-51　智能电子节气门系统原理

a)系统图；b)双轨道电位器 TPS

R_1-固定电阻；R_2-滑键电阻；U_1-输入端；U_2-输出端

3. 智能电子节气门系统的工作原理

1)加速踏板位置传感器

产生加速踏板的开度和速率电压信号给电脑 ECU。多为可靠的双轨道正反比线性变化的电位器，保持不间断的电压信号输出，此为驾驶员的主观意图指令开度信号，保持不间断的电压信号输出，确保发动机正常地工作。

2)节气门位置传感器

将节气门实际开度电压信号和速率电压信号反馈给电脑 ECU，成为是否满足要求的比较数据，以便 ECU 对节气门的实际开度进行监控和优化调节修正。节气门的实际优化开度，并不等同于主观指令开度(应有一定期望范围的冗余度)，它是 ECU 根据行驶工况中各种传感器信号，

通过负荷管理系统计算出来的优化实际开度控制参数。它也是双轨道电位器,保持不间断的电压信号反馈输出,使 ECU 及时地验证、修正、调节。因而,它是智能化的反馈控制系统。

3)节气门位置控制电动机

为正反转直流电动机,由电脑 ECU 以占空比的方式,控制电流的大小和驱动方向,再经减速齿轮组来驱动节气门的开度大小和速率值的高低。节气门开度完全由 ECU 控制,它会根据运行情况计算出最低稳定怠速、快怠速及其他工况所需的进气量,然后调整节气门开度,油耗量和排放污染值自然会达到法规的要求。

4)电磁离合器

正常状态时,电磁离合器为通电常接合驱动状态,起连接作用。当系统有故障时,故障灯即点亮,电磁离合器即应急断电分离。节气门在复位扭簧的作用下关闭(微开 7°),维持快怠速状态,以便汽车能缓慢回家,起失效保护作用。

5)初始位置的设定

因节气门的控制不是直接机械驱动,初始位置的设定,是让 ECU 准确地得知加速踏板位置传感器与节气门开启程度,所对应的实际关系位置是否相符。

目的是保证系统的全程控制,恢复原设定的记忆功能。当更换 ECU 后,或维修更换节气门体,或更换电位器后,应进行初始化设定。设定方法如下:

(1)人工进行初始化设定。不踩加速踏板,打开点火开关;再将加速踏板缓慢地踩到底,再缓慢地松开加速踏板,以便 ECU 对相关参数记录编程;然后起动发动机,即可完成初始位置的设定。

(2)如果人工设定不成功(怠速不稳或加速犯闯),可用检码器设定编码,对计算机进行下载处理,即能恢复初始位置的控制参数,完成初始化设定。

4. 智能电子节气门的综合控制功能

(1)节气门实际优化开度的大小和快慢的反应调节能力;

(2)冷起动后,快怠速调节和最低稳定怠速的调节能力;

(3)额外负荷自动调节的能力(空调、灯光、转向助力、自动变速器 P/N 挡等);

(4)防滑转转矩控制的能力(包括雪地行驶);

(5)巡航控制升速、减速的能力;

(6)智能保护能力,提高了汽车的平稳性、舒服性及适应性;

(7)失效保护能力(电磁离合器断电,节气门维持快怠速状态,缓慢回家);

(8)自诊断能力,全面提供该系统各电器元件的故障码(4 个电器元件代码)。

十一、冷却液温度传感器和进气温度传感器

1. 作用

使喷油量随温度自动地成反比地变化。冷却液温度达 60℃,气温达 20℃时,即停止温度修正。喷油量和点火提前角的修正,由其他传感器信号来完成。冷却液温度传感器冷、热态温度差大,对空燃比的影响和调节范围也大,它的地位和影响力远大于进气温度传感器。

2. 构造和原理

它由壳体、传热材料、热敏电阻 NTC 组成,如图 1-52 所示。冷却液温度和进气温度传感器的区别点是有无保护套。NTC 是感应元件,不是执行元件。输入端电压为 5V,通过热敏电阻 NTC 后,由于冷却液温度不同阻值改变,输入端的电位在 0 ~ 5V 内变化,使 ECU 感受到不同的电压信号(类似水闸原理)。

3. NTC 温度——电阻特性(见图 1-52 中的特性曲线)

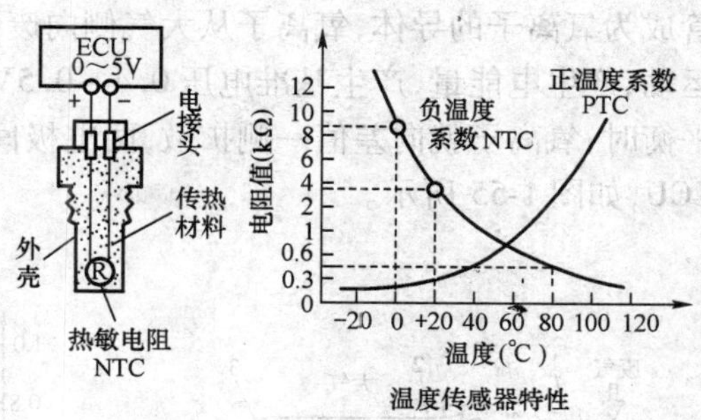

图 1-52 冷却液温度传感器和进气温度传感器

注:此图为示意图,纵坐标不等距。

温度升高,电阻值明显降低;温度降低,电阻值明显升高。即:t(℃)↑,R(Ω)↓,U(V)↓,喷油量↓;t(℃)↓,R(Ω)↑,U(V)↑,喷油量↑。当冷却液温度达 60℃和进气温度达 20℃时,即迅速停止修正喷油量,此谓“截止功能”。

4. CTS 和 ATS 的检测

可在车上就车测量,也可拆下用水加热测量其电阻值。依据特性曲线,测其电阻或电压值,一般测量 0℃、20℃、80℃的电阻和电压值。80℃时,电阻为 200～400Ω;电压为 0.1～1V。20℃时,电阻为 2～3kΩ;电压为 1～3V。0℃时,电阻为 8kΩ;电压为 4V。

5. CTS 和 ATS 的故障

(1)水垢、油垢是绝热失准的大害,造成空燃比(A/F)失准。失准造成冷起动困难、怠速不稳、加速不良或冒黑烟费油。为此,夏天也应用优质冷却液,防止水垢的产生。

(2)失效是指断路或导通。断路时,其电阻为∞,喷油量增大,怠速过高。导通时,电阻为 0,不再加浓,冷起动困难,热起时无快怠速。为此,有的 ECU 有截止功能,一旦失效就按正常冷却液温度喷油。

(3)他生故障影响自身性能的好坏。节温器的失效或失准,影响了机体温度的高低,特别是电动机风扇受 CTS 控制的冷却系统,尤为严重,造成节温器和电动风扇常开时,热起慢、冷却液温度低、加浓时间长、污染大、费油。节温器和电动风扇常关时,热起快、冷却液温度高、加浓时间短、发动机易过热。

(4)不管是冬天、夏天,都应使用具有防冻、防沸、防垢、防腐、防穴蚀功能的优质冷却液,才能保证电喷系统的使用性能。

(5)在使用周期内,50%的汽缸磨损发生在起动过程中,为此,冬季对 CTS 和 ATS 的性能检测尤为重要。

十二、氧传感器

1. 氧传感器作用

监控废气中氧的含量多少和燃烧情况的好坏,用电压信号反馈给电脑 ECU,处理后发出新的喷油指令,使空燃比控制在 14.7 这一最佳状态,它是属于有反馈功能的闭环控制系统。

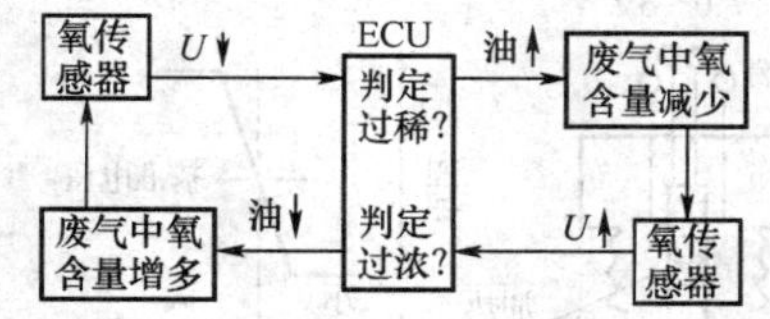

图 1-53 氧传感器的闭环反馈控制过程

氧传感器又是多路故障信号代言报警元件(如油泵好坏、喷油器脏堵等)。因此,可以说“一切自动化控制系统,都是利用反馈来实现控制,反馈在事物运动的因果关系之间架起了桥梁”,如图 1-53 所示。

2. 二氧化锆(ZrO_2)氧传感器的构造和原理

(1)二氧化锆氧传感器由二氧化锆(ZrO_2)陶瓷体制成,外罩保护套,锆管内外表面涂有铂催化剂层,作为电极。内侧通大气,氧浓度高;外侧通废气,氧浓度低,加热温度不够时为不平衡状态,如图 1-54 所示。

(2)工作时,加热到 300℃以上,当空燃比(A/F)为 14.7 时,大气侧的氧产生电离现象,锆管成为氧离子的导体,氧离子从大气侧向废气侧扩散,形成内外氧浓度的平衡,由于氧离子的运动,产生电能量,产生基准电压0.4~0.5V,形成气敏微电池。以此为界,一旦内外氧浓度不平衡时,氧离子就向差值一侧扩散,两电极间产生突变电动势 E,并将升压或降压信号反馈给ECU,如图1-55所示。

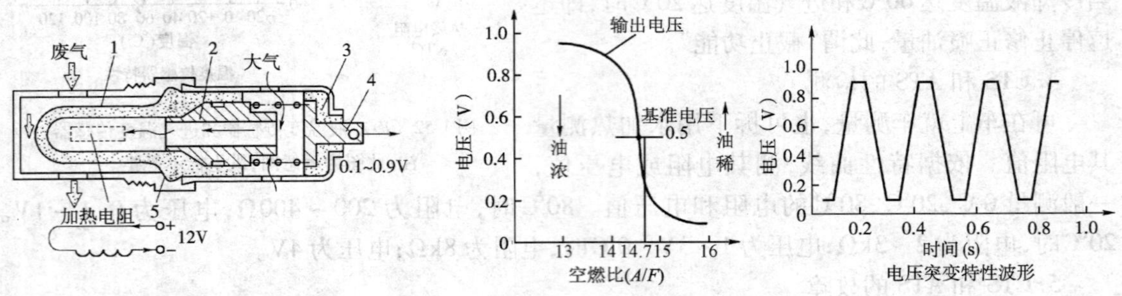

图1-54　二氧化锆氧传感器

1-锆管;2-电极;3-绝缘物质;4-电接头;5-外壳

图1-55　氧传感器的输出特性

(3)一旦空燃比(A/F)有偏差时,电压突变特性是:混合气浓时,废气中的 O_2 少、电压上升、喷油量即减少。混合气稀时,废气中的 O_2 多、电压下降、喷油量即增加。

(4)其反馈控制特性是:喷油量与氧含量成正比;电压值随节气门开度 θ 和转速 n 的变化(即空燃比的变化)而变化,在100~900mV之间为好。

(5)自加热式氧传感器(三线式氧传感器)。因单线式氧传感器是靠废气加热,热起中投入工作晚,处于开环控制状态,排放污染大。如在锆管的外侧加装加热电阻(5~40Ω,因车而异),能在小负荷、低排气温度时及早地调节空燃比(起动后20~30s内),它的加热过程也受ECU的控制。该型氧传感器可装在较远的排气管中,工作环境好,废气中的碳化物和铅化物的覆盖损伤小,使用寿命长。

(6)双氧传感器。有的车系在三元催化转换器前后各设有氧传感器,是对三元催化转换器还原效应的监控,通过两个氧传感器反馈控制信号,使空燃比处于最佳状态。

3. 二氧化钛(TiO_2)氧传感器的构造和原理

图1-56为二氧化钛氧传感器的原理和特性。

(1)传统的二氧化锆(ZrO_2)氧传感器将被二氧化钛(TiO_2)氧传感器代替。其钛片为嗅敏电阻,随氧含量而突变。输入端加上5V工作电压,输出端即产生0~5V随动电压。其体积小、电压变化幅度宽、反馈控制能力大、抗污染和抗干扰能力强。

(2)其原理类似冷却液温度传感器CTS,其电阻和电位的变化特性,随氧含量而变化。如混合气浓,废气中氧少,钛片中的氧分子即脱离,使其晶体出现缺陷,材料的阻值即降低;反之,电阻值即升高。

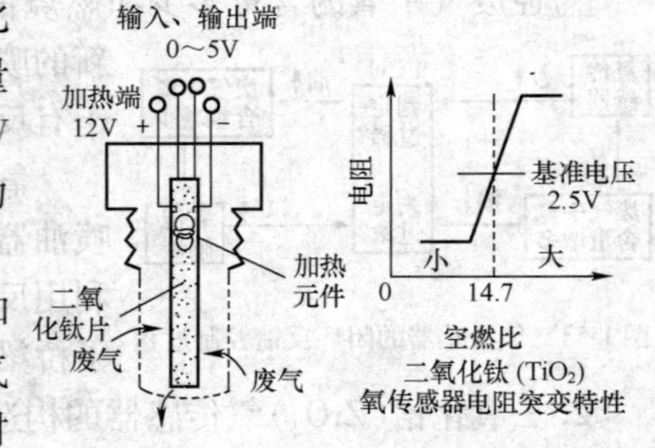

图1-56　二氧化钛氧传感器原理和特性

(3)信号电压与锆管相反,混合气浓,电压低;混合气稀,电压高。扩大了空燃比的控制范围,特别是对过浓、过稀的混合气调节控制,尤为突出。它的使用,可使供油管路发生重大变革(如本田市民车,为单管路供油,后续内容中专述)。

(4)为了提高其灵敏度和稳定性,必须有加热器(12V)。因此是四线式氧传感器。

4. 氧传感器性能检测

(1)加减节气门开度时,输出电压应在0.1~0.9V为好(钛片氧传感器为0~5V)。电压变化次数,在10s内应≥8次为好,这说明其电压突变特性的好坏和对空燃比修正功能的好坏。

(2)拔下进气管上任一真空管时,空燃比变大,锆管式氧传感器电压下降为0.1V为好(趋势)。钛片式氧传感器电压应升高。

(3)堵住空气滤清器管口,空燃比变小,锆管式氧传感器电压上升为0.9V为好(趋势);钛片式氧传感器电压应降低。

(4)二氧化锆氧传感器是微电压信号发生器,有些车氧传感器为防止高压电磁波干扰,其导线外面包有屏蔽网,应可靠地搭铁。

5. 氧传感器的故障

(1)碳化物和铅化物的覆盖,气体不能渗透,氧离子不能扩散,即失效报警,是氧传感器的多发病。

(2)它是闭环控制的多元故障报警器,对油泵油压的高低、滤油器的脏堵、三元催化转换器的脏堵都很敏感。一旦报警,应综合分析判断,辨明是自生故障或他生故障。

十三、转速传感器SP、点火正时传感器IGT、曲轴位置传感器NE和车速传感器VSS

该类传感器的构造和原理相同,因安装位置不同,显示的相关参数各异。常用的结构形式为磁电式、霍尔式、光电式。

1. 该类传感器的作用

1)转速传感器SP

产生曲轴转速和转角电压信号,以便判定转速的快慢和各缸的曲轴位置,转角信号能细分出每一度曲轴的位置。SP多和IGT/NE信号发生器合成为一体,控制空燃比和点火通断时间(闭合角和提前角),它是发动机工况的基本信号,是ECU逻辑电路中主要参数之一。

2)点火正时传感器IGT和曲轴位置传感器NE

检测活塞上止点TDC信号,控制正确的点火和喷油开始时间,计算机点火和喷油是程序控制。只要点火正时正确,喷油正时就正确,它是利用点火确认信号IGF的反馈,实现程序控制。这样,IGF、NE和SP就成为一体式传感器。它多装置在曲轴的前端或后端或在分电器中。

3)车速传感器VSS

提供车速快慢电压信号。ECU根据SP信号、TPS信号、VSS信号,具备了逻辑分析能力。减速时自动减少喷油量或断油;经济车速时(80~100km/h)为稀混合气($A/F=16\sim18$);加速时自动增加喷油量。

2. 安装位置

SP、IGT/NE多装在分电器轴上或曲轴的前端或后端飞轮上,凸轮轴位置传感器装在凸轮轴的前端,VSS多装在变速器的输出轴上。

3. 各种传感器的类型

1)磁电式传感器

磁电式的SP、IGT/NE、VSS传感器是交变脉冲信号发生器,多为一体式,其构造和原理如图1-57所示。

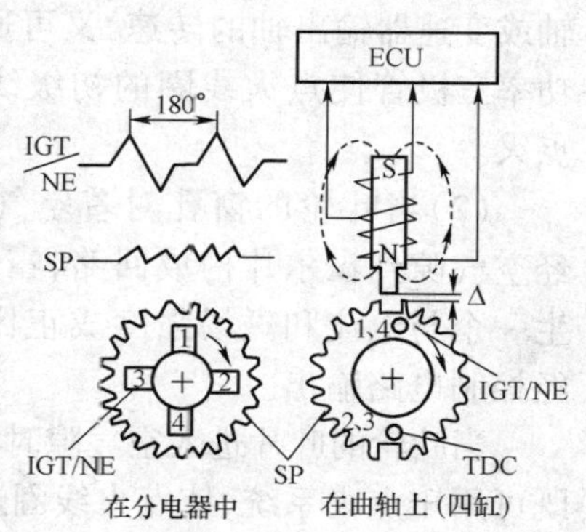

图1-57 磁电式传感器原理

(1)它由永久磁铁、线圈和触发齿轮等组成。齿轮上有许多方齿,作为对信号的激励手段。窄槽产生转速和转角信号 SP、宽槽产生各缸上止点位置的点火和喷油信号 IGT/NE。齿轮旋转时,由于空气隙的变化,使磁回路的磁通量发生了变化,产生感应电动势 E_1,其大小和齿轮的转速成正比;其频率和转速与齿数的乘积成正比。

(2)转速信号的产生。每转过一个齿就产生一个交变脉冲信号,曲轴每转一圈,产生几十个脉冲,单位时间交变电压的变化频率,表示了曲轴(或变速器输出轴)旋转快慢的步数,经电脑 ECU 处理后即确定为轴的转速。

(3)转角信号的产生。如曲轴上的触发齿轮为 60 个齿,对应一个齿的角度为:360°/60 =6°。ECU 根据 1 缸的判缸信号,对两缸间的脉冲间隔进行均分,细分出每一度曲轴转角的位置,精确地控制每缸的喷油和点火时刻。

(4)在齿轮上刻有宽槽(或凸齿),代表了各缸上止点 TDC 点火和喷油的位置,每当宽槽转到与信号发生器相对的位置时,激励信号便通过线圈的磁通量发生不同于窄槽的变化,产生不同的感应电动势 E_2,向 ECU 提供不同的交变电压信号,以判别上止点点火和喷油的位置。

(5)宽槽的数目因缸数而异,四缸机在曲轴上的宽槽为一个或两个,间隔 180°;在分电器上为 4 个凸齿,间隔 90°。六缸机在曲轴上的宽槽为 3 个,间隔 120°;在分电器中为 6 个凸齿,间隔 60°。

(6)一体式信号发生器(传感器)为三接头式,两个线圈的电阻不同,分别接收不同的激励脉冲信号。SP 为 130 ~190Ω;IGT/NE 为 1 ~1.5kΩ;向 ECU 提供不同的交变电压信号,高转速时电压可达 10V。也有独立设置的信号发生器、线圈的电阻值相同(因车而异)。

(7)传感器性能的好坏,决定于磁场强度、磁隙 Δ 的大小(1mm 内)和线圈的阻值,快转曲轴或分电器轴时,应产生 1.5 ~5V 的交变电压。或将磁铁激励一下,应有近 1V 的电压产生为好。

(8)有些顺序喷射的发动机,在凸轮轴上装有凸轮轴位置传感器,当 1 缸活塞在上止点时,同步产生判缸信号,以便按正确的顺序进行点火和喷油,该信号发生器叫"同步信号发生器",对配气正时也有监控作用。

2)霍尔式传感器

(1)霍尔信号发生器是由永久磁铁、半导体霍尔片、触发叶轮(隔磁转盘)、控制电路等组成,如图 1-58 所示。其叶轮上的叶片和窗孔的数目,决定于汽缸数或通断次数的需要。霍尔片和输入电流方向垂直于磁场安装。单位时间霍尔电压的变化次数,可反映曲轴或变速器输出轴的转速,又可通断起开关作用,控制大功率三极管使点火线圈的初级线圈通断,产生高压电而点火。

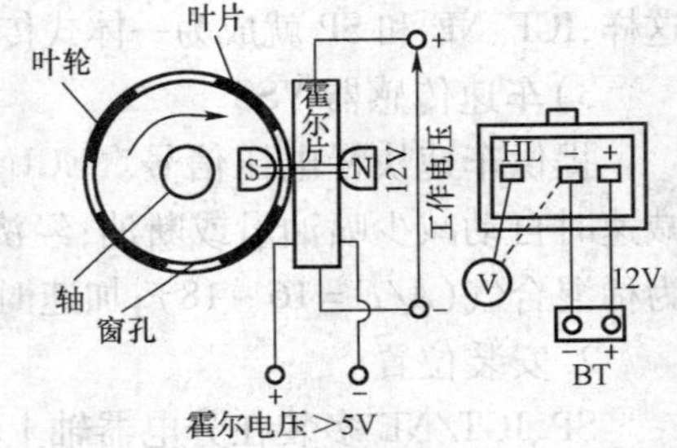

图 1-58 霍尔式传感器

(2)当叶轮的窗孔对着空气隙时,磁铁产生的磁通经空气隙到霍尔片构成回路,霍尔片的横向侧面上即产生一个与电流和磁场强度成正比的霍尔电压,霍尔电压经控制电路输出。

当叶轮的叶片进入空气隙时,磁路被叶片吸收隔离,无霍尔电压输出。因而有通断功能,既可用于点火系统,使点火线圈通断,产生高压火花,又可用于转速计量,对通断频率进行处理,提供转轴的速度信号。

(3)霍尔电压是稳定强度信号,不受转速和磁隙的影响,适用于低速和高速信号的产生,在 20 ~6 600r/min 范围内信号能量不变。信号电压稳定、工作可靠性好是霍尔传感器的最大优势。

(4)检测霍尔发生器,必须加上 12V 的工作电压,电接头不拔下,打开点火开关,使轴慢转,有 5V 的电压输出,并有多次的通断变化为好。

(5)多极磁环霍尔车速传感器的结构,也是利用磁通传导霍尔片上产生霍尔电压的原理制成的。多极磁环有 20 个磁极(因车而异),随驱动轴转动,霍尔片在外壳的盖上,盖上有电路板,磁环转动时,引起磁通的变化,交替产生霍尔电压而输出。其电路中的二极管和电阻起保护作用。因磁极是 20 个,转一圈应有 20 个通断脉冲信号。该传感器小巧紧凑,能发出信号给 ECU,又能驱动车速表,因而得到广泛使用,如图 1-59 所示。

3)光电式传感器

(1)它由两个红外线发光二极管 LED 和两个光敏二极管 PD、转盘和控制电路组成。LED 管在转盘的上方,PD 管在转盘下方,都在分电器中。转盘又叫遮光盘,随驱动轴转动。遮光盘外圈的照射孔产生转速信号 SP,内圈的照射孔产生点火和喷油信号 IGT/NE,其数目的多少决定于缸数。1 缸的照射孔最大,产生的信号最强,该信号又称为 1 缸上止点位置辨认信号(判缸信号),它是顺序喷射的关键信号,如图 1-60 所示。

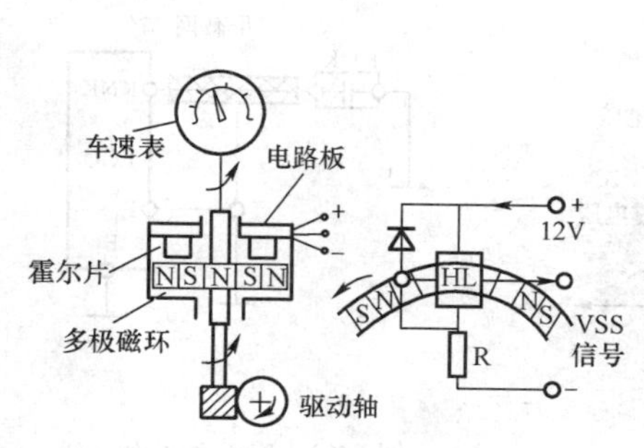

图 1-59 多极磁环霍尔车速传感器

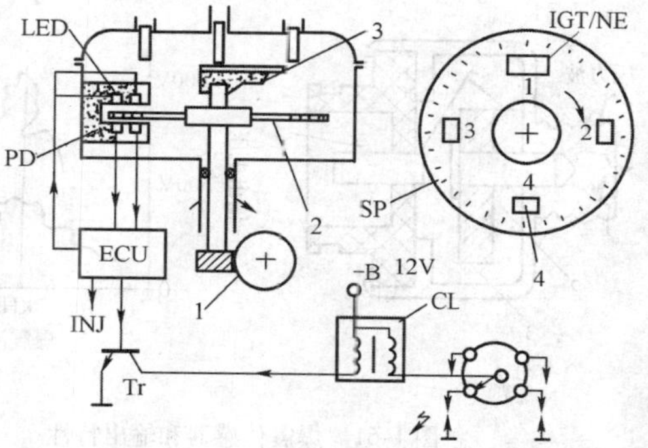

图 1-60 光电式传感器

1-驱动轮;2-转盘;3-分火头;4-照射孔

(2)ECU 的稳压电路给红外线发光二极管 LED 输入 3V 或 12V 的电压,照穿光敏二极管起开关作用,其光束就是基极电路。转盘在其间旋转,光孔产生透光和遮光的交替变化,透光时 PD 管导通,遮光时截止。PD 管产生的脉冲电压向 ECU 的点火电路和喷油电路输送 SP 和 IGT/NE 脉冲电信号。

(3)该类传感器光源电流小、使用寿命长,点火强弱不受转速的影响,但二极管的透镜怕油污和漏光,分电器的密封性要好。

十四、爆震传感器 KNK

1. 爆震传感器作用

电喷发动机的压缩比较高,因燃油品质和点火性能的改变,有时会发生爆震。爆震是一种不正常的燃烧,将产生有害的压力波,发动机功率会下降,油耗也会增加,严重时会导致缸内机件加速损坏。爆震传感器是在出现爆震时,用压电元件将汽缸中的异常振动转换为电压信号输出,通过 ECU 使点火时间瞬时推迟,从而防止了爆震的危害,提高了点火系统的自适应能力。爆震消失后,ECU 又自动恢复最佳点火提前角控制。

2. 爆震传感器构造和原理

(1)爆震传感器由外壳、配重、压电元件、电接头等组成,多为共振型 KNK,如图 1-61 所示。安装在缸体的上部或汽缸盖上,每一列汽缸体使用一个传感器。

(2)当爆震产生时,其外壳随机振动,其配重也随之振动,夹在配重和外壳间的压电元件受到振动挤压,产生压电效应,正常燃烧所产生的振动电压值≤0.5V。当爆震时压力波达到 7kHz 以上时,KNK 即产生共振现象。此时,有 1V 的交变电压信号输出给 ECU,点火时间推迟。压电元件的电阻值≥1MΩ 时为好,敲击一下应有微量的电压产生为好,或用点火正时灯照射点火提前标记,敲击 KNK 时应有变化为好。

由此可见,为防止爆震现象的产生,还应注意以下问题:

①不使用劣质燃油和润滑油。

②点火正时和配气正时应定期检查。

③冷却系工作正常,冬夏都使用高沸点冷却液,防止水垢的产生和发动机过热。

④定期清除缸内积炭,可降低爆震产生的几率(多利用不解体清洗设备清除)。

(3)KNK 的屏蔽线。因压电元件产生的交变电压值较低(1V),为防止高压电磁波的放射干扰,多将信号线用屏蔽网线保护,也必须可靠地搭铁,如图 1-62 所示。

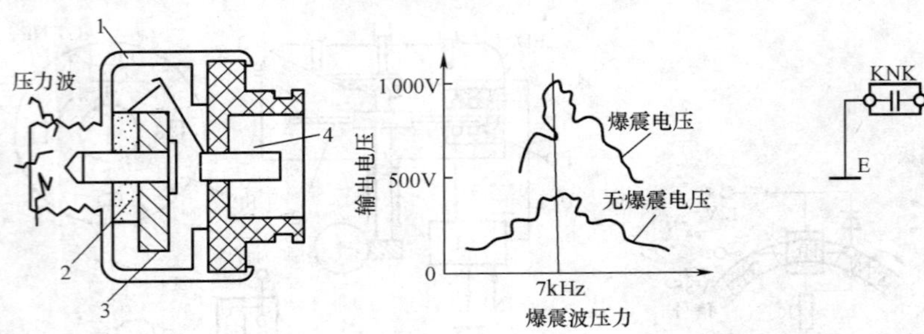

图 1-61　爆震传感器和输出特性

1-外壳;2-压电元件;3-配重;4-电接头

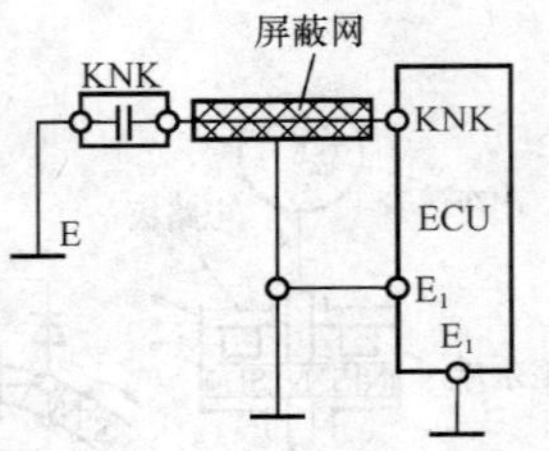

图 1-62　KNK 的屏蔽网线

十五、废气再循环装置 EGR

1. 废气再循环装置作用

将废气的 6% ~15% 引入汽缸,由于废气中含有水分、CO_2 和惰性气体 N_2,稀释了混合气体的氧浓度,使最高燃烧温度降低,减少 NO_x 的生成量。EGR 阀和三元催化转换器相配合,使 CO、HC、NO_x 还原为 CO_2、H_2O、N_2,净化了生存环境。

2. EGR 阀投入工作的条件

(1)低速、冷却液温度低于 60℃时,不循环,防止失速、游车,即怠速不稳。如果节气门开度调节不当,EGR 阀过早地投入工作,即出现上述现象。

(2)高速、中等负荷时,投入循环,NO_x 生成量的高峰在稀区,A/F 为 15 ~16 时最多,因而 EGR 系统投入工作。

(3)大负荷时,不循环,防止空燃比(A/F)变大,造成功率下降(n >4 000r/min 以上时)。

3. EGR 阀的构造和工作情况

1)全功能控制的 EGR 阀

如图 1-63 所示,EGR 阀的真空管道受真空电磁阀 VSV 控制,当冷却液温度达 60℃、气温达 20℃、节气门开度达 25% 以上、转速达 2 000r/min、氧传感器信号也为稀态时,ECU 指令

VSV 产生磁吸力而开启。此时,进气管真空度 Δp_x 使 EGR 定量地打开而投入工作。

为了对废气量进行量化控制,多采用下述方式:

(1)多数车系是利用占空比控制 EGR 电磁阀导通时间的长短,改变真空度 Δp_x 的大小,从而改变废气量的多少,进行量化控制。

(2)有的车系 EGR 阀上安装阀杆升高电位器(本田车系),来确定锥阀的实际位置,其开度大小以电压信号(0~5V)反馈给 ECM。ECM 与理想的高度信号值比较后,得出偏差值,通过 EGR 的 VSV 阀,用脉冲电压以占空比的方式调节空气量的多少,改变了真空管路中的负压值(Δp_x),从而改变了 EGR 阀的开启高度,获得最佳的闭环控制的废气再循环量。

(3)有的车系是将热敏电阻温度传感器装于阀的废气通道中(丰田车系),根据温度的高低来感知废气量的多少,反馈给 ECU 后进行调节。

2)用电脑直接控制的 EGR 阀(图 1-64)

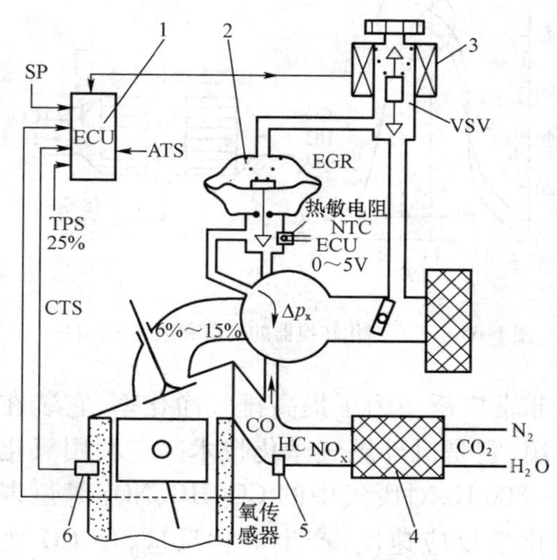

图 1-63 全功能控制的 EGR 阀

1-电脑;2-EGR 阀;3-真空电磁阀;4-三元催化转换器;5-氧传感器;6-冷却液温度传感器

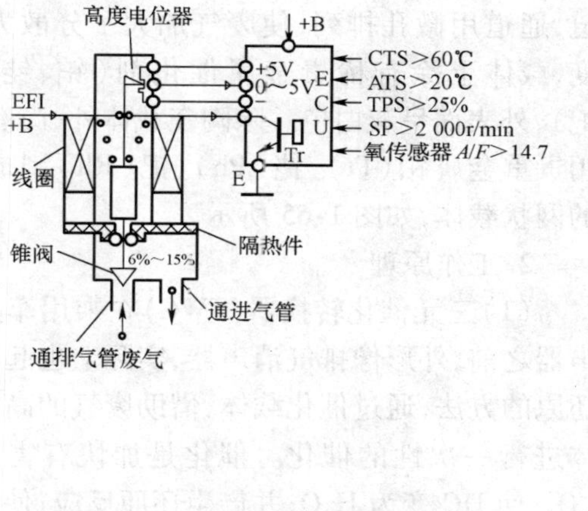

图 1-64 用电脑直接控制的 EGR 阀

(1)有些美款车(GM 车系),直接利用电磁阀沟通进排气通道,对废气进行量化反馈控制,取消了膜片阀和真空电磁阀,简化了结构。

(2)当发动机的 CTS、ATS、TPS、SP、O_2S 达到工作值后,电脑即发令 EGR 电磁阀开启,以占空比方式投入工作。

(3)用高度电位器的反馈信号来确定锥阀的实际位置,并与电脑的设定值相比较,得出偏量修正值而改变占空比,改变了 EGR 阀的开启高度,达到理想的状态。

(4)有的美款车并装 3 个电磁阀,通道断面大小不同,可组成多种废气投入量,达到最佳控制。

4. EGR 阀的故障

(1)EGR 阀的热负荷大,工作环境差,易脏、堵而造成锥阀犯卡(常开或常关)。其膜片用弹簧钢片制成,一旦漏气即使 EGR 阀失控。

(2)锥阀常开。犯卡、关不严,造成低速和高速工况游车。

(3)锥阀常关。中等负荷不投入工作,NO_x 生成物多,污染加大。

(4)膜片漏气。EGR阀失效,应换新件。

(5)接错了真空软管(接到节气门后方的接口上),造成怠速工况即投入废气循环,怠速游车,甚至熄火。

5. EGR阀性能检测

(1)怠速时,将节气门后方的真空软管和EGR阀接通,废气即进入汽缸,转速下降100r/min左右为好,这说明EGR阀动作灵活。

(2)怠速时,突然加速到2 000r/min,锥阀上移为好(从外壳上的通风散热口观察),这说明VSV阀和EGR阀都正常。

十六、三元催化转换器

1. 构造

三元催化转换器(Three Way Catalytic Converter)简称TWC。它由外壳、保温层、催化反应芯组成。催化反应芯为蜂窝状,用陶瓷载体或稀土制成,为薄壁多孔平行小通道,通道用微孔排列,使废气加大了分散力度,载体上涂有稀贵金属催化剂(铂、铑、钯),外表面呈灰白色。除陶瓷载体外,尚有用贵重金属铂(Pt)、铑(Pb)、钯(Rh)制成的网状载体,如图1-65所示。

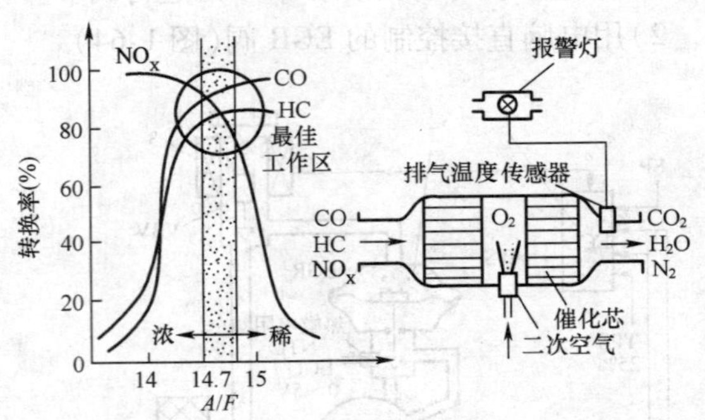

图1-65 三元催化转换器的构造和最佳工作区

2. 工作原理

(1)三元催化转换器(TWC)在乘用车上使用非常广泛。为了提高排气净化率,它装在消声器之前,外形像排气消声器,实际上也起消声作用,它是机外尾气净化技术。它利用氧化和还原的方法,通过催化载体,借助废气的高温400~800℃,对废气中的CO、HC、NO_x等三害气体进行一次性的催化。催化是加快有害物质的化学反应速度,产生氧化反应,使CO变为CO_2;使HC变为H_2O,并产生还原反应,使NO_x变为N_2,使其转化为无害的气体排入大气,保护了生态环境。

(2)氧化反应放出热量,其温度可达650℃。为了防止因*A/F*失准而过热损坏,装有排气温度传感器,有的还用报警灯监控,当温度达到850~900℃时,排气温度报警灯点亮,应停车检查。如发动机工作正常,TWC的进口温度比出口温度低10%左右为好(温度检查)。

(3)为了提高净化率,有的还用空气泵,将"二次空气"泵入载体,使更多的氧加入废气,加速催化作用。其催化反应式为$CO + O_2 \rightarrow CO_2$;$HC + O_2 \rightarrow CO_2 + H_2O$;$NO_x + CO \rightarrow N_2 + CO_2$;$NO_x + HC \rightarrow N_2 + H_2O + CO_2$。

3. 三元催化转换器的净化条件

(1)三元催化转换器的净化率的高低,决定于空燃比(*A/F*)的大小。只要把*A/F*保持在14.7左右,净化率可达80%。为此,必须精确地控制*A/F*。

(2)为了使净化率控制在最佳工作区内,必须使用氧传感器和EGR系统,实现反馈控制,即闭环控制系统,才能有效地净化尾气,有的还采用二次空气喷入(高档车系)。

(3)必须使用无铅的高辛烷值汽油,当含铅量在4.23mg/L时,8万km后三元催化转换器的性能将下降30%~50%;氧传感器在480km后即损坏失效。

(4)TWC损坏的原因,主要是覆盖污染和碰撞破碎或高温溶碎。除铅化物外,尚有碳化物、焦油等物质因素，如发动机烧机油严重时，三元催化转换器将很快失效。如果使用条件较好，其使用寿命可达 10 万 km 以上。当发现三元催化转换器发黑（碳污染）、发红（铅污染）或严重堵塞时，即应清洗或换新。

十七、炭罐系统

炭罐、EGR、三元催化转换器是属于排放控制系统的内容。炭罐是油箱蒸气的存储器，其控制管路在节气门前方，在中等负荷时投入工作，如图 1-66 所示。

1. 作用

为了防止浪费能源和污染大气，油箱都是闭式结构，燃油蒸气经蒸气放出阀存入活性炭罐。当节气门进入中等负荷工况时，将油蒸气吸入进气管，是对能源的回收利用。炭罐受电磁阀 VSV 控制，在中等负荷工况，ECM 将 VSV 阀导通，使油蒸气投入工作。炭罐的控制管路在节气门的前方，怠速和大负荷时不投入工作。因有 VSV 阀控制，有些车系的通气管直接通往进气主管。

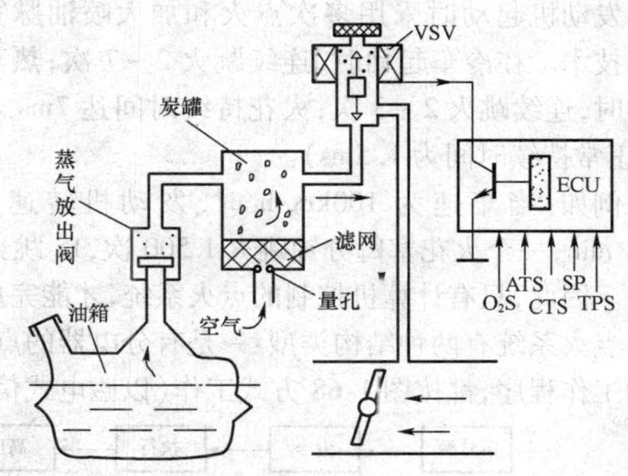

图 1-66　炭罐的控制系统

2. 构造和工作原理

（1）活性炭罐中有 300 ~ 500g 活性炭粒，是一种极好的油蒸气吸附物，它有极大的微孔表面积，炭罐底部有滤网和空气量孔，新鲜空气经滤网吸入，并从炭粒中带走燃油蒸气。一是为了携出蒸气；二是为了防止 A/F 过小。

（2）当冷却液温度达 60℃以上、气温 20℃以上、转速 2 000r/min 以上、A/F 大于 14.7 时，电脑以占空比方式控制 VSV 电磁阀投入工作，实现量化控制。为此，在中等负荷时，空燃比按 16 ~ 18 的方式配制。

3. 炭罐的检查

（1）怠速时，VSV 电磁阀不导通，炭罐出气口处无真空度为正常。如有真空度，即 VSV 阀关闭不严和 TPS 位置失准。

（2）中等负荷时，加速到 2 000r/min 以上，VSV 阀有开闭动作声，出气管口处有真空度（30kPa 左右）。若无真空度，VSV 阀故障或 ECU 相关电路有故障。

（3）炭罐的炭粒有时效变质问题。失效检查时，可用低于 50kPa 的空气吹入炭罐，其他孔应通畅无阻为好。汽车涉水后炭粒易结为硬块，丧失吸附能力，应及时换新。通常 10 万 km 后换新。

第七节　计算机控制的点火系统

ECU 的 ROM 存储器存储了几百个工况点火和喷油的控制点和修正量，其中转速、负荷、VSS、冷却液温度、进气温度、A/F、额外负荷、KNK 信号是主要参数。制成了具有三维立体点火特性的参数表格（图谱），如图 1-67 所示，中央处理器 CPU 随机调取使用，其中也包括了最佳点火提前角和闭合角的修正量。点火系统是电控汽油喷射系统共控网络的一部分，10 个传感器信号是修正的依据，是闭环控制系统，它废除了分电器中的真空提前和离心提前机械摩擦元件,用微机控制点火和调节系统,使初级线圈的通电时间(闭合角)、点火提前角,在各工况都处于最佳状态。提高了点火能量和可靠性,从而提高了发动机动力性、经济性、净化性,有效地防止了爆震发生。

发动机起动时采用多次点火和加大喷油脉宽控制技术。在冷车起动时,连续跳火 2 ~ 7 次;热车起动时,连续跳火 2 ~ 3 次,火花持续时间达 7ms 之久(正常持续时间为 1.5ms)。

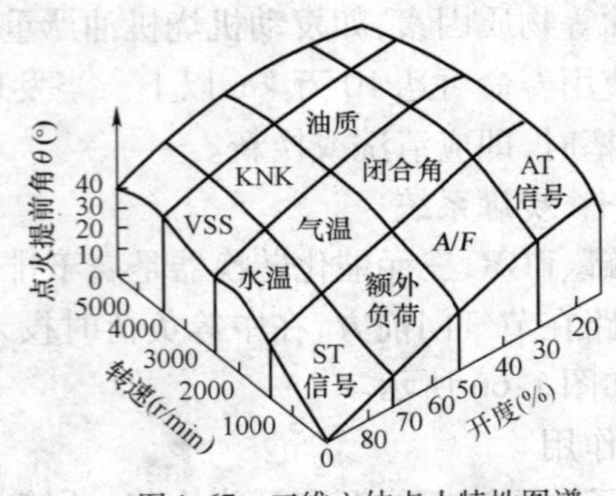

图 1-67　三维立体点火特性图谱

例如:当车速为 100km/h 时,发动机转速 3 000r/min,一个火花塞每分钟跳火 1 500 次,1s 跳火 25 次,若断火一次,转速和净化性就明显不好。因此,只有计算机控制的点火系统,才能完成三维立体点火特性的控制。

点火系统有两种结构类型:一是有分电器的点火系统;二是无分电器的点火系统。两种系统的工作程序,都按图 1-68 方式工作(以磁电式信号发生器为例)。

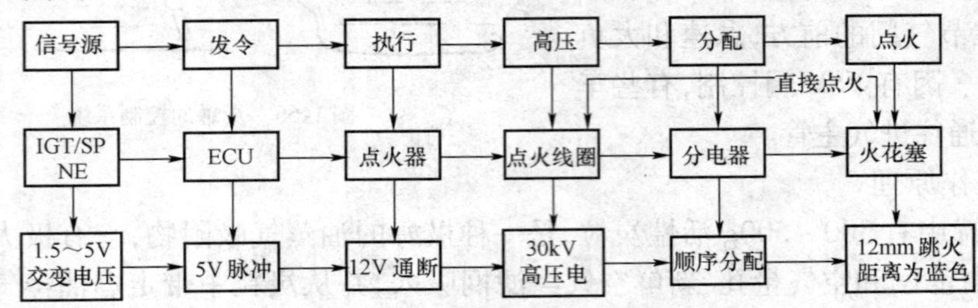

图 1-68　点火系统的工作和检测过程

一、有分电器的点火系统

1. 组成和工作原理

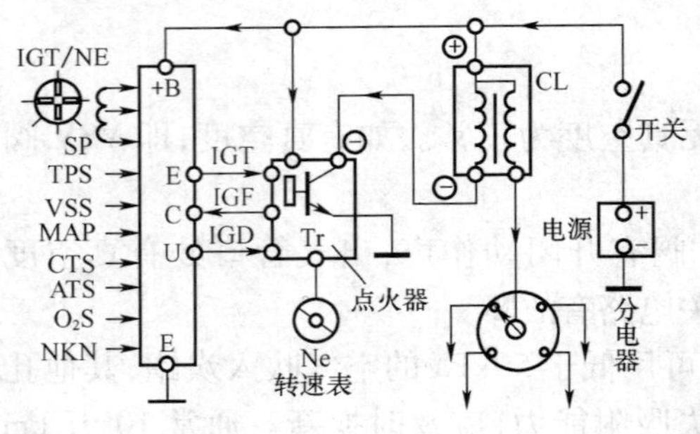

图 1-69　有分电器的点火系统

它是由点火正时传感器和曲轴位置传感器 IGT/NE、转速(转角)传感器 SP、点火器、点火线圈、分电器等组成。同时 ECU 还接收其他相关传感器信号,进行综合控制,如图 1-69 所示。

(1)点火正时传感器和曲轴位置传感器、转速传感器是三位一体的传感器,装在分电器中,产生脉冲电压信号给 ECU,ECU 处理后发令使点火器控制初级线圈导通或截止,产生高电压。它的结构形式如前所述有磁电式、霍尔式、光电式等。

在此,重点补充讲述两种磁电式点火信号发生器的原理。

①各自激励式。1 个信号线圈,多个凸齿(决定于缸数),各自按一定角度激励(四缸机 90°,六缸机 60°)。产生 IGT/NE 交变电压信号和转速(转角)信号 SP。SP 信号是点火修正的依据,它还参与判缸控制。SP 和 IGT 线圈的电阻值多为 130 ~ 250Ω;磁隙多为 0.2 ~ 0.4mm(因车而异),如图 1-70 所示。

②共控式。两个信号线圈,间隔 180°,用一个凸齿交替激励,产生交变电压信号。G_1 为 6 缸或 4 缸上止点确认信号;G_2 为 1 缸上止点确认信号。其他缸的判缸信号,根据 SP 的转角信号来完成。SP 的齿盘为 24 个凸齿,间隔角度为:720°/24 = 30°。据此,ECU 编制出更细的点

火、喷油控制程序，如图 1-71 所示。

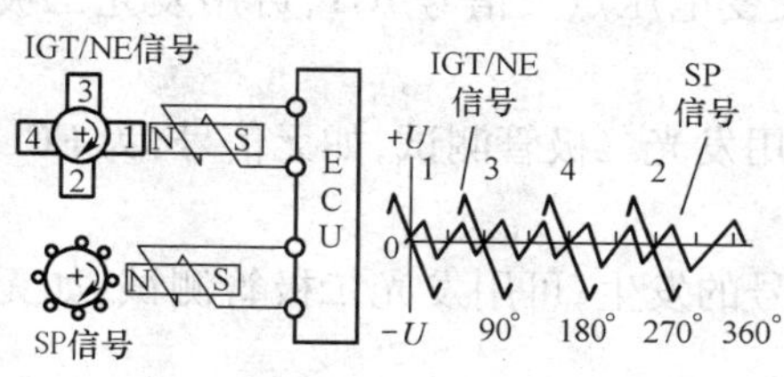

图 1-70　各自激励式点火信号发生器

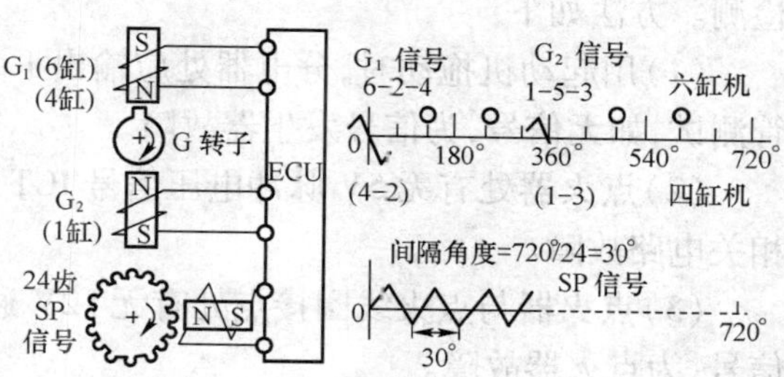

图 1-71　共控式点火信号发生器

六缸机点火间隔角度为 120°（转 4 个凸齿），G_1—6—2—4；G_2—1—5—3。四缸机点火间隔角度为 180°（转 6 个凸齿），G_1—4—2；G_2—1—3。各缸点火后，曲轴转 360°后即喷油。此即谓 ECU 的点火和喷油的程序控制，已固化存储于 ROM 存储器中，随机使用。

（2）点火器又叫放大器或点火模块。它是以大功率三极管 Tr 为主体的多项电路集成体，是 ECU 的智能型执行器。可单独安装在分电器附近，或装在分电器中或在 ECU 中（因车而异）。点火器有四项控制功能，如图 1-72 所示。

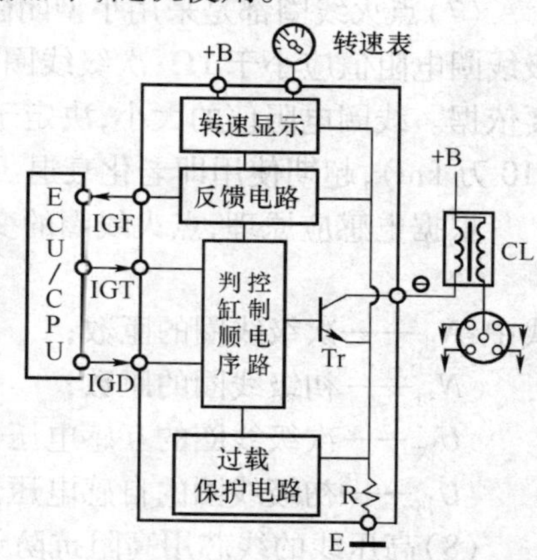

图 1-72　点火器的功能框图

①判缸顺序控制电路起开关作用，它接受 ECU 点火和喷油的控制信号 IGT、判缸信号和修正信号（闭合角、提前角），使 Tr 管定时通断，使点火线圈产生 30 ~ 40kV 的高压电。IGT 是各缸点火和喷油信号；判缸信号 IGD 是第一缸上止点点火辨认信号，辨认后确定需要点火的汽缸顺序和喷油顺序。它又叫“同步信号发生器”，多在分电器中或凸轮轴上安装。

②反馈信号控制电路。当点火线圈断开时，火花塞放电，产生反电动势，触发反馈电路，产生点火后确认反馈信号 IGF 给 ECU，实现点火和喷油的程序控制和保护控制。

确认反馈信号 IGF 又叫安全信号，当火花塞不跳火时，无反馈信号的产生，当无安全信号 3 ~ 5 次时，ECU 就停止喷油信号的输出。以免造成汽缸内集油过多、加速磨损、再起动困难和三元催化转换器过热等故障。

例如：Chrysler 车系，出现了“43”故障码（点火线圈初级峰值低），必然会出现“27”故障码（喷油器故障），这是保护功能的反映。

③过载保护电路。当电路电压过高（达 16V 时）或电流过大时，使大功率三极管 Tr 截止，防止点火器和点火线圈损坏。此即谓恒压控制和恒流控制，也是保护功能。

④转速表显示电路。从点火器中取出初级线圈的通断信号，根据通断频率的高低，处理后使转速表显示 r/min，是对发动机转速高低和点火器好坏的监控。该电路的通断频率（次数）除以汽缸数，再乘以 2，就等于曲轴转速。即：

$$转速 = 通断次数/汽缸数 \times 2(r/min)$$

2. 点火系统性能好坏的检测

磁电式信号发生器的好坏，决定于磁铁的磁场强度、磁隙的大小和感应线圈的电阻值，IGT 和 SP 线圈的电阻值，一般为 130 ~ 250Ω，磁隙为 0.2 ~ 0.4mm。快速激励应有微电压产

生。点火性能好坏可用示波器进行定量检测,也可人工利用转速仪、万用表、LED 灯进行定性检测。方法如下:

(1)用起动机拖动时,分电器处应输出 1.5 ~ 5V 的交变电压点火信号 IGT,可用发光二极管测试,如无信号,为信号发生器故障。

(2)点火器处有无 5V 脉冲电压信号 IGT 的输入,可用发光二极管测试,如无信号,为 ECU 相关电路故障。

(3)点火器与点火线圈接点处有无 12V 通断电压信号的发生,可用发光二极管测试,如无信号,为点火器故障。

(4)点火线圈中央线端有无蓝色高压火花,跳火距离应达 1.2mm,如火花弱或没有,为点火线圈故障。

(5)分电器高压分线有无蓝色高压火花,如没有,为分火头或盖漏电故障。

(6)火花塞处有无蓝色高火花,如没有,为高压分线或火花塞故障。

(7)点火线圈都是采用小型闭磁路结构,其铁芯多为"口"字形,磁阻小、点火能量高。初级线圈电阻值应小于 1Ω;次级线圈的电阻值为 10 ~ 12kΩ 为好,这是判定点火线圈好坏的重要依据。线圈电阻值的大小,决定于线的直径和匝数的多少。它的使用寿命有一定的时效期(10 万 km),超期使用即老化衰退。

根据电感应原理,点火线圈的变压比(K)为:

$$K = N_{次}/N_{初} = U_{次}/U_{初}$$

式中:$N_{次}$——次级线圈的匝数;

$N_{初}$——初级线圈的匝数;

$U_{次}$——次级线圈的互感电压;

$U_{初}$——初级线圈的自感电压。

(8)高压线的线芯用高阻抗防干扰石墨或炭精粉制成,用来抑制电火花产生的高频振荡,其电阻值长短各异,应小于 20kΩ。

(9)电喷发动机火花塞中央电极有 3 ~ 5kΩ 的防干扰阻尼炭棒。为了加大火花面积,火花塞间隙应为 1.2mm。应使用指定的型号,不能乱用;否则,影响点火性能的好坏。

3. 典型车系点火系统介绍

图 1-73 为本田车系点火系统原理图。

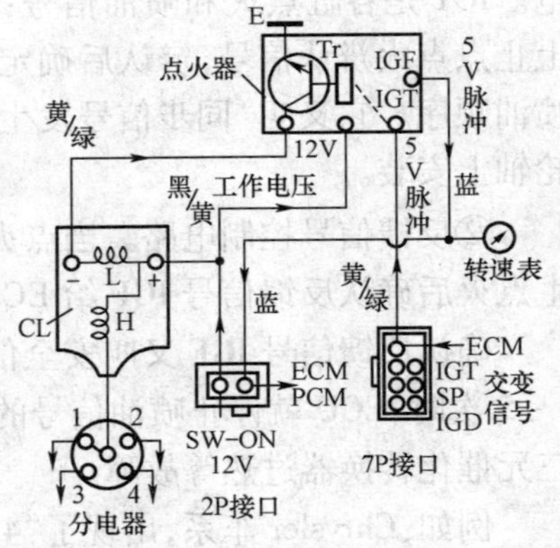

图 1-73　本田车系点火系统原理图(F22B2 发动机)

二、无分电器的点火系统(直接点火系统)

1. 组成和工作原理(图 1-74)

(1)取消了分电器,高压电直接送往火花塞,因而无机械磨损不能正时之虑,无分火头与盖电极放电火花和能量损失,减小了对无线电的干扰,因而得到广泛使用。

(2)IGT/NE、SP 信号传感器多安装在曲轴前后端,结构形式同前述内容。一缸点火辨认信号 IGD(凸轮轴位置传感器)对直接点火系统很重要,用来确定导通哪一个 Tr 管。

(3)点火器和点火线圈多装一起,或单独安置。点火线圈都采用小型闭磁路结构,磁阻小、点火能量高。

(4)传统的次级绕组一端接在初级绕组上,另一端接分电器的分火头。直接点火系统的次级绕组有两种连接方式:一为单缸直接点火方式;二为双缸直接点火方式。

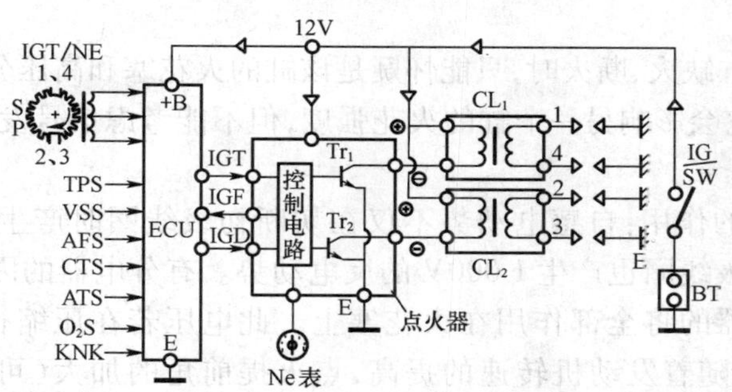

图 1-74　无分电器的点火系统(双缸直接点火方式)

2. 单缸直接点火方式

(1)每缸一个点火线圈、一个点火器和大功率三极管 Tr 形成一个整体,扣在各缸的火花塞上,ECU 按点火顺序,定时通断各缸的 Tr 管,如图 1-75 所示。它是四冲程点火方式,使用仪器检测时,应使用四冲程方式获取信号。因无高压分线连接,利用转速仪获取高压感应信号时,应再串接一高压分线,才能用感应夹获得高压信号。

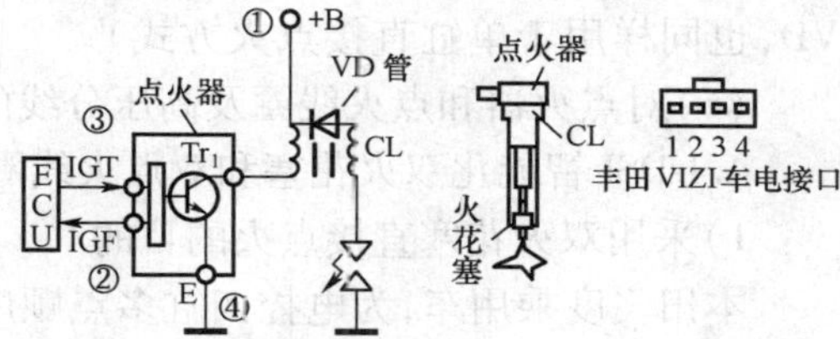

图 1-75　单缸直接点火方式

(2)单缸直接点火的优点

①无分线漏电之虑,电磁干扰小,点火能量大。某缸不点火,不影响其他缸。

②因采用了与缸数相等的点火线圈,同样转速下,单位时间内,通过线圈的电流要小得多,线圈不易发热。为此,可加大初级线圈的电流和导通时间,能在 9 000r/min 的宽广转速范围,提供足够的点火能量。为此,它是点火系统的发展方向。

3. 双缸直接点火方式

(1)两个缸共用 1 个点火线圈和 1 个大功率三极管,次级绕组连接了两个缸的火花塞,形成串联电路,如图 1-76 所示。次级电流构成回路时,两个火花塞同时跳火的极性必然相反,是双重点火,为二冲程方式。在使用仪器检测时,应注意到这个问题,选用二冲程点火方式采取信号。

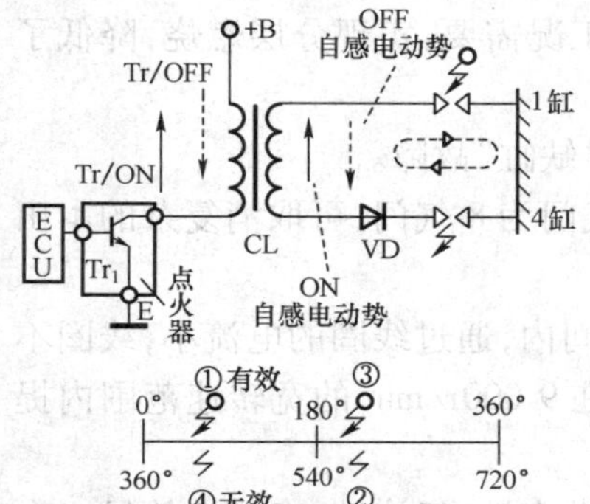

图 1-76　双缸直接点火方式和高压二极管

(2)双缸直接点火的方式:如是四缸机,1、4 缸为一组;2、3 缸为另一组。如是六缸机,1、6 缸为一组;2、5 缸为一组;3、4 缸为一组,用大功率三极管交替通断各点火线圈。

(3)两个火花塞同时跳火,在一个循环中跳火两次,实为二冲程点火方式的扩展使用。一个缸在压缩行程的终了跳火,因缸内压力高,燃油密度大,绝缘能力强,不易放电,跳火电压高,火花强,为有效火花;而另一个缸是在排气行程的终了跳火,因缸内压力低,是纯废气,绝缘能力差,容易放电,跳火电压低,为无效火花。排气缸跳火电压在 2~3kV 时即可跳火,为不搭铁的次级线圈提供了回路。压缩汽缸所需跳火电压为排气缸的 20 倍,残存在点火线圈中的高压电能达 30kV 以上,能满足转速在 9 000r/min 时不断火的要求。因此,大部分电压降低发生在压缩缸。

两个火花塞同时跳火，要形成回路，极性必然相反，一个火花塞从中央电极到旁电极，另一个从旁电极到中央电极。

(4)一旦某一个缸缺火、断火时，只能怀疑是该缸的火花塞和高压分线有漏电故障。因双火花塞是串联回路，它会影响另一个缸的火花强度，但不能考虑信号发生器、ECU、点火器、点火线圈有故障。

(5)高压二极管的作用：自感电动势不仅在切断初级线圈时产生(Tr 管截止时)，Tr 管在导通时也产生，次级线圈也产生 1 000V 的反电动势。有分电器的因为有分火头间隙的阻隔没有影响，无分电器的将全部作用在火花塞上。此电压若在压缩行程的末期产生，因缸内压力高不会跳火。随着发动机转速的提高，点火提前角的加大(可达 45°)，Tr 将提前导通，如发生在进气行程的末期或压缩行程的初期，缸内压力很低，甚至低于大气压力，1 000V的电压可能跳火，特别是火花塞间隙较小时(应为 1.2mm 为好)，跳火的可能性更大，此为误点火，进气管产生回火现象，发动机无法正常工作。为此在次级线圈内串联一个高压二极管 VD，或在通路中留有 3～4mm 的隔离间隙。当 Tr 管导通时，VD 管反向截止因导通产生的反电动势(形不成跳火回路)，无法使火花塞跳火。又当 Tr 管截止时，次级线圈产生了高压电，VD 管对此无影响，可使火花塞顺利跳火，保证了时刻的准确性(高压二极管 VD，也同样用于单缸直接点火方式)。

(6)对点火器和点火线圈及高压分线的检查方法，同前述有分电器的点火系统。

4. I-DSI 智能化双火花塞和双点火线圈的直接点火系统

1)采用双火花塞直接点火的目的

本田飞度乘用车，为电控四缸多点顺序喷射系统，采用了 I-DSI 智能双火花塞直接点火系统，其目的是：

(1)双火花塞点火，将火花塞设在进、排气门的两侧，火花塞的布置合理(进气门侧混合气新鲜、排气门侧混合气温度高)，能改善燃烧条件，提高了可燃混合气的燃烧速度，实现了全区域急速燃烧的可能性。

(2)双火花塞点火，能缩短火焰传播行程和时间，消除爆震危害，延长相关部件的使用寿命，进而可使压缩比加大到 10.4，改善了动力性，降低了油耗。为此，必须使用 97 号汽油，以防止爆震的产生。

(3)双火花塞点火，有时间差，有多种点火组合，适应多工况需要，实现分层燃烧，降低了油耗，有利于排气净化。

(4)双火花塞点火，能提高点火系统的可靠性，不易出现“缺缸”故障。

(5)双火花塞点火，可以简化硬件系统结构，变四缸 16 气门为 8 气门，可取消复杂的本田车系可变气门正时与升程电子控制系统 VTEC 机构。

(6)双火花塞和双点火线圈的使用，同样转速下，单位时间内，通过线圈的电流小，线圈不易发热，可以加大初极线圈的电流和导通时间(闭合角)，能在 9 000r/min 的宽转速范围内提供足够的点火电能量。

智能化软件系统的开发，采用了 I-DSI 点火系统，使车的动力性、经济性、净化性从另一个渠道得到提高。

例如：本田飞度的动力指标如下：排量——1.339L；压缩比——10.4；最大功率——60kW (5 700r/min)；最大转矩——116N · m(2 800r/min)；等速油耗——手动挡(MT)为 5L/100km；自动挡(CTV 钢带式无级变速器)为 4.9L/100km(反而省油)。与同类排量的汽车相比，此指标可谓顶级水平了。

2）I-DSI 双火花塞点火系统的原理（图 1-77）

（1）它为单缸双火花塞直接点火方式，把点火器和点火线圈制为一体，直接安装在前、后火花塞上，无高压电漏电损失，点火能量大，电磁波干扰小。

（2）大功率三极管 Tr 在 ECM/PCM 中用来控制其初级线圈通断，次级线圈即产生 30 ~ 40kV 的高压电能量。ECM/PCM 和点火器相配合，编程处理各种信号，完成判缸顺序点火控制、点火反馈控制、点火提前角及闭合角修正控制和过载保护控制。

（3）自感电动势不仅在切断初级线圈时产生（Tr 管截止时），Tr 管在导通时也会产生自感电动势，次级线圈也会产生 1 000V 的反电动势。为此，在次级线圈中串联一个高压二极管 VD，它能反向截止因 Tr 管导通产生的反电动势，防止误点火。

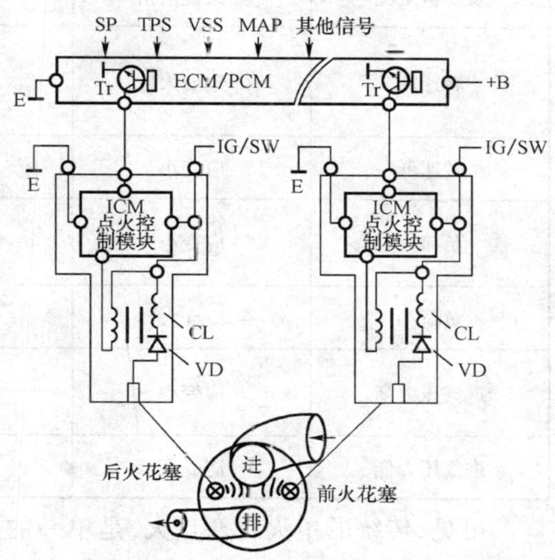

图 1-77 I-DSI 双火花塞点火系统

（4）电脑 ECM/PCM 根据发动机工况和燃烧条件的变化，利用转速信号（SP）、节气门信号（TPS）、进气压力信号（MAP）、车速信号（VSS），逻辑分析最佳控制条件，自动调节前、后两个火花塞的点火提前角的大小和时间差，实现动力性、经济性、净化性的最佳控制。

（5）点火提前角的修正原则是：

①怠速工况，对少而浓的可燃混合气进行点火修正，以平稳性和净化性为主。

②中等负荷工况，对稀而多的可燃混合气进行点火修正，以经济性和净化性为主。

③大负荷工况，对浓而多的可燃混合气进行点火修正，以最大转矩为主（动力性），防止爆震的产生。I-DSI 双火花塞点火系统自动调节功能如表 1-2 所示。

I-DSI 双火花塞点火系统自动调节功能 表 1-2

发动机工况	前火花塞	后火花塞	目的
怠速工况	同时点火	同时点火	加快燃烧速度，提高净化指标
低速、小负荷工况	提前点火	正时点火	改善燃烧条件，降低油耗，提高净化指标
低速、大负荷工况	提前点火	延迟点火	提高平均有效压力和转矩，减小爆震
高速工况	同时点火	同时点火	加快燃烧速度，改善动力指标

3）I-DSI 双火花塞点火系统的机理分析

众所周知，影响汽油机燃烧过程好坏的因素有：燃油品质的好坏、空燃比的大小、进气压力的高低、进气温度的高低、点火能量的好坏、点火提前角的大小、转速的高低、负荷的大小等。对电控汽油机来说，诸多因素中的转速（SP）、负荷（TPS）、进气压力（MAP）是大范围变量值，是关键因素。因此，最佳点火控制应是 SP、TPS、MAP 等诸多信号值、逻辑关系的代数和，如表 1-3 所示。

发动机工况对点火提前角的影响表 表 1-3

发动机工况	点火提前角	爆震可能性	燃烧条件分析
转速高	应变大	小	活塞运动速度大,混合气涡流强度大,雾化好,热损失小,压缩终了温度高,燃烧速度高,不易爆震
转速低	应变小	大	与上相反
负荷大	应变小	大	新鲜混合气进入量多,缸内残余废气相对减少,燃烧速度快,爆震倾向大(与转速有关)
负荷小	应变大	小	与上相反
进气压力高	应变小	大	混合气密度大,压缩终了压力和温度高,燃烧速度快,爆震倾向大
进气压力低	应变大	小	与上相反

可见,传统的单火花塞点火,是单一的变量修正值(提前或延迟),修正效果有局限性,无法满足表内的要求。智能双火花塞的出现,其点火提前角修正值有多种组合,修正覆盖面宽。因而,点火性能得到大幅度的提高,满足了动力性、经济性、净化性的要求。

应该说明:因 8 个点火线圈和其点火器串装在一起,分两组排列布置,受仪表盘下方熔断盒中的 NO. 14 和 NO. 15 熔断丝控制。功能好坏的检查,只能通过互换对比试验来判定。

三、点火提前角的控制

1. 点火提前角的控制内容

最佳点火提前角保证了发动机动力性、经济性和净化性的提高。ECU 的 ROM 存储器中,存储了几百个工况的点火、喷油控制点和修正量。使初级线圈的通电时间(闭合角)、点火提前角,都随机处于最佳状态。它不仅随转速 n 和节气门开度 θ 而变化(这是传统式点火系统功能),还随冷却液温度、进气温度的高低、空燃比(A/F)的大小、额外负荷的有无、燃油品质的好坏而变化,点火提前角变化范围,最小时为 0 ~ 10°;最大时为 35° ~ 45°。这样,就保证了活塞在诸多因素的影响下,始终在上止点后 10° ~ 15°出现最高压力 p_{max},这是点火提前角控制的目的。故称为三维立体点火特性。点火提前角的控制内容如图 1-78 所示。

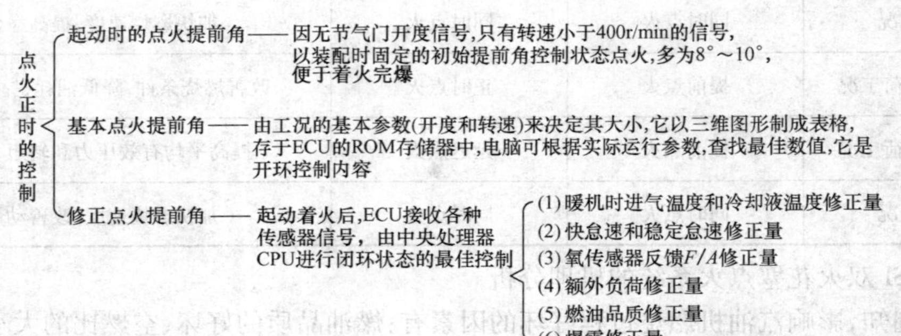

图 1-78 点火正时的控制

2. 实际点火提前角

实际点火提前角如图 1-79 所示。

3. 计算机点火系统的主要任务

(1)怠速时,以平稳性和净化性为主,依据少而浓的状态,随机修正提前角。

(2)中等负荷时,以经济性为主,依据多而稀的状态,随机修正提前角。

(3)大负荷时,以最大转矩和防爆震为主,依据多而浓的状态,随机修正提前角。

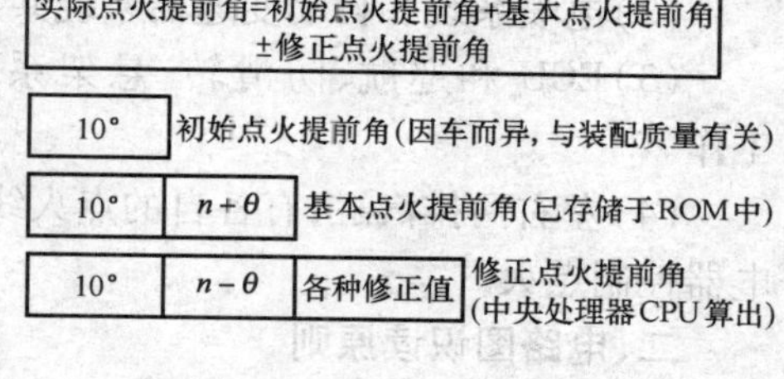

图 1-79　实际点火提前角

4. 点火正时和提前角的检测

在动态下用仪器测出的是实际点火提前角,而初始角的大小不能判定。只有通过对比分析,才能判定是装配质量问题,还是 ECU 本身点火修正系统问题。

(1)应将 ECU 的提前角输出功能锁止,即在静态下,短接检查连接器读取发动机故障码的接口(因车而异)。例如,16 孔检查连接器的需要以下操作:通用车系短接 6—5;丰田车系短接 13—4;本田车系短接 9—4。

(2)此时,即锁止了 ECU 的两个动态点火提前角,只保留了初始点火提前角。目的是检查配气正时系统是否正确(正时皮带、链条和分电器是否装对)。

(3)在怠速状态,用点火正时灯检查初始点火提前角是否符合规定,以便转动分电器外壳调节其大小。直接点火系统需检查正时皮带或链条是否装对,如图 1-80 所示。

(4)通过调整,拆下取码跨线,加速运转,点火提前角应随转速升高而加大;否则,说明 ECU 点火修正系统有故障。

(5)简便方法是利用真空表,在怠速状态下检查点火正时的好坏,如图 1-81 所示。它不需要锁止跨接。如果发动机的密封性良好、点火性能良好、空燃比良好,进气管真空度 Δp_x 应稳定在 64 ~ 71kPa 之间。如达不到此数值,应转动分电器外壳,观察真空度的变化,也就是最高真空度,所对应的必然是最佳点火提前角(直接点火的需检查配气正时)。

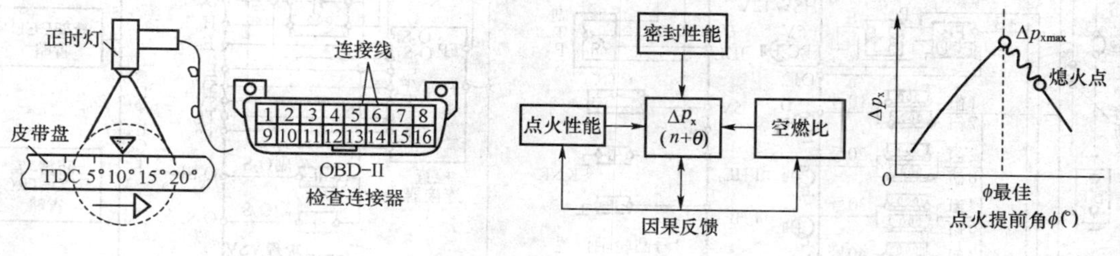

图 1-80　检查点火正时的方法

图 1-81　用真空表检查点火正时的方法

第八节　典型乘用车电控汽油喷射系统的电路原理分析

现代各种乘用车的电路原理因车而异,但也有其普遍规律。现以,丰田凌志 LS—400—IUZ—FE—V8 电控汽油喷射系统电路图为例,通过工作原理分析,悟出其他车系万变不离其宗的规律知识。

一、丰田凌志 LS—400—IUZ—FE—V8 发动机汽缸布局特点

(1)面对发动机,右侧为 1、3、5、7 缸;左侧为 2、4、6、8 缸,如图 1-82 所示。工作顺序为 1—8—4—3—6—5—7—2,前后左右交叉工作。

(2)电喷系统和自动变速器系统共用一个 ECU。

(3)ECU 和巡航、防滑转、悬架系统的电脑联网工作。

(4)左右两排汽缸，有各自的点火线圈和各自的分电器控制点火。

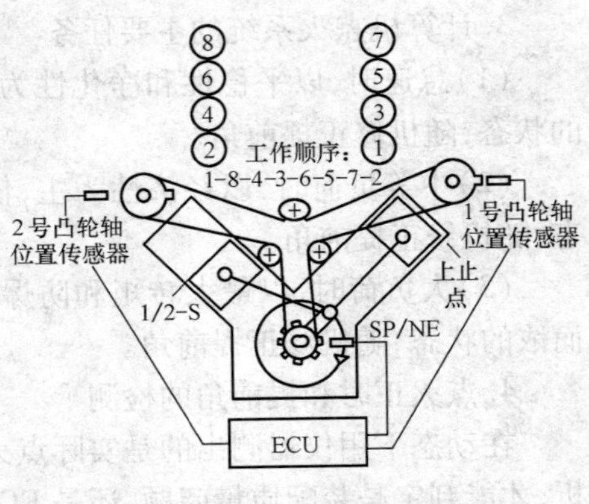

图 1-82　凌志 LS—400 发动机汽缸布置

二、电路图识读原则

汽车电路图，是故障排除的检测工具之一。搞清它的来龙去脉，有助于利用汽车电路图来判断故障的根源。其识读原则有三个：

(1)一看电源线是常火线电路、开关控制电路还是传感器电路？各控制哪些电器元件？电压值应为多少？受什么熔断丝和继电器控制？

(2)二看搭铁线从哪里搭铁？是直接搭铁线、分别搭铁线、共用搭铁线、执行元件搭铁线还是传感器搭铁线？

(3)三看“一个藤上有几个瓜”(几个电元件)，是什么瓜？有何特点？以便顺藤摸瓜，查找故障，能区别是哪个电元件故障或藤线故障。

三、电控汽油喷射系统控制电路说明

图 1-83 为丰田凌志 LS—400 电控汽油喷射系统电路图。

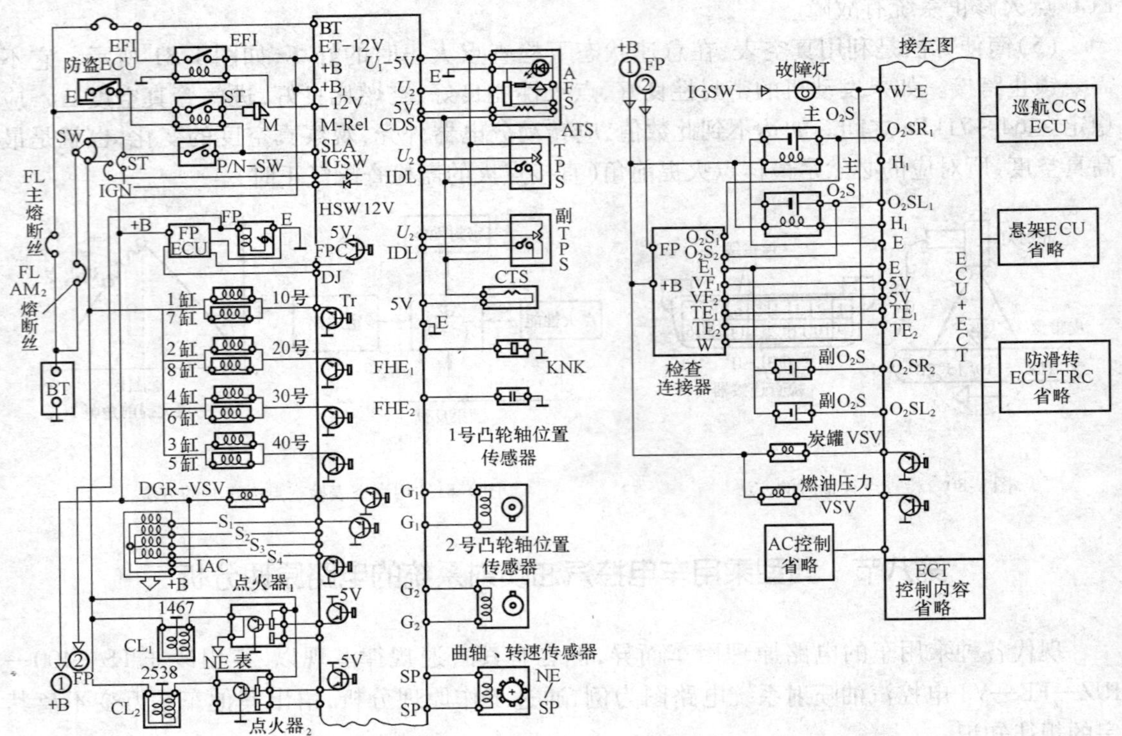

图 1-83　丰田凌志 LS—400 电控汽油喷射系统电路

1. 电源和开关电路

电源和开关电路由蓄电池、各种熔断丝、各种开关、各种继电器等组成。

FL——主熔断丝100A;AM_2——点火、喷油系统熔断丝30A;EFI——电喷系统电脑常火线熔断丝15A;IGN——受IG/SW控制的ECU电源熔断丝7.5A;ST——起动系统控制熔断丝10A;M-ReL——电喷系统EFI主继电器控制电源;EFI——继电器电喷系统继动电源;ST——起动机继动电源;FP-ECU——电动汽油泵控制电脑。

(1)关闭点火开关,电源为FL主熔断丝、EFI熔断丝、电脑RAM存储器提供常火线电源。

(2)打开点火开关,电源通过AM_2熔断丝、IGN熔断丝、点火开关给电脑加上工作电压。M-ReL又使主继电器线圈磁化,触点闭合导通,给点火、喷油系统、IAC、油泵ECU、炭罐电磁阀、EGR电磁阀、氧传感器、冷起动VSV、检查连接器+B等元件加上工作电压。同时,电脑ECU也给各相关传感器加上所需的工作电压。

(3)起动电路与众不同,设置了电位转换电路,扩大了电路的使用范围和控制功能。ECU利用空挡起动开关输出的NSW信号,判定变速器是否在P/N挡位。起动前,空挡起动开关需先导通(P/N挡位),ST电流从空挡起动开关和起动信号STA处输入电脑,ECU据此电压信号STA的出现,加大起动喷油量,便于着火完爆。ECU使空挡起动开关NSW处的电流,通过起动机继电器的L线圈和防盗ECU处的开关而搭铁,L线圈即磁化,起动机继电器触点闭合,起动机运转。此时,端子NSW处的电压即降为0V。

当空挡起动开关为D、R、2、L时,空挡起动开关断开,NSW端子的电压为蓄电池的电源电压12V。当挡位从P/N挡位转换为D、R、L挡时,此电压转换信号用来进行空燃比(A/F)修正和怠速转速控制。相当于空调开关信号和节气门位置传感器怠速触点IDL的作用,起替代互补控制作用。

2. 电动汽油泵电路

电动汽油泵电路由电动汽油泵、油泵ECU组成(无油泵继电器)。

电动汽油泵受FP-ECU和EFI主继电器控制,能按需供油,变电压驱动。FPC和D_1为控制回路,ECU根据冷却液温度信号和工况信号的变化,以不同的电压工作。提高了使用寿命和使用性能,即克服热气阻的性能、冷热态起动性能、怠速稳定性能、急加速响应性能。

3. 喷油器电路

喷油器电路控制8个喷油器定时、定量地喷油。

(1)喷油器受点火开关和ECU的Tr管控制。打开点火开关后,给喷油器加上工作电压,但回路不导通,不喷油。

(2)8个喷油器分为4组,按1—7缸、2—8缸、4—6缸、3—5缸与ECU端子的10号、20号、30号、40号连接。ECU根据点火、喷油信号IGT依次导通Tr管而分组喷油,喷油间隔角度为720°/4=180°,为分组式顺序喷射方式。

4. 废气再循环(EGR)系统电路

废气再循环的真空电磁阀受ECU的Tr管控制,电源来自EFI主继电器,在中等负荷下投入工作。

5. 怠速阀(IAC)电路

IAC为步进电动机式怠速阀。

(1)怠速阀(IAC)保证冷起动后,发动机为快怠速状态1 500r/min;热起后转为稳定怠速状态700r/min;额外负荷增大时,又转为快怠速状态。

(2)和电动汽油泵电路一样,怠速阀(IAC)受EFI主继电器控制,用Tr管导通其回路。打开点火开关后,EFI主继电器导通,给IAC加上工作电压,但不投入工作。

(3)当节气门关闭，TPS 的 IDL 怠速触点导通后，ECU 使 IAC 的各相绕组按 S_1—S_2—S_3—S_4 或 S_4—S_3—S_2—S_1 的顺序导通，产生伸缩步进动作，调节怠速旁通道空气量的多少，保证怠速运转。

6. 点火系统电路

由两个点火器、两个点火线圈、两个分电器组成，分左右安置在汽缸体前方。

(1)点火系统为有分电器的点火系统，点火器和点火线圈受点火开关和点火信号 IG_1、IG_2 控制。打开点火开关后，给点火器和点火线圈加上工作电压。初级线圈的通断，用两个凸轮轴位置传感器产生的点火、喷油信号和判缸信号控制，Tr 管通断产生高压电，经分电器分配到各缸火花塞。

(2)点火器的通断确认信号，及时反馈给 ECU，此为安全信号。如有 3 ~ 5 次不反馈，喷油器即停止喷油，实现安全保护。

(3)一号点火线圈在右侧缸体前方(面对发动机)，控制 1、4、5、7 缸点火；二号点火线圈在左侧缸体前方，控制 2、5、3、8 缸点火。点火顺序为：1—8—4—3—6—5—7—2，前后左右的交叉点火，保证了运转的平稳性。

7. 空气流量计(AFS)和进气温度传感器电路

AFS 为卡门涡流光电式，通过检测涡流强度的高低，得知进气量的多少。进气温度传感器多装在 AFS 中，检测进气温度的高低，使喷油量与进气温度成反比地变化。工作电压都是 5V，输出随动电压为 0 ~ 5V。

8. 节气门位置传感器(TPS)

TPS 为四接头的电位器，有 IDL 怠速触点，反映节气门开度的大小和快慢，是发动机负荷大小的信号。工作电压为 5V；输出随动电压为 0 ~ 5V。

9. 副节气门位置传感器

它是防滑转系统(TRC)的节气门开度大小的反馈信号。工作电压为 5V；产生 0 ~ 5V 的随动电压。

10. 冷却液温度传感器(CTS)电路

冷却液温度传感器为 NTC 热敏电阻传感器，使喷油量与温度成反比地变化。工作电压为 5V；随温度变化的电压为 0 ~ 5V。

11. 爆震传感器(KNK)电路

爆震传感器为压电共振型 KNK，爆震时产生 1V 的电压信号给 ECU，使点火时间推迟一定角度，防止爆震的产生。

12. 凸轮轴位置传感器和曲轴转速传感器

凸轮轴位置传感器和曲轴转速传感器为磁电式传感器，产生随转速加大而加大的交变电压信号。左右两排汽缸的凸轮轴位置传感器的凸齿相对安装，产生两排汽缸对应的上止点信号 G_1 和 G_2，以便进行点火和喷油顺序的控制。曲轴转速传感器为 12 个齿的转盘，对应一个齿的角度为 720°/12 = 30°，它和 G_1、G_2 配合，对点火和喷油进行准确的顺序控制。

13. 氧传感器电路

氧传感器为二氧化锆式，分主副装于三元催化转换器 TWC 的前后端，产生 0.1 ~ 0.9V 的电压信号，反馈氧浓度的大小和监控着 TWC 催化效果的好坏。

14. 炭罐控制 VSV 电路

受 EFI 主继电器和 ECU 的 Tr 管控制，在中等负荷工况投入工作。

15. 燃油压力控制 VSV 电路

即冷起动真空电磁阀控制电路，受 EFI 主继电器和 ECU 的 Tr 管控制，使油压调节器膜片处与大气相通，将燃油分配管的油压升高 100kPa，加大冷起动供油量，持续时间可达 100s，改善冷起动性能。又当热态高温时也能根据温度信号，调节燃油压力，克服热气阻的影响，改善热起动性能。

自动变速器系统和空调系统的电路及巡航系统、悬架系统、防滑转系统的电路从略。

第九节　电控汽油喷射系统自诊装置的利用

ECU 具有报警、记忆、存储和自诊的功能，其语言可用仪表盘上的故障灯闪码定性显示，也可用检码器定量显示。短接触发仪表盘下方的检查连接器 ALDL，可输出电控汽油喷射系统的故障码。ALDL 又是相关主要电控元件的检查点，如汽油泵接头、转速信号接头、氧传感器接头等。

从 1996 年后，各国汽车制造厂家，全面推广使用统一的新款 OBD-II 型检查连接器，安装在仪表盘的下方，具有统一的故障码和含义，提高了诊断的方便性。

一、故障灯的样式

故障灯在仪表盘中，多用黄色或红色发光二极管制成的。它的特点是体积小、耐振动、工作电压低（1 ~3V）、寿命长、响应速度快、分辨能力强。因此，它成为脉冲信号的显示器，如图 1-84 所示。

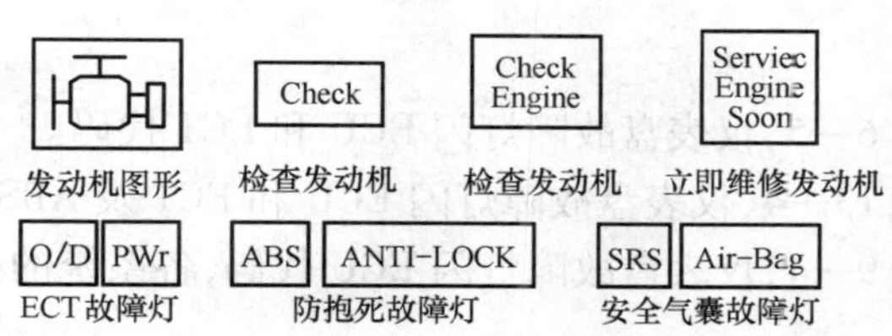

图 1-84　各电控系统故障灯的式样

二、故障灯的状态显示

故障灯的状态显示，有五种状态：

（1）打开点火开关，灯亮 2 ~6s 后又灭，或起动后又灭为正常。

（2）运行中不亮，无故障。

（3）运行中常亮，有故障。

（4）偶然亮或消码后不再亮，偶发性故障。

（5）闪码亮，诊断时刻，人为触发，使它闪故障码。

三、故障灯的闪码形式

（1）脉冲电压显示代码，一般为一位数、两位数、三位数，居多数车系。

（2）以等宽脉冲显示，间隔时间不同；或以宽脉冲表示十位，窄脉冲表示个位，间隔时间相等。

（3）数位与数位之间的间隔时间较长，每个数位上的数字都以等间隔短时间输出，间隔时间最长的是故障码之间，如图 1-85 所示。

（4）如果没有故障码，闪光输出会以特有的数字显示。丰田车系快闪，通用、五十铃车系闪 12，克莱斯勒、日产系列闪 55，福特车系闪 111，本田系列闪 1 下都表示没有故障码。

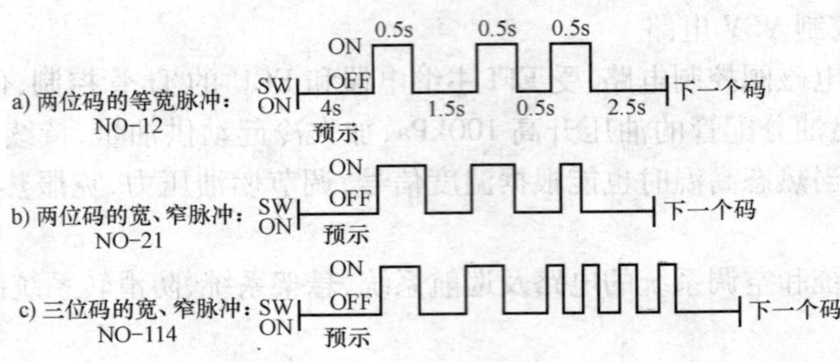

图 1-85　故障灯的闪码形式

四、第二代随车自诊检查连接器 OBD-II

从 1996 年起全面推广使用 OBD-II 型检查连接器 ALDL，统一的 16 孔插座（图 1-86），统一的安装位置：都在仪表盘的左下方横装或竖装，统一的故障码号和含义，统一的诊断模式，只要一台检码器就能覆盖多种汽车的诊断内容。

1. 插座代号内容

4-直接在车身上搭铁；5-信号回路搭铁；16-统一电源 +B-12V；2、10-美规车参数资料输出；7、15-欧规车参数资料输出；1、3、6、8、9、11、12、13、14-各车种、各系统代码的触发或输出插孔（有的车系短接触发后 ECU 和 ECT（自动变速器）同时闪代码，有的车系需单独跨接触发。

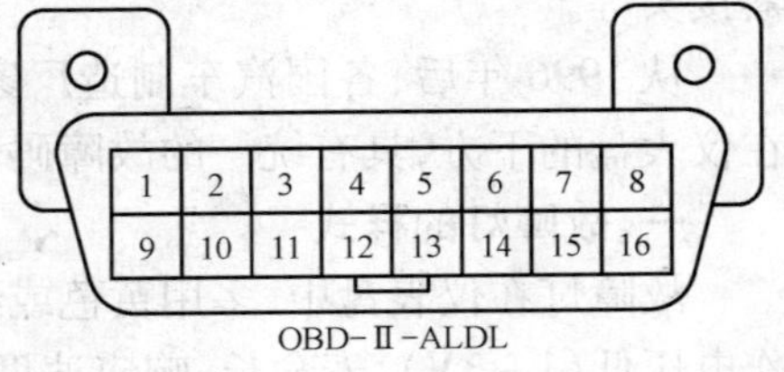

图 1-86　第二代随车自诊检查连接器

例如：

（1）通用系列。跨接 6—5，仪表盘故障灯闪 ECU 和 ECT 代码。

（2）丰田系列。跨接 13—4，仪表盘故障灯闪 ECU 和 ECT 及 ABS 代码。

（3）本田系列。跨接 9—4，仪表盘故障灯闪 ECU 代码，各系统的故障灯，闪本系统的故障代码。

（4）福特系列。跨接 13—5，仪表盘故障灯闪 ECU 代码。

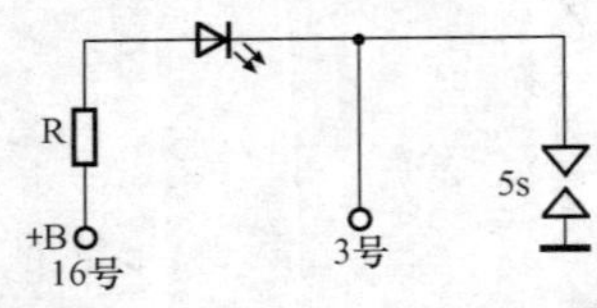

图 1-87　沃尔沃车取码方法

（5）克莱斯勒系列。不跨接，打开点火开关，5～10s 后，仪表盘故障灯闪 ECU 代码。

（6）沃尔沃系列。用 LED 灯正极接 16（+B），灯的负极接 3 孔，用 3 搭铁 5s 后断开，闪 ECU 代码。取码后再搭铁 5s 即消码，如图 1-87所示。

（7）三菱系列。率先能从 OBD-Ⅱ插座中，直读五个系统的代码。

①ECU 代码。1 孔搭铁（1—4），故障灯闪 ECU 代码。

②ECT（自动变速）代码。用 LED 灯跨接 6—4 孔（6 号 +—4 号 -），LED 闪 ECT 代码。

③ABS（制动防抱死）代码。用 LED 灯跨接 8—4 孔，LED 闪 ABS 代码。

④CCS（巡航）代码。用 LED 灯跨接 13—4 孔，LED 闪 CCS 代码。

⑤SRS（安全气囊）代码。用 LED 灯跨接 12—4 孔，LED 闪 SRS 代码。

三菱系列的消码方法：拆下蓄电池负极线 20s，即可消除各系统的故障码。但 ABS 系统的消码方法不同于其他系统，它是利用点烟器后面的专用两孔插座，它和 ABS 电脑上的 9 和 10 端子连接，分别为红/黄和绿/白线，消码程序为：

①跨接该两孔插座。

②打开点火开关,此时 ABS 的电磁阀全关,LED 灯闪烁。

③等 7s 后,关闭点火开关;拆下跨线。

④打开点火开关,即消除了故障码。

2. OBD-II 统一的故障码含义

故障码由五个数字组成,其特点是:分类详细、元件和线路有别、代码统一、覆盖面宽。第一位是英文字母,P 表示 ECU、ECT 系统、O 表示底盘电脑系统、B 表示车身电脑系统、U 表示 CAN-Bus 系统。第二位是数字,0 为美国 SAE 定义代码,1~9 为各汽车厂自行定义的代码。第三位是数字,是故障范围代码。1、2 表示燃料和进气系统故障;3 表示点火系统故障;4 表示废气控制系统故障;5 表示怠速控制系统故障;6 表示电脑和执行元件系统故障;7、8 表示电控自动变速器故障。第四位是两位数字,统一编码顺序号。例如:P0201 表示燃油系统第 1 缸喷油线路故障;P0301 表示点火系统第 1 缸间歇性断火;P0402 表示废气系统 EGR 阀怠速漏气;P0505 表示怠速系统 IAC 不良;P0605 表示电脑总成 ECU 的 ROM 不良(存储器);P0755 表示变速器换挡电磁阀"B"不良(OBD-Ⅱ故障码内容从略)。

第十节 电控汽油喷射系统正确的检测方法和检测程序

一、必备的检测仪器

1. 万用电表

数字式用以测量电路、电器的电参数。

2. 转速表

实为感应式点火系统检测仪,用以检测最低稳定怠速转速、闭合角、各缸工作好坏(单缸功率检测)、各工况和各转速下的点火性能的好坏(缺火、断火、交叉点火等)、高压电路及火花塞漏电等故障,是就车检查必备的仪器,如图 1-88 所示。

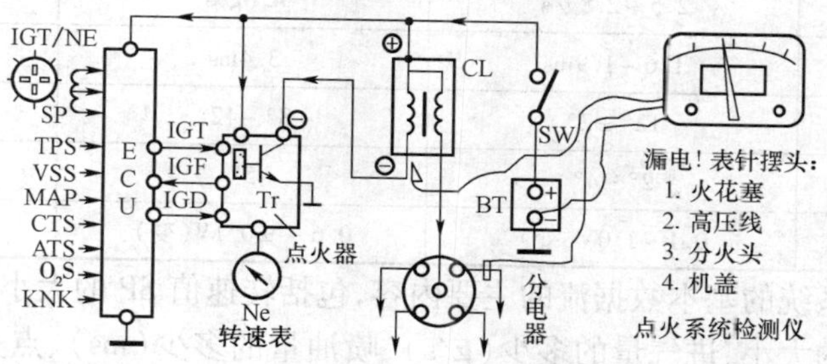

图 1-88 感应式转速表(点火系统检测仪)

3. 真空表和手动真空泵

真空表用来检测发动机进气系统的密封性、点火性能、空燃比的好坏。手动真空泵用来检测真空控制的各种阀门和拉力器的好坏及压力传感器 MAP 的好坏。它也是 ABS 彻底放气的好工具。

4. 汽缸压力表和汽油压力表

用来检测汽缸的密封性和测量分配管内油压,检查电动汽油泵、调压器和喷油器的好坏。

5. 点火正时灯

检测和调整点火初始提前角的大小,使点火系统处于最佳工作状态,它是监控装配质量的必备仪器。

6. 发光二极管

发光二极管用来提取故障码和检测脉冲信号，如 INJ、IGT、IGF、IAC、VSV 等。汽车上各电控系统的执行元件多用脉冲信号控制，该信号可用示波器显示，但不如发光二极管简便，如图 1-89 所示。

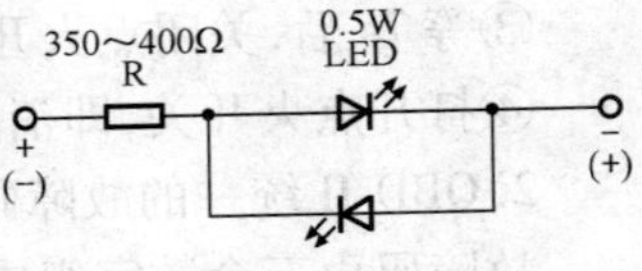

图 1-89　双向发光二极管

发光二极管特点是：

(1)重量轻、体积小、坚固耐用。

(2)工作电压低(1 ~ 3V)、功率小、寿命长。

(3)响应速度快，分辨能力强。

7. 检码器(扫描仪)和示波器

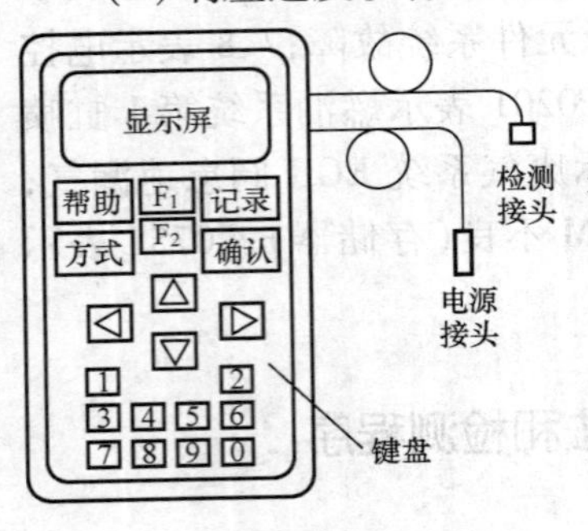

图 1-90　检码器面板

它们是电控系统不可缺少的必备检测仪器，种类繁多，功能类同，检码器面板如图 1-90 所示。

1)分类

(1)通用型。适用车型较多，但检测覆盖参数内容较少。

(2)专用型。只针对某一车型使用，功能齐全，检测覆盖参数内容多。

2)主要功能

(1)检取各电控系统存储的故障码和代码含义。

(2)检取各电控系统的电元件相关参数和逻辑数据流显示，以便进行机理分析，如表 1-4 所示。

表 1-4

空气流量计故障实例——怠速时的数据流分析

数　据	标　准　值	实　测　值	结　论
转速	760 ~ 800r/min	760 ~ 800r/min	正常
AFS 进气量	2.5 ~ 2.8g/s	4.6g/s	偏大
喷油脉宽	1.6 ~ 1.9ms	3.4ms	偏大
点火提前角	12° ±2°	8° ~ 12°	偏小
节气门开度	2° ~ 4°	5°	偏大
氧传感器	0.1 ~ 1.0V(变)	0.6 ~ ±0.1V(变)	*A/F* 偏小

可见，汽油喷射系统的基本数据流的主要内容，包括转速值 SP 的大小、冷却液温度值 CTS 的高低、节气门开度的大小、进气量的多少(g/s)、喷油量的多少(ms)、点火提前角的大小、氧传感器的好坏等参数，可作为故障的判断依据(参数值大小，因车而异，但多相近)。

(3)对电元件、继电器和开关进行动作试验。

(4)故障排除后，清除已存储的故障码。

(5)示波功能，各种传感器和点火波形显示。用五种测量尺度，判断波形好坏：

①幅值。信号的最大值(V)。

②频率。信号的循环时间(Hz)。

③形状。信号的外形模样(如方波或尖波)。

④脉宽。信号的占空比(%)或所占的时间(ms)。

⑤阵列。信号的重复性。

(6)存储有关技术数据和故障诊断指南(专用型)。

(7)对电元件和微机的控制功能,进行重新设置(专用型)。

二、正确的检测方法

1. 区别故障性质

电控系统是开环控制和闭环控制的综合体系,故障的性质有偶发性和永久性故障之分,又有自生故障和他生故障之分。有时机、电、液三者的故障相互交叉影响,应通过检取故障码和电测量,综合分析获取故障码的内容、性质、起因、因果关系,从而得出正确的故障结论。有时为了验证结论,尚需换件对比试验,方可定论。

发动机基础检查的底线标准是,汽缸压力 >800kPa;进气管真空度 Δp_x >60kPa;点火性能良好,单缸断火,转速跌落值 >100r/min,这是发动机性能好坏的大前提。具体方法如图 1-91 所示。

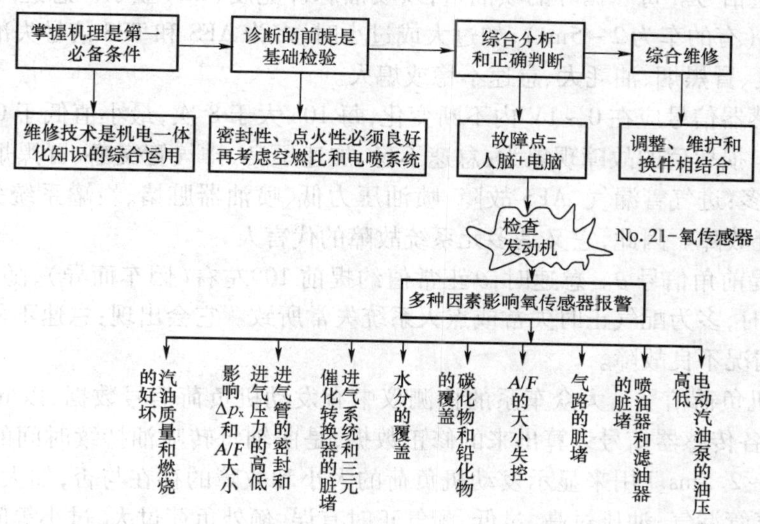

图 1-91 正确的检查方法

2. 不要过分迷信故障码的存在,应以机理和因果关系作为分析故障的依据

例如:桑塔纳 2000 时代超人乘用车,热车后怠速不稳(游车),用 V. A. G1552 检码器检出故障码为 0053,是"空气流量计输出 AFS 不可靠信号"。又取其数据流为:

(1)AFS 空气流量 3.9g/s,加速时可达 15g/s,属正常状态。

(2)氧传感器输出电压为 0.2V,一直不变,属不正常状态。

(3)点火提前角在 7°~15°间波动,为不正常状态。

(4)拆检氧传感器外表颜色为棕红色,为铅中毒,一直提供空燃比(*A/F*)过大信号。

(5)更换了氧传感器后,故障排除。

得到的启迪是:因氧传感器尚未完全失效,未建立起故障码,它输出空燃比(*A/F*)过大信号,致使点火提前角波动而游车。ECU 的智能系统即相辅输出"0053——AFS 不可靠"信号,这是因果关系的反映。

3. 电喷汽油机检测基本数据流内容

发动机有时存在故障现象,但无故障码,应依靠检码器显示的数据流参数,进行对比和机理分析,判断故障所在部位。

(1)转速信号 SP 用 r/min 或 rpm 显示。怠速时,四缸机应为 800r/min;六缸机、八缸机应为 600~700r/min。加上额外负荷信号,转速应略有升高或保持为好;如不符即为有故障。如:

怠速阀 IAC 的好坏;A/F 的大小;TPS 好坏、点火系的好坏等因素。

(2)冷却液温度信号 CTS 用摄氏度(℃)显示。正常冷却液温度应为 95~105℃,损坏后的故障现象:冒黑烟、不易起动、加速不良、怠速不稳、过高或过低。

(3)节气门开度信号 TPS 用角度(°)或百分比(%)或电压值符号显示。正常角度值为 0°~5°;电压值为 0.5~4.5V。损坏后的故障现象:怠速不稳、加速不良、熄火、自动变速器换挡冲击或不能换挡。

(4)进气量信号用 g/s 或电压值显示。热膜式 AFS 怠速进气量为 2~4g/s;AFS 和 MAP 怠速电压值为 1V 左右;卡门涡流式 AFS 用信号频率显示,怠速时为 30Hz。损坏后的故障现象:怠速不稳、加速不良、回火、放炮、自动变速器换挡冲击。

(5)喷油量信号。每一循环的喷油量,以喷油脉冲宽度(ms)显示。怠速时的循环喷油量为 1.3~2.5ms(有的车为 2~5ms),如过大或过小时,多为 AFS 和 TPS 信号失准造成。工况现象为:加速不良、冒黑烟、油耗大、怠速不稳或熄火。

(6)氧传感器信号应在 0~1V 内不断变化,每 10s 大于 8 次,最小值低于 0.3V;最大值高于 0.6V 为好。损坏后的故障现象为:怠速不稳、加速不良、排气管突噜、冒黑烟。氧传感器好坏影响因素较多:进气管漏气、AFS 故障、喷油压力低、喷油器脏堵、炭罐系统失控、EGR 系统故障、点火系统故障。因此,它又是多元系统故障的代言人。

(7)点火提前角信号 θ。怠速时,θ 正常值约提前 10°左右(因车而异),随转速而加大。θ 角过大或过小时,多为配气正时失常或点火系统失常所致。它会出现:怠速不稳、加速不良、行驶无力、燃烧情况不良故障。

(8)发动机负荷信号。大众车系的检测仪中有发动机负荷信号数据,以 ms 为单位显示,它是电脑根据各传感器信号计算出来的修正数据,是曲轴每转喷油持续时间的多少。怠速时的正常值为 1~2.5ms。用来显示发动机负荷的大小和故障的存在与否,如大于或小于此值,即存在着:进气管漏气、油压过高、过低,配气正时有误、额外负荷过大、过小等问题。

三、正确的检测程序

正确的检测程序是快速查找故障内容的向导,这样能有效地防止误诊和走弯路。简化的程序框图如图 1-92 所示(这种检测程序适用于各种电控系统,仅基础检验内容各异)。

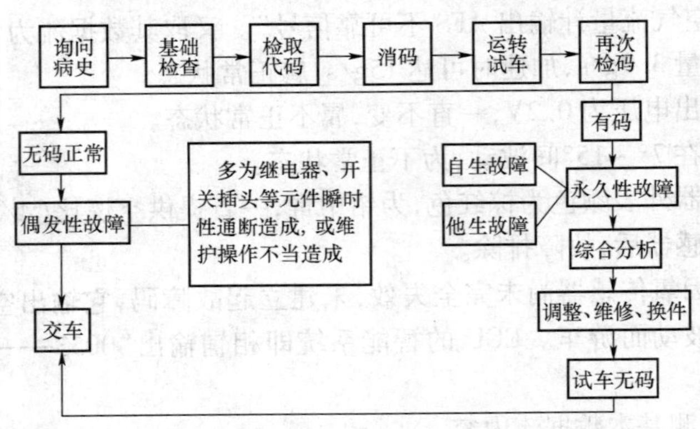

图 1-92 正确的检查程序

四、电控汽油喷射系统使用、维修要点

(1)出现故障信号,应立即检测维修,不可带病工作,造成故障积累和病情恶化。

(2)定期、定点检测、维护,不要到无检测能力的维修点修车。

(3)不使用劣质燃润油料，不加添有铅汽油，不管冬夏天，都使用优质冷却液和指定的润滑油。

(4)检测各种电元件和传感器时，应先关掉点火开关，特别是电感型的负载，以防自感电动势损坏 ECU(有的高达 700V)。

(5)有密码的车，在消码或更换蓄电池时，不能中断电源(拆蓄电池线)，应拔下 EFI 熔断丝或相关熔断丝消码，最好是利用检码器消码。

(6)检测汽缸压力时，应拔下中央高压线或电动油泵熔断丝，停止点火和喷油，防止混合气外喷，以确保安全。

(7)检测汽油管压力时或更换汽油滤清器、汽油泵、清洗喷油器时，应先卸压后施工(拔下汽油泵熔断丝运转，自动熄火后施工)，防止燃油外喷，以确保安全。

(8)蓄电池极性不能接反，正常电压应不低于 11V，也不能用过载电压启动。

(9)检测电器元件和传感器，以不拔下接头测电压为主，以免发生新的故障信号。尽量利用检码器进行定量检测、动作检测(INJ、IAC、电磁阀等)和消除代码。

(10)电路截面设计，有满负载要求，不宜增添其他电器(如防盗报警、自动门锁等)。否则，电缆线路会因负载过大而发热，影响点火、喷油的好坏，严重时会引发电缆自燃。

(11)禁止使用大功率无线电通信设备(10W 以上)，否则，会影响点火和喷油的正常工作。

(12)ECU 对环境温度的适应能力为 -22 ~ +65℃，维修车身烤漆时，应拆下 ECU 或控制加热温度。

第十一节　电控汽油喷射系统故障判断和查找内容

电控汽油喷射系统的常见多发故障为起动困难、怠速游车、各工况游车、行驶无力、加速不良、油耗高、排放不良、回火或放炮、爆震、不熄火九大故障。在此提供排除故障的导向思路，仅供参考。

一、起动困难

1. 现象

难着火或着火后又熄灭。

2. 原因

起动困难主要原因是缺油、缺电、汽缸密封性差。

3. 查找内容

(1)火花塞是否跳火？喷油器是否喷油？有关接头是否松动？

(2)点火正时对否？汽缸压力值、蓄电池电压值、进气系统密封如何，它影响 MAP 和 AFS 的计量。

(3)TPS、CTS 是否正常？冬季冷起动时，冷却液温度传感器的好坏是关键因素。

(4)如不奏效，应扩大检测范围(如防盗保护、排气管堵塞等)。

二、怠速游车

1. 现象

忽高、忽低、过高、过低。

2. 原因

点火性能和密封性能差，有关部件失调或损坏，造成空燃比(A/F)过小、过大、变化无常。

3. 查找内容

(1)点火和喷油系统的接头是否松动?

(2)各缸工作情况是否良好?有无缺火、断火、交叉点火现象?

(3)进气管真空度是否在60kPa以上?各缸压力是否在1MPa以上(注意:气门热态漏气和点火正时)?

(4)电动汽油泵、滤油器、喷油器是否工作正常?卡住回油管,油压应升高100kPa以上;转速应上升100r/min以上。

(5)节气门位置传感器零位是否正确?其怠速触点(IDL)是否导通?

(6)怠速阀是否失灵?加上额外负荷,转速应快速恢复正常值。

(7)废气再循环EGR阀和炭罐是否过早地投入工作或常开漏气?曲轴箱强制通风阀是否常开或不灵活?

(8)D型或L型进气系统是否漏气?进气压力传感器的软管是否接错等。

三、各工况游车

1. 现象

在任一踏板位置时,喘振和失速。

2. 原因

空燃比(*A/F*)忽小、忽大、点火性能和密封性能差,有些原因同怠速游车。

3. 查找内容

(1)各缸、各转速下点火、喷油是否正常?有无缺火、断火、断油现象?

(2)进气压力传感器或空气流量计的输出电压是否正常?密封情况如何?

(3)节气门位置传感器初始位置失准,怠速触点是否失常?

(4)气门间隙是否正常?液力挺柱是否正常?进气管热态大负荷时是否漏气?

(5)自动变速器是否正常?有无故障现象?

(6)车速传感器信号与实际车速是否一致?

四、行驶无力和加速不良

1. 现象

反应迟缓,加速踏板踩下一半,车速无明显的变化。

2. 原因

A/F 过大、点火性能和密封性能差。

3. 查找内容

(1)首先区别是发动机方面的原因还是底盘方面的原因。制动器是否拔劲?离合器是否打滑?自动变速器A/T是否正常。

(2)再检查点火、喷油和进气系统是否正常?主要是脏堵、松旷、漏气、缺火。

(3)袋式滤油器是否接反?喷油器是否脏堵?汽油泵是否老化?应检测分配管燃油压力是否正常。

(4)汽缸压力、蓄电池电压、点火正时、三元催化转换器有无问题。

五、油耗高

1. 现象

油耗大。

2. 原因

A/F 过小,点火性能和密封性能差。

3. 查找内容

(1)进气系统、喷油系统、点火系统是否正常?有时汽缸密封性是关键。

(2)冷起动喷油器是否正常?冷起动真空电磁阀是否失控?冷却液温度传感器是否失常?节温器是否常开?

(3)油压调节器是否犯卡或漏油?进气压力传感器真空管是否接错?喷油器是否失效?

(4)制动器是否拔劲?离合器是否打滑?自动变速器是否打滑?

(5)操作不当、换挡不及时,常用“四急工况”。自动变速器不是采用“抬加速踏板升挡、踩加速踏板降挡”操作法。

六、排放不好

1. 现象

CO、HC、NO_x 超标,冒黑烟、蓝烟。

2. 原因

空燃比(A/F)过小、烧机油、净化装置失效(油耗高和排放不好并存)。

3. 查找内容

(1)进气系统密封性差(特别是D型),计量失常,喷油过多。

(2)点火和喷油系统失常,燃烧室窜机油严重。

(3)冷却液温度传感器、进气压力传感器、空气流量计失常,冷起动系统常喷。

(4)喷油器滴漏、雾化不良,一氧化碳电位计失调。

(5)活性炭罐失效、油蒸气压力过高且量多,空燃比(A/F)过小。

(6)曲轴箱通风PCV阀失控,漏泄的油蒸气失控,使曲轴箱窜气量过多地投入工作(曲轴内压力应为负压为好)。

七、回火、放炮

1. 现象

进气管窜火、排气管放炮。

2. 原因

空燃比(A/F)过小(排气管放炮)、过大(进气管回火);点火有误,缺火、断火、错火、交叉进火;进、排气门关闭不严。

3. 查找内容

(1)点火系统(火花塞、分线、点火线圈、点火器、分电器)在各转速下工作是否正常?

(2)进气门、排气门关闭是否严密?三元催化转换器和消声器是否脏堵?

(3)燃油系统是否脏堵?喷油压力是否正常?各缸喷油器脉冲控制线是否接错?点火分线是否接错?

(4)配气正时是否正确?皮带或链条是否错牙?

八、爆震

1. 现象

加速时有连续的金属敲击声。

2. 原因

点火过早、发动机过热、燃油品质差。

3. 查找内容

(1)点火是否过早？爆震传感器是否失效？

(2)燃烧室窜机油、积炭过多,传热差,造成过热。

(3)水泵失效、节温器打不开、电动风扇失控、硅油风扇打滑,冷却系统水垢严重,造成过热。

(4)燃油品质和机油品质低劣。

(5)机体温度过高,也可能是自动变速器打滑,油温和冷却液温度过高造成。

九、不熄火

1. 现象

关掉点火开关、不立刻熄火,短时间非正常运转。

2. 原因

产生炽热点火是油、气、热三因素并存造成的。

3. 查找内容

(1)燃烧室窜机油,积炭多,产生炽热点(热源)。

(2)喷油器滴漏(油源)。

(3)节气门关闭不严;熄火后步进电动机未回到初始关断位置(气源)。

(4)油压调节器膜片漏油(单点喷射)。

(5)火花塞冷热型有误,出现炽热点。

第十二节　电控汽油喷射系统的传感器波形分析

各种传感器的波形显示和波形分析,是电测量和判断故障最有效的手段。汽车用的示波器是快速判断电器元件故障的有力工具,它能及时地抓住电器元件瞬间发生的微小变化,进而诊断出难以发现的瞬间故障,图1-93为常见的一种汽车用示波器。

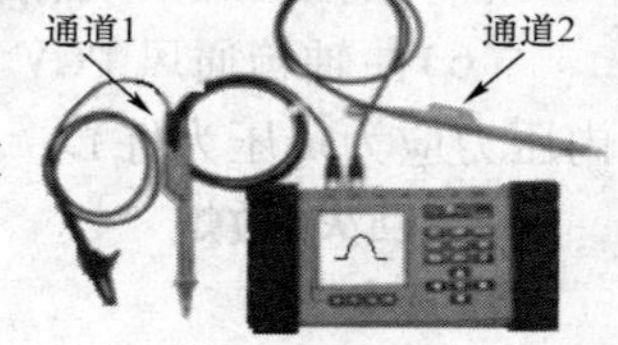

图1-93　汽车用示波器

一、利用波形分析的优点

(1)电控系统的工作是否正常。

(2)能显示某个电器元件瞬间故障所在。

(3)能形象、连续、准确地显示电器元件信号的全貌。

二、电子信号的类型

1. 直流(DC)信号

直流信号是电压和电流方向都不随时间变化的信号。如冷却液温度传感器、进气温度传感器、油温传感器、节气门位置传感器、废气再循环位置传感器等。

(1)直流脉冲信号。电压在高、低电平间大幅度的跳变信号,如图1-94所示。

(2)直流波动信号。电压变化,电流方向不变的信号,如图1-95所示。发电机输出电压即为直流波动信号。

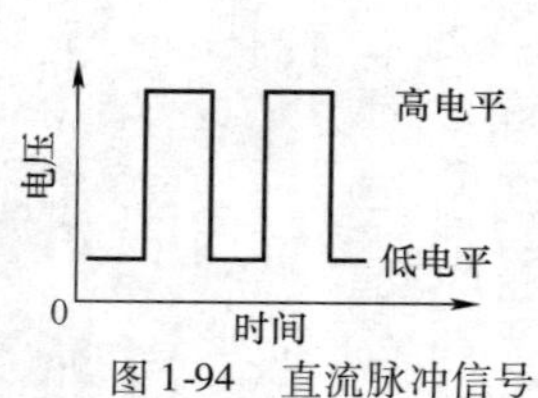

图1-94　直流脉冲信号

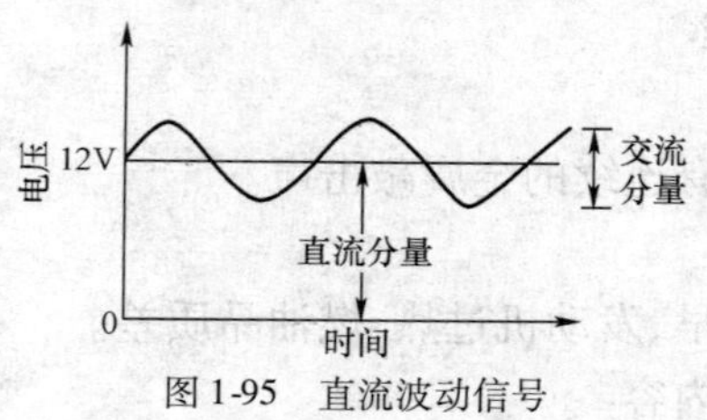

图1-95　直流波动信号

2. 交流(AC)信号

交流信号是电压和电流方向都随时间变化的信号,如图 1-96 所示。循环变化一周的时间,叫"周期"T(s)。1s 内循环变化的周期数,叫"频率"f。频率和周期是互为倒数关系:$f=1/T$。磁电式转速、车速、轮速传感器、曲轴位置传感器、爆震传感器等输出的都是交流信号。

3. 频率信号

1s 内循环变化的周期数信号,为频率信号,如图 1-97 所示。即每秒的循环数(Hz)或每秒波形周期数(ms)。如热线(热膜)空气流量计、进气压力传感器、光电式传感器、霍尔传感器等输出的是频率信号。

4. 脉宽信号

脉宽信号即信号周期的比值——占空比(%),如图 1-98 所示。其负电压部分的宽度叫"脉宽"(ms)。如喷油器、怠速阀、各种电磁阀、点火线圈初级等输出的是脉宽信号。

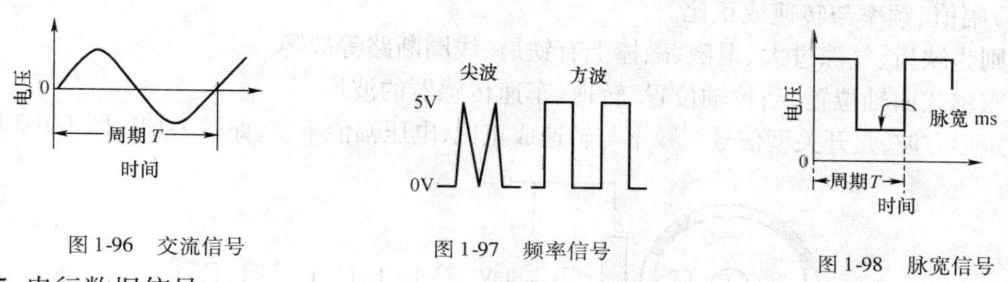

图 1-96　交流信号　　图 1-97　频率信号　　图 1-98　脉宽信号

5. 串行数据信号

自诊系统的多路数据流和网络信号。

三、波形好坏的五种依据

(1)幅值。电子信号在一定点上的即时电压,或最高和最低的差值。

(2)频率。电子信号 1s 的循环数(Hz)。

(3)脉冲宽度。电子信号所占的时间(ms)或占空比(%)。

(4)形状。电子信号的外形特征(曲线、轮廓、上升沿、下降沿、分界线)。

(5)阵列。电子信号的重复方式如表 1-5 所示。

电子信号的重复方式　　表 1-5

判定依据 / 信号类型	幅　值	频　率	形　状	脉　宽	阵　列
直流信号	√				
交流信号	√	√	√		
频率信号	√	√	√		
脉宽信号	√	√	√	√	
串行数据信号	√	√	√	√	√

要求:发动机稳定工况下,不允许信号数据异常;信号形状不应有中断、杂波、毛刺、平台、拐角异常等现象;否则,为传感器或电元件失效。

四、各种传感器和电元件的标准波形

1. 磁电式曲轴位置、凸轮轴位置、转速、车速、轮速传感器的波形为交变尖波信号，幅值与频率和转速成正比，如图1-99、图1-100所示。

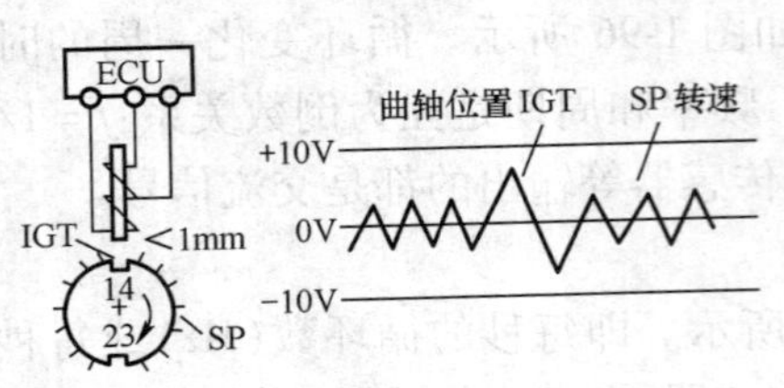

图1-99　磁电式传感器波形

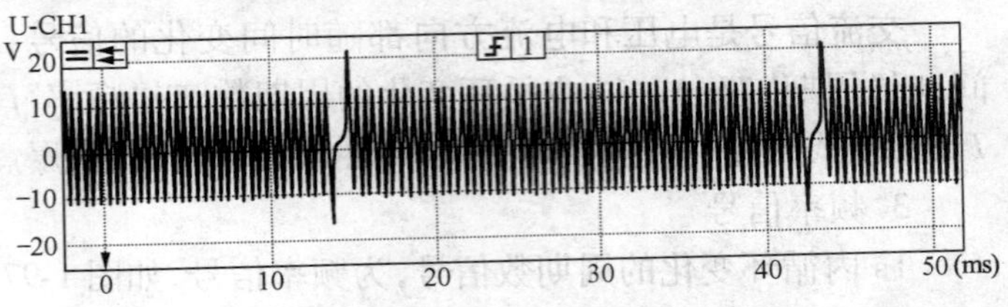

图1-100　实例：磁电式曲轴位置传感器波形

要求：

(1)幅值电压应一致。

(2)波形上下应对称。

(3)幅值、频率与转速成正比。

否则为缺齿、气隙过大、退磁、磁棒上有铁屑、线圈断路等故障。

2. 霍尔式曲轴位置、凸轮轴位置、转速、车速传感器的波形

为矩形方波，是开关型信号。频率与转速成正比，电压幅值不变，如图1-101、图1-102所示。

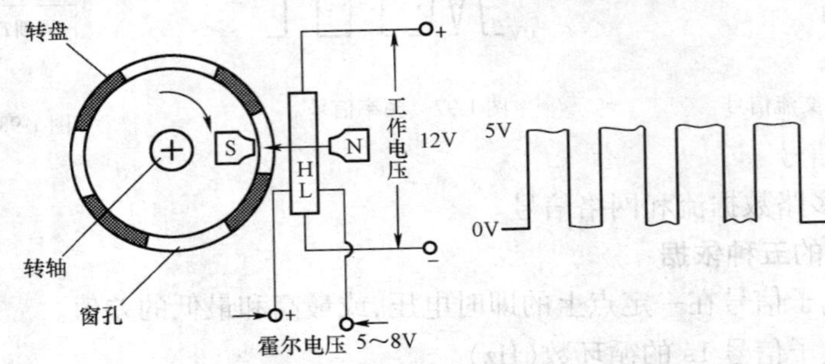

图1-101　霍尔式传感器波形

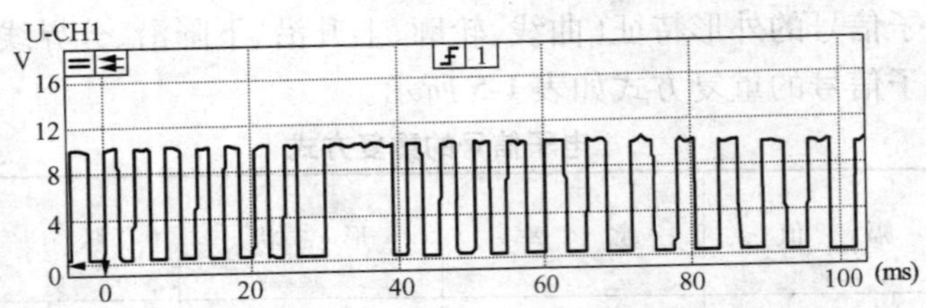

图1-102　实例：霍尔式曲轴位置传感器

要求：

(1)一个脉冲到另一个脉冲的时间不变。

(2)上下沿拐角一致。

(3)幅值均等。

(4)频率随转速而变。

否则，传感器已损坏。

3. 光电式曲轴位置、转速传感器的波形

频率低的IGT/NE信号为脉冲矩形方波；频率高的SP信号为圆角形方波，都是开关型的信号，其光电管最怕脏和漏光，光电式传感器波形如图1-103所示，实例如图1-104所示。

要求：同霍尔式传感器。

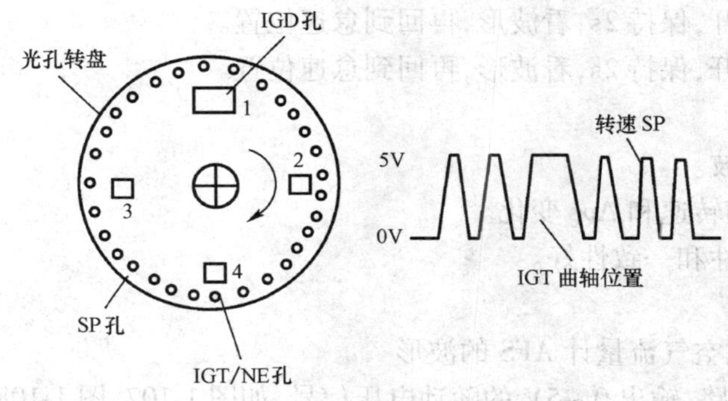

图1-103 光电式传感器波形

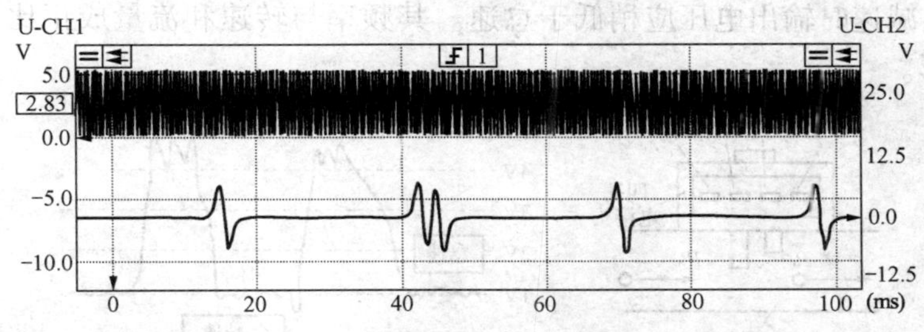

图1-104 实例:光电式曲轴位置传感器

4. 进气压力传感器(MAP)的波形

半导体压敏电阻式,输出0~5V的随动电压,它的频率、幅值和波形随转速和Δp_x的变化而变化,为不规则的尖刺方波,如图1-105、图1-106所示。怠速时(64kPa)输出电压为1.25V;全开时(13kPa)输出电压接近5V;急减速时(80kPa)为0V。

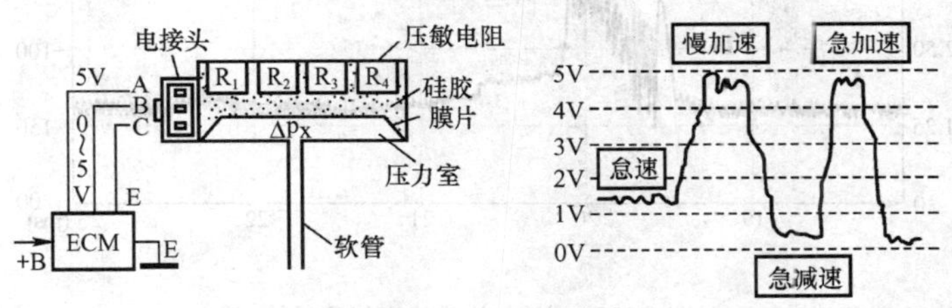

图1-105 进气压力传感器波形

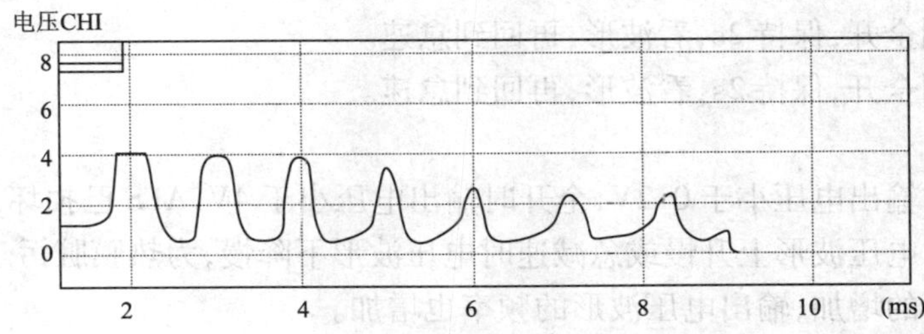

图1-106 实例:进气压力传感器波形

1)试验方法

可就车运转测试,也可用手动真空泵测试。

(1)慢加速到全开,保持2s,看波形,再回到怠速位置。

(2)急加速到全开,保持2s,看波形,再回到怠速位置。

2)要求

(1)波形上无杂波。

(2)幅值、频率随转速和 Δp_x 变化。

(3)波形的重复性和一致性好。

否则,MAP 损坏。

5. 热线(热膜)式空气流量计 AFS 的波形

热敏电阻桥式电路,输出 0~5V 的随动电压信号,如图 1-107、图 1-108 所示。为跳动的尖刺方波,因为它的反应灵敏度高,空气流脉动引发了尖刺。怠速时输出电压应大于 0.2V;全开时应大于 4V;急减速时输出电压应稍低于怠速。其频率与转速和流量成正比,做加减速试验应产生下列波形。

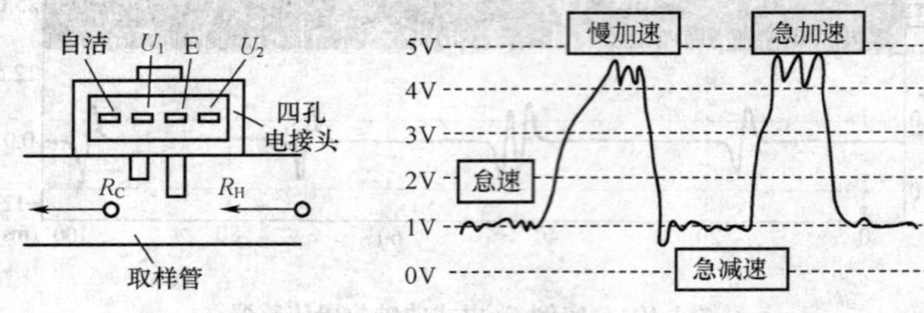

图 1-107　热线(热膜)式空气流量计波形

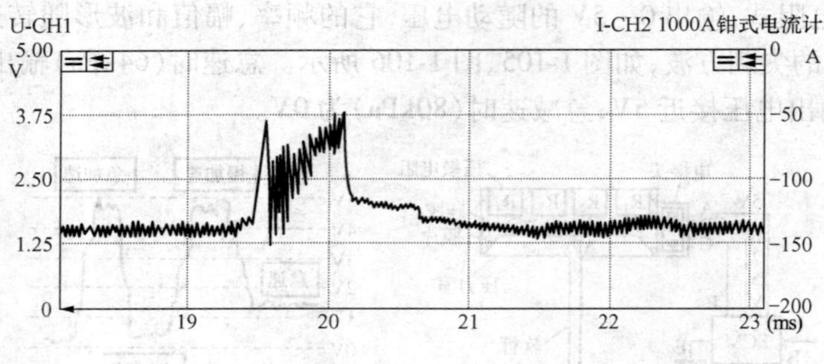

图 1-108　实例:热膜式空气流量计

1)试验方法

(1)慢加速到全开,保持2s,看波形,再回到怠速。

(2)急加速到全开,保持2s,看波形,再回到怠速。

2)要求

(1)如怠速时输出电压小于 0.2V,全开时输出电压小于 4V,AFS 已损坏。

(2)急加速时电压波形上升慢或急减速时电压波形下降慢,为热膜脏污。

(3)随着流量的增加,输出电压波形的频率也增加。

6. 卡门涡流式空气流量计的波形。

输出的是与涡流频率相对应的电信号,波形为尖角和方角矩形脉冲信号,如图 1-109、图 1-110 所示。

1)波形变化特点

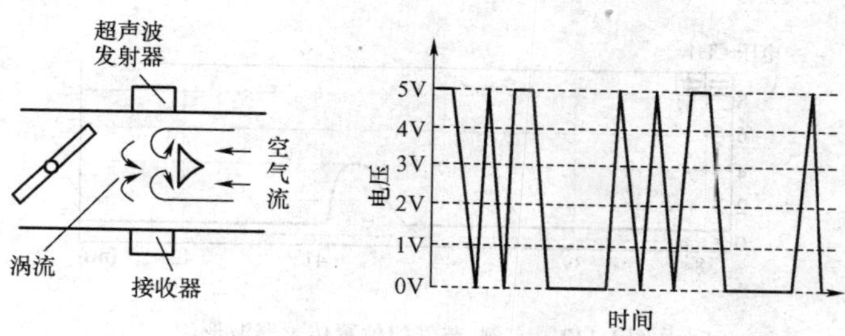

图 1-109 卡门涡流式空气流量计的波形

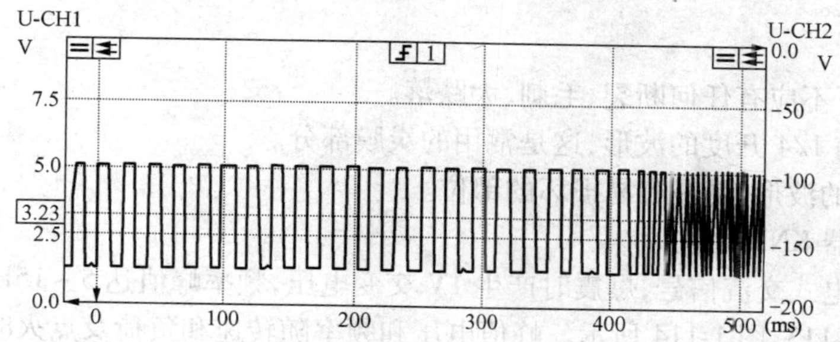

图 1-110 实例：卡门涡流式空气流量计的波形

（1）在转速和空气流量稳定的状态下，流量计的波形频率、脉宽及其电压幅值应是稳定状态。

（2）在加速时，不仅频率增加，它的脉冲宽度也同时改变。这是为了加速时，向 ECU 提供同步加浓信号和异步加浓信号，改变喷油量的多少。

2）试验方法

（1）慢加速到全开，保持 2s，看波形，再回到怠速。

（2）急加速到全开，保持 2s，看波形，再回到怠速。

3）要求

（1）频率、脉宽、应随转速而变化，电压应保持 0 ~ 5V 的幅值，波形的正确性、一致性、重复性好，否则更换新的 AFS。

（2）把测试时间用在有疑问的转速区段，查看波形是否正确。

7. 节气门位置传感器 TPS 的波形

它为线性电位器，输出 0 ~ 5V 的随动电压，如图 1-111、图 1-112 所示。全闭时输出电压小于 1V，全开时输出电压接近 5V。

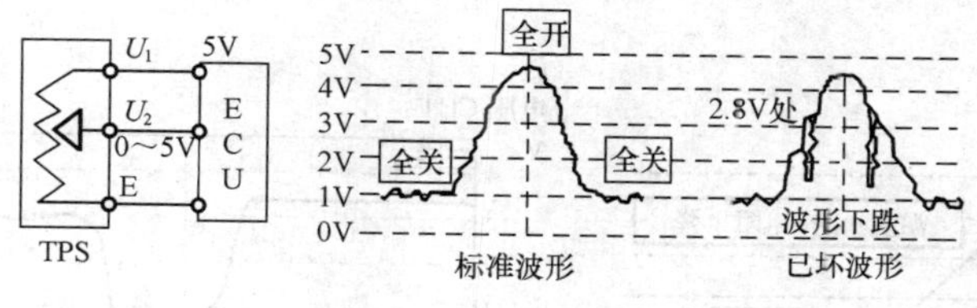

图 1-111 节气门位置传感器波形

1）试验方法

（1）打开点火开关，发动机不运转。

（2）使节气门从全关到全开位置，并回到全关位置。

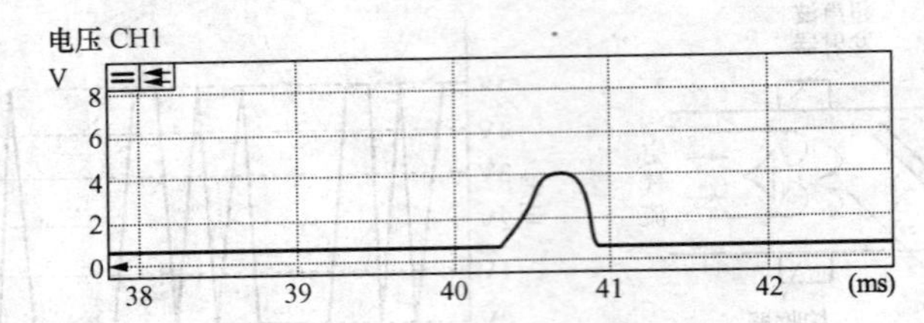

图 1-112　实例:节气门位置传感器波形

(3)反复几次。

2)要求

(1)波形上下不应有任何断裂、毛刺、大跌落。

(2)应注意前 1/4 开度的波形,这是常用的炭膜部分。

(3)2.8V 处的波形,是最容易损坏的部位。

8. 爆震传感器 KNK 的波形

它是一个压电式交流信号,爆震时产生 1V 交变电压,频率峰值达 5 ~ 15kHz,爆震愈严重,峰值愈高,如图 1-113、图 1-114 所示。峰值电压和频率随转速和负荷及点火时间而变化。

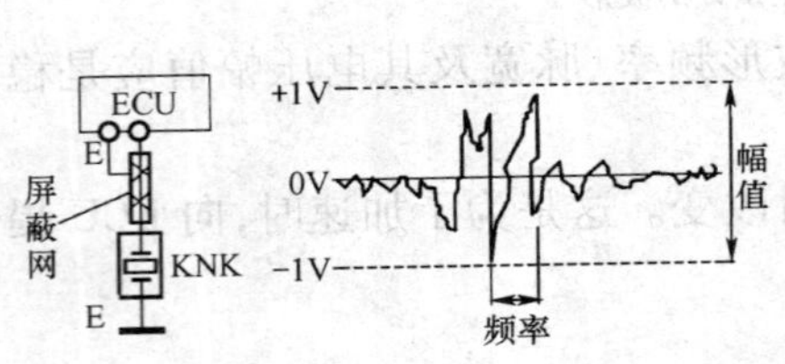

图 1-113　爆震传感器波形

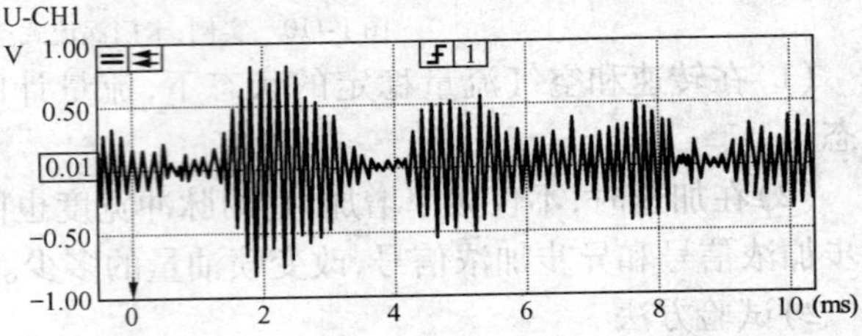

图 1-114　实例:爆震传感器波形

试验方法

(1)起动发动机,就车试验。

(2)不起动发动机,打开点火开关,用金属物敲击爆震传感器 KNK 附近的机体,出现波形。

(3)如果坏了,显示一直线。

9. 冷却液温度传感器 CTS 和进气温度传感器 ATS 的波形

它为负温度系数热敏电阻式,是随温度变化的直流信号,如图 1-115、图 1-116 所示。由 ECU 提供 1 个 5V 的参考电压,输出电压与温度成反比。冷态时为3 ~ 5V;热态时为 1V 左右(实为电压降的测量)。

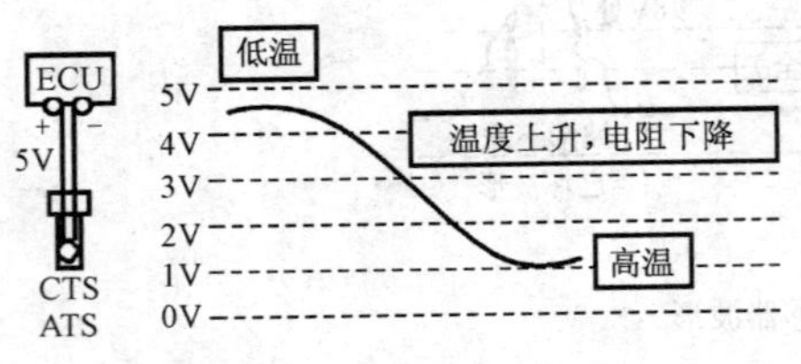

图 1-115　冷却液温度传感器和进气温度传感器波形

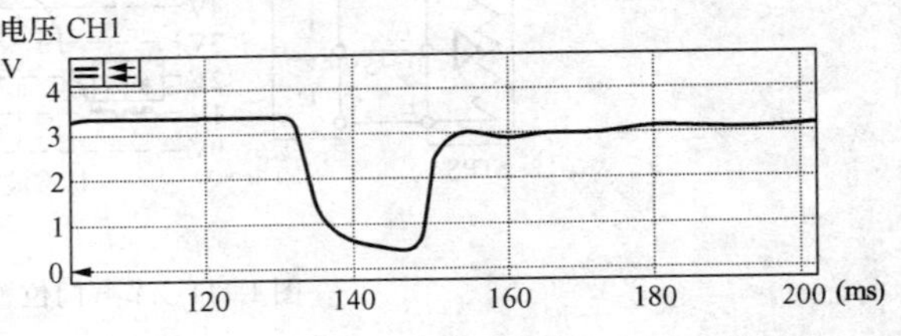

图 1-116　实例:冷却液温度传感器和进气温度传感器波形

试验方法

(1)冷却液温度传感器 CTS 的测量,用发动机运转后冷却液温度变化的方法,进行波形检测。

(2)进气温度传感器 ATS 的测量,不起动发动机,对 ATS 适当加热,打开点火开关,向 ATS 喷水或清洗剂的办法,使其降温,视其电压波形的变化,应是上升的规律。

10. 二氧化锆 ZrO_2 氧传感器的波形

它是一个嗅敏电池,能产生 1V 的电压,检测时有三个重要参数:最高电压(1V)、最低电压(0V)、混合气从浓到稀时,信号的反应时间小于 100ms,即 10s 内变化 8 次以上。任何一项不符合要求,即更换新氧传感器。这三个参数对二氧化钛 TiO_2 氧传感器也适用,如图 1-117 所示。

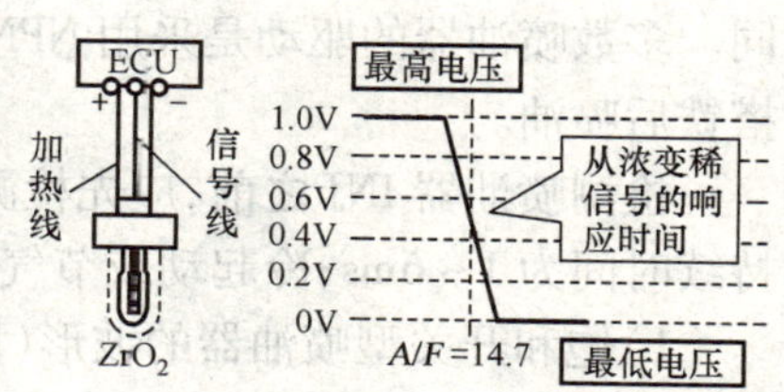

图 1-117 二氧化锆 ZrO_2 氧传感器的波形

1)试验方法

(1)应先检测加热电阻的好坏,再检测 O_2S 的好坏。

(2)急加速法较方便,先以 2 500r/min 预热发动机和氧传感器 2 ~6min。

(3)再怠速运转 20s。

(4)在 2s 内将节气门全开,共进行 5 ~6 次,转速不应高于 4 000r/min。

(5)看屏幕上的波形,与标准波形参数对比,如图 1-118、图 1-119 所示。

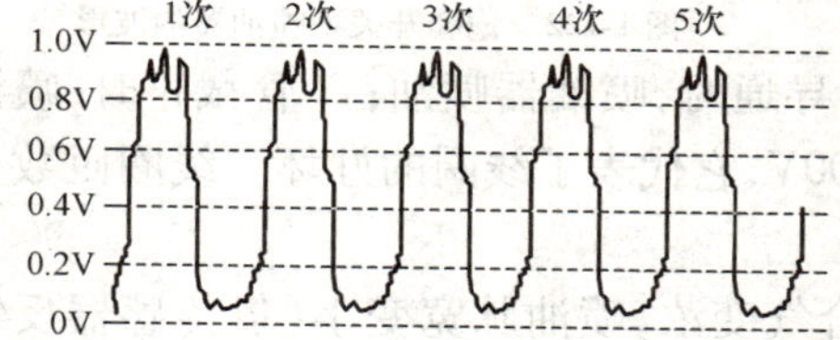

图 1-118 急加速法测氧传感器电压波形

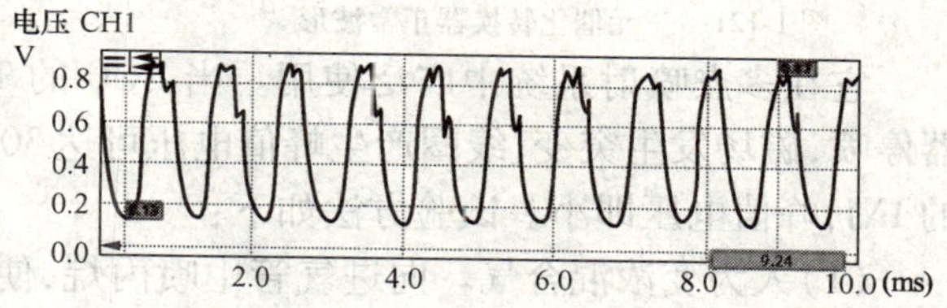

图 1-119 实例:O_2 的跃变波形

2)对二氧化锆 ZrO_2 氧传感器波形的要求(表 1-6)

二氧化锆信号电压波形要求 表 1-6

序 号	测 量 参 数	允 许 范 围
1	最高电压信号	>850mV
2	最低电压信号	75 ~175mV
3	混合气从浓到稀响应时间	<100ms 垂直状态

11. 二氧化钛(TiO_2)氧传感器的波形

它是一个嗅敏电阻,电阻值随氧含量而变,如图 1-120 所示。由 ECU 提供 5V 的参考电压,输出 0 ~5V 的信号电压。与二氧化锆的氧传感器电压变化规律相反,混合气浓时,电压低;混合气稀时,电压高。

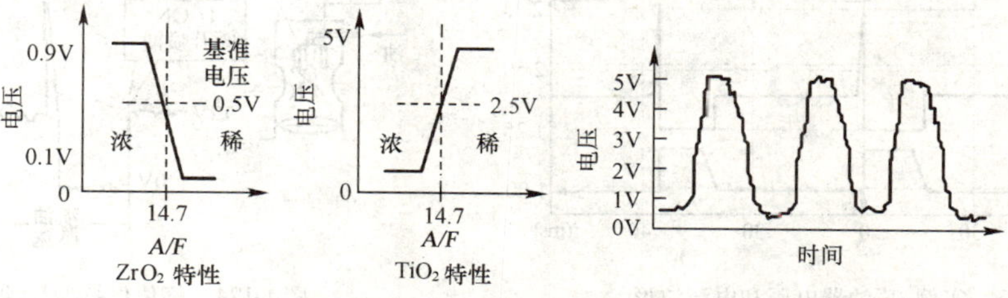

图 1-120 怠速工况二氧化钛氧传感器波形

12. 双氧传感器的波形

不少车系在三元催化转换器(TWC)的前后各装一个氧传感器,它有两个好处:可以监控TWC的好坏;对空燃比(A/F)的控制精度高,净化性好,三元催化转换器波形如图1-121所示。

13. 喷油器INJ的波形

喷油器实为一个脉冲电流控制的开关型电磁阀,其控制驱动方式各异,所以波形也不相同。多数喷油器的驱动是采用NPN开关三极管Tr,它的脉冲使一个已经有电压供给的喷油器搭铁后喷油。

检测喷油器INJ之前,应先检测O_2S的好坏,才能正确判定INJ的好坏。怠速工况的喷油持续时间为1~6ms;冷起动或节气门达到全开时,喷油持续时间为6~35ms为好。

1)饱和开关型喷油器的波形(图1-122)

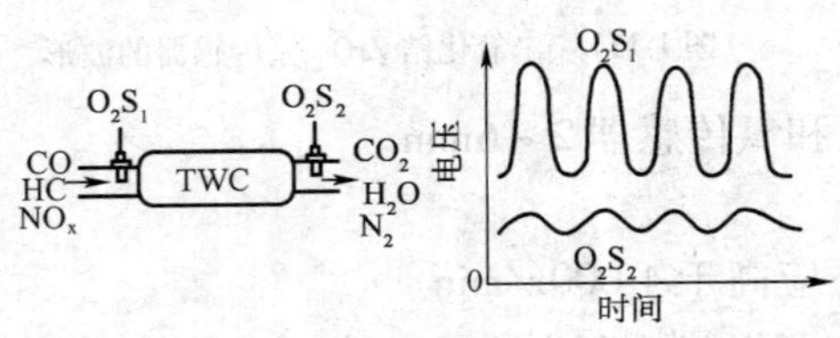

图1-121 三元催化转换器正常波形

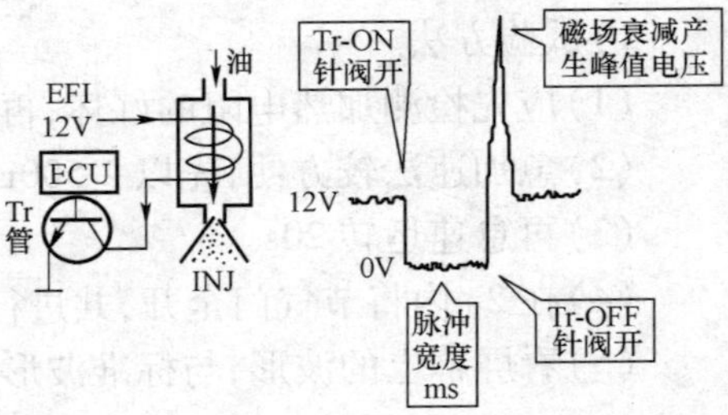

图1-122 饱和开关型喷油器的波形

它在多点喷射系统中广泛使用。当ECU的Tr管导通时,喷油器喷油;Tr管截止时,喷油器停喷,磁场发生突变,线圈产生峰值电压可达30~100V,它代表了线圈的好坏。线圈匝数少的INJ,峰值电压即小。试验方法如下:

(1)人为变浓混合气。向进气管中喷丙烷,使混合气变浓,喷油脉宽变小(氧传感器反馈功能)。

(2)人为变稀混合气。使进气管漏气,混合气变稀,喷油器脉宽变大(氧传感器反馈功能)。这都说明INJ和其驱动电路处于良好状态。

(3)从怠速将转速升高到2 500r/min,喷油脉宽应改变,说明INJ及其电路良好。

喷油器电压和电流波形如图1-123所示。

2)峰值保持型喷油器的波形

主要用于单点喷射系统中,满足多缸大油量的需求。它是利用4A的电流打开喷油器的阀门,再用限流电阻以1A的电流保持开启状态,然后再完全断开搭铁电路。因而,产生两个高低不平的峰值,如图1-124所示。

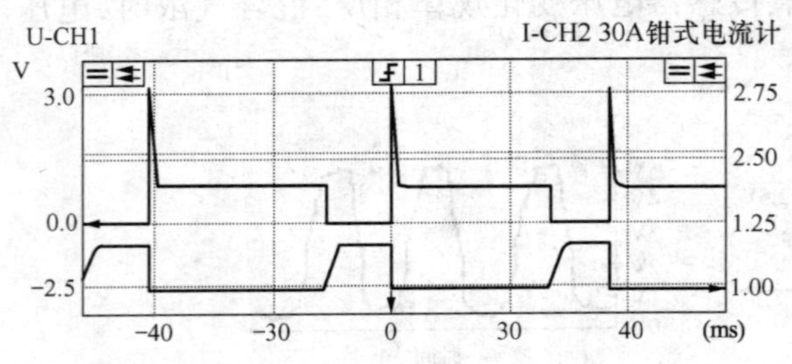

图1-123 实例:喷油器电压和电流波形

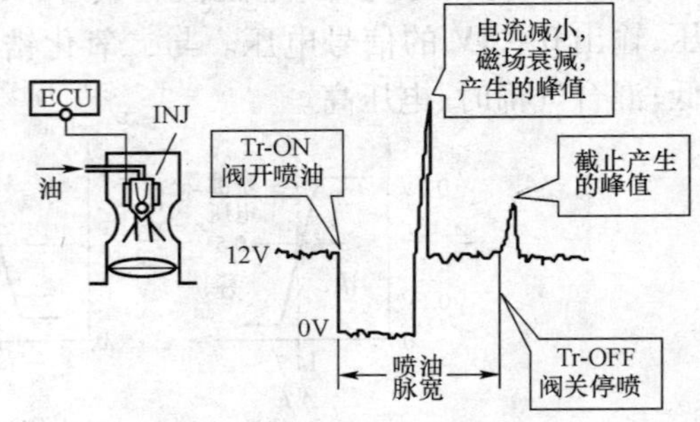

图1-124 峰值保持型喷油器波形

3)喷油器电路好坏的波形显示

（1）如示波器中有喷油脉冲信号。信号的峰值、频率、形状、脉宽是否正常？应有可重复性和一致性。

（2）如示波器只显示0V的直线，为喷油器供电源无12V电压。

（3）如供电源电压正常，显示0V直线，为喷油器线圈或电接头损坏。

（4）如示波器只显示12V电压直线，为ECU的Tr管不能搭铁故障或没有收到曲轴位置信号和转速信号。

14. 怠速空气调节器IAC的波形

IAC分为电磁阀式、转阀式、步进电动机式。当额外负荷加大时，都是利用ECU驱动Tr管，改变信号的脉冲宽度（ms）或占空比（%），控制其开启时间或开启度的大小，来调节怠速空气量的多少，其波形如图1-125、图1-126所示。

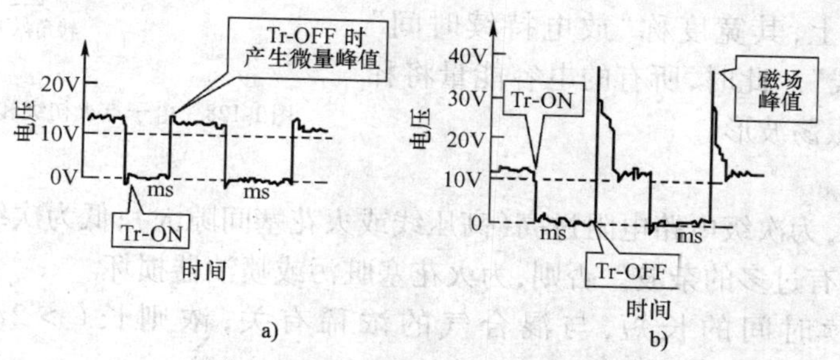

图1-125　步进电动机式和电磁阀式波形

a）步进电动机式IAC矩形方波；b）电磁阀式IAC波形

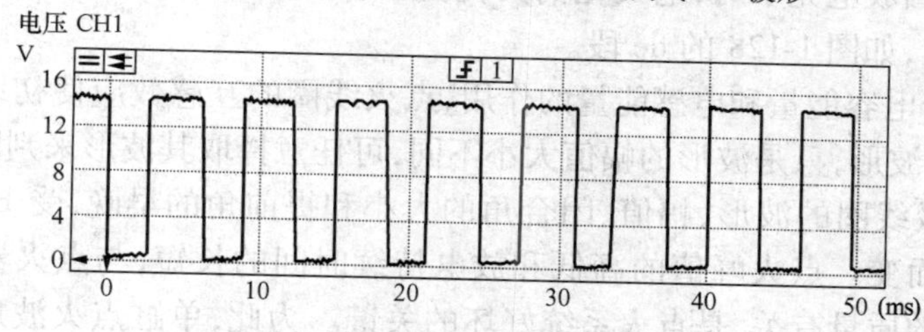

图1-126　实例：占空比控制的IAC波形

15. 点火系统的波形

1）点火系统的组成和检测程序

计算机控制的点火系统是电喷系统共控网络的一个重要部分，由点火信号发生器、ECU的相关电路、点火器、点火线圈、分电器、高压线、火花塞等元件组成，如图1-127所示。点火系统又分有分电器和无分电器两种形式。点火性能的好坏和检测程序，应利用点火检测仪和示波器进行检验。

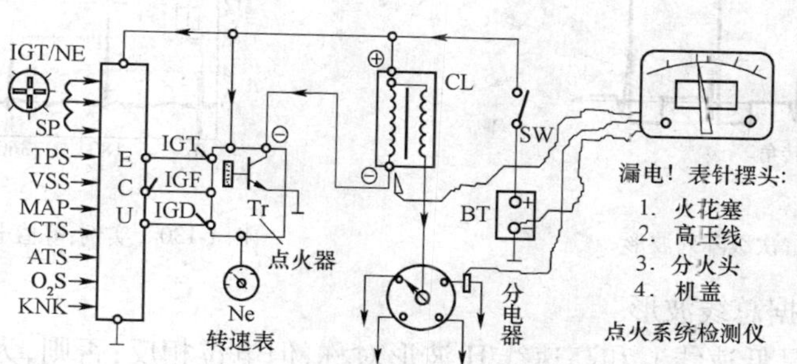

图1-127　点火系统的组成

2)波形的分析

(1)点火系统实际上是电感(L)、电阻(R)、电容(C)组成的振荡电路。点火线圈是一个变压器,当电流通断变化时,由于磁场的变化,瞬时会产生电感振荡波形。所以,当 Tr/OFF 时,磁场迅速减小,产生感应电动势,次级电压迅速增长,不等达到峰值,就击穿了火花塞电极,此为击穿电压。如图 1-128 中的 ab 线称"点火线",其峰值电压可达 30kV。当火花塞被击穿时,两电极间产生火花放电,次级电压骤然下降,cd 线的高度称"放电电压",一般可达 20kV 以上,其宽度称"放电持续时间"(ms),故称"燃烧线"。此时,所有的电容能量将释放,因而产生高频振荡波形。

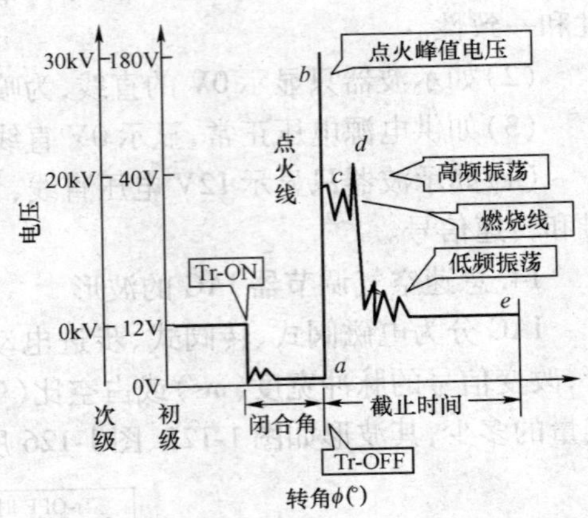

图 1-128 电子点火初级和次级线圈的波形

说明:

①击穿电压高,为次级电路电阻过高(高压线或火花塞间隙大);低为次级电路电阻过低。

②燃烧线不应有过多的杂波。否则,为火花塞脏污或喷油器损坏。

③燃烧线持续时间的长短,与混合气的浓稀有关,浓则长(>2ms);稀则短(<0.75ms)。

(2)当次级线圈放电完了时,电火花消失,初级线圈中还存在着残余磁场能量,产生衰减的电感"低频振荡",如图 1-128 的 de 段。

(3)同样,由于电容能量和电感能量的作用,点火线圈的互感效应使初级线圈也产生与次级线圈相同的振荡波形,只是波形的幅值大小不同,可任意择取其波形来判断故障。

(4)可见,初级线圈的波形、幅值、闭合角的大小和提前角的早晚,受 ECU 和点火器的控制,随转速和负荷而变。点火峰值的高低和放电持续时间的长短,与点火器、点火线圈、高压线、火花塞等元件的质量有关,是点火系统好坏的关键。为此,单缸点火波形和多缸阵列波形的检测是维护作业内容的重要环节。

(5)如多缸次级阵列波形所示:3 缸和 2 缸的点火峰值偏低,说明存在高压线漏电、分电器盖漏电、火花塞瓷体漏电或间隙过小等故障,如图 1-129 ~ 图 1-133 所示。

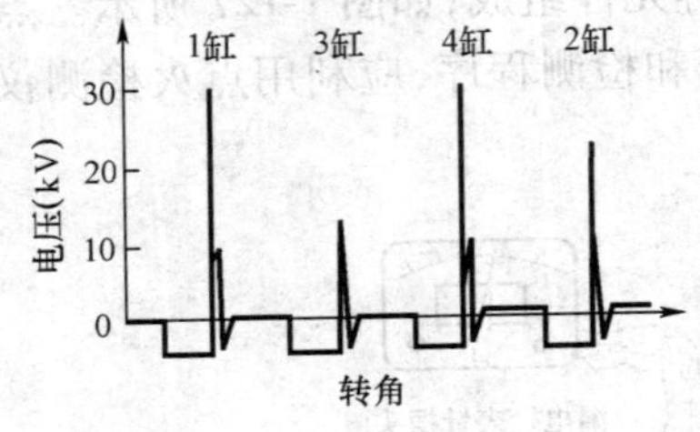

图 1-129 多缸次级阵列波形

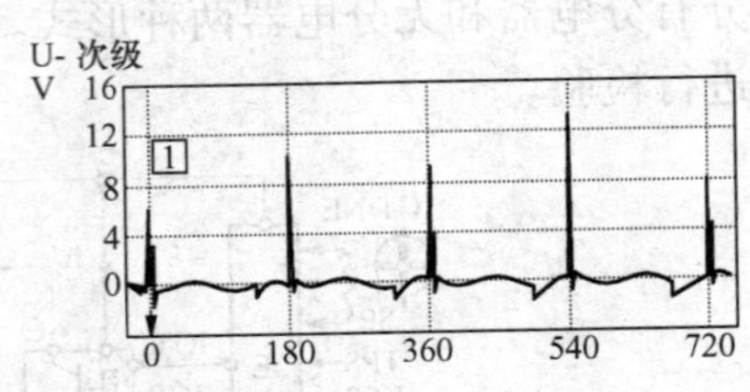

图 1-130 实例:峰值电压不一致波形

16. CAN-BUS 数据总线波形

它的正常波形,是低速线 L 和高速线 H 波形对称,但电位相反;否则,为有故障,如图1-134 所示。

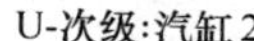

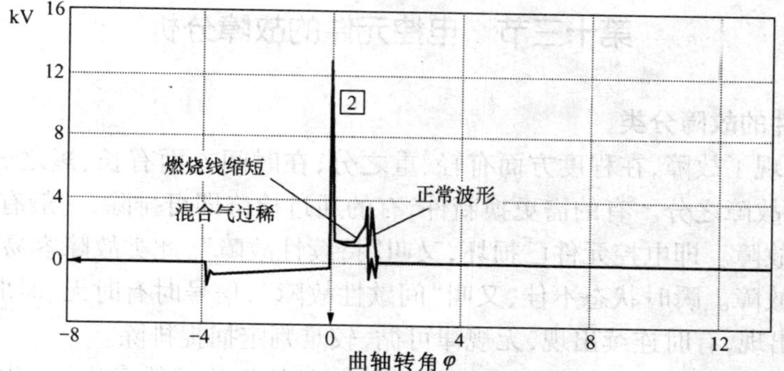

图 1-131　如 a. 燃烧线缩短或倾斜为混合气过稀

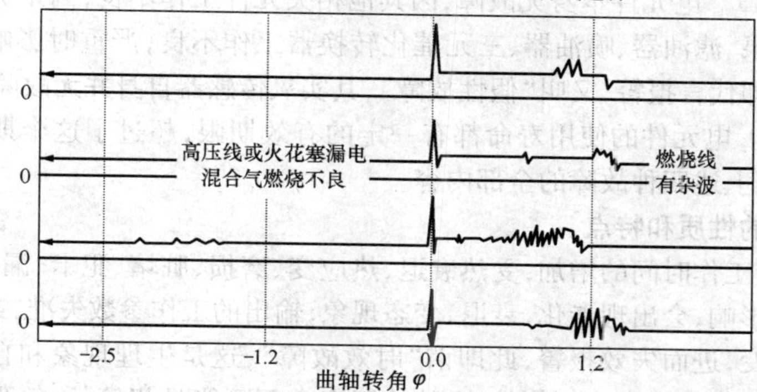

图 1-132　又如 b. 燃烧线有杂波为高压线或火花塞漏电，混合气燃烧不良

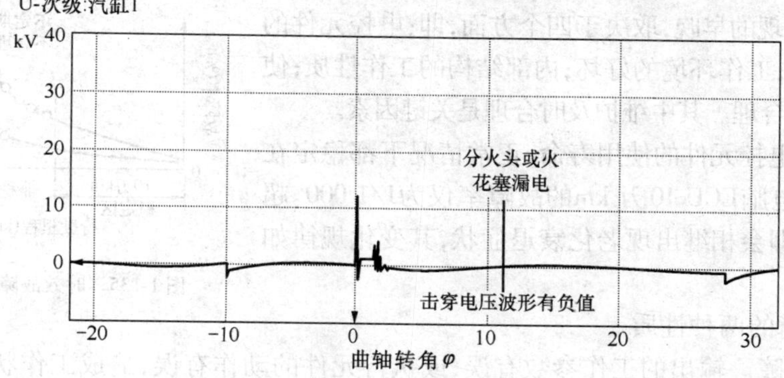

图 1-133　再如 c. 击穿电压波形有负值为分火头或火花塞漏电

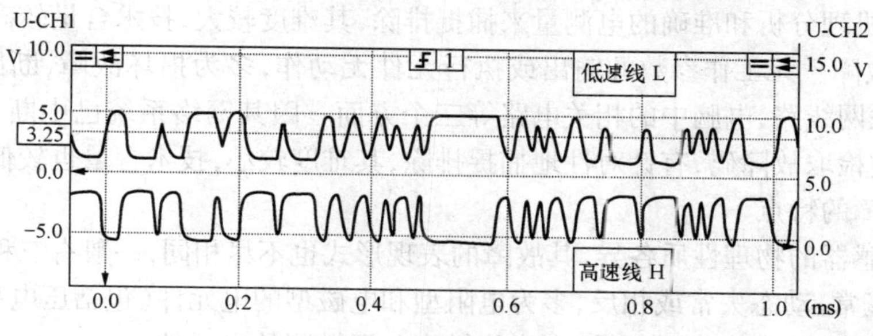

图 1-134　CAN-BUS 数据总线波形

第十三节　电控元件的故障分析

一、电控元件的故障分类

电控元件出现了故障，在程度方面有轻、重之分；在时间方面有长、短之分；在性质方面有自生故障和他生故障之分。有的需更换新件，有的通过检修即可排除，一般有五种类型：

（1）永久性故障。即电控元件已损坏，又叫“持续性故障”，此类故障容易判定捕捉排除。

（2）偶发性故障。瞬时状态不佳，又叫“间歇性故障”，信号时有时无、时弱时强，重显时间不定，有时偶尔出现，有时连续出现，无规律可循，较难判定捕捉排除。

（3）自生性故障。为电元件自身产生的故障，与其他相关元件无关，又叫“真性故障”。

（4）他生性故障。电元件本身无故障，因其他相关元件工作不良，因果关系的影响而失常报警。例如：汽油泵、滤油器、喷油器、三元催化转换器工作不良，严重时影响了空燃比（A/F）的大小，氧传感器即代言报警，又叫“假性故障”，其实氧传感器自身并无故障。

（5）时效故障。电元件的使用寿命都有一定的有效期限，超过了这个期限，轻则失准，重则失效。它概括了上述四种故障的全部内容。

二、时效故障的性质和特点

电控元件随着工作时间的增加，受热衰退、热应变、磨损、脏堵、犯卡、漏电、漏磁、漏光、干扰、过载等原因的影响，会出现老化、衰退、变态现象，输出的工作参数失准，或执行元件的动作失准，从量变到质变，进而失效报警，此即谓“时效故障”，这是生理现象和自然规律。人的生命是有限的，电控元件的寿命也不例外，它的使用寿命不可能是相等的，等强度设计是无法实现的。了解这一道理，对电控元件“定期检测、换件为主”的维修方式，就有了机理根据。

时效故障出现的早晚，取决于四个方面，即：电控元件的工作时间叠加量；工作环境的好坏；内部结构的工作性质；使用维护是否及时合理。其中维护及时合理是关键因素。

实践证明：电控元件的使用寿命，正常情况下都稳定在10万km以上，电脑ECU 10万km的故障率仅为1/1 000。超过了这个极限，即会相继出现老化衰退症状，其变化规律如图1-135所示。

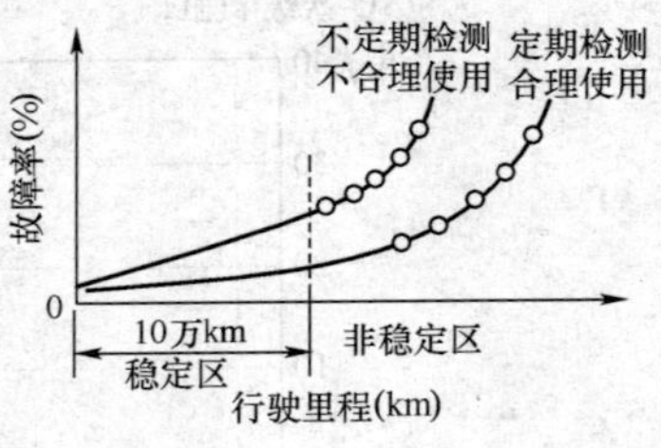

图1-135　时效故障的变化规律

1. 时效故障的两种性质

（1）失准故障。输出的工作参数有误，或执行元件的动作有误，造成工作状态失常。根据轻、重程度的不同，自诊系统有时不报警显示（例如冷却液温度传感器CTS等）。此类故障必须依靠正确的机理分析和准确的电测量来捕捉排除，其难度较大，技术含量较高。

（2）失效故障。无工作参数的输出或执行元件无动作，多为损坏故障，断路或短路，包括电元件本身、联网线路、电脑中的相关电路等三个方面。因其网络系统已中断，自诊系统必报警显示，可通过检取故障码，有针对性地捕捉排除，其难度较小，技术含量也较低。

2. 时效故障的特点

因多元传感器的物理性质各异，其故障的表现形式也不尽相同，一般有三种症状特点：

（1）静态正常、动态失常或相反，多为电阻型和电磁型的电元件（包括压电型）。

（2）冷态正常、热态失常或相反，多为热敏型和压敏型的电元件。

（3）低速正常、高速失常或相反，多为磁敏型和光敏型电元件。

三、电控元件故障的确认方法

电脑 ECU 中的报警自诊系统,是根据各类电控元件工作性质的不同,采用多元化的确认方法,将故障信号编为代码,存储记忆在 RAM 数据库中,以便提取和消除。一般用四种方法覆盖与电脑 ECU 直接联网的输入和输出元件。

(1)值域判定法。输出信号超出正常值规定范围,自诊系统就确认有故障。例如:冷却液温度传感器 CTS 的正常控制范围为 -30~120℃,正常输出电压为 0.3~4.7V;如果小于 0.15V或大于 4.85V 时,即报警显示并存储。此即谓失准故障。

(2)时域判定法。输出信号在一定时间内无变化,或变化未达到标准值时,自诊系统即确认有故障。例如:氧传感器在一定时间内无 0.45V 的基准电压输出,或电压不变化时,即确认有故障。此即谓失效故障。

(3)逻辑判断法。电脑 ECU 对两个相关传感器的工作参数对比分析,当其逻辑因果关系违反设定条件时,自诊系统即确认有故障。例如:当转速信号 SP 大于某一转速值时,节气门传感器 TPS 输出信号却小于某一对应值时,即判定 TPS 有故障而报警存储。

(4)功能判定法。电脑 ECU 发出工作指令,执行元件无动作功能,自诊系统即确认执行元件有故障。例如:废气再循环系统的 EGR 阀不动作,其高度传感器无反馈信号,自诊系统即判定 EGR 阀有故障。

四、故障现象和故障码的相互关系

故障码所覆盖的内容,是电脑 ECU 直接控制的输入和输出相关元件(如电动汽油泵的继电器),非直接控制的电控元件的好坏,只能通过现象来判定故障(如电动汽油泵)。因此,故障码和故障现象也存在着因果关系和非因果关系。

1. 有故障码,却无故障现象

运行中曾经发生过轻微的、瞬时的偶发性间歇故障,很快又恢复正常,故障码已被存储所致。例如:偶发性 1~2 次断火故障;瞬时断油故障;瞬时外界电磁波干扰故障;瞬时误操作又改正的故障;相关电元件偶发性影响的故障。

例如:克莱斯勒轿车,瞬时发现“43”故障码(为点火线圈初级峰值低),因为点火和喷油是程序控制,必然出现“27”故障码(为喷油器 INJ 有故障)。其实 INJ 没有故障,这是保护作用的反映。

2. 有故障现象,却无故障码

凡不受电脑 ECU 直接控制的电元件和机械元件或直控元件,因未超出值域和时域范围的,有故障现象,但无故障码。如电动汽油泵油压偏低时,有怠速不稳和加速不良的故障现象,但无故障码,严重时氧传感器会代为报警。再如,前述冷却液温度传感器实例颇为典型。

3. 故障现象和故障码的因果关系表(表 1-7)

故障现象和故障码的因果关系 表 1-7

故障	故障现象	故障码	因果关系
有	明显	有	直接关系
有	明显	没有	间接关系
有	不明显	有	瞬时偶发
有	不明显	没有	轻微故障

第十四节　电控汽油喷射系统电路检测规律知识初探

(1)采用了中央集中电器盒(熔断盒),将全车的大部分继电器和熔断丝都集中在一起。简化了接线装置、阻抗小、寿命长、可分段检修,检查和维修线路方便。如喇叭继电器、灯光继电器、刮水器继电器、电动风扇继电器、空调继电器、主继电器、EFI 继电器、汽油泵继电器、ABS 继电器等和相关的熔断丝,盒盖上都有明显的标注。

(2)因电器的塑料制品较多,为了可靠搭铁,许多重要的电器和传感器是双线制。而发动机与车身之间、变速器与车身之间、ECU 与车身之间都有专门的搭铁线,有的电器采用多元件联网搭铁。因此,搭铁电路成为必检内容,电阻值<1Ω。

(3)正极电路分三路。各车种多分为:A、B、C 等三组电路,相互联控,严格分工,截面积合理搭配;B 电路的内容变化不大;A、C 电路因车而异;多采用不同的编号和颜色加以区别,电喷系统电路网络规律如图 1-136 所示。

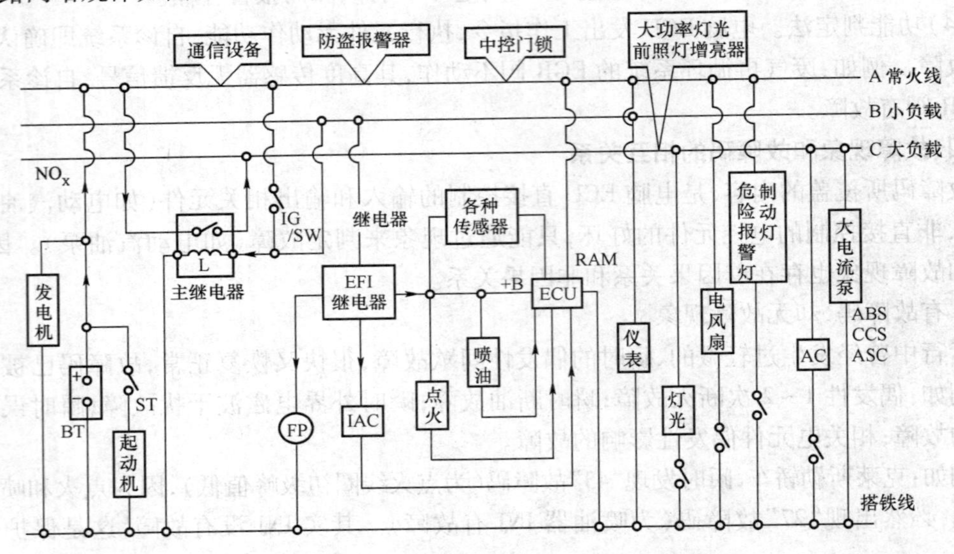

图 1-136　电喷系统电路网络规律简图

①A 电路:其截面积大(粗),与蓄电池直通,为常火线,不受点火开关的控制,熄火后也供电。如电动风扇、制动灯、危险报警灯、防盗和报警系统、自动门锁、通信设备、音响、发电机调压器、ECU 的自诊系统(RAM 存储器)等。它又称寄生负载电路,寄生负载的电流不宜大于 50mA,如过大,因蓄电池容量有限,再次起动时,电压、电流值会减小。

②B 电路:其截面积小(细),受点火开关的直接控制,是小负载电路。如点火系统、喷油系统、各种传感器、各种执行元件的控制电路等。

③C 电路:其截面积大(粗),受点火开关的间接控制,是大负载电路,由大负载主继电器控制。如各种灯光、AC 压缩机、喇叭、各系统的大电流泵、阀等。

(4)电路设计有满负载要求,不宜额外增加其他设备。如 A 电路不可再增设防盗、报警装置、自动门锁等额外负载。否则,负载过大而发热,电阻值加大,会影响 B 电路的点火和喷油系统的正常工作,严重时会使电缆发热而引发自燃。

不少自燃火灾的引发,多为寄生负载漏电所致。特别是额外加装的非原厂装置的电器负载，尤为严重。寄生电路漏电问题，应定期进行检测，检查方法如下：

①关闭所有的电路开关；

②在蓄电池的正极端接电流表；

③寄生负载的电流值，应小于规定值(50mA)；

④如过大时，依次取下各寄生负载的熔断丝，观察电流值的减量，即可判定漏电器件的位置。

(5)发电机和起动机是并联关系，发电机的输出电流是先负载后存储，这是所有充电和起动电路的共同规律，在此不再赘述。

(6)起动机的起动电路受离合器的开关(MT)或P/N挡开关(AT)控制，起安全保护作用。并产生起动搭铁电压信号，ECU多喷油，叫"起动供油量"，电喷系统起动供油原理如图1-137所示。为此，起动时不必踩加速踏板，就能顺利起动。

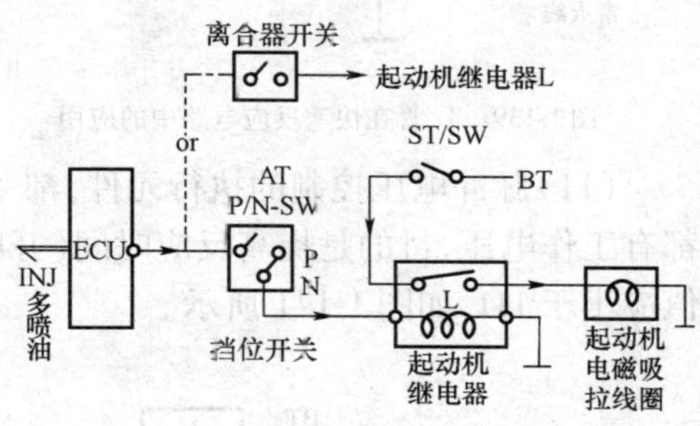

图1-137 电喷系统起动供油原理

(7)不少电元件的搭铁电压信号给ECU，目的是为了反馈控制。如起动供油量、防抱死制动信号、停止巡航制动信号、AC工作信号(自动增加喷油量和自动换挡)、制动信号控制自动变速器的TCC等。搭铁电压值的大小，都有定量要求。否则，故障灯报警，包括灯泡功率值大小和损坏，都报其开关的故障码，反馈控制信号电路如图1-138所示。

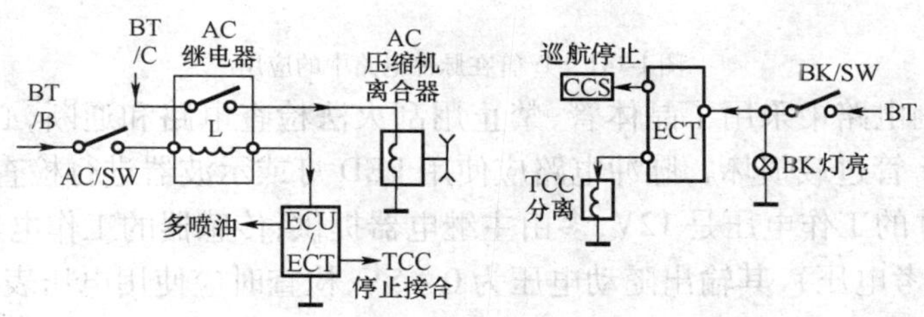

图1-138 反馈控制信号电路

例如：

①制动开关闭合，灯亮，ABS调压电磁阀动作。

②制动开关闭合，灯亮，停止巡航、TCC分离。

③打开空调开关，压缩机工作，ECU和ECT增加喷油量和自动换挡，保持车速。

④TPS的IDL-ON，IAC工作；IDL-OFF，IAC停止工作，防止IAC无谓工作。

⑤自动变速器AT的各挡位开关ON，ECT自动换挡。否则，只有1、R挡，为保护功能。

(8)普通电感式继电器线圈的磁化和触点的闭合，所需工作时间比晶体管(Tr)长，最快为100～200次/s，并且触点易烧蚀，只能用于大电流且通断频率较低的控制电路(如灯光等)。而采用大功率三极管Tr控制的搭铁回路，能快速反应，时间可达1 000次/s，又叫固态继电器(如INJ、VSV电磁阀等)。

(9)各种要求反应速度快的小负载灯光报警电路，多用Tr管控制搭铁回路(图1-139)；小电流控制Tr基极，大电流通过集电极和发射极而工作，提高了开关的使用寿命。如危险报警灯、驻车制动灯、液位报警灯、油压报警灯等。

(10)大负载和大电流的执行元件,都通过普通电感式继电器控制,目的是因其负载电流大,防止开关烧蚀,起保护作用。如灯光、AC 压缩机、大电流泵等,如图 1-140 所示。

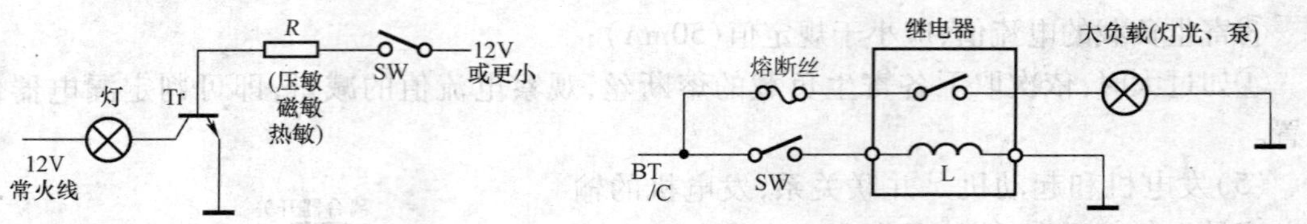

图 1-139　Tr 管在快速反应电路中的应用　　图 1-140　大负载电路中的继电器

(11)脉冲电压控制的执行元件,都采用大功率三极管(Tr)控制搭铁回路,电元件的两端都有工作电压,目的是提高反应时间(开闭速度)。可见,搭铁回路的检测是关键内容,其电阻值应小于 1Ω,如图 1-141 所示。

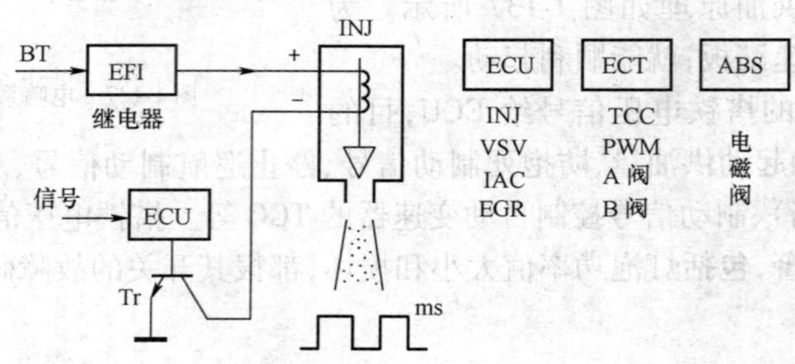

图 1-141　Tr 管在脉冲电路中的应用

(12)不少控制电路中采用了晶体管,禁止用刮火法检查电路和通断,必须用 12V 小试灯或 LED 灯,防止 Tr 管过载损坏。脉冲电路应使用 LED 灯或示波器进行检查。

(13)执行元件的工作电压是 12V,多由主继电器提供;传感器的工作电压多为 5V,由电脑 ECU 提供(又称参考电压),其输出随动电压为 0~5V,检查时应使用电压表或 LED 灯。

例如,MAP 的检查(图 1-142):

节气门全闭时 Δp_x 为 66kPa,输出电压 1V;节气门半开时 Δp_x 为 40kPa,输出电压 3V;节气门全开时 Δp_x 为 13kPa,输出电压 5V。

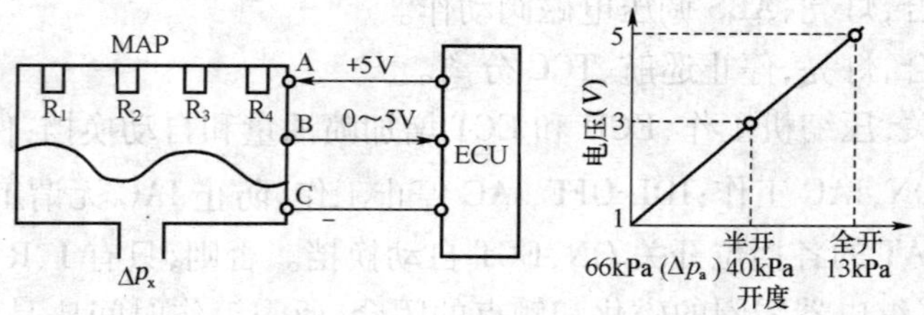

图 1-142　MAP 的检测

(14)点火和喷油是程序控制,没有了高压火花就不再喷油,这是保护功能。

例如,Chrysler 车系出现了“43”故障码(点火线圈初级峰值低),必然会出现“27”故障码(INJ 故障),这是保护功能的反映。

检查高压点火信号时,应分清是四冲程点火方式和二冲程点火方式,以便利用仪器准确地判定点火系统相关元件的好坏。

(15)一切电感性的传感器和电元件接头拔下或接通时必须将点火开关关闭,以防产生自感电动势,激出新的故障码,保护电脑ECU。因为自感电动势不仅在断开时产生,在导通时也会产生,有的可达几百伏。

(16)为改善使用性能的小真空源(<30kPa),多在节气门之前,中等负荷时起作用,如EGR(图1-143)、炭罐系统等。大真空源(>60kPa)多在节气门后,如AC控制系统、谐振增压控制系统、MAP、巡航控制、真空助力器等。多设有储真空罐,保证控制能力和怠速工况的稳定性。管路多设有继动电磁阀VSV,管路接口不得接错和漏气,以防怠速不稳定。

(17)节气门位置限位螺钉,不能用来调节怠速的高低,它影响IDL-ON/OFF信号的产生,IAC是否工作和异步喷射功能的有无,还会使EGR和炭罐过早地投入工作,造成怠速游车或熄火,有时还会造成起步加速犯闯,如图1-144所示。这是因为,异步喷射有三次出现的机会:

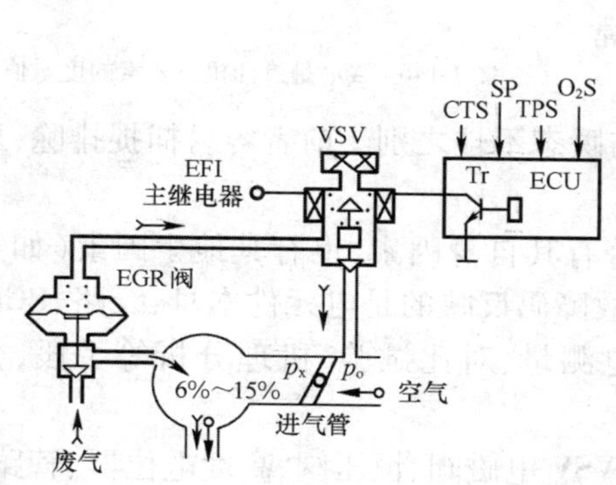

图1-143　废气再循环EGR控制系统

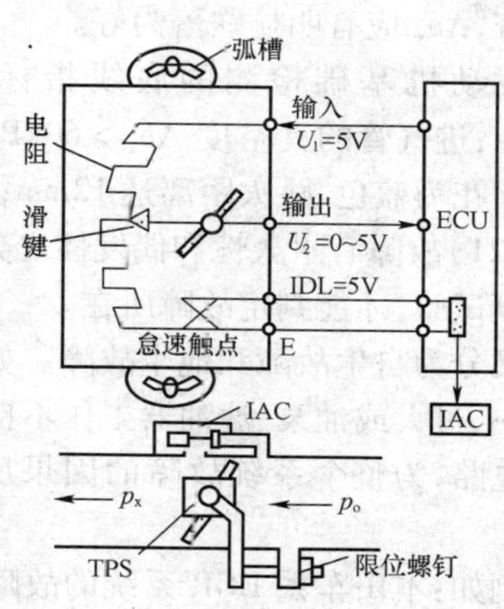

图1-144　节气门限位螺钉不能乱调

①当第一个SP信号出现时,改善起动性能。

②当IDL-ON/OFF时,改善起步加速性能,否则,起步加速犯闯。

③当TPS的加速率较大时,提高加速的响应性;又当减速率较大时(急松加速踏板),断电、断油、减小油耗和污染。可见,IDL的ON/OFF信号的有无是性能好坏的关键。

(18)检查点火正时,必须用检查连接器(ALDL)短接取码接口,锁止两个点火提前角(基本角和修正角),以判定是装配问题或ECU相关电路问题,如图1-145所示。如初始提前角不对,应检查分电器的位置或重新检查配气正时标记;如初始角正确,拔下SST连线,加速运转,提前角应随机变化。否则是ECU相关电路有故障。

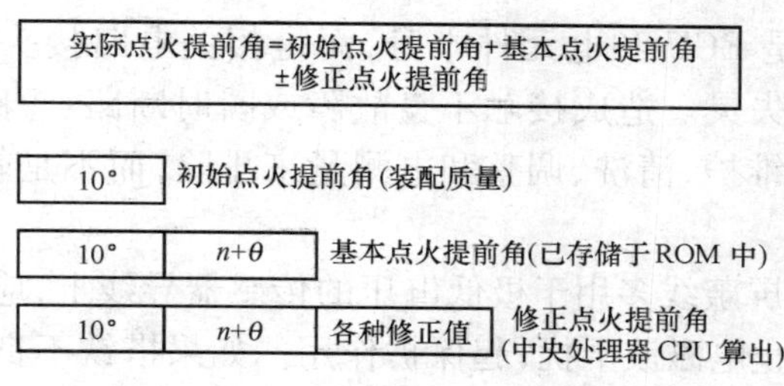

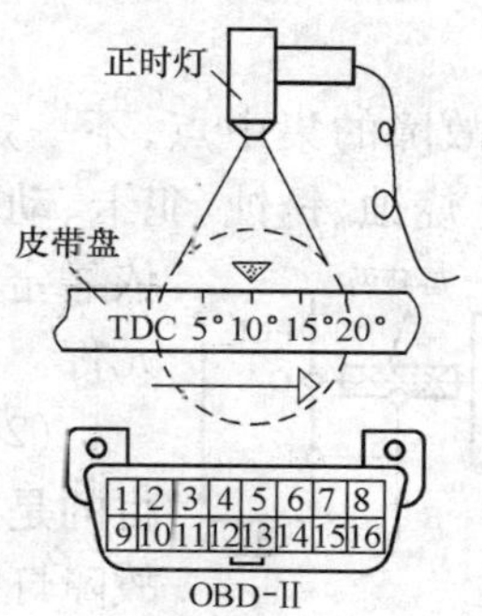

图1-145　检查点火正时

(19)由于工作环境和可动件磨损的影响,传感器和电元件损坏率较大的是 FP、TPS、O_2S、CTS、IAC 和 ABS 系统中的轮速传感器。有的电元件有季节病,如 FP 夏天因热气阻影响,工作阻抗大,易老化衰退,泵油能力降低,故障率高于冬季。

(20)自诊系统不能替代基础件检测、电测量和机理分析,其覆盖内容仅限于电位可变的电元件。基础件检测和电测量(油路、电路、密封性)是排除故障的前提,特别是密封性能的好坏、点火性能的好坏、空燃比(A/F)的好坏,是发动机使用性能好坏的三大要素。

进气系统的密封性(缸内、缸外)直接影响燃油的计量,Δp_x 的大小是汽油机好坏三大要素的度量值(图 1-146)。最高真空度 Δp_x 所对应的必然是最佳密封性能、最佳点火性能、最佳空燃比(A/F)。单缸断油、断电检查,Δp_x 应有明显跌落为好。

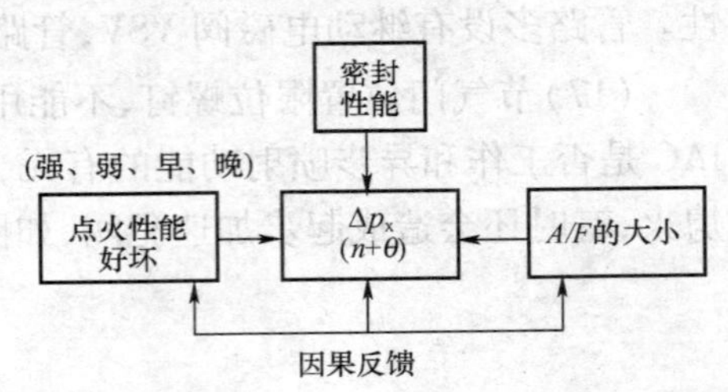

图 1-146　Δp_x 是汽油机三要素的度量值

发动机基础检测的底线指标是:汽缸压力 > 800kPa;进气管的真空度 Δp_x > 60kPa;点火时间正常,高压火花为蓝色,跳火距离达 12mm;排气污染正常。

(21)故障有永久性和偶发性之分。即已损坏与瞬态不佳之别。前者容易捕捉排除,后者需反复试验,才能判定故障所在。

又分为自生故障和他生故障。如氧传感器报警有其自身因素,也有其他生因素(如空燃比过小、过大或油泵、滤油器工作不良等原因)。其故障码反映的是电元件本身、线路、ECU 的相关电路,为整个系统故障的因果反映。应通过电测量、对比试验、机理分析等手段,分类排除。

例如:本田车系 EGR 系统的故障包括 EGR 阀、VSV 电磁阀、恒压阀、高度电位器、管路、线路等六个方面。

(22)电元件随着使用时间的增加,会出现老化、变态、失准、失效等故障。故障灯报警是有条件的,电元件失准不一定报警,只有失效才会报警,必须超过其值域区或时域区才会报警。10 个传感器和 10 个执行元件,其电位有变化的元件,一旦出现偏差或损坏,超出了它的值域区或时域区时,才会报警存储。因此,自诊系统不能替代基础检测和机理分析。

例如:冷却液温度传感器 CTS 的正常值域控制范围为 -30 ~ 120℃,正常值域输出电压为 0.3 ~ 4.7V,如果小于 0.15V 或大于 4.85V,即报警并存储代码(此为值域控制电元件)。

又如:二氧化锆式氧传感器,正常时域控制范围为 0.45V 基准电压,电压变化次数在 10s 内应在 0.1 ~ 0.9V 内变化 8 次以上。否则,故障灯即点亮报警(此为时域控制电元件)。

(23)多发故障的集中点,不一定是 ECU 和电元件本身,而是相关电路接头的松旷、脱焊、沾水,脏堵、烧蚀、锈蚀、犯卡、动作失灵。造成接触不良故障或瞬时断路、短路故障。应依靠定期维护、清洗、调整和电测量来排除,而不是轻易更换电元件。

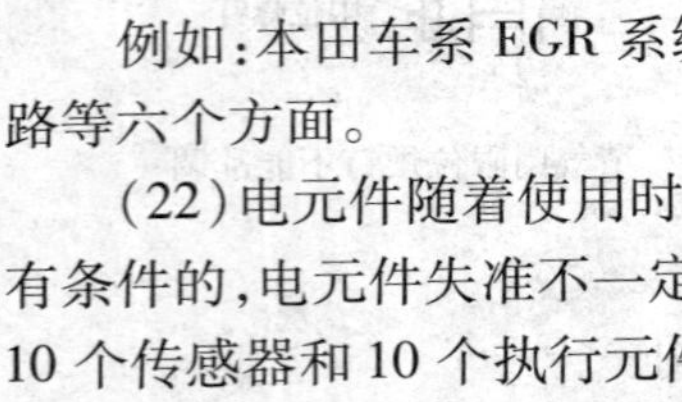

(24)屏蔽线多用于极低电压的传感器导线上,应良好搭铁,目的是防止电磁波干扰,起保护作用。如果搭铁不良,也会引起故障灯报警。如氧传感器信号线、KNK 信号线和 ABS 轮速传感器信号线等。如图 1-147 所示为弱信号屏蔽网线。

图 1-147　弱信号屏蔽网线

(25)ECU 是一个多路电源的控制器,其中央处理器CPU 是核心部件。它具有输入输出、模式转换、数据处理、逻辑分析、计算修正、报警自诊、故障存储、学习控制等功能。它和 10 个传感器、10 个执行元件联网工作,具有十大功能,ECU 有四种类型的存储器,如图1-148所示。

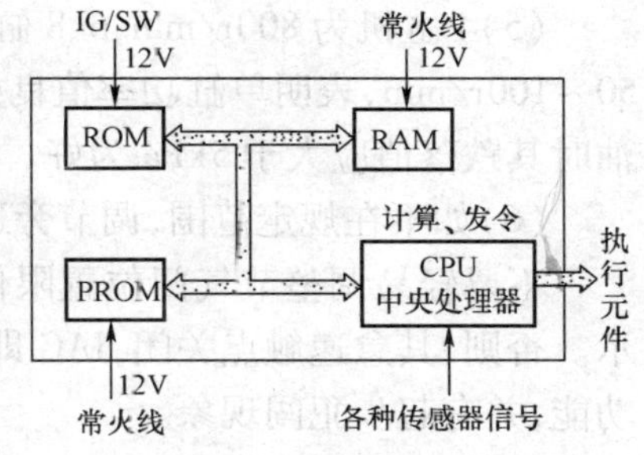

图 1-148　ECU 的存储器

①永久性存储器(ROM)又称只读存储器,用于控制系统。它受 IG/SW 的控制,存储了几百个工况的点火、喷油控制点和修正量,根据工况的需要,CPU 随机调取其相关数据,而投入工作。其控制数据固化不变,记忆内容长存不能改写,切断电源,存储内容不变。

②随机存储器(RAM)又称写读存储器,用于自诊系统,存储故障码,切断电源,数据丢失,应受常火线控制。

③电可擦可编只读存储器(EEPROM),用于自诊系统,存储故障码,中断电源后,其记忆内容也不消失,必须反复通断触发,才能消除故障码。

④可编程只读存储器(PROM)受常火线控制。ROM 存储器中的修正数据是有限的,修正范围也是有限的。为此,为了提高控制精度和控制范围,又增加了一个随机学习存储器(PROM)。它将使用中各工况的最佳数据存储起来,以便日后随机使用,一旦切断电源就丧失了记忆。为此需在使用中重新恢复记忆,通过各工况路试,恢复学习控制。如 IAC 和 *A/F* 控制系统断电后都需要进行学习控制,使其在常用转速范围内,全行程演练恢复记忆。所以,ECU 上有多路工作电源(三个以上)。

(26)人脑与电脑的结合是依靠逻辑门电路来完成的,必须具备三个以上的因果判断逻辑条件,思维判断能力才能实现。关键逻辑信号是转速信号 SP、节气门开度信号 TPS、车速信号 VSS。一旦逻辑条件成熟,逻辑门电路即发出指令,改变喷油量的多少和点火时间的早晚。

例如:废气再循环 EGR 阀投入工作的逻辑条件是:TPS 信号大于 25%;SP 大于 2 000r/min;CTS 高于 60℃;*A/F* 大于 14.7,稀态时 NO_x 增多,废气应投入工作。

第十五节　电控汽油喷射系统使用性能的检测内容

电控汽油喷射系统使用性能的好坏,仍然是密封性、空燃性,点火性能好坏这三大要素。密封性能的好坏属于基础检测内容,应从九个方面来检测判定,在这里重点讲空燃比和点火性能的检测。

一、最低稳定怠速的检测

1. 目的

防止怠速熄火,频繁起动费油,影响安全行驶,并使排放达标。

2. 方法

(1)冷却液温度正常,正常冷却液温度应为 95 ~ 105℃,以冷却液温度表为据。

(2)点火正常,点火时间和点火强度正常(不缺火、断火、交叉点火、跳蓝色火花)。

(3)关闭其他用电设备,如:A/C、灯光等。

(4)变速手柄处于 N 挡(MT)或 P/N 挡(AT)。

(5)4 缸机为 800r/min;6、8 缸机为 600 ~ 700r/min。单缸断火、断油,转速跌落值应大于 50 ~ 100r/min,表明单缸功率值良好。也可用真空表检测 Δp_x 值,应大于 60kPa,单缸断火、断油时其跌落值应大于 5kPa 为好。

(6)如不在规定范围,调节旁通道螺钉,或清洗、更换怠速阀 IAC。

不要轻易调整节气门位置限位螺钉和节气门位置传感器 TPS 的初始位置,如图 1-149 所示。否则,其怠速触点关闭,IAC 即不工作。造成怠速失控,怠速游车或熄火,失去异步喷射的功能,并有起步犯闯现象。

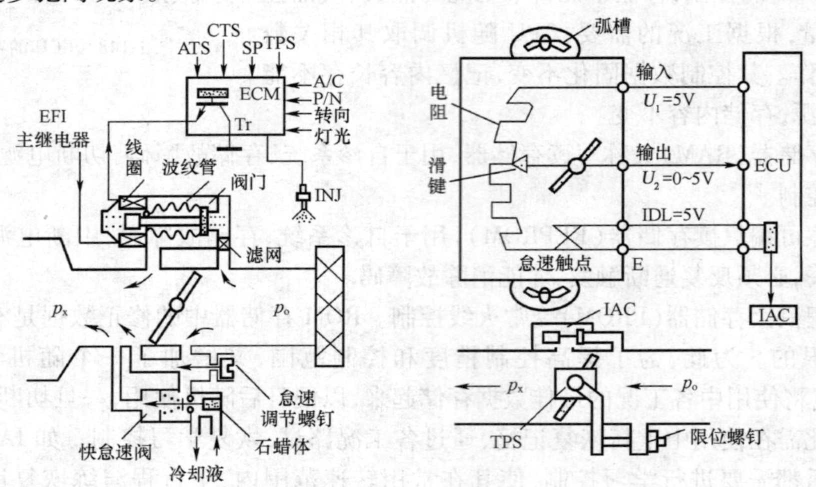

图 1-149 最低稳定怠速的检测

(7)检查怠速排放值,最低稳定怠速的好坏,以排放是否达标为衡量的标准。根据新的国标标准:CO < 1%;HC < 200 × 10^{-6}。如不符合规定,应检查 TPS 的初始位置或一氧化碳电位器的位置,并检取故障码,以便排除。

二、快怠速控制系统检测

1. 目的

实为快怠速热起功能和额外负荷自调功能的检查。

2. 方法

(1)冷机起动后,快怠速转速应为 1 500r/min,持续时间多为 100s。

(2)冷却液温度 60℃以上时,应能自动转入低怠速状态。打开 A/C、前照灯、转向助力、A/T 挂入 D 挡或 R 挡,转速应等于或略高于最低稳定转速为好。

(3)如不在规定范围,应检查、清洗或更换怠速阀 IAC,或检查快怠速阀的好坏。此时,TPS-IDL-ON 为好。

三、电动汽油泵的检测

1. 目的

汽油泵的好坏影响喷油量的多少和雾化质量的高低。实为动力性和经济性的检查。

2. 方法

如图 1-150 所示。

(1)多点喷射的油压应在 250kPa 以上,油泵转子线圈电阻值应 < 1Ω。

(2)听泵油声,打开加油口盖,打开点火开关,应有 2 ~ 5s 的泵油声,说明油泵定时功能良好。无定时功能的,需在起动时听泵油声。

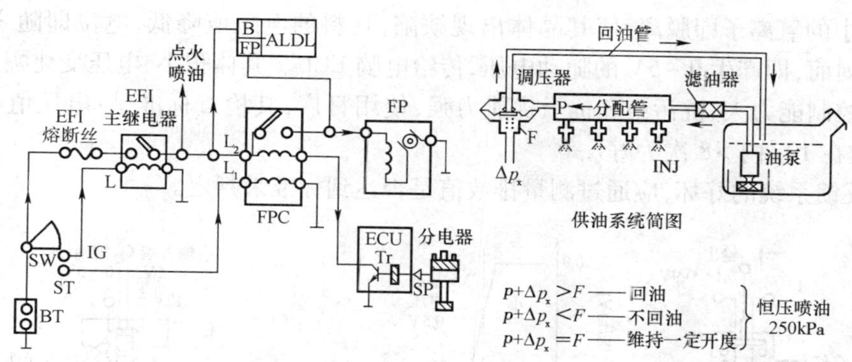

图 1-150　电动汽油泵的检测

(3)无泵油声,跨接连接器油泵接口,打开点火开关,应有泵油声。否则,为油泵继电器或油泵本身故障。无油泵接口,可跨接直通油泵电路,听泵油声。

(4)有泵油声,但回油管不回油或少回油,多为滤油器脏堵或油泵老化故障,应换新件。

(5)能起动运转,但走走停停,为供油不足,行驶无力。夹住回油管,油压应上升 100kPa 以上,转速上升 100r/min 以上为好。否则,换新油泵。

(6)检测燃油压力和更换燃油滤清器及油泵时的注意事项:当前维修供油系统的通病是图省事不卸压施工,致使管接头处瞬时燃油四溅,伤及人眼和引发火灾之事,屡见不鲜。为此:

①释放输油管内压力(近 300kPa),即拆下油泵继电器电接头,使油泵停止工作。

②起动发动机怠速运转,直到管中燃油耗尽自动熄火,再拆卸管路接头。

③更换燃油滤清器或油泵时,应顺便检查油箱中的沉淀物,清洗排除。油泵绕组的电阻值应小于 1Ω,有时清洗更换一下油泵入口滤网即可将供油不足故障排除。

④测量燃油管路压力时,在分配管处连接专用油压表三通接头,复装油泵继电器电接头,起动怠速运转,观察油压表数值。

⑤油压力在各工况下应为 270 ~ 320kPa,如高于或低于规定值,即酌情更换调压器或油泵、燃油滤清器。

⑥释放燃油压力后,发动机自动熄火,因喷油和点火为相互依赖的程序控制,故障灯可能出现 OBD-II 故障码(DTC):P0301、P0302、P0303、P0304,它是 1 缸、2 缸、3 缸、4 缸缺火、断火的故障码。可用检码器消除,也可拆下熔断丝盒中的 ECU 熔断丝 10s,代码即清除。

⑦维护作业竣工后,应在各工况下运转,检查管路接头无漏油现象,才能交车。

四、反馈控制系统的检测

1. 目的

对氧传感器和空燃比(A/F)好坏检查,点火和喷油应正常。

2. 方法

如图 1-151 所示。

(1)将氧传感器的反馈信号引出,测量其反馈电压值的高低和变化次数。

(2)转速稳定在 2 500r/min 左右,反馈电压值应在 0.5V 左右。人为地使空燃比(A/F)变大、变小,电压值应在 0.1 ~ 0.9V 间变化,次数 10s 内应≥8 次为好。

(3)如电压值和变化次数过小,即氧传感器损坏。多为碳化物或铅化物覆盖造成,应换新件。

(4)传统的二氧化锆氧传感器将被二氧化钛氧传感器代替。其钛片为嗅敏电阻,随氧含量而突变,类似冷却液温度传感器原理。输入端加上 5V 工作电压,当废气中氧少时(浓混合气)，钛片中的氧离子即脱离，使其晶体出现缺陷，材料的电阻值降低，电位即随之降低，反之即升高。因而，即产生 0～5V 的随动电压，传给电脑 ECU。其体积小、电压变化幅度宽、对 A/F 变化反馈控制能力大、抗污染和抗干扰能力强，使用日广，其检查标准是：电压值在 0～5V 内变化，次数在 10s 内 >8 次为好。

(5)反馈系统的好坏，应通过测量排放值是否达到标准来判定。

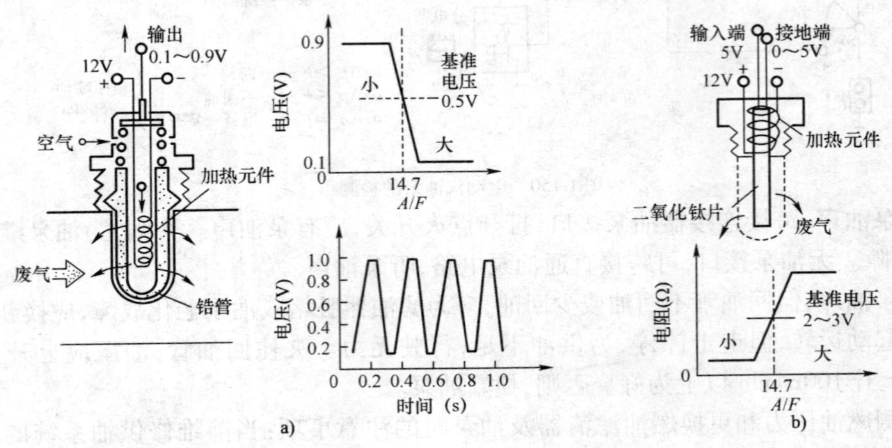

图 1-151 氧传感器的检查

a)二氧化锆(ZrO_2)氧传感器的电压突变特性；b)二氧化钛(TiO_2)氧传感器电阻突变特性

五、排气系统的检测

1. 目的

检测炭罐系统、废气再循环系统 EGR 和三元催化转换器 TWC 等装置的好坏。它们投入工作的早晚，影响排放污染值和运转的稳定性。

2. 方法

如图 1-152 所示。

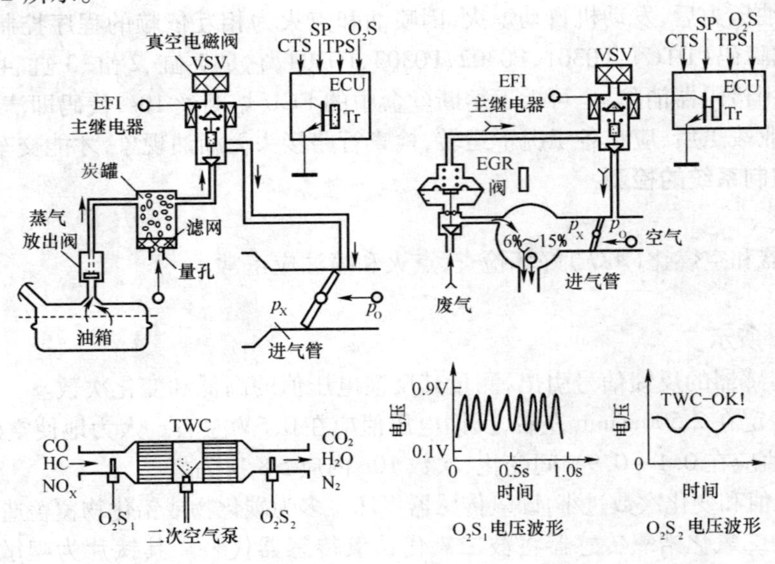

图 1-152 排气系统的检测

(1)炭罐系统。它是汽油箱蒸气的存储器,在中等负荷时投入工作。在怠速时 VSV 不导通,炭罐出气管无真空度为正常。如有真空度造成怠速过高,是 VSV 故障。它有时效变质问题,炭粒结块变质后,即应换新。

(2)废气再循环 EGR 系统。它是在中等负荷时,将 6% ~15% 的废气导入汽缸中,减少 NO_x 的排放值。在怠速和大负荷工况,不投入工作,以保证怠速的稳定性和大负荷时的动力性。加速到 2 000r/min 时,阀的膜片应上升,锥阀打开,通废气。如不打开,多为 VSV 阀损坏或锥阀膜片损坏。为了对废气进行量化控制,有的在锥阀上装有电位器或热敏电阻器,应对其进行电测量。

(3)三元催化转换器 TWC。废气中的 CO、HC、NO_x 为三害气体,通过它氧化和还原后,变为无害的气体 CO_2、H_2O、N_2。它的稀土网状载体表面应清洁、呈灰色,不能有碳化物、铅化物的覆盖变黑变红。另外,破碎、脏堵故障靠 O_2S_1 和 O_2S_2 反馈监控,或拆下检查、清洗、更换。

六、断油控制系统的检测

1. 目的

减小排放污染,省油和安全,并能提高起动成功率。它分为急减速断油、超速断油、清缸断油三个内容。

2. 急减速断油

它只限于四接头的节气门位置传感器 TPS,可在停驶状态检查断油功能。三接头的 TPS 断油功能,需用仪器在行驶状态检查,在此省略。

方法是:短接 TPS 的 IDL-E,使转速在 1 800 ~1 200r/min 间游车为好。否则,说明 TPS 的 IDL 相关电路有故障,断油功能失效,污染加大,也费油。

短接 IDL-E,实为 IDL/ON。如在中等负荷未曾短接 IDL,出现上述状况,说明 TPS 初始位置不对,初始电压过低所致。

3. 超速断油

最大转速应低于 6 500r/min,高于此转速应断油、断电,防止飞车,起安全保护作用。检测方法是:拆下一个喷油器电接头,将电压表接头插入其中(或用 LED 灯),将加速踏板踩到底,起动发动机,应无电压显示或灯不亮为好。否则,应快速熄火!说明 TPS 或其相关电路有故障。

4. 清缸断油

多次起动不着火。为了清除缸内积油和吹干火花塞,基于以上断油机理,将加速踏板踩到底起动,利用进气和排气过程,可排掉积油,再放松加速踏板,即可顺利起动,不必拆下火花塞排除积油。

七、点火正时的检测

1. 目的

保证点火正时准确,提高发动机的动力性和经济性。

计算机控制的点火系统有三个内容,如图 1-145 所示。

2. 方法

实为对初始点火提前角的检查,即装配质量的检查,通过对比分析,判定 ECU 点火正时系统有无故障。

(1)锁住基本提前角和修正提前角,即检取故障码的状态(短接取码接口)。

(2)连接点火正时灯,夹住 1 缸高压点火分线,怠速状态照射正时标记,显示的角度为初始点火提前角。

(3)如不在规定范围,可转动分电器外壳进行调节。如无分电器,应检查正时皮带或链条是否挂对。

(4)通过调整,拆下取码跨线,加速运转,点火提前角应随转速的升高而加大。否则,说明ECU点火正时系统有故障。

(5)简便方法是利用真空表,通过转动分电器外壳来判定点火正时的好坏。最佳点火提前角对应的必然是最高真空度 Δp_x。此时,不必锁住两个提前角,Δp_x 应大于60kPa为好。

八、点火系统的检测

1. 目的

点火性能好坏的检测方法和故障判断的正确程序。

2. 方法

点火性能的好坏可利用示波器进行定量检测;也可人工利用转速仪、万用表、LED灯进行定性检测,其方法如图1-153所示。

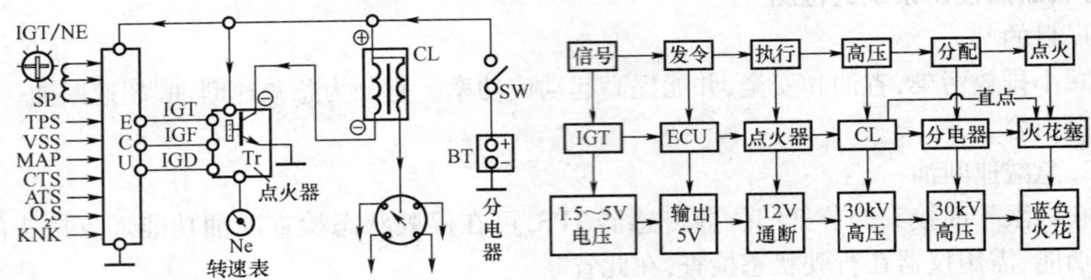

图1-153 点火系统的检测

(1)用起动机拖动时,分电器处应输出1.5~5V交变电压点火信号IGT(磁电式分电器),没有!为信号发生器故障。

(2)点火器处有无5V脉冲电压信号IGT的输入,没有,即为ECU相关电路故障。

(3)点火器与点火线圈接点处,有无12V通断电压发生,没有,即为点火器故障。

(4)点火线圈中央线端有无蓝色高压火花,跳火距离应达12mm,没有,即为点火线圈故障。

(5)分电器分线有无蓝色高压火花,没有,即为分火头或盖漏电。

(6)火花塞处有无蓝色高压火花,没有,即为火花塞或分线故障。

第十六节 电控汽车的电磁波干扰与防治

一、电磁波干扰来自何方

汽车上的火花塞放电跳火,各种继电器触点高速开闭,大功率三极管(Tr)脉冲信号的高频通断,都会产生高频振荡的电磁波,有的持续时间长,有的持续时间短,但其峰值很高,其振荡频率范围很宽,可达0.15~1 000MHz,通过其导线发射到空中,切割了无线电接收天线而引起干扰,并对汽车上的弱电信号源也产生了干扰,使信号失控而报警。如氧传感器 O_2S、爆震传感器KNK、ABS制动系统的轮速传感器等弱电信号,其信号电压多小于1V,但都具有不同的电容和电感,也能产生低频振荡,如无外界干扰就自然衰减消失。

电磁波干扰有两种传播方式:一为辐射干扰,通过空气而干扰;二为传导干扰,通过附属导线而干扰,其危害作用比前者更严重,它会激发相邻电元件形成共鸣干扰,轻则失控,重则产生误动作，使控制程序混乱而报警。如 ECU 的点火和喷油系统，最容易发生传导干扰，应有可靠的防治措施。

1. 干扰电波主要是来自点火系统

点火系统实际上是由电感(L)、电阻(R)、电容(C)组成的振荡电路。点火线圈、分电器、高压线和火花塞，特别是火花塞产生的放电火花，形成了陡峭的冲击电压，激励了其附属电路振荡，并由其导线辐射到空中，如图 1-154 所示。

当发动机转速为 3 000r/min 时，一个火花塞 1min 跳火 1 500 次，1s 跳火频率达 25 次，极易引起高频放电干扰。缸体本身是一个屏蔽体，对放电干扰有一定抑制的作用，还需采用特殊措施，进行阻尼和衰减。

2. 干扰电波另一个来源是交流发电机

交流发电机励磁电流输入采用电刷和滑环，旋转中的接触状态稍有改变，也会产生火花，干扰电波会从其引出线辐射出去，形成干扰电波，如图 1-155 所示。

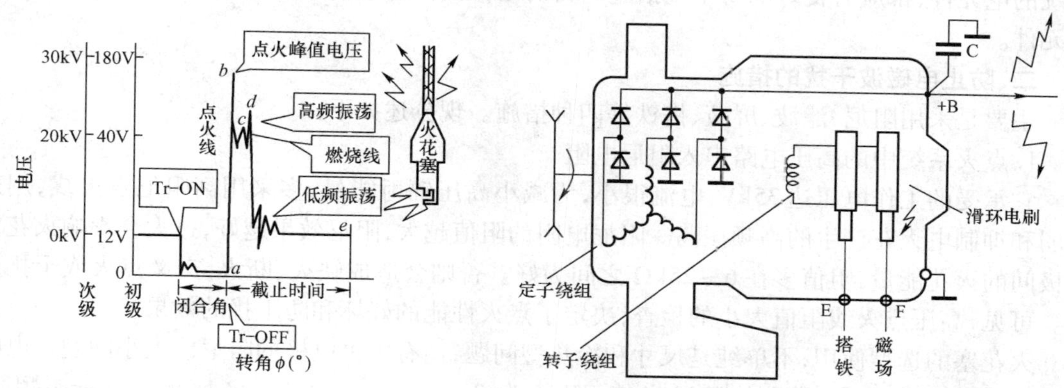

图 1-154　点火波形和振荡辐射

图 1-155　交流发电机的干扰

另外，发动机运转中关闭点火开关时，发电机磁场组和蓄电池间的通路切断，在磁场绕组中感生的反向电压峰值可达 50 ~ 100V，因此时已没有蓄电池吸收该脉冲，会引起电子元件的损坏。再如，发动机在运转中，电压调节器自动调节励磁电流，其调节方式是瞬间断电式，会在磁感线圈中引起自感电动势，形成干扰电磁波。

发电机与蓄电池间连线意外脱开或负载突然卸掉(如关闭灯光、空调)，发电机端电压会瞬时升高，可达 100V 以上，持续时间约为 0.1s，此脉冲电压会损坏敏感的电元件或使其产生误动作(如 ECU 控制的点火和喷油电路)，为此，也应有可靠的防治措施。

3. 干扰电波的又一个来源是电动风扇和刮水器电机

它们都是带整流子的直流永磁电动机，其数量都在三个以上。高速转动时，电刷从整流子的一片向另一片过渡时，由于接触电阻的急剧变化，导致电流突变而产生火花，引起连续而较强的电磁波干扰。虽然有良好的封闭式金属外壳，但电动机的电源引入线和搭铁线，仍能辐射出一定能量的干扰电磁波，如图 1-156 所示。

4. 喇叭及其继电器触点高速开闭的干扰

它们的触点在工作中不断高速开闭，由于喇叭的工作电流较大(可达 10 ~ 20A)，在电路中激发产生高频振荡，也形成较强的电磁波辐射，振荡峰值电压较高，这也会导致 ECU 电喷系统和 ABS 制动系统中具有高频响应的敏感元件失控或使其产生误动作，所以，应选择合理位置安装喇叭及其继电器触点的位置，并应有可靠的预防措施，如图1-157所示。

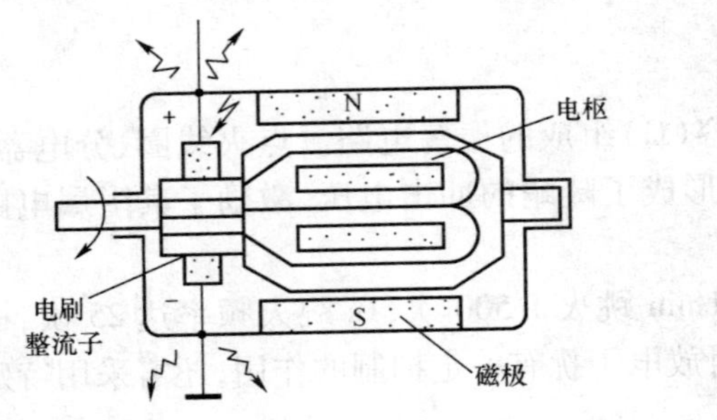

图1-156 直流电动机的干扰

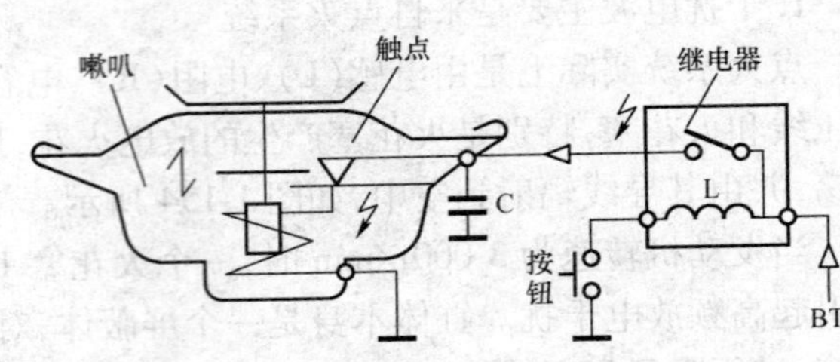

图1-157 喇叭触点的干扰

可见，凡有电感、电容性质的各种电负载，其中也包括空调压缩机的电磁离合器，在工作切换时，都会在电路中激发出高频振荡，这会导致高频响应的控制系统产生误动作。为此，电控系统的电元件，都应有良好的防干扰措施。目的是保证自身不受干扰，也不能干扰相邻的其他电元件。

二、防止电磁波干扰的措施

主要是采用阻尼、滤波、屏蔽、搭铁等四种措施。现分述如下：

1. 点火系统中的高压电路串入阻尼电阻

它承受的工作电压达35kV，电流很小，为减小高压辐射能量，多采用高阻尼点火线，用来削弱和抑制电火花产生的高频振荡。阻尼电阻的阻值越大，阻尼效果越好，过大会影响火花塞电极间的火花能量，阻值多在6～25kΩ之间为好。否则会造成缺火、断火、交叉点火或干扰加大。可见，高压点火线阻值大小的检查，决定了点火性能的好坏和防干扰的效果。

火花塞的选型使用，不单纯是尺寸和冷热型问题，还有中央电极的阻尼值大小问题。电喷发动机的火花塞，内部设有阻尼炭棒，阻值为3～10kΩ，大小因车而异，不可乱用。否则，影响点火性能的好坏，与动力性、经济性、净化性直接相关。

高压点火线芯多用玻璃纤维浸渍石墨或内浸炭精粉，外包橡胶绝缘体制成的（图1-158）。有的阻尼线采用玻璃纤维线芯，外面螺旋缠绕0.1mm直径的镍、铬、铝合金导线，外罩橡胶绝缘体制成。成为具有电感、电容、电阻三者的复合体，相当于一个电抗整流元件滤波器，抑制效果比集中型的阻尼电阻好。为此，火花塞和高压分线应专车专用为好。

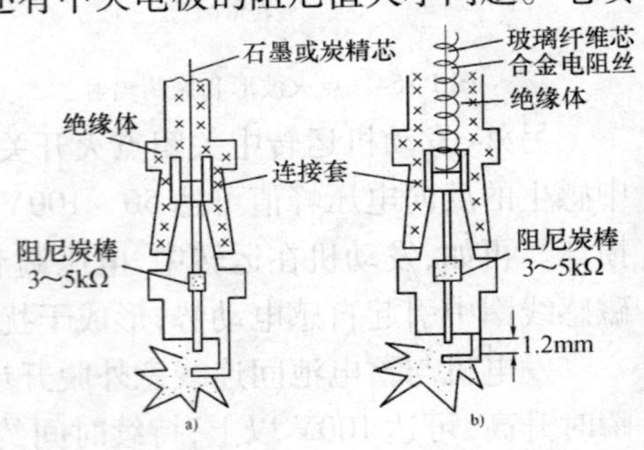

图1-158 两种点火阻尼线

a）高阻尼线芯；b）滤波型线芯

2. 在产生火花处并接一个电容器或在电感电路中并接一个保护二极管

在发电机电枢接线柱处，并联0.2～0.8mF的电容器，转向闪光器和喇叭触点处并联0.5mF的电容器，用来吸收脉冲电压和火花，或卸除或截止自感电流，从而削弱高频振荡电磁波的发射，这些都是行之有效的防干扰方法。

3. 在产生电火花处用金属罩遮盖或将导线也用金属网遮盖，并使其搭铁具有同电位

如图1-159所示，它能使其本身产生的干扰高频电磁波或外来的电磁波在金属罩内产生涡流，变为热能吸附消耗掉。例如：高压点火线终端的金属罩；收音机的天线引入线；弱电传感器的信号导线（氧传感器O_2S、爆震传感器KNK、ABS系统的轮速传感器等）。

此即所谓屏蔽效应，也称铠甲电缆，用作各种传感器和电子控制装置的信号线，它能保证电压很低微的弱电信号通过，防止了外界电磁波信号的干扰。

4. 搭铁电路法

汽车上采用单线制搭铁电路，使电器的一端统一搭铁，所有电器的末端，形成了一个大的整体吸附电路（大电容器），吸收干扰的能力强，能减少静电感应所引起的干扰，相当于地球的地磁吸附作用。为此，搭铁电路是否良好，成为电器检测的必检内容。

又因为现代汽车采用双线制的电器较多，形成的干扰源形式各有不同，只采用一种抑制措施往往效果并不理想，采用几种措施，综合治理，可收到良好的防干扰效果。

三、电控系统的微电信号屏蔽线不可忽视

电控系统的微电信号是指电压小于1V的脉冲信号。如氧传感器 O_2S、爆震传感器 KNK、ABS 系统的轮速传感器在低速区工作时，如果屏蔽线搭铁不良，就会因电磁波的干扰而失控，其系统故障灯即发亮报警。

实例 1：屏蔽不良报警

维修丰田 CROWN3.0L 轿车时，抬缸盖不小心将 KNK_2 连接线弄断，只将导线接好，屏蔽线没有处理，结果是运转几分钟后即报警，检取故障码为“55”，消码后再运转又报警。起初怀疑 KNK_2 坏了，运转中对其电压进行测量，有小于 0.5V 正常振动脉冲电压的产生，说明 KNK_2 无问题。再测量屏蔽线时，发现是断路，接通后故障排除，如图 1-160 所示。

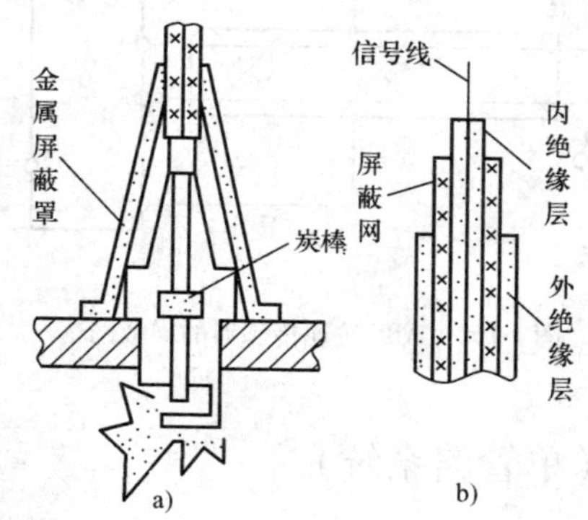

图 1-159　屏蔽措施

a）金属屏蔽罩；b）信号线屏蔽

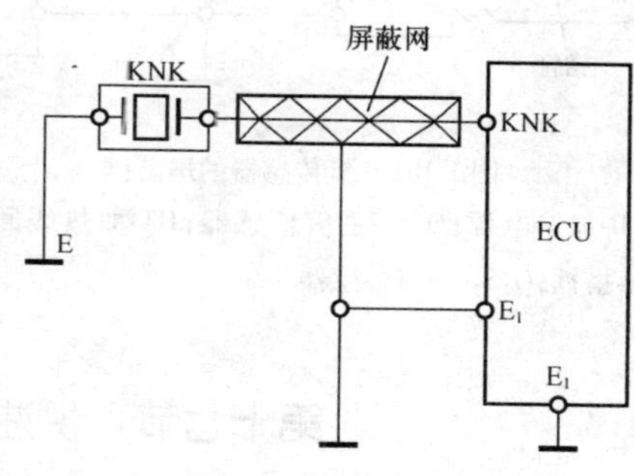

图 1-160　KNK 的屏蔽

由此可见，故障码的内容，不单是其电元件本身故障，应该是四个方面的系统故障：

（1）电元件本身故障。

（2）电元件与 ECU 间连接线故障。

（3）ECU 中相关电路的故障。

（4）电元件信号线屏蔽网搭铁不良故障。

实例 2：氧传感器加热线不良报警

丰田 PREVIA（子弹头），主氧传感器 O_2S_1 在三元催化转换器之前，有加热线。副氧传感器 O_2S_2 在三元催化转换器之后，无加热线。如果加热线断路，会造成信号电压过低而报警，如图 1-161 所示。故障码为：21（O_2S_1）；27（O_2S_2）。故障码包含内容为：

（1）氧传感器本身。

（2）氧传感器连接线。

(3)氧传感器加热线。

(4)ECU 中的相关电路。

(5)屏蔽线搭铁不良。

实例 3:轮速传感器齿圈损坏报警

丰田 PREVIA(子弹头),LEXUS(凌志)ES—300 轿车,ABS 防抱死制动系统的轮速传感器为磁电式,具有屏蔽网。其故障码为:31(前右轮速传感器);32(前左轮速传感器);33(后右轮速传感器);34(后左轮速传感器)。如有一齿圈被磨坏,信号电压低,抗干扰力小,而报警,如图 1-162 所示。代码包含的内容为:

(1)轮速传感器本身。

(2)轮速传感器线路。

(3)轮速传感器齿圈。

(4)ABS-ECU 中相关电路。

(5)屏蔽线搭铁不良。

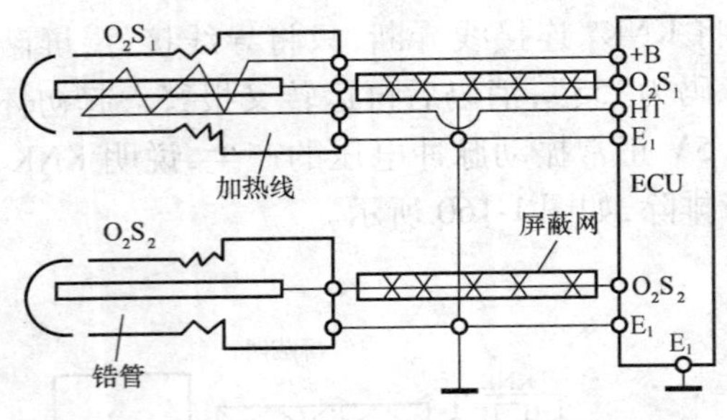

图 1-161　氧传感器的屏蔽网

+B-加热电源;O_2S_1-主氧传感器;HT-加热线回路;E_1-搭铁;O_2S_2-副氧传感器

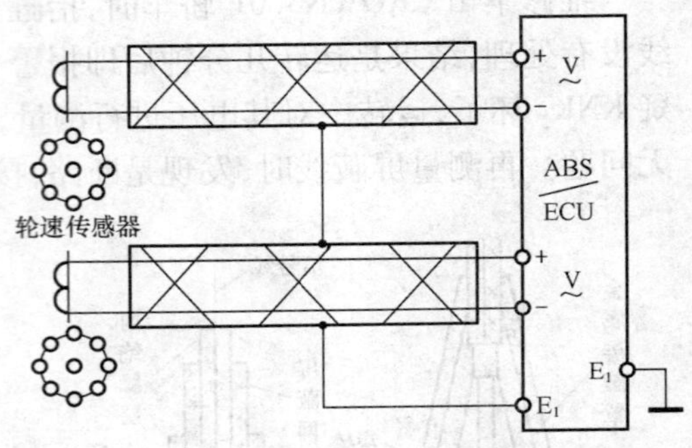

图 1-162　ABS 轮速传感器的屏蔽网

第十七节　供油系统的重大变革(单管路系统)

2001 年款以后的本田市民车系 CIVIC 和时韵车系 STREAM 率先改革,供油系统的布置形式发生了创新式的变化,如图 1-163、图 1-164 所示。

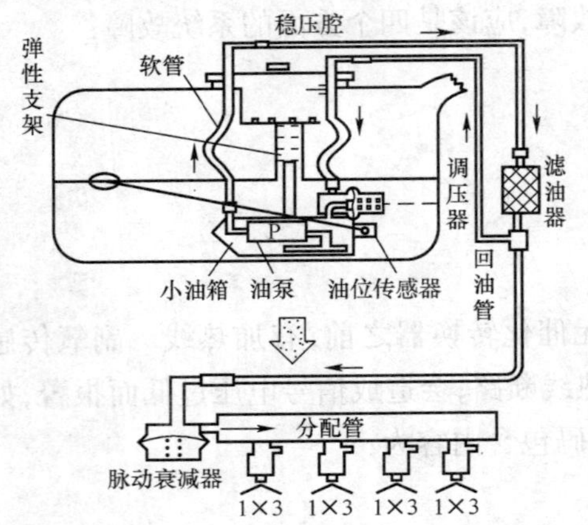

图 1-163　2001 年后本田车系供油系统的改进型—I

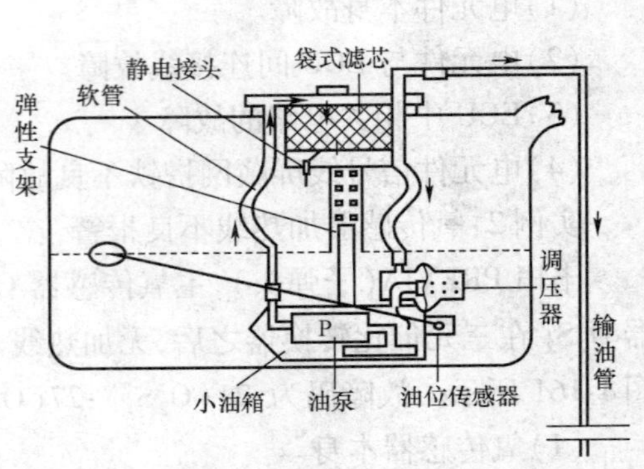

图 1-164　2001 年后本田车系供油系统再改进型—II

一、新款本田车系供油系统的变革内容

燃油滤清器改为后置式和内置式，先装于油箱的一侧，后又装于油箱之中。调压器改为内置式，不受进气管真空度 Δp_x 的控制，装在油箱中，淹没在燃油里。油泵和油位传感器及燃油滤清器组合为一体，共用一个拆装点，也可单独更换。增加了防静电措施，提高了供油系统的安全性。

二、新款本田车系供油系统的机理分析

布置形式的变化，引发了对结构机理的再认识，必须更新知识内容，才能正确使用和维护。变革的思路是从提高安全性和可靠性及使用维护的方便性出发，机理分析如下：

1. 燃油滤清器改为后置式和内置式

传统的燃油滤清器多装于机舱内，因机舱内平均温度可达 80℃以上，燃油受热蒸发，变为油蒸气，热气阻导致发动机怠速不稳、加速不良、频繁熄火、走走停停，热天最为严重。最后导致电动汽油泵因负载过大而损坏。如将燃油滤清器避开高温区，置于油箱附近，可利用行驶中的空气流进行冷却，减小热气阻的产生。如果将燃油滤清器置于油箱中，还可减小外露连接管路和接头漏油故障，提高了安全性。

2001 年款以后改进型燃油滤清器为袋式滤芯，它比旧款的波纹式滤芯滤清面积大 40 倍，通过能力好，使用寿命长，更换周期可从 2 万 km 延长到 4 万 km，减小了维护次数，降低了维修成本。

2. 调压器改为内置式，不受进气管真空度（Δp_x）的控制

因喷油器是往进气歧管中喷油，该处的真空度随工况而变（在 13～66kPa 之间变化，压差值为 50kPa 左右）。为此，需使真空度参与调压器控制，以保证各工况喷油压力恒定（一般为 250kPa），使喷油计量准确。也就是：喷孔尺寸一定、喷油压力一定、改变喷油脉冲宽度，来准确地调节空燃比（A/F）的大小。其机理是：油压力 p、弹簧力 F 和进气管真空度 Δp_x 力的相互作用平衡控制。关系式为：$p+\Delta p_x > \mathrm{F}$ 时，阀开回油；$p+\Delta p_x < F$ 时，阀关不回油；$p+\Delta p_x = F$ 时，阀门维持一定开度。

这种机理一直延续到现在，已经成为真理恒定式，形成了牢固的传统观念。试验证明：机舱内的温度是工况变量值，调压器和分配管内的燃油受热汽化，也是变量值。饱和蒸气压力可达 66.66kPa，分配管内油压波动范围已超过 50kPa 的压差值，恒压喷油只是常温下的理想公式，而其他温度工况是很难保证恒压喷油的。这一点已被多次试验所证明。

为此，调压器为避开高温区移入油箱中，对恒压喷油更为有利。它带来三个好处：

(1)取消了机舱中的回油管路，减少了管路接头，漏油点减少，提高了安全性。

(2)减小了对燃油的加热影响，油箱中的燃油温度下降了 20℃，因为油泵的泵油量为耗油量的 6～8 倍，大量被加热的燃油需从调压器处回流到油箱中，造成油箱中的燃油温度升高，反而使热气阻生成量加大。

(3)虽然喷油器端的出口压力随工况而变，油泵压力源端设有调压器和稳压腔，形成了一个恒压油库。电脑 ECM 的喷油脉冲宽度是随工况变化的随机值，它可根据氧传感器的反馈信号，改变喷油器的喷油脉冲宽度，对空燃比进行随机调节修正，因而就补偿了 Δp_x 压差值的影响。这种供油系统方案必须采用反馈调节功能较宽的二氧化钛氧传感器，来保证对空燃比大范围的准确控制。二氧化钛氧传感器反馈电压调节幅度为 0～5V，远大于二氧化锆式氧传感器（0.1～0.9V）。可以说，二氧化钛氧传感器的普及使用，改善了结构的合理性。

有的大排量车系采用 AFS 和 MAP 双套计量方式，利用 MAP 对喷油脉宽进行修正，也是对空燃比的随机调节。

3. 油泵改为横卧式,并淹没在大油箱底部的小油箱中

传统式的油泵斜置安装,燃油液面下降时,油泵即暴露在空气中,造成油泵温度升高,转子绕组发热,转速和泵油量即变小,且油泵寿命将缩短,液面过低时极不安全。如果油泵横卧在小油箱中,通过弹性支架压靠在大油箱底部,不受油面下降的影响,调压器回油保证了淹没冷却可靠,工作时振动小,可使油泵的使用寿命达 20 万 km 以上。

4. 油泵和油位传感器组合为一体

油泵和油位传感器组合为一体,可单独更换,利用一个拆装孔安装,可提高油箱的密封性,简化了管线路连接,便于维护。

5. 增设了防静电措施

燃油在油箱、油泵、燃油滤清器、调压器内高速流动,液体和壳体的剧烈摩擦,可产生静电荷,严重时会产生火花放电,极不安全。不同物质(铝合金、薄钢板、塑料等)的静电荷极性和电位是不同的,将三者的壳体用黑色导线连通,使其静电荷中和并搭铁释放给车身,提高了该系统的安全性,如图 1-165 所示。为此,更换油泵和燃油滤清器时,应注意三者搭铁连线的牢固连接,确保安全导通。

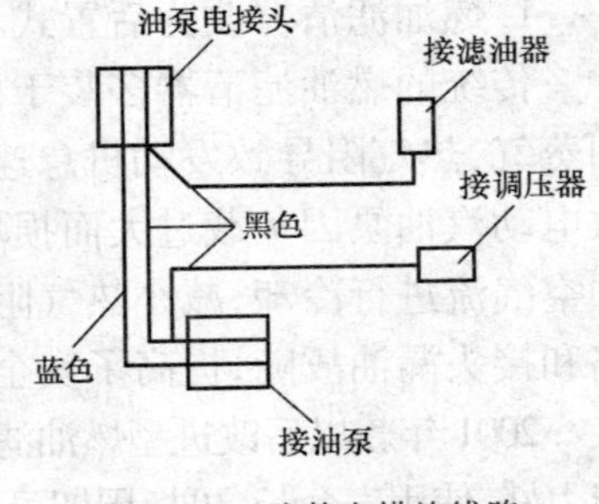

图 1-165　防静电措施线路

第十八节　缸内直喷式汽油机工作原理

缸内直喷式汽油机,简称 GDI 系统(Gasoline Direct Injection);因为燃油是分层燃烧,又称 FSI 系统(Fuel Stratified Injection)。

传统式的电喷汽油机,是将汽油喷射在进气门外侧的进气歧管中,在进气过程和压缩过程中,利用时间和空间的混合方式,形成可燃混合气,再点火燃烧做功。这样,燃油在汽缸内滞留时间过长(接近 360°曲轴转角),燃油的黏结损耗较大,加速响应性低,极易产生爆震,汽缸磨损也加大。能否和柴油机一样,在压缩终了,往缸内直接喷射燃油,迅速混合点火燃烧,这只是人们多少年来的一个梦想。

一、电控汽油喷射系统的重大变革

(1)三菱汽车公司和丰田汽车公司,在 20 世纪的 90 年代,即研发出高灵敏度、高压缩比、超稀薄混合气的缸内直喷式汽油机,如图 1-166 所示,有四缸机和六缸机两个机型。压缩比可达 12:1,实现了低油耗、低污染、高功率的梦想。我国由于各种因素的束缚,没有实现跨越时代的变革,因而这种技术未得到推广普及。

(2)缸内直喷式汽油机混合气的形成完全抛弃了传统的利用空间和时间的混合方式,采用缸内强涡流运动混合方式,在压缩冲程的后期,和柴油机一样直接向缸内喷射燃油,实现质的调节,它对燃油的质量要求不高,摆脱了燃油质量对压缩比提高的制约。相继点火后,实现分层燃烧,利用 $A/F = 30:1 \sim 40:1$ 的超稀薄混合气稳定燃烧,极大地改善了汽油机的动力性、经济

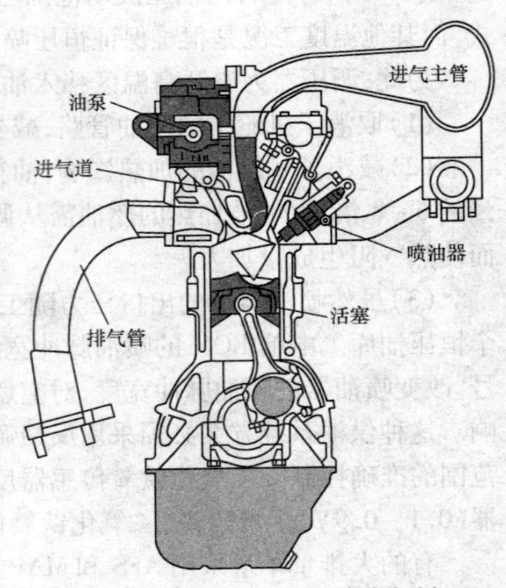

图 1-166　三菱车系 GDI 缸内直喷汽油机

性、净化性。

(3)缸内直喷式汽油机又称为超越柴油机的低油耗、低污染、高功率汽油机，虽压缩比较高，但不易爆震，对汽油质量的好坏要求不高，这一特点是传统汽油机所不及的优势。这是汽油机在燃烧理论和具体结构方面划时代的重大变革。

二、缸内直喷式汽油机的主要结构

缸内直喷式汽油机是在传统的电控汽油喷射系统的基础上改进研发的。在其他结构方面无过多的变化，只是在可燃混合气的形成方法和燃烧过程方面发生了概念性的变革。为此，仅就三菱车系 GDI 系统的主要结构介绍如下。

(1)轨道压力传感器。它为 ECU 提供轨道压力的高低，当压力达 5MPa 时，ECU 指令停供电磁阀动作，推开高压油泵的片状进油阀，使高压油泵停止吸油而停供。此时，低压油泵也同步停止供油，维持规定的油压，如图 1-167 所示。

(2)直立式进气管。产生下降大进气流，直接流入汽缸，流速快，可达 40 ~ 50m/s，充气效果好。与传统的横向进气管相比，它的进气涡流方向是相反的旋转，喷油后能在火花塞处形成浓油雾区，如图 1-168 所示。

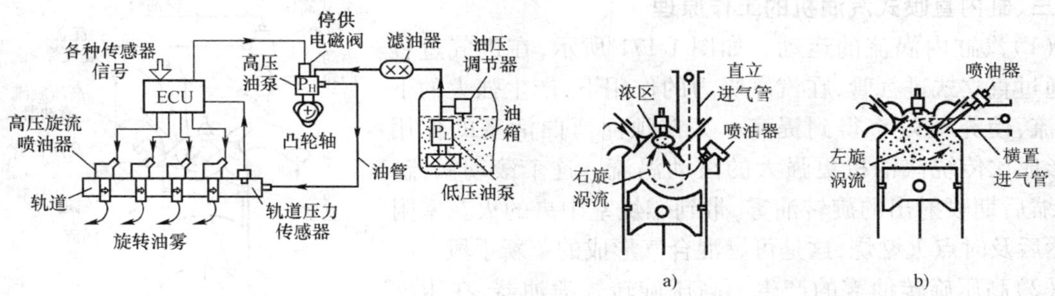

图 1-167　缸内直喷式供油系统原理图

图 1-168　两种不同的混合方式

a)分层燃烧方式(不均匀)；b)传统的均匀混合方式

(3)顶面弯曲活塞。引导空气产生进气涡流和挤压高速旋转涡流，以便形成理想的分层燃烧的可燃混合气。旋转涡流为正向涡流，与传统的逆向涡流方向相反，有利于混合气按浓稀方式层状分布，进行分层燃烧。

(4)采用两级串联式供油泵。低压供油泵为电动涡轮式，油压为 0.35MPa；高压供油泵(图 1-169)为往复柱塞式，由凸轮轴驱动，使燃油轨道的油压不断堆积，产生 5 ~ 5.5MPa 的喷射油压，经喷油器高速喷入汽缸，提高了雾化质量，形成旋转的燃气涡流。

(5)高压旋流式喷油器。ECU 直接用脉冲电流的宽度控制喷油量的多少，利用特殊的喷孔形状，向汽缸内喷出旋转的雾状燃油，与挤压涡流快速地混合，以便点火燃烧。它没有进气管沉积油膜的缺点，又因喷油压力较高，喷油器的自洁功能高，不易产生脏堵故障。

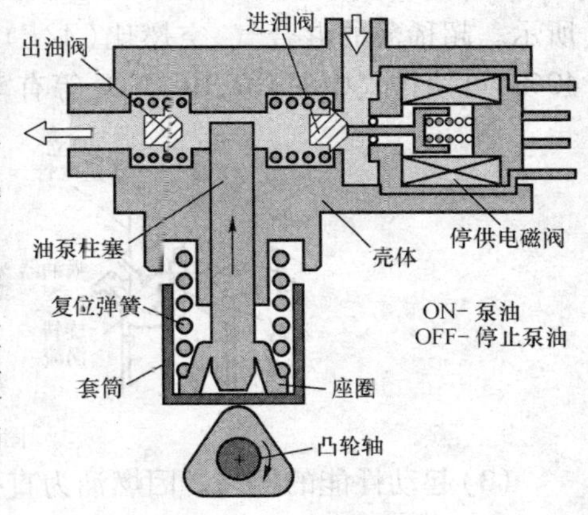

图 1-169　高压供油泵

(6)特别指出喷油器是属于瞬时高电压和大电流峰值保持型驱动方式(用 100 ~ 110V 和 17 ~ 20A 打开；又用限流电阻以 3 ~ 5A 的电流，保持开启状态)，又称为强劲高频量化控制方式，如图 1-170 所示。喷泊器可小型化，缩短了无效喷射时间，开启速度快，响应性好，计量准确。为此，喷油器的检测方式，应使用专门的仪器（如MVT-2 诊断仪），以防触电和逆变电源过载。

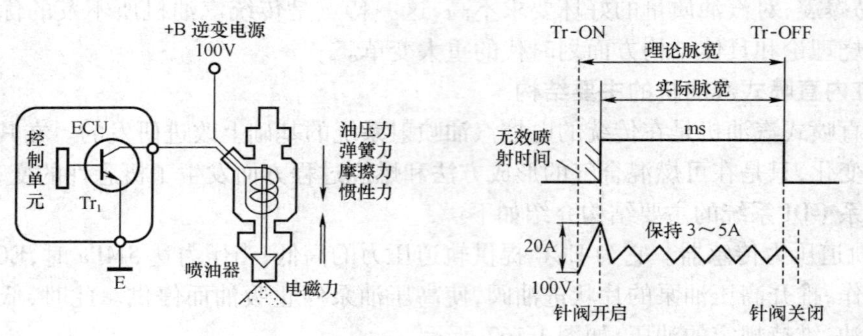

图 1-170　针阀开闭与脉宽的关系

所谓无效喷射时间，是因为电磁线圈有一定的阻抗，故开启时间较 Tr 管导通时间迟后，该时间无燃油喷出，故针阀升起和关闭与喷油脉冲宽度并不吻合。

三、缸内直喷式汽油机的工作原理

（1）汽缸内涡流的运动。如图 1-171 所示，在进气过程中，通过直立式进气管，在汽缸吸力的作用下，产生强大的下降气流，使充气效率得到提高。又在顶面弯曲活塞的作用下，形成比传统汽油机更强大的滚动涡流。这个滚动涡流，将压缩后期喷射出的旋转油雾，带到燃烧室中央的火花塞附近，然后及时点火燃烧，这是可燃混合气形成的革新手段。

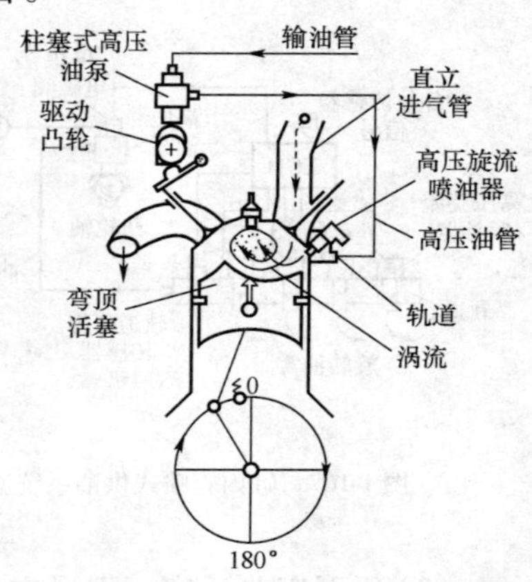

图 1-171　缸内直喷式原理图

（2）高压旋转油雾的产生。高压旋转式喷油器，在压缩冲程的后期（此时缸内压力为 0.6～1.5MPa），以 5～5.5MPa 的高压喷射出旋转的油雾，卷入滚动涡流中，迅速吸热汽化，以层状混合状态，被卷到火花塞附近。此时，火花塞附近为高浓度混合气，极易点燃，缸内的燃气呈“稀包浓”状态（O_2 分子包围 HC 分子），在旋转中逐层剥离，并从内向外稳定地、彻底地分层换位燃烧，如图 1-172 所示。超稀薄的混合气，空燃比（*A/F*）可达 30∶1～40∶1，与传统的汽油机相比，节油率可达 40%，可使排气中的 CO、HC、NO_x 等有害物质大幅度降低。

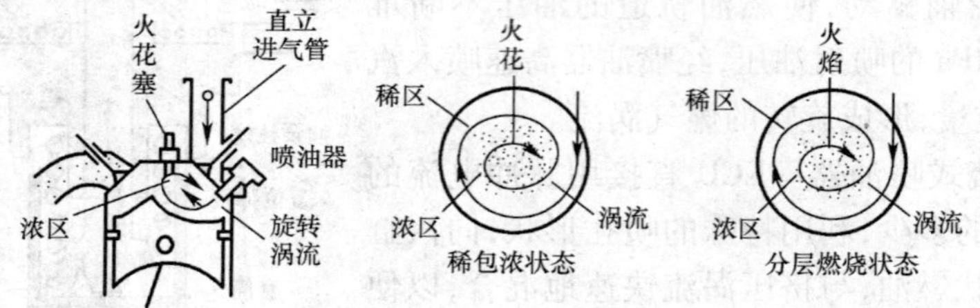

图 1-172　分层燃烧过程

（3）起动性能的提高。因燃油为直接喷入汽缸，无燃油的黏结损耗，又因火花塞处为高浓度混合气，与传统的均质混合方式相比，起动性能得到提高，发动机在 1～2 个循环即可起爆运转。而传统的均质混合发动机，需要十几个循环才能起爆运转。

（4）中小负荷工况时的喷油特点。乘用车在市内行驶占有的时间为 75%～85%，多在中、小负荷工况下工作，应在压缩行程后期喷油，以经济超稀薄混合气成分为主。

(5)大负荷工况时的喷油特点。为了获得大负荷时的功率值(包括其他工况)，应加浓可燃混合气，以动力性为主，采用两次喷油方式。第一次是在进气行程，喷入适量燃油，形成均质混合气，此为补救功能。此时，还可利用燃油的汽化热来降低进气温度，提高充气效率；第二次是在压缩行程的后期喷油，形成浓稀不均的层状混合气，再点火燃烧，如图1-173、图1-174所示。因此，在大负荷工况时，一个工作循环中，喷油器发生两次脉冲信号，脉冲宽度各不相同。

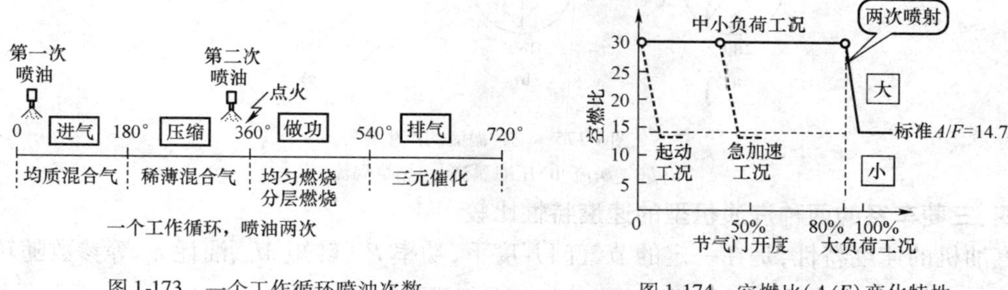

图1-173　一个工作循环喷油次数

图1-174　空燃比(A/F)变化特性

两次喷射的功能，也可在起动工况、急加速工况出现，以调节空燃比(A/F)的大小，改善使用性能。

(6)高压缩比的实现。汽油机输出高功率的方法：加大进气量、提高压缩比、控制燃烧过程。传统式的电控汽油喷射系统，因燃油质量的制约，压缩比已难突破10:1的大关，还需要使用辛烷值97号的汽油。而直喷式汽油机却能突破这个界限值，使压缩比提高到12:1～13:1，对汽油的辛烷值无过高要求。究其原因如下：

①直接喷入汽缸内的超稀薄混合气燃料的汽化热，可降低气体温度和增大空气密度，因而不易产生爆震。

②又因吸入的空气量大幅度增加，进气冷却效果较好。因而，对爆震的抑制作用也加大。

③再因缸内直喷本来就具有不易产生爆震的特性，因在压缩冲程后期喷油，燃油在燃烧室内滞留时间极短，使大幅提高压缩比成为可能，12:1～13:1的高压缩比成为现实。

注：爆震的产生，是燃油滞留在汽缸内的时间较长，已燃部分对未燃部分的挤压和辐射造成的，即未燃部分的可燃气体，产生大量的极不稳定的过氧化物，不等火焰传到，即自行不正常的急速燃烧。可见缸内直喷方式，只能对点火早晚敏感，不存在过氧化物这个问题。

(7)高压缩比和高速强涡流及涡流分层高效率燃烧的结果，即：进气涡流、压缩涡流、燃烧涡流的综合效果，如图1-175所示，与传统的电喷汽油机相比，输出的功率P_e和输出转矩M_e提高了10%。

(8)为了提高GDI发动机净化性能，降低因超稀薄燃烧NO_x的生成量，在中小负荷工况使EGR系统投入工作，并采用较大的EGR率(传统式电喷系统为5%～15%，而GDI系统为20%)和采用专门的三元催化转换器(双级式TWC)，进行废气净化处理。

$$\text{废气再循环率} = \frac{\text{废气再循环气体量}}{\text{吸入空气量} + \text{废气再循环气体量}} \times 100\%$$

(9)如果增装废气涡轮增压系统(如奥迪A6L—2.0T—FSI乘用车)，充气效率将进一步提高，空气密度加大，氧含量提高，燃烧条件进一步改善，动力性、经济性和净化性将明显提高。如图1-176所示。

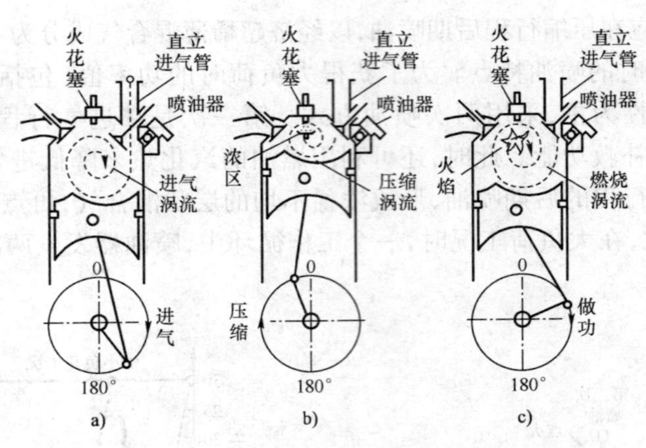

图 1-175 三种涡流的产生

a)进气涡流;b)压缩涡流;c)燃烧涡流

四、三菱车系的两种汽油机型的速度特性比较

汽油机的速度特性,是在一定的节气门开度下,功率 P_e、转矩 M_e、油耗 g_e 等参数随转速变化的规律,它是衡量汽油机动力性、经济性好坏的重要指标,如图 1-177 所示。

注:转矩曲线呈二次弯曲状,是发动机的可变配气相位机构投入工作造成的结果。

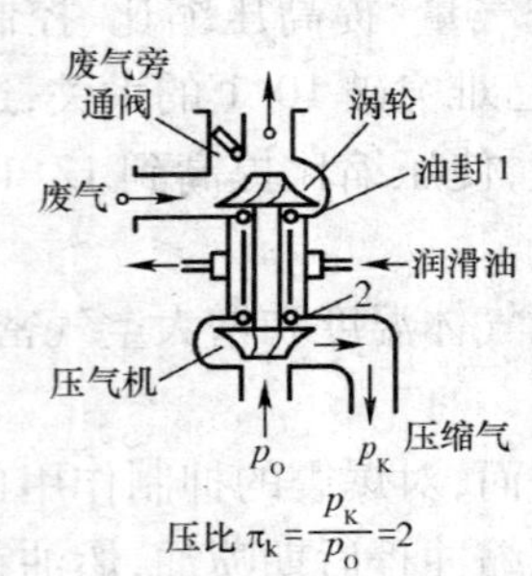

图 1-176 废气涡轮增压系统

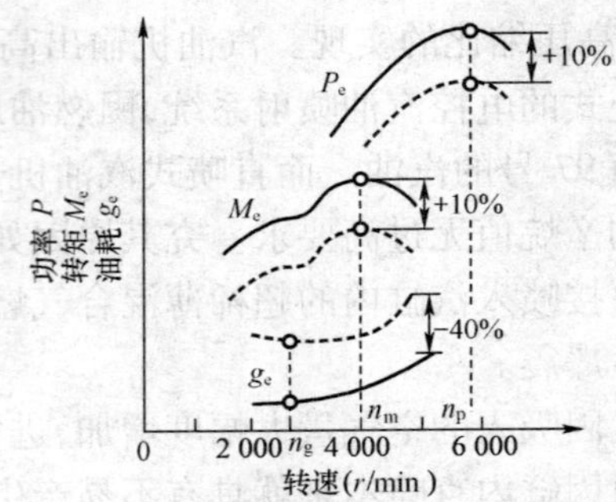

图 1-177 直喷式和传统式汽油机速度特性曲线

——直喷式、三菱 4G93;- - -传统式、三菱 4G93

五、三菱车系的两种汽油机型主要结构差异比较(表 1-8)

三菱汽车的两种机型结构差异比较 表 1-8

内　容	4G93 直接喷射	4G93 传统喷射
排气量(L)	1.834	相同
缸径×行程(mm)	61×89	相同
气门结构	DOHC—VTEC—16V 顶置双凸轮轴、可变配气相位与升程、两进、两排	相同
压缩比	12	10.5
燃烧室	弯曲顶面活塞	传统式
进气管	直立式	传统式

续上表

内　容	4G93 直接喷射	4G93 传统喷射
喷射方式	缸内多点直接喷射	进气管多点喷射 MPI
喷射油压(MPa)	5.0	0.33
功率和转矩升高率	+10%	传统值
节油率	-40%	传统值

六、典型车系供油系统介绍

奥迪 A6L—2.0T—FSI 乘用车为废气涡轮增压式缸内喷射汽油机 GDI，其供油系统如图1-178所示。

(1)燃油压力传感器。它是压敏电阻桥式电路，将轨道油压的高低以电压信号输入 ECU 中，以便 ECU 使停供电磁阀动作，使高压油泵及时停止供油。

(2)停供电磁阀。ECU 通电发令，使其推杆动作，高压油泵的进油片阀即常开，停止供油。

(3)过压阀。为柱塞式溢流阀，当轨道油压高于规定值时，即泄油降压，维持轨道油压，起保护作用。

(4)高电压喷油器。采用 65V 高电压控制喷油，为强劲高频量化控制方式，频率响应性高。理论证明：电压值提高，电流值可大幅度减小，热负荷降低，喷油器可小型化。

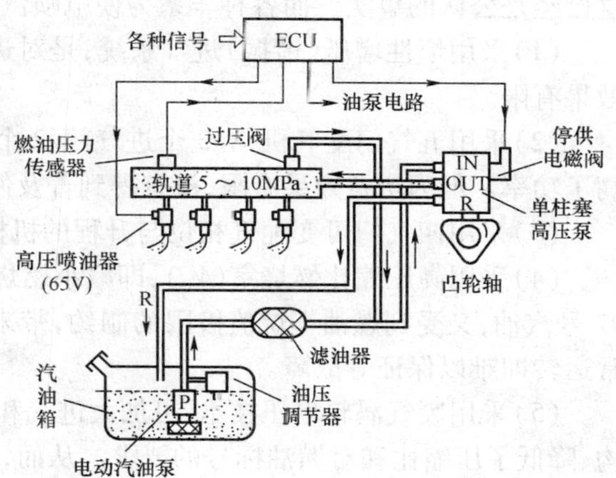

图 1-178　奥迪 A6L—2.0T—FSI 缸内喷射供油系统

▭低压 300～600kPa；▭高压 5～10kPa

(5)供油压力和喷油压力可变。其正常油压值为：低压 300kPa；高压 5MPa。当冷车起动时，为改善冷起动性能和热起性能，50s 内低压升高为 600kPa；高压升高为 10MPa。

(6)为废气涡轮增压式缸内喷射汽油机，充气效率和空气密度将进一步提高，动力性、经济性和净化性明显提高。

第二章　电喷汽油机增压系统的机理与检修

第一节　废气涡轮增压系统的优点

一、概述

废气涡轮增压技术,在柴油机上广泛地使用,能有效地提高功率和降低油耗及排气污染,这已经是公认的事实。而各种车系为使电喷汽油机达到上述目的,相继采用了如下方法:

(1)采用惯性增压(谐振)进气系统,是对进气压力波的有效利用,充气效率有所增高,但效果有限。

(2)采用五气门配气机构(3 个进气门、2 个排气门),加大了进气通道面积,一定程度上提高了功率。但因增益效果有限,没有得到普及使用。

(3)采用四气门可变配气相位与升程的机构,结构复杂、制造成本高,故障点多也是事实。

(4)采用高压缩比燃烧室(V_c),即减小燃烧室容积,使压缩比($\varepsilon = V_a/V_c$)大于 10,它需用 97 号汽油,又受到燃油辛烷值极限的制约,带来了因燃油品质的影响,燃烧条件稍有变故,正常运转即难以保证等故障。

(5)采用废气涡轮增压技术,可加大进气和排气系统的流通面积、简化了汽油机的配气机构、降低了压缩比和对燃油标号的要求。从而,开辟了提高功率、降低油耗及排放污染的新途径,它与柴油机的增压装置有类同之处,不同之处是并入了电控 ECU 的共控网络系统,其使用性能远优于柴油机的增压装置。

二、废气涡轮增压的原理和优点

它是利用排气时,喷出的无用废气热能量(700℃以上),作为驱动涡轮运转的动力源,使废气涡轮超高速旋转,转速高达100 000r/min。它同轴带动离心式压气机的叶轮,同步高速旋转,将吸入进气管道的空气压缩而升压,使高密度的空气和燃油一同进入汽缸,更好地混合后,再点火燃烧。从而,使汽油机的转矩和功率大幅度提高(高达 30% 以上),并由于混合气密度的加大,含氧量的增多,燃烧条件得到改善,使汽油机的动力性、燃油经济性和排放净化性得到提高。试验证明:油耗率降低 5.7%、CO 降低 3%、HC 降低 14%、NO_x 降低 8%,效益突出。

采用增压技术,对于汽车在高原地区行驶更为有利,因该地区气压低,空气稀薄,导致功率下降,油耗增多。试验证明:海拔每升高 1 000m,功率将下降 8% ~10%;油耗率增加 3.8% ~ 5.5%。如装用增压器后,可适当恢复功率和减小油耗及排气污染。

第二节　废气涡轮增压系统的组成、工作原理及正确使用

一、奥迪—200—1.8T 废气涡轮增压系统的组成

如图 2-1 所示,该车为四汽缸电喷汽油机,它的增压系统是由废气涡轮和压气机叶轮为一体的增压器 7、3;废气旁通阀 8;废气旁通控制阀 16;废气旁通控制电磁阀 15;空气再循环阀

14；中间冷却器 12；增压气道钢管 13；润滑油管 4、9 等组成。

1. 废气涡轮增压器的结构

废气涡轮增压器由废气涡轮及铸铁外壳 7、压气机叶轮及铝合金外壳 3、中间铸铁壳体、转子轴和浮动轴承 5、隔热密封止推件 6 等组成。离心式压气机的叶轮和废气涡轮同轴旋转，转速高达 100 000r/min，一般轴承不能保证转子体在超高速下工作，所以采用浮式滑动轴承。浮动轴承 5 与转子轴和外壳之间都有间隙，当转子轴高速旋转时，具有 250～450kPa 的压力润滑油充满这两个间隙，使浮动轴承在内外两层油膜中浮起，随转子轴旋转（油楔原理）。其转速比转子轴低得多，从而使轴承对轴承孔和转子轴的相对线速度大大下降。因液体摩擦阻力极小，适于超高速运转，使用寿命较长。

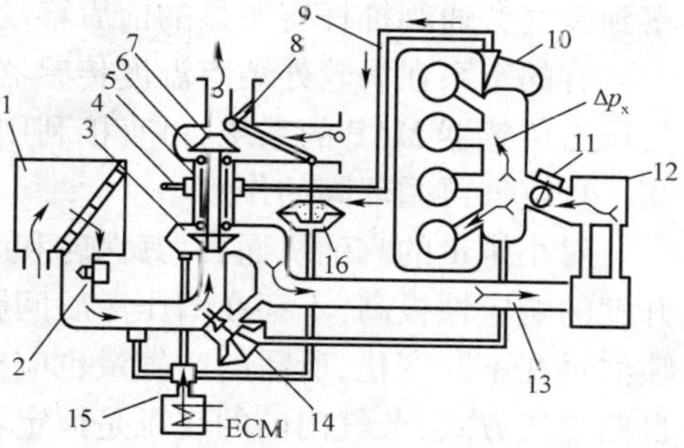

图 2-1 电喷汽油机废气涡轮增压系统工作原理简图

⟶大气压力；≻⟶增压；∘⟶废气

1-空气滤清器；2-热膜式空气流量计；3-压气机叶轮；4-机油回油管；5-浮动轴承；6-密封止推件；7-废气涡轮；8-废气旁通阀；9-润滑油管；10-机油滤清器；11-节气门位置传感器和怠速阀；12-中间冷却器；13-增压气道钢管；14-空气再循环阀；15-废气旁通控制电磁阀；16-废气旁通控制阀

增压器所需的润滑油是来自润滑系统的主油道，润滑转子后再流回曲轴箱，形成一条不间断的润滑和冷却循环油路。可见，润滑油的质量好坏、油压的高低、转子轴密封件的好坏、润滑油管是否畅通，对转子轴及其浮动轴承的寿命起决定作用。

为防止压气机端的压缩空气和涡轮端的废气漏入中间壳体，并为了防止中间壳体的压力润滑油外漏，转子轴的两端都设有隔热件、密封件和止推件（图 2-1 中省略）。

为使中间壳体温度不致过高，在壳体上还制有冷却液夹层，用软管引来冷却液进行循环冷却，一旦冷却系统冷却液缺少，机体高温不仅会引起拉缸故障，也会使增压器壳体过热，轻则使密封件漏油漏气；重则使浮动轴承转子轴烧结或扭断报废。

2. 中间冷却器的作用

中间冷却器串接在压气机和节气门体之间，位于冷却系统散热器附近，使热空气通过其管道，用来冷却压缩后的空气。离心式压气机的出口压力可达 140～300kPa，其压力升高比简称压比 π_k。它是压气机的出口压力 p_k 与进口压力 p_o 之比值，即：$\pi_k = p_k/p_o$。

它是压气机主要性能指标，不同排量的发动机，应选用不同压比的压气机，一般都控制在两倍左右（中增压）。压比升高会使压缩后的空气温度升高，空气密度的增长率会因之下降，发动机的热负荷加大，易产生爆震，并使排放污染加大（NO_x）。为此，应加装中间冷却器，降低空气温度，使空气密度加大。试验证明：进入汽缸的空气温度每下降 10℃，功率可提高 2.5%～3%，加装中间冷却器后，可使功率提高 15%～20%。可见，中间冷却器的内外表面应保持清洁，通风散热良好，才能获得较高的增压效果。

3. 废气旁通阀的作用

为防止发动机在高转速、大负荷时排气流量过大，造成增压器转速过大和增压过高，即压比过高，专设有废气旁通阀 8。当排气量过大时，废气旁通阀打开，放掉一部分废气，降低增压器转速，控制涡轮的最高转速和压气机的压比。

废气旁通阀是用电磁阀 15 通过电脑 ECM 来控制，它是两位三通频率阀（2/3 阀），控制三个管道，完成充气、卸压的任务。当发动机转速高达 3 500r/min 以上时，涡轮转速升高，压比增大，会有爆震信号发生，爆震传感器 KNK 将信号传给电脑 ECM，ECM 即以占空比的方式使电磁阀动作，反复关闭空气口，沟通增压口，压缩空气即推动废气旁通阀随动开启。此时，能观察到废气旁通阀推杆有明显的前后移动，证明功能良好。

有的车系在涡轮处装有温度传感器，以废气温度信号控制压比的升高。有的车系装有进气压力传感器 MAP 的系统，可直接利用自身信号，进行压比控制，控制起作用点多为 80kPa。

4. 空气再循环阀的作用

对小排量的汽油机而言，其涡轮和叶轮的尺寸较小，转动惯量也小，涡轮增压器对节气门开度的响应性极高，不存在增压滞后问题。相反，还存在着增压过度问题。因汽油机各工况的喷油量在不断变化，所需的空气量也应按比例变化，以保证最佳空燃比（A/F）= 14.7 的形成。自然进气方式，节气门前的气压是恒定不变的；而增压进气方式，节气门前的气压是变化的，并两倍于大气压力。当急减速时，发动机快速转入怠速工况，节气门关闭，节气门前进气管压力骤然升高，压气机叶轮的负载加大，涡轮转速会下降。为此，需要有随工况而变化的压力调节功能，即增设空气再循环阀。

该阀是利用进气管真空度 Δp_x 来自动控制，用不同的开启度，使增压后的空气回流，进行不同程度的小范围循环。即小负荷、低增压；大负荷、高增压的变化规律，调节压气机与节气门体间的管道压力。这是因为，怠速工况 Δp_x 高，阀门开启度大，再循环的空气量多，节气门前的压力低；大负荷工况 Δp_x 低，阀门开启度小，再循环的空气量少，节气门前的压力高。如果，该阀脏堵犯卡，将导致各工况的空燃比失控，产生怠速不稳和加速不良等故障，这是增压系统引发的额外故障。

二、进气管内真空度 Δp_x 的变化规律与自然进气相同

人们对增压后进气管内真空度 Δp_x 的高低，有一个误解：认为 Δp_x 会变低或成为正压值。试验证明：进气管内仍为负压值，且与自然进气方式类同，只是节气门前压力较高而已。

自然进气方式，进气密度小、气流速低，不同工况产生不同的 Δp_x 值，其变化规律是：怠速工况为 66kPa；中等负荷工况为 40kPa；全负荷工况为 13kPa。而增压进气方式，进气密度大、气流速度加快，节气门节流作用大，压降也大，Δp_x 值的变化规律与自然进气方式仍然相同。它可以用来驱动真空助力制动系统（这已经是事实），并可用来判定汽油机密封性能、点火性能、空燃比的好坏（最高 Δp_x 所对应的，必然是最佳密封性能、最佳点火性能、最佳空燃比）。因此，真空表检测手段，对增压后的汽油机，仍然可以有效地使用。

三、有废气涡轮增压器汽油机的正确使用

（1）使用指定的专用润滑油，并定期更换（5 000km），换油时必须同时更换滤油器。油压报警灯一旦亮起，立即检修，确保油质和油压正常。

（2）冷车起动后先怠速运转 2 ~ 3min，使发动机正常热起，更使增压器得到充足的润滑，浮动轴承建立起良好的油膜，再起步高速运行，应克服一着火、就行车的坏习惯。

（3）熄火前应怠速运转 2 ~ 3min，防止冷却液和润滑油在高温状态下停供，因增压器涡轮转子惯量较大，瞬时仍会高速旋转而烧毁浮动轴承（惯性旋转时间可达 30s 以上）。

（4）发动机曲轴箱通风系统的 PCV 阀应通风良好，它不仅影响怠速的稳定性，还影响增压器油封的密封性（因增压器的回油管与曲轴箱相通，该箱的内压力应略低于大气压力为好）。实践证明：不少车辆增压器油封漏油，多是因为活塞环漏气，致使曲轴箱内压力过高造成的。

（5）增压器两端的密封件，工作环境恶劣（高温、高压、高速），最容易损坏，造成漏油、漏气。一旦机油耗量过大或冒蓝烟时，应及时检修或更换新件。并同时清洗中间冷却器和空气再循环阀内的油垢，以保证其良好的散热和通畅性能。

第三章　柴油机蓄压式共轨喷油系统(ECD-CR)

将多个喷油器并联在一个高压蓄油管道上，用电脑 ECU 控制喷油，称为"共轨喷油"。英文称 Common Rail(共用轨道)简称 CR，如图 3-1 所示。它用于柴油机电子控制系统中 ECD，称为"柴油机蓄压式共轨喷油系统"(Diesel Accumulator Fuel-Injection System Common Rail)，简称 ECD-CR 系统。

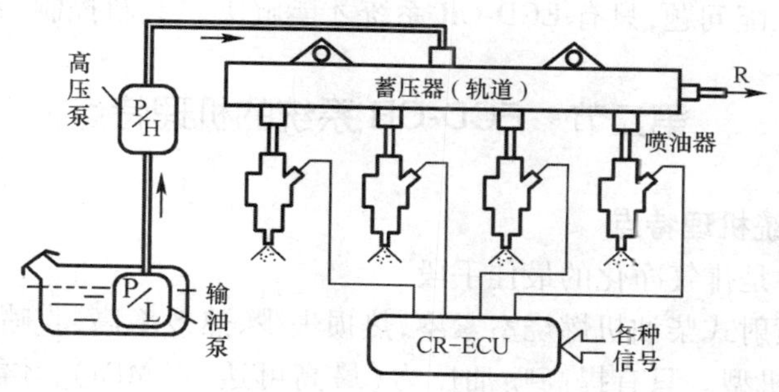

图 3-1　共轨控制的概念

第一节　柴油机喷油系统的重大变革

一、共轨控制喷油系统的性能参数表

ECD 控制系统的结构形式有多种，如直列式泵、分配式泵等都是在传统的基础上修补改进，没有从根本上解决冒黑烟和振噪感问题。而共轨喷油系统完全摆脱了传统结构，较彻底地融入先进的电控系列，成为柴油机发展的新模式。

它有两种类型：一为高转速、高功率机型；二为低转速、大转矩机型，完全满足了各类汽车的需要，如表 3-1 所示。

共轨控制喷油系统的性能参数　　表 3-1

类　型	循环供油量 (cm^3)	喷油压力 (MPa)	燃烧室类型	缸　数	最高转速 (r/min)	最大功率 (kW/缸)
中小型乘用车	0.1	135	直喷式	3 ~ 6	5 000	30
大型货车、客车	0.4	140	直喷式	3 ~ 16	2 800	200

二、柴油机可燃混合气形成的特点

1. 空间小、时间短

在压缩终了时喷油，可燃混合气在狭小的燃烧室内形成，其过程是：喷油—汽化—混合—燃烧—边喷—边燃。喷油持续时间为汽油机的 1/20 ~ 1/10，只占曲轴转角的 15° ~ 30°。而汽油机混合气形成是从进气持续到压缩终了，占曲轴转角的 360°左右。

2. 混合气不均匀、空燃比变化范围极大

由于以上原因的影响，混合气成分在燃烧室内分布很不均匀，在油雾喷射区的油粒多偏浓，其他区油粒少偏稀。柴油机的标准空燃比为 14.5:1，为了完全燃烧，减少炭烟的产生，空气要过量10% ~40%,空燃比可达16~20(NO_x 高峰)。各工况下一般不进行进气节流控制,只改变喷油量的多少(质调节),空燃比将在极大的范围内变化,造成大负荷工况冒黑烟,怠速工况过稀而熄火,需加装结构复杂的调速器。

3. 边喷、边燃、成分不断变化

不仅有空间方面的变化,也有时间方面的变化。在空间方面,浓区缺氧产生炭烟;稀区产生NO_x。在时间方面,燃烧的前期氧多、油少,不易着火,延长了备燃期,造成压力升率($\Delta p/\Delta\varphi$)加大,振噪感加大(Diesel 敲击)。燃烧的后期氧少、废气多,燃烧条件恶化,排气冒黑烟。

可见,柴油机动力性、经济性、净化性和振噪感的好坏,决定于喷油压力、喷油时刻、喷油质量、喷油规律、空气量的多少、涡流的好坏等多方面因素。其中的"喷油时刻和喷油规律"与"燃烧过程"精确的匹配问题,只有 ECD-CR 系统才能解决,"共轨控制"系统因此应运而生。

第二节 ECD-CR 系统的机理特点

一、ECD-CR 系统机理特点

1. 提高喷油压力是排气净化的最佳手段

经济型的直接喷射式柴油机燃烧室紧凑,热损失少,热效率高,直喷式节油率可达10% ~15%,已成为公认的机型。只有提高喷油压力(最高可达140MPa),才能使燃油分布均匀,加速油气混合的速度,改善燃烧条件,才能减少微粒炭烟的生成量。

2. 用电脑精确控制喷油规律,是提高动力性、经济性、净化性和减小振噪感的最佳手段

喷油规律包括喷油时刻的早晚、喷油量的多少及喷油率的好坏。喷油率是一个喷油周期,始点到终点间油量的变化情况。最好是按"先少、后多"分段喷油的规律变化。即:先预喷—再主喷—又补喷(补喷是为了净化,减少 NO_x 生成量),分三个过程进行。这样,才能和柴油机的燃烧规律一致(即备燃期、速燃期、缓燃期、后燃期),相辅相成地配合,获得最佳燃烧状态。

3. 压力的产生与喷油过程分离,可以准确地控制循环供油量(Δg)

传统的柱塞泵压力的产生和喷油分不开,相互影响,其供油始点与喷油始点相差8°,是管胀油缩造成的,停喷后又管缩油胀,造成滴油。其速度特性是:循环供油量(Δg)随转速的加大而加大,这是因柱塞副的漏泄和回油孔节流作用的加大出现的恶果。因而,需加装出油阀和调速器,这样即使结构复杂,加大了故障率,如图3-2和图3-3所示。

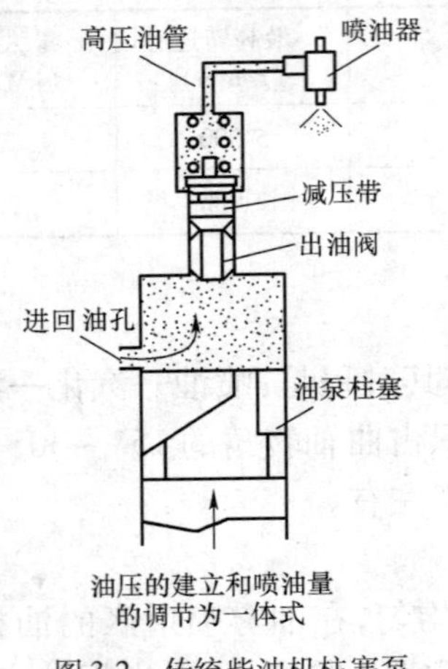

图3-2 传统柴油机柱塞泵

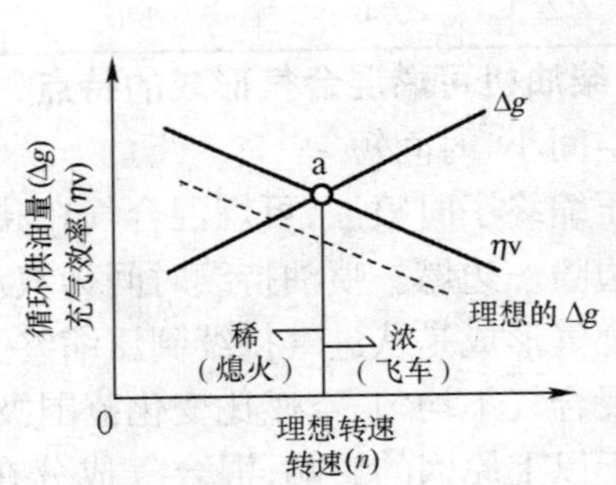

图3-3 传统喷油泵的速度特性

而共轨系统喷油是用专门的高压泵供油，存储于蓄压器中，时刻准备喷油，各缸的喷油器用电脑控制其电磁阀准确开闭喷油，能做到 Δg 和 η_v 的合理匹配，因而省去了成本高、结构复杂、故障率较高的出油阀和调速器。

4. 共轨控制的喷油特性（图 3-4）

1）预喷射

在活塞到达上止点前一定角度喷出少量燃油，进行预燃，可缩短备燃期，可减小压力升高率 $\Delta p/\Delta\varphi$ 和振噪感，工作柔和。

2）主喷射

喷油器在上止点后喷油，功率的增大和转矩的提高来自主喷射，在恒压情况下贯穿整个喷油过程。

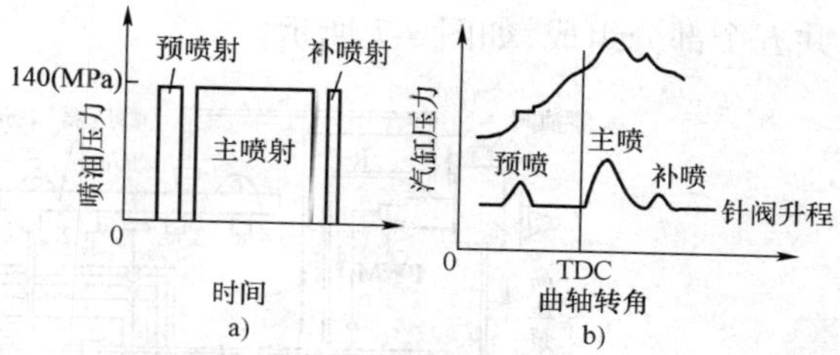

图 3-4　共轨喷油特性图

a）共轨喷油特性；b）多次喷射缸压变化

3）补喷射

在柴油机燃烧过程缓燃期的后期，燃烧温度已达高峰，如适量喷油，可改善燃烧条件和净化性，减少了 NO_x 的生成量。

5. 共轨控制实际喷油量的构成要素及影响因素

电脑 ECU 根据各种传感器的反馈信号，用开环控制和闭环控制相结合的方式，对喷油量进行精确的随机计算控制，如图 3-5 所示。

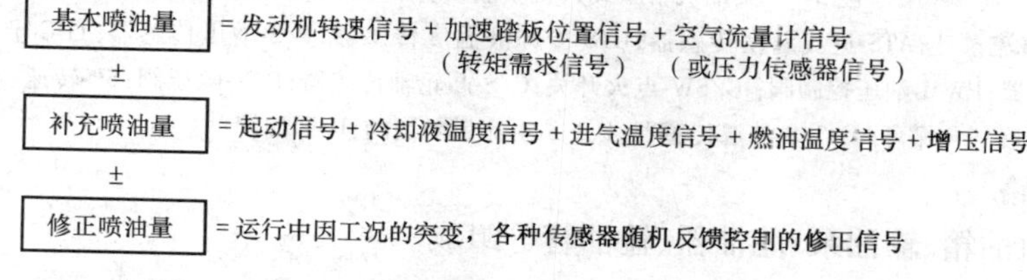

图 3-5　实际喷油量的构成要素及影响因素

二、共轨喷油系统的传感器信号和执行元件

共轨喷油系统有 14 个传感器信号，通过电脑 ECU 处理后，指令 11 个执行控制系统，随机投入工作。还有，离合器和制动踏板开关信号，无氧传感器、炭罐、爆震传感器，如图 3-6 所示。

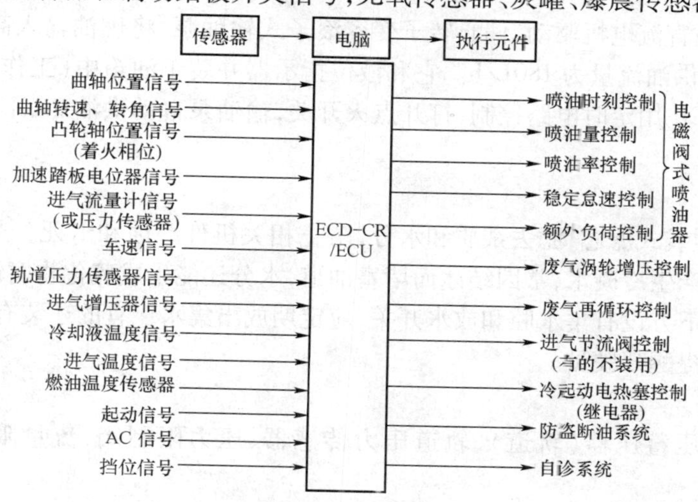

图 3-6　传感器和执行元件

第三节 共轨喷油系统的组成和工作原理

BOSCH 式共轨喷油系统是由低压油路、高压油路、各种传感器、电脑 ECU、各种执行元件共五个部分组成，如图 3-7 所示。

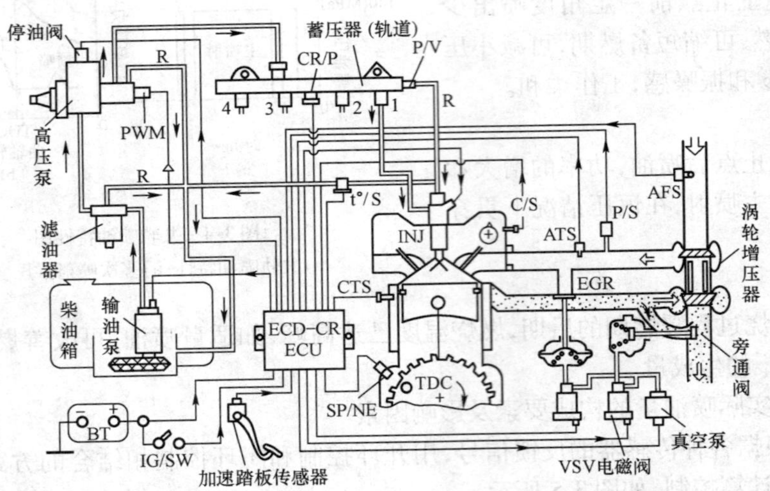

图 3-7 柴油机蓄压式共轨喷油系统 ECD-CR（BOSCH）

BT-蓄电池；AFS-空气流量计；ATS-进气温度传感器；CTS-冷却液温度传感器；P/S-增压传感器；TDC-上止点；INJ-喷油器；CR/P-轨道压力传感器；PWM-油压控制阀；IG/SW-点火开关；C/S-凸轮轴传感器；P/V-限压阀；SP-转速、转角传感器；NE-曲轴位置传感器；EGR-废气再循环阀；t°/S-油温传感器；1、2、3、4-流量限制阀；R-回油管

一、低压油路

低压油路由油箱、输油泵、滤油器、输油管等组成。

1. 油箱

由抗磨蚀的尼龙材料制成，带阀的加油口盖在任何条件下保持箱内压力略高于大气压力 30kPa，以便正常输油。

2. 输油泵

输油泵由永磁直流电机驱动，偏心转子变容滚子式输油泵，将燃油输入高压泵中，输油压力为 250kPa，最大供油流量为 180L/h。它和液位指示器并装于油箱中（工作原理同汽油机电动油泵）。电脑 ECU 用定时电路控制，打开点火开关，输油泵自动供油 9s，不起动发动机即自动切断电路。

3. 滤油器

滤油器为纸质袋式滤芯，滤去杂质和水分，防止相关机件磨蚀和卡死。柴油含水量较高，因温度的变化，会产生冷凝水，常因结冰而堵塞油道，水分还能生成硫化物腐蚀喷油器机件。

为此，在外壳下方设有集水腔和放水开关，应定期放出集水。有的还装有水含量自动报警灯开关，及时亮灯提醒驾驶员。

二、高压油路

由高压泵、高压蓄压器（轨道）、轨道压力传感器、压力限制阀、流量限制阀、喷油器等组成。

1. 高压泵

高压泵为三腔径向柱塞油泵，快速地向蓄压器稳定供油，为了减少功率损失，不同工况油压不同，保持轨道油压为 30 ~ 140MPa，如图3-8所示。喷油时燃油不再压缩，保持恒压喷油。它用齿轮、链条或齿形皮带驱动，转速为发动机的 1/2，最高达 3 000r/min，供油间隔为 120°，供油压力较稳定。

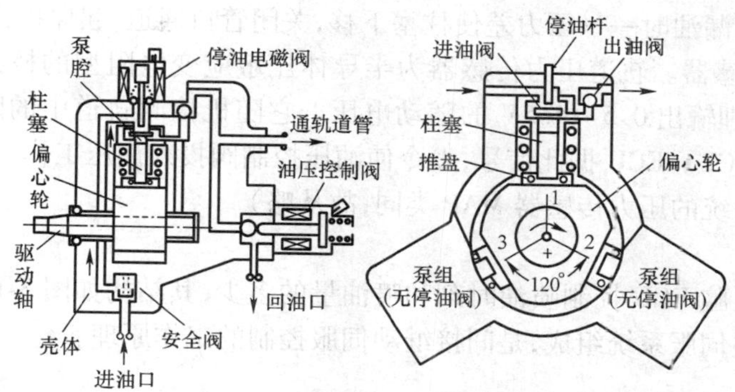

图 3-8　高压泵结构

（1）工作过程。打开点火开关后，电动输油泵工作，其输油压力超过安全阀开启压力 50kPa 时，低压油即进入高压泵腔。柴油机起动运转，高压泵的驱动轴带动偏心轮旋转，柱塞径向往复运动，产生吸油和压油过程。燃油经进油阀吸入泵腔（该阀为片状弹簧），又从出油球阀压出，将燃油压入轨道腔，建立所需的压力，多余的燃油经油压控制阀和回油管，流回油箱。油泵偏心轮每旋转一周，供油三次，压力均匀、稳定输出，供油量和供油压力与其转速成正比。少量柴油经过安全阀的节流孔进入泵的内腔，进行自身的润滑和冷却（图 3-8 中未画出）。

（2）泵组停油阀。高压泵是大流量输出泵，在怠速和小负荷工况时，高压油会过量，过量油将不断流回油箱，加大了柴油机的功率损失。为此，高压泵有一个泵组装有停油电磁阀，ECU 根据工况信号（转速和加速踏板信号），使停油电磁阀通电，其推杆即推闭进油阀，停止泵油而卸载空转，只有其他两个泵组工作。当进入大负荷工况时，又自动断电，恢复泵油。

（3）油压控制阀。高压泵输出管道上并装有电磁式油压控制阀，球阀的推杆右侧有吸力盘，作用于球阀上有两个力：一为弹簧力；二为线圈的磁吸力，它与高压腔的油压力相互争斗平衡。关系式为：弹簧力 + 磁吸力 > 轨道油压力——球阀关闭，不回油；反之则开启，回油。其工作过程如下：

①如果轨道油压达到工况规定值，ECU 根据轨道压力传感器的反馈信号，使油压控制阀断电退磁而开启，泄掉部分燃油而降压。

②如果轨道压力低于工况规定值，油压控制阀即通电生磁关闭而升压。

③油压控制电磁阀是用占空比方式控制其开闭，不断调节，保持恒定的轨道压力，防止油压的波动，以便精确地控制喷油量，故又称脉冲宽度调节阀。

④压力波动来自两个方面：一为高压油泵的脉动供油；二为喷油器喷油时泄油产生的压力脉动。

2. 高压蓄压器（轨道）

高压蓄压器为一个高强度铝合金管，用来存储高压油，抑制压力脉动，保持压力恒定，使喷油计量精确。轨道上装有压力限制阀、流量限制阀、轨道压力传感器等辅助元件。

（1）压力限制阀。如图 3-9 所示，压力限制阀安装在通油箱的回油端，应用溢流阀原理，用弹簧控制锥形阀门，当轨道压力超过规定值时（140MPa），即打开回油，防止油压过高。

（2）流量限制阀。流量限制阀连接喷油器的管道，也是一个用弹簧控制的柱塞阀，用来防止在非正常情况下，喷油器端大量漏泄时，及时关断轨道出油口。其工作过程如下：

①喷油器端工作正常时——喷油后，管口压力瞬时下降，柱塞下移，但不关断，腔内燃油排出，使喷油器端获得补偿油压，压力值恢复。

②喷油器停喷时——柱塞又上移复位，燃油从节流孔流出补偿。

③喷油器端大量漏油时——压力差使柱塞下移，关闭管口通道，起保护作用。

(3)轨道压力传感器。轨道压力传感器为半导体压敏应变电阻型的桥式电路，感受到油压变量值后，放大处理输出0.5~4.5V的随动电压。它随机检测轨道中的瞬时油压力，将变量压力信号反馈给ECU。ECU据此信号，发令使油压控制阀投入调压工作。(说明：其结构与原理与汽油机电喷系统的压力传感器MAP类同，故从略)

3. 喷油器

喷油器是利用电脑ECU控制喷油时刻和喷油量的多少，其结构如图3-10所示，它由喷油嘴、电磁阀、液压增益伺服系统组成，是间接继动伺服控制的工作原理。

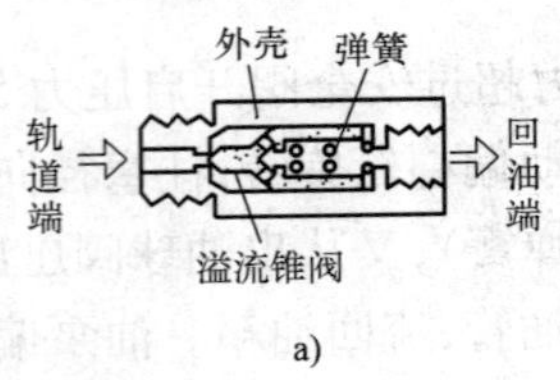

a)

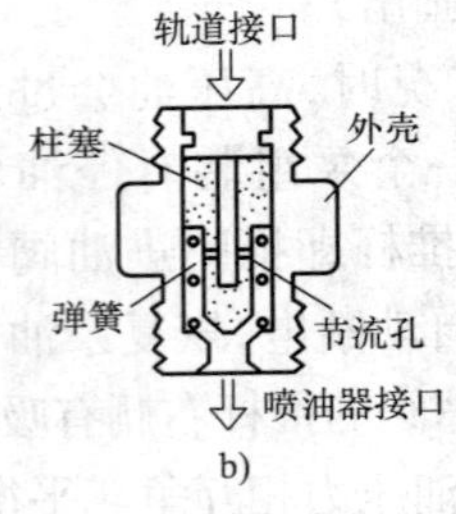

b)

图3-9 压力限制阀和流量限制阀结构

a)压力限制阀；b)流量限制阀

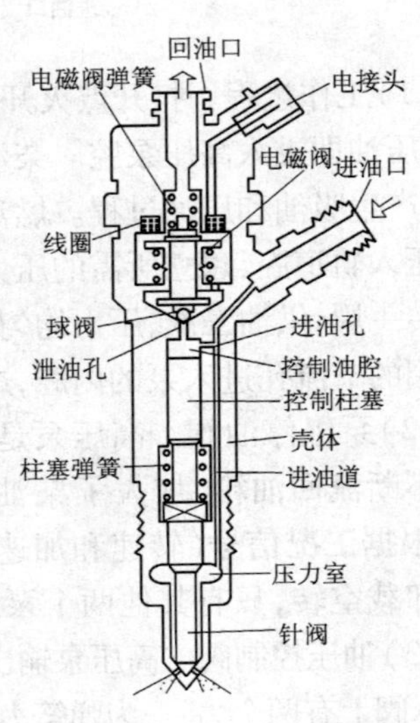

图3-10 BOSCH式喷油器结构图

(1)共轨控制的喷油器工作原理。传统的喷油器是靠油压控制喷油，由调压弹簧关断喷油嘴。高压共轨喷油嘴的关断，不能单纯依靠调压弹簧，还须依靠油压共同关断喷油嘴，电磁阀的磁吸力不可能直接吸动控制柱塞开启喷油，必须利用液压继动伺服控制，此即谓"间接继动伺服控制原理"。

喷油器控制柱塞上的关断作用力有两个：一为弹簧力F_1；二为控制油腔道压力F_2。而喷油开启力为承压锥面上的油压力p，其喷油和关断是这三个力的相互作用和平衡，其工作过程关系式如图3-11所示。

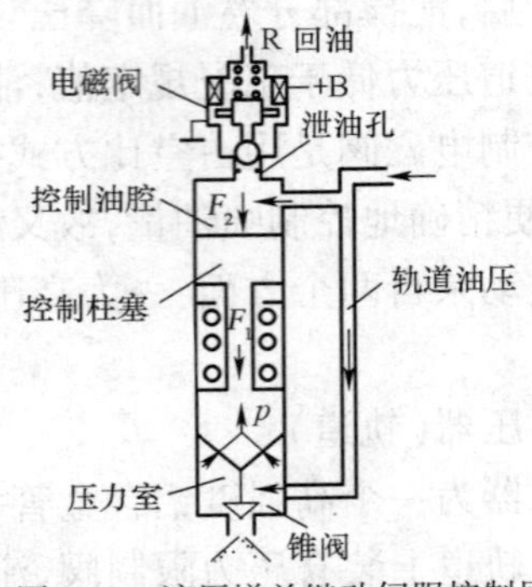

图3-11 液压增益继动伺服控制原理

F_1-弹簧关断力；F_2-轨道油压关断力；p-喷油开启力；$F_1+F_2>p$-关断(电磁阀关闭不泄油)；$F_1+F_2<p$-喷油(电磁阀打开泄油)；$F_1+F_2=p$-维持一定开度(电磁阀打开)

(2)喷油器的工作过程:

①当控制电磁阀断电时,向上的磁吸力消失,阀的铁芯受弹簧力的作用下移,推动球阀关闭泄油孔,控制油腔为轨道压力,$F_1 + F_2 > p$,控制柱塞下移,锥阀关闭,喷油器关闭,停止喷油。

②当控制电磁阀通电时,产生的磁吸力大于铁芯的弹簧力,铁芯上移,泄油孔的球阀打开,燃油从控制油腔流入上方空腔,并从上方空腔流回油箱。此时,$F_1 + F_2 < p$,控制柱塞上移,锥阀开启喷油。开启时间的长短,决定于喷油控制的脉冲宽度。

③从回油管流回油箱的燃油,除少量的控制油液外,还有喷油器柱塞副磨损后漏泄的燃油。当回油管回油过量时,说明喷油器需要换新了。

三、共轨控制系统的各种传感器

该系统的大部分传感器,结构和工作原理及检测方法与汽油机电控喷射系统类同,在此从略讲述:

1. 曲轴位置传感器和转速、转角传感器

它为磁电式传感器,产生交变电压信号,用来决定曲轴的位置及各缸活塞的位置和曲轴的转速、转角。曲轴上的触发齿圈为 60 个齿,一个齿的对应角度为:360°/60 = 6°,齿轮上有一个缺 2 个齿的缺口,为一缸上止点信号 TDC 的位置,产生不同于转角的曲轴位置传感器信号。着火间隔为 720°/缸数,4 缸机为 180°,对应转过 30 个齿即应按工作顺序喷油着火。

2. 凸轮轴转角传感器

凸轮轴控制着进、排气门,其转速为曲轴的 1/2,该传感器用来帮助曲轴转角传感器判定活塞向上时,是压缩行程还是排气行程(又称判缸信号)。它为霍尔式传感器,将一个磁铁块装于转轮上,每转一圈激励一次霍尔片,产生一个霍尔电压信号,提示已进入了压缩行程,给 ECU 提供喷油信号。故又称“着火相位传感器”。

3. 热膜式空气流量计

用来精密测量进入汽缸的实际空气量,以便决定喷油量的多少。其结构和工作原理和汽油机电喷系统的空气流量计 AFS 类同,如图 3-12 所示。

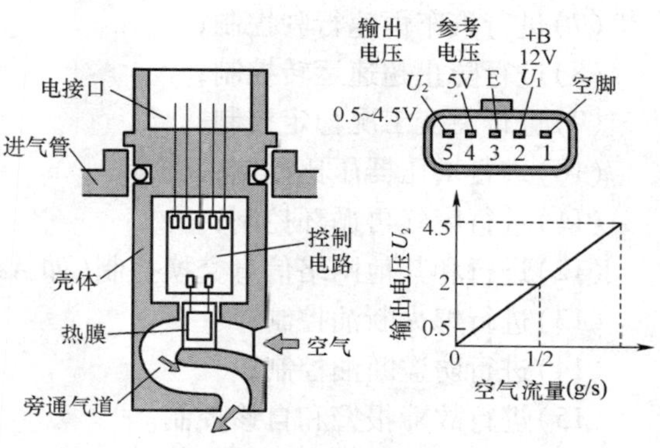

图 3-12 热膜式空气流量计

4. 冷却液温度传感器、进气温度传感器、油温传感器

温度传感器都是负温度系数(NTC)的传感器,输出 0 ~ 5V 的电压信号给 ECU,ECU 根据冷却液温度、进气温度、油温信号,精确地计算出喷油量的修正值,进行反馈控制。

5. 加速踏板位置传感器

加速踏板位置传感器为一个滑键式双电位计,反映驾驶员的意图和转矩大小的需求,产生随动电压信号给 ECU,用来决定喷油量的多少。其结构和原理同汽油机电喷系统的节气门位置传感器(TPS)。

6. 轨道压力传感器

轨道压力传感器为桥式压敏元件,监测轨道燃油压力高低。达工况规定值后,ECU 指令油压控制阀进行调节油压。

7. 增压器压力传感器

增压器压力传感器装于进气管中，用来测量进气管增压后绝对压力值的高低，为压敏桥式传感器，原理同汽油机电喷压力传感器。以便控制废气旁通阀及时开启，降低涡轮转速，调节压比的高低（一般控制在两倍左右），防止过量增压，空燃比（*A/F*）失控。当进气压力达 80kPa 时，废气电磁阀即投入工作。

8. 车速传感器

车速传感器装于变速器的输出轴上，提供车速信号，以便 ECU 进行逻揖控制。

9. 起动信号

起动机继电器 L 线圈的搭铁电压信号传给 ECU，起动供油量即增加，使混合气瞬时变浓，以利于着火完爆。不必再踩加速踏板，进行满负荷操作，即可顺利起动。

10. 离合器和制动踏板开关信号

踩下踏板时，电压信号使 ECU 发令减小喷油量，以便换挡或减速。

四、共轨控制电脑 ECU 的多项功能

共轨控制喷油系统简化了机械部件（如多组式高压柱塞泵、离心式调速器等），降低了柴油机的故障率，提高了使用性能和可靠性。它的电脑 ECU 是智能化的高速计算机，完全替代了机械控制所难以完成的控制任务，具体功能如下：

（1）接收和处理各种传感器的输入信号；

（2）进行起动额外加浓控制；

（3）进行共轨恒压控制；

（4）进行喷油时刻和喷油量及喷油规律控制；

（5）进行稳定怠速控制；

（6）进行额外负荷自调控制；

（7）进行汽车恒速行驶控制；

（8）进行防止超速运转控制；

（9）进行突变工况稳定控制；

（10）进行增压器压比控制；

（11）进行废气再循环控制；

（12）进行和其他网络信息交换控制（如 AT、ABS、ASR 等系统）；

（13）进行熄火断油控制；

（14）进行防盗断油控制；

（15）进行故障报警和自诊控制。

五、共轨控制的各种执行元件

1. 冷起动电热塞

柴油机冷态起动不易着火完爆，为改善冷起动性能，在起动前用电热塞对燃烧室进行加热，它利用一个电开关和加热控制器及继电器，形成一个专门的控制电路，与 ECU 联网工作，如图 3-13 所示。因此，就具备了加热显示和自我截止及保护监控的功能（指示灯亮灭显示）。

电热塞是正温度系数的电阻丝绕成线圈状，装于管中并填有导热性好的氧化镁粉，通电后在 4s 内温度可达 850℃。柴油机着火后，电热塞仍继续通电 3min，可改善热起过程的燃烧条件，减小了噪声和排放值。

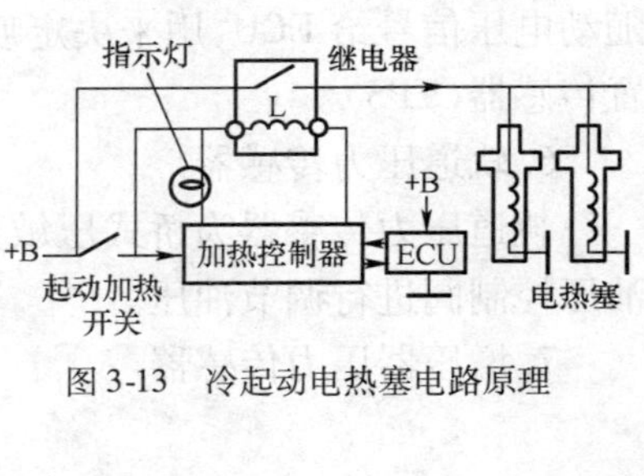

图 3-13　冷起动电热塞电路原理

2. 增压器压力调节器

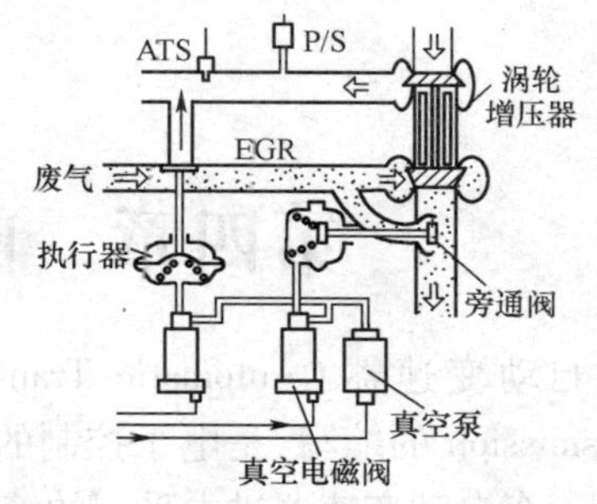

图 3-14　增压器压力调节器和 EGR 系统

它包括电动真空泵、真空电磁阀、真空执行器、废气旁通阀，形成一个自动控制调节系统，如图 3-14 所示。

它用来调节增压器在大负荷、高转速时排气的流量，防止压气机转速过高，压比过大，空燃比（*A/F*）失控，发动机过热，排气污染（NO_x）加大。

废气旁通阀是利用电动真空泵产生的负压吸力而关闭，何时开启旁通卸流，由 ECU 根据转速信号和增压器压力传感器信号，控制真空电磁阀 VSV 截止真空道，利用废气流的压力打开废气旁通阀，放掉一部分废气，降低涡轮和压气机转速。

3. 废气再循环 EGR 控制系统

它包括真空泵、真空电磁阀 VSV、执行器、废气再循环阀等元件。它用来将适量的废气引入汽缸，由于废气中含有水分、CO_2 和惰性气体 N_2，稀释了混合气的氧浓度，降低了最高燃烧温度和燃烧速度，减少了 NO_x 的生成量。但废气量过多会直接影响发动机的动力性、经济性、净化性的好坏，必须严格控制。

NO_x 是三害气体（CO、HC、NO_x）之一，它的生成条件是高温、高压、多氧。为此，EGR 阀只是在发动机中等负荷工况投入工作（稀混合气状态），其他工况不投入工作，以保证怠速的平稳性和大负荷工况的动力性。

ECU 根据冷却液温度信号 CTS（>60℃）、转速信号 SP（$>1\ 500$r/min）、加速踏板位置信号（$>20\%$）、空气流量信号 AFS（稀态）等参数，确认是中等负荷工况，使真空电磁阀以占空比的方式，断续导通真空管道，执行器膜片适量地吸开 EGR 阀，适量的废气即被吸入汽缸。

第四章　电控式自动变速器(ECT)

自动变速器(Automatic Transmission)英文的缩写是 AT。ECT 是 Electronic Controlled Transmission 的缩写,是电子控制的自动变速器。

汽车自动变速器过去采用的液压换挡控制方式,现已淘汰不用。1998 年后采用的电控液动复合控制方式,已成为换挡控制方式的主流。所谓电控液动控制方式,它是用小能量、小流量的电磁阀,控制大流量、大能量的液压滑阀,使各挡的制动器 B 和离合器 C 转换,完成齿轮改组换挡任务,即"液压继动"控制。在此,只讲述电控液动式自动变速器 ECT 的内容。

第一节　概　述

一、电控液动式自动变速器的组成(ECT)

电控液动式自动变速器由五大部分组成,如图 4-1 所示。液力变矩器与飞轮同轴连接,行星齿轮机构在其后面安装。液压控制系统多在行星齿轮系统的下方或侧方,用油道与行星齿轮控制元件(离合器和制动器)相通。电控元件多装于液压控制系统上,用电脑 ECT 控制,它和发动机电脑 ECU 联网,互通信息。

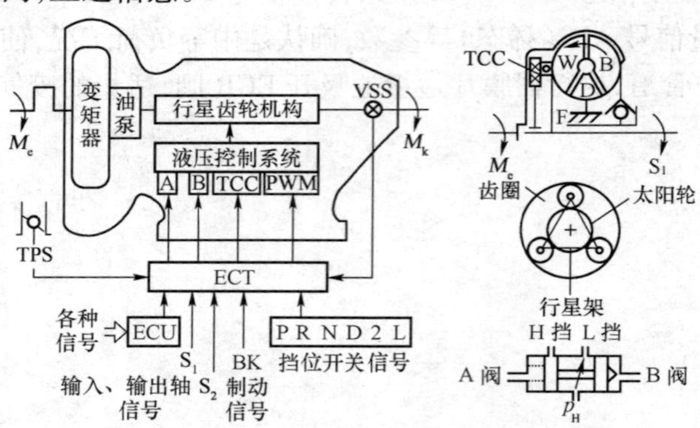

图 4-1　电控液动式自动变速器的组成

1. 变矩器

变矩器可柔和传力,转矩增大 2 ~4 倍。多为三相综合式。即:泵轮 + 涡轮 + 导轮 + 单向自由轮 + 锁止离合器。

$$\frac{(B)+(W)+(D)}{一相}+\frac{(F)}{二相}+\frac{(TCC)}{三相}$$

2. 行星齿轮机构

行星齿轮机构由 2 ~3 个行星排,组成 3 ~5 个传动比(挡),转矩又增大 2 ~4 倍。齿轮系统的形式因车而异。

3. 液压控制系统

液压控制系统由油泵、各种滑阀、离合器、制动器等组成。多为精密配合元件,用来产生液能,转换油路,改组换挡。此即谓电控液动的能量"继动控制"系统。

4. 电控系统

电控系统由电脑 ECT、电控元件,各种信号元件,如 SP、TPS、VSS、输入和输出轴转速信号 S_1、S_2、换挡电磁阀 A 和 B(2 ~ 3 个)、锁止电磁阀 TCC、油压调节电磁阀 PWM、油压开关 P/SW、挡位开关 P/N、制动开关等组成。

5. 冷却件和滤油件

保持传动液的正常温度和质量。冷油器多和冷却系的散热器组装为一体,进行热量交换,冷却液温度表显示的温度,应是发动机温度和自动变速器的温度总和。工作中产生的金属和非金属磨料应及时分离,由滤油器来完成。

二、电控液动式自动变速器的基本原理

它是以机械驱动和液力传动相结合的方式,传递发动机的动力,形成无级变速、变矩系统。自动变速器的换挡控制,是以发动机转速信号 SP 和节气门传感器 TPS 开度信号及车速传感器 VSS 信号为主要逻辑控制信号,通过 ECT 的逻辑判断,进行升降挡控制。

继动控制是依靠液压换挡阀的位移,使油道转换,通过各挡离合器 C 和制动器 B 的改组而换挡。当信号的量值达到电脑 ECT-ECU 设定的换挡值时,即发令换挡,它是通过换挡电磁阀的充油和泄油,使液压换挡阀动作,控制油路使离合器及制动器转换,达到挡位转换的目的,这一动作是在 1 ~ 2s的瞬间内完成的,如图 4-2 所示。

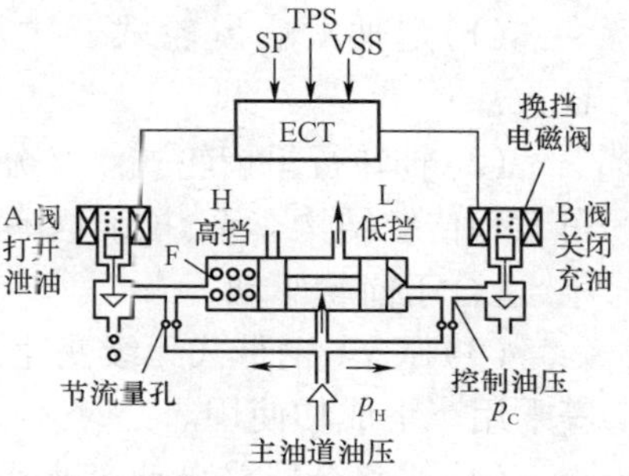

图 4-2　电控液动换挡阀的原理

1. 平路升降挡控制

在电脑 ECT 存储器 ROM 中,存储了许多道路条件的换挡点数据,等待着运行逻辑参数的到来。

例如:当节气门的开度为 25%、发动机的转速为 1 800r/min、汽车的车速为 30km/h 时,达到了设定的升挡点后,即从 I 挡自动升为 II 挡,如此类推而递加升挡。相反,降挡控制也是如此,以降挡点参数而定,递减降挡。

2. 坡道升降挡控制

上下坡道时,电脑 ECT 根据转速信号 SP、节气门信号 TPS、车速信号 VSS 的变化情况,进行逻辑判断,并根据车速信号 VSS 计算出实际加速度值,与存储在电脑 ECT 中的参考加速度值进行比较,如图 4-3 所示。如果:实际加速度值 < 参考加速度值时,判定为:上坡,应降挡;实际加速度值 > 参考加速度值时,判定为:下坡,应升挡。

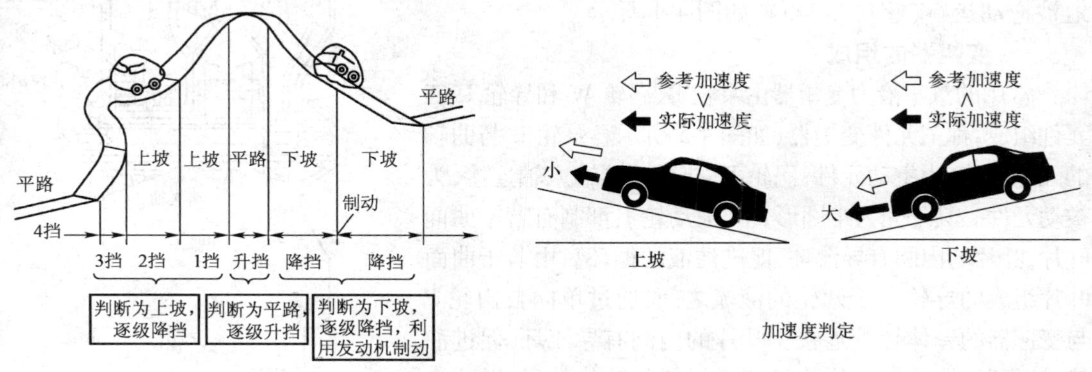

图 4-3　自动变速器坡道升降挡控制

三、电控液动式自动变速器的优点

(1)操作简单,行车安全。只控制加速踏板,无频繁的手脚动作,可注意力集中地处理行车情况,安全避险。

(2)传力柔和,舒适性好。液力式无级传力,行驶平顺,无换挡冲击的感觉。

(3)电脑和液压系统控制换挡,换挡点准确敏捷,对道路的适应性能好。

(4)多种驾驶模式,可以根据路况的好坏,利用开关进行选择,动力性和经济性好。如 Norm 正常模式、Pwr 动力模式、Econ 经济模式、Snow 雪地模式等。

(5)有报警、自诊和失效自动保护功能。并可快速诊断排除,维修方便。

注:自动变速器结构复杂,制造和维修成本高。市内行车时,因限速行驶,液力传动效率低 $\eta<1$,油耗率较手动变速器高 8% ~10%,也是事实。

四、自动变速器的分类

电控液动式自动变速器,已成为换挡控制的主流,只是齿轮系统有所区别,多为:

(1)定轴常啮齿轮式。主要用于本田车系,结构简单、故障少、易维修,但径向体积较大。

(2)轴转行星齿轮式。又分为辛普生式和拉维尼奥式,辛普生式主要用于丰田车系,美款车系和传统结构车系;拉维尼奥式主要用于三菱车系,大众车系的 A6、B5,其特点是紧凑、体积小,适合于前轮驱动。

(3)ECVT 钢带式无级变速器。此为真正的“无级式变速器”,已在本田飞度和凌帅、奥迪等乘用车上成功使用。

(4)双离合器式自动变速器(DCT)是新研发的变速传动机构,将得到推广使用。

第二节　变矩器工作原理

利用液体传递发动机转矩有两种方式:一是耦合器,只能传递转矩;二是变矩器,可同时增大转矩 2 ~4 倍,这是汽车用自动变速器最实用的手段。常用的变矩器不仅有泵轮 B、涡轮 W、导轮 D、还有单向自由轮 F 和锁止离合器 TCC,称三相综合式变矩器。

控制油压和润滑油压的建立是依靠油泵,多利用泵轮 B 的凸沿部位驱动。发动机不工作,即无控制和润滑油压,不能采用“挂挡推车起动”的办法,也不能长距离地被拖动运行(超过 80km),如图 4-4 所示。

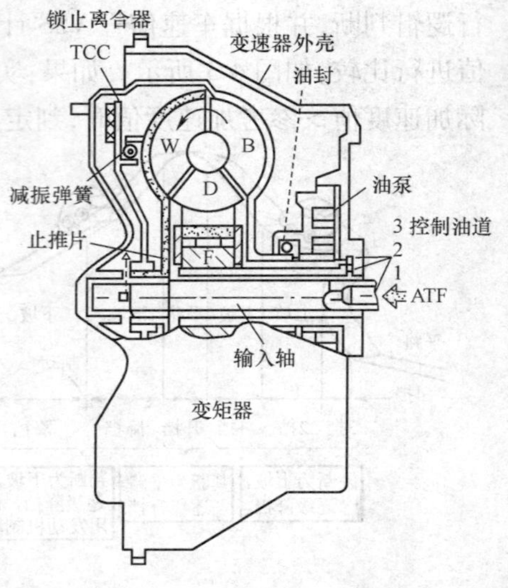

图 4-4　变矩器总成图

一、变矩器的组成

常用的汽车液力变矩器由泵轮 B、涡轮 W 和导轮 D 三元件组成,称三元件变矩器,如图 4-5 所示。泵轮 B 与曲轴的飞轮连接,为主动元件;涡轮 W 与变速器输入轴连接,为被动元件。其外壳为半圆形,主、被动轮上都制有若干曲面叶片,叶片的内圆有导流环,促进油液的循环。由若干曲面叶片组成的导轮介于两轮的液流之间,通过单向自由轮 F 与变速器的壳体导管连接。叶片的内圆有导流环,促进油液的循环。泵轮的叶片数目多于涡轮的叶片数目,以防止传力时发生共振现象。此即谓三元件液力变矩器。

二、传力变矩原理

1. 涡流的产生

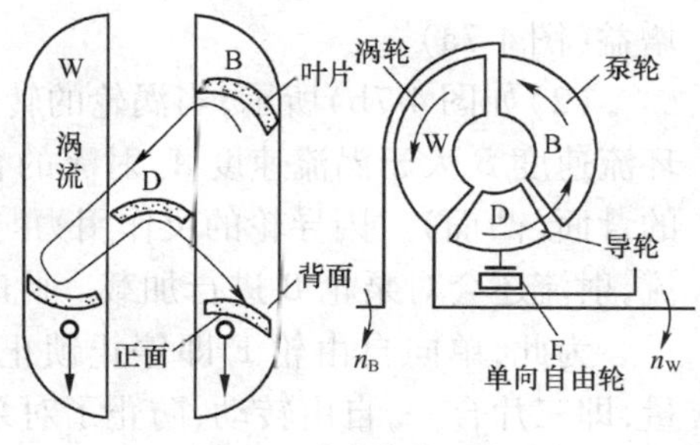

图 4-5 液力传动原理

循环圆内液体的轴向流动称为涡流。传动油液在离心力的作用下,沿循环圆喷向涡轮 W,射流轴向流动,产生对涡轮的推力,大小与转速差成正比。液体流向外缘时能量加大是作用力,流回内缘时能量减小是阻力。作用力的大小决定于泵轮的半径和转速差($n_B > n_w$)。转速差越大,涡流越大,能量越大,传递的转矩越大。若 $n_B = n_w$,转速差为零时,涡流就停止运动,变为耦合器,不再增扭,变为液力联轴器。

2. 环流的产生

循环圆内液体绕轴线流动称为环流。这是由于涡流产生的结果,使两轮间产生牵连运动,涡轮即产生绕其轴线旋转的转矩 M_w,其大小决定于泵轮转速 n_B 的高低。当涡轮的转矩 M_w 大于汽车的阻力矩 M_Q 时,汽车才能行驶,发动机在怠速工况时不会行驶,如图 4-6 所示。

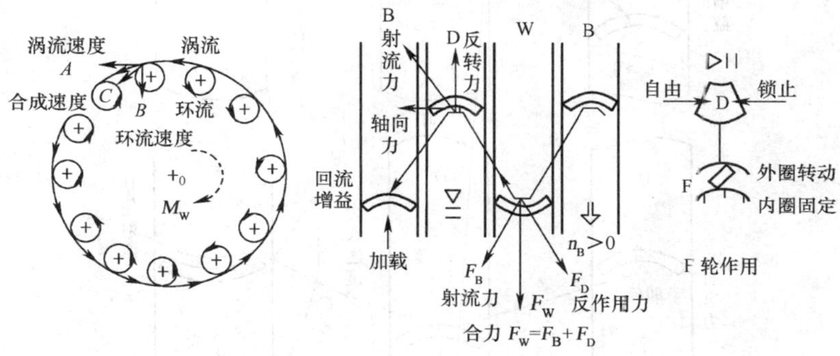

图 4-6 涡流和环流的产生和转矩的增大

两种油流的合成,形成了一个首尾相接的螺旋形传力油流,是封闭的回路,像子午线断面。当 $n_B \approx n_w$ 时,只能使 $M_w = M_B$,起液力连轴离合器的作用,不能使转矩再增大,这是液力耦合器的传力原理。

3. 导轮的作用

因耦合器螺旋形油流的回流方向与泵轮的旋转方向相反,阻止了泵轮的旋转,能量损失较大。为此,需要装导轮,引导油流的流向,并使涡轮的转矩增大 2 ~ 4 倍。

当涡轮 W 转速较低或为零时,泵轮 B 高速旋转,将液流射入涡轮做功,液流又沿叶片高速冲击导轮 D 的叶片正面(凹面),因导轮被 F 轮锁止,不能反转,其射流力的反作用力又反传给涡轮叶片。F_B——射流力;F_D——导轮的反作用力;F_w——增扭合成力,$F_w = F_B + F_D$。

所以作用在涡轮上的转矩 M_w,不仅有泵轮转矩 M_B,还有导轮上的反作用力矩 M_D,即 $M_w = M_B + M_D$,这是变矩器能使转矩增大的原理。可见,涡轮转矩 M_w 的增大,决定于它与泵轮 B 的转速差的大小,转速差越大,转矩 M_w 越大。

4. 合成速度的方向是变化的,随涡轮的转速 n_w 的增大而逆时针变化

如图 4-7 所示,射入涡轮的液流,A 为涡流速度;B 为环流速度;C 为液流的合成速度。其 A、B、C 三个速度的大小,随涡轮转速 n_w 的增大而逆时针变化。

(1)当涡轮的转速 $n_w = 0$ 时,转速差大,涡流速度 A 大于环流速度 B,合成速度 C 向上,射入导轮的合成速度 C 大,射流冲击导轮 D 的正面(凹面),所产生的反作用力矩 M_D 大,增扭并

增益（图 4-7a）。

（2）如图 4-7b）所示，当涡轮的转速接近泵轮的转速即 $n_w \approx n_B$ 时，因为环流速度 B 加大，环流速度 B 大于涡流速度 A，射流的合成速度 C 变小并向下，其射流方向也变为冲击导轮 D 的背面（凸面）。因导轮的反作用力与涡轮的旋转方向相反，造成能量的损失，还阻碍油液回流，射流还会对泵轮 B 进行加载。此时，M_w 被减小，即 $M_w = M_B - M_D$。

为此，单向自由轮 F 即停止锁止，随动耦合，把射流的冲击能量变为对导轮 D 的随动能量，即三片合一，自由转动，防止了对泵轮 B 的加载。

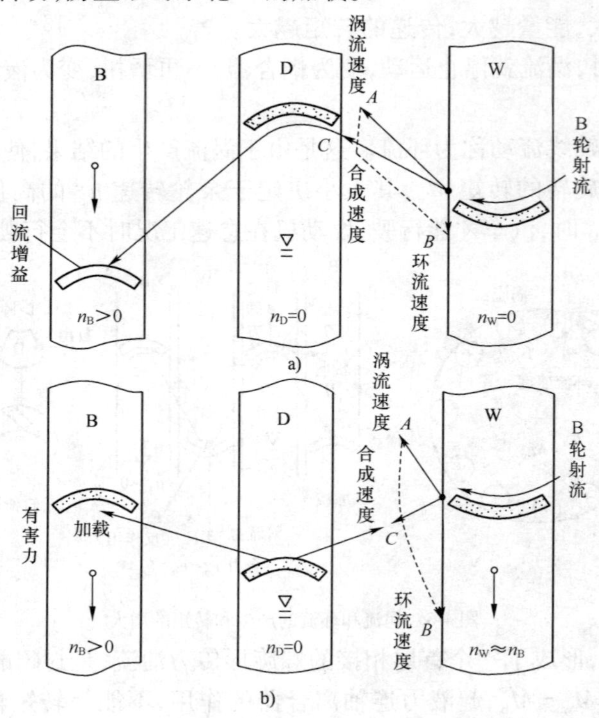

图 4-7　转速差对涡轮转矩的影响

a）当 $n_W = 0$ 时；b）当 $n_W \approx n_B$ 时

5. 四种结论

由于合成速度 C 的方向是随转速差的减小在图中沿逆时针方向变化，因此，可得出四种情况：

（1）当 $n_w = 0$ 时，$n_B > n_w$，油液冲击导轮 D 正面（凹面）；$M_D > 0$，$M_w > M_B$，即：$M_w = M_B + M_D$，此时为变矩器。

（2）当 $n_w > 0$（为 n_B 的 0.85）时，$n_B > n_w$，射流的合成速度 C 与导轮叶片相切时，$M_D = 0$，$M_w = M_B$，此时为耦合器（液力联轴器）。此时 W 轮的转速 n_w 称为“耦合工作点”，又叫 W 轮的临界转速，变矩器应变为耦合器。

（3）当 $n_w \approx n_B$ 时，射流的合成速度 C 冲击导轮背面（凸面），其反作用力是有害力，$M_D > 0$ 为负值，即 $M_w = M_B - M_D$。此时，导轮应随涡轮同向旋转，防止对泵轮 B 加载并增益。

（4）当涡轮转速 $n_w = n_B$ 时，循环圆内的液体就停止流动，降低或停止转矩的传递。所以，n_w 的增大是有限度的，它与 n_B 的转速比只能小于 1，不能大于 0.9，只能使 $n_w \approx n_B$ 才不失其液力传动的性能。

三、液力传动的特性

1. 液力传动的特性

当发动机的转速(n_e)和转矩(M_e)一定时,即泵轮的转速(n_B)和转矩(M_B)也一定时,涡轮与泵轮之间的变矩比(K)、传动比(i)和传动效率(η)三者的变化关系,其特性曲线如图 4-8 所示。

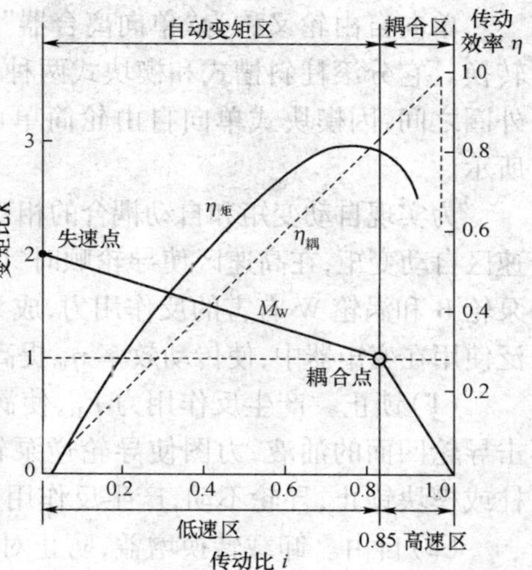

图 4-8　液力传动的特性曲线(变矩与耦合)

(1)变矩比(K) $= \dfrac{\text{涡轮输出转矩}}{\text{泵轮输入转矩}} = \dfrac{M_w}{M_B}$(2~4 范围内)

(2)传动比(i) $= \dfrac{\text{涡轮转速}}{\text{泵轮转速}} = \dfrac{n_W}{n_B} \leqslant 1$(0.8~0.9 最好)

传动比 i 只能小于 1,它不等于常用齿轮式变速器转速比的倒数,因为常用齿轮式变速器的传动比 i:

$$i = \frac{\text{输入轴转速}}{\text{输出轴转速}} = \frac{\text{输出轴转矩}}{\text{输入轴转矩}} > 1$$

(3)传动效率(η) $= \dfrac{\text{涡轮轴输出功率}}{\text{泵轮轴输出功率}} = \dfrac{\eta_W}{\eta_B} < 1$

2. 液力传动特性曲线的特点

从液力传动的特性曲线上可以看出,自动变矩和传动效率之间存在矛盾,其规律是:

(1)变矩比(K)随涡轮转速(n_w)的增大而减小,又随涡轮转速(n_w)的减小而增大,即随行驶阻力矩(M_Q)的增大而增大。这一特性对行驶阻力变化较大的汽车最适合,即自动适应性好,在一定范围内能自动无级变矩。

(2)起步时,$n_w = 0$,$n_B > n_w$,$K > 1$,M_w 最大,能产生高能量来克服静止惯性。此时的变矩比(K)多为 1.7~2.5,又叫"起步变矩比",该点称"失速点"。了解失速点的概念很有必要,以便利用失速试验检验发动机和变矩器及行星齿轮系统的性能好坏(见后文)。

(3)逐步加速时,n_w 增大,M_w 减小,达耦合点时,$K = 1$,$M_w = M_B$。再加速时,$M_w < M_B$。而汽车经常使用的传动比多为 0.8~0.9 这个范围,需有改进措施才能使耦合区的性能提高,即增设单向自由轮和锁止离合器等。

(4)变矩器的传动效率($\eta_{矩}$)随 n_w 的增大而增大,在传动比(i)为 0.8 时为最高,转折点在耦合点附近($i = 0.85$ 时),由于导轮的存在,$\eta_{矩}$ 是抛物线形状。而耦合器的 $\eta_{耦}$ 是线性折线形状,超过耦合点,在 $i = 0.95$ 时才迅速下降。

(5)变矩器在低速区能自动变矩,而在高速区传动效率则降低,即出现液力损失和功率损失,两轮的转速差可达 4%~5%。为了提高和进一步扩大变矩器的高效率范围,改善变矩器的使用性能(提高传动效率、降低燃料消耗),加装单向自由轮(F)和锁止离合器(TCC)更为必要,使变矩器具备了闭锁功能。例如:

①$n_w = 0$ 时,$M_w = M_B + M_D$,增扭。怠速时无功率输出,涡轮不动,汽车不走,此谓"滑转功能"。只有加速提高 n_B,才能起步行驶。

②$n_w > 0$ 时,起步加速行驶。当 $i = 0.85$ 时,$M_w \approx M_B$,耦合锁止,防止减扭和加载。

③愈走转矩愈小,但传动效率 η 愈加提高,适应性好,符合行车要求。

④未耦合锁止前,B 轮和 W 轮始终有转速差,传动效率低,因而费油。

⑤F 轮和 TCC 保证了在低速区自动变矩,克服行驶阻力;在高速区自动耦合锁止,提高传

动效率 η。

四、单向自由轮和锁止离合器

1. 单向自由轮 F 的功能

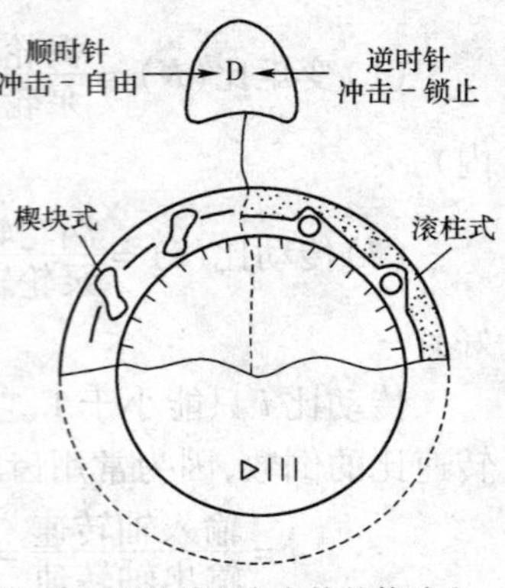

图 4-9　两种单向自由轮的构造和锁止原理

单向自由轮又称为“单向离合器”，能自动实现变矩或耦合的转换。它分滚柱斜槽式和楔块式两种，处在固定的内圈和转动的外圈之间，因楔块式单向自由轮简单可靠，使用较广泛，如图 4-9 所示。

为实现自动变矩和自动耦合的相互转换，也就是使变矩器在低速区自动变矩，在高速区使导轮顺时针自由转动，减小导轮背面对泵轮 B 和涡轮 W 有害的反作用力，成为耦合器。单向自由轮被广泛使用在变矩器中，使传动效率 $\eta_{矩}$ 提高，可达 0.95。

(1) 锁止。产生反作用力 F_D，使涡轮 W 的转矩 M_W 增大。冲击导轮凹面的油液，力图使导轮逆泵轮的旋转方向转动，此时滚柱或楔块锁止，导轮不动，产生反作用力矩(M_D)而增扭。

(2) 自由。卸载转换增益，防止对泵轮 B 的加载。当涡轮转速 n_w 高于耦合点转速时，射流冲击导轮的背面(凸面)，力图使导轮顺泵轮 B 的旋转方向转动，如果导轮是固定的，即出现 $M_D>0$ 为负值，$K<1$ 的恶果。此时自由轮解脱，导轮自由地随 W 轮转动，故 $M_D=0$，$K=1$，变矩器即转入耦合器工况。从而扩大了高效率区的范围，改善了变矩器的性能。此即谓二相综合式变矩器(即变矩和耦合共存)。

如果，变矩器在高速区时，将涡轮 W 和泵轮 B 锁在一起，变为摩擦式离合器，使发动机的功率百分之百传给涡轮，$\eta_{矩}=1$。这种结构措施使变矩器成为实用的三相综合式变矩器，即：B + W + D + F + TCC。

2. 单向自由轮的应用

单向自由轮不仅广泛应用在变矩器中，在行星齿轮系统中也广泛采用。因为它具有以下特性：

(1) 锁止和自由的转换，决定于摩擦表面相对旋转方向和速度差。

(2) 固定内圈、外圈转动时，逆时针转动锁止，顺时针转动自由。

(3) 固定外圈、内圈转动时，逆时针转动自由，顺时针转动锁止。

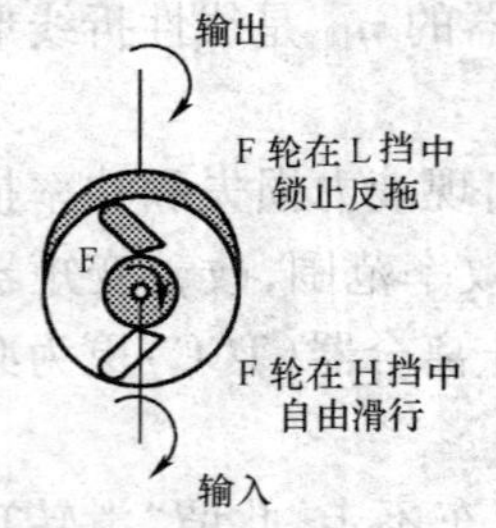

图 4-10　单向自由轮在行星排中使用

(4) 它也可装于行星排中，起到半个制动器的作用，成为便利换挡元件。这样就可利用其内、外圈分别固定的方法，使可转动的内圈或外圈和行星齿轮三元件之一连接，即可转换其锁止方向，简化了液压操纵油路系统，如图 4-10 所示。

①在使用低速挡反拖时锁止，利用发动机反拖制动，能减轻变速器和制动系统的磨损。

②在使用高速挡行驶时，成为防止高速挡反向驱动的离合元件，不参与发动机制动，滑行时自由，为超速挡离合器，加大滑行能力而减小油耗。为此，安装方向必须正确。

3. 锁止离合器 TCC 的功能

在涡轮的前面加装一个液压控制的摩擦式离合器，它的离合片可以轴向移动，并通过若干扭转减振弹簧与涡轮弹性连接，以便柔和接合传力，如图 4-11 所示。

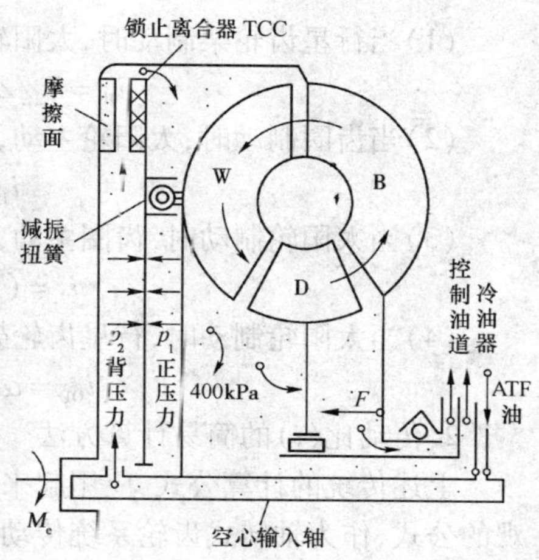

图4-11 锁止离合器原理(不锁止时)

(1)不锁止时,油液从空心输入轴和离合片的背面充入变矩器,建立了背压和正压力,离合片的前后压力相等,使锁止离合片分离。油液投入传力升温后,从离合片正面的相关油道输出,进入冷油器快速降温,不断循环使用。

(2)锁止时,当变矩器的传动比 $i=0.85$ 时,ECT-ECU通过锁止电磁阀,将离合器背面的油液泄出,离合器利用正面的油压与外壳摩擦连接,将泵轮B和涡轮W连为一体,不再变矩。从而扩大了变矩器的高效率区,使传动效率 $\eta=1$,可以改善加速性能和降低油耗,该转换点称为"耦合点"。此即谓变矩器的闭锁功能。这就是汽车上实用的"三相综合式变矩器"(变矩、耦合、锁止共三项功能,B+W+D+F+TCC)。

例如:当发动机转速 $n_B=3\ 000$r/min 时;空心输入轴转速 $n_w=2\ 550$r/min 时;传动此 $i=n_B/n_w=2\ 550/3\ 000=0.85$,锁止离合器TCC接合。

第三节 行星齿轮系统

一、行星齿轮系统的组成

因为变矩器和传动效率之间存在着矛盾,以及变矩器尺寸的限制,变矩比 K 不能太大,只能在2~4范围内,此值远远满足不了汽车使用工况的需要。为此,在变矩器后面再串联行星齿轮系统,使转矩再增大2~4倍。一个行星排每排包括太阳轮、齿圈、行星齿轮和架四个元件。单排行星齿轮将其中任一元件制动,其余两个元件分别和主动轴、被动轴连接,即可组成不同的传动比(i)。单排行星齿轮是只有两个自由度的机构,只能组成两个前进挡:一为降速挡;二为升速挡。或者是一个前进挡;一个倒车挡。

二、行星齿轮的变速原理

行星齿轮为轴转式齿轮系统,与定轴式齿轮系统一样,也是降速增扭和升速降扭的原理,只不过由于自转和公转的存在,传动比的计算方法不同。行星齿轮系统的传动比取决于齿圈齿数(Z_2)和太阳轮齿数(Z_1),与行星齿轮的齿数无关(它是惰轮),如图4-12所示。

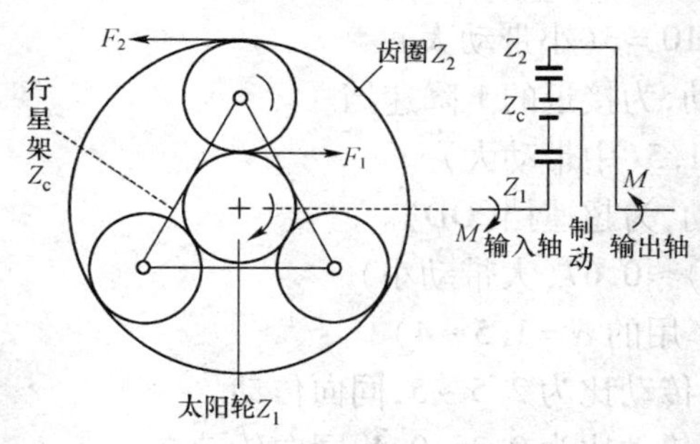

图4-12 单排行星齿轮系统

1. 传动比(i)的计算

传统的定轴式齿轮系统,传动比(i)的计算方法为:传动比(i)=被动轮齿数 Z_2/主动轮齿数 Z_1。在行星齿轮系统中,行星齿轮机构的参数 $\alpha=Z_2/Z_1$,α 不等于传动比。这是由于行星齿轮架并非固定不动,其转速并不等于零。行星齿轮自转和围绕太阳轮公转,必须在太阳轮或齿圈制动时才能发生。如果行星齿轮架被制动,只能是自转传力,与定轴式相同。考虑到行星架的转动,即自转加公转的存在,各挡的传动比有其不同的计算公式。

例如:$Z_1=10$,$Z_2=20$

(1)当行星齿轮架制动时,太阳轮主动,齿圈被动,为降速倒挡。

$$i_R = Z_2/Z_1 = 20/10 = 2(\text{为定轴式原理})$$

(2)当齿圈制动时,太阳轮主动,行星齿轮架被动,为最低挡。

$$i_1 = 1 + \alpha = 1 + 20/10 = 3$$

(3)当太阳轮制动时,齿圈主动,行星齿轮架被动,为接近1的降速挡。

$$i_2 = (1+\alpha)/\alpha = (1+2)/2 = 1.5$$

(4)当太阳轮制动时,行星齿轮架主动,齿圈被动,为超速挡(OD)。

$$i_{OD} = \alpha/(1+\alpha) = 2/(1+2) \approx 0.67$$

2. 传动比(i)的简易计算方法

上述传统的计算公式,应用起来并不方便,现介绍一种简便、直观的公式,作为轴转式齿轮系统传动比(i)计算的改革,它又是定轴齿轮系统传动比计算的发展和延续,如图4-13所示。

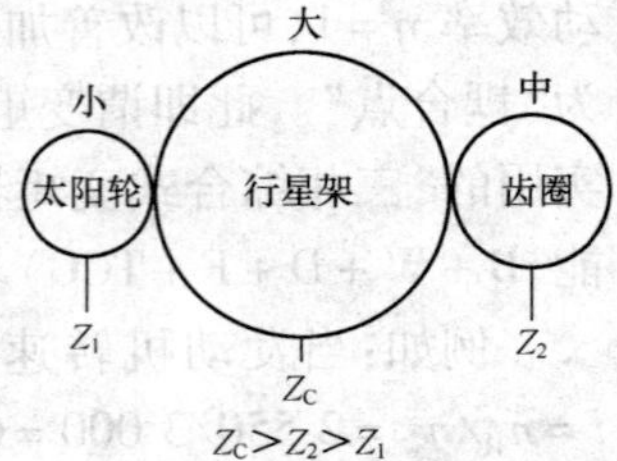

图4-13　行星齿轮系统三元件的形量关系

传动比(i)=被动元件齿数/主动元件齿数

在此,行星齿轮架也是被动元件或主动元件,但它没有齿数。想象中的行星齿轮架齿数 Z_c,因其行星齿轮是内外啮合,其当量必大于齿圈,故行星齿轮架的齿数 $Z_c = Z_1 + Z_2$。

这样,根据三元件齿数多少,太阳轮 Z_1、齿圈 Z_2、行星齿轮架 Z_c,三者的大小关系即被确定:$Z_c > Z_2 > Z_1$。了解这种关系,可判断不同组合传动关系,确定是降速挡或升速挡,进而掌握行星齿轮传动的规律。

(1)行星齿轮架。当行星齿轮架被动时,必为降速挡;当行星齿轮架主动时,必为升速挡;当行星齿轮架制动时,必为倒挡。

(2)太阳轮。当太阳轮主动时,必为降速挡;当太阳轮被动时,必为升速挡;当太阳轮制动时,必为接近1的降速挡或升速挡。

(3)齿圈。当齿圈主动时,必为降速挡或升速挡;当齿圈被动时,必为倒挡或升速挡;当齿圈制动时,必为降速挡或升速挡。

例如:同前例数据,$Z_1 = 10, Z_2 = 20$

(1)当齿圈制动时。太阳轮主动,行星齿轮架被动,为最低挡。

$$i_1 = (Z_1 + Z_2)/Z_1 = (10+20)/10 = 3(\text{小带动大})$$

(2)当太阳轮制动时。齿圈主动,行星齿轮架被动,为接近的1降速挡。

$$i_2 = (Z_1 + Z_2)/Z_2 = 30/20 = 1.5(\text{中带动大})$$

(3)当太阳轮制动时。行星齿轮架主动,齿圈被动,为超速挡(OD)。

$$i_{OD} = Z_2/(Z_1 + Z_2) = 20/(10+20) \approx 0.67(\text{大带动小})$$

三、单排行星齿轮系统的六种组合传动方案(汽车用的 $\alpha = 1.5 \sim 4$)

(1)制动齿圈
- ①太阳轮主动,行星架被动,降速,传动比为2.5~5,同向传动。
- ②行星架主动,太阳轮被动,升速,传动比为0.2~0.4,同向传动。

(2)制动太阳轮
- ③齿圈主动,行星架被动,降速,传动比为1.25~1.67,同向传动。
- ④行星架主动,齿圈被动,升速,传动比为0.60~0.8,同向传动。

(3)制动行星轮架
- ⑤太阳轮主动,齿圈被动,降速,传动比为1.5~4,反向传动。
- ⑥齿圈主动,太阳轮被动,升速,传动比为0.25~0.67,反向传动。

汽车上常用的为①、③、④、⑤四种组合方案。另外,尚需要有直接挡、空挡(N)、停车挡

(P)。直接挡——连接任意两个元件,行星齿轮不能自转,输入轴和输出轴接为一体,$i=1$;空挡(N)—— 一个主动件,其他两元件自由,行星齿轮系统空转,不传力,以便于起动或换挡时用;停车挡(P)——在空挡状态时,锁住输出元件或输出轴。输入轴和行星齿轮系统只能空转,汽车不能行驶,以便于停车时用,起动或起动后坡道起步时用。

四、挡位的判定规律

行星齿轮系统的结构复杂而紧凑,判定挡位的关键是行星架的状态,其规律如下:

(1)当行星架被动时,必为降速挡,$i>1$。

(2)当行星架主动时,必为升速挡,$i<1$。

(3)当行星架制动时,必为倒挡 R。

(4)连接任何两个元件时,必为直接挡,$i=1$(包括两个元件都驱动,称为闭锁状态)。

(5)一个元件主动、两个元件自由,必为空挡 N 或停车挡 P。

五、挡位的转换

即行星排的挡位改组,它是利用液压式离合器 C 和制动器 B 来完成的,如图 4-14 所示。

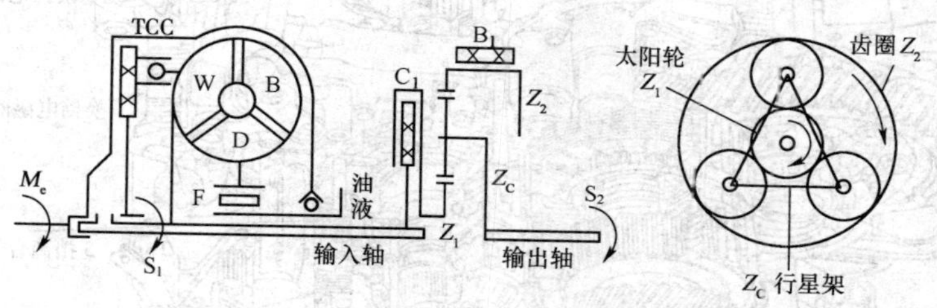

图 4-14 一个行星排的挡位转换

1. 离合器 C

连接主、被动元件,只为传力之用,随转毂转动,为油浴多片式。

2. 制动器 B

制动某一元件,与外壳连接,不转动,改组换挡用,也为油浴多片式或带式两种形式。

3. 转换内容

(1)空挡 N。离合器 C 和制动器 B 不起作用,输入轴为空转状态。

(2)前进挡 D_1。C_1 接合,太阳轮 Z_1 主动,行星架 Z_c 被动,齿圈 Z_2 被 B_1 制动。输入轴和输出轴转速传感器 S_1 和 S_2,对 B 和 C 的打滑起监控作用,报以"速比不正常"故障码。

(3)倒挡 R。太阳轮 Z_1 主动,齿圈 Z_2 被动,行星架 Z_c 制动。

(4)结论:

①一个行星排,只有两个自由度,可组成 1 个前进挡(D_1)和 1 个倒挡(R)或两个相近的前进挡 D_2、D_3。

②两个行星排可组成一个三级式变速器,即 3 个前进挡和 1 个倒挡。后行星排组成 1 挡 D_1 和 R 挡;前行星排组成 2 挡 D_2 和 3 挡 D_3。用两个离合器、两个制动器、一个单向自由轮 F 即可改变传动比。

③四速式以上的自动变速器,必须有第三个行星排,才会有 4 挡 D_4 和 5 挡 D_5 的组合。

④一个挡位,应有一个制动器(B)和一个离合器(C)。也可共用或加装单向自由轮(F),可以简化结构,减少离合器和制动器的数量,并改善使用性能。

第四节 典型自动变速器齿轮系统的特点

自动变速器的齿轮系统分为定轴常啮齿轮式和轴转行星齿轮式(辛普生式和拉维尼奥式),还有 ECVT 钢带式无级变速器。依此顺序分别介绍。

一、定轴常啮斜齿轮式

本田车系的自动变速器 AT,都采用定轴常啮斜齿轮式,有四级式和五级式两种方案。现以新款本田雅阁车系的四级式自动变速器为例介绍,如图 4-15 所示。

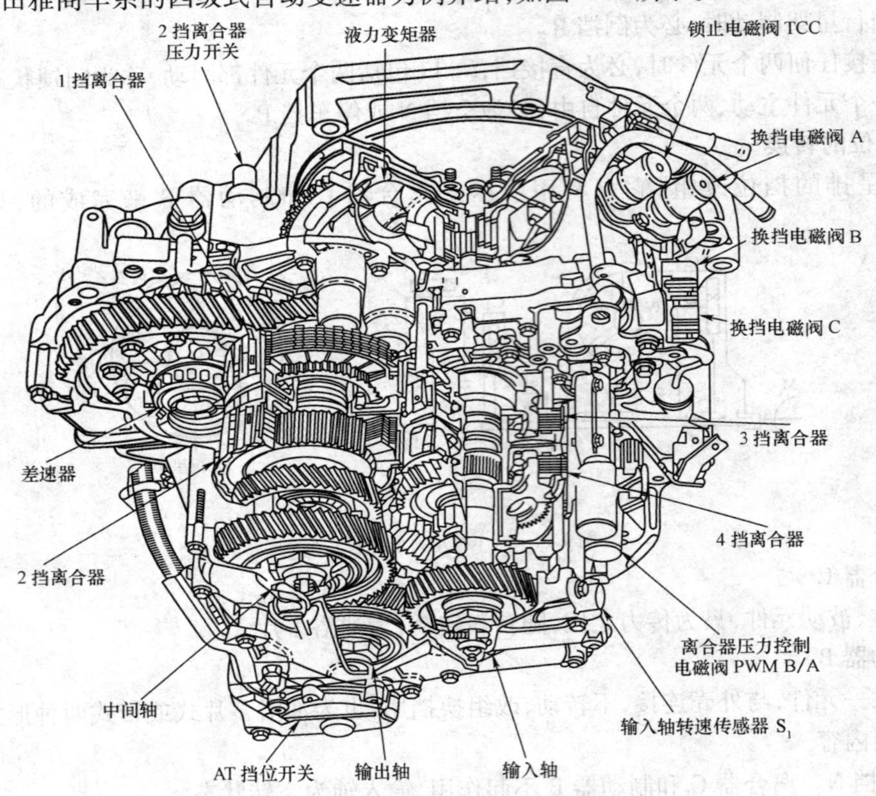

图 4-15 新款本田雅阁自动变速器总成图

1. 结构特点

(1)由输入轴、输出轴、中间轴和常啮斜齿轮系统组成,并与曲轴平行排列,输出轴与最后传动直接连接。这种排列方式没有直接挡位,如图 4-16 所示。

(2)采用前轮驱动,发动机是横置逆时针旋转,简化了自动变速器 AT 的齿轮系统,形成了本田车系的特色。

(3)用 4 个多片式离合器(C_1、C_2、C_3、C_4)和 1 个移动齿圈,改变齿轮的组合,形成 4 个前进挡(D_1、D_2、D_3、D_4)和 1 个倒挡。

(4)输入轴上有 D_3、D_4 挡离合器,D_3 挡、D_4 挡齿轮,倒挡 R_1 齿轮及惰轮(Z_1)。

(5)输出轴上有主降速器主动齿轮、D_1、D_3、D_4 挡齿轮,移动套圈和毂,倒挡 R_3 齿轮、D_2 挡齿轮、P 挡锁止齿圈、惰轮(Z_2)。

(6)中间轴上有 D_1 挡齿轮、D_2 挡齿轮、D_1 挡离合器和 D_2 挡离合器,惰轮 Z_3。

(7)移动齿圈和毂,是 D_4 和 R 挡的换挡传力元件,共用 D_4/C 传力。如果 D_4/C 打滑,不

仅无 D_4 挡，也会失去 R 挡。

（8）其特点是结构简单、维修方便、故障率少、使用寿命长（各种电磁阀都是体外拆换式），但径向尺寸较大。

（9）新款 AT 传动比 i（F-23A 型发动机为例）为：$i_1=2.528$；$i_2=1.427$；$i_3=0.976$；$i_4=0.653$；$i_R=1.863$；最后传动比 $i_o=4.466$。

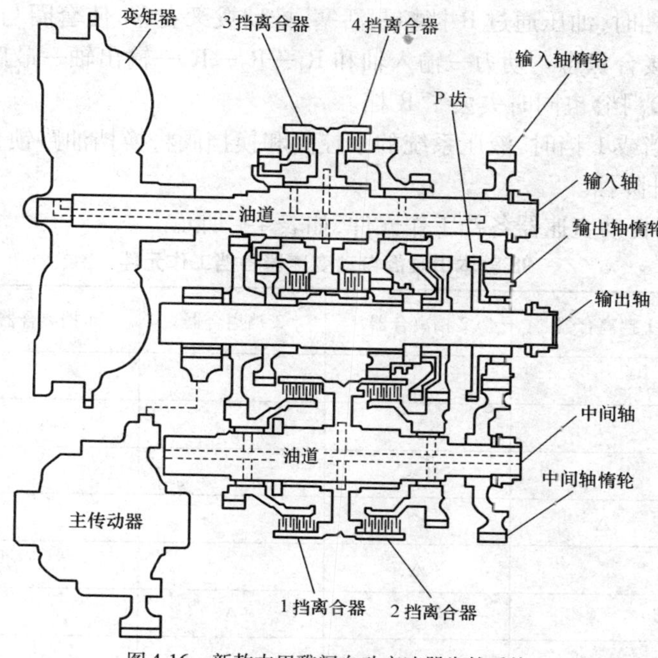

图 4-16　新款本田雅阁自动变速器齿轮系统

2. 各挡工作原理

（1）手柄在 P 挡时，所有离合器中无油压，制动爪通过齿圈锁止输出轴，进行驻车制动。发动机可以起动运转，相关齿轮空转，停车安全。

（2）手柄在 N 挡时，所有离合器中无油压，输出轴不锁止，发动机可以起动运转，相关齿轮空转，多在行车中熄火后起动用。

（3）手柄在 D_4 挡时：

① 1 挡时，D_1/C 充油接合。动力—输入轴—惰轮 Z_1—Z_2—Z_3—D_1/C—D_1—最后传动，如图 4-17 所示。

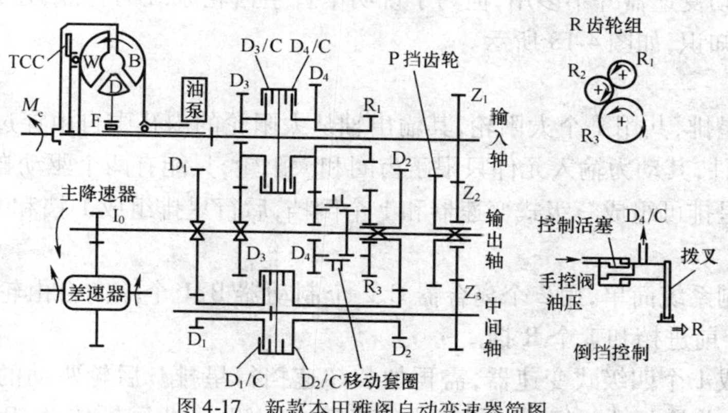

图 4-17　新款本田雅阁自动变速器简图

② 2 挡时,D_2/C 充油接合。动力—Z_1—Z_2—Z_3—D_2/C—D_2—输出轴—最后传动。

注:D_1/C 随动泄油分离,其他挡位转换类同。如泄油过慢(不大于 1.5s),会引起换挡冲击。

③ 3 挡时,D_3/C 充油接合。动力—D_3/C—D_3—输出轴—最后传动。

④ 4 挡时,D_4/C 充油接合。动力—D_4/C—D_4—套圈和毂—输出轴—最后传动。

(4)手柄在 D_3 挡时,只能在 1 ~ 3 挡间自动换挡。

(5)手柄在 R 挡时,油压通过 R 挡控制活塞,推动拨叉右移,使套圈与倒挡齿轮 R_3 啮合。此时 D_4/C 也处于接合状态。动力—输入轴和 R_1—R_2—R_3—输出轴—最后传动。可见,D_4/C 如果打滑,不仅无 D_4 挡,也同时失去了 R 挡。

(6)手柄在 2 挡或 1 挡时,液压系统的手控阀和换挡阀将换挡油路锁止,只能固定在 2 挡或 1 挡,不能自动升降挡。

98 款本田雅阁自动变速器各挡工作元件,如表 4-1 所示。

98 款本田雅阁自动变速器各挡工作元件 表 4-1

挡位 \ 部件		1 挡离合器	2 挡离合器	3 挡离合器	4 挡离合器	倒 挡
P						
R					△	△
N						
D_4	1	△				
	2		△			
	3			△		
	4				△	
D_3	1	△				
	2		△			
	3			△		
2			△			
1		△				

二、三级式辛普生型自动变速器的特点

虽三级式自动变速器并不多用,但为了说明辛普生齿轮系统的特点,还是从三级式讲起,作为入门的向导知识,如图 4-18 所示。

1. 结构特点

(1)两组行星排,共用 1 个太阳轮,其输出轴从太阳轮的内孔中自由穿过。因其前排行星架已成为输出元件,其动力输入元件只限于齿圈和太阳轮,只能有两个驱动自由度。

(2)两个行星排可组成三级式变速器和 1 个倒挡,后行星排组成 1 挡和 R 挡;前行星排组成高、低速挡。

(3)换挡控制系统简单,用 2 个离合器 C、2 个制动器 B、1 个单向自由轮 F 等五个执行元件,即可组成 3 个前进挡和 1 个 R 挡。

(4)若要组成 1 个四级式变速器,需再加装超速挡行星排。后轮驱动的超速挡行星排位于前方同轴传动;前轮驱动的超速挡行星排位于后方一侧,是非同轴传动,用一对齿轮和主降

速器连接传动(或用链轮),这是自动变速器的普遍规律。

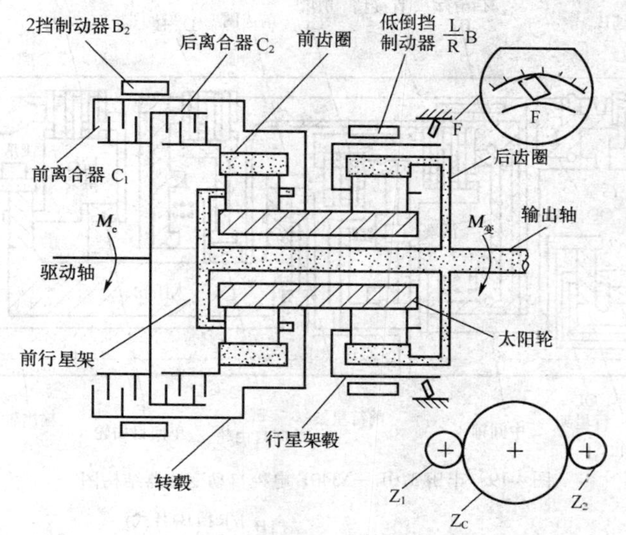

图 4-18 辛普生型三级式变速传动

2. 各挡传动比的组成

(1)R 挡:前离合器 C_1 接合,低倒挡制动器 L/R-B 制动,后行星架被制动,太阳轮顺时针驱动,齿圈逆时针转动,为倒挡。

(2)D_1:后离合器 C_2 接合,前齿圈和前行星轮顺转,驱动太阳轮反转,它又使后行星轮顺转,因后行星架被单向自由轮 F 锁止,只能顺转,不能反转,形成支撑(F 轮成了制动器),齿圈被后行星齿轮驱动顺转,为传动比最大的低速挡。

(3)D_2:后离合器 C_2 接合,2 挡制动器 B_2 制动,太阳轮被制动,前齿圈和前行星轮顺转,并绕太阳轮公转,前齿圈驱动前行星架顺转,为传动比接近 1 的高速挡。

(4)D_3:前离合器 C_1 和后离合器 C_2 接合,太阳轮主动,前齿圈也主动,形成了闭锁状态,$i=1$,为最高挡。

辛普生式三级变速器工作元件如表 4-2 所示。

辛普生式三级变速器工作元件 表 4-2

元件/挡位	前 C	后 C	2B	L/R – B	F 轮
R 挡	△			△	
D_1 挡		△			△
D_2 挡		△	△		
D_3 挡	△	△			

注:"△"表示工作。

三、四级式辛普生型自动变速器的特点

丰田 3.0L—A340E 电控自动变速器采用了辛普生行星齿轮系统,是三轴四速式机构,美国 Chrysle-AW-4 自动变速器与它类同,如图 4-19 和图 4-20 所示。

1. 结构特点

(1)后面的两个行星排,共用 1 个太阳轮,输出轴从太阳轮内孔中自由穿过,其前行星架为输出元件,后端又连接了后齿圈,有两个输出点。输入元件只能是太阳轮和前齿圈,它也有

两个驱动自由度，形成了辛普生齿轮系统的特色。能组成3个前进挡和1个倒挡。

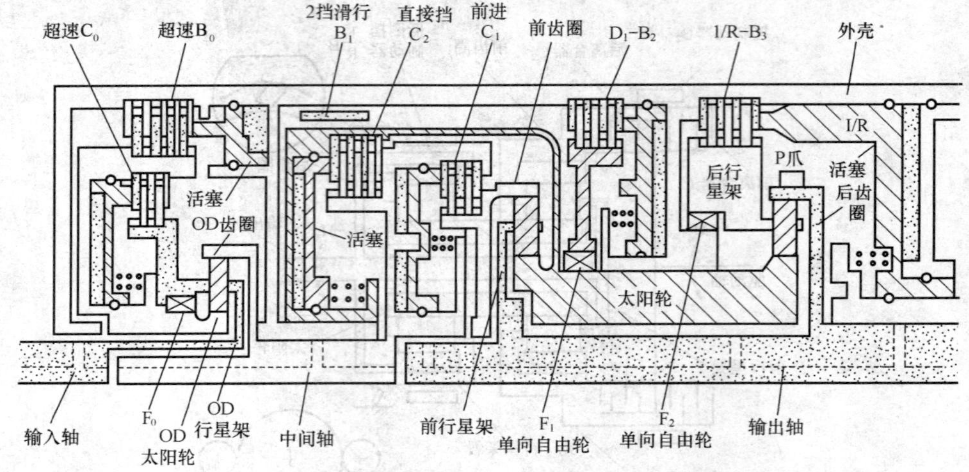

图4-19　丰田3.0L—A340E电控自动变速器结构图

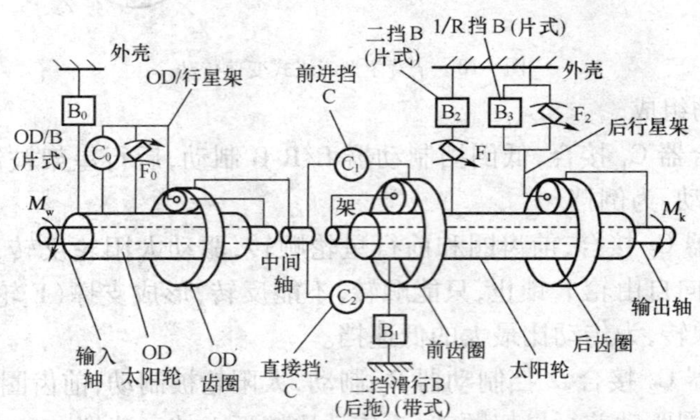

图4-20　丰田3.0L—A340E电控自动变速器结构示意图

(2)在三速式机构的前面增加了一套超速挡行星排，成为后轮同轴驱动的四速式变速器。如果采用前轮驱动，超速挡行星排则装在一侧，平行排列，用一对齿轮轴间连接(或链轮)，成为最后输出，是非同轴驱动。

(3)各轴上的元件连接方式：

①超速挡的输入轴前端与变矩器连接，其后端与超速挡行星架连接。超速挡离合器C_0与超速挡行星架和超速挡太阳轮连接；超速挡制动器B_0连接外壳和超速挡太阳轮；超速挡单向自由轮F_0连接太阳轮和超速挡行星架，保证顺时针转动。

②中间轴的前端与超速挡的齿圈连接；其后端连接前进挡离合器C_1和直接挡离合器C_2；C_1又和前齿圈连接，C_2和太阳轮连接。

③2挡滑行(反拖)制动器B为带式，连接C_2和太阳轮，又和外壳连接，用来固定太阳轮。

④2挡制动器B_2连接外壳和第一单向自由轮F_1，共同控制太阳轮，防止太阳轮逆时针转动。1/R挡制动器B_3连接外壳和后行星架，工作时固定后行星架不能转动；第二单向自由轮F_2，连接后行星架和外壳，防止后行星架逆时针转动。

⑤输出轴前端与前行星架连接；其后端又和后齿圈连接，形成了两个输入和输出自由度。

(4)除OD挡外，C_0都应是结合状态，行星架和太阳轮为主动元件。F_0的内圈在顺时针转动时，也为锁止状态。这样，超速挡行星排中，有行星架和太阳轮两个主动元件工作，超速挡的输入轴、行星架、太阳轮即成为一体，该行星排即处于全闭锁状态，将动力从其齿圈输出，使中间轴同向同速转动。可见，C_0 和 F_0 的好坏，决定了AT性能的好坏。

(5)四速式AT用10个执行元件，组成4个前进挡和1个R挡，即：3个离合器C、4个制动器B、3个单向自由轮F。即能完成换挡组合，锁止反拖，超速滑行等多项任务。

(6)为了改善汽车起步品质和1挡行驶的牵引能力，1挡位为两级降速，传动比大于倒挡，这也是AT的普遍规律。

2.各挡传动原理

(1) D_1 挡，C_1、F_2 投入工作。

①起步时。输出轴为静止状态，前齿圈顺时针转动，前行星齿轮也顺时针转动，推动太阳轮逆时针转动，因 F_2 锁止了后行星架不能逆转，形成反力支撑，只能推动后行星轮顺时针转动，迫使后齿圈也顺时针转动，动力传给输出轴而起步。此时的传动比：

$$i = 后齿圈\ Z_2 / 太阳轮\ Z_1$$

②起步后。因输出轴已转动，前行星架已自由，前齿圈一边带动前行星轮顺时针转动，一边又促使前行星架也顺时针转动，将一部分动力经前行星架传给输出轴。此时的传动比：

$$i = 前行星架\ Z_c / 前齿圈\ Z_2$$

两级降速，传动比最大，这几乎是自动变速器一挡位的共同规律。因此：

总传动比(i_1) = 后齿圈(Z_2)/太阳轮(Z_1) × 前行星架(Z_C)/前齿圈(Z_2) = 2.804

(2) D_2 挡，C_1、B_2、F_1 投入工作。

①中间轴顺时针转动，前齿圈也顺时针转动，带动前行星轮顺时针转动。因 B_2 和 F_1 投入工作，防止了太阳轮逆时针转动，所以前行星轮一方面自转，另一方面又绕太阳轮公转，动力经前行星架传给输出轴。

②后行星排因无固定元件投入工作，处于空转状态。

$$传动比(i_2) = 前行星架(Z_C)/前齿圈(Z_2) = 1.531$$

(3) D_3 挡，C_1、C_2、B_2 投入工作。

①中间轴顺时针转动，前齿圈也顺时针转动，B_2 接合是通过 F_1 起作用，只允许太阳轮顺时针转动。因前行星排有两个主动元件工作，使行星排形成闭锁状态，所以前行星架直接将动力顺时针传给输出轴。

②后行星排此时处于空转状态。B_2 接合是为了使 F_1 起作用，只允许太阳轮等元件顺时针转动。

$$传动比(i_3) = 1.0$$

(4) R挡，C_2、B_3 投入工作。

①中间轴顺时针转动，C_2 接合，使太阳轮也顺时针转动，前行星排因无固定元件投入工作，处于空转状态。

②后行星排的行星架被 B_3 制动，后行星轮绕其轴逆时针转动，推动齿圈逆时针转动，使输出轴也逆时针转动。

$$传动比(i_R) = 后齿圈(Z_2)/太阳轮(Z_1) = 2.393$$

(5) O/D挡，C_1、C_2、B_2、B_0 投入工作，C_0 和 F_0 自由。

①输入轴顺时针转动，带动超速挡行星架也顺时针转。因 B_0 投入工作，超速挡太阳轮被制动，其行星轮也顺时针绕其轴转动，并带动其齿圈顺时针转动，将动力传给中间轴。

②因 C_1、C_2 投入工作，动力分别传给前齿圈和太阳轮，前行星排被锁为一体，使其同速同

向旋转,动力直接传给输出轴。此时,后行星排因无固定元件,处于空转状态。

$$传动比(i_{OD}) = 超速齿圈(Z_2)/超速行星架(Z_C) = 0.705$$

③F_0 的安装方向与其他挡位的 F 轮相反,目的各有不同。其内、外圈都能转动,其外圈顺转自由,内圈顺转即锁止。当在超速挡放松加速踏板滑行时,反拖的动力经中间轴和齿圈顺时针输入,其行星轮即绕太阳轮公转,成为空挡。发动机即不投入反拖制动,可加大滑行能力,因而 F_0 又称为“超速挡离合器”。

④超速挡使用是有条件的,其使用时机是:好路、冷却液温度和油温正常,车速在 70km/h 以上,OD 挡打开,即自动换入超速挡。其好处可使发动机转速降低、磨损减小、油耗降低。

(6)2 挡位,手柄在 2 挡位时,C_1、B_1、B_2、F_1 投入工作。即固定于 2 挡位工作,防止频繁换挡,减轻制动器和离合器额外的磨损,多在较坏的路上或长距离上、下坡时使用。

①多了 B_1,用来固定太阳轮,使其不能顺转和逆转。于是,前齿圈带动行星轮顺时针绕太阳轮公转,动力经前行星架和输出轴顺时针输出,此为正向传动输出。

②当下长坡时,放松加速踏板,利用发动机反拖制动时,因多了 B_1 对太阳轮正反向转动的制动作用,反拖效能好,故而命名“反拖制动器”。反拖辅助制动减速,是将发动机瞬时变为空气压缩机,利用其阻力降低车速,可减轻汽车制动系统制动器的磨损,并停止喷油,降低了油耗。

③反拖的驱动路线与正向相同,旋转方向也相同,只是多了一级制动(B_1),防止太阳轮正向或反向转动,保持定值的传动比。其反向传动比是正向传动比的倒数,相当于一个超速挡,反拖减速作用较大。

(7)L 挡位 1 挡,变速杆位于 L 挡位,C_1、B_3、F_2 投入工作。即固定于 1 挡位工作,防止频繁换挡,减轻制动器和离合器的额外磨损,多在最坏路上或长距离上、下坡时使用。

①加多了 B_3,用来彻底固定后行星架,使其不能顺转和逆转。于是,前齿圈带动前行星架和输出轴顺时针转动。同时,太阳轮反转又推动后齿圈和输出轴顺时针转动,形成了两级降速,此为正向传动输出。

②反拖时的驱动路线与正向相同,只是多了一级制动(B_3),防止后行星架正向或反向转动,保持定值的两级传动比,因反拖传动比是正向传动比的倒数,其反拖制动减速的作用更强。此时的发动机变为空气压缩机,供油系统停止喷油,能有效地降低车速,并降低了油耗。减少了用行车制动的次数,因而减小正常制动系统制动器的磨损。离合器和制动器的工作情况如表 4-3 所示。

丰田 3.0L—A340E 各挡位工作元件表(美国 AW-4-AT 类同)　　表 4-3

手柄	挡位	C_0	C_1	C_2	B_0	B_1	B_2	B_3	F_0	F_1	F_2
P	停车	△									
R	倒挡	△		△				△	△		
N	空挡	△									
D	1	△	△						△		△
	2	△	△				△		△	△	
	3	△	△	△			△		△		
	OD		△	△	△		△				

续上表

手柄	挡位	C_0	C_1	C_2	B_0	B_1	B_2	B_3	F_0	F_1	F_2
2	1	△	△						△		△
	2	△	△			△	△		△	△	
	3	△		△			△		△		
L	1	△	△					△	△		△
	2	△	△			△	△		△	△	

注："△"表示工作。

四、四级式拉维尼奥型自动变速器的特点

拉维尼奥行星齿轮系统应用范围较广，如大众车系、三菱车系等，其结构形式也有几种，但传动原理类同，在此只介绍一种结构形式。现以三菱太空乘用车和现代索纳塔乘用车 AT 为例介绍，如图 4-21 所示。

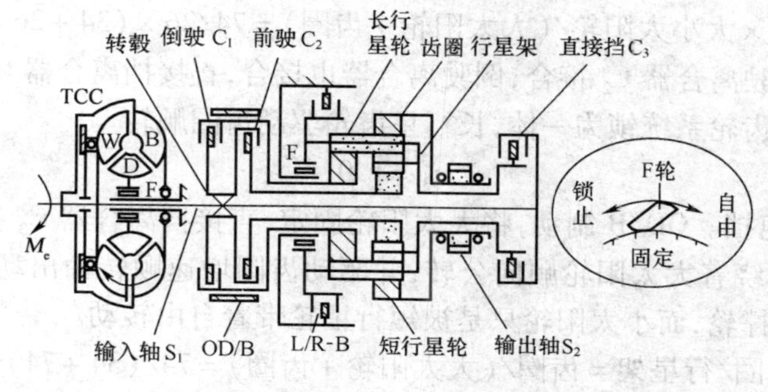

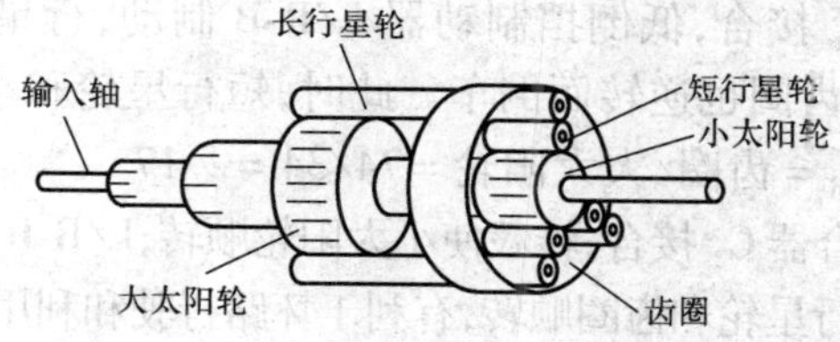

图 4-21　拉维尼奥四速式自动变速器（三菱 F3A20、现代 KM—175—AT）

1. 四速式的结构特点

（1）由 1 个大太阳轮、1 个小太阳轮、3 个长行星轮、3 个短行星轮、1 个输入轴、1 个共用行星架和 1 个共用齿圈组成。

（2）大小太阳轮是前后排列，同轴心传动；长行星齿轮分别与大太阳轮和齿圈啮合；短行星轮则分别与小太阳轮和长行星轮啮合。

（3）齿圈为输出元件，而输入轴、大小太阳轮和行星架成为输入驱动元件。因而，它具有 3 个驱动自由度。为此，它能组成 4 个前进挡和 1 个倒挡。

（4）由 3 个离合器、2 个制动器、1 个单向自由轮 F、6 个执行元件，相互共用完成 4 个前进挡和 1 个倒挡的挡位组合。其中低倒挡制动器 L/R-B，只在倒挡时或手动 L 挡时接合，用以固定行星架之用。

（5）它比辛普生型更为紧凑，缩短了自动变速器的轴向尺寸，扩大了传动比的幅度，最适合前轮驱动方式的乘用车。因而得到广泛地使用。

（6）当手柄在 P 挡、N 挡时，所有离合器和制动器均不起作用，输入轴空转。这也是不同于"辛普生行星齿轮系统"的特点之一。

（7）三菱 F3A20 和现代乘用车 KM—175—AT 各齿轮的齿数：大太阳轮 34；小太阳轮 26；

齿圈 74。

长短行星轮的齿数与传动比的大小无关。前述内容中的简化传动比计算方法，仍适合拉维尼奥行星齿轮系统，可逐级推导，算出传动比。即传动比(i) = 被动元件的齿数/主动元件的齿数。

2. 各挡工作原理

(1) D_1 挡时，前驶离合器 C_2 接合，转毂使小太阳轮顺转，因 F 轮阻止了行星架逆转，短行星轮只能驱动长行星轮顺转，齿圈也顺转，组成最大的降速比。此时，大太阳轮逆时针自由转动。

$$i_1 = 齿圈/小太阳轮 = 74/26 = 2.84$$

(2) D_2 挡时，前驶离合器 C_2 接合，OD/B 制动，阻止了大太阳轮转动。动力使小太阳轮顺转，行星架上的短行星轮逆转，长行星轮顺转，并围绕着大太阳轮公转，同时驱动齿圈顺转。由于公转和自转的原因，加快了齿圈的转动速度，组成了接近 1 的降速挡。

$$i_2 = 齿圈/小太阳轮 \times 大小太阳轮/(大太阳轮 + 齿圈) = 74/26 \times (34 + 26)/(34 + 74) = 1.58$$

(3) D_3 挡时，前驶离合器 C_2 接合，倒驶离合器也接合，直接挡离合器 C_3 也接合，因 3 个元件同时被驱动，行星齿轮系统锁为一体，长行星齿轮驱动齿圈顺转。

$$i_3 = 1.0$$

(4) D_4 挡是超速挡。OD/B 制动，将大太阳轮固定，直接挡离合器 C_3 接合，输入轴使行星架顺转，长行星轮围绕着大太阳轮顺向公转，并驱动齿圈增速顺转输出动力，形成超速传动。此时，大太阳轮为支撑轮，而小太阳轮只是被短行星轮带着自由转动。

$$i_{OD} = 齿圈/行星架 = 齿圈/(大太阳轮 + 齿圈) = 74/(34 + 74) = 0.68$$

(5) R 挡时，倒驶离合器 C_1 接合，低倒挡制动器 L/R-B 制动，行星架被固定，驱动转毂使大太阳轮顺转，长行星轮逆转，齿圈也逆转而倒车。此时，短行星轮和小太阳轮都空转。

$$i_R = 齿圈/大太阳轮 = 74/34 = 2.17$$

(6) 手柄在 L 挡时，前驶离合器 C_2 接合，转毂使小太阳轮顺转，L/R-B 制动，加大了 F 轮对行星架的固定能力，短行星轮驱动长行星轮和齿圈顺转，有利于坏路行驶和利用发动机反拖制动。

三菱 F3A20、现代 KM—175 各挡位工作元件如表 4-4 所示。

三菱 F3A20、现代 KM—175 各挡位工作元件表 表 4-4

挡位 \ 元件	倒驶 C_1	前驶 C_2	超速挡 OD/B	低倒挡 L/R-B	直接挡 C_3	单向自由轮 F
D_1 挡		△				△
D_2 挡		△	△			
D_3 挡	△	△			△	
OD 挡			△		△	
R 挡	△			△		
L 挡		△		△		△

注:“△”表示工作。

五、ECVT 钢带式无级变速器

ECVT 的英文全称是 Electronic Continuously Variable Transmission，即电控无级式变速器。在 1.3 ~ 3.3L 的小、中、大排量发动机上皆可使用，如福特、尼桑、本田等车系。

1. 构造

(1) 由摩擦传力多片式钢带、输入轴和主动轮、输出轴和被动轮、液压控制缸组成。主、被动轮分固定轮和可移动轮两部分，可使轮槽的宽窄同步反向变化，达到无级传力的目的。该式变速机构，尺寸小、无换挡冲击，是真正的“无级变速器”，如图4-22所示。

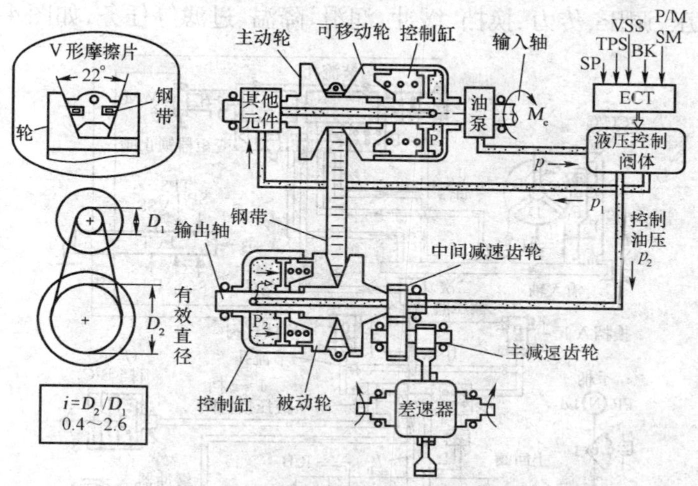

图4-22 ECVT钢带式无级变速器原理

(2)变速器的驱动方式。可用电磁粉式离合器、扭转减振器（小排量的）或液力变矩器驱动（中、大排量的，使传动比再次增大），可用于前轮驱动或后轮驱动。

(3)空挡控制、倒挡控制，还须加装相应的离合器、制动器和单排行星齿轮系统。其他控制信号与传统电控自动变速器类同。

2. 工作原理

(1)用数百个V形摩擦片（厚1.4mm）串在多层的两组钢带上（厚0.18mm），利用摩擦方式在油浴状态下传递力矩。传动效率$\eta=0.92\sim0.96$，略低于机械自动变速器的传动效率（$\eta=0.98$）。

(2)两个钢带轮V形槽的宽窄变化，其有效直径即连续变化，传动比即随之连续变化（$i=D_2/D_1$），实现无级变速。

(3)主动轮槽变宽（控制油压降低）、直径变小；被动轮槽同步变窄（控制油压升高）、直径变大。因而传动比变大。主动轮槽变窄、直径变大；被动轮槽同步变宽、直径即连续变化，传动比即随之连续变化（$i=D_2/D_1$），实现无级变速。

(4)钢带的传动比为0.45～2.6；中间减速比为1.3～1.4；主减速比为3～4；总传动比为2～15。如加装液力变矩器传力，总传动比可达4～60，满足了汽车用牵引力的要求。

(5)传动比的连续无级变化是依靠电控液动方式，通过各式电磁阀和液压滑阀来完成。但也有其特殊功能指标，如夹紧力控制、速比变化控制等。其控制的动力源是油泵，多为齿轮式或叶片式。

第五节　电控液动自动换挡系统

电控液动的含义是用小能量、小流量的电控元件（电磁阀）促使大能量、大流量的液控元件（液压换挡滑阀及制动器B、离合器C）起作用，完成挡位油路的转换。使前一个挡位的离合器或制动器中的油压快速泄掉而分离；又使另一个挡位的离合器或制动器快速充油而接合，转换时间仅为1～2s。液压换挡滑阀实为液压继动器。它分为电控部分和液控部分两个系统，这是自动化控制的基本规律。

一、液压控制系统的原理

它由油泵、主油路调压阀、手控阀、液压换挡阀、制动器、离合器、止回阀、节流阀（孔）、缓冲器(储能器)、二次调压阀、变矩器锁止阀、冷油器、滤油器等组成,多为精密配合滑动或转动元件,用来完成建压、调压、传力、换挡、缓冲、润滑、降温、过滤等任务,如图4-23所示。

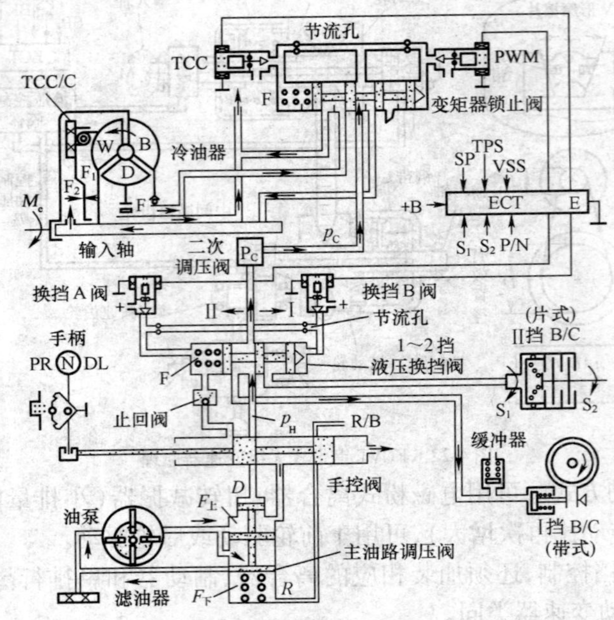

图4-23 电控液动换挡系统组成原理图

1. 油泵

不断地向液压控制系统、变矩器、齿轮系统、冷油器提供油压,以便完成变矩、控制、润滑、降温等任务。它是油压的动力源,多为同轴驱动的齿轮式内转子泵或叶片式泵,由变矩器的泵轮外壳凸沿驱动。在转速为1 000r/min时,其排量可达成15~20L/min;常用压力为500~1 000kPa;最大使用压力可达1 500~2 000kPa,以满足液压控制系统的需要。

(1)构造。它由泵壳、隔墙、内外齿轮、端盖组成。其工作原理:偏心的内齿轮被泵轮外壳的凸沿驱动,带动外齿圈转动,油泵进油口的油液分两路被泵走,产生吸油力;而出油口因两路油液的堆积,产生压力不断输出,如图4-24所示。

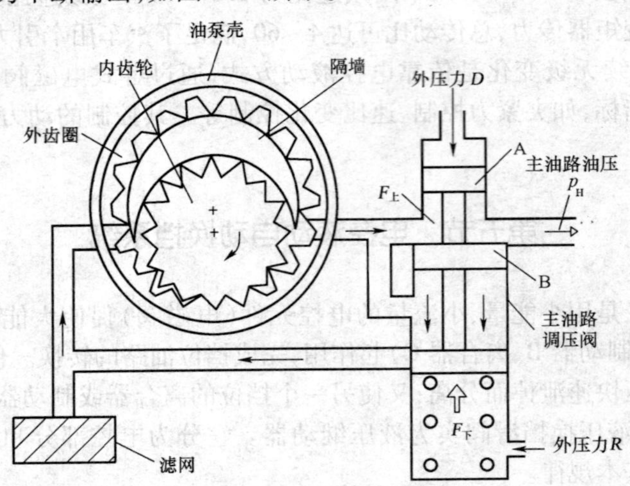

图4-24 油泵和主油路调压阀

(2)油泵的检验标准:

①齿轮平面与壳体间的间隙为 0.02~0.05mm。

②从动齿轮外圆与壳体的间隙为 0.10~0.15mm。

③主动齿轮与月牙墙之间的间隙为 0.10~0.30mm。

④被动齿轮与月牙墙之间的间隙为 0.05~0.10mm。

⑤油泵是用泵轮的外壳凸沿驱动,泵轮的转动摆差不能大于 0.3mm,否则油泵的月牙墙等处即损坏,油泵将报废。

(3)说明几个问题:

①发动机不运转时,油泵不工作,无传力、控制、润滑等功能。发动机起动,只能依靠起动机,不能利用推车反拖起动。

②汽车因故被长距离拖动时,因无润滑功能,拖车距离应小于 80km;牵引速度应小于 30km/h。如系后轮驱动的可将传动轴脱开牵引;如系前轮驱动的可将前轮悬空牵引。否则,自动变速器的齿轮系统会缺油烧毁。

③油泵是易损件,损坏原因多为换油不及时,油质变坏,油中含磨料过多,泵件磨损,造成油压降低而失效。有时是装配方法有误,造成人为损坏。例如:变矩器和变速器应一体拆下或装上,分开装配易使油泵主动齿轮损坏。

2. 主油路调压阀

利用弹簧和滑阀配合,使主油路油压(p_H)稳定,并控制在一定范围内。怠速时应大于 500kPa;高速时应达 1 200~1 400kPa;倒车时因地形难料,油压应达 1 600~1 800kPa。其结构有简有繁,多为阶梯形滑阀,可接收多路油压的变化,满足工况的需求,其调压原理如下:

(1)由于 B 环面 > A 环面,产生 $F_上$;当 $F_上 > F_下$ 时,泄油、调压;$F_上 < F_下$ 时,不泄油、稳压。

(2)当加上外压力 D 时,主油路油压下降,一般是维持在 0.5~0.8MPa 内。

(3)当加上外压力 R 时,主油路油压上升,维持在 0.8MPa 以上(因车而异,倒车油压高是地形难料的需要)。

(4)不少车系的油泵系统,主油路油压恒定,调压阀结构简单。有专门的油压开关或油压传感器和油压调节电磁阀 PWM,随工况和油温的变化,ECT-ECU 以占空比方式调节离合器和制动器的控制油压,使离合器和制动器平顺接合,控制油压按折线关系升压变化,即"始而快、中而慢、后而快"的变化规律,减小换挡冲击,如图 4-25 所示。为此,可省掉缓冲器(储能器)(如三菱车系等自动变速器)。

(5)本田车系的主油路调压阀与其他车系不同,其阀体下方与变矩器导轮 D 的导管摆臂靠接,成为导管的反力支撑,导管可以微量转动,阀的调压弹簧 $F_下$ 接收导轮 D 射流力的反馈值,使阀的 $F_下$ 随发动机工况而变化。满足了小转矩、低油压;大转矩、高油压的需求,油压值可达 850kPa,如图 4-26 所示。

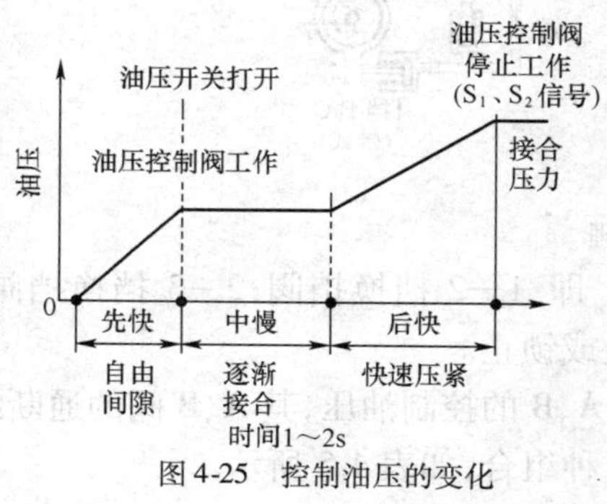

图 4-25　控制油压的变化

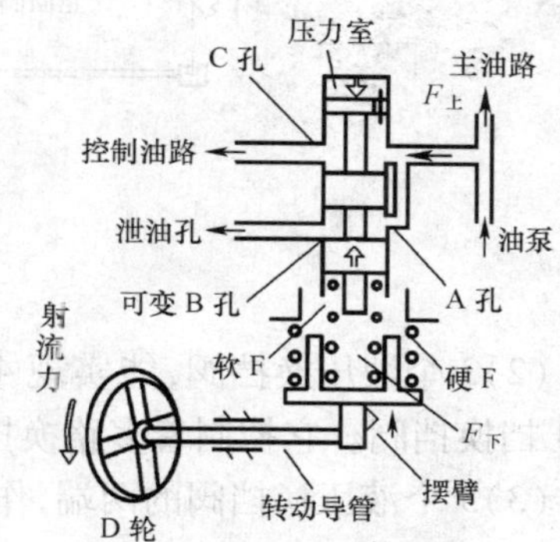

图 4-26　转矩反馈调压阀(本田车系)

①泄油控制。发动机怠速运转,油泵也运转,调压阀上的压力室油压升高,调压阀下移,压缩软弹簧,B 孔开大而泄油,主油道和控制油道中的液压极低,油泵为无负载状态。

②升压控制。当发动机转速升高时(加速或爬坡),变矩器内导轮 D 上的射流力加大,摆臂产生反作用力矩,压缩软硬弹簧使阀上移,关小 B 孔使油压升高。液压的调节是根据导轮 D 的转矩反馈值来实现的,最大可达 850kPa 以上,满足了大转矩、高油压传力的需求,这是本田车系自动变速器又一结构特点。

3. 手控阀

扩大挡位的转换范围,实现驻车 P、倒车 R、空挡 N、自动前进挡 D(1、2、3、4)、手动换挡 2 或 L 的油路转换。不少车系的手控阀具有对 L 挡和 R 挡的直通特性,目的是提供失效保护功能。它分为两柱式和三柱式两种形式,以控制挡位油路的多少而定。它的另一项功能,是在其阀体的一端设有总排油孔,通过它排掉不使用管路中的压力油液。

P——停车挡,停车时或驾驶员离车时使用,在坡道上起步时也使用。在该挡位可以起动运转。R——倒车挡,车停稳后挂入倒车。N——空挡,可以起动运转,多在行车中熄火起动用。D——前进自动挡位,1 ~ 4 挡自动转换,应在好路上使用。有的车有 D_3 挡位,1 ~ 3 挡自动转换,多在稍坏的道路使用。2——手动挡,固定于 2 挡。多在坏路上、爬长坡、下长坡时使用。目的是防止频繁跳挡,减少自动变速器中离合器和制动器的磨损。L——手动 1 挡,固定于 1 挡,在最坏的道路上使用,或长距离上下坡时使用。目的也是防止频繁跳挡,减少离合器和制动器的磨损。下长坡时,可充分利用反拖发动机制动,减少行车制动系统的磨损。

4. 液压换挡阀和换挡电磁阀

(1)它为多柱式滑阀,完成充油和排油的任务,能实现两个挡位的自动转换。换挡阀两端作用着由电脑 ECT-ECU 控制的换挡电磁阀 A、B 的控制油压。当两端油压升高或降低时,换挡阀发生位移,油路即改变,使不同的离合器、制动器起作用,从而改变行星齿轮的组合,实现换挡。换挡阀一端弹簧力 F 的作用是,保证无油压时,滑阀能单向位移,保持在低挡位置,如图 4-27 所示。

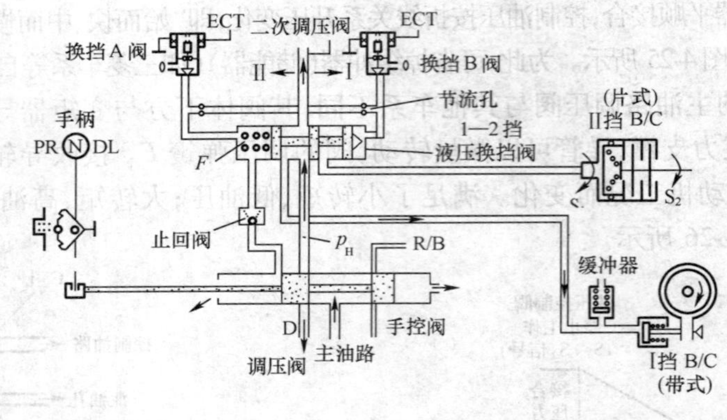

图 4-27 电控液动换挡原理

(2)3 个液压换挡阀,能实现 4 个挡位的自动转换。即:1—2 挡换挡阀;2—3 挡换挡阀;3—4 挡换挡阀。它控制着多路换挡油道,相互沟通、截止或锁止。

(3)3 个液压换挡阀的两端,作用着两个换挡电磁阀 A、B 的控制油压,其 A、B 阀的通断组合方式因车而异。4 个挡位用两个换挡电磁阀控制,有 8 种组合,如表 4-5 所示。

A、B 阀的通断组合方式 表 4-5

丰田车系			通用车系		
挡位 \ 电磁阀	A 阀	B 阀	挡位 \ 电磁阀	A 阀	B 阀
D_1	ON(通)	OFF(断)	D_1	ON	ON
D_2	ON	ON	D_2	OFF	ON
D_3	OFF	ON	D_3	OFF	OFF
D_4(OD)	OFF	OFF	D_4(OD)	ON	OFF

(4)以丰田车系为例,分析电磁阀和其控制电路损坏后的故障现象(其他车系类同):A 阀一直 ON 时,无 3、4 挡;A 阀一直 OFF 时,无 1、2 挡。B 阀一直 ON 时,无 1、4 挡;B 阀一直 OFF 时,无 2、3 挡。

可见,1 个电磁阀损坏,不是失去起步加速性能,就是失去高速性能。如 A、B 阀都损坏,只有 OD 挡(或 D_3)。为此,保留了 L 挡和 R 挡从手控阀的直通特点,一旦电磁阀失效,仍有 L 挡和 R 挡,此为失效保护功能。了解这个现象很重要,有利于诊断自动变速器的故障。

(5)换挡电磁阀可用 2 个、3 个、4 个、5 个。4 挡变速器,2 个阀的为 8 种组合;3 个阀的为 12 种组合;5 个阀的为 20 种组合。从而扩大了油路的控制范围和共控能力,防止了换挡冲击和频繁跳挡,改善了使用性能。它可采用换挡、调压为一组电磁阀,保证平顺地接合;保位、定压为另一组电磁阀,保证可靠地接合。

例如:本田时韵乘用车,为 5 挡自动变速器,即采用了 5 个换挡电磁阀 A、B、C、D、E,其 1 挡升 2 挡时,分工组合如下:1 挡升 2 挡时,A 阀-OFF;B 阀-ON;C 阀-ON;D 阀-OFF;E 阀-OFF。在 2 挡保位时,A 阀-OFF;B 阀-ON;C 阀-OFF;D 阀-ON;E 阀-OFF。

(6)电控液动系统的发展趋势——由于计算机技术的进步和软件系统智能控制功能的开发,加大了电控元件的数量和功能,减少了液动元件的数量,简化了液压阀体,热态漏泄和运动犯卡的故障大幅度减少,电元件的报警、自诊功能进一步强化,提高了诊断、维修的方便性。

奥迪 A6 自动/手动 01V—AT 电控元件如图 4-28 所示。

①N88-N90(A、B、C)换挡电磁阀电阻为 25Ω。

②N91 主油道油压调节阀电阻为 4~6Ω。

③N92-N93 换挡油压调节阀电阻为 4~6Ω。

④N94 锁止离合器电磁阀电阻为 4~6Ω。

⑤磁电式输入轴和输出轴转速传感器 S1、S2。

⑥NTC 油温传感器(包扎在电缆中)。

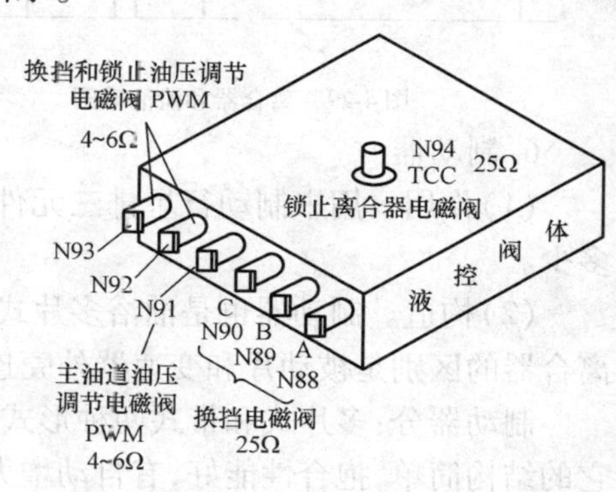

图 4-28 奥迪 A6—01V—AT 电控元件布局

5. 离合器

(1)作用。离合器用来连接输入轴、中间轴、输出轴和多组行星齿轮元件,实现转矩的传递,是行星排的传力器,其数量决定于轴数和挡位的多少,它随轴和转毂转动。

(2)构造。为油浴多片摩擦式离合器。它由转毂、控制活塞、主动摩擦片、被动片、压板、复位弹簧、密封件组成。其离合片内外圆上有花键和相关元件连接,可轴向移动,以便分离或接合,如图 4-29 所示。

①主动片与能旋转的转毂的内齿花键连接,为输入端,可轴向移动,片上有铜基粉末冶金层或合成纤维层。

②被动片与能旋转的花键毂外齿花键连接,是光板,为输出端,也可轴向移动。

③控制活塞和密封圈及复位弹簧用来压紧离合片或保持分离状态,其密封性能的好坏是关键。

④自由间隙。离合片厚1.5~2mm,平均每片之间的间隙为0.10~0.20mm,总间隙因片数不同各异,一般为1~2mm,可通过测量压板与卡簧之间的间隙来取得。如间隙过大,说明离合片已磨薄,传力时打滑。如间隙过小,造成分离不彻底,换挡犯闯,可更换薄卡环或薄压板进行调整。

(3)离合器的快速分离机构。有的车系在其转毂上设置离心式排油球阀,分离时能配合控制油路快速排掉压力腔的油液,提高换挡的灵敏性(换挡时间只有1~2s),如图4-29所示。

本田车系在其转毂中,装有离心式控制油压快速泄放机构,离合器接合时,泄压腔也充满液压油,当控制活塞压力腔的油液泄放时,活塞在其复位弹簧的作用下复位,产生泄油缝隙。由于中间轴的高速旋转,泄压腔的离心油压使活塞快速复位,使活塞快速的排掉压力腔的控制油液而分离,保证了快速地升降挡。这种结构比在离合器转毂上安装单向钢球,快速排油效果好,如图4-30所示。

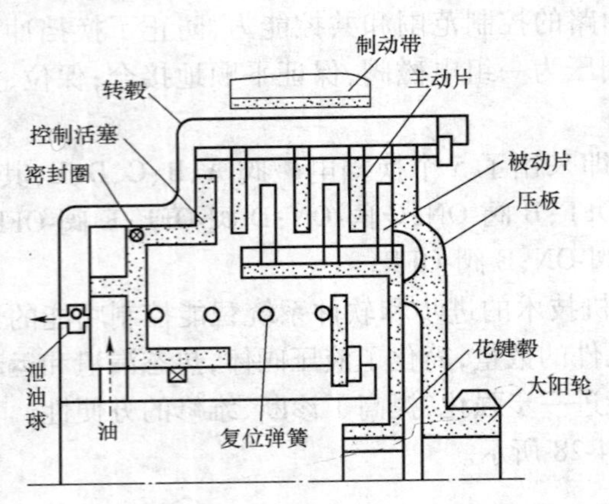

图4-29 离合器和泄油球阀

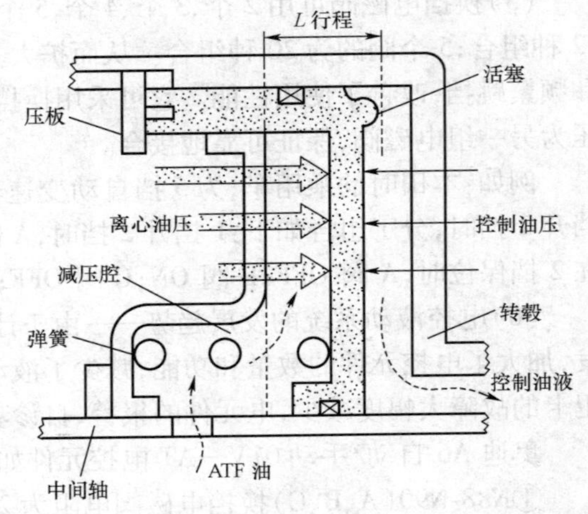

图4-30 本田车系离合器控制油压快速排除机构

6.制动器

(1)作用。用来制动行星排三元件中任一元件,改变齿轮的组合。其数量取决于挡位的多少。

(2)构造。制动器也是油浴多片式结构,结构内容与离合器C类同,工作柔和平顺。它与离合器的区别是被动片和变速器外壳连接,可轴向移动,为固定元件。

制动器分:多片式和带式两种形式。为了缩短变速器的轴向尺寸,多采用带式制动器B,它的结构简单,抱合性能好,有自动增力作用,制动效果好。

(3)带式制动器由制动带、油缸、活塞和调整元件组成,如图4-31所示。制动带用弹簧钢制成,接触表面有摩擦材料,利用其本身的弹性复位,如弹性因过热变小,会造成分离不彻底,挡位转换困难。其外弹簧为活塞的复位弹簧,内弹簧为旋转毂的反作用力的缓冲弹簧,以防止活塞的振动。其调整点多在制动带的支撑端,可在体外调整或拆下油底调整。一般是将螺钉拧紧后,再松开2~3圈,即产生合适的带、鼓间隙。

应该说明，不少带式制动器无调节元件，用尺寸公差保证带鼓间隙。带式制动器轴向尺寸小，但工作的平顺性差，会产生换挡冲击。为此控制油路中多配有缓冲阀（蓄压器）或换挡油压调节电磁阀 PWM，以改善换挡性能。

7. 二次调压阀

它是一个简单的减压阀，又叫“次调压阀”。它和主油路直通，根据自动变速器 AT 工况的需要，合理降低主油路油压，如图 4-32 所示，其原理与主油路调压阀类同，也是利用多柱式滑阀上的油压 p 和弹簧力 F 的相互平衡，获得不同的输出油压（在此从略）。

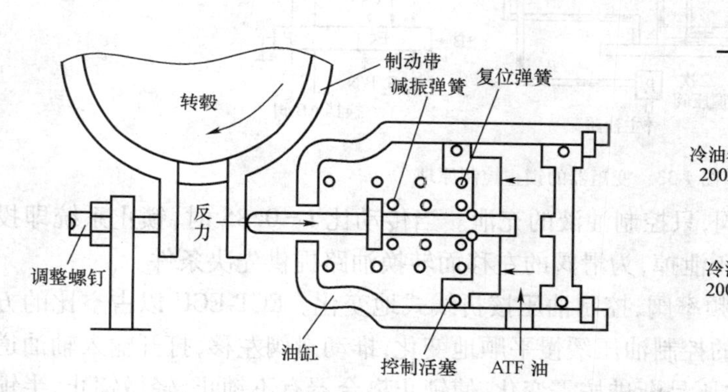

图 4-31　带式制动器的工作原理

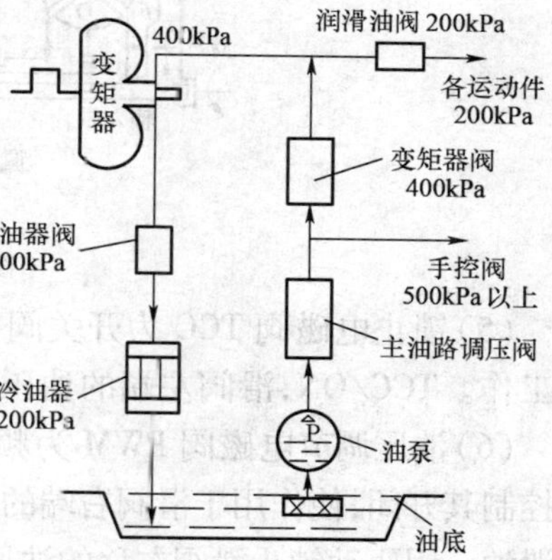

图 4-32　二次调压阀的作用

（1）作用：

①控制变矩器内的油压在 400kPa 左右，以保证大流量、大负荷工况的传力需要，获得最佳的液力传动效果，由变矩器阀来控制。

②把油液送到冷油器进行降温，油温控制在 80～90℃之间，油压不超过 200kPa，由冷油器阀来控制。

③担负各运动部件的压力润滑，润滑油压为 200kPa，由润滑油阀来控制。

（2）类型。它有两种方式：

①单油路减压方式。即分而设置方式，在控制油路中各设置单独的减压阀。

②多油路减压方式。把三个减压阀合为一个组合阀，完成三路油压的控制。

8. 变矩器锁止阀

当涡轮的转速 n_W 和泵轮的转速 n_B 之比，即传动比 $i = 0.85$ 时，ECT-ECU 即发令，通过锁止电磁阀 TCC 和油压调节电磁阀 PWM，控制多柱式滑阀的移动，实现多路油压的转换，并进行油压的调节，完成“不锁止、轻微锁止、半锁止、全锁止”的平顺柔和的转换，如图 4-33 所示。

（1）变矩器上有三个油液通路。一为泵轮外壳和导管之间的缝隙，它是锁止离合器片的正压通道；二为导管和输入轴之间的缝隙，它是冷油器的通道；三为中空的输入轴，它是锁止离合片的背压通道。

（2）简化的四柱式锁止滑阀两端油压，受锁止电磁阀 TCC 和油压调节阀 PWM 的控制。在弹簧力 F 的作用下，不锁止时处于右端位置。它产生位移后，其隔柱使油路发生变化，实现锁止和不锁止的转换。

（3）不锁止时，油液从输入轴和离合片的背面充入，建立了背压，使锁止离合器分离。油液投入传力升温后，从片的正面两个通道输出，进入冷油器快速降温。

(4)锁止时,油路发生转换。离合片的背压油液从输入轴油道泄掉,油液从片的正面输入,利用正压将离合片与外壳摩擦连接,B轮和W轮成为一体。油液工作后,再从另一个通道输出,到冷油器降温。如此转换油路较合理,提高了分离和接合的可靠性,冷却强度和冷却效果得到合理的调节。

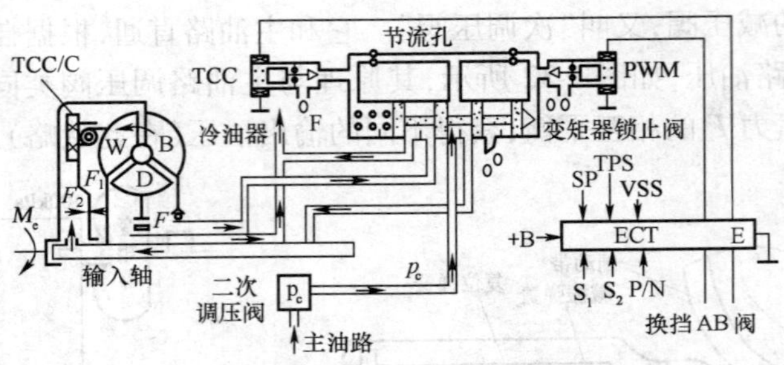

图4-33 变矩器的锁止控制原理

(5)锁止电磁阀TCC为开关阀,只控制油液的充泄。当传动比 $i=0.85$ 时,锁止系统即投入工作。TCC/ON,滑阀左端的油压泄掉,为滑阀的左移而转换油路提供先决条件。

(6)油压调节电磁阀PWM为频率阀,控制油压按折线式地变化。ECT-ECU以占空比的方式控制其开闭,使作用于滑阀右端的控制油压缓慢平顺地变化,推动滑阀左移,打开输入轴油道而泄油。因驱动锁止滑阀左移的油压是渐进按需变化,使锁止离合器有不锁止、轻微锁止、半锁止、全锁止,多工况的变化功能。提高了接合或分离时的柔和性,平顺地进行变矩和耦合的转换。这一过程,是可变的滑阀右端控制油压 p 与左端弹簧力 F 的相互平衡过程,是转瞬即逝的事实。

新款的自动变速器,PWM阀不仅调节锁止离合器油压,同时也调节各挡之间的换挡油压,使换挡平顺无冲击。

9. 电控液动换挡原理流程规律分析

液压阀体总成又叫"油路板",由2~3层组成,是精密配合元件。板中油路纵横交错,隔墙、滑阀排列密集,为封闭式迷宫油路。但也有其万变不离其宗的规律性,总结出来作为识别油路的向导,如图4-34所示。

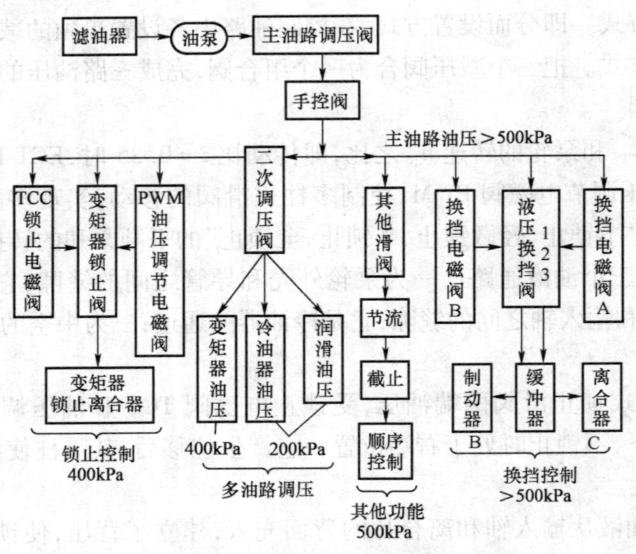

图4-34 电控液动换挡原理流程规律

(1)油液的分配。液压油从油泵排出,经主油路调压阀,控制其油压值的大小,进入多柱式手控阀的共用油腔,分别通往各电磁阀和多柱式液压滑阀。通往主油路二次调压阀的油液,是为了调压后分配到变矩器、润滑油路、冷油器,这里的输出油压必须恒定。

(2)主油路控制油压的调节。压力控制电磁阀 PWM 是频率控制阀,ECT-ECU 接收到相关挡位的油压开关通断信号后,以占空比的方式发令使油压控制电磁阀 PWM 动作,通过泄油孔调节主油路油压。以折线关系使油压柔和增加,目的是为了减小换挡冲击。当制动器或离合器完全接合后,即停止调压。接合或分离情况信号(先滑转后接合)。由输入轴和输出轴转速传感器 S_1 和 S_2 的交变电压频率信号的高低来提供,判定完全离或合的情况,防止 PWM 电磁阀无谓地长时间工作。

(3)锁止油压的调节。油压调节电磁阀 PWM 的油道,又和锁止电磁阀 TCC 的控制油道相通。当车速达到锁止值或停止锁止值时,ECT-ECU 发令 TCC 电磁阀开启或断开,通过背压控制的相关伺服滑阀的移动,使锁止离合片的背压柔和地解除或缓和地充入,实现变矩或耦合的柔性转换控制。此时,输入轴和输出轴转速传感器 S_1 和 S_2 的交变电压信号发生变化,ECT-ECU 据此控制 TCC 和 PWM 阀停止工作,防止电磁阀无谓地长时间工作。

(4)换挡控制包括两个方面:一方面是通过换挡电磁阀电路的通断,使油路开启或关闭,产生使液压换挡阀位移的油压,将油道口切换到需要的位置;又一方面使控制油压,通过多柱式换挡阀的相关油道,充入相关的制动器或离合器中,实现挡位的转换。同时,使前一挡位的制动器或离合器中的油压泄掉,这个挡位转换的时间仅在 1 ~ 2s 的瞬间完成。可见,实现油路的转换,只依靠电磁阀很难完成,还需要其他伺服滑阀,即液压继动控制。在这里只讲述了换挡油路的梗概过程,省略了液压控制油路中不少相关程序。

二、电控系统的原理

电控系统包括 ECT-ECU,换挡电磁阀 A、B、C,变矩器锁止电磁阀 TCC、PWM 和 10 个控制信号等电控元件(传感器信号和各种开关信号)。

ECT-ECU 的永久性 ROM 存储器中,已将每一最佳换挡位置和最佳锁止位置进行了编程,随时可根据道路状况和发动机的工况及各种控制信号的变化,判定换挡时机和锁止时机。并通过四线路驱动器模块 QDM,换挡电磁阀 A、B 和变矩器电磁阀 TCC、PWM 适时地切换离合器和制动器的油道,改变行星排的组合。并适时地锁止传动,实现变速器多元化的自动控制。

它和发动机 ECU、巡航电脑 CCS 联网工作。它接收 10 个控制信号,有 8 项控制功能,如图 4-35 所示。

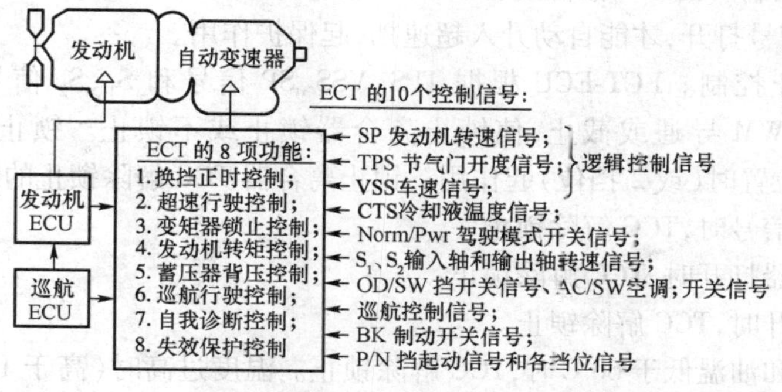

图 4-35 电控系统的 10 个控制信号和 8 项功能

1. 10 个控制信号的功能

(1)发动机转速信号 SP 监测发动机转速的高低,给 ECT-ECU 提供逻辑分析信号,判定换挡时机和锁止时机。

(2)节气门位置传感器信号 TPS 监测节气门开度的大小和快慢,给 ECT-ECU 提供逻辑分析信号,判定换挡时机和锁止时机。

(3)车速信号 VSS 监测车速的高低,给 ECT-ECU 提供逻辑分析信号,判定换挡时机和锁止时机。

(4)冷却液温度传感器信号 CTS 监测发动机温度和变速器油温,冷却液温度低于60℃时,不能升入 OD 挡,锁止离合器 TCC 不接合,为变矩状态。

(5)驾驶模式选择开关。驾驶员根据路况的好坏,决定正常驾驶模式 Norm 或动力驾驶模式 Pwr,选择不同的换挡规律(换挡点)。

(6)输入轴和输出轴转速信号 S_1、S_2 监测传动比的好坏,提供离合器 C 和制动器 B 是否打滑或完全接合的信息。并提供传动比 $i = n_W/n_B = S_1/SP = 0.85$ 的信息,判定锁止时机(98款本田雅阁用 S_2 还代替了车速传感器 VSS)。

(7)超速挡开关信号 OD/SW、空调开关信号 AC/SW。当超速挡开关开闭时,只能在 D_1 ~ D_3 行驶;当路况好时,打开超速挡开关,才能换入超速挡。当空调开关信号打开时,锁止离合器停止锁止,以补偿发动机负载的加大,影响车速的降低(这是夏季费油原因之一)。

(8)巡航控制信号 CCS。当实际车速高于或低于设定车速值(5km/h 以上)时,巡航控制停止。其 CCS-ECU 即通知 ECT-ECU,解除超速行驶,锁止离合器 TCC 也停止锁止,以便巡航 CCS 系统复位行驶。

(9)制动开关信号 BK/SW。检测制动踏板是否踩下,据此解除锁止离合器 TCC 的锁止。并根据开关闭合时间的长短,随机配合降挡,以便重新加速复位行驶或防止全制动后熄火。

(10)P/N 挡起动信号和挡位信号——监控手柄位置,保证只有在 P/N 挡时,才能起动。并提供手柄在自动挡位或手动挡位的信号。如无挡位开关信号,即不能升挡,只保留 1 挡和 R 挡,此谓“保护功能”。

2. ECT-ECU 的八项控制功能

ECT-ECU 不是单独工作,而是和发动机 ECU、巡航电脑 CCS 联网,互通信息或共用一个电脑,又称“PCM 组合电脑”。

(1)换挡正时控制。ECT-ECU 接收到 SP、TPS、VSS 的换挡点设定值信号,即通过换挡电磁阀 A、B、C 的导通或截止,促使液压换挡阀位移,转换油路,完成四个挡位的自动升降变化。

(2)超速行驶控制。当冷却液温度在 60℃以上时,道路条件良好,车速高达 70km/h 以上时,将超速挡开关信号打开,才能自动升入超速挡,起保护作用。

(3)变矩器锁止控制。ECT-ECU 根据 TPS、VSS、SP 信号和 S_1、S_2 信号,将锁止电磁阀 TCC、油压调节阀 PWM 导通或截止,使锁止离合器锁止或不锁止。锁止时机的车速多在 70km/h 以上,3 挡位置时(或 2 挡位)起作用。锁止离合器 TCC 解除锁止的时机有四个:

①有制动开关信号时,TCC 解除锁止。

②节气门传感器打开时,TCC 解除锁止。

③空调开关打开时,TCC 解除锁止。

④冷却液温度和油温低于 60℃时,TCC 解除锁止。温度过高时(高于 120℃),也不锁止,变矩器油液输出量变多,加强冷油器循环强度。

(4)发动机转矩控制。因自动变速器升挡和降挡,是在不断加速的过程中进行。点火提前角将随转速的升高不断加大,使转矩也不断加大。当 ECT-ECU 根据工况信号判定需要升挡或降挡时，会给发动机 ECU 指令信号，令其短暂延迟点火提前角的修正，点火提前角即减小，喷油量也减少，发动机转矩即瞬时变小（1～2s），保证平顺地换挡。如发动机 ECU 的这一功能失效或失准，也会造成换挡冲击。换挡冲击的原因应和发动机联网控制综合分析判定。

（5）蓄压器背压控制。离合器和制动器的接合应平顺柔和，才不会产生换挡冲击，特别是带式制动器，必须有缓冲措施。它是利用蓄压器活塞背面的弹簧和油压的变化来调节进入制动器的油压，以折线变化升压控制。

（6）巡航行驶控制。当使用巡航系统行驶时，实际车速低于或高于设定车速 5km/h 时，巡航电脑 CCS 即解除巡航。并通知自动变速器的 ECT-ECU，解除超速挡控制和锁止离合器的接合，降挡后以便重新复位加速行驶。

（7）自我诊断控制。当 ECT-ECU 的传感器、电磁阀等电元件及其控制电路有故障时，报警灯点亮，并将故障码存储于 RAM 存储器中，以便提取故障码检修。

（8）失效保护控制。如无挡位开关信号，即不升高速挡。当电控系统失效后，仍能保持基本行驶能力，缓慢回家。L 挡和 R 挡的离合器或制动器都设有经手控阀迂回直通的油路，可以转入手动控制，这是所有自动变速器的共同规律。

第六节　典型电控液动式自动变速器的电路系统介绍

一、电控液动自动变速器的最佳控制条件

（1）换挡点、锁止点准确无误，不频繁跳挡，换挡规律好（指节气门开度、转速和车速的对应关系）。

（2）换挡过程平顺、柔和，有油压调节电磁阀 PWM，能进行折线式油压调节。

（3）能对传动比好坏进行监控，有输入轴和输出轴转速信号 S_1 和 S_2 及挡位油压开关。

（4）有故障报警、自诊功能和自我保护功能，如油温传感器和报警灯监控油温是否正常，过低、过高时锁止离合器 TCC 即不再接合。又如无挡位开关信号，即不能升高挡。再如行进中误挂了倒挡，即保持 1 挡行驶或截止倒挡油路，此谓“误操作保护功能。”

（5）故障码应覆盖下列电元件：

①节气门位置传感器 TPS；

②发动机转速传感器 SP；

③车速传感器 VSS；

④换挡电磁阀 A、B 阀或再加 C、D、E 阀；

⑤主油路油压调节阀 PWM；

⑥变矩器锁止电磁阀 TCC；

⑦变矩器锁止油压调节阀 TCC-PWM；

⑧P 挡手柄锁止电磁阀；

⑨P/N 挡起动开关和挡位开关；

⑩输入轴和输出轴转速传感器 S_1、S_2；

⑪油温传感器和油压开关或油压传感器等；

⑫驾驶模式开关和 OD 挡开关。

二、三菱太空和现代 SONATA 自动变速器电控系统

在两个换挡电磁阀和四速式电控系统中，三菱车系的电控元件配置较齐全先进，监控的内

容较全面,有结构合理的延续力。现以三菱太空乘用车的F3A20—AT和现代SONATA乘用车的KM—175—AT为例重点介绍,如图4-36所示。

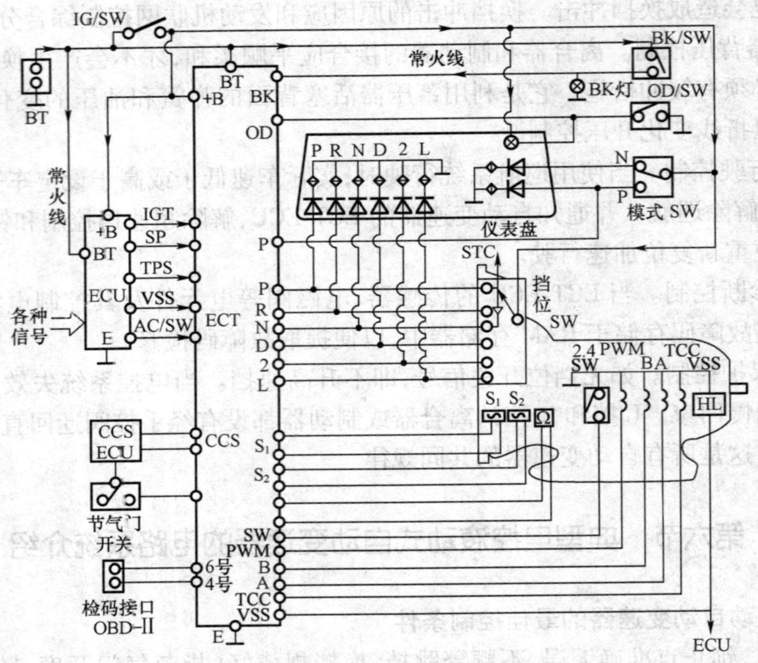

图4-36　三菱太空和现代SONATA乘用车电路系统

1. 电路原理

(1)ECT-ECU的BT接点受常火线控制,维持着RAM随机存储器的工作电压,不使记忆消失。打开点火开关后,通过+B接点给ECT-ECU加上工作电压,进入起动和行驶的等待状态。

(2)行驶前或行驶中,根据路面情况,用驾驶模式开关选择正常模式Norm或动力模式Pwr,其指示灯即点亮显示。

(3)路面情况较好,车速达70km/h以上时,打开超速挡开关,即可自动升入超速挡。

(4)换挡手柄在P、R、N、D、2、L挡位转换时,指示灯同步显示,并将挡位信号反馈给ECT-ECU,确定控制内容。因采用共用搭铁回路,各指示灯都串有单向导通的二极管,以防止混串故障的产生。

(5)踩下制动踏板时,制动灯点亮,并将此信号反馈给ECT-ECU和CCS-ECU,锁止离合器即分离,巡航控制也停止。并降挡便于复位行驶或为了防止全制动时发动机熄火。

(6)挡位开关中的P/N挡接点,有通往起动机继电器磁化线圈L的导线STC,它控制着起动机的闭合电路,保证了只有在P/N挡时才能起动,起安全保护作用。

(7)检查连接器接口,为国际通用的16孔OBD-II型,用LED灯跨接+6-4接口,能提取ECT-ECU系统的故障码,消除故障码可拆下ECT-ECU熔断丝20s。

2. 电控系统的特点

(1)油压调节阀PWM是频率阀,不仅调节锁止离合器控制油道的背压,还调节各挡位液压换挡的控制油压。其目的是使离合器和制动器的控制油压按折线关系变化,接合平顺柔和、提高锁止性能和换挡性能。为此,其液压控制系统取消了蓄压缓冲器,简化了液压阀体结构,减少了故障点。

(2)增设了常用挡位(2 挡、4 挡)油压开关 P/SW,此开关位于该两挡的制动器上,充油即打开。其通断信号反馈给 ECT-ECU 后,使 PWM 电磁阀以占空比的方式调节换挡控制油压,以折线的方式升压变化,使离合器和制动器以“始而快、中而慢、后而快”的升压方式接合,提高了换挡质量。

(3)增设了磁电式输入轴和输出轴转速传感器 S_1 和 S_2,该信号和发动机转速信号 SP 相配合,判定锁止时机(传动比 $i=0.85$ 时)。并监测离合器和制动器的接合情况,及时反馈给 ECT-ECU,使 PWM 阀及时断开,防止无谓地工作。并对各挡传动比的好坏进行监测,如有打滑现象,及时报警。故障灯闪显 51、52、53、54 代码,即 1、2、3、4 挡传动比不正常。

(4)增设了负温度系数热敏电阻油温传感器,监测自动变速器油 ATF 的温度,即黏度的大小。反馈给 ECT-ECU 后,使油压调节电磁阀 PWM 的占空比控制频率(脉冲宽度)变化,保持控制油压不过高、过低。当油温低于 60℃时,TCC 不接合;油温高于 120℃时,TCC 分离,增加冷油器输出量,油温指示灯闪烁报警,实为高、低油温保护功能。

(5)加速踏板上增设了开关信号,额外提供了松加速踏板滑行降挡信号,并与巡航 CCS-ECU 联网工作,巡航行驶中,如人为地踩加速踏板,开关信号即通知 CCS-ECU,巡航控制即停止工作。

3. 各挡位电磁阀工作情况表(表 4-6)

各挡位电磁阀工作情况表 表 4-6

电磁阀 / 挡位	D_1 挡	D_2 挡	D_3 挡	D_4 挡	R 挡
A 阀	ON	OFF	OFF	ON	OFF
B 阀	ON	ON	OFF	OFF	OFF
TCC 阀	OFF	ON	ON	ON	OFF
PWM 阀	ON/OFF	ON/OFF	ON/OFF	ON/OFF	OFF

(1)电磁阀打开为泄油;关闭为充油。

(2)换挡组合与通用车系相同。在 2 挡时,传动比 $i=0.85$ 即锁止传动,以便提高传动效率。$\eta=1$,市内行车省油。

(3)PWM 阀前期为频率控制,连续地开、关。离合器和制动器完全接合后,即根据 S_1、S_2 信号而关闭,防止无谓地工作。

4. 各电磁阀故障情况分析

各电磁阀有了故障,故障灯即点亮报警,其故障码包括了三个内容:一是电磁阀本身故障;二是其控制线路故障;三是 ECT-ECU 中的相关电路故障。为此,应通过电测量,酌情分别处理。

(1)如 A 阀损坏:一直为打开时,无 2、3 挡;一直为关闭时,无 1、4 挡。

(2)如 B 阀损坏:一直为打开时,无 3、4 挡;一直为关闭时,无 1、2 挡。

(3)一个电磁阀损坏不是失去起步性能,就是失去高速性能。

(4)如 A、B 阀都损坏,只有 3 挡和 R 挡。此时,只有转入手控挡位,即利用手控阀油道的直通特性,用 L 挡和 R 挡缓慢回家。

(5)如 TCC 阀损坏:一直为打开时,泄油,锁止离合器接合,不能变矩,起步困难;一直为关闭时,不泄油,锁止离合器不接合,只变矩不耦合,传动效率低、费油。

(6)如 PWM 阀损坏:一直为打开时,泄油,锁止离合器背压和换挡控制油压无法调节(降压),失去控制的可靠性;一直为关闭时,不泄油,锁止离合器背压和换挡控制油压也无法调节(升压),失去控制的平顺性。

5. 各电磁阀和电元件电测量参数(表 4-7)

各电磁阀和电元件电测量参数 表 4-7

名 称	电阻值(Ω)	电压值(V)	动 作 试 验
AB 阀	2 ~24	12	通断电,动作灵敏、清脆
TCC 阀	3	12	通断电,动作灵敏、清脆
PWM 阀	3.8	12	通断电,动作灵敏、清脆
S_1 和 S_2	215 ~275	交变电压	励磁磁头,有微电压产生

三、新款本田雅阁自动变速器电控系统

新款雅阁自动变速器也是由三相综合式液力变矩器 B + W + D + F + TCC、三轴式齿轮系统、电控系统、液控系统等组成,提供四个前进挡和一个倒挡。但在结构方面进行了优化处理,使换挡性能、锁止性能、换挡规律、路面适应性能等都优于 1998 款以前的自动变速器,如图 4-37所示。

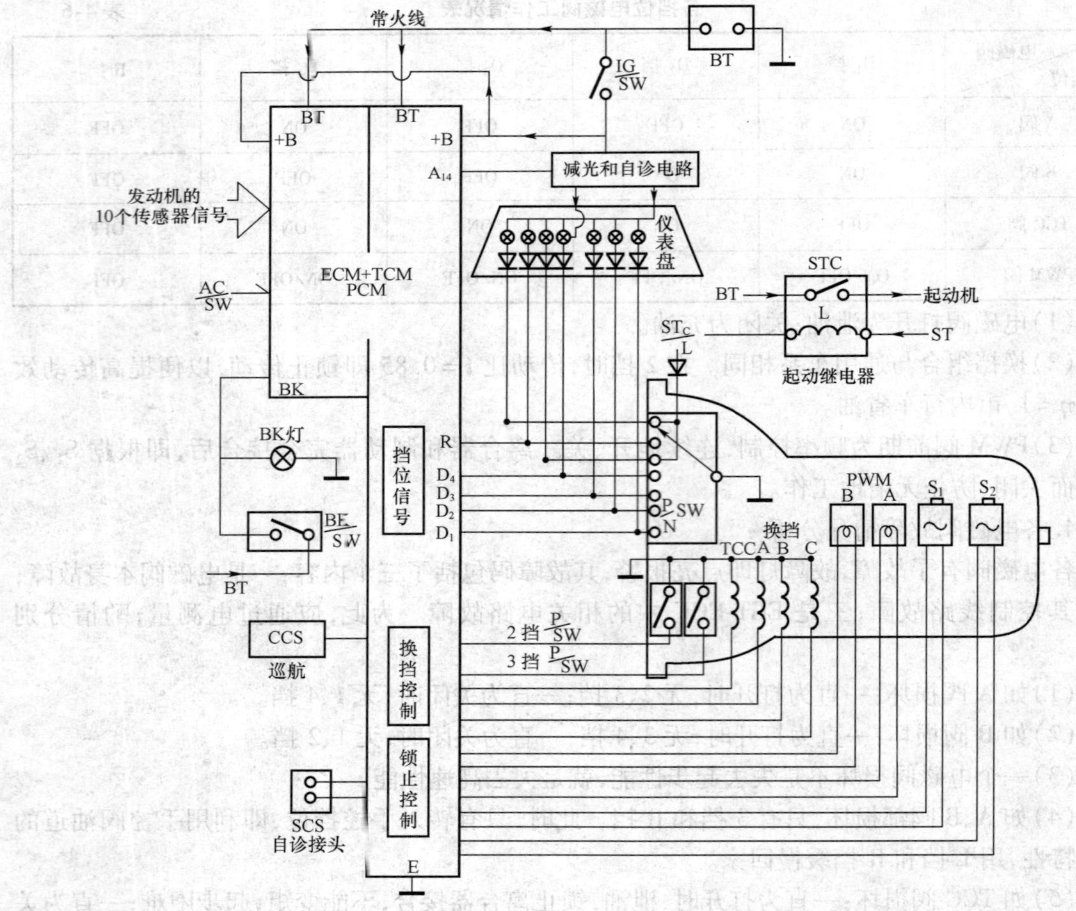

图 4-37 新款本田雅阁自动变速器电路系统

1. 电路系统特点

(1)1 挡和 2 挡离合器中有控制油压快速排除机构,换挡敏捷、时滞短。

(2)电脑 ECM 和 TCM 合为一体为组合式 PCM,无车速传感器 VSS.用输出轴的转速传感器 S_2 的磁电信号代替 VSS 信号,简化了结构。

(3)3 个换挡电磁阀(A、B、C),换挡点准确可靠。1 个锁止离合器开关电磁阀 TCC 和 2 个离合器压力控制频率电磁阀 PWM－B/A,不仅能调节锁止离合器的背压,还能调节各挡离合器的控制油压,是多元化的电控液动控制系统。

(4)常用的 2 挡和 3 挡离合器控制油路中,有油压开关 P/SW,能进行柔和反馈控制。并设有输入轴和输出轴转速传感器 S_1 和 S_2,对各挡传动比 i 能进行监控和报警。

(5)液压换挡阀为 5 个,即 A、B、C、D、E 阀,分别动作,故障少,为独特的液压继动换挡控制系统。完成 4 个挡位的油路自动转换,简化了其他辅助用的滑阀。

(6)各挡离合器充油、泄油有随动调压中继阀,即加设了 3 个离合器液压控制阀 CPC-A、B、C 阀,配合离合器压力控制频率电磁阀 PWMB/A,随动调节控制油压和锁止油压,换挡和锁止柔和性好。

(7)因有 PWM B/A 频率阀,调节控制油压和锁止油压,各挡离合器的蓄压缓冲器尺寸小,阀体总成尺寸小。

2. 换挡控制过程

(1)换挡原理。PCM 的 ROM 存储器中,已将每一挡位的最佳换挡规律和锁止规律进行了编程,行驶中根据车速信号 S_2、节气门开度信号 TPS、发动机转速信号 SP、输入轴和输出轴转速信号 S_1 和 S_2、冷却液温度信号 CTS,将实际行驶条件与存储器中的行驶条件进行逻辑对比分析,瞬时选定最佳挡位来控制换挡时机和锁止时机。通过三个换挡电磁阀 A、B、C 的导通和截止,对液压换挡阀 A、B、C、D、E 阀的相关油路进行切换,离合器液压控制阀 CPC-A、B、C 即使相关离合器充油和泄油,实现挡位的柔和转换,如表 4-8 所示。

各挡位电磁阀的工作状态

表 4-8

挡位 \ 元件		换挡电磁阀 A	换挡电磁阀 B	换挡电磁阀 C
P		OFF	ON	OFF
R		OFF	ON	OFF
N		OFF	ON	OFF
D_4 D_3	1 挡	OFF	ON	ON
D_4 D_3	2 挡	ON	ON	OFF
D_4 D_3	3 挡	ON	OFF	ON
D_4 D_3	4 挡	OFF	OFF	OFF
2		ON	ON	OFF
1		OFF	ON	ON

(2)常用挡位二挡和三挡油压开关的作用。换挡时离合器充油,油压开关导通,利用其通断信号,反馈给电脑 PCM,PCM 即发令使频率电磁阀 PWM B/A 动作,利用频率脉冲以占空比方式,通过离合器液压控制阀 CPC-A、B、C 阀,使离合器控制油压,前期快速增加,克服自由间隙后再缓慢增加,并成折线变化,平顺地接合减小换挡冲击,接合后再增大到规定值,保证可靠地传力。为此,蓄压缓冲器及阀体总成减小了,有的自动变速器因而就省掉了蓄压缓冲器(三菱系列),如图 4-25 所示。

该挡离合器完全接合后,输入轴和输出轴的转速传感器信号 S_1 和 S_2 即反馈给电脑 PCM,

确认以后即发令频率电磁阀 PWM B/A 停止工作。

(3)离合器控制油压快速排除机构。因1挡和2挡离合器是五片式，车速低、分离速度较慢。为此，在其转毂中设置了离合器活塞泄压腔，该腔也充满液压油。当控制活塞压力腔的油液泄放时，活塞在其复位弹簧的作用下复位，产生泄油缝隙。由于中间轴的高速旋转，泄压腔的离心油压，使活塞快速复位，使活塞快速的排掉压力腔的控制油液而分离，保证了快速升入高速挡。这种结构比在离合器转毂上安装止回钢球排油效果好，如图4-38所示。

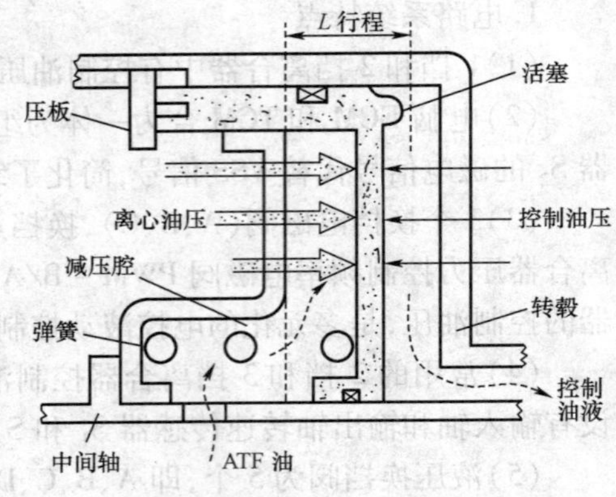

图4-38　离合器控制油压快速排除机构

(4)R挡保护控制。如果因车未停稳或在行驶中误挂了R挡(车速大于10km/h)，R挡开关信号给PCM，PCM控制单元输出一挡控制信号；R挡控制活塞和4挡离合器不会充油，起误操作保护作用。这是所有电控式自动变速器都具备的功能。

3. 锁止控制过程

锁止控制多在3挡和4挡时发生，(即传动比达到0.85时)，它投入工作的时机决定于车速信号、节气门开度信号、发动机转速信号、发动机冷却液温度信号、制动开关信号，其中车速信号是关键信号。冷却液温度信号的高低，也代表了ATF油温的高低，冷却液温度低于60℃时，不锁止为变矩状态。ATF油温低时，油液的黏度大，油压变高，频率电磁阀PWM可加大脉冲宽度，调节油压。电脑PCM接收到自动开关信号后，TCC停止锁止，变矩器为变矩状态，并使挡位下降，目的是为了重新加速行驶或防止制动反拖造成发动机熄火。当锁止电磁阀TCC动作时(它是开关阀)，离合器压力控制电磁阀PWM-B/A也动作(它是频率阀)，调节锁止油压，控制锁止强度。锁止控制电磁阀的工作状态如表4-9所示。

锁止控制电磁阀的工作状态　　表4-9

锁止状态	锁止电磁阀状态 TCC/PWM	锁止油压强度
锁止断开	断开	低压(不接合)
轻微锁止	接通	低压(轻微接合)
半锁止	接通	中压(不完全接合)
全锁止	接通	高压(完全接合)
减速锁止	接通	中压(不完全接合)

4. 液压控制过程

换挡时，电脑PCM根据各种道路的阻力变化情况和各传感器的信号变化，进行最佳换挡控制和锁止控制。因液压油路和阀体总成较为复杂，在这里规律性地介绍各电磁阀和主要液压控制阀在换挡时的流程简图，如图4-39所示。

(1)并联在油泵主油路上的液控阀是D轮转矩反馈调压阀，用来调节和保持定值油压。当汽车加速或爬坡时，变矩器内的D轮的射流力加大，转矩反馈值加大，主油路的油压值也加大，满足了大转矩、高油压传力的需要。而离合器液压控制阀CPC-A、B、C，用来调节换挡控制油压。

(2)液压油从油泵流入主油道,由调压阀定值调压后流向换挡电磁阀 A、B、C、离合器压力控制电磁阀、TCC 电磁阀。换挡电磁阀 A、B、C 是开关阀,导通打开液压油道;截止关闭液压油道,按换挡要求给液压换挡滑阀 A、B、C、D、E 提供位移控制油压,使换挡油道打开充油和排油(它是液压开关阀)。

(3)液压油进入离合器压力控制电磁阀后,由电脑 PCM 以占空比方式,按需要调节各挡离合器的控制油压,前期先快后慢;后期快速升压,使离合器液压控制阀 CPC－A、B、C 随动位移开闭油道口,提供离合器折线控制油压。可以说,CPC 阀是一个频率控制的随动液压继动阀。

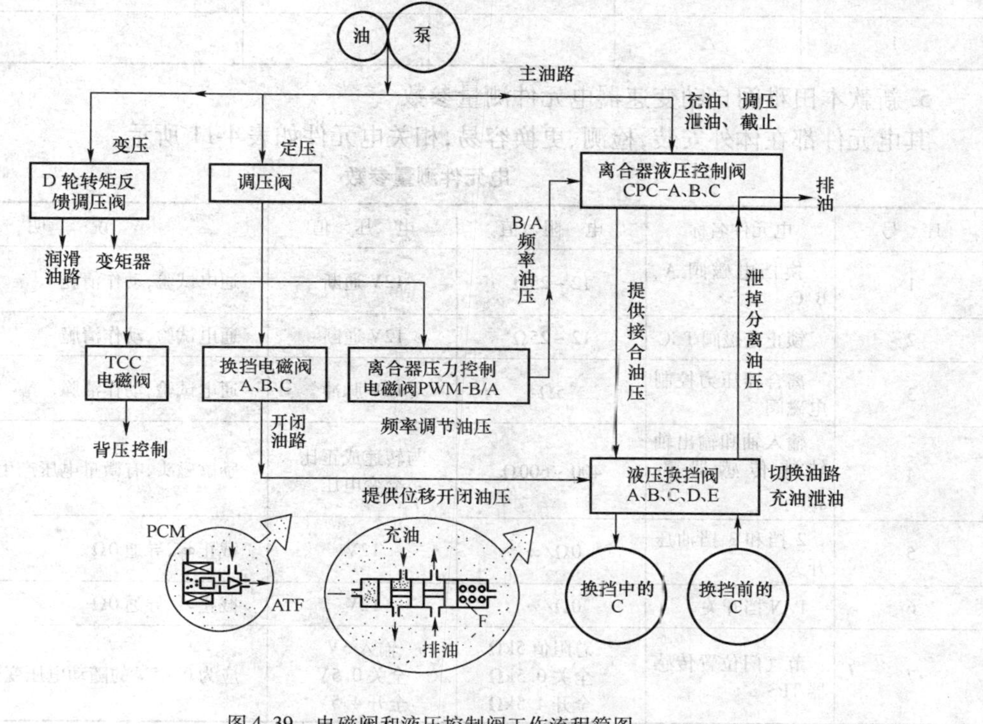

图 4-39　电磁阀和液压控制阀工作流程简图

(4)液压换挡阀 A、B、C、D、E 的相关油道,从主油道充入所需挡位的控制油压,前一个离合器的液压油也从相关油道经 CPC 阀快速排出。从而扩大了充油、泄油和调压功能,省略了许多传统的顺序阀、截止阀单个部件的数量。1998 年后自动变速器各挡位工作元件如表4-10所示。

新款本田雅阁自动变速器各挡位工作元件表　　表 4-10

挡位＼部件		1 挡离合器	2 挡离合器	3 挡离合器	4 挡离合器	倒　挡
P						
R					△	△
N						
D_4	1	△				
	2		△			
	3			△		
	4				△	

续上表

挡位 \ 部件		1 挡离合器	2 挡离合器	3 挡离合器	4 挡离合器	倒　挡
D_3	1	△				
	2		△			
	3			△		
2			△			
1		△				

5. 新款本田雅阁自动变速器电元件测量参数

其电元件都在体外安装，检测、更换容易，相关电元件如表 4-11 所示。

电元件测量参数　　表 4-11

序　号	电元件名称	电　阻　值	电　压　值	说　明
1	换挡电磁阀 A、B、C	12 ~ 25Ω	12V 通断	通电试验，动作清脆
2	锁止电磁阀 TCC	12 ~ 25Ω	12V 通断	通电试验，动作清脆
3	离合器压力控制电磁阀	5Ω	12V 脉冲	通电试验，动作清脆
4	输入轴和输出轴转速传感器 S_1 和 S_2	400 ~ 600Ω	与转速成正比交变电压	励磁磁头，有微量电压产生，越高越好
5	2 挡和 3 挡油压开关	0Ω/∞	12V	截止∞，导通 0Ω
6	P/N 挡开关	0Ω/∞	12V	截止∞，导通 0Ω
7	节气门位置传感器 TPS	总阻值 5kΩ 全关 0.5kΩ 全开 4.5kΩ	输入 5V 全关 0.5V 全开 4.5V	应为 0 ~ 5V 的随动电压变化

6. 新款本田雅阁自动变速器液压试验

液压试验是为了进一步判定油泵、调压阀、离合器等部件密封性能的好坏，如图 4-40 所示。

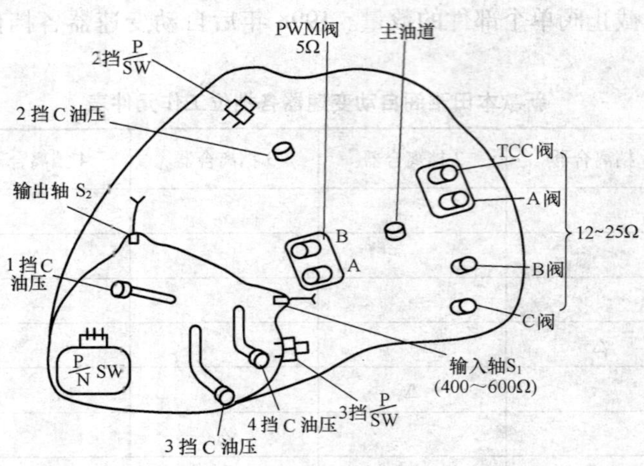

图 4-40　新款本田雅阁自动变速器外壳上的测压孔和电元件

(1)各测压孔装上油压表,测压孔的位置。

(2)将手柄置于 P 挡或 N 挡,起动发动机,保持 1 500r/min 转速,检查主油路油压,应为 850~910kPa。

(3)将手柄换入 D_4 挡位置,将转速逐渐升至 2 500r/min,1 挡、2 挡、3 挡、4 挡(R 挡)离合器上的油压表应逐一显示油压值,应为 840~920kPa。

(4)如个别离合器油压偏低,为该离合器密封性能差,和油泵、调压器无关;如各离合器油压都偏低,即说明油泵和调压阀性能失常。

第七节 电控式自动变速器的性能检验和维修

自动变速器的故障范围分为液力传动、机械部分、电控部分、液控部分。当出现起步困难、行驶无力、加速不良、油耗过大、换挡冲击、换挡困难等症状时,或故障灯已点亮时,应按下列程序检验:初始检验—基础检验—性能检验—确定维修内容和维修方式—维修后性能检验—道路试验—竣工交车。

一、初始检验

初始检验要分清是发动机问题还是自动变速器问题。

1. 发动机性能好坏的检查

(1)怠速正常、点火正常良好,各转速下,不缺火、断火、交叉点火。

(2)单缸功率良好,汽缸压力大于 800kPa;进气管真空度 Δp_x 大于 60kPa;单缸断电、断油转速跌落值大于 100r/min 或 Δp_x 的跌落值大于 5kPa。

(3)冷却液温度正常、排放值正常,无异常症状,ECU 故障灯不亮。

2. 底盘性能好坏的检查

(1)传动系统和行路机构运转状态良好,四轮转动灵活,轮胎尺寸和气压正常,制动器无阻滞现象。

(2)自动变速器性能状态如何?有无异响和高温?如果 AT 故障灯已点亮,可直接读取代码,转入对 AT 的重点检验。

(3)自动变速器故障码的检取和消除。当代乘用车故障码的检查连接器都采用统一的 OBD-II 型。可采用人工取码方法或检码器取码方法。

二、基础检验

基础检验是排除了发动机问题后,转入对自动变速器好坏的检验。

1. 液位高低的检验

将汽车停于水平地面上,发动机处于热起怠速状态,各挡位转换 1~2 次,再回到 P 挡,用油尺检查液位的高低,液位应在高油位和低油位标记之间为好。

液位过低时应补油,补油时品种应合适,以保证良好的使用性能。否则,因缺油行驶,控制油压降低,润滑不良或混入空气,造成过热,磨损加大,执行元件打滑并伴有换挡冲击。

液位过高时应放油。否则,因阀体排油孔被阻挡,排油不畅,换挡不灵敏,产生冲击,影响挡位灵敏平顺的转换。即前一挡位的控制油液还未排净,后一挡位已经充油完毕,瞬时存在两个挡位,车速将明显下降,甚至发动机被憋得熄火。

(1)行星齿轮系统自动变速器液位的检验。因换挡系统含油空间大,采用动态检查方法,即怠速运转下检查液位的高低。

(2)常啮斜齿轮系统自动变速器液位的检验。如本田车系,因换挡系统含油空间小,采用静态检查方法,即熄火后1min内拔出油尺检查液位的高低。

(3)无油尺的自动变速器液位的检验。如大众车系,拧下自动变速器油底上的专用油面检查螺钉,应能流出油液为好。

2. 油质好坏的检验

(1)油质的好坏,以色泽、杂质、磨料、黏度、纯度、油温、胶质、异味、乳状泡沫等为检验的标准。

(2)ATF油液的色泽为猩红色或淡黄色,杂质和磨料混入即变为黑褐色。高温氧化和时效变质,易产生胶质和怪味,黏度变坏,影响动力的传递和油压的稳定性,并使滑阀不能灵活地移动。当油中有乳状泡沫时,为油水混合,多为散热器中的冷油器漏泄造成或涉水时从壳体的通气孔侵入造成,应及时换油。

(3)油液的更换周期为4万km,应制止只添不换的做法。必须换用指定的ATF油,或使用Dexron-II型或III型通用油液。多数变矩器上无放油螺塞,有近1/3的油不能放出,对过脏或进水的AT应多次换油清洗或拆下清洗。

3. 挡位开关的检验

(1)手柄在任何挡位,仪表盘上的指示灯应对应同步点亮显示。

(2)换挡手柄拉索的松紧可以调节,它影响各挡位滑动开关的触点是否到位导通。如果ECT-ECU失去了挡位信号,AT即不再自动换挡,只能在1挡或R挡行驶。

(3)P/N挡起动开关好坏的检查。手柄在P/N挡时,起动机应能导通起动,其他挡位不应导通,以确保安全。

(4)有超速挡开关的车系。起速挡开关打开或关闭时,其指示灯应同步点亮显示。

三、性能检验

性能检验是确诊故障的前提。在未确诊前,不要盲目拆下自动变速器进行维修(明显故障除外)。试验内容如下:

1. 失速试验

失速试验能发现多项故障,是确定故障性质和维修方式的重要试验。

1)目的

(1)检查发动机输出功率的大小。

(2)检查变矩器性能的好坏。(主要是导轮的F轮)。

(3)检查油泵性能的好坏。

(4)检查D_1挡和R挡离合器及制动器的好坏(其他挡位的好坏,依靠路试来检查)。

2)方法

(1)发动机冷却液温度和自动变速器油温正常,正常怠速运转。

(2)用驻车制动和行车制动将车轮制动死(实为将涡轮制动死,$n_w=0$)。手柄分别在D挡和R挡位置,进行试验。

(3)猛踩一脚加速踏板,加速时间<5s,试验次数不超过3次,间隔时间应>1min,防止油温过高,损坏相关元件。

(4)读出发动机失速时的转速,规定值为2 000r/min左右为好。各车系的失速转速大小各异,一般在1 800~2 500r/min内,应因车而异,以《维修手册》的实际规定值为分析根据。

3)分析

此时 $n_w=0$，为失速状态，发动机转速此时称为“失速转速”。发动机和泵轮的液体能量全部加在涡轮上，冲击和摩擦热很大，故有限制时间和次数的要求。

（1）如 D 挡和 R 挡的转速相同，都略低于规定值，为发动机输出功率不足，应从发动机方面来排除故障。

（2）如果转速低于规定值达 600r/min 以上时（或熄火），为变矩器中导轮 D 的单向自由轮 F 打滑。此时，泵轮 B 的油液冲击涡轮 W，因导轮 D 不能锁止，又直接冲击泵轮 B 的正面而加载造成的，如图 4-41 所示。

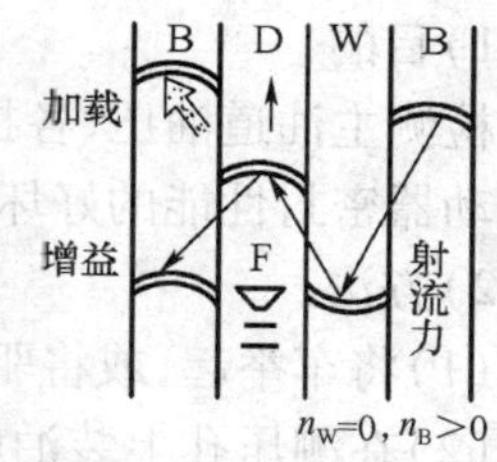

图 4-41　D 轮的 F 轮打滑时射流路线

例如：失速转速的规定值为：2 000r/min；测得失速转速为 1 800r/min，为发动机无力。测得失速转速为 1 200r/min 或更低或熄火，为导轮的单向自由轮 F 打滑对 B 轮加载所致。

（3）如 D 挡和 R 挡的转速都超过规定值，为滤油器脏堵、油泵油压低、油质变坏、主油路调压阀失效、控制油压低、离合器 C 和制动器 B 密封件失效打滑等多种原因造成的。

（4）如 D 挡高于规定值，而 R 挡正常或相反时，是该挡的控制油压低，相关的离合器 C 或制动器 B 打滑所致。与油泵、变矩器、滤油器、油质等原因无关。

2. 时滞试验

1）目的

进一步检查离合器、制动器的磨损情况及控制油压是否正常。它是利用换挡时泄油和充油的时间差来分析故障，是对失速试验结果的进一步验证。

2）方法

发动机冷却液温度正常、ATF 油温正常、怠速运转正常。

（1）手柄在 N 挡位，拉紧驻车制动器。

（2）分别从 N 挡换入 D 挡和 R 挡，间隔时间为 10s 以上，以便使离合器和制动器恢复全开状态。

（3）同时，用秒表测量有横向振动感时的时间：N—D—1.2s，N—D—1.5s。

（4）横向振动感又称挂挡振动，是在怠速工况挂入 D 挡或 R 挡，加上额外负荷所致。又因发动机是弹性支撑，换挡时必然横向振动，如图4-42 所示。

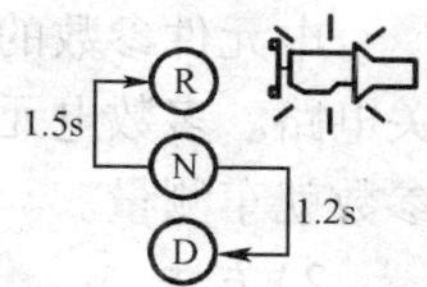

图 4-42　时滞试验的时间差

3）分析

（1）时滞时间过长，是因为离合器和制动器的摩擦片间隙过大或控制油压过低。

（2）时滞时间过短，是因为离合器和制动器的摩擦片间隙过小或摩擦片翘曲变形，也可能是控制油压过高。

（3）保持正常的时间差，使前一挡位油液排净分离，后一挡位充油接合，可防止“换挡冲击”，还可防止在阻力无常的路面行驶时忙乱换挡，减小摩擦片的磨损。

（4）R 挡时滞时间应略长于 D 挡，这是因为 R 挡时的行星排转速低，其控制活塞上的快速排油球阀，因离心力小排油较慢所致。

3. 液压试验

自动变速器外壳上有测压孔，多少和位置因车而异。一般规律是：在 D 挡和 R 挡都出油的，为主油路测压孔；只在 D 挡出油的，为前进挡控制油路测压孔；只在 R 挡出油的，为 R 挡控制油路测压孔，如图 4-43 所示。

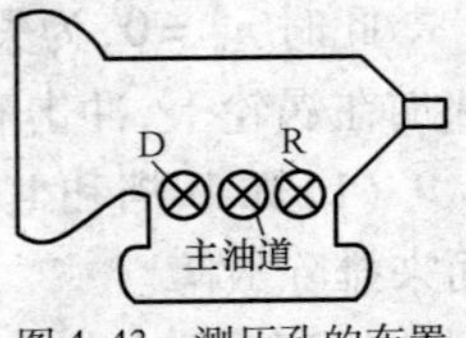

图 4-43 测压孔的布置

例如：本田车系自动变速器外壳上，不仅有主油路测压孔，还有 1、2、3、4 挡离合器控制油道的测压孔。

1）目的

检测主油道油压、各挡离合器和制动器控制油压。用来判定油泵、主油路调压阀、离合器及制动器密封性能的好坏。

2）方法

（1）将车举起，或将驱动轮举起，塞好非驱动轮。

（2）在测压孔上装油压表（量程为 0 ~ 2 000kPa）。

（3）测出 D 挡和 R 挡在怠速工况和失速工况的油压值。

（4）在 D 挡使转速上升到 2 500r/min，各挡油压值应不低于怠速油压值。

各种自动变速器的主油路油压值一般规律如表 4-12 所示。

自动变速器的主油路油压值 表 4-12

发动机工况	D 挡	R 挡
怠速	400 ~ 500kPa	600 ~ 800kPa
失速	900 ~ 1 200kPa	1 300 ~ 1 600kPa

注：新款本田车系的主油路油压及各挡控制油压值为：850 ~ 910kPa。

3）分析

有四种症状：

（1）D 挡和 R 挡油压都低，为油泵故障、主油路调压阀故障（犯卡、不关闭）。

（2）D 挡和 R 挡油压都高，为主油路调压阀故障（犯卡、不开启）。

（3）只 D 挡油压低，为前进挡相关离合器和制动器密封件漏泄，与油泵和主油路调压阀无关。

（4）只 R 挡油压低，为 R 挡离合器或制动器密封件漏泄，与油泵和主油路调压阀无关。

4. 电元件的测量和性能试验

1）目的

电元件参数的检测是判定电元件好坏的根据，它包括电元件本身、线路、ECT-ECU 中的相关电路。多数电元件为体外拆检式或拆下油底即可检测，应利用《维修手册》线路图和电元件参数就车测量。

2）方法

检测各电元件的电阻值、电压值、通断动作声，判定其好坏。检测内容如下：

（1）各种电磁阀的电阻值、电压值是否正常。

（2）各种电元件的电路是否正常

（3）传感器的输出信号是否正常。

（4）执行元件通、断电试验时，动作是否清脆灵活。

（5）发动机和自动变速器的搭铁线回路的电阻值是否正常（应 $<1\Omega$）。这一点往往被忽视，致使回路不畅而控制失灵。

四、确定维修内容和维修方式

通过性能试验，还可通过道路试验进行验证，故障内容基本确定，维修方式即可确定。维修方式有两种：

1）就车维修方式

属局部小修方式。有调整、换件的内容，作业难度较小。其内容为电控系统的各种电元件、液压系统的滤油器、各种滑阀和阀体总成（本田车系维修液压系统需离车维修）。

2）离车维修方式

属解体大修方式。维修内容多、作业难度大，应采用目测、电测、尺寸测量三结合方式进行维修，力求一次成功。出现以下情况需离车维修：

（1）凡有机械噪声、高温故障、无法行驶等故障时。

（2）变矩器故障、油泵故障、换挡离合器及制动器故障。

（3）行星齿轮机构故障，包括了支承件、定位件、密封件等。

五、自动变速器故障判断分析表

为了便于判断故障，确定维修内容和维修方式，表 4-13 以普遍规律原理，分项说明。

故障判断分析表

表 4-13

现　　象	原　　因	排除方法	维修方式
油质发黑、变色、变质	（1）高温氧化结胶变臭，失去传力、控制、润滑能力； （2）磨料污染，变质、变色； （3）油水混合，有乳状物而变质	4 万 km 定期换油或视情换新油	就车修理
空挡爬行	（1）怠速过高； （2）手控阀位置不准（拉索失准）； （3）离合器、制动器分离不彻底	调整 调整 拆换	就车修理 就车修理 离车修理
起步、加速不平顺（犯闯）	（1）发动机弹性支座损坏； （2）车轮制动器阻滞力大（拔劲）； （3）TPS 失准或 1、2 挡换挡电磁阀失灵； （4）油位低、油压低、油质变坏、传力不良； （5）低速挡的离合器、制动器、F 轮失效； （6）变矩器 D 轮的单向自由轮 F 打滑	拆换 调整 换件 换油 拆换 拆换	就车修理 就车修理 就车修理 就车修理 离车修理 离车修理
冷车行驶、热车不走	（1）发动机过热，ATF 油温过高； （2）使用了劣质代用 ATF 油； （3）油泵磨损，离合器及制动器密封件老化漏油	检查 换油 拆换	就车修理 就车修理 离车修理
只能高转速、低车速行驶；不能高速行驶	（1）高速挡离合器及制动器失效； （2）变矩器 TCC 失效； （3）高速挡换挡电磁阀失效； （4）TPS 和 VSS 失效	拆换 拆换 拆换 拆换	离车修理 离车修理 就车修理 就车修理
换挡冲击和噪声	（1）发动机弹性支座损坏； （2）调压阀失效，控制油压过高； （3）蓄压器或止回节流阀失效； （4）TPS 或 VSS 失灵； （5）行星排轴向定位件松旷或换挡用 F 轮失灵	拆换 拆换 拆换 拆换 拆换	就车修理 就车修理 就车修理 就车修理 离车修理
挂入 D 挡或 R 挡，无驱动反应	（1）手控阀不到位； （2）滤油器脏堵，无油压； （3）1、R 挡离合器及制动器损坏； （4）油泵损坏，变矩器 F 轮损坏； （5）换低挡用 F 轮损坏	调整 拆换 拆换 拆换 拆换	就车修理 就车修理 离车修理 离车修理 离车修理
只能前进、不能后退，或相反	（1）1 挡或 R 挡离合器及制动器失效； （2）换低挡用相关 F 轮失效	拆换 拆换	离车修理 离车修理
升挡、降挡时滞过长	（1）换挡控制油压低，摩擦片过薄，密封元件漏泄； （2）换挡电磁阀或液压换挡阀动作失灵； （3）TPS 或 VSS 信号不良	拆换 拆换 检测	离车修理 就车修理 就车修理
高速行驶、频繁跳挡	（1）高速挡液压换挡阀漏泄失灵； （2）高速挡相关离合器及制动器密封件失效； （3）发动机动力不足	拆换 拆换 检测	就车修理 离车修理 就车修理

六、自动变速器的故障规律和检修过程中的注意事项

自动变速器的故障范围分为液力传动、机械部分、电控部分、液控部分。自动变速器离车解体换件维修是大修过程。拆装顺序和检验标准应按照《维修手册》进行施工。总的原则是：视情修理、换件为主、清洗彻底、密封当头、全面覆盖、力争一次成功。

1. 变矩器的检测

(1)变矩器只能随变速器一块拆下或装上，不能只拆下变速器，不拆下变矩器，维修过程中也包括了对变矩器的清洗和检查。如分别拆时，很难使其驱动爪对正油泵齿轮的爪孔，易损坏油泵。

(2)变矩器F轮的好坏，应通过清洗后进行检查。方法是：将它立起为90°位置，用专用花键棒转动导轮的内齿圈，顺时针转动应自由，逆时针转动应阻尼锁止(本田车相反)，不能有打滑现象。

(3)变矩器的故障分四个方面：

①F轮打滑，不再变矩，严重时造成起步熄火。

②泵轮、导轮、涡轮间的止推件磨损或飞散，造成传力噪声或卡死，出现挂挡熄火。

③减振弹簧疲劳或损坏，造成传力噪声或卡死，也会出现挂挡熄火。

④摩擦面料耗尽，不起锁止作用。

2. 油泵的检测

油泵的好坏是自动换挡的根本，凡在检测油压时，油压值较低，必须对油泵的好坏进行检查。应按《维修手册》的数据值，测量它的各部间隙(齿隙、端隙、背隙)。并检查泵壳内表面的摩擦印痕，超标时一律换新。油泵损坏的原因是换油不及时，油质变坏造成(油中磨料太多)。

3. 行星齿轮机构

(1)行星齿轮是常啮传力，啮合量大，不易发生机械故障。但最怕缺油和油质变坏，造成润滑、冷却不良而烧毁，或者是离合器、制动器打滑产生高温而烧毁。其齿轮系统的支承件、轴向定位件、密封件、转动滑套等部件损坏率最高，损坏规律是先有噪声后有烧毁。

(2)它的齿轮机构及径向支承件、轴向止推件、密封件、单向自由轮F的磨损和松旷，都是噪声源和漏泄源，应一律换新。

(3)各元件间及输入轴、中间轴、输出轴间的轴向间隙，靠轴向止推件的尺寸来保证，装合后无法检查其大小，一旦发现有磨损现象，应一律换新。

(4)输入轴、中间轴、输出轴多为空心轴，形成液压控制油道，其轴间连接处，设有隔离密封环(铸铁环或尼龙环)，应一律换新。应严格检查其接触部位，不能有痕槽。否则，应成对地更换，以确保密封性能良好。

(5)各挡位行星排中的单向自由轮，如不损坏，不要轻易拆下，以保证它的单向锁止功能的方向不发生错误，防止失去行驶能力和反拖能力。

4. 离合器及制动器

(1)离合器、制动器摩擦面料变薄、变质，制动带弹性变小，控制活塞密封圈漏损，是主要故障，应一律换新。

(2)摩擦片、制动带、密封件，应使用ATF浸泡30min后装复，片和带的厚度和间隙应正常。

(3)换新后应进行漏气试验和动作试验(气压500kPa)。因漏气试验的专用夹具因车而异，不少维修人员不进行这一试验，往往造成多次返工。

5. 液压阀体总成

(1)其阀体结构紧凑、加工精密、配合间隙极小,最怕油温过高,油质变坏,使阀体内的滑阀胀死,失去换挡和调节能力。一般通过清洗除垢后可以排除,不轻易更换。

(2)拆检清洗时,单向止回钢球的数目和位置不能装错。各滑阀一律拨动,试验其动作灵敏度。接合平面不能变形缺垫,防止漏油。

(3)曾因缺油烧毁过离合器、制动器、齿轮系统,其相邻的液压阀体也会翘曲变形,不能再使用,应视情换新。

6. 冷油器

冷油器多在水箱的下部,利用冷却水的冷热交换来保持油温的正常。同时利用冷却液温度表的显示,监控自动变速器油温是否正常。冷油器外表面受冷却液的腐蚀情况很难发现,只能通过清洗后进行200~300kPa的气压检验,水箱加水口处没有漏气征候为好。

7. 各种传感器和电磁阀及电元件

(1)电控系统的故障集中在ECT-ECU和各种电磁阀、电开关、传感器和控制电路及接口等方面。主要故障是断路、短路、线圈烧毁、信号不良、接触不良、脏堵、动作不灵。只要充分利用自诊系统和正确的电测量手段,采用换件对比的维修方法,即可迅速排除其故障。

(2)应对各种电磁阀、电开关、传感器、电接头进行测量,检查其电阻值、电压值、信号发生量,通、断电动作试验,按《维修手册》规定,不达标者,一律换新。

8. 严格把好装配关

应参照《维修手册》进行装配,装配过程中的清洗质量、安装方向、关系位置、松紧情况、相对间隙、密封质量应符合标准。确保不错装、不漏装、不松不紧、运转正常。

9. 先进行原地运转试验

自动变速器装车后,将车支起原地运转试验,这是不可缺少的检查调节过程,最好用扫描仪监控运转。各挡位转换正常,无噪声和高温,走合运转1~2h后,达到“三不漏”的要求,即不漏油、不漏水、不漏电。确认无误后,再进行道路试验。

七、道路试验

1. 目的

应视情在维修前或维修后进行,目的是进一步检查自动变速器的使用性能。即起步加速性能、换挡性能、TCC锁止性能、驾驶模式性能及有无噪声、发热、打滑、振动等方面的故障。道路试验有助于故障的确定和维修质量的监控。

2. 监控方法

监控道路试验的方法有两种:一是用扫描仪,它能定量地、及时地显示动态下的升挡点、降挡点、锁止点对应的车速值等参数,但冲击、振动、噪声、漏油等故障尚需依靠人的感觉来判定。二是依靠人的感觉,定性地参照转速表和车速表对应配合转换情况,检查其升挡、降挡性能。为此,试车人员应具备较高的技术素质。

3. 试验的条件

发动机和底盘技术状况良好;轮胎尺寸和气压正常;冷却液温度和自动变速器油温正常(90℃左右);道路平坦,交通流量少。

4. 试验的内容

多为正常驾驶模式中的D挡、OD挡、R挡、L挡、P挡全部内容。必要时对其他驾驶模式也应进行试验。

5. 试验方法

1) D 挡时升挡、降挡、换挡规律的试验

节气门开度和车速的对应关系称为“换挡规律”。不同的节气门开度,必然对应不同的换挡点,其换挡时的车速值与节气门开度的大小呈正比关系。即小开度、低车速即降挡;大开度、高车速才升挡。为此,可采用节气门半开或全开状态下路试,将加速踏板固定在半开位置,以 TPS 输出的电压值为准。例如:本田雅阁自动变速器的节气门全开输出电压为 4.5V,半开输出电压为 2.25V。

(1)升挡试验。连接好仪器(检测仪),道路平坦,手柄在 D 挡,打开超速挡开关,踩下加速踏板,起步加速行驶直至节气门全开或半开,到达规定的最高车速。试出此过程中升挡时和锁止时,所对应的车速值。要求:发动机转速一般不高于 3 500r/min;无噪声、发热、冲击、脱挡现象;各挡的升挡点符合该车《换挡规律表》的规定值,这是竣工交车的依据。

(2)降挡试验。节气门应以全开状态试验,打开超速挡开关,在平路上加速行驶。当达到最高车速后,即转入连续上坡的道路上加速行驶,进行自动降挡试验。试出上坡过程中,TCC 锁止、断开和降挡时对应的车速值。如因很难找到合适的连接坡道,多依平路升挡试验时,全开和半开的两次数据为准,即可免试。

不能以缓慢制动减速,检查 OD-3-2-1 降挡转换,这只是利用制动开关信号强制降挡试验,不是自动降挡试验。

例如:新款本田雅阁 AT 换挡规律(F23A1 发动机)如表 4-14 所示。

新款本田雅阁 AT 换挡和锁止规律表(km/h) 表 4-14

	节气门开度	1—2 挡	2—3 挡	3—4 挡	锁止接通
平路升挡	半开 TPS = 2.25V	33 ~ 37	63 ~ 69	94 ~ 100	110 ~ 116
	全开 TPS = 4.5V	55 ~ 61	99 ~ 105	155 ~ 161	156 ~ 162
上坡降挡	节气门开度	4—3 挡	3—2 挡	2—1 挡	锁止断开
	全开 TPS = 4.5V	137 ~ 143	87 ~ 93	42 ~ 48	146 ~ 152

(3)必要的说明:

①相邻两挡的降挡车速比升挡车速低 10 ~ 15km/h,此差值为“迟滞值”。迟滞的目的是为了防止当车速接近换挡点时,出现“忙乱换挡”现象,保持稳定车速,减小离合器及制动器摩擦片的磨损,这是所有自动变速器的换挡规律。

②如无检测仪监控,可根据转速表和车速表两指针的瞬时变化情况,粗略地查出升挡、降挡的反应。这是因为齿轮系统各挡的传动比有一定差值,转换时呈阶梯式变化,因有液力传动效应,级差影响不很明显,但从两个表针上能反应出征侯来,如图 4-44 所示。例如:升挡时,车速表明显上升,转速表明显下降,此为对道路适应能力的反应。降挡时,车速表明显下降,转速

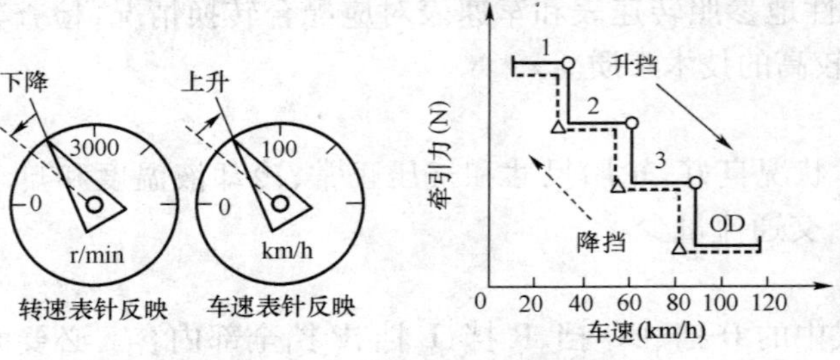

图 4-44 粗略检查升挡和降挡规律

表明显上升，此为行驶阻力增大的反应。

③如不符合规定值，应检查控制油压、电元件、离合器及制动器的好坏。

2）换挡冲击试验

在平坦路上等速行驶，突然放松加速踏板，接着又加速行驶，会出现挡位的转换，转换时应平顺柔和，发动机振动小。如冲击过大，说明换挡品质差。原因是换挡控制油压过高、蓄压缓冲器失效、止回节流阀失效、离合器及制动器摩擦片磨损、行星排轴窜量过大、TPS 和 VSS 信号失准等故障。

3）变矩器锁止离合器性能试验

在 D 挡行驶，车速达 100km/h 以上时，锁止离合器应已接合。急促加速，转速表和车速表应同步地快速上升，这是传动效率（η）提高的反应。如车速表上升幅度不大，而转速表上升幅度较大，证明锁止离合器没有接合。原因是锁止离合器片过度磨损或锁止控制系统故障，应更换变矩器或检修锁止离合器阀和液压锁止滑阀。

4）手动 2 挡和 L 挡性能试验

（1）手柄在 1 挡位，起步加速行驶，不应有升入 2 挡的显示或感觉，只能是高转速、低车速行驶。松开加速踏板，应有明显的反拖降速感觉，即"发动机制动作用"良好。否则，说明 1 挡离合器、制动器及相关的单向自由轮 F 打滑。

（2）在 1 挡位行驶中，可将手柄移入 2 挡位，车速应明显地提高，不应有再升挡或降挡的显示或感觉。否则，说明 2 挡离合器、制动器及相关的单向自由轮 F 打滑或换挡信号有误。

（3）在 D 挡行驶中，车速不超过 50km/h 时，也可将手柄移至 2 挡和 1 挡，汽车应明显地降速增扭，并有更大的反拖制动感觉为好。

5）倒挡 R 性能试验

汽车停稳后，手柄移入 R 挡，略踩加速踏板，应能迅速倒车为好。否则，说明 R 挡离合器及制动器打滑。

6）驻车挡 P 性能试验

将车停在大于 9% 的坡道上，手柄移入 P 挡，松开驻车制动器，应不溜车为好。否则，说明是 P 挡制动爪的机械故障。

第八节　自动变速器正确的维护和操作方法

一、电控式自动变速器的正确维护

使用自动变速器的乘用车，应定期、定点地进行维护，而日常维护是出车前、行车中和收车后不间断地进行，由驾驶员本人来完成，这是衡量驾驶员素质高低的指标。维护内容如下：

（1）自动变速器油面的高低和油质的好坏。出车前除检查其他系统的工作介质外，还应检查自动变速器的油面高度。油面高度过低或过高，应查找原因排除。添油时应使用同类型的指定的 ATF 油。油质的色泽为猩红色或淡黄色，无异色、无杂质、无异味、无泡沫，如有刺鼻的怪味，应及时换油并查找出原因。

（2）定期更换新 ATF 油。换油周期为 4 万 km，到维修厂换新油，换油时必须更换新的滤芯（本田车除外）。不能只添不换或换油不换芯。

（3）行车中应不断地监控水温表的高低。因自动变速器的冷油器多装在散热器中（水箱），和冷却液进行热量交换。当发动机冷却液温度表异常时，应立即检查维修，防止由此引起发动机过热和自动变速器过热而损坏相关机件。

(4)行车中应不断地监控转速表和车速表的显示状态。换挡性能的好坏,可通过两个表针的升降变化来判定,其规律是:升挡时,车速表明显上升,转速表明显下降,是适应性的反映。降挡时,车速表明显下降,转速表明显上升,是阻力变化的反映。车速达100km/h时,转速一般在3 000r/min左右为正常。如果出现高转速、低车速现象,即为故障征兆。

(5)行车中自动变速器故障灯点亮时或工作状态异常时(如噪声、高温、犯闯等),应立即去维修厂检修,不要带病工作造成病情恶化,扩大故障范围。

(6)汽车在雨季涉水后,应及时检查ATF油质,及时换新,以防从自动变速器通气孔中进水,使油质变坏而加速磨损。

二、电控式自动变速器正确的操纵方法

1. 正确选用手柄位置

P——停车挡,停车时或驾驶员离车时使用,在坡道上起步时也使用。在该挡位可以起动发动机运转。

R——倒车挡,车停稳后挂入倒挡倒车。

N——空挡,可以起动发动机运转,多在行车中熄火起动用。

D——前进自动挡位,1~4挡自动转换,应在好路上使用。有的车有D_3挡位,1~3挡自动转换,多在稍坏的道路使用。

2——手动2挡,固定于2挡。多在坏路上、爬长坡、下长坡时使用。目的是防止频繁地跳挡,减少自动变速器中离合器和制动器的磨损。

L——手动1挡,固定于1挡,在最坏的道路上使用或长距离的上下坡时使用。目的也是防止频繁跳挡,减少离合器和制动器的磨损。下长坡时,可充分利用反拖发动机制动,减少行车制动系统的磨损。

2. 正确使用超速挡开关

有的车在D挡位附加1个超速挡开关,对超速挡进行锁止。好路时,打开超速挡开关可升入超速挡,传动比小、车速高、省油、发动机磨损小。如关闭超速挡开关,只能在1~3挡自动转换,在稍坏的道路上使用,防止频繁跳挡,减少高速挡离合器和制动器的非正常磨损。

3. 正确使用驾驶模式开关

根据车种和档次的不同,驾驶模式在电脑中有不同的编程,并利用开关控制,应正确使用这些开关。

Norm——正常模式,好路使用,它有固定的换挡点和锁止点。一般在2挡或3挡变矩器即锁止,传动效率高、省油。

Pwr——动力模式,坏路时用,它的换挡点和锁止点比正常模式迟后,动力性好、费油。

Econ——经济模式,换挡点和锁止点较早,好路时用,省油。

Winter或Snow——冬季滑路或雪地驾驶模式,按下开关后,只能用2挡起步,3挡行驶,防止车轮打滑,车速达80km/h后,自动解除。

Hold——保持驾驶模式,手柄在D挡行驶时,按下此开关Hold,即保持在某一挡位,不再自动换挡。

4. 先热起、后行车、先慢后快

发动机冷却液温度、自动变速器的传动液温度,是衡量行车前车辆技术状况好坏的关键参数。正常的工作温度可保证最佳配合间隙、润滑油膜的建立以及液力传动油最佳黏度效率的建立。为此,行车前需有一个预热过程(2~3min),待冷却液和传动液温度达60℃以上时,才能起步行驶，先慢后快地过渡到高速状态。

5. 少用四急工况

高速公路的出现，急起步、急加速、急转向、急制动工况，不仅费油，还加大了轮胎、转向系统、制动系统的磨损，自动变速器的离合器及制动器，也因频繁地转换而磨损。应平稳操纵加速踏板加减速度，节气门位置传感器无较大的加速率和减速率信号，避免了异步喷射的发生，因而省油。

6. 轮胎气压正常

气压的高低会影响轮胎尺寸的大小，它直接影响车速值和牵引力值，胎压过高是通病，应该纠正。

7. 保持经济车速

乘用车的经济车速为 100 ~ 120km/h，这是汽车发动机的技术特性所决定的，这也是高速公路上规定的安全车速。超过这极限值高速行驶，不仅使发动机和变速器磨损加大，也会加大燃油和润滑油的消耗量，交通事故率也会加大。

8. 抬加速踏板提前升挡法和猛踩加速踏板提前降挡法

电控式自动变速器的换挡规律和锁止规律，已设定在电脑 ECU 中，它是利用 SP、TPS、VSS 逻辑信号来触发，产生换挡和锁止指令。节气门开度电压信号 TPS 和车速电压信号 VSS 共同控制着液压换挡滑阀两端的换挡电磁阀，实现挡位的自动转换，一旦两个电压信号出现差值，即会产生换挡动作，这是提前换挡的基本机理。又因为节气门开度与车速间有固定不变的对应关系。即小开度、低车速降挡；大开度、高车速升挡。了解换挡规律是正确使用自动变速器的前提。

例如：本田时韵乘用车自动变速器的“换挡规律”是：TPS 电压 4.5V 时，1 挡升 2 挡——58 ~ 63km/h；TPS 电压 2.25V 时，1 挡升 2 挡——33 ~ 39km/h；TPS 电压 0.8V 时，1 挡升 2 挡——17 ~ 19km/h。

为此，当道路条件良好时，可利用节气门开度 TPS 和车速 VSS 的电压差信号，人工创造换挡时机，改变原来设定的换挡点，提前升挡或提前降挡，达到省油的目的。

(1)抬加速踏板提前升挡法。D 挡起步(D_1)，稍踩加速踏板，加速到 20km/h 左右时，抬加速踏板即提前升入 2 挡；继续缓踩加速踏板，加速到 40km/h 左右时，再抬起加速踏板，即提前升入 3 挡；加速到 60km/h 左右时，再抬加速踏板，即提前升入 4 挡。

(2)猛踩加速踏板提前降挡法。D 挡行驶，达到较高车速时，如需减速行驶，猛踩一下加速踏板，即降一个挡位，再猛踩一下，又降一个挡位，车速会明显下降，不必踩制动减速，减少了行车制动系统的磨损。特别是在下长坡时可充分利用发动机的反拖制动作用而减速，并利用其电喷断油功能而额外省油。

第九节 全速式——手动/自动一体化自动变速器的工作原理

手动模式(M)是英文 Manual 的缩写。当前不少电控式自动变速器采用了手动/自动(MT/AT)全速式五挡自动变速器。如本田时韵、奥迪 A6 等车系。手动模式的出现，代表了自动变速器发展的新潮流。

一、全速式——手动/自动 M 模式控制的优点

(1)扩大了动力挡的控制范围——取消了手控 2 挡和 1 挡的位置，变为全速手控模式，因其锁止控制迟后一个挡位，变矩传动时间长，故称“动力挡位”(S)。可在 1 ~ 5 挡间自由地转换，就像手动变速器一样，随心所欲地换挡行驶，无其他操作。例如：D 挡位时，2、3、4、5 挡时

锁止(省油)。M 挡位时,3、4、5 挡时才锁止(费油)。

(2)它不仅是为了应急使用(PCM 自动换挡控制单元失效)。更方便了驾驶员根据行驶条件和自己的意图驾驶车辆。固定在某一挡位,维持动力性能稳定行驶,防止频繁跳挡,减小离合器和制动器无谓地磨损,如图 4-45 所示。

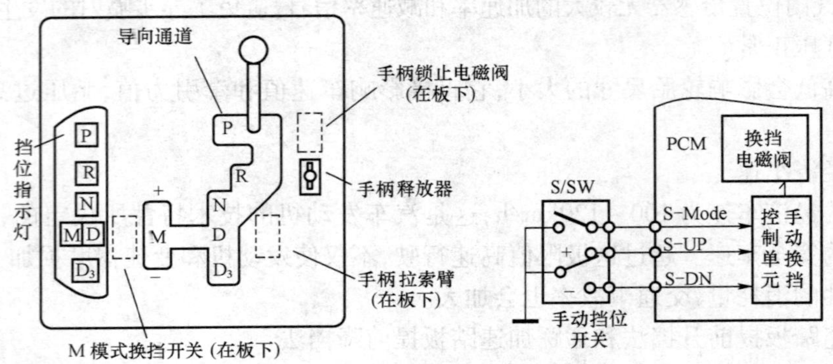

图 4-45　本田时韵手动换挡原理图

二、手动控制原理与使用方法

它由手柄、台阶式双通道导向槽、定位弹簧、手柄的挡位开关拉索臂、手动模式开关、挡位指示灯等组成。本田车系尚有手柄锁止电磁阀、手柄锁止释放器。

(1)换挡手柄处有两个运动通道:一侧为传统的挡位通道;一侧为手动模式通道。都利用板面上挡位指示灯显示,仪表盘上也有指示灯同步显示。

(2)换挡手柄向下运动自由,向上运动锁止——手柄下端有定位弹簧,使手柄紧靠在导向槽的左侧台阶通道上,起定位作用。如需要向上运动,需施加向右的推力,因而产生手感,防止误挂 R 挡和 P 挡。

(3)手柄在 P 挡和 R 挡时,手柄锁止电磁阀将手柄下端锁死,必须踩下制动踏板,制动开关信号使锁止电磁阀导通,而释放手柄的目的是安全控制。如果该电磁阀不工作,可利用释放孔,利用点火钥匙,压下释放器即解除锁止。

(4)手柄的下端连接拉索臂,控制变速器外壳上的挡位开关动作。当手柄从 D 挡左移到 M 挡时,手柄的下端与拉索臂脱钩,挡位即保持在 D 挡。从此,即进入手动模式通道,并和手动模式开关 S/SW 连接,其 M 指示灯显示。

(5)手动模式换挡开关为三线式触发开关,和 PCM 联通,PCM 中配有递增、递减电路,其触点信号为:S-Mode——动力模式;S-UP——升挡(+);S-DN——降挡(-)。

因此,当手柄在 M 通道向上拨动时,即升挡,点动依次触发递增为 1、2、3、4、5 挡;当向下拨动时,即降挡,点动依次触发递减为 5、4、3、2、1 挡。

(6)点动换挡信号送至 PCM,其手动换挡控制单元中,编制有 1~5 挡的控制程序,发令使各换挡电磁阀动作,换入所需要的挡位(电磁阀的通断组合同 D 挡)。同时,仪表盘上的数码管指示灯,即显示所换的挡位。

第十节　2001 款本田时韵自动变速器特点与故障诊断

2001 款本田时韵乘用车,装用了“手动/自动一体化”五速式自动变速器,它是之后四年本田车系自动变速器变型的基础。其电控液动换挡控制系统,也是其他车系自动变速器变型的发展方向，代表了21世纪自动变速器结构的新潮流。

一、手动/自动一体化五速式自动变速器的结构特点

1. 变速系统定型化

(1)仍然采用了三相综合式液力变矩器、定轴式常啮斜齿轮变速机构，用5个离合器(4片式)组成5个前进挡和1个倒挡。和1998款雅阁及CRV等乘用车自动变速器的齿轮系统大同小异，只是多了1组5挡齿轮和1个换挡离合器。

(2)仍然是D_4挡和R挡共用1个离合器C和1个移动齿圈换挡。如果该离合器打滑，即同时失去4挡和R挡。

(3)增加了1个惰轮和轴，$Z_1=Z_2>Z_3=Z_4$，加快了1挡、2挡、3挡换挡时瞬时空挡离合器的旋转速度，排油迅速，减小了换挡冲击。

(4)输入轴上的齿轮与轴是空套连接(Z_1除外)；输出轴上的齿轮与轴是固定连接；中间轴上的齿轮与轴也是空套连接(Z_4除外)。

(5)各挡传动比为：1挡——2.074；2挡——1.159；3挡——0.796；4挡——0.773；5挡——0.571；R挡——2.000；最终传动比为4.563。可见，超速挡为三级式，提高了对高速公路的适应能力，降低了发动机常用转速范围，油耗和磨损大幅度下降，如图4-46所示。

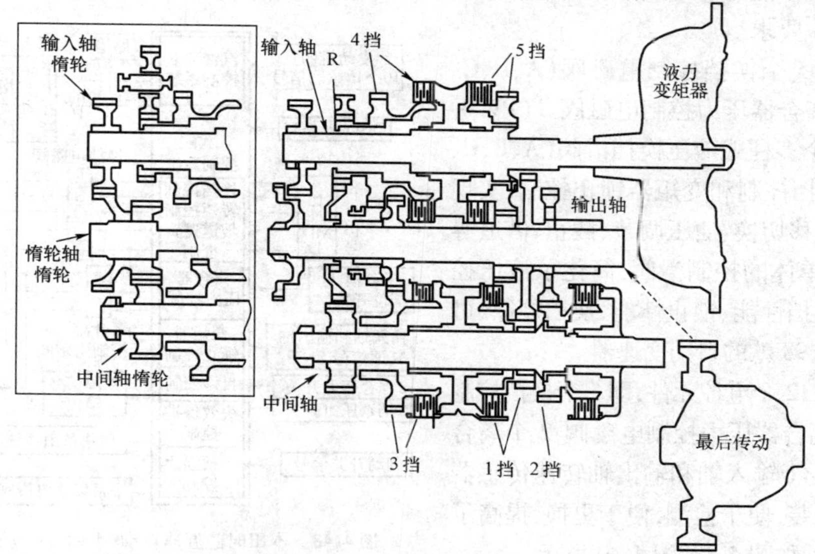

图4-46 本田时韵乘用车手动/自动一体式五速自动变速器结构图

(6)各挡工作情况如图4-47所示。

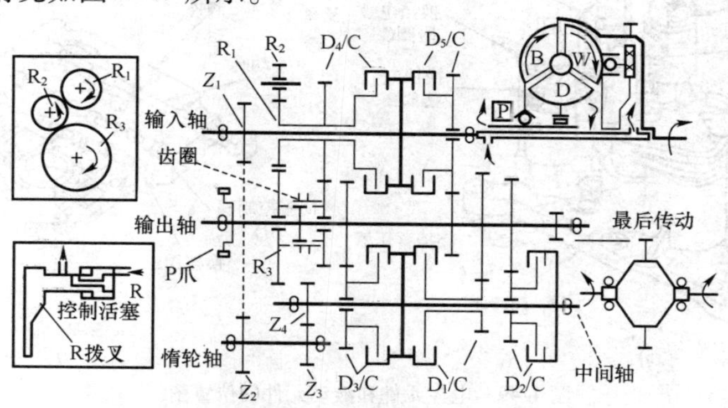

图4-47 五速式自动变速器齿轮系统原理简图

①手柄在 P 挡位时，所有离合器不充油，为空挡状态，相关齿轮空转。制动爪将输出轴锁死，进行安全驻车制动。发动机可起动运转，并便于坡道起步。

②手柄在 N 挡位时，所有离合器不充油，发动机可起动运转，相关齿轮空转，多在行驶中熄火后，再起动时使用。

③手柄在 D 挡位时，1 挡——D_1/C 充油接合，动力—输入轴—Z_1—Z_2—Z_3—4_4—中间轴—D_1 齿轮组—最后传动。2 挡——D_2/C 充油接合，动力—输入轴—Z_1—Z_2—Z_3—Z_4—中间轴—D_2 齿轮组—最后传动。（D_1/C 随动泄油分离，在 1～2S 内完成转换，其他挡位转换也类同）。3 挡——D_3/C 充油接合—动力—输入轴—Z_1—Z_2—Z_3—Z_4—中间轴—D_3 齿轮组—最后传动。4 挡—D_4/C 接合—动力—输入轴—D_4 齿轮组—移动齿圈—输出轴—最后传动。5 挡——D_5/C 充油接合—动力—输入轴—D_5 齿轮组—输出轴—最后传动。

④手柄在 R 挡位时。控制油压通过控制活塞，推动拨叉左移，使移动齿圈与 R_3 啮合。此时，D_4/C 也充油接合。动力—输入轴—D_4/C—R_1—R_2—R_3—移动齿圈—输出轴—最后传动。

2. 换挡控制和锁止控制系统更加优化

众所周知，自动变速器电控液动控制系统的发展方向是加大电控元件的控制幅度，以提高其可靠性和自诊能力；减小精密配合液动元件的数量，降低自动变速器的故障率。该自动变速器具备了这一要求。

（1）它用 5 个换挡控制电磁阀（A、B、C、D、E）和 3 个离合器压力控制电磁阀。（PWM-A、B、C）及 5 个多柱式液压换挡滑阀（A、B、C、D、E），完成换挡控制和变矩器锁止控制，实现充油、泄油、位移切换、油压调节、截止、借道等任务，省略了单体的控制滑阀，简化了液压控制系统。使换挡性能、锁止性能、换挡规律、可靠性能都优于 98 款的自动变速器。

（2）它的 12 个电控元件，即 5 个换挡控制电磁阀、3 个离合器压力控制电磁阀、2 个离合器压力开关、2 个输入轴和输出轴转速传感器都是在体外安装，便于检测，便于更换，提高了维修的方便性，如图 4-48、图 4-49 所示。

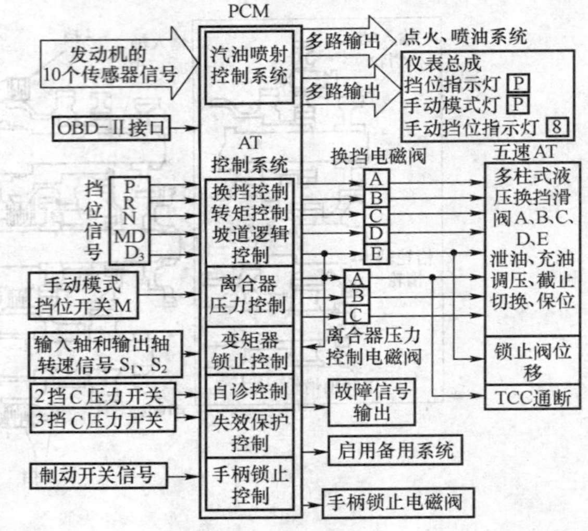

图 4-48　本田时韵五速自动/手动 AT 电控原理图

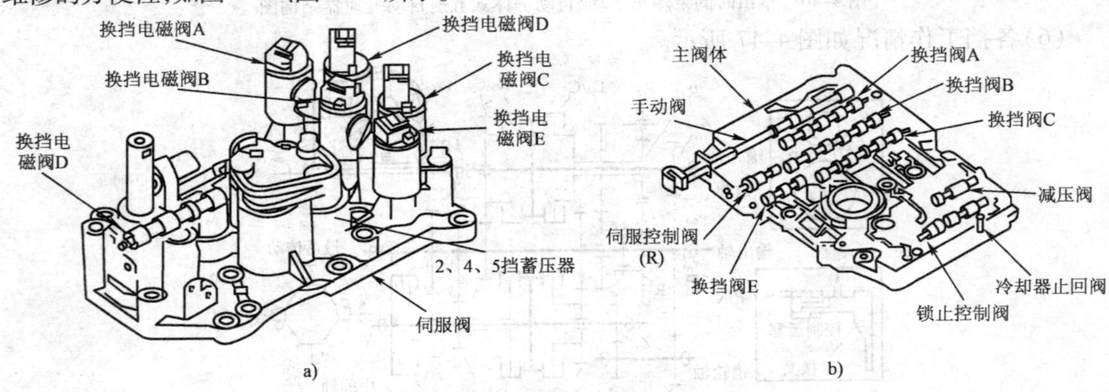

图 4-49　电控元件和液动元件的位置图

a）换挡控制电磁阀；b）液压换挡阀体

(3)因换挡控制电磁阀较多，可以组合成多种工况(14 种)，换挡过程可分解为正在换挡工况和保位行驶工况，各尽其责，程序控制。

①正在换挡工况。离合器压力控制电磁阀投入工作，按"先快、中慢、后快"的折线油压平顺柔和换挡，如图 4-50 所示。

②保持挡位工况。完成换挡后离合器压力控制电磁阀即停止工作，转为主油道油压直接控制，保持既定挡位。

这种换挡控制程序的编制，保证了挡位转换和挡位保持的可靠性，减小了"频繁跳挡"现象，稳速行驶，并提高了离合器的使用寿命。

3. 增加了手控换挡模式(M)

取消了传统的手控 2 挡和 1 挡位置，增加了全速手控模式，扩大了动力挡工作范围。因其锁止控制迟后一个挡位，变矩时间长，又称动力挡位(S)。可在 1 ~ 5 挡间自由地转换，就像手动变速器一样，但不能自由升降挡。

它不仅是为了应急使用，更为了方便驾驶员根据行驶需要和自己的意图驾驶车辆。如在恶劣的道路上行驶或长距离的上下坡道行驶时，固定在某一最佳挡位，维持动力性能稳定行驶，防止了频繁跳挡，减小了离合器的磨损。

4. 增设了热敏电阻式油温传感器(NTC 型)

它监控 ATF 油温的高低。当油温低于 60℃时，变矩器不能锁止，起保护作用。当油温高于 120℃时，也停止锁止，锁止滑阀会加大对冷油器的油量输出，防止油温升高。

5. 采用转矩反馈主油路调压阀

本田车系的主油路调压阀与其他车系不同：其阀体下方与变矩器导轮 D 的导管摆臂靠接，成为导管的反力支撑，导管可以微量转动，阀的调压弹簧 F_2 接收导轮 D 射流力的反馈值，使阀的弹簧力 F_2 随发动机工况(转速、开度)而变化。满足了小转矩、低油压；大转矩、高油压传力的需求，油压值可达 960kPa，如图 4-51 所示。

控制油压(p)
P/SW
ON
完全接合
0
先快
中慢
后快
克服间隙
平顺
压紧
时间(t)

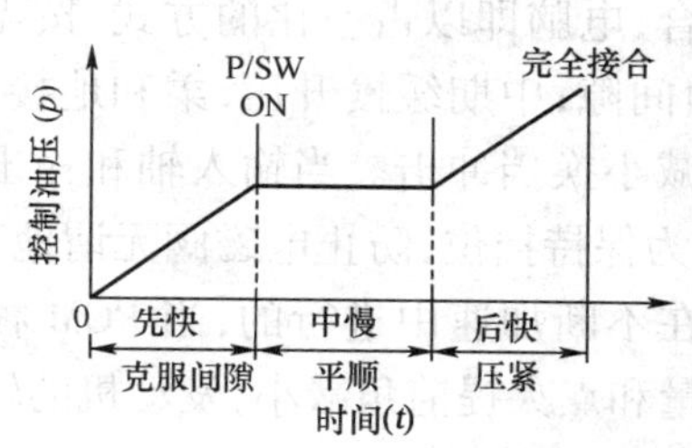

图 4-50　换挡时的折线油压图

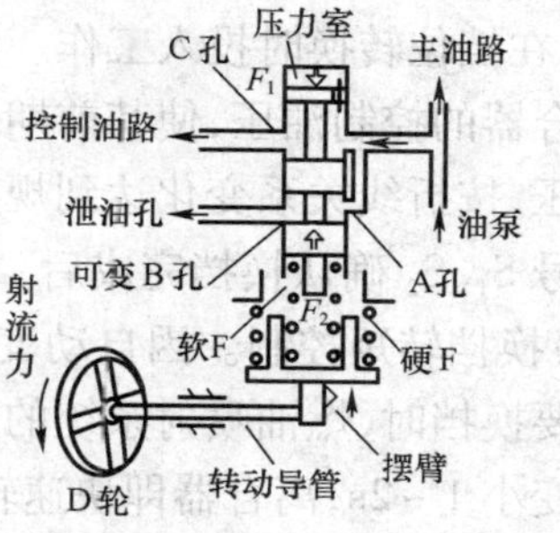

压力室
C孔
主油路
F_1
控制油路
泄油孔
油泵
射流力
可变 B 孔
A孔
F_2
软F
硬F
摆臂
转动导管
D轮

图 4-51　转矩反馈主油路调压阀

二、自动变速器的电控液动换挡控制原理

1. PCM 的控制功能

该车的电控汽油喷射系统和自动变速器电控系统共用一个电脑 PCM，它安装在仪表盘右侧杂物箱的后面。PCM 有换挡控制、坡道逻辑控制、锁止控制、离合器压力控制、换挡转矩控制、自诊控制、失效保护控制、手动换挡锁止控制等多项控制功能，其电路如图 4-52 所示。

(1)换挡控制和锁止控制功能。PCM 中的 ROM 存储器已将每一挡位的最佳换挡规律和锁止规律进行了编程，PCM 根据各种传感器信号和开关信号，瞬时决定应选择的挡位和变矩器的锁止时机，并通过换挡控制电磁阀 A、B、C、D、E(开关阀)和多柱式液压换挡阀 A、B、C、D、

E(滑),改组齿轮系统的挡位和变矩器的锁止或解除锁止。

(2)坡道逻辑控制功能。PCM 中的坡道逻辑控制单元用来控制在 D 位置和 D_3 位置时的挡位转换,将实际行驶条件与 ROM 存储器中运行条件进行比较,根据上坡或下坡情况,自动扩大或缩小挡位的驱动范围,即根据坡度的大小自动选择最佳挡位和变矩器的锁止或释放时机,充分发挥变矩和耦合的功能及发动机反拖制动的功能,防止频繁跳挡,稳速行驶,以获得最大的爬坡能力和燃油的经济性。

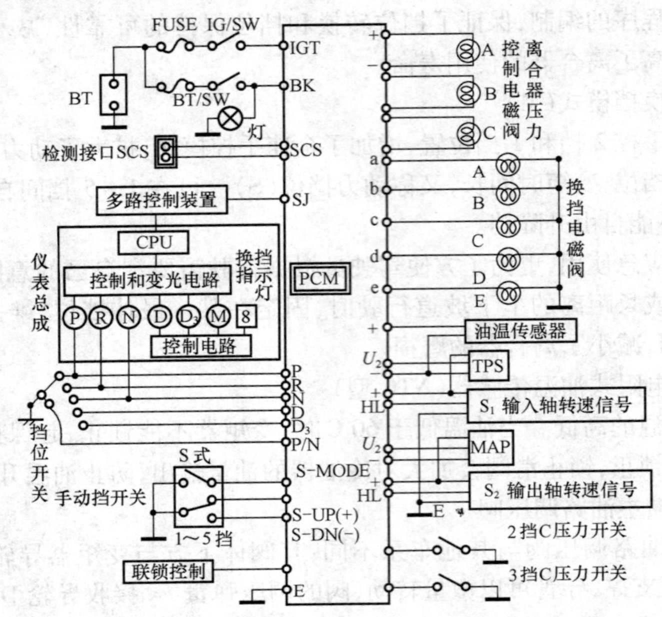

图 4-52 HONDA—STREAM 五速自动/手动 AT 电路图

(3)离合器压力控制功能。PCM 控制的离合器压力控制电磁阀(PWM－A、B、C)是线性频率阀,在挡位转换时投入工作。离合器压力开关闭合,电脑即以占空比的方式,按需要调节换挡离合器的控制油压,使其前期快速增压,克服自由间隙;中期缓慢升压,柔和地接合;后期快速升压,按折线关系变化达到规定值,平顺地接合,减小换挡冲击。当输入轴和输出轴转速反馈信号 S_1、S_2 确认换挡完成后,即停止调节油压,转为保持挡位,防止电磁阀无谓地工作。

(4)换挡转矩控制。因自动变速器升挡、降挡是在不断加速中进行的,当 PCM 根据工况信号需要换挡时,燃油喷射系统的控制单元即将喷油量和点火提前角减小,发动机的转速和转矩瞬时变小 1～2s,离合器即快速转换挡位,保证换挡平顺柔和。

(5)自诊功能。用来监控各种传感器和执行元件的工作状态,一旦发生故障,故障指示灯 D 即闪烁报警,并将故障码写入 RAM 存储器中,以便检修时提取。在仪表盘左下方有 OBD-II-16 孔检查连接器接头,可将故障码输出使用。

(6)失效保护功能。PCM 的中央处理器 CPU 与燃油喷射系统共用,一旦 CPU 发生故障,备用的 CPU 即投入工作,维持发动机定值的点火喷油功能和自动变速器的低挡行驶功能,又称"缓慢回家功能"。也可转入手控模式,利用 PCM 中手控模式的换挡位置控制单元控制各换挡电磁阀工作,开辟另一通道继续手控行驶。

(7)换挡锁止和倒挡锁止功能。换挡手柄下端有锁止电磁阀,将手柄锁止在 P 挡和 R 挡位置。用制动踏板信号进行控制,踩下制动踏板时,制动开关输出信号,锁止即解除,以确保使用安全。

可见，自动变速器电控液动换挡原理中，其主要控制功能为换挡控制、离合器压力控制和变矩器锁止控制。

2. 换挡控制

自动变速器电控系统的电元件较多，与 PCM 联网成束，形成自动换挡网络。

电控液动液压阀体中的油路纵横交错，形成一个迷宫路线，现以简化油压流程图来概述其工作原理，如图 4-53 所示。

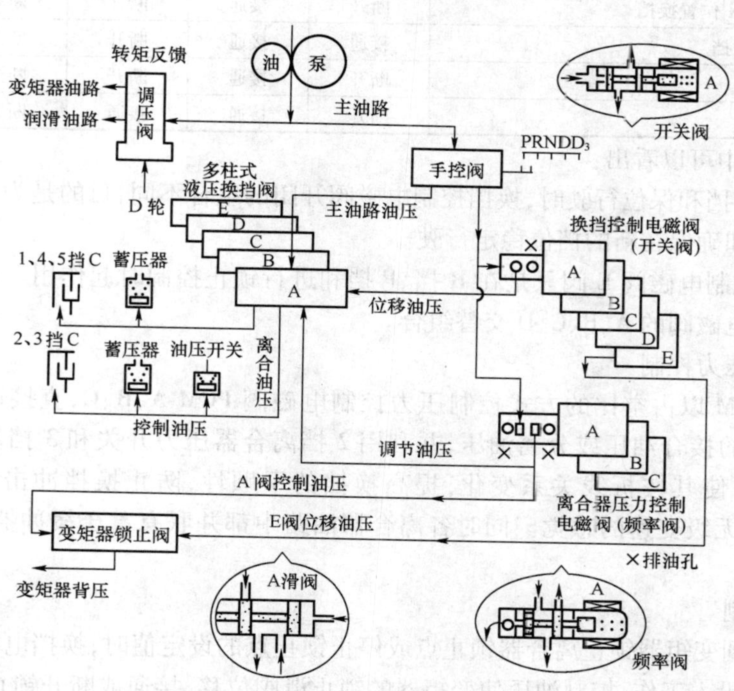

图 4-53　换挡控制和锁止控制流程简图

PCM 根据接收到的各种传感器信号（如发动机转速信号 SP、节气门位置信号 TPS、车速信号 VSS，这是三个主要的逻辑控制电路信号）和各种开关信号（如自动模式挡位开关信号、手动模式挡位开关信号、制动信号等），瞬时决定应选择的挡位，并起动换挡电磁阀 A、B、C、D、E 输出换挡位移油压，再通过多柱式液压换挡阀 A、B、C、D、E 的位移切换油道，将换挡控制油压输入到所需换挡的离合器中，换挡控制信号的组合和工作过程如表 4-15 所示。

换挡控制信号的组合和工作过程　　表 4-15

位置	挡　位	A	B	C	D	E
D、D_3、M	从 N 位置换挡	断开	接通	接通	断开	断开
	保持在 1 挡	接通	接通	接通	断开	断开
		断开	接通	接通	断开	断开
	保持在 2 挡	断开	接通	断开	接通	断开
	在 2 挡和 3 挡之间换挡	断开	接通	接通	接通	断开
	保持在 3 挡	断开	断开	接通	断开	断开

续上表

位置	挡　位	A	B	C	D	E
D、M	在3挡和4挡之间换挡	断开	断开	断开	断开	断开
	保持在4挡	接通	断开	断开	断开	断开
	在4挡和5挡之间换挡	接通	断开	断开	接通	断开
	保持在5挡	接通	断开	接通	接通	断开
R	从P和N位置换挡	断开	接通	断开	断开	接通
	保持在倒挡	接通	接通	断开	断开	接通
P	驻车挡	断开	接通	断开	断开	接通
N	空挡	断开	接通	接通	断开	断开

从表4-15中可以看出：

(1)正在换挡和保位行驶时，换挡控制电磁阀开闭的组合不同，目的是为了对离合器控制油压进行调节和确保在新的挡位稳定行驶。

(2)换挡控制电磁阀E阀只是在R挡、P挡和进行锁止控制时起作用。前进挡位主要是依靠换挡控制电磁阀的A、B、C、D交替组合。

3. 离合器压力控制

换挡时PCM以占空比的方式控制压力控制电磁阀PCM-A、B、C，直接调节液压换挡阀至换挡离合器的接合油压或分离油压，并利用2挡离合器压力开关和3挡离合器压力开关进行反馈控制，使其按折线关系变化，提高换挡的平顺性，防止换挡冲击(因其速比差较大)，真正实现无级变速的感觉。同时各离合器油路中都并联有蓄压缓冲器，也是为了换挡柔和。

4. 锁止控制

当车速达到变矩器锁止离合器锁止点或停止锁止点的设定值时，换挡电磁阀E和离合器压力控制阀A投入工作，控制油压使变矩器的锁止滑阀位移，接通或断开锁止油路，以不同的锁止油压强度(不锁止、轻微锁止、半锁止、全锁止)使变矩器耦合或变矩。

耦合——提高传动效率而省油；变矩——增扭传动，提高动力性。锁止控制发生的挡位如下：D挡位置时，2挡、3挡、4挡、5挡锁止；D_3挡位置时，2挡、3挡锁止；M挡位置时，3挡、4挡、5挡锁止。

可见，手控换挡模式锁止时机较晚，动力性好，适于在坏路上行驶。为此，称为“动力模式”(S-MODE)。

三、自动变速器的检测与性能试验

1. 自动变速器故障码的检取与消除

(1)检查连接线SCS短接驾驶员侧仪表盘左下方两孔接头或OBD-II-16孔检查连接器的9-4接口，SW-ON，故障指示灯D闪故障码。

(2)消除故障码的方法是拔下仪表盘下熔断盒中的6号ECU熔断丝(15A)10s以上即可。再重新设置收音机和时钟的有关内容。

2. 自动变速器15个电控元件的工作参数

(1)ATF温度传感器NTC电阻为25～50Ω。

(2)输入轴和输出轴转速传感器HL，5V。

(3)换挡控制电磁阀 A、B、C、D、E,电阻为 12 ~25Ω。

(4)离合器压力控制电磁阀 A、B、C,电阻为 5Ω。

(5)2 挡和 3 挡离合器压力开关,电压为 12V。

(6)手动模式 A/T 换挡开关,电压为 12V。

(7)换挡杆锁止电磁阀,电压为 12V。

3. 自动变速器的失速试验

(1)施加驻车制动,塞好前轮,关闭所有电器。

(2)在发动机罩内转速信号输出接头上连接刻度准确的转速表,并起动发动机。

(3)待发动机温度正常后(电风扇转动),将手柄换至 D 挡。

(4)踩下制动踏板,并将加速踏板踩到底,时间为 6 ~8s,观察发动机失速转速。

(5)冷却 2min 后,再换到 R 挡重复上述动作。

(6)失速转速应为 2 560r/min 为好。维修极限值为 2 410 ~2 710r/min。在 D 挡和 R 挡失速转速应相等为好。

故障分析如表 4-16 所示。

故 障 分 析 表

表 4-16

故　障	可 能 原 因
在 D 挡或 R 挡位置时,失速转速均超过规定值	· ATF 油液位过低; · ATF 集滤器堵塞; · ATF 油泵供油不足; · 1 挡和 4 挡(R)离合器不良
D 挡失速转速高于规定值,R 挡正常;或 R 挡转速高于规定值,D 挡正常	· 1 挡离合器密封不良(打滑); · 4 挡离合器密封不良(打滑); · 与油泵和其他部件无关
在 D 挡和 R 挡位置时,失速转速均低于规定值	· 略低于规定转速,为发动机动力不足; · 如差值过大或熄火为变矩器内导轮的单向自由轮打滑

4. 自动变速器的油压试验

在自动变速器的外壳上设 6 个测压孔,都有 1 ~5 挡的标记,主油路测压孔标有 PL 字母。将汽车支起,在测压孔上安装油压表,如图 4-54 所示。

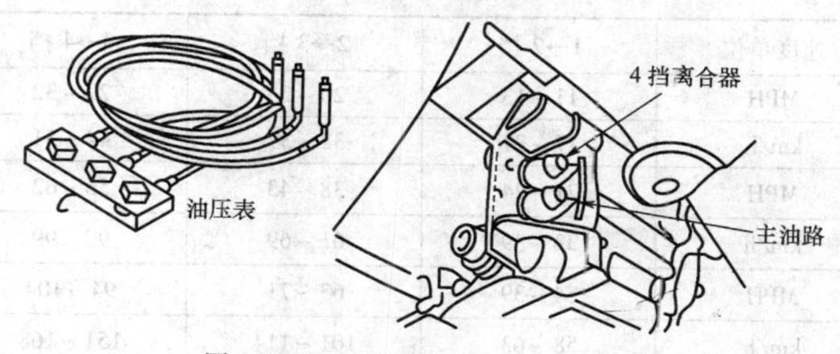

图 4-54　自动变速器外壳上的测压孔

(1)使发动机在 2 000r/min 状态稳定地运转。

(2)换挡手柄在 N 挡或 P 挡位置,主油路(PL)油压应为:900 ~ 960kPa,维修极限为 850kPa。

(3)手柄换到手动 M 挡位置,逐次升挡 1 ~5 及 R 挡的油压应为:890 ~970kPa,维修极限值 840kPa。

故障分析如表 4-17 所示。

故障分析表 表 4-17

故　　障	可能的原因
主油路无压力或压力低	· ATF 油液位过低； · ATF 集滤器堵塞； · ATF 油泵失效； · 压力调节器失效； · 变矩器止回阀失效
1～5 挡离合器无压力或压力低	· 相关离合器油路密封圈失效； · 相关离合器 O 形密封圈失效
在 R 挡位置，4 挡离合器无压力或压力低	· 4 挡离合器油路密封圈失效； · 4 挡离合器 O 形密封圈失效； · R 挡拨叉伺服阀密封圈失效

5. 自动变速器的道路试验

(1) 发动机温度正常，即散热器电风扇转动后才能进行道路试验。

(2) 利用驾驶员侧仪表盘下方的 16 孔检查连接器接头，连接 HONDA-PCM 检测仪或 OBD-II 检测仪。如无此仪器可根据发动机转速表和车速表的对应显示，粗略监控升挡和降挡的反映情况来判定其好坏。

(3) 平坦的路面上 D 挡起步并加速前进，可采用节气门稍开、半开或全开的方式进行路试，应设法固定加速踏板，以节气门位置传感器的输出电压为准。

(4) 升挡点和锁止点对应的车速应符合表内数据为好，并无噪声和过热、漏油等故障。否则应查明原因排除后再路试。

(5) 降挡试验应选择适当的坡度，达到最高车速后进入上坡降挡试验，一般因此项试验难度较大，多依平路上升挡试验的数据为准。

(6) 发动机反拖制动试验应在节气门半开状态下进行路试，加速到 57km/h 时，使变速器从 4 挡换为 2 挡，汽车应有明显的减速为好。

(7) 在 R 挡位置，轻踩加速踏板，即能倒车为好。加大加速踏板，应有加速倒驶反应。

(8) P 挡位置试验时，将汽车停在 16°的坡道上，换至 P 挡，松开制动器，汽车不滑车为好。

(9) 升挡、降挡、锁止、不锁止的规律分别如表 4-18 ～表 4-20 所示。

升挡（在平路上进行） 表 4-18

节气门开度	速度单位	1→2 挡	2→3 挡	3→4 挡	4→5 挡
节气门位置传感器电压：0.8V	MPH	11～13	20～23	27～32	42～48
	km/h	17～21	32～37	44～51	68～72
节气门位置传感器电压：2.25V	MPH	21～24	38～43	56～62	99～110
	km/h	33～39	61～69	90～99	160～177
节气门全开 节气门位置传感器电压：4.5V	MPH	34～39	63～71	94～104	—
	km/h	58～63	101～114	151～168	—

降挡（坡道上进行） 表 4-19

节气门开度	速度单位	5→4 挡	4→3 挡	3→2 挡	2→1 挡
节气门位置传感器电压：0.8V	MPH	30～35	19～22	5～8（3 挡—1 挡）	
	km/h	49～57	30～35	8～13（3 挡—1 挡）	
节气门全开 节气门位置传感器电压：4.5V	MPH	112～124	80～89	53～60	25～30
	km/h	180～200	128～144	85～96	41～49

锁止接通和断开(利用仪器显示或接发光二极管显示)　　表 4-20

节气门开度	速度单位	锁止接通	锁止断开
节气门位置传感器电压：0.8V	MPH	55~61	53~60
	km/h	88~98	86~96
节气门位置传感器电压：2.25V	MPH	93~106	73~81
	km/h	150~170	117~130
节气门全开 节气门位置传感器电压：4.5V	MPH	93~106	90~99
	km/h	150~170	145~160

第十一节　本田飞度车 ECVT 钢带式自动变速器原理

一、概述

ECVT 钢带式无级变速器的英文全称是 Electronic Continuously Variable Transmission，电控无级式变速器，简称 ECVT。在 1.3~3.3L 的小、中、大排量发动机上皆可使用。如本田、福特、尼桑、奥迪等车系。

1. ECVT 钢带式无级变速器的优点

(1)传动比连续无级变化，传力平顺柔和，无换挡冲击感觉。

(2)可以不用液力变矩器，传动效率高，尺寸小、耗能少、反应快、加速性能好，汽车的动力性和经济性有所提高。

例如：本田飞度乘用车 90km/h 等速油耗(L/100km)：MT(手动)5.0L；ECVT(自动)4.9L。

2. ECVT 钢带式无级变速器的结构特点

它的组成和电控液动原理与传统的自动变速器类同，不同之处是钢带的主动轮和被动轮直径可变，传动比的变化幅度宽(0.4~2.6)，替代了传统的齿轮系统，如图 4-55 所示。

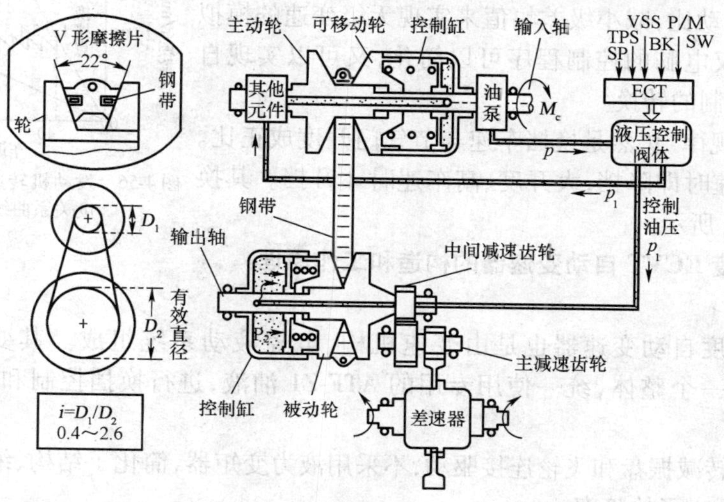

图 4-55　ECVT 钢带式无级变速器原理简图

(1)变速器的驱动方式。中、小排量的汽车,可用扭转减振盘驱动(飞度)或用磁粉式电磁离合器驱动,用电流值的变化,实现转矩的调节,改善起步品质。大排量的汽车可用液力变矩器驱动,使传动比再次增大,但低车速时的传动效率降低。钢带结构式的自动变速器可用于前轮驱动式或后轮驱动式汽车。

(2)变速变矩方式由传力摩擦片钢带、输入轴和主动带轮、输出轴和被动带轮、液压控制系统组成。主、被动带轮分为固定轮和可移动轮两部分。利用控制油压的高低,使带轮槽的宽窄同步地反向变化,改变了主、被动带轮的直径,从而变速、变矩,达到无级传力的目的。

(3)为了改变传力方向和加大传动比的幅度,又增设了中间传动齿轮。这样,钢带的传动比为0.4~2.6;中间减速比为1.3~1.4;主减速比为3~4;总传动比为2~15。如加装液力变矩器传力,总传动比可达4~60,满足了汽车用牵引力的要求。

(4)空挡控制、倒挡控制,起步加速控制还须加装相应的前进离合器、起步加速离合器、单排行星齿轮系统和倒挡制动器。其他控制信号与传统电控自动变速器类同。

3. ECVT 钢带式无级变速器的工作原理

(1)用数百个 V 形摩擦片(片厚1.4mm)串在多层的两组钢带上(带厚0.18mm),钢带具有一定的弹性和刚度,利用摩擦方式,在油浴状态下连拉带推的传递力矩。传动效率 $\eta=0.92\sim0.96$,略低于机械 AT 的传动效率($\eta=0.98$)。

(2)两个钢带轮 V 形槽的宽窄变化,是利用控制油压的高低,使其有效直径连续变化,传动比即随之连续变化($i=D_2/D_1$),实现无级变速。

(3)主动带轮的控制油压变低,带槽变宽、直径变小;被动带轮的控制油压同步变高,带槽变窄、直径变大,传动比即变大,为降速挡。主动带轮的控制油压变高,带槽变窄、直径变大;被动带轮的控制油压同步变低,带槽变宽,直径变小,传动比即变小,为升速挡。传动比连续变化,实现无级变速。

(4)传动比的连续无级变化,是依靠电控液动控制方式,通过各种电磁阀和液压滑阀来完成。其控制的动力源是油泵,多为齿轮式或叶片式。

(5)理论上说无级变速,实际上在控制程序上很难实现,只能组成七个传动比,减小级差幅值来实现无级变速的模拟控制。这样,不仅电脑的控制程序可以简化,又可以实现自动控制和手动控制的转换。

它的"换挡规律"仍然是换挡车速与节气门开度成正比。即小开度、低车速时即降挡;大开度、高车速时才升挡。其换挡规律如图4-56所示。

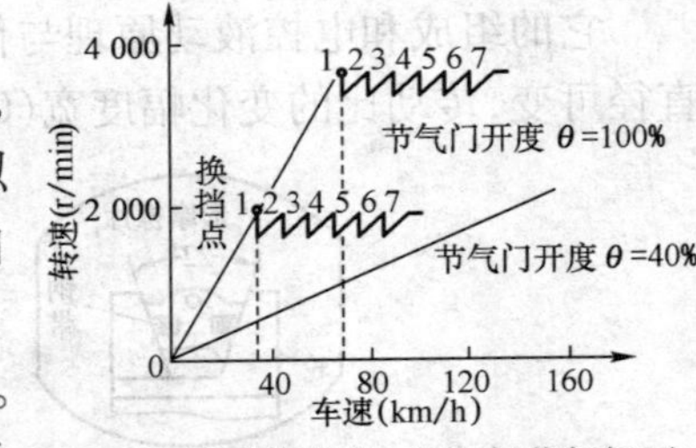

图4-56 发动机转速、车速与节气门开度关系曲线(换挡规律)

二、本田飞度 ECVT 自动变速器的构造和工作原理

1. 组成

(1)本田飞度自动变速器也是由变速机构、电控液动系统组成。其变速器与主降速器、差速器合为一个整体,统一使用专用的 ATF-Z1 油液,进行换挡控制和润滑,如图4-57所示。

(2)它用扭转减振盘和飞轮连接驱动,不采用液力变矩器,简化了结构、缩小了体积、提高了传动效率 η、减小了故障率。

(3)其四个轴平行排列(输入轴、输出轴、中间轴、半轴)。输入轴上装有主动带轮及其控制缸、一个行星排和前进离合器。

（4）输出轴上装有被动带轮及其控制缸、起步离合器及中间齿轮系统的主动轮和 P 挡齿圈；两对带轮用柔性钢带摩擦连接传力。

（5）中间轴上有其主、被动齿轮，用来改变旋转方向和进一步的减速、增扭。

（6）倒挡制动器的主、被动片分别与变速器外壳及行星排的行星架滑动连接。

（7）油泵为内转子齿轮式，由输入轴驱动泵油，相关的各轴上都有输油管道，提供换挡控制油压和润滑油压。

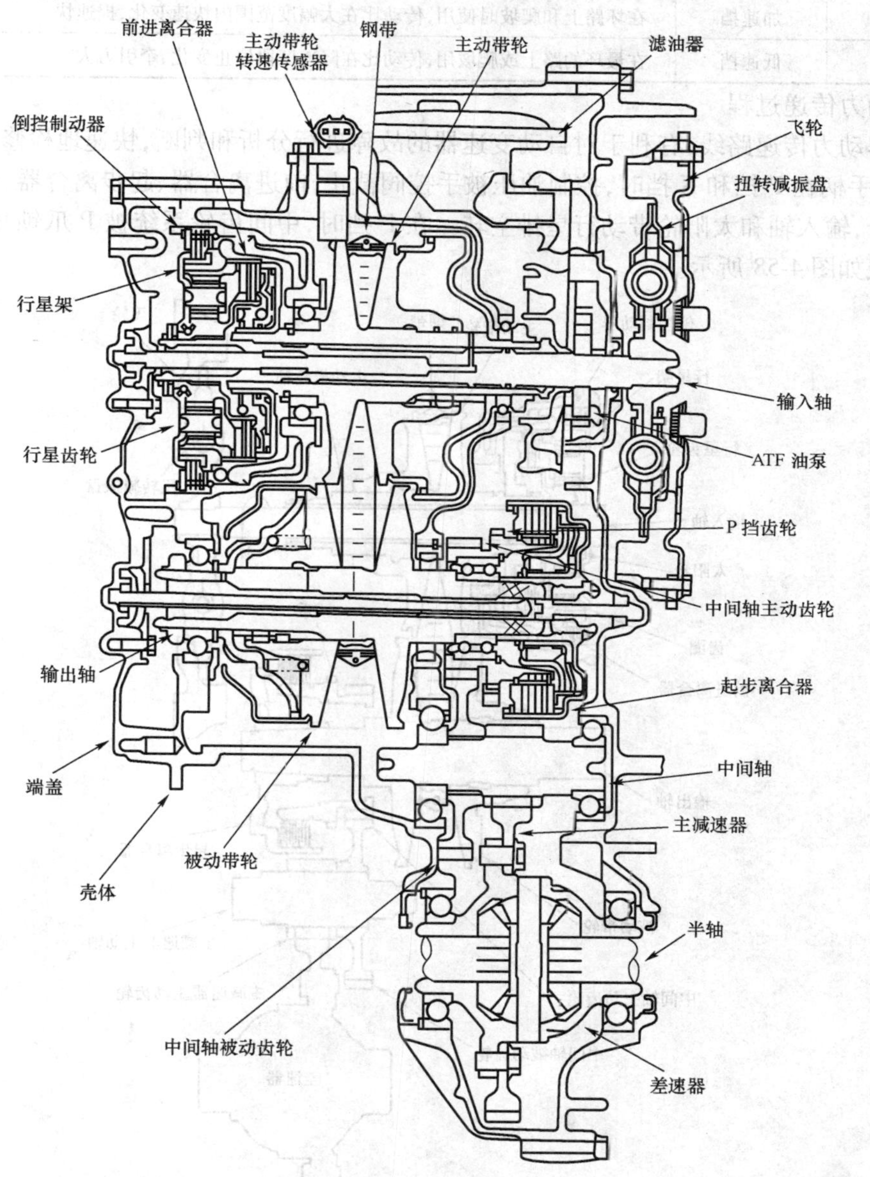

图 4-57　本田飞度 ECVT 自动变速器的构造图

2. 挡位的选择

和传统的自动变速器一样，换挡手柄有六个位置，可以实现六挡七速的换挡控制。换挡手柄各位置符号含义如表 4-21 所示。

换挡手柄各位置符号含义　　　　表 4-21

手柄位置	挡位	用　途
P	停车挡	停车时使用，中间轴轮系被锁止，前进离合器和起步离合器分离，发动机可起动、运转
R	倒挡	倒车时用，倒挡制动器投入工作
N	空挡	前进离合器和起步离合器分离，发动机可以起动、运转
D	前进挡	常用挡位，自动变速传动，传动比在小幅度范围内渐进无级变化
S	加速挡	在坏路上和爬坡时使用，传动比在大幅度范围内快速变化，提速快
L	低速挡	在最坏的路上或爬坡用，传动比在降速区段停止变化，牵引力大

3. 动力传递过程

了解动力传递路线，有利于对自动变速器的故障进行分析和判断，快速地检修排除。

(1)手柄在 P 挡和 N 挡时，控制油压被手控阀截止，前进离合器、起步离合器、倒挡制动器都不接合，输入轴和太阳轮带动行星排空转。在 P 挡时，中间齿轮系统被 P 爪锁止，N 挡动力传递路线如图 4-58 所示。

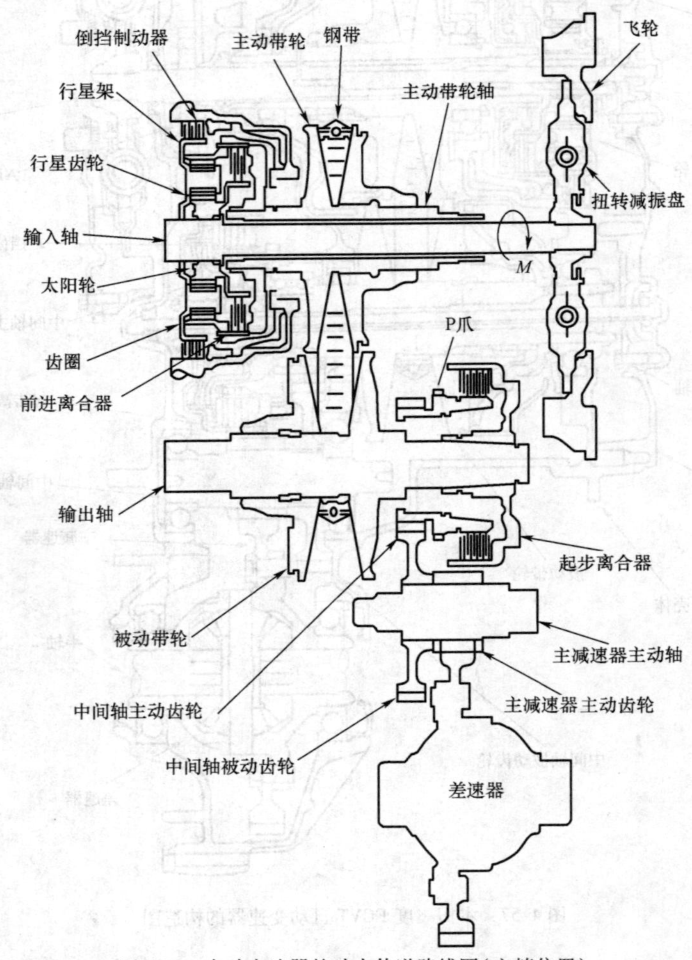

图 4-58　自动变速器的动力传递路线图(空挡位置)

(2)手柄在 D 挡、S 挡、L 挡时：

①前进离合器接合；起步离合器接合。

②动力—输入轴—太阳轮—前进离合器—主动带轮—被动带轮—起步离合器—中间轴齿轮—主减速器。此时,行星排为空转状态。

(3)手柄在R挡时:

①前进离合器接合;起步离合器接合;倒挡制动器将行星架制动。

②动力—输入轴—太阳轮—行星齿轮—齿圈反转—前进离合器—主动带轮—被动带轮—起步离合器—中间轴齿轮—主减速器。此时,两个带轮处于最大减速比状态 $i=2.36$。

4. 电控系统的组成

电控系统的控制对象为起步离合器、倒挡制动器、主动带轮、被动带轮。PCM根据各种传感器信号和开关信号,确定带轮直径的大小,进行七个速比的渐进控制。为此,ECVT自动变速器工作受以下传感器和开关信号控制。

1)电控系统共用的逻辑电路信号

发动机转速信号SP、节气门开度信号TPS、车速信号VSS,如图4-59所示。

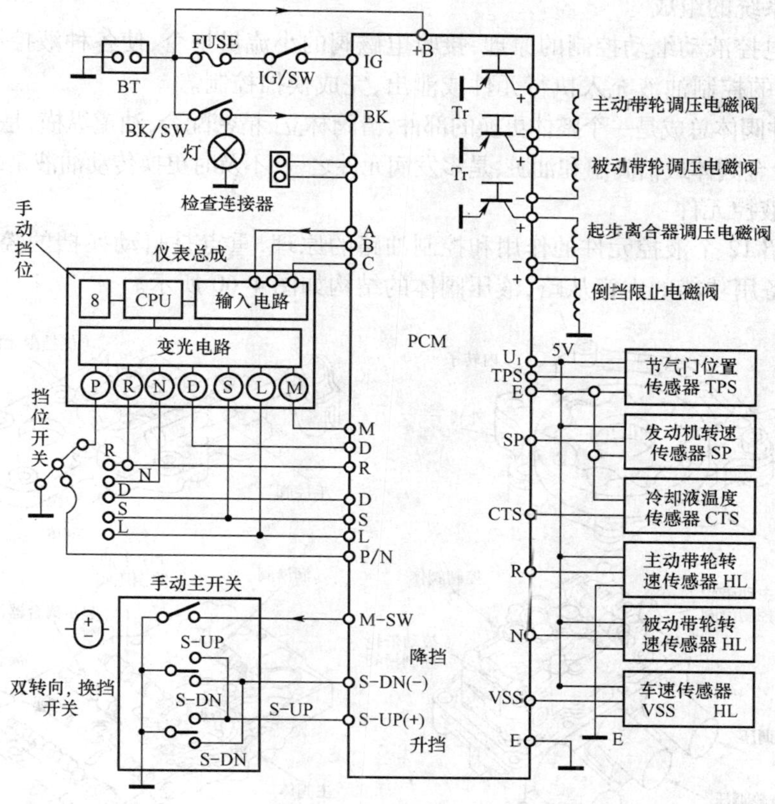

图4-59 本田飞度ECVT自动变速器的控制电路原理

2)ECVT的开关信号和传感器信号

(1)挡位开关信号。提供手柄的位置信号P、R、N、D、S、L,以便PCM确定是何挡位,随机发令控制,如果没有挡位开关信号,自动变速器只能在低、倒挡行驶,这是失效保护功能。其中的P/N位置是起动机导通电路,是安全保护功能。

(2)手动模式开关由手动主开关和转向/换挡开关组成。主开关是手动七速转换开关;转向/换挡开关是手动加、减挡位操作开关,因都装于转向盘上,故而得名。转向/换挡开关有两个,分左右在转向盘上安装,它是两个矩形翘板开关,压下前端为升挡(+);压下后端为降挡

(-),点动触发,递增递减的顺序变挡,仪表盘的数码管上显示七速挡位。左右手都能操作换挡,使用方便。

手动换挡速比固定不变,它的使用时机是:一是在坏路上行驶时用,防止忙乱换挡;二是依据驾驶员的意图,随心所欲驾驶,满足动力性要求;三是自动换挡系统失效后,应急使用。

(3)主动、被动带轮转速传感器信号为霍尔式,监控传动比好坏,即带轮是否打滑,以便PCM及时调节带轮的控制油压。

(4)主动、被动带轮调压电磁阀。PCM用电流控制电磁阀开闭,改变主动、被动的控制油压的高低,使两对带轮的直径同步反向变化,进而改变了传动比的大小。

(5)起步离合器调压电磁阀。调节起步离合器控制油压的高低,平顺柔和起步,改善起步加速性能。

(6)倒挡限止电磁阀。防止行驶中车速在10km/h以上时,误挂了倒挡,封闭手控阀到倒挡制动器间的油路,起保护作用。

5. 液控系统的组成

它也是电控液动继动控制的原理,接收电磁阀的小流量指令,使各种液控滑阀位移切换油道,使大流量的控制油液充入执行元件或泄出,完成换挡控制。

液控元件阀体总成是一个整体更换的部件,滑阀林立,精密配合,油道纵横,是一个迷宫式的油路总成。铝合金阀体最怕高温和油脏,是多发病元件之一,不及时更换传动油液是故障的病源。

1)主要液控元件

主要介绍12个液控元件的作用和控制油路的原理,重点是自动换挡的控制内容,对失效保护功能和备用功能的内容从略,液压阀体的结构如图4-60所示。

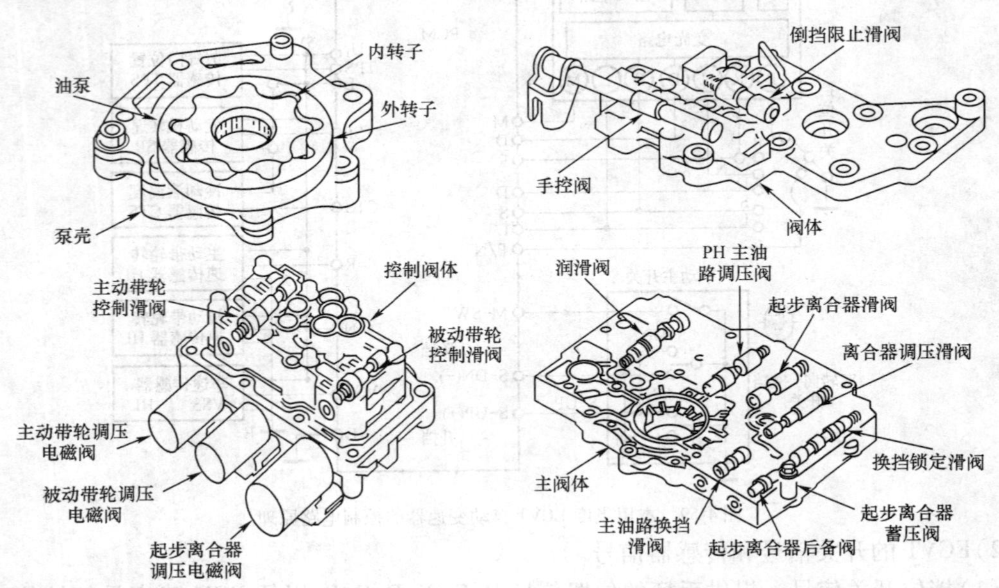

图4-60 液压阀体上的各种滑阀和电磁阀位置

(1)油泵。为内转子式齿轮泵,用花键和输入轴连接,向主油道提供油压。它的内外转子有一定的偏心距和齿数差,转动时进、出油口处的容积变化相反,产生吸油和压油功能。发动机工作时才泵油,油量和油压与发动机转速成正比。油泵的使用寿命决定于ATF-Z1油质和油量,主要是端隙、齿隙、背隙的磨损和漏泄,造成油压降低而报废。

(2)主油路调压阀(PH)。保持主油道油压一定(2MPa),维持换挡控制油压在最佳状态。其工作原理还是弹簧力与油压的争斗平衡原理,在此从略。

(3)主油路换挡滑阀。它是一个多柱式中继阀,向主动、被动带轮提供换挡油压。同时,也为了在电控系统有故障时,起失效保护作用,使油路转换,改为液压控制。

(4)换挡锁定滑阀。它也是一个多柱式中继阀,串联在主油路换挡滑阀和主动、被动带轮调压电磁阀油路上,并有油路和起步离合器滑阀相通。用来切换油路,以便电控系统有故障时,将起步离合器改为液压控制。

(5)离合器调压滑阀。它也是一个多柱式中继阀,接收主油路油玉,向起步离合器和主动、被动带轮提供控制油压。同时,也为了在电控系统有故障时,起失效保护作用,使油路转换,改为液压控制。

(6)手控阀。它是一个两柱式手动滑阀,开启或封闭各挡位的油路,组成六个挡位。即P、R、N、D、S、L。在P挡时,切断所有液压元件的油路。在R挡时,直接导通倒挡制动器的油路,电控系统有故障时,也能应急使用倒挡。在D挡时,液压直接通往前进离合器和起步离合器,电控系统有故障时,也能应急保留低速挡。

(7)主动、被动带轮控制滑阀。向主动、被动带轮提供可变的控制油压,同步反向改变其直径的大小,进而改变了传动比,组成七种速比。

(8)起步离合器滑阀。电控系统出现故障后,将控制油压转换到离合器的备用滑阀控制油路,应急使用。

(9)起步离合器蓄压器。调节起步离合器油压,起步平稳柔和,是一个油压缓冲阀。

(10)倒挡限止滑阀。防止在10km/h以上行车时,误挂了倒挡,进行截止保护。

(11)润滑阀。提供较低的润滑油压,润滑齿轮系统,并向冷油器供油,循环冷却使用。

2)液压元件油路规律简图

电控液动控制系统控制着五个执行元件,进行七个速比的自动变速转换,现以简图4-61粗略介绍。

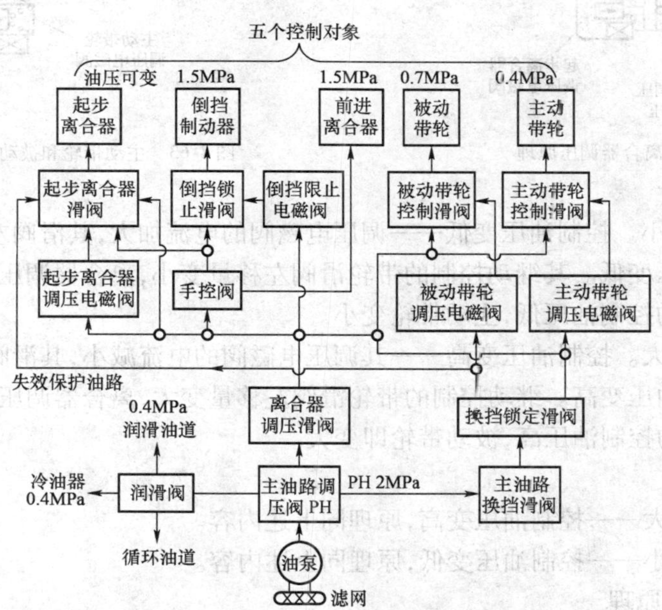

图4-61 液压元件油路规律简图

6. 电控液动自动换挡原理

在此重点介绍起步加速控制原理、倒挡保护控制原理、主动、被动带轮直径自动变化控制原理。

1)起步加速控制原理

起步离合器调压电磁阀受 PCM 控制,它根据发动机转速信号 SP、节气门开度信号 TPS 和车速信号 VSS,判定是起步加速或正常加速行驶,以便确定相应的控制指令。

(1)起步加速时。起步离合器滑阀,在其弹簧力 F 的作用下,处于左端位置,左端处的主动带轮控制油压低(降速挡位),滑阀沟通调压电磁阀通往起步离合器的油路,PCM 以占空比的方式使起步调压电磁阀动作,不断开、闭其滑阀的油路,使液压油充入起步离合器的控制油腔,平稳压紧接合而起步,如图 4-62 所示。

(2)当进入正常行驶状态时。起步离合器调压电磁阀即停止工作。此时,起步离合器滑阀左端通往主动带轮的油压升高(升速挡位),推动滑阀右移,打开正常行驶的油道而长时间工作。

2)主动带轮和被动带轮直径控制原理

主动带轮和被动带轮的调压电磁阀,由 PCM 以占空比的方式改变控制电流的大小,使其滑阀的位移量发生变化,进而控制油压即发生变化,使主、被动带轮同步地变小和变大(降速),或变大和变小(升速),如图 4-63 所示。

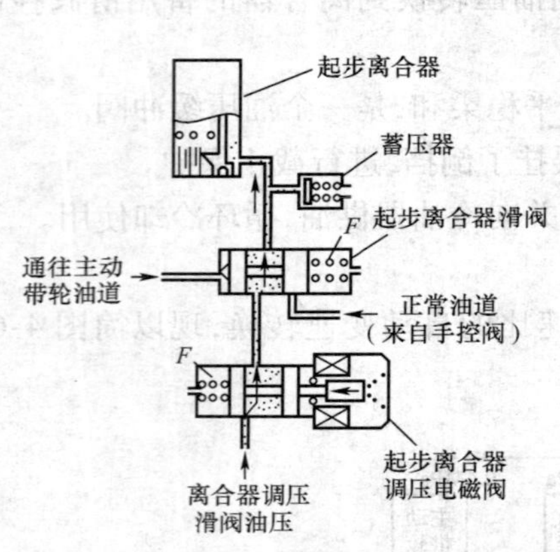

图 4-62 起步离合器调压原理

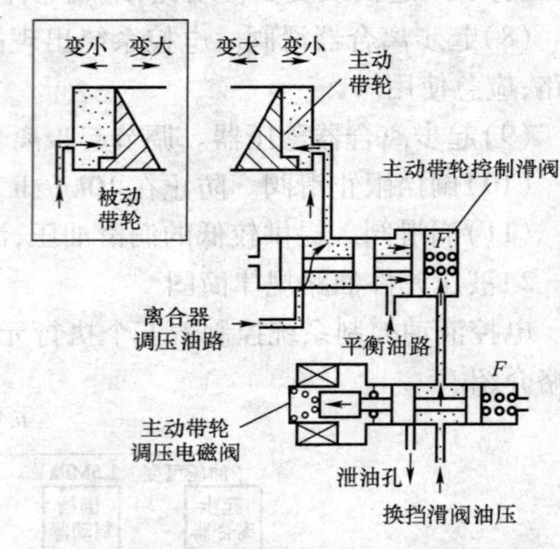

图 4-63 主动带轮和被动带轮直径控制原理

(1)低车速时:

①主动带轮变小。控制油压变低——调压电磁阀的电流加大,其滑阀左移量加大、泄油量大、输出的控制油压变低。其继动控制的带轮滑阀左移量变小,离合器调压油道的控制油压进入量少,主动带轮的控制油压低,主动带轮变小。

②被动带轮变大。控制油压变高——其调压电磁阀的电流减小,其滑阀左移量减小、泄油量小、输出的控制油压变高。继动控制的带轮滑阀左移量变大,离合器调压油道的控制油压进入量多,被动带轮的控制油压高,被动带轮即变大。

(2)高车速时:

①主动带轮变大——控制油压变高,原理同上述内容。

②被动带轮变小——控制油压变低,原理同上述内容。

3)倒挡 R 控制原理

(1)当车速在 10km/h 以下时挂入倒挡,PCM 使倒挡限止电磁阀断电,油压作用在倒挡限止滑阀的左端,沟通了手控阀到倒挡制动器的油路,R制动器制动,产生倒挡,如图4-64所示。

(2)当车速大于10km/h时,如果误挂了倒挡,PCM将倒挡限止电磁阀导通,将来油泄放并隔离,其倒挡限止滑阀在弹簧力F的作用下右移,切断了手控阀的油路,倒挡制动器不接合,起保护作用。

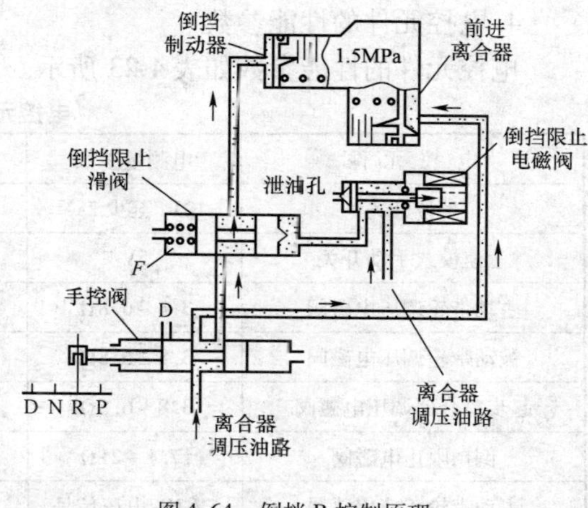

图4-64 倒挡R控制原理

三、ECVT自动变速器的性能检测

1. ATF油位的检查

(1)发动机达到正常温度(散热器电风扇旋转为准)。

(2)汽车停止在水平路面上并熄火。拔出油尺擦净后,再装回。

(3)熄火60~90s后,再拔出油尺查看油位,应在热态标记处HOT。

(4)如高于HOT线,应放油;低于HOT线应添油(专用的ATF-Z1油)。

2. ATF油的更换

ATF的更换周期在正常情况下为6万km或36个月,以先达到为准,必须更换专用的ATF-Z1传动油。

(1)汽车停在水平路面上。拧下油底壳的放油螺塞,放净油液。

(2)更换螺塞的密封垫圈。从油尺管注入3.2L油液。

(3)油位应在油尺的冷态标记处COLD。预热发动机后,再检查油位的高低,应在热态HOT标记处。

3. 故障码的检取和清除

(1)故障码的检取。可用检码器或人工取码和消码。人工检取故障码时,短接仪表盘下的OBD-II-16孔检查连接器的9—4孔,SW-/ON,ECVT故障灯闪烁故障码。

(2)故障码的清除。拔下继电器盒内的20号ECU熔断丝(15A)10s以上即可。

(3)故障码的内容如表4-22所示。

故障码的内容 表4-22

OBD-II	本田代码	故障内容
P1705	5-1	变速器挡位开关短路
P1706	6-1	变速器挡位开关断路
P1879	32-1	起步离合器调压电磁阀
P1882	33-1	倒挡限止电磁阀
P1885	34-1	主动带轮转速传感器
P1886	35-1	被动带轮转速传感器
P1887	53-1	ABS控制系统(有些车种)
P1888	36-1	车速传感器VSS
P1890	42-1	换挡控制系统(液压系统的成分多)
P1891	43-1	起步离合器控制系统
P1894	38-1	主动带轮调压电磁阀
P1895	39-1	被动带轮调压电磁阀

4. 电控元件的性能参数

电控元件的性能参数如表4-23所示。

电控元件的性能参数　表4-23

电控元件	电测量参数	测量方法(万用表)
挡位开关	12V(至少2s)	各接点处电压信号,SW-ON
七速模式手动开关	5V	各接点处电压信号,SW-ON
主动带轮调压电磁阀	3.8~6.8Ω	供电12V,通电试验,有灵活清脆响声
被动带轮调压电磁阀	3.8~6.8Ω	供电12V,通电试验,有灵活清脆响声
起步离合器调压电磁阀	3.8~6.8Ω	供电12V,通电试验,有灵活清脆响声
倒挡限止电磁阀	17.1~21Ω	供电12V,通电试验,有灵活清脆响声
主动带轮转速传感器	5V-HL电压信号	SW-ON-5V-频率可变
被动带轮转速传感器	5V-HL电压信号	SW-ON-5V-频率可变
车速传感器	5V-HL电压信号	SW-ON-5V-频率可变

5. 失速试验

(1)目的:通过失速试验,可以对液压控制系统的好坏进行验证,以便确定自动变速器的维修内容。

(2)方法:

①发动机温度正常后进行(散热器电动风扇转动后为准)。

②驻车制动器处于制动状态,塞好前轮。空调开关置于关闭位置。

③连接好专用的高精度转速表(接头在发动机罩内左减振器盖附近)。

④换挡手柄处于D挡位置。左脚将制动踏板踩死。将加速踏板踩到底,持续6~8s(不要超过10s)。

⑤观察发动机转速值。冷却2min,然后在S、L挡和R挡重复测试。

⑥技术要求:在D挡和R挡失速转速应为2 500r/min。在S挡、L挡失速转速应为3 000r/min。

(3)如果失速转速不符合要求,其原因如表4-24所示。

失速转速不符合要求原因表　表4-24

现象	原因
在D、S、L、R挡失速转速都过高	(1)ATF油位低,油泵输出油压低,油泵滤油器脏堵; (2)主油路调压阀犯卡; (3)前进离合器打滑; (4)起步离合器故障
在R挡失速转速过高	(1)倒挡制动器打滑; (2)起步离合器故障
在D、S、L、R挡失速转速都过低	(1)发动机输出功率低; (2)起步离合器故障; (3)带轮控制滑阀犯卡

6. 油压试验

(1)目的:通过油压试验,能进一步验证失速试验获得的结果,以便对自动变速器的五个液压执行元件做进一步的具体检查。

(2)方法:

①发动机温度正常,自动变速器油位正常。

②连接好专用的高精度转速表(接头在发动机罩内左减振器盖附近),将汽车举起。

③在外壳上铸有标记的五个测压孔上,连接好专用油压表(量程为0~4.9MPa;润滑油表为低压量程,1MPa即可)。FWD——前进离合器测压孔;RVS——倒挡制动器测压孔;DR——主动带轮测压孔;DN——被动带轮测压孔;LUB——润滑测压孔。

④起动发动机,将手柄换到D挡位置,测量转速为1 700r/min时前进离合器的油压。

⑤将手柄换到倒挡R位置,测量转速为1 700r/min时倒挡制动器的油压。

⑥将手柄换到L挡位置,测量转速为1 700r/min时主动带轮和被动带轮的油压。

⑦测量转速为2 500r/min时润滑油压。

(3)转速为1 700r/min时,油压表的维修极限值如表4-25所示。

油压表的维修极限值 表4-25

部　件	维修极限值(MPa)	部　件	维修极限值(MPa)
前进离合器FWD	1.44~1.71	被动带轮	0.43~0.91
倒挡制动器	1.44~1.71	润滑油压	0.27~0.40
主动带轮	0.31~0.58		

(4)如果测量结果超出了"维修极限",则故障和原因如表4-26所示。

超出"维修极限"的故障及原因 表4-26

故　障	故障原因
前进离合器油压低或无油压	前进离合器密封件不良
倒挡制动器油压低或无油压	倒挡制动器密封件不良
主动带轮油压太低或无油压	(1)ATF油泵故障; (2)PH主油路调压阀犯卡; (3)主动带轮控制滑阀漏泄或犯卡; (4)被动带轮控制滑阀漏泄或犯卡(油道连通); (5)主动带轮调压电磁阀故障
主动带轮油压太高	(1)PH主油路调压阀犯卡; (2)主动带轮控制滑阀犯卡; (3)被动带轮控制滑阀犯卡(油道连通); (4)主动带轮调压电磁阀故障
被动带轮油压太低或无油压	(1)ATF油泵故障; (2)PH主油路调压阀犯卡; (3)被动带轮控制滑阀漏泄或犯卡; (4)主动带轮控制滑阀漏泄或犯卡(油道连通); (5)被动带轮调压电磁阀故障
被动带轮油压太高	(1)PH主油路调压阀犯卡; (2)被动带轮控制滑阀犯卡; (3)主动带轮控制滑阀犯卡(油道连通); (4)被动带轮调压电磁阀故障
无润滑油压或油压太低	(1)ATF油泵故障; (2)润滑阀漏泄或犯卡

7.道路试验

(1)目的:通过道路试验,验证自动变速器的"换挡规律"是否符合设计标准,验证维修质量和故障征候。在维修前和维修后,都要进行道路试验。

所谓"换挡规律"是指节气门开度和车速及发动机转速,都有一定的对应关系。不同的节气门开度，必然对应不同的换挡车速，其换挡车速与节气门开度成正比关系。即小开度、低车速降挡；大开度、高车速才升挡。对应的发动机转速也不同，这是自动变速器换挡的普遍规律。

(2)方法：

①发动机处于正常温度状态下，连接检测仪(检码器)。

②在平坦的道路上，平缓地踩下加速踏板加速前进。

③按表4-27～表4-30的数据，在不同的节气门开度挡位进行路试(用角板垫好三种开度)。检查不同的节气门开度所对应的车速值和发动机转速值是否符合标准要求。否则，即自动变速器存在着故障。

a. D挡位置路试标准如表4-27所示。

D挡位置路试标准 表4-27

节气门位置传感器电压(V)	车速(km/h)	发动机转速(r/min)
0.75	40	1 050～1 450
2.0	40 60 100	2 050～2 650 2 200～2 800 2 650～3 250
4.5	40 60 100	4 000～4 600 4 300～4 900 4 750～5 350

b. 在S挡位路试标准如表4-28所示。

S挡位路试标准 表4-28

节气门位置传感器电压(V)	车速(km/h)	发动机转速(r/min)
0.75	40 60 100	1 550～1 950 1 900～2 500 2 800～3 400
2.0	40 60 100	2 650～3 250 2 850～3 450 3 350～3 950
4.5	40 60 100	4 450～5 050 4 800～5 400 5 200～5 800

c. 在L挡位路试标准如表4-29所示。

L挡位路试标准 表4-29

节气门位置传感器电压(V)	车速(km/h)	发动机转速(r/min)
0.75	40 60 100	2 700～3 300 3 400～4 000 4 100～4 700
2.0	40 60 100	3 450～4 050 4 050～4 650 4 650～5 250
4.5	40 60 100	4 450～5 050 4 800～5 400 5 200～5 800

d. 在手动模式路试标准(按下M主开关)如表4-30所示。

手动模式路试标准　　　　表 4-30

手动挡位	车速(km/h)	发动机转速(r/min)
1 速(1ST)	40	4 400 ~ 5 000
2 速(2ND)	40 60	2 900 ~ 3 500 4 450 ~ 5 050
3 速(3RD)	40 60	2 150 ~ 2 750 3 400 ~ 4 000
4 速(4TH)	40 60 100	1 400 ~ 1 800 2 050 ~ 2 650 4 450 ~ 5 151
5 速(5TH)	40 60 100	1 400 ~ 1 800 2 050 ~ 2 650 3 650 ~ 4 250
6 速(6TH)	40 60 100	— 1 800 ~ 2 200 3 000 ~ 3 600
7 速(7TH)	40 60 100	— 1 700 2 900

从表中得知,低挡、低车速时,对应的发动机转速高、费油,但动力性好;高挡、高车速时,对应的发动机转速低、省油、经济性好,这是自动变速器的普遍规律。

第十二节　电控磁粉式电磁离合器

由于电控技术的成熟和普及,用磁粉式电磁离合器替代了机械、液压操控的摩擦式离合器,并融入电子自动控制网络系统,使离合器的控制进入智能化领域,它是今后电控小型汽车驱动方式的发展方向。从而,减轻了汽车的整备重量、降低了故障率、提高了使用性能(起动运转、起步加速、换挡控制、传动系过载保护等功能)。

它不仅可用于手动式变速器的小型汽车,也可用于 ECVT 钢带式自动变速器的小型汽车,替代液力变矩器传力。

一、磁粉式电磁离合器的结构

它由主动部分和被动部分及磁粉室、励磁线圈四部分组成,如图 4-65 所示。手动变速器的离合器控制开关 C/SW 装于换挡手柄处,可进行远程操控。

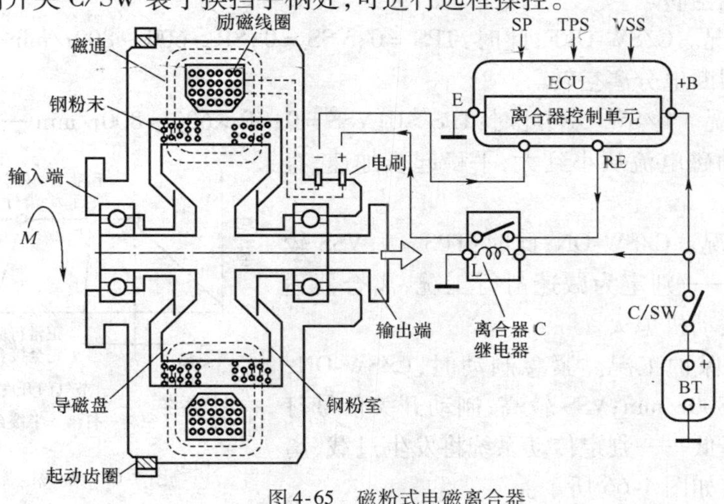

图 4-65　磁粉式电磁离合器

1. 主动部分(输入端)

连接发动机的曲轴,代替了飞轮的作用,也有较大的转动惯量,可存储动能,满足平稳运转的要求。内置式励磁线圈,用电刷和固定部位的滑环接触,通电后可产生连接磁链,用来传递转矩 M_e。

2. 被动部分(输出端)

连接变速器的输入轴,两部分通过轴承滑动连接,可相对转动,形成离合器空转分离状态。

3. 磁粉室

处于主动部分和被动部分之间,内装定量的可以磁化的 30 ~ 50μm 钢微粒粉末(磁粉),它的物理性能稳定,未通电时,松散的磁粉被离心力甩贴在磁粉室的外侧,离合器为分离状态。通电磁化后产生磁链,连接主动部分和被动部分,用来传递发动机转矩 M。

二、磁粉式电磁离合器的工作原理

(1)励磁电流的控制,是利用离合器开关的闭合,使继电器的 L 线圈磁化而导通触点,发动机 ECU 离合器控制单元的电流调节电路,从 RE 端子提供可变的工作电流,通过继电器直接操控励磁线圈通断电流的大小。

(2)钢粉室的磁粉,不通电时在离心力的作用下,松散地贴合于室的外侧,为空转分离状态;通电后在磁场中快速凝固,由松散状态,竖起呈链状,变为固体状态,在磁场中形成磁链,把主动部分和被动部分连锁在一起。磁粉的黏结力特性是正比于电流值,电流越大,磁链的数目越多,接合强度越大,传递的转矩 M 也越大。

(3)对离合器接合时间和接合力的控制,除手控 C/SW 开关通断信号外,ECU 离合器控制单元的电流调节电路,还可利用节气门开度 TPS 信号、转速 SP 信号、车速 VSS 信号这三个逻辑控制参数和其他相关网络信号(如制动信号、轮速信号等),根据汽车行驶工况的需要(起动运转、起步加速、换挡控制、加速爬坡、减速滑行、传动系过载保护等工况),来自动调节励磁线圈中电流的大小和导通时间的长短,自动进行通断和量化控制。

(4)工况判定举例。节气门位置传感器 TPS 和转速传感器 SP 及车速传感器 VSS 的信号,使 ECU 有了对道路状态及发动机工况的感知能力和逻辑分析能力,了解驾驶员的意图,实现人脑和电脑的随机结合。这种因果判断关系的成立是有条件的,只要条件成熟,计算机的逻辑门电路即发出指令,此即谓智能化控制。

①起动运转工况。C/SW-OFF;此时:TPS = 0;VSS = 0;SP < 250r/min——判定为起动工况,离合器断电分离空转。

②怠速热起工况。C/SW-OFF;此时:TPS = 0;VSS = 0;SP ≥ 600 ~ 800r/min——判定为怠速热起工况,离合器断电分离空转。

③起步加速工况。C/SW-ON;此时:TPS > 0;VSS = 0;SP > 600 ~ 800r/min——判定为起步加速工况,离合器励磁电流从小到大,平稳起步加速,直到完全接合为止。

④减速滑行工况。C/SW-ON;此时:TPS = 0;VSS 较高;SP 反拖也较高——判定为减速滑行工况,离合器适时断电分离,防止发动机熄火。

⑤传动系过载保护工况。紧急制动时,C/SW-ON;TPS = 0;SP = 600 ~ 800r/min;VSS 较高;制动开关信号打开;轮速信号明显降低——判定传动系统将发生过载,离合器断电分离保护,如图 4-66 所示。

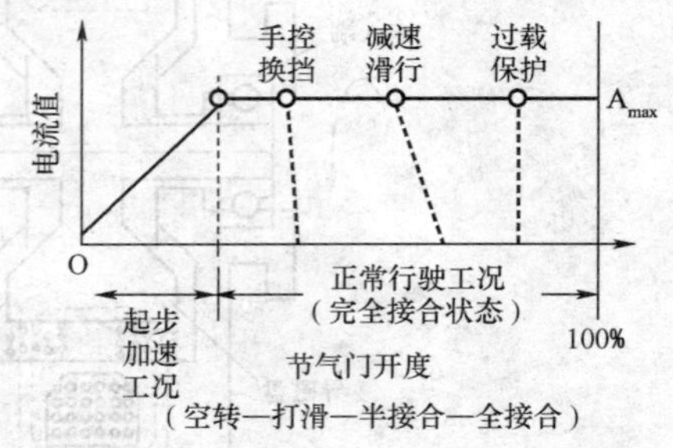

图 4-66 励磁电流特性

三、磁粉式电磁离合器的优点

(1)结构简单,减轻了汽车的整备质量,传动效率高,容易实现转矩的平稳增长,无起步发抖弊病,起步性能、加速性能、换挡性能、减速滑行、传动系过载保护等功能良好。

(2)主、被动部件不接触,无磨损之虑,更无调整部位,只存在电路部分的故障(继电器、滑环、电刷、控制单元等),故障内容纳入了电控自诊系统,维修成本低、故障率低、使用寿命长。

(3)无离合器踏板等控制机械,操控开关位于变速器手柄处,进行起动运转和离合换挡控制,简化了操纵动作,方便可靠。

(4)传统的摩擦式离合器的常见故障不再发生,如分离不好、换挡响;接合不好、行驶打滑;操控部位调整不当故障,离合片损坏故障。

第十三节　双离合器式自动变速器(DCT)

双离合器式自动变速器(Dual Clutch Transmission)简称 DCT,基于双轴式常啮齿轮,由手动变速器演变而成,它保留了结构简单、传动效率高的优点,并升华为电控液动换挡控制,改善了换挡品质,降低了油耗、故障率和制造成本,它已在大众车系和福特车系中成功地使用。又因继承性好,降低了加工设备的投资,适合我国国情,前景十分可观。典型双离合器式自动变速器总成结构图如图 4-67 所示。

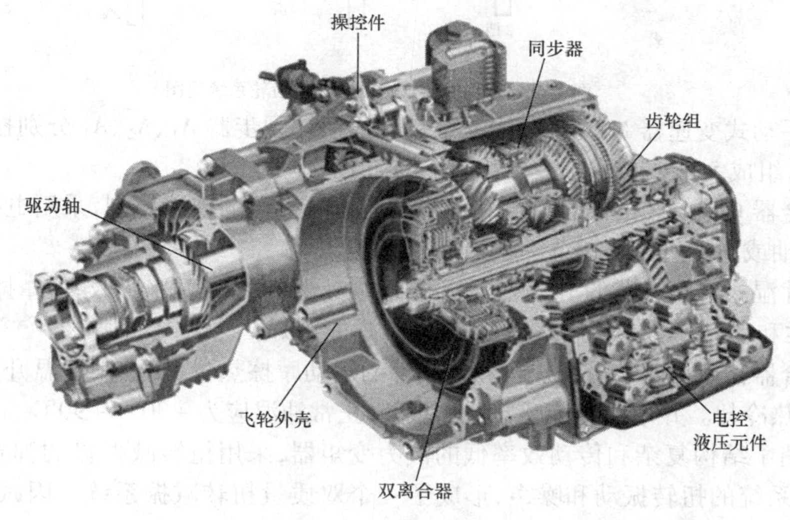

图 4-67　典型双离合器式自动变速器总成结构图

例如:大众公司对 Golf—R32 分别装用手动变速器 MT 与自动变速器 DCT 进行了性能对比试验,结果证明:DCT 式自动变速器具有优良的燃油经济性和动力性能,如表 4-31 所示。

GOlf—R32 乘用车性能参数　　表 4-31

性 能 参 数	自 动 式 DCT	手 动 式 MT
百公里油耗(L/km)	10.2	11.5
0～100km/h 加速时间(s)	6.0	6.4
最高车速(km/h)	247	247

一、DCT 系统的结构特点

(1)两个多片油浴湿式摩擦式离合器 C_1 和 C_2,通过扭转减振盘连接飞轮,其输出端分别驱动齿轮组的奇数挡和偶数挡。用 C_1 和 C_2 的分离与接合,交替转换传力挡位,满足自动换挡的需求,如图 4-68 所示。即第一离合器 C_1 控制 1、3、5、R 挡位;第二离合器 C_2 控制 2、4 挡位或 6 挡位。

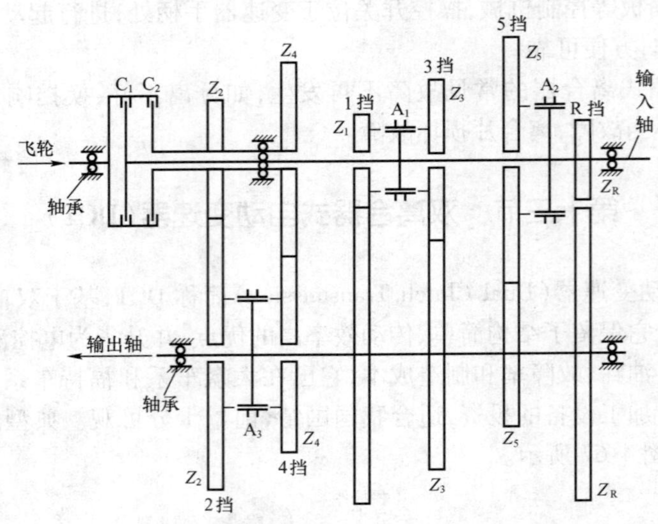

图 4-68 双离合器式自动变速器齿轮系统简图

(2)和手动式变速器 MT 一样,用三个锁环式惯性同步器 A_1、A_2、A_3 分别控制各挡位常啮齿轮的连接,组成 5 个或 6 个前进挡和 1 个倒挡 R。

(3)离合器 C_1 和 C_2 的离合控制和同步器与常啮齿轮的连接控制,采用电控液动方式,通过液压缸充油或泄油进行快速继动换挡控制。

(4)多片湿式双离合器的滑磨热,利用自动变速器的 ATF 油来吸收,使摩擦片得到良好的冷却,接合柔和,磨损均匀,使用寿命长,转矩传递能力好。

(5)离合器在换挡时的滑磨热量和传动件的运动摩擦热量,使控制油温升高,仍需通过冷油器进行散热冷却。并用油温传感器监测报警,正常油温应为 +30 ~ +90℃。

(6)取消了结构复杂和传动效率低的液力变矩器,采用扭转减振盘的弹簧来传递动力,并吸收传动系统的扭转振动和噪声,形成了一个双质量扭转减振系统。因减振弹簧的位置半径大、刚度小、压缩转角大,使多自由度传力系统的扭转振动得到有效的衰减。所以,动力传递柔和、平稳、可靠,传动效率高,故障率少,如图 4-69 所示。

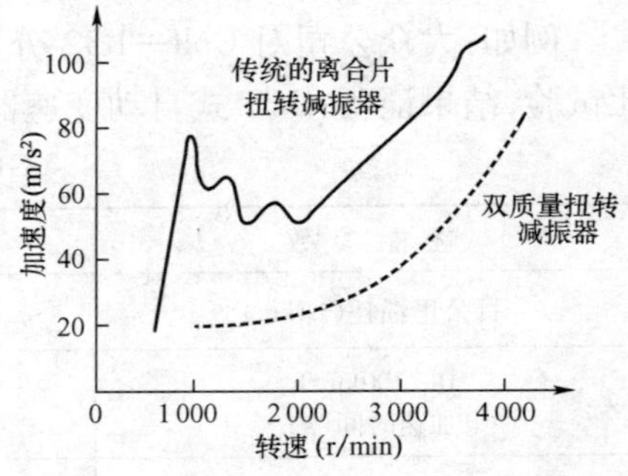

图 4-69 减振后变速器后端振动加速度比较

(7)变速手柄的挡位排列方式,仍是 P、R、N、D、S 传统方式。有的车系还加装了手动换挡开关,在 D 挡位时,手柄也可利用手动通道上下微动,手动依次升挡或降挡行驶。

(8)两个不同尺寸的离合器,同轴心地套装在一起,以相同的摩擦力矩 M_c 交替传递发动机的转矩。因离合器的最大摩擦力矩 M_c 为下式:

$$M_c = Zp\mu R_c \qquad (\mathrm{N \cdot m})$$

式中：Z——摩擦面数；

p——压盘上的油压作用力；

μ——摩擦系数；

R_c——摩擦片的平均摩擦半径。

所以，两个尺寸不同的离合器套装在一起，控制油压相同，因平均摩擦半径不同，压盘的压紧力不同，最终摩擦力矩 M_c 是相同的，都能单独传递发动机的最大转矩 M_{emax}，即 $M_c > M_{emax}$，如图 4-70 所示。

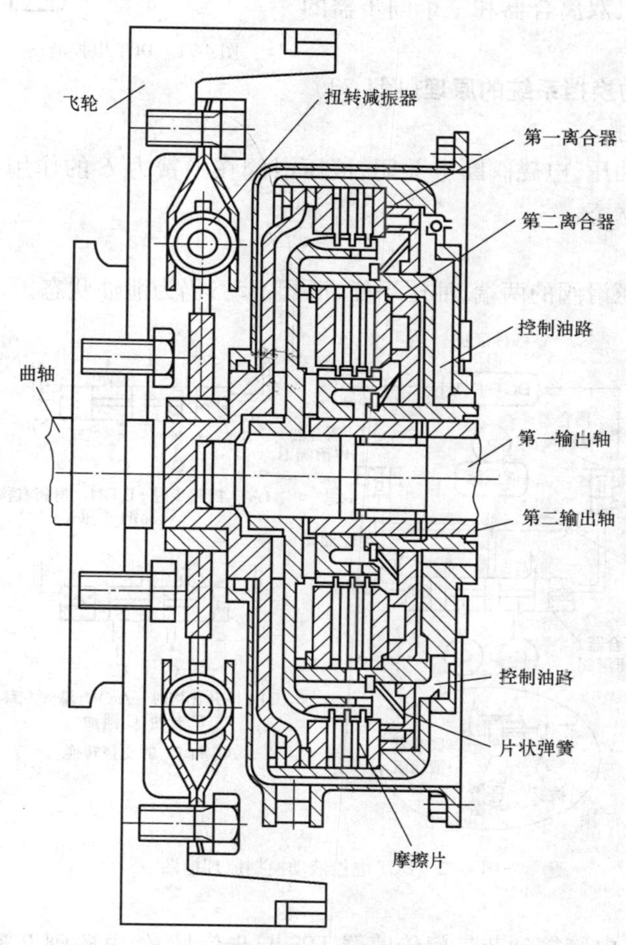

图 4-70　双片离合器结构图

(9)故障率低和使用寿命长的原因有：

①离合器与齿轮组前后布局，相距较远，滑磨热影响量小，比传统的行星齿轮式合理。

②少了液力变矩器，简化了系统结构，提高了传动效率，ATF 油温低。

③省略了多个换挡用的制动器和离合器，减少了密封件和漏油点。

二、DCT 电控液动换挡系统的组成

DCT 电控液动换挡系统与传统的 ECT 控制系统类同，也分为两部分，如图 4-71 所示。

1. 电控部分

电脑 DCT-ECU 和 EFI-ECU 联网工作，进行自动换挡逻辑控制，并发令使换挡电磁阀动作，完成挡位的自动转换。本系统的传感器信号和开关信号进行信息反馈，监控双离合器的工作质量，如换挡控制、柔和控制、同步控制、报警自诊等内容。

2. 液动部分

完成继动换挡控制，液压动力源为油泵、液压换挡滑阀、液压油阀体、双离合器和三个同步器的液压缸。

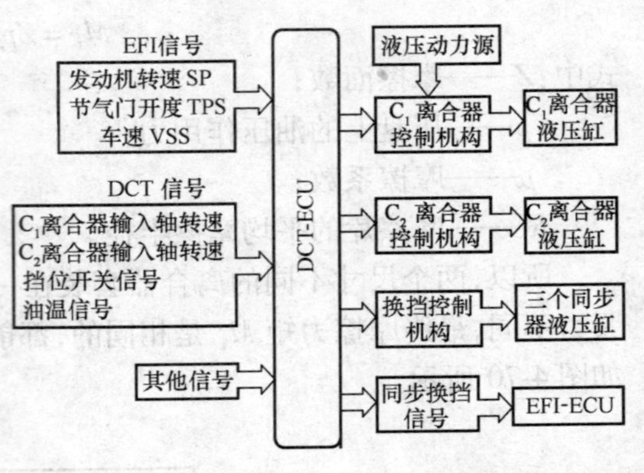

图 4-71　DCT 电控液动控制系统的组成框图

三、DCT 电控液动换挡系统的原理（图4-72）

1. 发动机不运转时

液压换挡系统无油压，电磁阀断电关闭，液压滑阀在弹簧力 F 的作用下，处在中间位置，两个离合器都是泄油状态。

2. 发动机运转时

液压油作用在液压滑阀的两端，油压平衡，滑阀不动，仍为泄油状态。

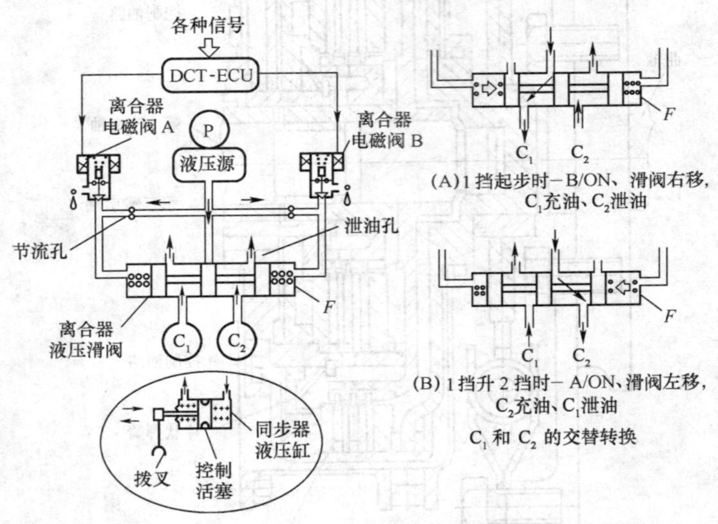

图 4-72　DCT 电控液动换挡原理框图

3. 汽车起步时

变速手柄在 D 挡，电脑接到节气门传感器 TPS 起步信号，使电磁阀 B 通电开启泄油，液压滑阀右移，离合器 C_1 充油接合，同步器 A_1 也向前接合，换入 1 挡行驶。

4. 汽车升挡时

当需要升挡时，电磁阀 A 通电开启泄油，B 阀断电关闭充油，液压滑阀左移，离合器 C_2 充油接合，同步器 A_2 也向前接合，换入 2 挡行驶。

其他挡位的升挡和降挡过程和同步器的控制原理皆类同，故略。

四、DCT 系统各挡工作过程

利用电控液动方式，使双离合器和同步器的液压缸自动交替充油、泄油而离合，将动力输入相关挡位的同步器和齿轮组，即前一挡位泄油、后一挡位充油，反复交替，依次地升挡或降挡，这一过程1s内完成，动力衰减的时间极短，保证了行驶的平稳性。

(1)1挡——C_1充油接合，同步器A_1向前接合，动力从Z_1齿轮组输出，其他齿轮空转。

(2)2挡——C_2充油接合，同步器A_3向前接合，动力从Z_2齿轮组输出，其他齿轮空转。

(3)3挡——C_1充油接合，同步器A_1向后接合，动力从Z_3齿轮组输出，其他齿轮空转。

(4)4挡——C_2充油接合，同步器A_3向后接合，动力从Z_4齿轮组输出，其他齿轮空转。

(5)5挡——C_1充油接合，同步器A_2向前接合，动力从Z_5齿轮组输出，其他齿轮空转。

(6)R挡——C_1充油接合，R挡齿轮与主、被齿轮啮合，动力从Z_R齿轮组输出，其他齿轮空转。

必须说明，双离合器式自动变速器由于两个离合器1个工作，1个自由，传力路线形成不了"闭锁状态"(两个挡位，同时输出)。当汽车以某一个挡位运行时，下一个即将运行的挡位同步器可提前处于啮合状态；当达到下一个挡位的换挡点时，只需将正在接合的离合器泄油分离切换即可。因此，换挡迅速，动力衰减时间极短(0.2s)。此种换挡控制，只需改变电脑的控制程序即可。

第五章 汽车的防滑控制系统——ABS & EBD 和 ASR 系统、ESP 系统

随着汽车行驶速度的提高和道路行车密度的增大，对汽车行驶的安全性提出了更高的要求，防滑控制系统就应运而生。

汽车防滑控制系统最初只是在制动过程中防止车轮抱死，避免车轮在路面上进行滑拖（滑移），缩短制动距离、提高汽车在制动过程中的方向稳定性和转向操纵能力。此谓制动防抱死系统，即 Anti-Look Brake System，简称 ABS 系统。

在急起步、急加速、急转向或在湿滑的道路上行驶时，防滑控制系统能防止驱动轮发生滑转，又能提高汽车在驱动过程中的方向稳定性和转向操纵性及加速性能。以后又相继产生了驱动防滑转系统 Acceleration Slip Regulation，简称 ASR 系统，由于它是通过调节驱动轮牵引力来实现防滑转控制，也被称为牵引力控制系统 Traction Control System，简称 TCS 系统或者 TRC 系统。

可见，汽车的防滑控制系统包括了两个内容，是对 ABS 系统和 ASR 系统的统称。

第一节 滑移率的概念

汽车的加速度和减速度运动及转向运动时，受车轮纵向附着力（$F_{\phi纵}$）和横向附着力（$F_{\phi横}$）的制约，如图 5-1 所示。加速时，最大牵引力 $F_{tmax} \leqslant F_{\phi纵}$，否则产生滑转，汽车不走。减速时，最大制动力 $F_{Bmax} \leqslant F_{\phi纵}$，否则产生滑拖，制动距离加大。转向时，横向力 $Y \leqslant F_{\phi横}$，否则无反作用力 Y'，产生横滑，不能转向而失控。

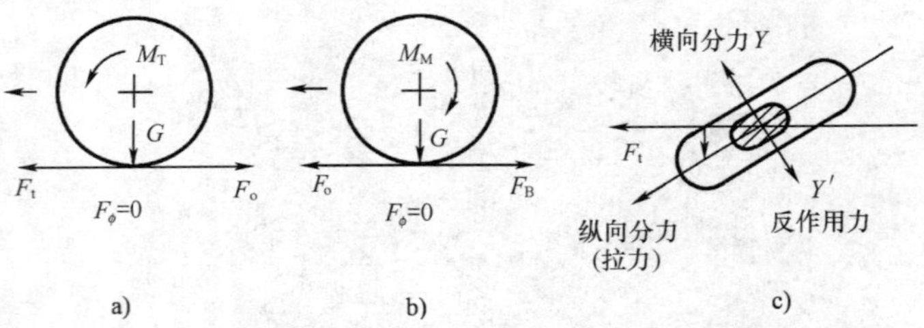

图 5-1 驱动—制动—转向制约图

a）驱动；b）制动；c）转向

M_T-驱动力矩；F_o-周缘力；F_t-牵引力；F_ϕ-附着力（$F_\phi = G \cdot \phi$）；ϕ-附着系数；M_M-摩擦力矩；F_B-制动力；G-车轮荷载

车轮在路面上纵向运动，可以区分为滚动和滑动两种形式。滑动又可分为：滑移时，车轮抱死 $\omega = 0, v \neq 0$ 走而不转；滑转时，车轮不走 $v = 0, \omega \neq 0$ 转而不走。

ABS 系统是减速度制动时，防滑移；而 ASR 系统是加速度驱动，防滑转，性质相同，但方向相反。

牵引力（F_t）和制动力（F_B）的大小，取决于车轮与地面的纵向附着力和横向附着力的大小。当法向力 G 一定时，附着力的大小决定于附着系数的大小（$F_\phi = G \cdot \phi$）。而附着力的大小又与车轮荷载、胎面花纹、轮胎气压、路面粗糙度、潮湿程度、行驶速度、车轮偏转角（α）等因素有关。为此，附着力（F_ϕ）成为车轮相对于地面有无滑移的关键因素。

所谓“滑移率”，是汽车的实际车速与车轮的圆周线速度的差值，与实际车速之比，用 $S\%$ 表示，它表征车轮在纵向运动中滑动成分所占的比例。制动时滑移，轮速减小为负滑移；驱动时滑转，轮速增大为正滑移。

制动时，滑移率 s 值按下式计算：

$$s_{制动}=(v_{车}-v_{轮})/v_{车}\times 100\%$$

式中：$v_{车}$——车身瞬时速度(m/s)；

$v_{轮}$——车轮瞬时速度(m/s)

驱动时，滑移率 s 值按下式计算：

$$s_{驱动}=(v_{轮}-v_{车})/v_{轮}\times 100\%$$

试验证明：弹性车轮在地面上滚动，产生阻力和摩擦力(附着力)，附着力 F_{ϕ}($F_{\phi}=G\cdot\phi$)其最大值是在边滚动边滑动时发生，即 s 值为 20% 时。因此，产生了四种运动情况：

(1)不制动时，车轮自由纯滚动，其纵向速度 $v=r\omega$；$s=0$。

(2)制动抱死时，$F_{B}>F_{\phi}$，为纯滑动，$\omega=0$；$v>0$；$s=-100\%$。

(3)制动半抱死时，$F_{B}\leqslant F_{\phi}$，边滚动边滑动，$0<s<100\%$，最佳状态为 $s=15\%\sim30\%$。

(4)驱动滑转时，$F_{t}>F_{\phi}$，为纯滑转，$v=0$；$\omega>0$；$s=+100\%$。

如图 5-2 所示：附着系数(ϕ)与滑移率(s)的关系是：纵向附着系数(ϕ)随滑移率(s)的加大而下降。因而制动距离随 s 值的加大而延长，其最佳区是在 10%～30% 处，这是弹性轮胎变形所致。其横向附着系数当 $s=0$ 时为最大，当 $s=30\%$ 时，横向附着系数将下降近一半。随着 s 值的加大，它的下降率远大于纵向，这是发生侧滑的主要原因，也是制动时方向稳定性变坏的关键。

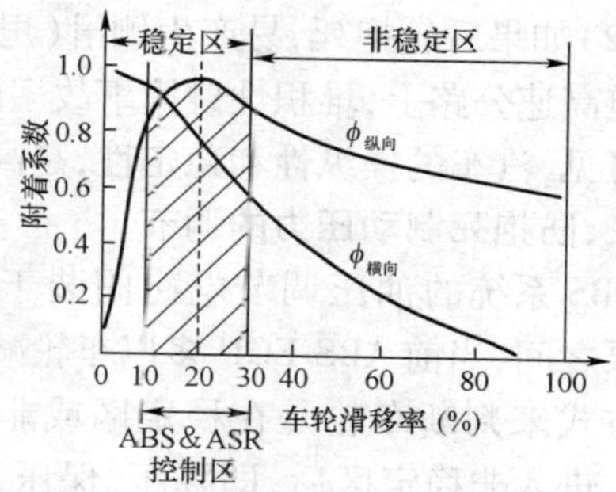

图 5-2　附着系数与滑移率关系图(ϕ-s 曲线)

试验证明，当滑移率处于 10%～30% 时，其纵向附着系数处于最大值，制动力可达最大值，横向附着系数也处于较大值状态(低于纵向值一半)。ABS 和 ASR 系统的设计，就是保证在各种路面状态保持这个最佳滑移率(s)，从而保证了最佳制动状态和最佳驱动状态，使制动和驱动的方向稳定性和方向操纵性得到改善。即制动时和驱动时，不发生侧滑，并具有制动加转向的高速行驶功能。

可见，驱动和制动都会产生滑转和滑移，制动防抱死系统(ABS)和驱动防滑系统(ASR)是一对孪生兄弟，在一些高档、高速车上并存。其 ϕ—s 曲线具有对称性，其规律是一致的。

如前所述，车轮与路面间附着力(F_{ϕ})的大小是一个随机变量值。车轮的荷载也是一个随机变量值。例如：上坡和加速时，前轮荷载变小，后轮荷载变大。下坡和减速时，与上坡相反。转向时，因离心力的作用，内侧车轮荷载变小，外侧车轮荷载变大。

为此，需有多种传感器信号来进行反馈控制，如轮速传感器、车速传感器、节气门位置传感器、车轮转角传感器、制动开关等，来实现 ABS 和 ASR 系统的最佳控制。

第二节　最好的制动条件和防抱死制动过程

一、最好的制动条件

汽车在制动时，通过制动器的摩擦作用，使车轮与路面之间产生与运动方向相反的制动力

F_B,使汽车减速或停车。其先决条件是轮胎与路面之间必须有良好的附着力 F_ϕ。附着力的大小决定于车轮的附着重量 G 和地面附着系数 ϕ 的大小。为此,最大制动力 F_{Bmax} 的大小,受附着力 F_ϕ 的制约,它只能是:

$$F_{Bmax} \leqslant F_\phi = G \cdot \phi$$

否则,车轮抱死滑拖,走而不转,使车轮与地面间产生剧烈的相对滑磨,汽车的动能就消耗在这里。橡胶胎面的局部因高温稀化,变为润滑剂,附着力急剧减小,车轮呈飘浮状态,制动距离反而加大。如果将车轮控制在将要抱死、又未抱死,即:半滚动、半滑动的临界状态,滑移率 s 值为 10% ~30%,此时的附着力为最大值。则汽车的动能将消耗在制动器中,这是最理想的摩擦副。它性能稳定,增大附着力的利用率,提高了制动效能。这就是 ABS & EBD 系统的追求和归宿。

二、抱死拖滑的危害

如前所述,车轮抱死不单是加大了制动距离,还会产生下列恶果:

(1)如果前轮抱死,就失去了制动加转向的能力,即操纵性能不好。无法在大弯道上高速安全行驶,将失去转向变轨的引导能力,轮有转向动作而车无转向的可能,无法安全避险,危险性极大,会车碰撞多在此瞬间发生。

(2)如果后轮抱死,易产生侧滑(甩尾),即稳定性能不好,危险性更大。行车密度较大的多车道高速公路上,堆积性碰撞事故多因此而发生。

可见,汽车的操纵性和稳定性,是高速行驶主动安全性的重要指标,ABS 系统是必备装置。

三、防抱死制动压力的调节

ABS 系统的油压调节电磁阀装于制动总泵和分泵之间,当前 ABS-ECU 多以车轮减速度信号控制方式来判断车轮是在稳定区或非稳定区内转动。进入非稳定区后,即降压、保压、升压来实现 ABS 防抱死控制,如图 5-3 所示。

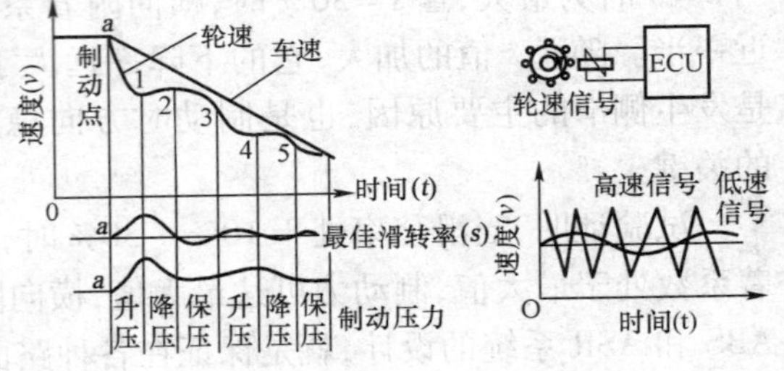

图 5-3 防抱死制动过程图

制动时,制动压力急剧上升,车轮速度急剧下降,滑移率 s 值急剧上升,从稳定区进入非稳定区,车轮开始滑动。ABS 系统迅速降压,使车轮的滑移率回复到稳定区,并保持一定的制动压力。随后又将制动压力升高,稍微超过稳定界限,又再次降压,使 s 值又回到稳定区,如此反复,其升降频率为 10 ~12 次/s,将车轮的 s 值保持在最佳的狭小的范围内,以获得最好的制动效果。调压频率的大小因车而异,因而制动踏板的反弹程度不尽相同。

四、ABS 防抱死制动系统的优点

(1)缩短了制动距离,特别是在雨、雪、冰滑的路面上制动时更为突出。

(2)方向操纵性好,使汽车具备了制动加转向的能力,在大弯道上高速行驶时可安全地避险,提高了平均车速和安全性能。

(3)方向稳定性好,防止了制动时侧滑(甩尾),减少了交通事故的发生率。

第三节 ABS 防抱死制动系统

ABS 系统的制动压力调节装置串接在制动总泵和分泵之间,用 ABS-ECU 控制。它有两种制动压力调节方式：一为变容调节方式；二为循环调节方式，因车而异，不下十几种之多。BOSCH 型循环调节方式，结构简单，动作灵敏，故障率小，逐渐成为防抱死制动系统的主流。这是 1998 年后，各国汽车制造商的共识结论，它成为公认的定型产品。ABS 布置图如图 5-4 所示。

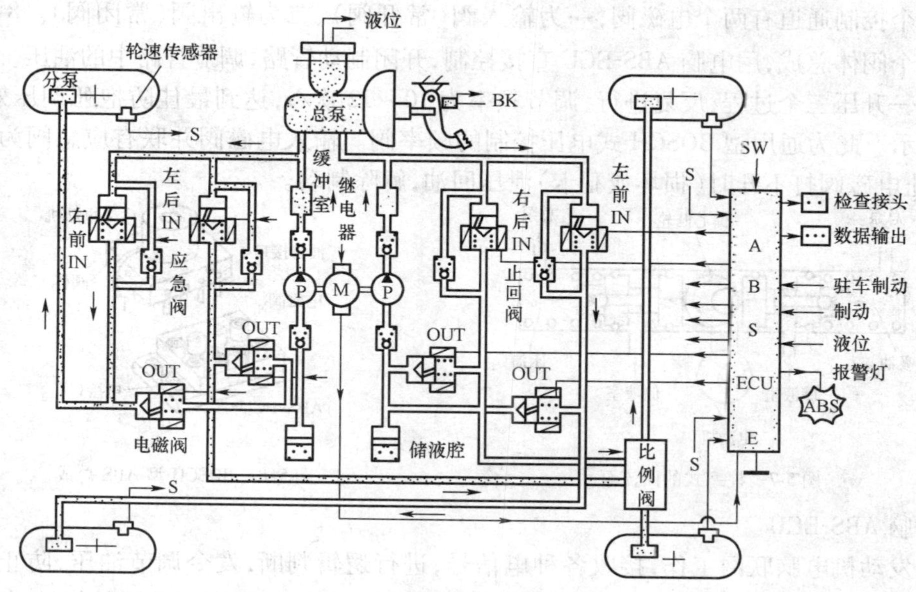

图 5-4　本田雅阁车 98 款 ABS 系统布置图

一、ABS 防抱死制动系统的组成

当代乘用车的制动管路，多采用高效对角排列方式，ABS 制动系统多采用 X 形管路结构。即 4 个轮速传感器、4 个控制通道、4 组调压电磁阀（每组 2 个电磁阀），以保证各车轮单独地调节或共同地调节，提高对全车的控制效果。

如图 5-5 所示，该原理简图只画了右前轮一个控制通道的结构内容，其他车轮控制通道的结构内容从略。

1. 轮速传感器

轮速传感器获取的各车轮的角速度信号，多为磁电式交变电压信号，如图 5-6 所示。当低电位、低频率的量值出现时，作为车轮将要抱死的判断依据。

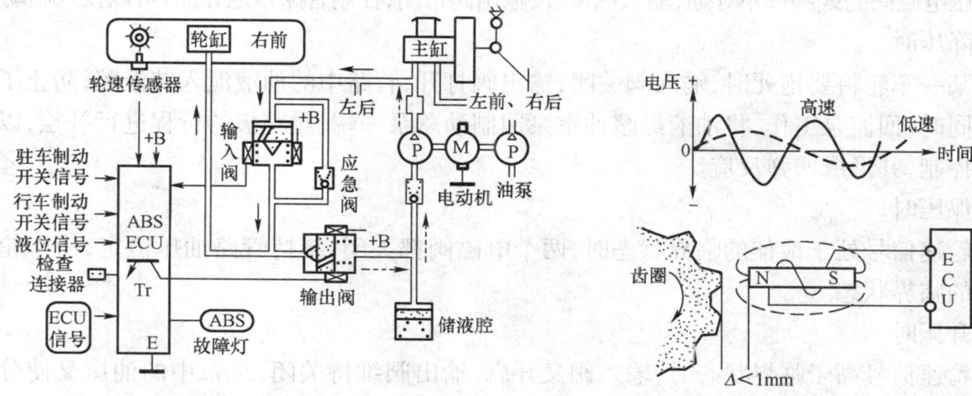

图 5-5　BOSCH 型 ABS 防抱死制动系统原理简图　　　　图 5-6　磁电式轮速传感器

2. 油泵和储液腔

柱塞式的回流泵,用直流电机驱动,维持制动系统的定量油液循环,对制动踏板的行程进行补偿,便于升压控制,并产生回弹反应。因而得名为“循环调节方式”,如图5-7所示。

3. 油压调节电磁阀(两位两通阀2/2阀)

每一个控制通道有两个电磁阀,一为输入阀(常开阀)、二为输出阀(常闭阀)。8个电磁阀组成一个阀体总成,用电脑ABS-ECU直接控制,开闭制动管路,调节管路中的油压。采用降压—保压—升压三个过程,反复进行,调节频率为10~12次/s,达到最佳防抱死调压效果,如图5-8所示。此为通用型BOSCH式电压控制的频率阀。输入电磁阀并联有应急阀为止回安全阀,防止电磁阀打不开时(损坏或犯卡)泄压回油,解除制动。

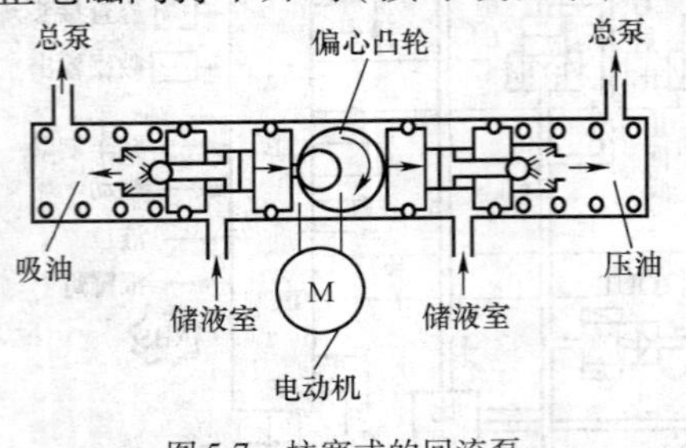

图5-7 柱塞式的回流泵

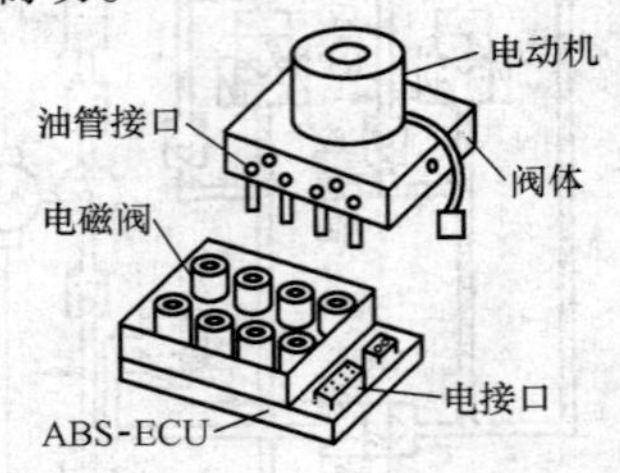

图5-8 BOSCH型ABS总成

4. 电脑ABS-ECU

它与发动机电脑联网工作,接收各种电信号,进行逻辑判断,发令调节油压,防止车轮抱死,并能进行报警和自诊。各种电信号包括车速信号、轮速信号、驻车制动开关信号、行车制动开关信号、制动总泵液位信号等。用以判断ABS系统投入工作的时机,其逻辑控制条件是:车速信号已从较大降到较小;轮速信号的电压和频率极低;有制动开关信号,证明有制动意图。

5. ABS报警灯

红色或黄色,ABS灯或ANTI-LOCK灯(防抱死),显示有无故障和故障码。当点火开关导通,ABS灯亮4~6s后灭为正常(自检完毕);或起动后熄灭也为正常。如故障灯常亮为有故障,应及时检修,偶尔点亮为偶发性故障,不足为患。它报警后能维持制动系统的正常制动,但ABS系统已断电保护,停止工作。

二、通用型ABS防抱死制动系统的工作过程

1. 不制动时

调压电磁阀的线圈都不导通,输入阀常开,输出阀常闭,控制管路常通,随时可以投入制动。

2. 降压时

当某一车轮将要抱死时,输入阀关闭,输出阀打开,管路中的油液泄入储液腔,防止了车轮抱死。同时,回流泵工作,将油液经缓冲室泵回制动总泵一端,对踏板的行程进行补偿,以便进行升压控制,并形成回弹反应。

3. 保压时

当轮速信号处于最佳的临界状态时,两个电磁阀都关闭,维持管路油压恒定,使车轮维持在最佳的临界状态。

4. 升压时

如轮速信号高于临界状态时,输入阀又开启,输出阀维持关闭,总泵中的油压又使分泵油压再次升高,提高制动效果,如此反复进行。

三、丰田车系的组合式调压电磁阀的工作过程

过去，丰田车系的ABS系统，是将输入、输出电磁阀合为一体，成为组合式三位三通电磁阀(3/3)，用电流的大小进行调压控制，每一个控制通道中有一组3/3电磁阀，其工作过程如图5-9所示。

1. 不制动时

ABS系统不工作，回流泵也不工作，3/3电压阀也不工作，回油孔B关、进油孔A开、AC孔又相通，随时可以制动。

2. 降压时

当车轮将要抱死时，ECU根据轮速信号，用最大的电流(5A)将3/3电磁阀A孔关闭，BC孔导通，油液泄入储液器，并通过回流泵将油液泵回总泵端。A = 5A；磁吸力 > $F_1 + F_2$。

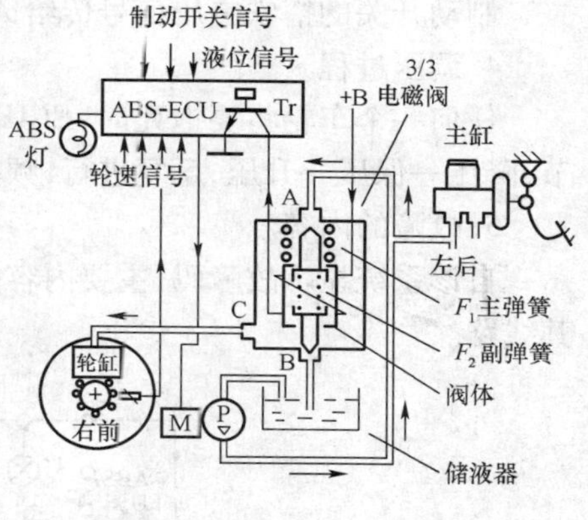

图5-9　丰田车系的3/3式调压电磁阀

3. 保压时

ECU给3/3电磁阀一个1/2电流(2A)，磁吸力 < $F_1 + F_2$，衔铁下移，A孔和B孔都关，“双阀关闭”，使分泵内压力不变。

4. 升压时

ECU不给3/3电磁阀控制电流，B孔关闭，AC孔又相通，制动压力又升高，如此反复。

四、ABS防抱死系统的四个工作过程

ABS系统的结构形式各异，其电脑和调压电磁阀在一起的为整体式；不在一起的为分置式。但其工作过程有其规律性，如图5-10所示。

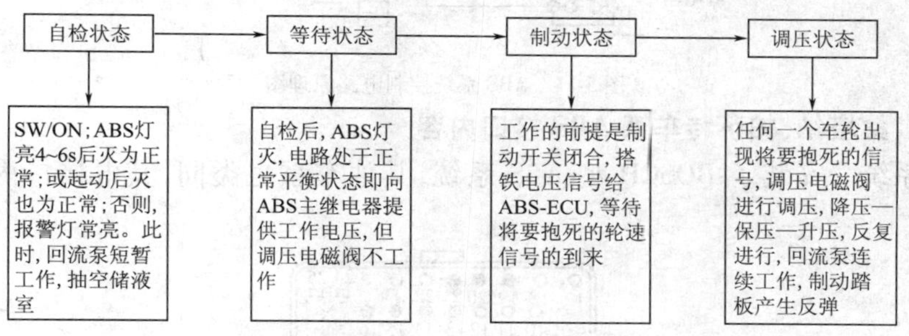

图5-10　ABS防抱死系统的四个工作过程

由此可见，ABS油泵的工作时机只有两次：一为发动机起动运转时；二为处于调压状态时。其他时间频繁工作，故障灯点亮，说明ABS系统有故障。

五、ABS防抱死系统控制电路原理

如工作过程内容中所述，各车系的ABS-ECU与发动机ECU联网工作，使相关信号共享。其油泵电机和调压电磁阀都是用继电器继动控制，制动开关和液位开关是搭铁电压信号，使ABS-ECU准确地进行调压控制和及时报警，这是共同规律，如图5-11所示。

1. 自检过程

打开点火开关；通过 +B 端子加上自检电压，定时电路使回流泵短暂工作，抽空储液室油液。ABS灯亮，无故障定时灭；有故障常亮，RE点即断电，进行失效保护，并存储和显示故障码。

2. 等待过程

灯灭后即向 RE 端子提供工作电压，ABS 主继电器触点闭合，给 8 个电磁阀加上工作电压，进入等待状态。

3. 制动过程

制动开关的搭铁电压信号传给 ABS-ECU，即等待将要抱死的轮速信号的到来。

4. 调压过程

任何一个车轮将要抱死时，ECU 发令使该轮的 Tr 管导通，调压电磁阀动作，进行压力调节，降压—保压—升压，反复进行，频率为 10～12 次/s。

5. 故障的内容

自诊系统显示故障码，主要内容是：ABS-ECU、ABS 主继电器、调压电磁阀、轮速传感器及其线路。

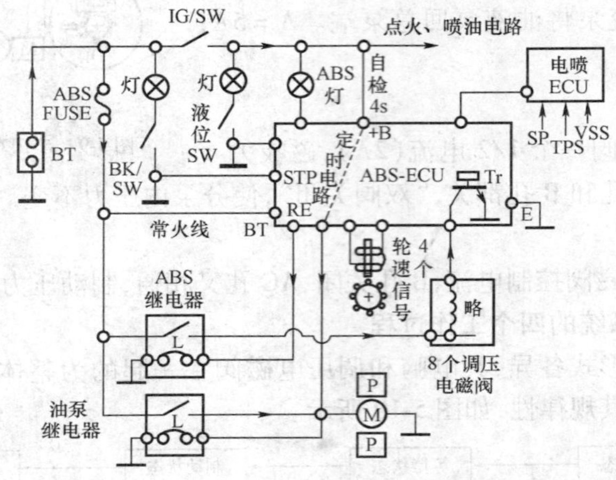

图 5-11　ABS 系统控制电路原理图

六、捷达、桑塔纳、帕萨特车系 ABS 接口内容

大众车系统一安装了 BOSCH 型 ABS 系统，其他车系也类同，其电接口内容如 5-12 图所示。

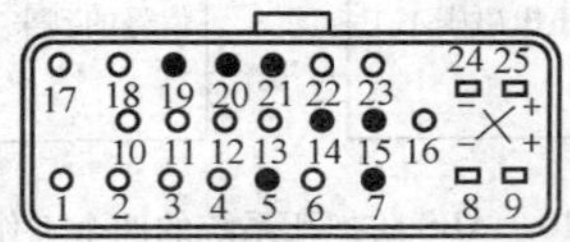

图 5-12　大众车系 ABS 系统的电接口内容

1-17-右后轮速信号；12-制动开关（12V）；3-18-右前轮速信号；13-自诊接口；2-10-左后轮速信号；16-ABS 指示灯；4-11-左前轮速信号；22-ABS 电脑电源（12V）；25-8-油泵电动机（12V）；23-发动机电脑网线；24-9-各电磁阀（12V）；5、7、14、15、19、20、21-未用；6-ABS 电脑电源（12V）

第四节　正确使用 ABS 系统和故障灯偶然点亮的原因分析

一、正确认识和使用 ABS 防抱死制动系统

多年来因 ABS 系统的结构繁多，讹传纷纭，极不统一。为此，正理共识。

(1) 车速低于 15km/h 制动时，ABS 系统没有必要起作用，制动踏板无回弹反应。为此，在反力制动试验台上低车速测制动力时，也不起作用，测力结果只表明是正常制动系统的好坏，与 ABS 系统无关。

(2)拔下 ABS 系统的熔断丝,用较高的车速制动,车轮应能抱死滑拖,说明正常制动系统无故障。ABS 灯常亮时,只是无调压能力,不影响正常制动功能。

(3)ABS 系统工作时,制动踏板有回弹反应,车轮与路面之间无拖印,为正常状态。有时也有间断拖印,它与地面粗糙度有关,也为正常状态。

(4)ABS 油泵有两次工作过程,一次是点火开关导通,ABS 系统有 4~6s 的自检过程,油泵短暂工作,抽空储液腔油液备用;再次是调压过程中连续工作。其他时间油泵工作为故障症状,故障灯即点亮报警。

(5)轮速传感器的工作环境较恶劣(脏、振、磨料沾污),在 ABS 系统中故障率最高,二级维护时应擦洗和检查磁隙的大小。

(6)必须使用指定的高沸点合成型制动油液,防止受热汽化产生热衰退,并定期更换新油液(4 万 km)。制动系统换油放气时,采用对角方式,与常规制动系统换油放气方法相同,无其他特殊要求。

(7)ABS 系统的油压调节电磁阀体总成,精度较高,有故障时应整体换新,不能检修。

二、ABS 灯偶然点亮的原因分析

ABS 灯在行车中偶然点亮,不必惊慌,这是属于偶发性的故障,不足为患,只要不是常亮都属正常。即使常亮,也不影响正常制动效果,只是无防抱死功能,但事后应查找原因,根除后患。

(1)车轮直径有差异时,轮胎气压不等、磨损不均匀,会造成轮速信号有差异而点亮。

(2)驻车制动未彻底解除而行车,前后轮速信号有差异而点亮。

(3)低速挡行驶时间过长时,轮速信号失常而点亮。

(4)在泥泞、雪地、沙地行驶时,驱动轮打滑,前后轮速信号差异过大而点亮。

(5)高速转向时,某一车轮瞬时离地滑转,轮速信号差异大而点亮。

(6)在极坏的路面行驶时,各轮速信号无常地变化而点亮。

(7)轮速传感器磁隙中有金属磨料时,信号差异大而点亮。

(8)制动开关电路搭铁电压信号有异时,强、弱、有、无等情况,包括灯泡的好坏及功率的大小。

(9)在举升器上或测功机上使驱动轮空转时,因非驱动轮无轮速信号而点亮。

(10)有无线电波干扰时,轮速信号电压低时,易受干扰而报警。为此,有些轮速传感器导线上有屏蔽保护。

第五节　制动力的分配和 ABS & EBD 系统的原理分析

传统的制动系统,其纵向制动力的分配方案,决定于驱动形式和管路的排列,多用不同的制动器和机械式液压感载制动比例阀来满足纵向制动力分配的需要。它只能满足以下单一的制动性能需求:前轮驱动的,前轮 80%,后轮 20%;后轮驱动的,前轮 60%,后轮 40%。

一、何谓 ABS & EBD 系统

防抱死制动系统(Anti-Lock Brake System)简称 ABS 系统。最初只是在制动过程中,当制动力将要达到极限值时,即开始调节制动压力,防止车轮抱死,避免车轮在路面上进行滑拖(滑移),缩短了制动距离、提高了汽车在制动过程中的方向稳定性(不侧滑)和转向操纵能力

(有制动加转向能力)。

但是,它不能在制动的全过程中,对所有车轮的制动力的大小,随路面附着情况的不同,随机进行有效地分配和调节。如在高速行驶中有转向工况时,因离心力的作用,内外车轮附着力有差异,制动力不能随机调节,影响了行车的方向稳定性。又如在紧急制动时,当制动力达到将要抱死的极限值时,ABS 电磁阀开始高频率地调节制动压力(降压、保压、升压,频率达 10 ~ 12 次/s),必然引起制动摩擦片高频振动和产生噪声,制动踏板也产生强烈弹脚反应,此即谓“制动器和制动踏板的振噪感觉”。

为此,电控制动力分配系统 EBD(Electronic Brakeforce Distribution)就应运而生。它能在制动的全过程中,根据四个车轮的附着情况,用高速计算机处理车轮的感应信号,瞬间计算出不同的滑移率和摩擦力数值,在运动中不断地高速调节制动压力,以获得最佳的制动效果,提高了制动的平稳性和安全性。完全替代了机械式制动比例阀的功能,故又称为 ABS & EBD,即舒服、安全、有效制动防抱死调节系统。

二、ABS & EBD 与传统的 ABS 系统的差异

(1)传统的 ABS 电脑软件系统的逻辑程序控制能力简单。它只是在制动时,根据车轮减速度的变化,判断车轮是否将要抱死,对制动力进行末期防抱死调节,而不能在制动的全过程中,通过对轮速信号和车速信号的测量和计算,根据滑移率的大小,对车轮的制动力进行有效地跟踪计算和调节。它的工作过程也是:降压—保压—升压,如图 5-13 所示。

(2)ABS & EBD 的硬件系统(信号和执行元件)无变化。但其电脑的逻辑程序控制系统,与传统的 ABS 系统相比功能有较大改进,它可根据车轮对地面附着情况的好坏,及时计算出滑移率的量值,跟踪调节各车轮制动力的大小(纵向、横向),获得最佳的减速度值,进一步提高了制动效果和制动时的舒适性和安全性。其制动力反馈控制程序如图 5-14 所示。

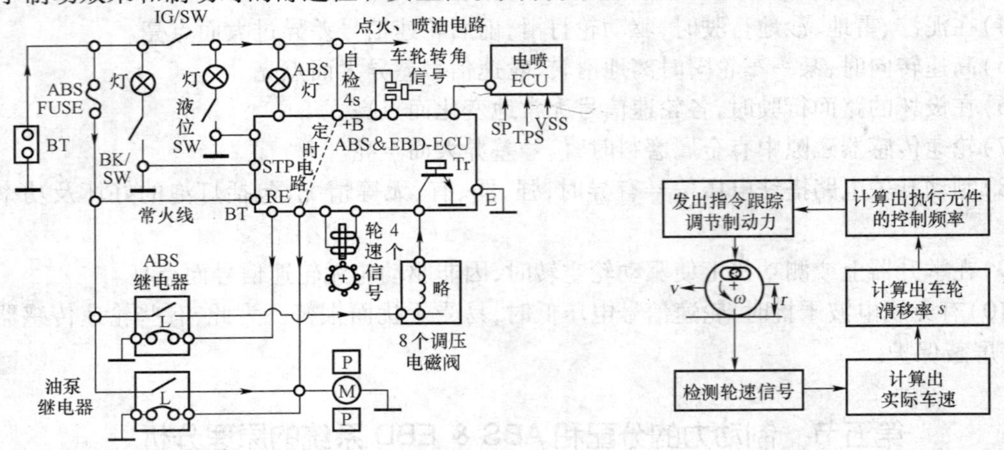

图 5-13　ABS & EBD 控制电路原理图　　　图 5-14　制动力反馈控制程序图

(3)ABS & EBD 系统投入工作的门槛值范围较宽。汽车的纵向最佳附着系数,对应的滑移率为 10% ~30%,此值为投入工作的门槛值。ABS & EBD 系统是利用滑移率来进行控制的,它的门槛值低于传统的 ABS 系统的门槛值,也就是它的滑移率起作用的范围较宽,以便提前跟踪随机调节制动力的大小。

(4)制动力调节也是升压、降压、保压过程。制动时,制动压力急剧上升,车轮速度急剧下降,滑移率值急剧上升,从稳定区进入非稳定区,车轮加大滑移,如图 5-13 所示。ABS & EBD 系统迅速降压,使车轮的滑移率回复到稳定区,并保持一定的制动压力。为了加大制动效果,随即又将制动压力升高，稍微超过稳定界限，又再次降压，使滑移率值又回到稳定区，如此反复。

其升降频率可达 10 ~ 20 次/s，将车轮的滑移率值保持在最佳的狭小范围内，以获得最好的制动效果。可见，在制动过程中，只要附着力和滑移率有所变化，制动力即跟踪调节，滑移率加大即降压，滑移率减小即升压，反复进行，使制动力保持在最佳滑移区内。

当制动力达到将要抱死的极限值时，即以降压、保压、升压的控制方式，来实现 ABS 防抱死控制。

(5) ABS & EBD 系统仍然是四个控制通道和四个电磁式轮速传感器，产生交变电压脉冲信号，检测轮速的高低，并计算实际车速的高低和滑移率值的大小。

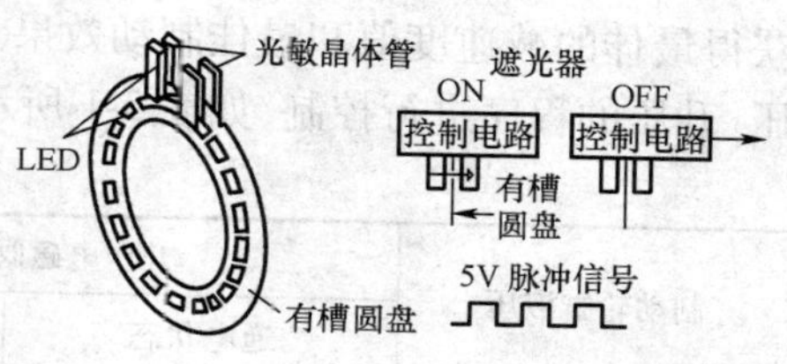

图 5-15　光电式转向角度传感器

(6) 取消了功能落后的机械式制动比例阀，在转向盘轴上，加装了车轮转角传感器，提供转向信号和转角大小、快慢的信号，以便对车轮的纵向和横向滑移率的量值进行有效的检测和反馈控制，如图 5-15 所示。

(7) 其制动压力调节器，都是循环调压方式，调压电磁阀可用电流控制的四组“三位三通式”(3/3)或用电压控制的八个“两位两通式”(2/2)。

三、丰田威驰乘用车 ABS & EBD 制动系统(图 5-16)

1. 组成

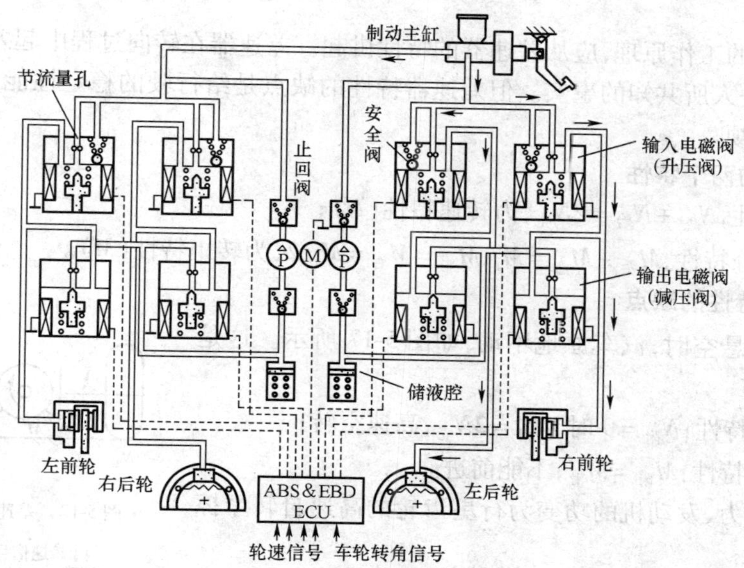

图 5-16　丰田威驰乘用车 ABS & EBD 制动系统

(1) 四个电磁式轮速传感器，产生交变电压轮速信号。

(2) 在转向盘轴上加装了光电式转向角度传感器，产生转向和角度大小的信号。

(3) 四个控制通道，双制动管路对角排列，连接制动主缸和轮缸。

(4) 通用式电磁阀(2/2)一个直流电机、两个柱塞式液压回流泵、两个储液腔、四个止回阀、四个安全阀。

(5) 每一个控制通道上有两个电磁阀，与制动与轮缸间的油路有序地排列连通。一为常开式输入阀(又叫升压阀)，连通主缸和轮缸，阀中有止回安全阀，防止电磁阀打不开时(损坏或犯卡)泄压回油,解除制动。二为常闭式输出阀(又叫减压阀),连通分泵和储液腔,进行减压控制。

(6)在升压和减压油道中设有节流量孔,控制油道中的油压在升压和降压过程中,不要过于急促,产生脉动,减小制动摩擦片的振动和噪声。

(7)液压回流泵有两次工作过程:一是点火开关导通时;二是进行调压控制时连续工作。

(8)ABS & EBD 电脑与电喷电脑 ECU 联网,形成信息交换共享电路。

2. 工作过程

制动力的调节过程是按降压、保压、升压的程序进行,使滑移率始终保持在稳定区内,以便获得最佳的减速度值和最佳制动效果。当制动力达到将要抱死的极限值时,电脑便以降压、保压、升压的程序进行控制,如表 5-1 所示。

表 5-1

制动力的调节过程

制动轮缸液压	升压电磁阀(输入阀)		降压电磁阀(输出阀)	
	通电状态	阀状态	通电状态	阀状态
降压	ON	关闭	ON	开启
保压	ON	关闭	OFF	关闭
升压	OFF	开启	OFF	关闭

第六节　汽车的防滑转系统(ASR)

防滑转系统的工作原理,应从差速器的特性讲起。差速器在转向过程中起差速作用,改善了转向性能,这是人所共知的事实。但差速器特性的缺点是给行驶的稳定性能、操纵性能、加速性能带来了麻烦。

一、差速器的两个特性

(1)差速特性,$N_{左}+N_{右}=2N_{壳}$,为转速特性(N);

(2)转矩等分特性,$M_{左}+M_{右}=M_t$;$M_{左}=M_{右}=M_t/2$,为转矩特性(M)。

二、差速器特性的缺点

一轮打滑或悬空时,汽车原地不动,如图 5-17 所示。这是因为:

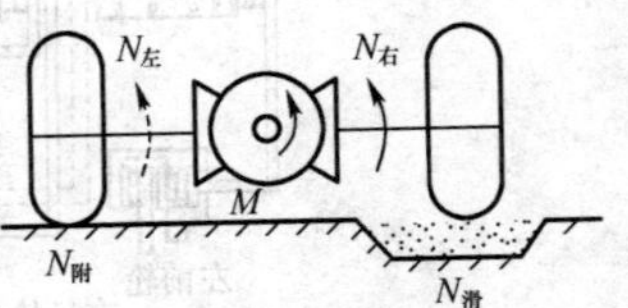

图 5-17　差速器特性缺点

(1)根据 N 特性:$N_{附}=0$ 时,$N_{滑}=2N_{壳}$,高速空转;

(2)根据 M 特性:$M_{附}=M_{滑}$,不能前进。

因无反作用力,发动机的功变为行星齿轮的高速自转摩擦($M_{摩}$)而消耗掉。

三、防滑转措施

(1)用防滑差速锁将半轴和差速器外壳锁为一体,行星齿轮不能自转。一轮滑转时,不滑转的车轮将得到全部转矩。但未及时开锁,造成转向困难,轮胎加速磨损,功率损失和油耗加大,失去操纵性和稳定性。

为此,大众车系开发出电子控制的差速器锁 EDS 系统,如图 5-18 所示。

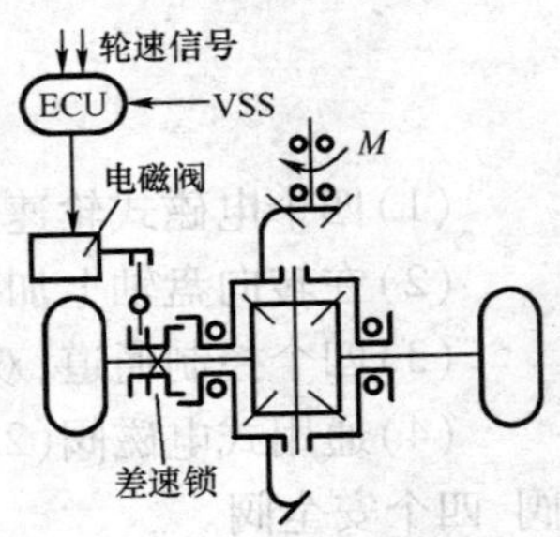

图 5-18　电子控制的差速锁系统 EDS

(2)采用电控 ASR 系统。车轮在驱动中滑转,是因为牵引

力 F_t > 附着力 F_ϕ，可以通过调节驱动轮上的驱动力矩（M_t）或制动力矩（M_m），使 $F_t \leqslant F_\phi$，其方法有两个：

①两驱动轮都滑转时，调节发动机的输出转矩（M_e），使牵引力 F_t 减小。可用电机调节副节气门的开度，或中断部分汽缸喷油和点火，或将点火时间延迟。

②某一驱动轮滑转时，对它施加定量的制动力矩，通过差速器行星轮的自转，使不滑转的另一轮 F_t 增大，继续前进。这一措施的使用，是对差速器特性缺点的利用和改造。

四、ASR 系统的工作原理

ASR 系统是在 ABS 系统的基础上发展起来，使汽车获得最合理的牵引力 F_t。和 ABS 系统一样，都是为了提高附着力 F_ϕ 的利用率。有 ABS 系统的汽车不一定都装 ASR 系统，但有 ASR 系统的汽车必有 ABS 系统。

如图 5-19 所示，ASR 系统应有 ASR-ECU 电脑、油泵和储压器、3/3 电磁阀、副节气门和控制电动机，并和发动机 ECU 联网控制。以便提供转速、车速和轮速信号，适时地投入工作。

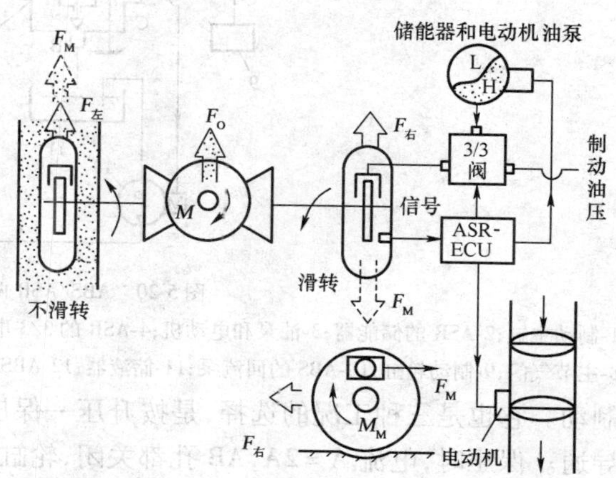

图 5-19 ASR 系统工作原理简图

(1)无滑转信号时，左右驱动轮的牵引力相等，$F_{t1} + F_{t2} = F_{t总}$，ASR 系统不投入工作。

(2)如右驱动轮滑转时，轮速传感器的高频信号给 ASR-ECU，即发令通过 3/3 电磁阀沟通储能器的油路，对该轮适当制动，产生意图倒转的摩擦力矩 M_m，它以力矩的形式使差速器产生自转力矩 $M_自$，并传给附着良好的左轮。此时，左轮的牵引力为 $F_t + F_M$。从而加大了牵引力，减小了打滑轮胎的消耗，提高了在湿滑路面上的起步加速能力。由于具备了对牵引力 F_t 的自调节能力，并能在加速和高速转向时防止滑转，提高了行驶稳定性。

(3)当两驱动轮都滑转时，判定 s 值超出了稳定区，ASR-ECU 发令通过副节气门电动机，将副节气门开度适当减小，使发动机的转矩 M_e 和驱动轮的力矩 M_t 减小，继续行驶。

五、ABS/ASR 两系统共同调节方案

ASR 系统是在 ABS 系统的基础上，增设了制动能源——油泵和储能器，还有进行制动油压调节的 ASR 3/3 电磁阀及副节气门和控制电动机等转矩 M_e 调节装置。

两系统的制动压力调节装置是串并联关系，既可以共控调压，也可以独立调压，防抱死调节和防滑转调节互不影响，如图 5-20 所示。

1. 未进行防滑转调节时

ASR 选择关闭开关，ASR 的 3/3 电磁阀和 ABS 的 3/3 电磁阀都处于断电状态，AC 孔导通，B 孔关闭，将储液器隔离，以便随时制动，和 ABS 系统及 ASR 系统进行调节。

2. 进行防滑转调节时

路况较坏时，ASR 选择打开开关，指示灯亮，即进入了等待状况。根据轮速信号，如发现两个驱动轮有滑转现象时，ECU 发令步进电动机先调节副节气门开度的大小，使 M_e 和 M_t 减小。如只一个驱动轮滑转，即调节滑转驱动轮的制动压力，使附着良好的驱动轮加大牵引力。

此时，ASR 的 3/3 阀动作，A 孔关闭，BC 导通，储压器中的压力油液即进入轮缸，进行升压

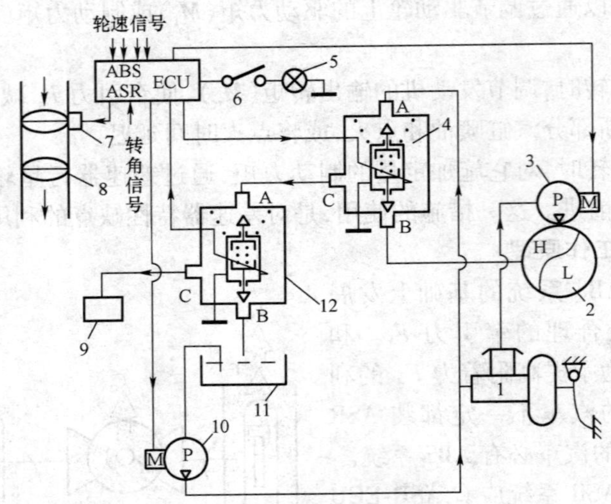

图 5-20　ABS/ASR 两系统共同调节方案

1-制动主缸;2-ASR 的储能器;3-油泵和电动机;4-ASR 的 3/3 电磁阀;5-ASR 指示灯;6-ASR—SW;7-副节气门和控制电动机;8-主节气门;9-制动轮缸;10-ABS 的回流泵;11-储液器;12-ABS 的 3/3 电磁阀

制动。它也是三种工况的选择,是按升压—保压—降压的顺序工作:升压时,电流 A = 5A,BC 导通。保压时,电流 A = 2A,AB 孔都关闭,轮缸内压力恒定。降压时,电流 A = 0,AC 孔导通,B 孔关闭,主缸和轮缸沟通,轮缸中的油液泄入主缸的储液罐中,制动压力解除。此时,制动主缸和 ABS 的 3/3 电磁阀不起作用,只用作油液的导通油路和回流。

第七节　ABS 和 ASR 系统的区别

一、ABS 和 ASR 共同点

(1) ABS 和 ASR 都是利用轮速传感器的控制方式,取其低速抱死信号或高速滑转信号。

(2) ABS 和 ASR 都是控制车轮的制动力矩或牵引力,使其在最佳滑移区内工作,提高附着力(F_{ϕ})的利用率,从而缩短了制动距离、提高了加速性能、改善了汽车行驶方向的稳定性和转向操纵能力。

(3) ABS 和 ASR 两系统工作互不影响,都有自检、报警、自诊的功能。

二、ABS 和 ASR 不同特点

(1) ABS 系统对驱动轮和非驱动轮都进行控制;ASR 系统只对驱动轮进行控制。并有选择开关(ASR/SW),控制其使用时机(湿滑路面上使用)。

(2) ASR 系统只在一定的车速范围内进行防滑转调节,当车速在 80km/h 以上时,不起调节作用(没有必要调节)。

(3) ASR 系统的调节功能在低速时,以提高牵引力(F_t)为主,对两驱动轮能分别调节制动力 F_B;在高车速时,以提高行驶的稳定性为主,对两驱动轮统一地调节牵引力(F_t)或制动力。

(4) ABS 系统控制期间,离合器处于分离状态,发动机是怠速状态,传动系无工作荷载,各车轮间无相互影响。

(5) ASR 系统控制期间,离合器处于接合状态,发动机不是怠速状态。发动机的旋转惯量,对传动系统有较大的负载(扭振)。驱动轮间有较大的相互影响(差速器处于工作状态)。

(6) ABS 是单环节制动控制系统，ASR 是多环节控制系统，它包括发动机控制环节和制动控制环节。前者是利用低频、低电位轮速信号调压，过程是降压、保压、升压。后者是利用高频、高电位轮速信号调压，过程是：升压、保压、降压。

必须指出：

(1) 汽车在举升器上，四轮悬空转动时，无驱动轮速信号，驱动轮为滑转信号，转矩 M_e 将减小，不能随意提高转速。应关闭 ASR 开关，再进行运转试检。

(2) 由于"智能化节气门体"的出现，防滑转系统的结构将被替代和简化，这是历史的必然。

第八节　电控汽车稳定行驶系统(ESP)

一、电控汽车稳定行驶系统(ESP)的概念

ESP 是英文 Electronic Stability Program 的缩写，是"电控汽车稳定行驶系统"之意。各类豪华车系都普遍安装了 ESP 系统(如奔驰、宝马、奥迪 A8、凌志 LS400 等)。

由于 ABS 系统不能解决在湿滑的路面上起步和加速出现的打滑问题，更不能避免汽车在行进中出现的侧滑问题。为此，在 ABS 系统的基础上，又研发了制动力分配 EBD 和防滑转 TCS(TRC、ASR)系统，进而又推出了防侧滑稳定行驶 ESP 系统(丰田车系称 VSC 系统)。

ESP 系统属于汽车主动安全性控制系统，它是 ABS + EBD + TCS(TRC、ARS)的发展与延伸，它实际上是智能主动防滑稳定系统的最高形式。使汽车始终在惯性力和行驶方向一致的状态下，抑制汽车侧滑失控，发生意外事故，降低侧向碰撞几率。

二、电控汽车稳定行驶系统(ESP)的三大优点

(1) 适时监控功能——监控驾驶员的操控动作、路面反应、汽车运动状态、制动状态。

(2) 主动干预功能——主动调控发动机转矩、车轮牵引力、制动力，抑制汽车的前轮或后轮侧滑，抑制汽车转向不足或转向过度。

(3) 事先提醒功能——当驾驶员操控不当或路面异常时，汽车出现失控现象，ESP 系统警告灯点亮和蜂鸣器鸣叫提醒。

三、电控汽车稳定行驶系统(ESP)电控元件的组成特点

1. 监控传感器多

转向盘转角传感器、轮速传感器、纵向和横向加减速度传感器、横摆率传感器、制动压力传感器、制动开关信号、ESP 开关信号等，并和动力系统联网控制，如图 5-21、图 5-22 所示。

2. ABS、EBD、TCS、ESP 的电脑为一体

组成了一个综合信息处理系统，根据汽车失稳程度，计算出恢复汽车稳态所需的各项调节参数(转矩、牵引力、制动力等)。

3. 利用了 ABS 和 TCS 系统所有的电控液压部件

如 ABS 系统的八个调压电磁阀(2/2 阀)、TCS(ASR)系统的两个控制电磁阀(3/3 阀)和供能电动机和油泵及蓄压器等。

4. ESP 和 TCS 系统制动油压建立的两种方式

(1) 用单级油泵和蓄压器方式，油泵间歇地工作(丰田车系)。

(2) 不用蓄压器，用泵油量大的双级回流油泵，油泵需频繁地工作(大众车系)。

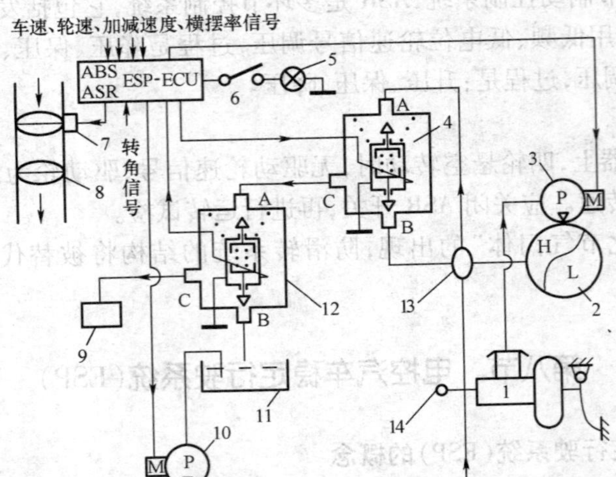

图 5-21 ESP 系统电控元件的组成特点原理图

1-制动主缸；2-ASR 的储能器；3-油泵和电动机；4-ASR 的 3/3 电磁阀；5-ASR 指示灯；6-ASR—SW；7-副节气门和控制电动机；8-主节气门；9-制动轮缸；10-ABS 的回流泵；11-储液器；12-ABS 的 3/3 电磁阀；13-动态选择控制电磁阀；14-制动压力传感器

5. 液压系统中增加了两个动态选择控制电磁阀

行驶中当 ABS、TCS、ESP 各系统工作时，进行转换控制，关断或导通制动主缸油路，使供能装置（蓄压器）的油液进入需用的轮缸调压电磁阀中。

6. 对非驱动轮也能进行调压控制

TCS（ASR）系统只对两个驱动轮进行调压控制，以防止滑转为主体，而 ESP 系统和 ABS 系统对驱动轮和非驱动轮都能进行调压控制，以防侧滑为主体。

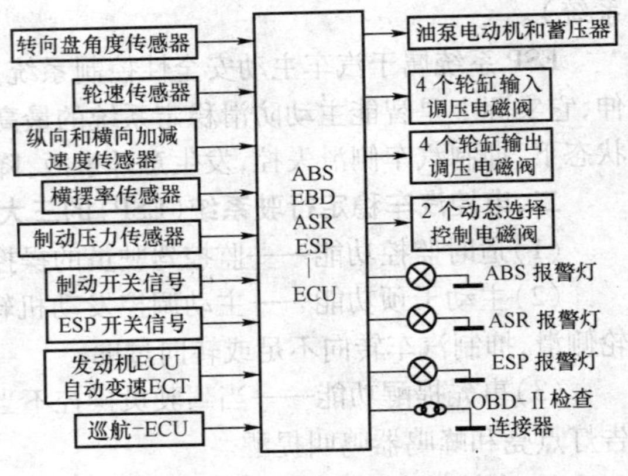

图 5-22 ESP 系统电控元件的组成

四、电控汽车稳定行驶系统（ESP）监控传感器的作用

各种传感器用来监控汽车的行驶状态和驾驶员的操控动作，用电脑估算汽车失稳的程度，计算出恢复稳定行驶的调节参数。

1. 轮速传感器

轮速传感器多为磁电式，安装于四个车轮的轮毂上，检测车轮的角速度值，提供车轮抱死或滑转的电压信号。如无此信号，则 ABS、ASR、ESP 系统即不工作而报警。

2. 转向盘角度传感器

转向盘角度传感器多为光电管式，安装于转向盘的轴上，提供有转向动作和转向角大小的信号，如图 5-23 所示，转角总值约 3 圈，左右各 1.5 圈。如果无此信号，电脑无法认定汽车的行驶方向，系统即不工作而报警。

3. 纵向和横向加减速度传感器

纵向和横向加减速度传感器多为压电陶瓷片式，利用其挠曲变形而产生电信号，如图

5-24 所示。安装于汽车质心 C 附近地板下方的中间位置，用来测量汽车纵向横向的加减速度值，判定汽车的运动状态。如无此信号，电脑无法得知汽车实际行驶状态，系统即不工作而报警。

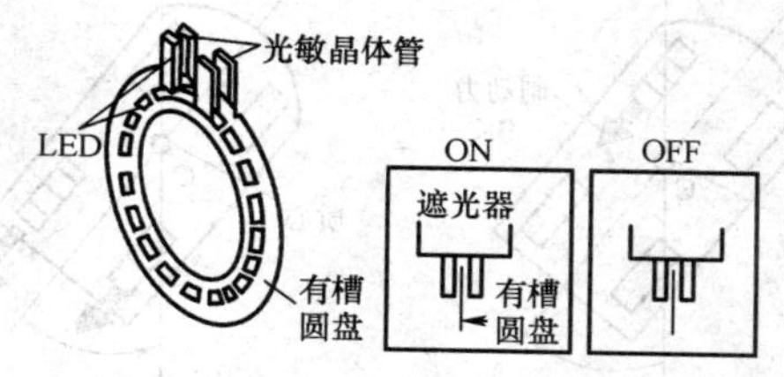

图 5-23　转向角度传感器工作原理图

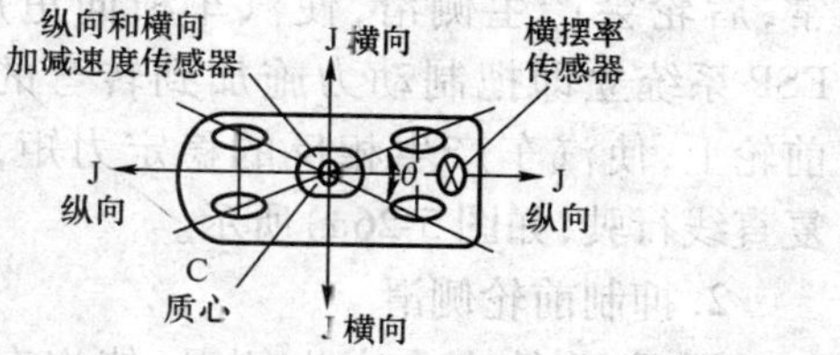

图 5-24　两个传感器位置图

4. 横摆率传感器

横摆率传感器安装于汽车行李舱的前部，与汽车的垂直轴线一致，用来检测汽车绕垂直轴线摆动的角度值（侧滑量），如图 5-25 所示。多为霍尔式，灵敏度极高，没有横摆时（侧滑），霍尔电压为常数，横摆时永久磁铁左右运动，引起霍尔电压的变化，电压值与横摆率的大小成比例。如无此信号，电脑无法了解汽车是否发生横向摆动，ESP 系统即不工作而报警。

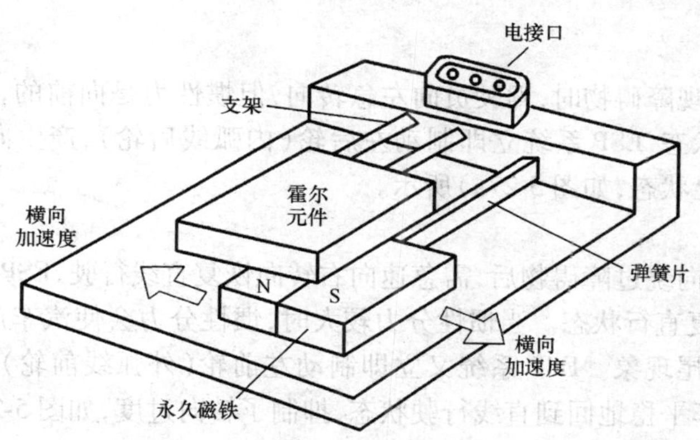

图 5-25　霍尔式横摆率传感器

5. 制动压力传感器

制动压力传感器多为压电元件。安装于制动管路上，用来检测操控时制动油压的高低。电脑据此计算出减速度制动力的大小，以便推算出克服侧向力的操控值，对汽车不正常行驶进行调节。如无此信号，ESP 系统即不工作而报警。

6. 制动开关信号

制动开关信号安装于制动踏板上，电脑据此信号得知驾驶员有无制动动作。如无此信号，制动灯失控，ABS 灯和 ESP 灯报警。

7. ESP 开关信号

ESP 开关信号安装于仪表盘上，按下此开关显示 ESP/ON，ESP 系统投入工作；再按下此开关 ESP/OFF，ESP 系统即不工作。

五、电控汽车稳定行驶系统（ESP）的工作原理

汽车的不平稳行驶状态，来源于两个方面：一为路面附着力变化异常，出现失稳状态；二为操控不当，出现失稳状态。两者皆可通过 ESP 系统来进行调控，抑制汽车侧滑和失控，使汽车始终在惯性力和行驶方向一致的状态下，高速安全行驶。

1. 抑制后轮侧滑

当汽车在弯道上或湿滑的路面上高速行驶时，因地面的原因，附着力变化无常，后轮会产生侧滑，使汽车横向甩尾。ESP 系统立即把制动力施加到转弯的外前轮上，使汽车产生相反的稳定力矩，恢复直线行驶，如图 5-26a）所示。

2. 抑制前轮侧滑

同理，前轮也会产生侧滑，使汽车横向漂出。ESP 系统立即把制动力施加到两个非驱动的后轮上，使汽车产生相反的稳定力矩，恢复直线行驶，如图 5-26b）所示。

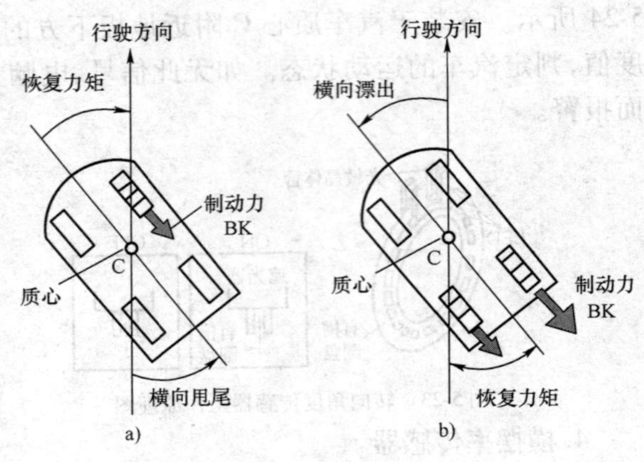

图 5-26　抑制后轮和前轮侧滑

a）抑制后轮侧滑；b）抑制前轮侧滑

因前轮为驱动轮，应使后轮采用先拉后摆的办法恢复直行，对两后轮还可以用占空比方式调节制动力的大小。

3. 抑制转向不足

汽车高速行驶出现障碍物时，驾驶员向左急转向，但惯性力是向前的，与转向轮方向不一致，会出现转向不足状态，ESP 系统立即制动左后轮（内弧线后轮），产生向左的转矩，迅速向左转向，消除转向不足状态，如图 5-27a）所示。

4. 抑制转向过度

当汽车向左急转向绕过障碍物后，需急速向右转向恢复直线行驶，ESP 系统立即制动右前轮（内弧线前轮），恢复直行状态。当惯性分力较大时，惯性分力会使汽车产生转向过度状态，严重时会造成向左甩尾现象。ESP 系统又立即制动左前轮（外弧线前轮），产生向左的转矩，消除转向过度，使汽车平稳地回到直线行驶状态，抑制了转向过度，如图 5-27b）所示。

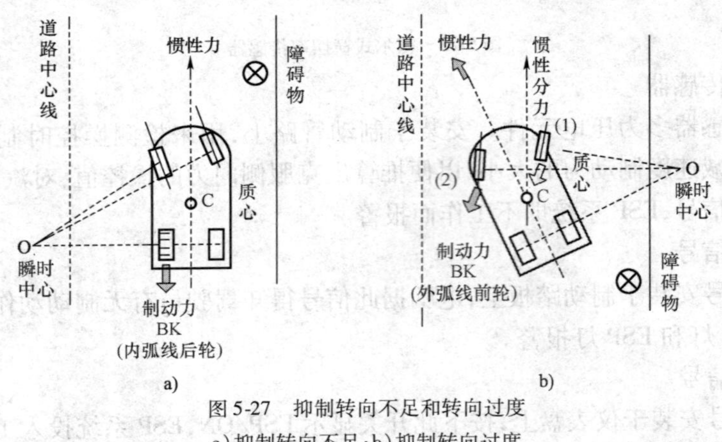

图 5-27　抑制转向不足和转向过度

a）抑制转向不足；b）抑制转向过度

第九节　气压式制动系统 ABS/ASR 装置的结构原理与检修

气压式制动系统的高速大型客车，为了改善其制动性能和牵引性能，多装用德国博世（BOSCH）公司生产的 Gamma—2MF90 型电控防抱死控制系统和防滑转控制系统（ABS/

ASR)。前者,可防止制动时所有车轮在湿滑的路面上滑拖(走而不转);后者,可防止行驶时驱动车轮在湿滑的路面上滑转(转而不走)。不仅减小了轮胎和传动系统的磨损,更改善了制动性能和牵引性能,使汽车行驶的平稳性和安全性能大幅度提高。

一、气压制动系统 ABS/ASR 装置的组成

如 5-28 图所示,它省略了正常制动系统的各种管路及各种泵阀,只显示 ASR/ABS 装置有关结构,特此说明。

(1)它是在正常制动系统的基础上,在制动阀与四轮制动气室之间,串接了四组 ABS 压力调节器,形成了四个控制通道(H 型)的 ABS 装置,用电脑 ECU 控制,既能对四个车轮同时进行调节,又能分别对任一车轮进行单独调节。

(2)在后驱动轮的制动管道中,又串接了防滑转 ASR 压力调节器,也用电脑控制,以便对驱动轮单独防滑转调节。同时,在柴油机的高压油泵供油拉杆上,连接了直流步进式伺服电动机,也用电脑控制,以便调节柴油机的转矩,统一调节两驱动轮的牵引力,防止两驱动轮滑转。

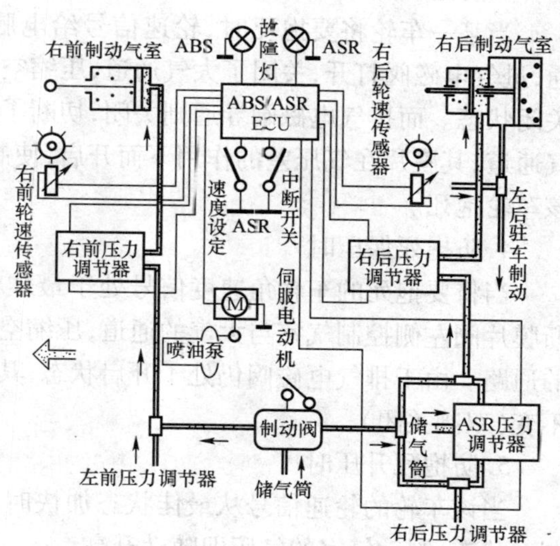

图 5-28 Gamma—2MF9ABS/ASR 控制系统的组成和原理简图

(3)为了监控驱动轮和非驱动轮的角速度高低,在每个车轮的轮毂上装有随动齿圈,用它激励电磁信号发生器,产生交变电压轮速信号,作为判定车轮工作状态的依据(抱死或滑转)。

(4)为了监控两个系统工作状态的好坏,各设有故障报警灯,以便及时报警。

(5)ASR 系统又增设了车速设定按钮和中断按钮,以便控制其使用时机,它只能是在湿滑的路面上行驶时,在一定的低车速范围内进行防滑转调节,在良好的路面上和高车速时,就没有滑转的可能和调节的必要了。

二、气压制动控制系统 ABS 装置的工作原理

气压制动系统的防抱死和防滑转装置的工作原理如图 5-29 所示,与液压制动控制系统的同类装置工作原理类同。不同之处是工作介质是否循环使用,因液压制动控制系统为了防止制动油液消耗,用专设的油泵循环控制;而气压制动控制系统,因气源充足,直接将工作后的压缩空气放掉。可见,气压制动控制系统的结构较简单且故障率少。

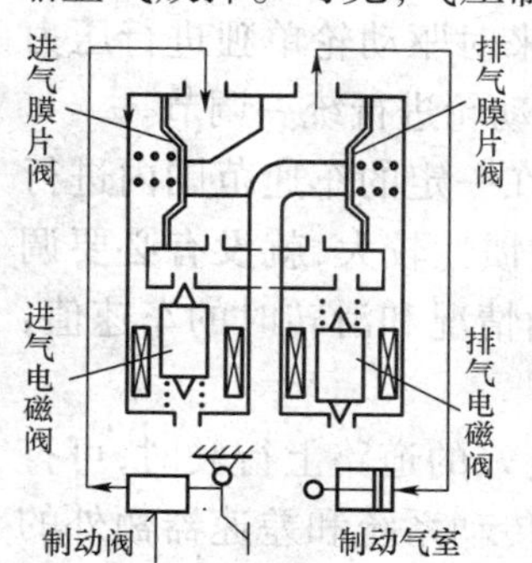

图 5-29 ABS 压力调节器的原理图

该装置是由五孔阀体、膜片式进气阀、膜片式排气阀、进气电磁阀(常闭)、排气电磁阀(常开)等组成。该两位三通电磁阀(2/3),串装在制动气室附近的管路中,固装在车架上。

1. 不制动时

两个电磁阀均不导通,进气电磁阀常闭,排气电磁阀常开,两个膜片阀都在其弹簧的作用下关闭,随时可以投入制动。

2. 制动时

两个电磁阀也不导通,制动阀的压缩空气进入膜片式进气阀的右侧,因进气电磁阀处于关闭状态,切断了压缩空气与进气膜片左侧控制气室的通道。此时,控制气室通大气,在压力差的作用下,膜

片式进气阀打开,压缩空气即进入通往制动气室的管路。又因排气电磁阀也未导通,处于开启状态,压缩空气进入膜片式排气阀右侧控制气室,在其弹簧力和气压的作用下,膜片式排气阀保持可靠的关闭,压缩空气畅通无阻地流入制动气室,产生随动制动作用。

3. 防抱死降压时

当某一车轮将要抱死时,轮速信号给电脑 ECU,即以占空比方式使进、排气电磁阀都导通,进气电磁阀打开,关闭了大气通道,压缩空气即进入其膜片阀控制气室,使膜片进气阀处于关闭状态。而排气电磁阀导通则关闭,切断了膜片阀控制气室与压缩空气的通道,并打开了大气通道,其膜片在气压差的作用下而开启,使制动气室与大气相通,制动气压随之下降,防止了该车轮抱死。

4. 防抱死保压时

当将要抱死的车轮角速度信号处于最佳状态时,ECU 只导通进气电磁阀,使其开启并切断膜片阀左侧控制气室与大气的通道,压缩空气使膜片进气阀关闭,切断了制动阀与制动气室的通路。由于排气电磁阀仍处于开启状态,其膜片阀处于关闭状态,故制动气室中的气压保持不变(双阀关闭)。

5. 防抱死升压时

当该车轮的轮速信号从最佳状态加快时,ECU 即发令使两个电磁阀都不导通,恢复正常制动状态,制动气室的气压即随动升高。

小结:ABS 装置各阀的工作过程如表 5-2 所示。

ABS 装置各阀的工作过程表 表 5-2

工　况	进气电磁阀	排气电磁阀	膜片进气阀	膜片排气阀	制动气室压力
不制动	不导通、关闭	不导通、开启	关闭	关闭	无压力
制动	不导通、关闭	不导通、开启	开启	关闭	随动气压
降压	导通、开启	导通、关闭	关闭	开启	压力
保压	导通、开启	不导通、开启	关闭	关闭	压力保持
升压	不导通、关闭	不导通、开启	开启	关闭	压力升高

可见,ABS 防抱死调压是降压—保压—升压三个连续的工作过程,使车轮在制动时处于最佳状态,提高了附着力的利用率和制动效能。

三、气压制动控制系统 ASR 装置的工作原理

ASR 防滑转装置由 ABS/ASR 共用电脑 ECU、压力调节器、直流步进式伺服电动机、控制按钮开关等组成。ASR 压力调节器串接在驱动轮的制动管路中,用来对驱动轮单独进行压力调节;而伺服电动机则连接在高压喷油泵的供油拉杆上,用来对两驱动轮进行统一调节。

ASR 装置只对两驱动轮进行控制。只在湿滑的路面上行驶时,在一定的车速范围内进行防滑转调节,多在 30km/h 以内车速区工作。当车速较高时,因行驶惯性较大,就没有必要调节了。为此,增设了车速设定开关和中断开关,以便驾驶员根据路面情况和滑转时的车速值,选定 ASR 装置的使用时机。

当打开车速设定开关后,汽车即处于防滑转状态;又当汽车在良好的道路上行驶时,可打开中断开关,汽车就停止防滑转控制。以减轻因发动机转动惯量对传动系统和差速器额外的工作负载,主要是扭转振动和差速器行星齿轮自转磨损和差速器行星齿轮自转磨损。

ASR 压力调节器是由五孔阀体、两个两位三通电磁阀(2/3)、两个控制柱塞及复位弹簧等

组成，装于汽车后部的车架上，串接在制动阀与两后驱动轮的压力调节器之间。每组电磁阀各控制一个驱动轮的制动气室（中经ABS压力调节器），气源直接由储气筒供给，它实际上是一个压缩空气的继动截止阀。由于防滑转控制不是全制动气压，故采用控制通道较小的继动控制柱塞阀，如图5-30所示。

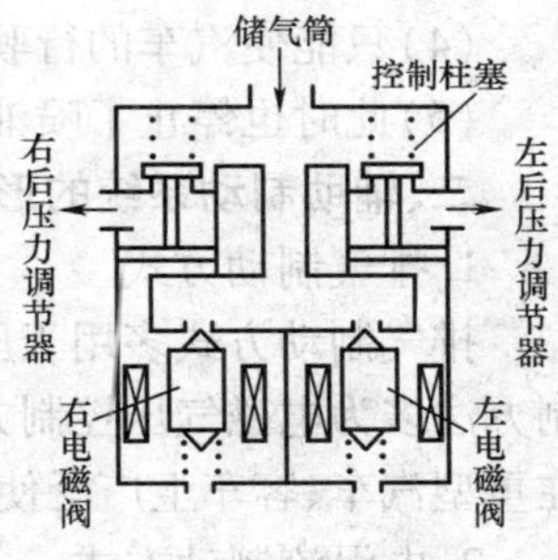

图5-30 ASR压力调节器的原理图

（1）当驱动轮不滑转时，两个电磁阀都不导通，为关闭状态，控制柱塞在其弹簧和压缩空气的作用下关闭，切断压缩空气道而不投入工作。

（2）当某一驱动轮滑转时，高频率和高电位信号传给ECU，ECU将该信号与另一驱动轮和非驱动轮的轮速信号相比较，判定该轮处于滑转状态，即对该轮的电磁阀进行导通控制，根据滑转程度的大小，以占空比的方式通断，改变压缩空气量的多少，对该轮施加定量的制动力矩，并通过差速器行星齿轮的自转，推动附着良好车轮的牵引力加大，其加大值与制动力矩成正比地变化。从而加大了汽车牵引力和爬坡能力，减小了轮胎的消耗，提高了在湿滑路面上的起步加速能力，使行驶平稳性大幅度提高。

（3）当两个驱动轮都滑转时，通过和非驱动轮角速度信号的对比，ECU发令使直流步进式伺服电动机动作，将高压喷油泵的供油拉杆向减油方向移动，降低发动机的转速和转矩（M_e），使驱动轮的牵引力（F_t）减小，将牵引力控制在最佳的行驶状态下（$F_t \leqslant F_\phi$附着力），防止了两个驱动轮的滑转，提高了汽车的加速能力和行驶的平稳性。因直流步进式伺服电动机与供油拉杆的连接是单向传动关系，连接点产生了空行程，再踩加速踏板就失去了加油的能力，只能依靠直流步进式伺服电动机来随动操纵供油量的多少。

第十节 重型汽车的辅助制动系统（排气制动与电涡流制动）

一、辅助制动系统的作用

（1）减轻行车制动器的热衰退和磨损，防止制动鼓高温引发爆胎事故，提高汽车的主动安全性——特别是在高速公路上满载高速行驶时，或在行车密度高、交通复杂的市内行驶时，或在山区满载下长坡行驶时。

热衰退：制动蹄鼓间的摩擦系数μ的降低，制动力矩M_μ下降。当制动器温度<300℃时，$\mu=0.3\sim0.4$；当制动器温度>300℃时，$\mu=0.17$，制动力矩M_μ为冷态的23%，如图5-31所示。

（2）使制动器的使用寿命提高了4~7倍，并减小了制动噪声和磨料对环境的污染。

（3）产生减速阻力矩，通过传动系统使驱动轮减速，此为中央制动系统，如图5-32所示。它具有均匀分配和能量放大的优点，避免了侧滑的发生。

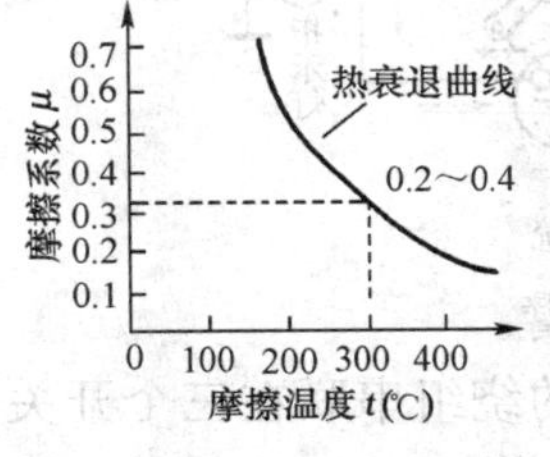

图5-31 制动时的热衰退

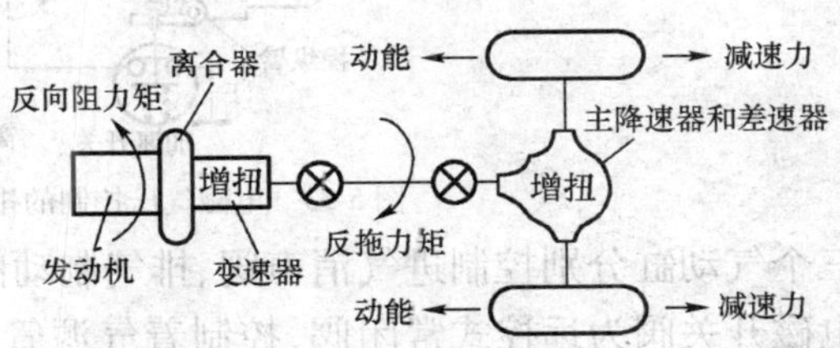

图5-32 中央制动时，反向阻力矩的放大和分配

(4)只能使汽车的行驶速度降低,不能使汽车紧急制动。故称汽车的辅助减速系统。

(5)此时也停止了喷油,从而也节省了燃料。

二、辅助制动系统的形式

1. 排气制动方式

排气制动方式多用于压缩比较高的柴油车上,作为空压机其减速效果优于汽油车。其控制方法多为电磁气压控制方式,用多个开关联锁互控,简化了驾驶员的操纵动作,合理可靠,多在重型汽车、客车上广泛使用。

2. 电涡流制动方式

电涡流制动器装在传动轴上,代替了中间支承,结构简单,操控方便。也具有中央制动能量放大和均匀分配的优点,它比排气制动强度要大,其制动力矩的大小可以视情调节。多在高档客车、货车上广泛使用。

三、排气制动的工作原理

排气制动是利用发动机停止喷油,使车轮通过传动系反拖发动机运转,变为压气机而产生制动作用。汽车的动能大部分消耗在发动机的进气、压缩、排气过程中;小部分消耗于水泵、机油泵、空压机、发电机等附件的驱动。这些阻力矩为制动力矩,通过传动系统放大后均匀地传给驱动轮,此谓"中央制动"功能。

如果再利用蝶形阀将排气管堵塞,可使制动作用加大两倍,此即谓"排气制动"作用,可使汽车行驶速度明显地降低。

此时,排气管中的压力可达0.3~0.4MPa,当排气管内的压力大于排气门弹簧力时,排气门即被推开,压缩空气即倒流回汽缸,在进气行程时经进气门,高速流入进气管,并排入大气中,因而也产生了气流噪声。为此,进气管中也加装消声用蝶形阀门,与排气制动阀同步关闭,不仅消除了噪声,还可加大制动作用。

四、电磁气压控制的排气制动系统

1. 构造特点

如图5-33所示。

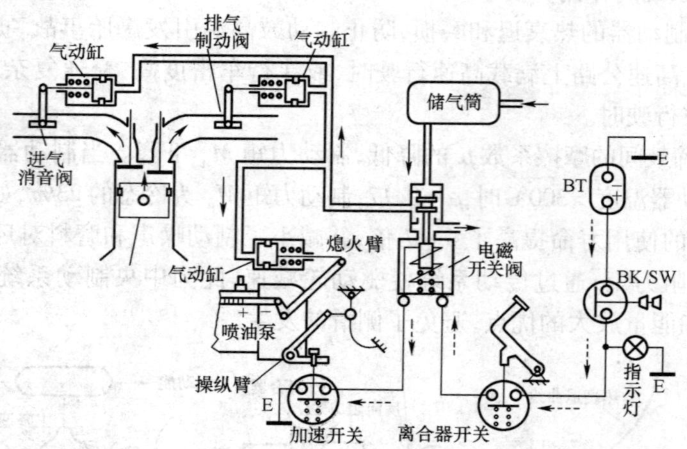

图5-33 电磁气压控制的排气制动系统

(1)三个气动缸分别控制进气消声阀、排气制动阀、熄火臂。

(2)电磁开关阀为远控式常闭阀,控制着气源管路。它的绕组串联在三个开关控制电路中,其中任何一个开关断开,都会使电磁阀关闭而解除排气制动。

(3)排气制动开关 BK/SW 装于仪表盘上,拉出即导通控制电路,指示灯点亮。电流通过离合器开关、电磁阀线圈、加速开关而形成回路。电磁开关阀吸开气路,排气制动即起作用。推入 BK/SW,控制电路断开,指示灯灭,排气制动停止工作。

(4)离合器开关由离合器踏板控制,踩下触点断开,电流切断,排气制动解除,发动机恢复喷油,保持怠速运转。这样,可便于在排气制动过程中更换变速器挡位,调节排气制动作用的大小。

(5)加速开关装在喷油泵外壳上,由加速踏板操纵臂上的调整螺钉来控制。当踏板松开,触点闭合导通电路,排气制动工作;当踩下踏板,触点断开切断电路,排气制动即停止工作。这样,可防止既加速又制动的矛盾现象。调整螺钉用来调节加速开关导通时间,发动机应在怠速状态时(500~600r/min),加速开关导通,排气制动才能正常工作。

2. 工作情况

(1)不进行排气制动时,排气制动开关 BK/SW 推入,断开控制电路,指示灯不亮,电磁阀常闭,各气动缸通过电磁开关阀与大气相通,蝶形阀开启,排气制动不起作用,喷油泵正常工作。

(2)进行排气制动时,放松加速踏板,拉出 BK/SW,接通控制电路,指示灯点亮,电磁阀吸开气路开关,关闭排气口,压缩空气进入 3 个气动缸,蝶形阀关闭,喷油泵停止喷油,实现排气制动。

五、电涡流辅助制动系统

1. 电涡流减速器的构造

电涡流减速器的减速系统由涡流减速器、多组式继电器盒、控制开关三部分组成,如图 5-34所示。

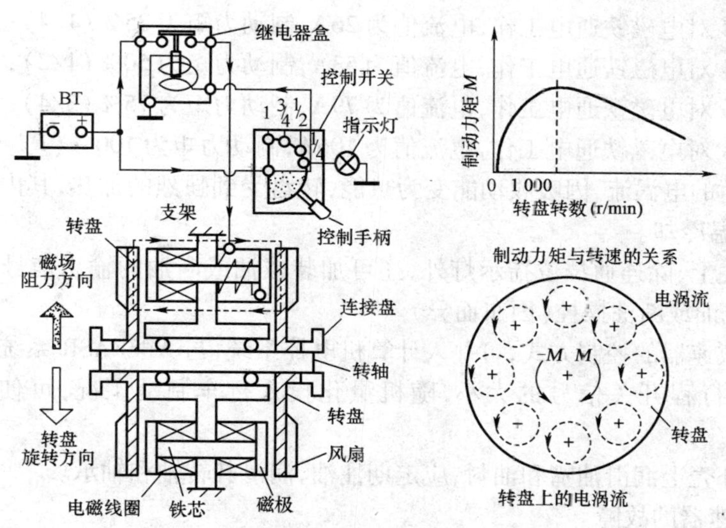

图 5-34　电涡流辅助制动系统

1)电涡流减速器

由定子组和转子组两部分组成。

(1)定子组。定子组由前后共 8 对铁芯、8 对线圈和磁极组成(共 16 个磁极),线圈的电阻值为0.9Ω,由汽车的 24V 电源励磁。磁极与转盘间的间隙为 0.5~1.5mm,它们安装在支架上,此支架即代替了传动轴的中间支承。

(2)转子组。两个带风扇叶片的铸铁转盘装于轴的两端,其轴通过轴承支承在支架的毂中,连接盘与传动轴连接而转动。

2)多组式继电器盒

多组式继电器盒内装4组继电器,每组控制两对线圈(4个磁极),用来输送大电流进入线圈,每组继电器的闭合,用开关的小电流操控。

3)控制开关

为依次叠加式滑板开关,使继电器各触点连接起来,用来改变电磁线圈投入量的多少,进而改变了控制开关供应电磁铁线圈的电流强度,使制动力矩分别为1/4、1/2、3/4、1四个挡,驾驶员可视情选择,进行减速制动。

4)行车控制开关

除用手控制外,还可与制动踏板的开关联网,进行联合控制。此时,电涡流制动和气压制动同步进行,以提高制动效果。

2. 电涡流减速器的工作原理

(1)当电流通过各电磁线圈时,减速器即投入工作,各铁芯产生各自的磁场,磁极的磁力线通过转盘形成回路。当转盘旋转时,即切割了磁场,磁通量即发生变化,靠近铁芯的磁通量大,离开铁芯的磁通量变小,使转盘表面产生多个电涡流。此电涡流也产生磁场,两个磁场相互作用而产生阻力矩,其方向与转盘的旋转方向相反,阻碍了转盘的旋转而减速,此即谓"制动力矩"($-M$)。

(2)该制动力矩,远大于排气制动方式,其大小又可通过改变线圈电流强度进行调节。叠加在线圈上的电流强度愈大,电磁铁产生的磁场越强,制动力矩就越大。

(3)转盘制动力矩($-M$)的大小,还与其转数和磁场强度成比例。

① 1挡——2对电磁铁通电工作,电流值为26A,制动力矩为25%(1/4);

② 2挡——4对电磁铁通电工作,电流值为53A,制动力矩为50%(1/2);

③ 3挡——6对电磁铁通电工作,电流值为79A,制动力矩为75%(3/4);

④ 4挡——8对电磁铁通电工作,电流值为106A,制动力矩为100%(1)。

(4)转盘产生的电涡流,因吸收动能变为热能,转盘受到强烈的加热,其内部制有冷却槽,利用风扇进行降温冷却。

(5)控制开关上,除连通挡位指示灯外,还可加装减油或断油的输出信号,使发动机随机配合工作,进行减油或断油操控(因车而异)。

(6)电涡流减速器的控制方式,可并入计算机电控系统,与ABS/ASR系统联网控制,还可根据制动踏板的行程开关信号的大小,随机量化投入行车制动工况,可使制动效能进一步提高。

(7)定子组外壳上润滑油嘴和油封,应定期注油,润滑其转轴和轴承。

3. 电涡流减速器的故障

因该系统经常处于高电压、大电流、高转速、高热负荷的工作状态,常见故障多为:

(1)挡位继电器触点烧蚀——换新。

(2)控制开关接触不良——换新。

(3)电磁铁线圈断路——换新。

(4)外壳上的油封漏油——换新。

(5)过热或有异响——润滑不良或异物进入磁间隙内,应定期润滑和维护(5 000km)。

第六章　汽车的电控动力转向系统(EPS)

第一节　概　　述

电控动力转向系统(Electronic Control Power Steering)简称EPS。由于汽车高速化后,地面对行路机构和转向系统的冲击力明显增大。从而对行驶的安全性、操纵性、稳定性提出更高的要求。为此,电控动力转向系统在大、中、小型的各类汽车上普遍装用,已成为必备的装置。

一、电控动力转向系统的优点

(1)减小转向时的操纵力。减轻驾驶员的疲劳程度,各类汽车都有此要求。而装用超低压扁平胎的高速乘用车,因转向阻力也较大,更有必要采用动力转向系统。

(2)根据车速的高低和行驶条件的变化(静态或动态;好路或坏路),提供合适的转向助力,它不仅使操纵省力,还提高了汽车行驶的安全性、操纵性和稳定性。

(3)当遇到巨大的单边冲击或爆胎时,转向轮会猛然向一方偏转,因动力转向系统具有"正向传动、正向导通助力;反向传动、反向导通助力"的特点,它会反向接通动力缸,阻止车轮偏转,从而提高了汽车行驶的安全性。

二、电控动力转向系统的具体功能和要求

(1)原地转向或汽车低速行驶转向时,应操纵轻便,路感良好。

(2)中、高速行驶转向时,应根据车速的高低,适当助力;车速愈高,助力愈小,使驾驶员有一定的轻、重手感,无转向发飘的感觉。

(3)如遇大的单边冲击或爆胎时,小的冲击可利用动力缸油液阻尼衰减。大的单边冲击或爆胎时,转向轮会猛然向一边偏转(反向传动),它可使动力缸产生反向助力,阻止车轮偏转,保持原行驶方向,提高行驶的安全性。

这是动力转向系统的一大优点,是一般机械式转向系统所不具备的安全功能。为此,成为高速车辆的必备系统。

(4)失效安全保护,即转向助力系统失效后,仍能维持手动机械转向,保证安全行驶,但转向盘所需的操纵力变大。

三、电控动力转向系统的分类

1. 电控液压转向助力系统

在传统的动力转向系统上加装电控系统,从而改善了使用性能。它是目前常见的转向助力系统,在大、中、小型乘用车上广泛使用。该系统的主要故障是油封及密封圈漏油和高速液压油泵的损耗。

应该说明,根据车种的需要,轻型车多采用动力缸、分配阀、转向器为一体的"整体式"结构;重型车多采用"分置式"结构,其工作原理类同,如图6-1所示。

2. 电控电动转向助力系统

电脑ECU根据转矩传感器的转矩及方向信号和车速信号,调节电动机的转向助力转矩,替代了液压助力系统。无复杂的液压助力系统及其所对应的所有故障,并使系统总重减轻了

25%,降低了油耗和维修费用,因而在各类乘用车上日渐广泛使用,其组成如图 6-2 所示。

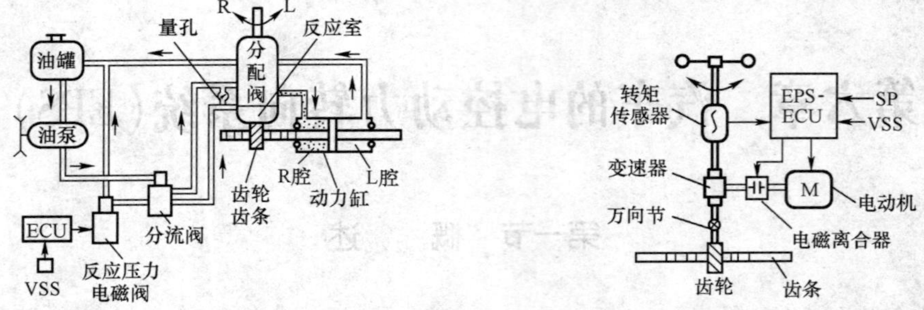

图 6-1　丰田凌志 LS400 电控液压转向助力系统的组成　　图 6-2　电控电动转向助力系统的组成

第二节　液压常流式转向助力系统

液压油泵利用曲轴的皮带盘驱动,多采用叶片式或齿轮式油泵,都装有量孔及流量控制阀和安全阀(限压阀),控制油泵输出流量的多少和油压的高低,即利用节流原理保持油压不变,但其流量随转速变化,转速高、流量少、助力小;转速低、流量大、助力大。在此只重点介绍液压常流式工作原理,其他内容从略,如图 6-3 所示。

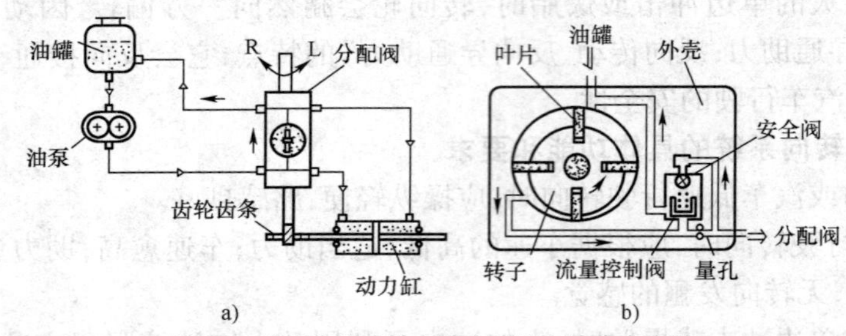

图 6-3　液压常流式转向助力原理和叶片式油泵

a)组成和管路;b)叶片式油泵

一、液压常流式的工作原理

(1)不转向时,油泵输出的油液通过分配阀直接流回油罐,是低压循环常流状态(0.1 ~ 0.4MPa),油泵无负荷运转,发动机功率损失小。

(2)转向时,油液通过分配阀的转换油道,流入动力缸的右侧 R 或左侧 L,进行油液换位。由于油液不可压缩,堆积产生压力,助力油压多为 6 ~ 7MPa,有些重型车的助力油压可达 14 ~ 16MPa,压力差推动活塞而转向助力。实际上液压转向助力是力的相互作用和平衡过程。其关系式为:

$$p = R/F$$

式中:p——助力油压;

R——转向阻力;

F——活塞的工作面积。

p 总是和 R 成正比,与 F 成反比,R 不是定值(与路面和胎压有关),并与车速成反比。当 $p > R$ 时不断助力转向;当 $p = R$ 时,维持助力转向;当 $p < R$ 时不能助力转向。

二、液压转向助力的渐进随动原理

1. 转向助力系统应具备的功能

转向助力系统应具备渐进随动功能和安全保护等八项功能：不转—不助；小转—小助；大转—大助；慢转—慢助；快转—快助；停转—停助、维持；单边冲击或爆胎—反向助力，保位直行；助力系统失效，仍能手动机械转向。

2. 分配阀的结构

分配阀是由转阀、阀体（分配阀）、扭力杆、油槽、密封圈、转阀套、销等组成，如图 6-4 所示。

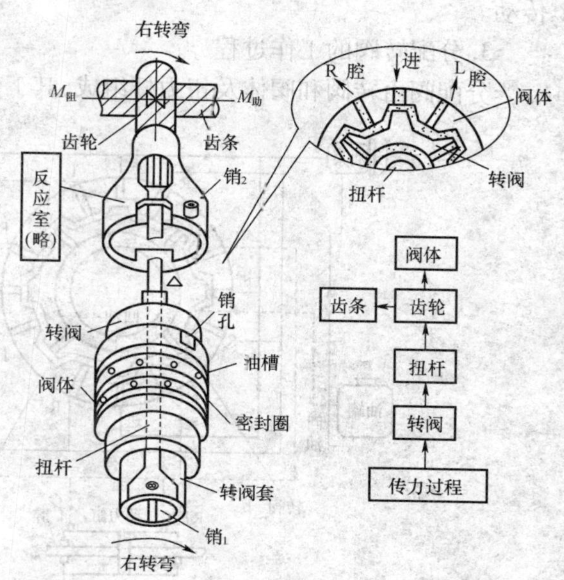

图 6-4　分配阀的结构和连接关系图

1）阀体

圆柱筒形，外圆柱面上有上、中、下 3 道环形槽，并用密封圈隔离，其槽底有与内壁相通的油孔，4 个进油孔和 8 个出（回）油孔，相间排列。其中 4 个油孔通下环形槽的 L 腔；有 4 个油孔通上环形槽的 R 腔。内圆柱面上制有 8 条不贯通的纵向油槽与转阀的 8 个台肩形成流动间隙，以便使油液快速地进出，完成转向助力控制。

2）转阀

圆柱筒形，外圆与阀体精密配合，外圆制有 8 条不贯通的纵向油槽，凸肩部有 4 个径向通油孔，下端用凸沿与齿轮轴套连接转力。

3）空隙连动关系

转阀和扭杆与阀体间不是直接驱动，而是存在着 1 个间隙量 Δ，以便使转阀和阀体间有不同的角位移量，产生转向助力油道。同时，还具有防止路面冲击反传到转向盘上的作用；一旦转向助力系统失效或发动机熄火，仍能手动机械转向。

4）反馈控制原理

（1）转向时，转阀转动，扭杆变形，齿轮套转动，再克服间隙量 Δ，销 2 使阀体再转动。转阀的转动角度永远大于阀体的转动角度，两者产生的角位移量等于扭杆的变形量，它为“转向助力计量值”。扭杆变形愈大，转向助力愈大。从而，产生助力油压和渐进随动作用。

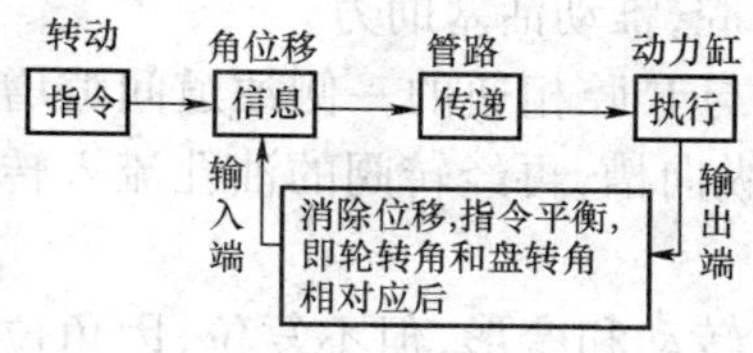

图 6-5　反馈调节过程

实际上转向助力是力的相互作用和平衡关系：即角位移使力值失衡而运动（助力），助力运动中又反过来消除角位移，达到力值新的平衡，扭杆变形是平衡的桥梁，这种现象叫“反馈控制”，如图 6-5 所示。因此说，反馈在事物运动的因果关系之间架起了一座桥梁。

（2）扭杆变形量的大小决定于车轮的阻力和转向力的大小，它传到转向盘上产生轻重不同的手感，手感就是路感，防止行驶中转向助力时，驾驶员出现发飘的感觉。

（3）在齿轮与齿条间作用着两个力矩，即车轮阻力（$M_{阻}$）和转向助力（$M_{助}$），它控制着转阀，产生角位移而反馈控制，实现多个功能要求。

①助力——$M_{阻} > M_{助}$，扭杆不断变形，转阀不断转动，开一路、闭一路，阀体跟踪随动转向助力。

②维持助力——$M_{阻}=M_{助}$，扭杆停止变形，但不复位，阀体随动减小了通油间隙，维持一定的油压和一定的车轮转角。

③停止助力——$M_{阻}<M_{助}$，扭杆复位或因前轮悬空，扭杆不变形，即不助力，只手动机械传动。

3. 分配转阀的工作过程

分配阀由转阀和阀体及扭力杆组成，其工作原理如图6-6所示。

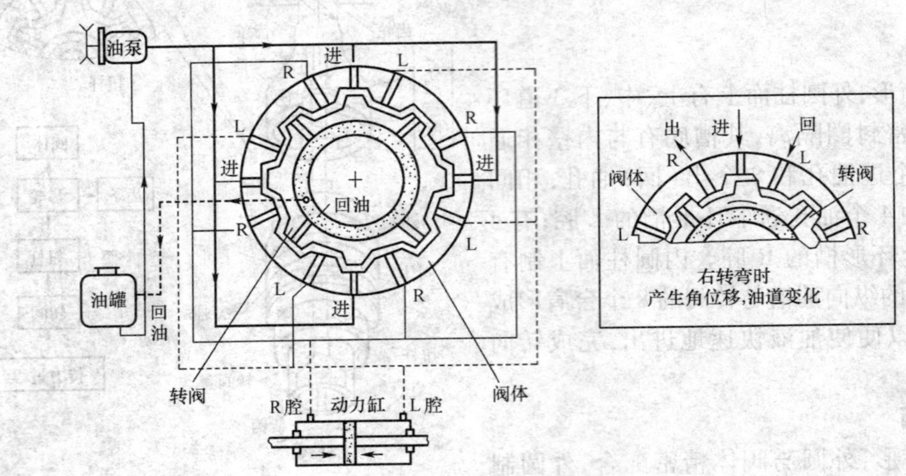

图6-6 分配阀直行时的工作状态

(1)直行时，转阀在中间常开位置，与阀体凸沿存在着对称的流动间隙，各油孔都和进、回油道相通，动力缸的L、R腔也相通，整个转向助力系统处于低压常流循环状态。

(2)右转弯时，转阀顺时针转动，上端销1拨动扭杆和齿轮转动，克服了间隙Δ，下端销2拨动转阀转动。由于存在转向阻力的关系，要拨动齿轮和齿条，需有足够的转向力矩，这个阻力矩使扭杆产生弹性变形。因有间隙Δ的存在，造成了阀体转动角度永远小于转阀的转动角度。

这样，就使阀体和转阀之间产生了角位置错移，角位移量等于扭杆的变形量。从而使阀体和转阀的纵向槽错开，造成一侧的通油间隙减小或封闭(通L腔的下槽)；另一侧的通油间隙为加大状态(通R腔的上槽)。这样，就使流入阀体的压力油流向间隙增大的R腔一边，并通过转阀的纵槽和通油孔R，流过壳体上的油道进入动力缸的R腔，推动活塞助力。

同时，另一组的纵向槽也错开(L腔)，使阀体上的下油槽与L腔相通的一侧油道间隙增大，使L腔的油经阀体下油环槽油孔，进入阀体与转阀的另一纵向槽，再经转阀的油孔流入转阀内腔，流回油罐。动力缸内的油压差即为转向助力能源。

(3)当转向盘停止在某一转角不变时，转阀和扭杆就停止转动和变形，但不复位，因角位移量等于扭杆的变形量(助力计量值)，阀体相对转阀跟踪助力，转过一定角度就减小了通油间隙，转为常流。此时，$M_{助}=M_{阻}$，相互平衡，维持一定的助力油压差和一定的车轮转角。

(4)当转向盘回正时，转向盘复位，转阀复位，扭杆复位，流动间隙恢复对称状态，助力系统恢复低压常流循环状态，前轮在其回正力矩的作用下复位。但由于L腔和R腔油液的转换，前轮回正慢于机械式。这不是故障，而是特性，有防止“打手”的好处。

(5)当遇到巨大的单边冲击或爆胎时，转向轮会猛然向一方偏转，反向力使阀体产生角位移，使阀体和转阀产生反向角位移，反向接通动力缸，阻止车轮偏转，使汽车仍能保持原行驶方向。因动力转向系统具有“正向传动、正向导通助力；反向传动、反向导通助力”的特点，从而提高了汽车行驶的安全性。

(6)左转弯时，转阀和阀体逆时针转动，角位移错开的方向相反，改变油路，L 腔充油，R 腔排油，产生压力差而助力(从略)。

第三节 电控液压转向助力系统

电控动力转向系统的基础，是转阀液压常流式工作原理，只是增加了电控系统，对车速的高低有更好的感知能力，随机反馈调节转向助力油压，产生良好的手感，无高车速转向发飘的感觉，提高行驶的操纵性、稳定性。

电控动力转向系统由动力转向电脑、车速传感器、电磁阀、分流阀、反应室、油压开关等组成，如图 6-7 所示。

其作用是：判定车辆是停止状态、低速行驶状态还是高速行驶状态。ECU 用车速传感器 VSS 传来的输入信号，按工况的需求调节电磁阀电流的大小，改变反应室内的油压，产生良好的手感(路感)，提高行驶的操纵性和稳定性。

一、电磁阀

它的作用是：电脑 ECU 根据车速信号 VSS，使电磁阀开启，用 0 ~ 1A 的电流值，调节反应室内的油压，产生不同的手感。电磁阀电流特性如图 6-8 所示。

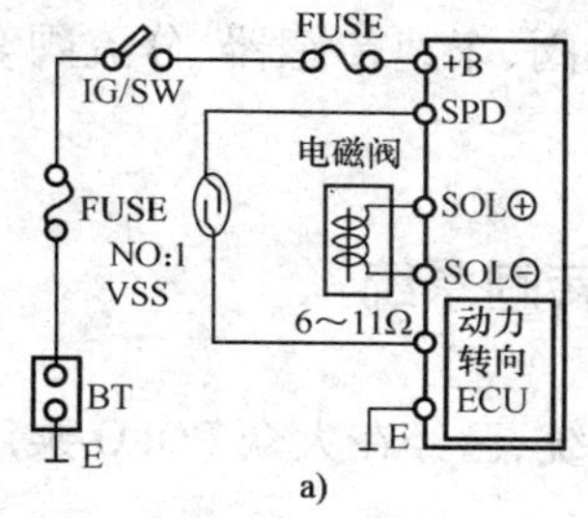

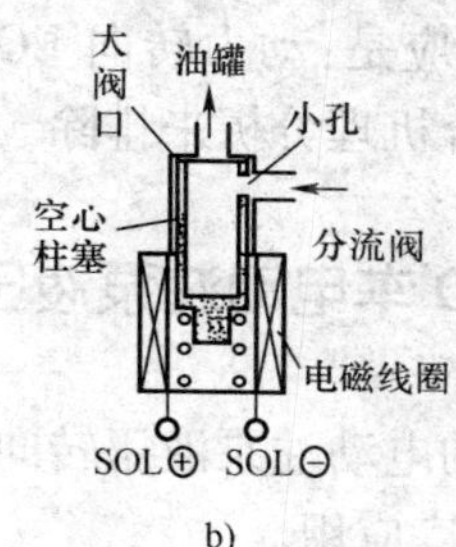

图 6-7 凌志 SL400 液压转向助力系统的控制电路和电磁阀

a) LS400 动力转向系统控制电路；b) 电磁阀原理

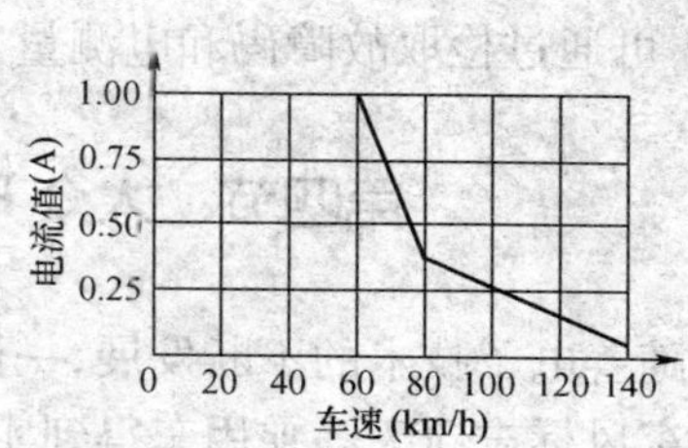

图 6-8 电磁阀电流特性

(1)不转向时，电磁阀不通电，空心柱塞在弹簧的作用下，处于最高位置，大阀口关闭，只小孔通油，来自分流阀和反应室的油从小孔泄走量很少，维持一定油压。

(2)原地转向或低车速转向时，ECU 输出大电流给电磁阀，磁吸力吸动空心柱塞下移，使大阀口开大，油液大量泄流回油罐，反应室内油压降低，使驾驶员产生轻手感。

(3)中、高速转向时，电磁阀的电流减小，大阀口也减小或直至关闭，油液泄流回油罐的量减少，使转阀流入分流阀和反应室的油压升高，驾驶员产生沉手感。

二、分流阀

它的作用是将油泵送来的油液分配到转阀、电磁阀、反应室中，如图 6-9 所示。

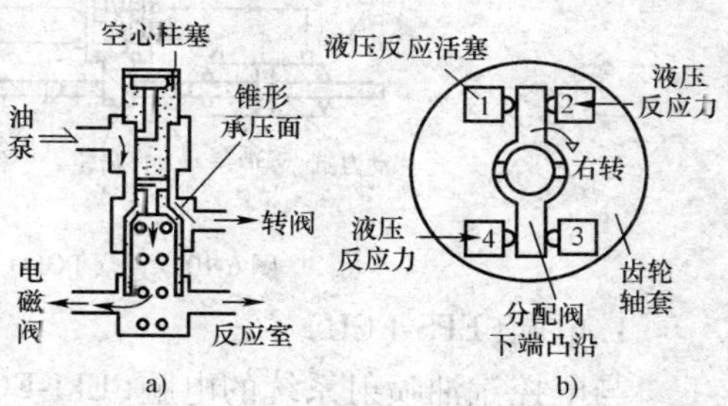

图 6-9 电控系统中的分流阀和液压反应室

a) 分流阀原理；b) 液压反应室原理

(1)不转向时，油泵和转阀中的油压小，分配阀中的空心柱塞在其弹簧的作用下，处于最高位置，下端阀口开启度最大,整个系统为低压油常流循环状态。

(2)转向时,转阀中的油压增大,电磁阀和反应室的油压也增大,作用在锥形承压面上的油压,产生向下的推力,空心柱塞向下移动,减小或关闭到反应室和电磁阀的阀口。此时,电磁阀和反应室的油压的高低,由电脑 ECU 控制电磁阀来调节。

三、量孔

量孔串联在转阀和反应室的管道上,它的作用是:当分流阀的空心柱塞下移到关闭位置,电磁阀的空心柱塞也处于关闭位置,两阀失去了调节能力,转阀的高油压经量孔流入反应室,进行补助调节。

四、反应室

它的作用是:将液压反应力传给转向盘,产生轻、重不同的手感,提醒驾驶员注意。四个液压反应活塞装于齿轮轴套中,对称地顶靠在分配阀下端的凸沿上,接收凸沿的推力,利用油压来定位。

(1)直行时,四个反应活塞的背面,作用着相同的油压且油压很小,为低压常流循环状态。

(2)转向时,分配阀和凸沿转动,推动相关的左、右两个活塞移动,手感的大小决定于车速的高低和反应室内的油压。车速低时反应室内油压低,手感轻便;车速高时反应室内油压高,手感沉重,不存在发飘的感觉。

液压助力系统的常见故障:液压油泵损坏和漏油,漏油点是四个油封和阀体上的四个密封圈。电控系统的常见故障有两个:一是怠速时原地转向或低车速转向时手感沉重;二是中、高速行驶转向时手感发飘。故障的集中点应是:动力转向 ECU、电磁阀、车速传感器、分流阀等元件,可通过检取故障码和电测量并结合机理分析来排除。

第四节　大众 POLO 车电动油泵液压助力转向系统

随着电子技术的不断发展,一体化的电动油泵液压转向助力系统,已经在大众 POLO 乘用车和东风标志 307 等乘用车得到实际推广应用。

一、大众 POLO 车电动油泵液压助力转向系统的组成

该系统由一体化的电脑(EPS-ECU)、直流电动机、转子式油泵、控制阀(分配阀、扭杆)、转角传感器、动力缸、齿轮和齿条等组成,如图 6-10 所示。

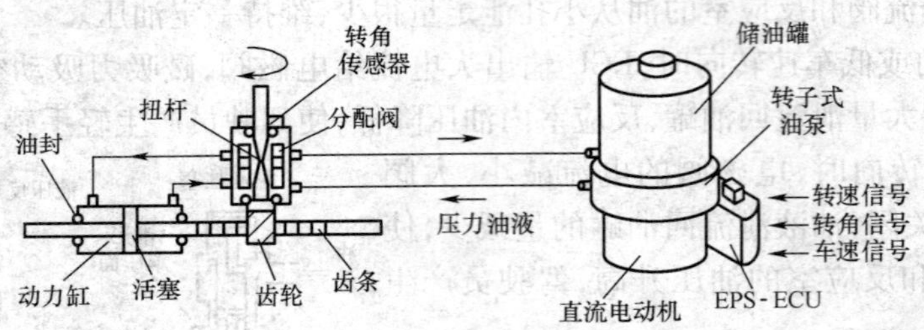

图 6-10　大众 POLO 车电动油泵液压助力转向系统的组成

1. 电脑(EPS-ECU)

与电控汽油喷射系统的电脑(EFI-ECU)和 CAN 数据总线联网,综合信号共享,分别控制。根据转向工况的需求,以不同的电流值控制和调节电动油泵的流量和油压。

2. 电动油泵

转子式油泵由直流电动机驱动。直流电动机的特点是:转矩大、调速范围宽,改变驱动电流的大小,即可使其转速突变,能按工况的需要,在转向时以不同的电流值,驱动电动机和油泵按需量化工作,产生堆积助力油压。泵壳上有限压阀,用来进行过压保护。其最大流量为 8 ~ 12L/min;最高油压不低于 6MPa,如图 6-11 所示。

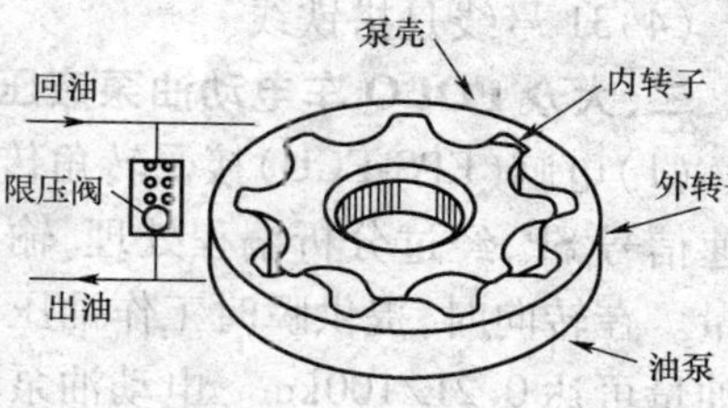

图 6-11　转子式电动油泵

3. 转角传感器信号

转角传感器采用光电式,安装于转向盘的转轴上。其工作原理是利用单位时间内 LED 灯光的通断次数和快慢,来测定转向盘转动的角度 α 大小和角速度 ω 的大小(角速度 ω = 角度 α/时间 t),将此信号传给电脑 EPS-ECU,如图 6-12 所示。

4. 发动机转速信号 SP 和车速信号 VSS

由 CAN 数据总线提供信号,用来判定发动机和汽车的运动状态(静止状态或运动状态)及车速的高低。

5. 控制阀及动力缸

如图 6-13 所示,控制阀为扭杆式的分配阀。与传统的转向助力系统的结构原理相同,利用扭杆及分配阀的变形和位移,完成"渐进随动"转向控制和安全保护等八项功能:不转—不助;小转—小助;大转—大助;停转—停助、维持;车速低、助力大—轻便;车速高、助力小—有手感,防止发飘。单边冲击或爆胎—反向助力,保位直行;助力系统失效—仍能手动机械转向。

6. 转向助力系统控制电路

(1)电脑(EPS-ECU)和电动机、油泵结为一体,简化了控制电路。并和转角传感器、多路信息传输系统 CAN-BUS 的高速线(H)、CAN-BUS 低速线(L)的控制单元联网互控,实现信息共享和自我诊断等工作(如发动机转速信号 SP、车速信号 VSS 的借取和故障诊断等工作),如图 6-14 所示。

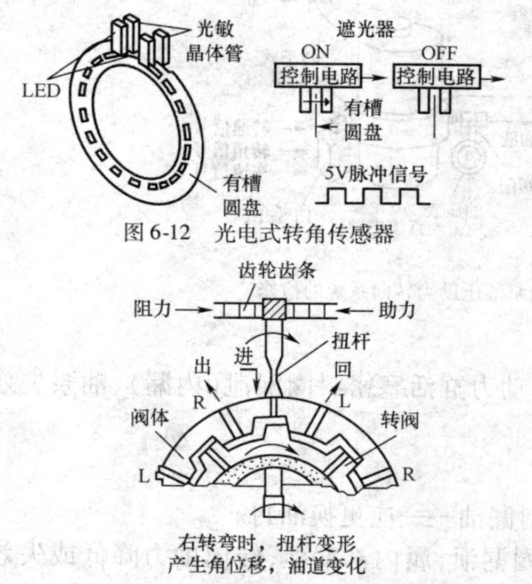

图 6-12　光电式转角传感器

图 6-13　分配阀和扭力杆的渐进随动控制原理图

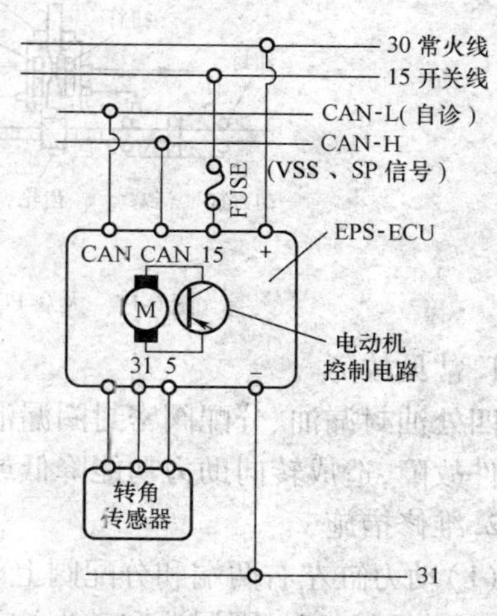

图 6-14　大众 POLO 车电动液压转向助力系统控制电路

(2)30 号线是常火线,给电脑(EPS-ECU)的随机存储器 RAM 提供 12V 常工作电源。

(3)15 号线是开关控制的电源线,受点火开关控制,并设有保护熔断丝,开关打开后,即给电脑(EPS-ECU)加上 12V 的工作电压。

(4)31 号线是搭铁线。

二、大众 POLO 车电动油泵液压助力转向系统的特点

(1)电脑(EPS-ECU)接受转角传感器的信号(大小),车速传感器信号 VSS(高低)、发动机转速信号 SP,经过分析编程处理,输出不同的电流值,通过直流电动机,控制电动油泵的工作流量。在转向时,提供瞬时工作油压,不转向时,电动油泵不工作,无额外动力消耗,发动机的节油量可达 0.2L/100km。电动油泵驱动电流的特性如图 6-15 所示。

(2)电脑(EPS-ECU)在转向时,因角速度(ω) = 角度(α)/时间(t),使电动油泵流量的多少和油压的高低按工况需求而变,如图 6-16 所示。

①转向角度快而大、车速低时,油泵流量多、油压高、转向省力。

②转向角度慢而小、车速高时,油泵流量少、油压低、手感费力、不发飘、安全性好。

③由驱动电动机的电流特性可知:停车时怠速运转,不断地来回转动转向盘会引起电动机电流的增大,导致绕组发热而烧毁,应尽量避免使用。

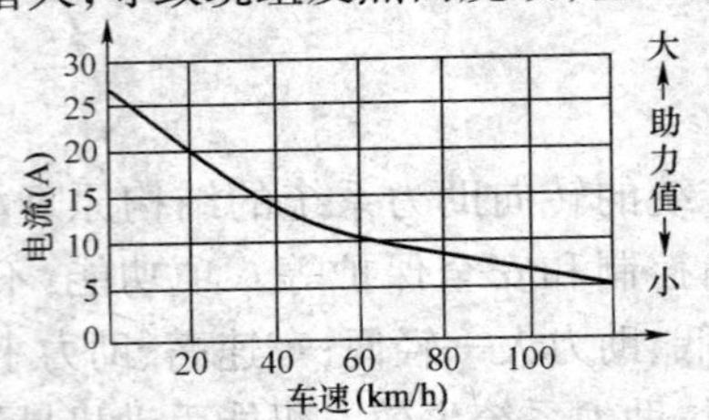

图 6-15　电动油泵驱动电流的特性

油泵供油量
0
20
40
60
80
汽车行驶速度(km/h)
转向角速度
$\omega=\frac{\alpha}{t}$

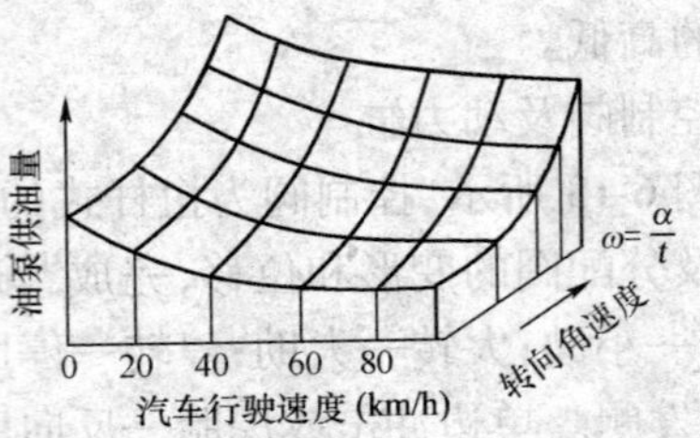

图 6-16　电动油泵供油量图谱

(3)分配阀的工作原理。仍然是利用扭杆及分配阀的变形和位移,进行反馈控制,完成渐进随动的转向需求。

三、大众 POLO 车电动油泵液压助力转向系统的故障与检修(图 6-17)

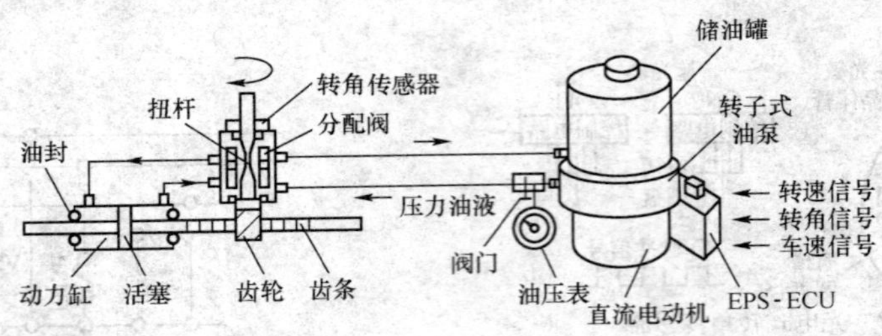

图 6-17　大众 POLO 车电动油泵液压助力转向系统的检修

1. 常见故障

四处油封漏油、分配阀密封圈漏泄(内漏)、动力缸活塞密封圈漏泄(内漏)、油泵失效、电控元件故障,造成转向助力功能降低或失效。

2. 维修措施

(1)动力缸左右两端和分配阀上下两端油封漏油——应更换油封。

(2)分配阀密封圈漏泄和动力缸活塞密封圈漏泄,属内部漏泄,转向助力降低或失效,应更换密封圈。

3. 电动油泵泵油能力的检测

通过检测油压,判断电动油泵的好坏。

(1)将专用油压表串接于油泵输出管口处。油压表的截止阀门处于通油位置。首先要排

除管路中的空气泡，管路中无空气泡且正常油温达80℃时进行检测。

(2)排气的方法是：

①加足专用助力油液。

②发动机怠速运转。

③全行程不断转动转向盘。

④观察储油罐油液中再无气泡或乳状物冒出为止。

(3)将专用油压表的阀门拧到关断位置，不使油液输出。

(4)起动发动机，怠速运转，转动转向盘，10s内油压应达6MPa以上为好，并迅速回到直行位置或熄火，防止电动机和油泵过载损坏。如低于此值，为油泵或电动机失效。

4. 助力管路有效压力的检测

通过有效压力的检测，判断分配阀和动力缸活塞密封圈的好坏。

(1)打开专用油压表截止阀门，使管路畅通，起动发动机，怠速运转。

(2)汽车在静态下原地转向，使转向盘向左、向右转动，达极限位置保持2~3s，反复3~4次。

(3)油压应不低于6MPa为好。如低于此值，为分配阀和动力缸活塞密封圈漏泄。

5. 检测转动转向盘所需力的大小

在怠速状态下，用弹簧秤切线方向拉动转向盘，拉力应不大于39N(3.9kg)。

6. 电控元件故障的检测

如电脑(EPS-ECU)、直流电动机、转角传感器、相关传感器及线路故障等，可用“检码器”检取故障码，判断故障的所在部位(略)。

7. 转向助力性能路试

在故障灯显示正常状态下进行路试，内容为：

(1)低车速、转向角度大时，转向省力(油泵流量多、油压高)。

(2)高车速、转向角度小时，手感费力、不发飘、安全性好(油泵流量少、油压低)。

(3)左右转向时，在相同的转角下，所用的操纵力应该一致。

第五节　电控电动转向助力系统

电动转向助力系统是电子技术在汽车上的推广利用，也是中、小型乘用车动力转向技术的发展方向。电脑根据转矩传感器的转矩及方向信号和车速信号，调节电动机的转向助力转矩，替代了液压助力系统。无复杂的液压助力系统及其所对应的所有故障，并使系统总重减轻了25%，降低了油耗和维修费用，预计在未来十年内，EPS系统会逐渐取代液压转向助力系统。

一、电动转向助力系统的优点

(1)液压转向助力系统的油泵，不转向时也工作，加大了能量消耗。而EPS系统只在转向时电动机才提供助力，因而能减少能量消耗，并能在各种行驶工况下提供最佳的转向助力。

(2)减小了由于路面不平所引起的对转向系统的干扰，改善了汽车的转向性能，减轻了汽车低速行驶时的转向操纵力，提高了汽车高速行驶时的转向稳定性，进而提高汽车的主动安全性。

(3)由于不需要加注液压油和安装液压油管，所以系统安装简便，自由度大，而且成本低，无漏油故障的发生，它比常规的液压转向助力系统具有更好的通用性。

二、电控电动转向助力系统的组成

电控电动转向助力系统由装在转向器输入端的转矩传感器、电磁离合器、电动机及变速器(减速机构)、电脑(EPS-ECU)等元件组成,如图6-18所示。

1. 转矩传感器

转矩传感器的作用是检测作用在转向盘上的转矩大小和方向,把不同的电压信号传送给电脑。多采用光电式或磁电式两种结构,其转矩特性如图6-19所示。

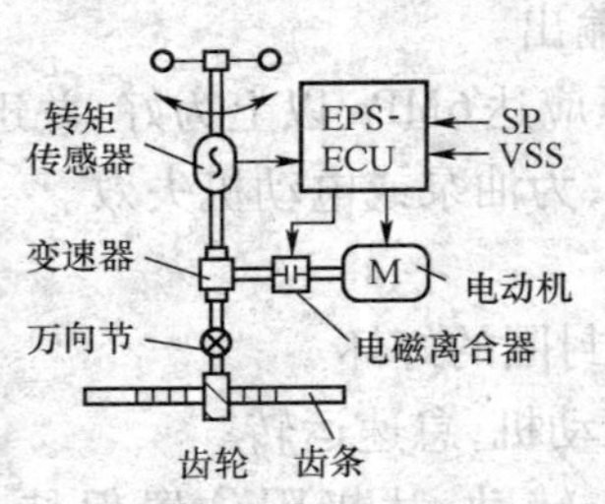

图6-18 电控电动转向助力系统EPS的组成

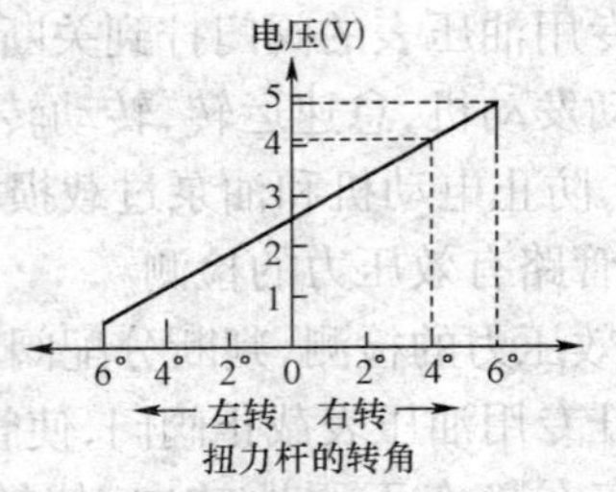

图6-19 转矩传感器特性

2. 电磁离合器

它的作用是当EPS系统发生故障时,离合器分离,转向助力变为普通手动转向。有的车种无电磁离合器(如本田飞度),失效保护由EPS-ECU控制,停止对电动机供电,转为手控转向。

3. 直流电动机及减速机构

直流电动机的特点是转矩大、调速范围宽,改变驱动电流的大小,即可使其转速突变,在适当的时候提供转向助力转矩。电动机分为直流有刷永磁电动机和直流无刷永磁电动机,前者可靠性差,但控制程序简单;后者可靠性高,但其控制程序复杂。

减速机构起减速、增扭作用,通常为蜗轮蜗杆式或行星齿轮式,如图6-20所示。

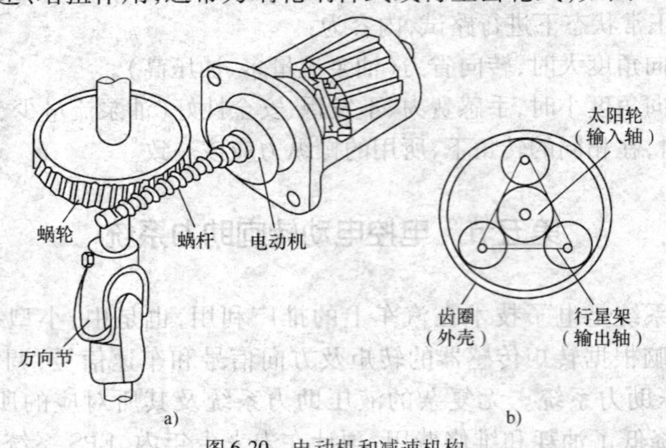

图6-20 电动机和减速机构

a)蜗轮蜗杆式;b)行星齿轮式

4. 电脑

电动转向助力系统的控制单元接收转矩传感器的信号、车速传感器信号VSS、发动机转速信号SP,经过分析编程处理,输出不同的电流。通过助力电动机,随时根据驾驶员的操作,提供渐进随动转向助力动作。即不转—不助;小转—小助;大转—大助;车速低—助力大(轻便);车速高—助力小(有手感,防止发飘)。

如图6-15所示,根据电流特性可知:如果在停车时,不断地来回转动转向盘,会引起EPS电动机电流的增大,将导致其绕组发热而烧毁,这是使用中应注意的问题。

三、电控电动转向助力系统的工作原理

基本工作原理：电脑接收转向盘的转向转矩信号和车速信号 VSS 的高低及发动机转速信号 SP 的高低。判断发动机是否工作，以决定 EPS 系统是否投入工作，在发动机熄火情况下 EPS 系统停止工作。经过判断和处理后，根据事先存储器中确定好的助力特性，确定和输出助力转矩电流的大小和方向（助力电动机的正、反转，工作时间及工作频率）。低速时助力作用大，转向轻便；高速时减小助力，以提高路感和操纵稳定性（无发飘手感），如图 6-15 所示。

四、三种转矩传感器的工作原理

1. 光电式转矩传感器

光电式转矩传感器由遮光圆盘和光电管组成，它是属于非接触式转矩传感器，如图 6-21 所示。

它由两个带孔的遮光圆盘和一个弹性扭力杆组成。圆盘随转向盘一起转动，每个遮光器由一个发光二极管 LED 和一个光敏晶体管组成，彼此面对面相对安装，中间有扭力杆弹性连接。当转向盘转动时，因转向阻力的存在，扭杆变形，两个光电元件之间的光电信号值即出现差值，此差值即为转向助力的度量值。转向力矩越大，扭杆变形越大，差值角度就越大。此转矩和方向信号传送给 ECU。ECU 再根据车速传感器信号以及车辆状态信号（静态或动态），经过编程处理，通过助力电动机，提供转向助力量化控制。

2. 磁电式转矩传感器

磁电式转矩传感器中，有两对磁极环，相对安装，内有扭力杆，弹性地安装连接输入和输出轴，如图 6-22 所示，它为非接触式转矩传感器，体积小、输出的信号值精度高。当输入轴与输出轴之间产生扭转角度差值时，磁极环之间的空气间隙发生变化，从而引起电磁感应线圈中磁感应量发生变化，它就是转向助力的度量值，此信号输出给电脑，作为转向助力的依据。

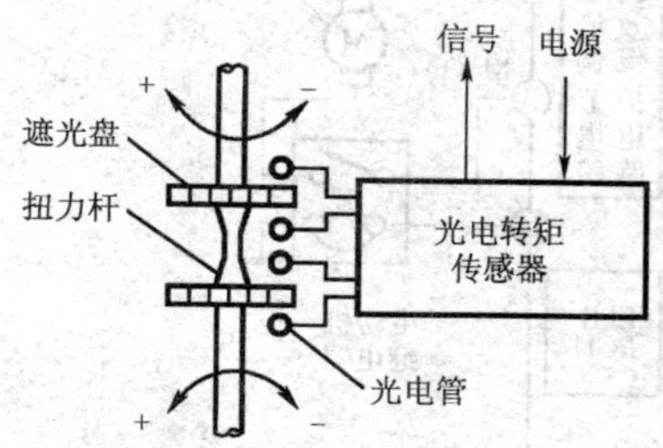

图 6-21　光电式转矩传感器

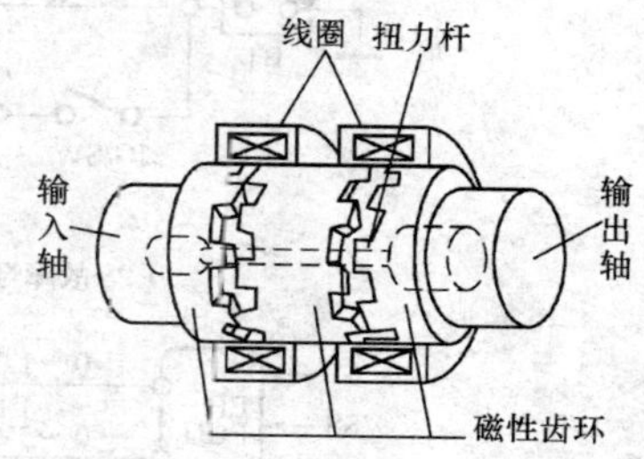

图 6-22　磁电式转矩传感器

3. 磁阻式转矩传感器（奥迪车系）

如图 6-23 所示，输入轴上装有多极磁环，输出轴上装有磁阻元件 MRE，两者用扭力杆弹性连接，可相对角位移。转向时扭力杆变形，多极磁环旋转，引起磁通的变化，使磁阻元件的阻值发生变化，因而输出电压发生变化，它就是转向助力的度量值，此信号输出给电脑。

五、EPS 系统的电路原理图

1. EPS 系统的组成

EPS 转向助力系统由 EPS-ECU、转矩传感器、控制电动机和离合器、EPS 故障指示灯、故障自诊断接口等组成，如图 6-24 所示，它和电喷系统的 ECU 联网工作，共享传感器信号。

2. EPS 系统的电路原理

（1）为了使转矩传感器输出的电信号不受干扰，其导线多用屏蔽网保护，应可靠地搭铁。

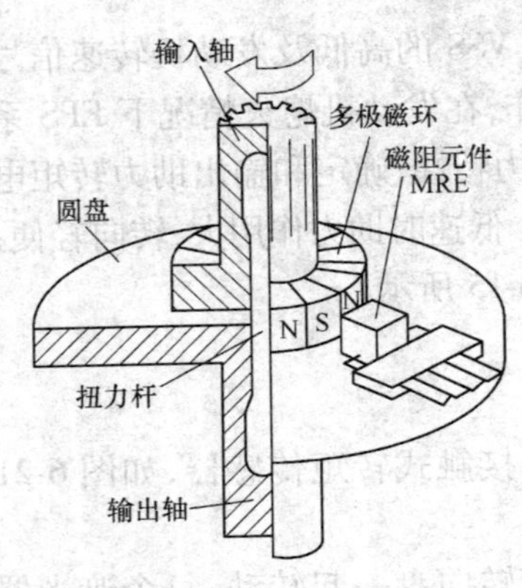

图 6-23　磁阻式转矩传感器

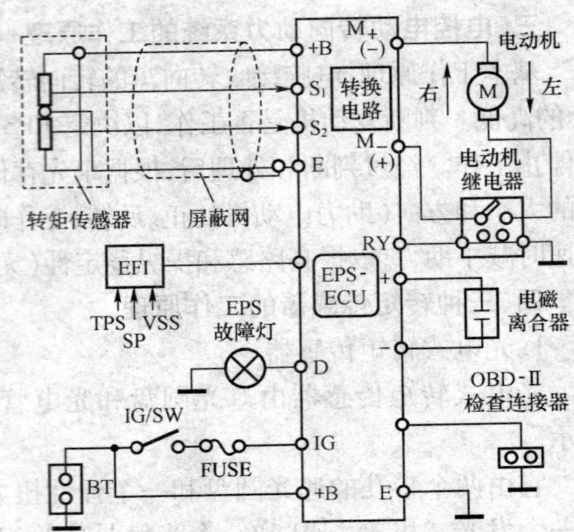

图 6-24　EPS 转向助力系统的电路原理图

(2)EPS 转向助力系统正常工作时，点火开关打开后，位于仪表盘上的 EPS 故障指示灯亮 2～4s 后自动熄灭，为正常状态。或起动后灯灭，也为正常状态。

(3)当系统的电元件发生故障时，位于仪表盘上的 EPS 故障指示灯会持续点亮。此时可利用故障自诊断系统(人工法或仪器法)，读出存储在 EPS-ECU 内部的故障码，然后根据获得的故障码进行检修。

六、实例——本田飞度乘用车电动转向助力系统电路

(1)该车的 EPS 系统的电动机、转矩传感器和齿轮、齿条机构紧凑地装在一起，成为一个总成部件，并可分体更换电控元件，如图 6-25 所示。

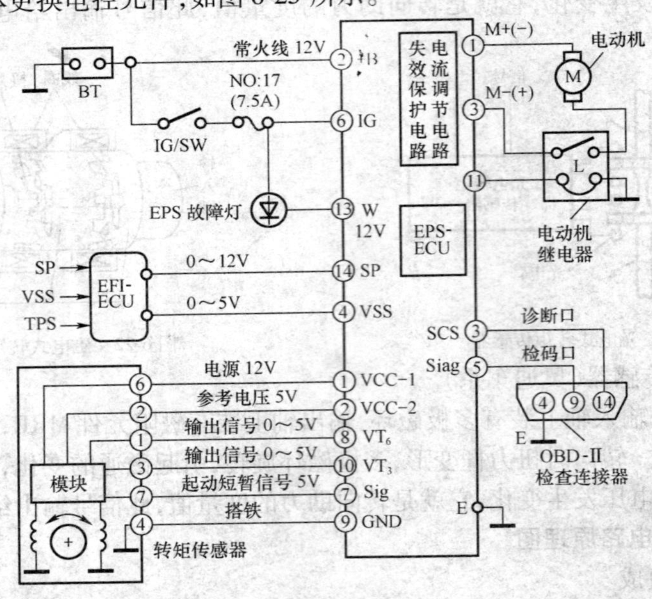

图 6-25　本田飞度电动转向助力 EPS 系统电路图

(2)转矩传感器为磁性齿环式，无电磁离合器，失效保护电路在 EPS-ECU 中，能使电动机及时断电，转入手控转向。

(3)SW-ON-EPS 故障灯亮，起动后又灭为正常状态。如有故障时灯常亮，并存储故障码，停止转向助力，转为手控转向。

(4)故障码存储于电可擦可编只读存储器中,需多次使该系统线路通断才能消除故障码。

(5)故障码的检取和消除,可用检码器法(略)或用人工法取码。

①人工取码。短接 OBD-Ⅱ检查连接器 9—4 孔,开关打开,EPS 故障灯,闪烁故障码(DTC)。

②代码的消除。在取码状态,多次拔下仪表盘下熔断盒中的 NO:17(7.5A)系统熔断丝,即可消除故障码。

(6)换件维修后的初始位置设定。发动机怠速运转,不断转动转向盘,从一个极限位置转动到另一个极限位置,直到 EPS 指示灯不亮为止。再通过路试感觉,确认助力良好,即完成初始位置设定工作。

第七章　汽车的电控四轮转向系统(4WS)

第一节　概　述

普通乘用车多使用两轮转向系统,操纵转向盘控制前轮胎的偏转,使汽车转向。随着高速公路和高架公路及高架螺旋引桥的出现,同向并行车辆的增多和行驶速度的提高,超低压轮胎的使用、轮胎的弹性侧偏角(α)对不足转向特性的影响力度加大,长时间的高速加转向螺旋升降行驶、制动加转向综合操纵性能的要求,都远大于过去。为此,电控四轮转向系统(4WS)应运而生,主要用于轿车、长轴距的豪华型乘用车和越野汽车。

一、汽车的转向特性原理介绍

众所周知,汽车转向特性有三:一为不足转向;二为中性转向;三为过度转向。当驾驶员以一定的转向角度加速行驶时:若转向半径 R 不断加大,为不足转向;转向半径 R 不变,为中性转向;转向半径 R 减小,为过度转向,后轮即发生侧向滑磨,如图 7-1 所示。

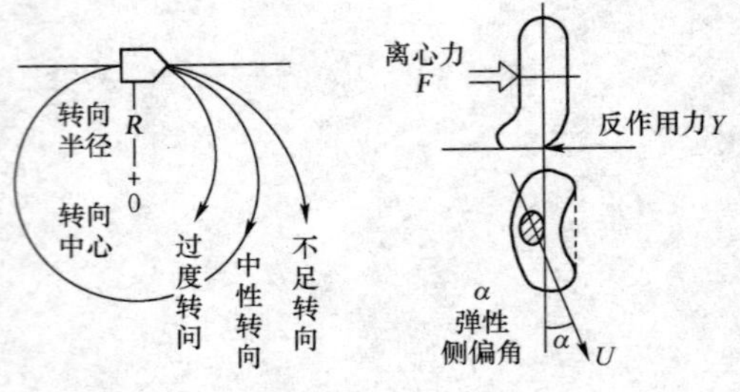

图 7-1　转向特性和弹性侧偏角

(1)具有过度转向特性的汽车,在高架螺旋引桥上高速盘旋加速行驶时是很危险的,它的行驶轨迹须反复修正,是"s"的不尽值,影响驾驶员的心理平衡,带来了紧张和疲劳。同时,对多车道并行车辆也带来侧向碰撞的威胁。

(2)具有中性转向特性的汽车,若装载不合理,轮胎气压不合规定或四轮定位失准,其转向特性也可能转化为过度转向特性,因而也是不安全的。

(3)必须使汽车处于不足转向的状态下,高速转向行驶,才能减轻驾驶员的紧张状态和心理平衡,提高汽车的操纵性、稳定性和主动安全性,这是交通法规的要求。

(4)转向特性的变化,主要是前后车轮弹性侧偏角的影响。弹性侧偏角 α 是指:在转向时,在离心力的作用下,轮胎变形,车轮的速度方向偏离了车轮平面,出现侧偏角 α,其量值与车速成正比,一般不能大于4°~5°。它与转向特性的关系式为:$\alpha_{前轮}=\alpha_{后轮}$,$R_{实际}=R_{理论}$——中性转向;$\alpha_{前轮}>\alpha_{后轮}$,$R_{实际}>R_{理论}$——不足转向;$\alpha_{前轮}<\alpha_{后轮}$,$R_{实际}<R_{理论}$——过度转向。

可见,乘用车多装用超低压子午线轮胎,在高架螺旋引桥上高速转向行驶(有不低于60km/h 的限速要求),弹性侧偏角 α 随车速呈正比关系变化,其影响力度可想而知。

二、采用四轮转向的目的

为了提高汽车的主动安全性,许多乘用车开始采用电控四轮转向系统 4 Wheel Steering,简称 4WS。四轮转向是指前、后轮都能转向,能实现同相位转向和异相位转向,对后轮转角能进行异相位修正,能有效地控制汽车不足转向特性的保持,使汽车在连续同向转向状态下能高速安全行驶,如图 7-2 所示。

1. 同相位转向

适于高速行驶中转向（>40km/h），进行同向位操作。即后轮的偏转方向和前轮的偏转方向相同，转向稳定性好，后轮无侧滑，并能进行异相位修正，保证弹性侧偏角（$\alpha_{前}>\alpha_{后}$），处于不足转向状态。特别是上下高速公路和高架桥的引桥时，在连续同方向弯道上高速行驶，必须使汽车处于不足转向状态，保证同向并行车辆的安全。

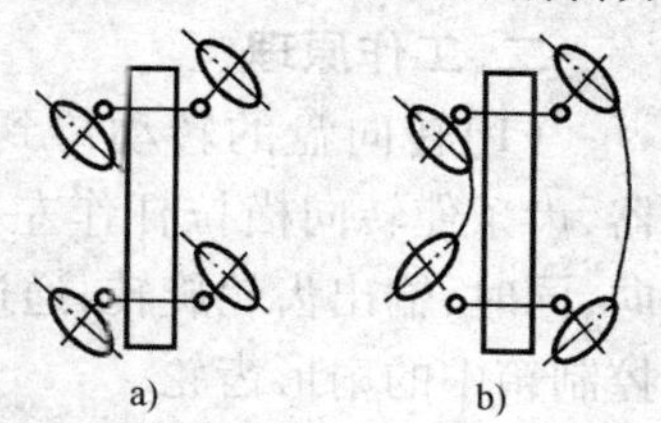

图 7-2　四轮转向（4WS）
a）同相位转向；b）异相位转向

2. 异相位转向

适于低速转向行驶中转向，进行逆相位操作。即后轮的偏转方向和前轮的偏转方向相反，转向半径小，灵活性好，适于在低车速时出入车库、停车场、窄路调头。

3. 异相位修正逻辑门电路的控制条件

四轮转向的汽车，后轮进行相位转换和异相位修正 $\alpha_{后}$，必须具备三个条件，逻辑门电路的控制条件是：

（1）转向角度传感器有较大的转向角度信号。

（2）车速传感器 VSS 有高速信号（>40km/h）。

（3）轮速传感器内、外轮的角速度有明显的差值。

一旦这三个条件成立，后轮的异相位的角度修正就自动控制，保证了不足转向特性的实现。

第二节　机械传动电子控制方式四轮转向系统

四轮转向系统有两种不同的结构形式，都必须用电脑 4WS-ECU、相关的电控元件和电控液动元件来进行控制，完成相位的转换和相位角 α 的修正。

一、机械传动电子控制系统的组成

它分前桥转向系统和后桥转向系统两部分，前后轮的转向机构是机械传动。

（1）前桥转向系统为传统的齿轮齿条转向器，无液压助力系统，完成2WS 转向控制。并通过连接轴输出前轮的转角量值，使后桥转向系统同步工作。

（2）后桥转向系统因要进行相位转换和修正，结构较复杂，它由转向节、4WS 转换器、主、辅电动机等部件组成了一个机电组合的后轮“转向控制箱”，如图 7-3 所示。

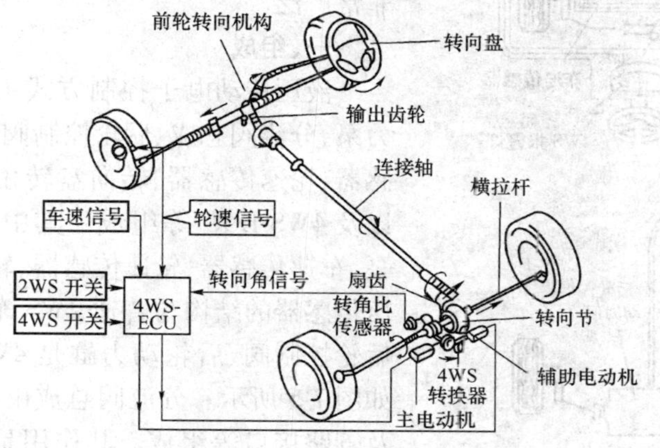

图 7-3　机械传动电子控制方式

(3)此系统结构简单,无液压转向助力系统,只适用于小型乘用车。

二、工作原理

(1)转向盘的转动传到前轮的齿轮齿条式转向器,齿条使转向横拉杆作左右运动,以控制前轮的转向,同时,输出齿轮旋转,通过连接轴传到后轮转向器控制箱中的扇形齿轮。

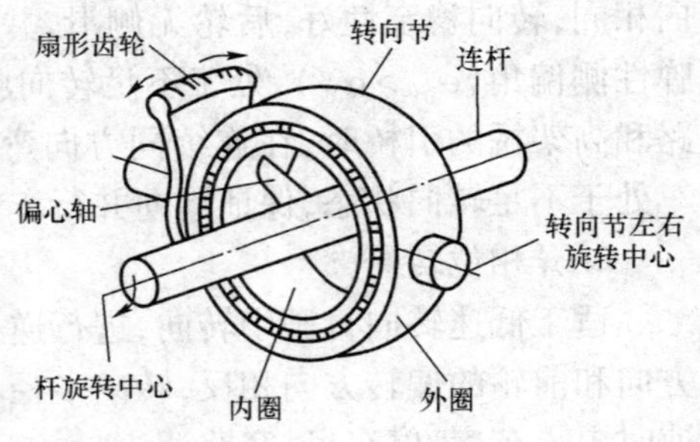

图 7-4　转向节总成构造和运动关系

(2)转向盘通过连接轴,使扇形齿轮向右或向左旋转,扇形齿轮使转向节左右偏转,转向节经过偏心轴,使横拉杆作左右方向的移动,使后轮同步转向,如图 7-4 所示。

(3)后轮转向控制箱中的转向节是一个内外圈都可转动的万向节。外圈与扇形齿轮为一体,可绕转向节中心轴左右偏转,用来改变后轮的转向角度;内圈与偏心轴连接,它利用 4WS 转换器电动机的旋转,能改变偏心轴的位置,正向或逆向旋转,约 55°转角,用来改变后轮的转向角的大小和方向(相位的转换和修正)。

(4)偏心轴的旋转是由 4WS-ECU 通过主电动机和辅助电动机的驱动来实现(辅助电动机为备用电动机),进行相位转换和角度修正。同时,转向角比传感器,将连杆的旋转角度,利用滑动电阻把对应于旋转角度的模拟电压输出给 4WS-ECU,进行对比反馈控制。

(5)低车速时前后轮为异相位转向;高车速为同相位转向(>40km/h 时),并能随机对后轮转角进行修正,保持不足转向的控制状态。

(6)2SW/4WS 开关用来选择转向模式,倒车时也可选用 2WS 模式,便于驾驶。

第三节　液压传动电子控制方式四轮转向系统

机械传动电子控制方式的 4WS 系统适于无动力转向的汽车,必须安装连接轴,后轮转向控制系统比较复杂。液压传动电子控制方式的 4WS 系统,适于有动力转向的汽车,结构简单,管路容易布置,并且随着超低压子午线轮胎的广泛使用,乘用车普遍采用了动力转向系统,因此这种形式应用将非常广泛。

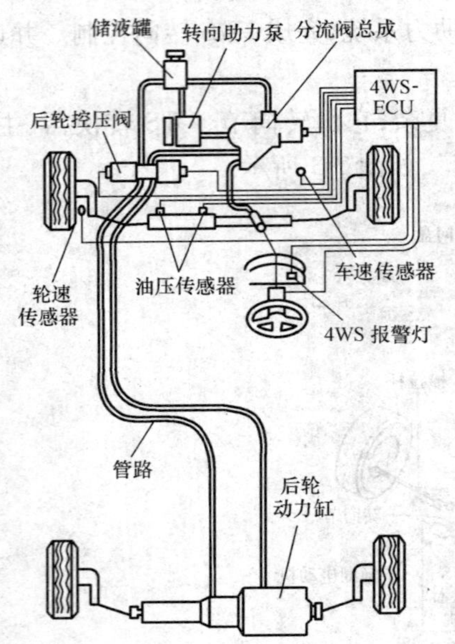

图 7-5　液压传动电子控制方式 4WS 系统

一、组成

液压传动电子控制方式主要由储液罐、转向助力泵、分流阀总成、后轮控制阀、后轮动力缸、车速传感器、轮速传感器、转向盘转角传感器、油压传感器以及 4WS-ECU 等组成。其中的储液罐、转向助力泵、车速传感器、轮速传感器、转向盘转角传感器、油压传感器的结构与普通 2WS 车相同。分流阀总成、后轮控制阀、后轮动力缸是 4WS 系统的核心部件,如图 7-5 所示。分流阀总成由滤网、移动阀、电磁阀及管路接口等组成。其作用是利用 4WS-ECU 控制电磁阀动作,推动移动阀位移,从而改变通向前轮转向助力器和后轮控制阀的油压和流量，而多余的油液流回储液罐。后轮控制阀是用来使后轮转向起作用的装置。它两端有两个电磁线圈，受ECU控制。4WS-ECU根据车速传感器、轮速传感器、转向盘转角传感器、油压传感器等信号，对其输入大小不同的电流，控制滑阀的位移。阀的内部有轴向移动滑阀，用来改变油路，实现不同方向的转向。当两边的电磁线圈都不产生磁吸力时，滑阀在弹簧作用下处于中间位置。动力缸安装在后悬架的后部，左右的横拉杆接头与转向节连接。由后轮控制阀的油压使动力缸的活塞杆左右的运动，从而实现对后轮的转向操纵。

二、工作原理

（1）当不需要后轮转向时，从转向助力泵输出的油经E孔进入分流阀总成，根据4WS-ECU输出的电流的大小使轴向滑阀移动，决定了从F孔流经后轮控制阀的油量大小。此时，4WS-ECU不向后轮控制阀两端的电磁线圈输入电流，滑阀在左、右两端弹簧作用下保持中间位置，因此从A孔进入控制阀的油通过B孔流回储油罐，整个动力转向系统处于常流状态，动力缸内两侧无压力，处于平衡状态，此时后轮处于直线行驶状态，如图7-6所示。

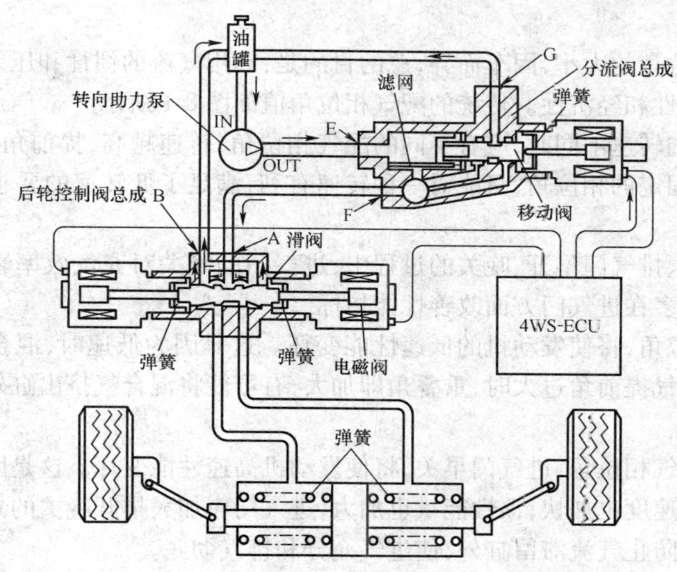

图7-6 液压传动电子控制方式4WS工作原理

（2）当需要后轮转向（如左转向）时，从4WS-ECU输出的控制电流进入后轮控制阀右侧的电磁线圈，使滑阀向左移动。从A孔进入B孔的油路被切断，油进入动力缸，动力缸左室油压升高，推动活塞向右移动，后轮被操纵向左偏转、动力缸右室的油流入后轮控制阀，经B孔回到储油罐。4WS-ECU使后轮电磁阀断电，后轮控制系统处于常流状态，后轮失去转向能力，变为2WS系统。

（3）4WS-ECU可根据不同的车速、轮速和转向盘转角分别控制左右两侧的电磁阀，以实现低速时逆相位操纵，中高速时同相位操纵。同时电磁阀的电流大小也能调节控制，以实现独立随动控制作用，保证不足转向特性处于稳定状态。

（4）当系统发生异常时，仪表盘的“4WS”指示灯亮，警告驾驶员，异常情况的代码被储存在4WS-ECU存储器中，以便于维修时检码。

第八章　本田、丰田、大众等乘用车的结构特点

本田、丰田、大众乘用车的保有量较多，其结构特点与众不同，现仅就该类车系较突出的结构予以介绍，以达到“举一反三”的目的。

第一节　本田车系可变气门正时与升程电子控制机构(VTEC)

VTEC 机构在本田轿车 Accord(协和)车型 F22B1 和 D16Z6 发动机上使用。VTEC 是英文缩写，其全称为：Variable Valve Timing & Valve Lift Electronic Control System，意思是可变气门正时与升程电子控制。

一、概述

发动机配气相位角的大小，因车而异，总的目的是：利用气流的惯性和压差，使进气充分和排气彻底，提高动力性和经济性。传统的配气相位角值如图 8-1 所示。

同一台发动机的转速不同时，应有不同的配气相位角，转速越高，提前角和迟后角也应随之加大。这是因为固定的相位角，只能对一种转速有利，满足了低转速的要求，就满足不了高转速的要求。

试验证明：在进、排气门早开、晚关的过程中，进气门的晚关对充气效率影响最大，其次是重叠角的大小，人们多在进气门方面改善性能指标。

过大的进气相位角，将使发动机的低速性能变坏。这是因为低速时，混合气流动速度慢，燃烧速度也较慢，进气提前角过大时，重叠角即加大，有可能将混合气挤出缸外，造成回火和怠速不稳。

反之，过小的进气相位角，进气门早关，将使发动机高速性能变坏。这是因为高速时，混合气流动速度快，燃烧速度也加快，惯性能量也加大，进气门应加大早开晚关的角度，才能保证惯性能量的充分利用，防止气流滞留缸外，使进气充分和排气彻底。

然而，在结构上很难满足，为了平衡高、低速性能间的矛盾，多采用折中方案。通常是通过试验来确定某一常用转速下的配气相位，自然它也就只能对这一转速最为有利。如图 8-2 所示，通过试验证明，两种进气迟后角的充气效率(η_v)和功率(N_e)变化规律是：

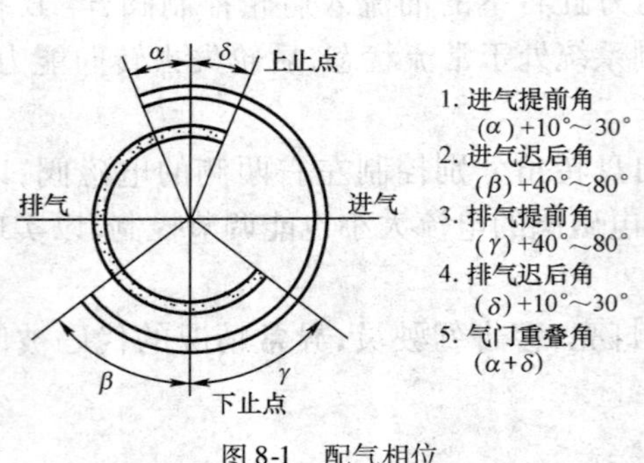

图 8-1　配气相位

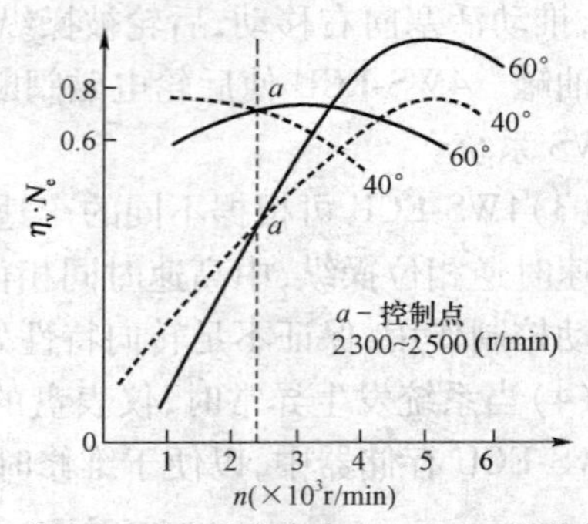

图 8-2　进气门晚关时对 η_v 和 N_e 的影响

注：此图为示意图，纵坐标不等距。

(1)低速时,晚关 60°的充气效率 η_v 低、发动机功率 N_e 升高迟后。

(2)高速时,超过 2 300 ~ 2 500r/min 后,晚关 60°的充气效率 η_v 和功率 N_e,明显优于 40°的相位角。

(3)有一个转折点,这就是可变配气相位的控制点(VTEC 起作用的始点)。为此,四气门配气机构的双功能可变相位控制机构(VTEC)就应运而生。所谓双功能是指有高、低速两种凸轮,相位角不同,升程也不同。其控制原则是:

①低速时,气门重叠角小,升程也小,是单进双排的工作状态。保证低速时进气涡流强度大和工作的平稳性、净化性好。

②高速时,气门重叠角大,升程也大,是双进双排的工作状态。提高了充气效率和动力性、经济性。

这是因为 VTEC 机构必然是双进、双排的四气门配气机构,四气门配气机构在低速区的进气涡流强度,不如传统的两气门结构(因进气面积大)。为此,设计了低速区单进气门工作,以加大涡流强度,提高混合气的质量和燃烧速度,保证平稳性和净化性。而在高速区转换为双进气门工作,提高其动力性,功率可增大 25% 左右。

VTEC 控制机构的出现,保证了发动机在整个转速范围内,获得最佳的进气涡流和充气效率 η_V,使动力性、经济性、净化性和怠速平稳性有明显的提高。例如:本田 1.6L 的发动机,装用了 VTEC 机构后,其最大功率从 88kW 增大到 118kW,最高转速可达 8 000r/min。

二、VTEC 机构的组成

(1)两个排气门由单独的凸轮和摇臂驱动;两个进气门由单独的不同升程和相位角的凸轮和摇臂驱动,主次摇臂之间装有中间摇臂,它不与任何气门直接接触,三者依靠专门的柱塞联动,如图 8-3 所示。

(2)中间凸轮的升程最大,它是按发动机双进双排、高转速、大功率的工作状态设计的。主凸轮的升程小于中间凸轮,它是按发动机单进双排、低转速工作状态设计的。次凸轮升程最小,最高处只是稍微高于基圆,其作用是在低转速时微开,以免喷油器喷出的燃油积聚在该气门口外不能进缸。

(3)三个摇臂靠近气门的一侧制有柱塞孔,孔中有靠油压控制的滑动柱塞,以便锁止联动。

(4)控制油压由 ECM 的电磁阀控制,其线圈的电阻值为 14 ~ 30Ω 并有油压报警开关,提供 5V 的油压过低报警信号(低于 49kPa 时),一般油压应在 250kPa 以上为好。发动机不运转或油压过低时,压力开关导通。当 VTEC 机构投入工作时,在油压的作用下,压力开关断开,给 ECM 一个反馈信号,确认凸轮已转换工作。

(5)在大负荷、低转速工况工作时,如 VTEC 机构不及时投入工作,充气效率和进气涡流速度降低,会产生轻微爆震现象(如爬坡时)。

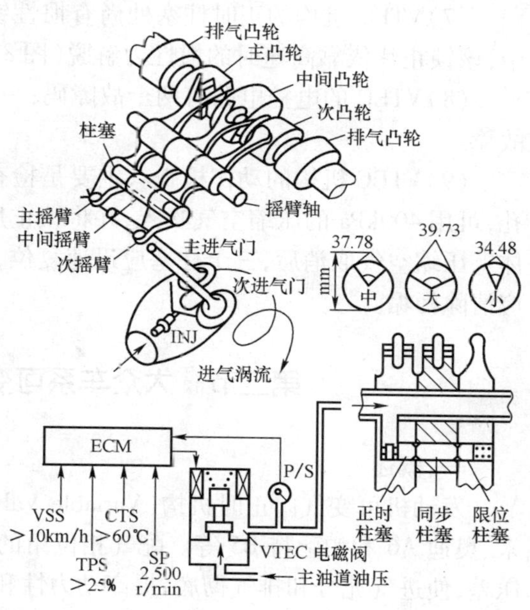

图 8-3 VTEC 机构的组成

三、VTEC机构的工作原理

(1)发动机低速运转时,ECM无工作指令,油道内无控制油压,各摇臂中的柱塞都在各自的柱塞孔中,各摇臂独自摆动,互不影响。主摇臂随主凸轮开闭主进气门,供给低速运转涡流混合气;次凸轮推动次摇臂微开次进气门,以防燃油积存;中间摇臂虽然随中间凸轮大幅度地摆动,但只是空转,对任何气门都不起作用。为了减少噪声,中间摇臂的一端设有支撑弹簧。此时,发动机处于单进双排的工作状态。

(2)发动机高速运转,发动机转速达到2 300 ~2 500r/min,车速达到10km/h以上;节气门开度达到25%以上;冷却液温度在60℃以上时,ECM指令VTEC电磁阀开启液压油道,油压推动正时柱塞、同步柱塞和限位柱塞移动,将三个摇臂拴为一体。由于中间凸轮的升程大于另外两个凸轮,且凸轮的相位角也加大,主、次进气门都大幅度地同步开闭。此时,发动机处于双进双排工作状态,功率明显加大。可见拴连时有轻微噪声,是正常现象。

(3)汽车在静止状态空转时VTEC机构不投入工作。动态行驶时VTEC机构投入工作,车速会有明显的提高。

(4)VTEC机构技术状态的好坏,主要决定于润滑系统的特设油道油压值。对机油品质、润滑系统相关部件和曲轴的轴承配合间隙要求严格(0.02 ~0.04mm),必须使用本田车系的专用纯正机油。除电控部件外,电磁阀的油路进口处有滤网,极易堵塞。

(5)本田汽车要求用本田纯正机油。因为本田纯正机油是全天候机油,季节适应性好,机油黏度稳定、油膜强度高、润滑性能好(指减磨、密封、清洁、冷却),能分散燃烧生成物,对有机酸中和作用好,抗氧化耐磨耗,俗称"母奶机油"。

(6)本田系列的配气机构,必须在冷态下调整气门间隙,缸盖温度低于38℃时,因其配气相位角较大,只能是逐缸调整。不能采用传统的两遍法调整气门间隙。进气门间隙为0.26 ±0.02 mm;排气门间隙0.30 ±0.02mm。气门间隙的轻微噪声是客观存在,这是本田特色,不要调小间隙,造成动力性、经济性、净化性变坏。

(7)VTEC机构的正时柱塞处尚有惯性锁止片,用扭簧控制,片端插入正时柱塞的锁止槽中,该锁止片依靠高速时的惯性力解脱(图8-3中没有画出)。

(8)VTEC的电控电路有两个故障码:一为NO21,是电磁阀故障;二为NO22,是油压开关故障。

(9)VTEC机构的动作检查。主要是检查三个柱塞的动作情况。摇臂轴一端有油压检查孔,可用400kPa的压缩空气吹入,并将锁止片推高2 ~3mm,同步柱塞等即将三个摇臂锁为一体。压缩空气取消后,三个柱塞应迅速复位,不再锁止。如三个柱塞动作不灵活,是过脏引起,应清除污垢。

第二节　大众车系可变气门正时机构(VVT)原理

一、概述

发动机可变气门正时机构(Variable Valve Timing,简称VVT)在大众车系广泛使用。如宝来、奥迪A6和帕萨特B5等。配气相位角的大小,因车而异,总的目的是:利用气流的惯性和压差,使进气充分和排气彻底,提高动力性和经济性。

在配气相位的四个角度中,进气门晚关迟后角,在不同的转速时,对发动机性能的好坏影响最大(充气效率、转矩、功率)。其次为重叠角的大小,影响缸内排气效果好坏(容积效率)或产生回火现象。发动机的最大功率转速和最大转矩的转速不是对应的，最大转矩是发生在低速区，其曲线与充气效率 η_v 曲线相近似。

二、大众车系链条式可变气门正时机构

它由正时链条、链轮及可变相位调节器和电磁控制阀组成。其调节原理如图 8-4 所示。

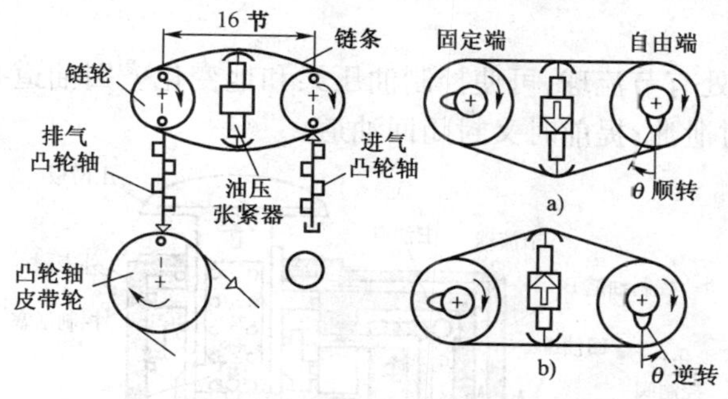

图 8-4 链条式配气相位工作原理图

a）低速时——早开、早关，重叠角加大；b）高速时——晚开、晚关，重叠角减小

（1）驱动端（固定端）是排气凸轮轴，在正时皮带的驱动下顺时针转动，不可能逆转，相对进气凸轮轴而言为固定端。它拉动进气凸轮轴也顺时针旋转，驱动气门开闭。

（2）自由端（浮动端）为进气凸轮轴，它不仅在排气凸轮轴的链条拉动下顺时针旋转，也可在可变配气正时调节器上下伸长时，转动一个 θ 角（拉、压合力）。

（3）如图 8-4a），调节器弧形滑板下降，链条下降，拉动进气凸轮轴顺时针转动一个 θ 角。进气门即早开、早关，使重叠角加大，排气效果改善，容积效率提高，为低转速、大转矩工作段。

（4）如图 8-4b），调节器弧形滑板上升，链条上升，拉动进气凸轮轴逆时针转动一个 θ 角，进气门即晚开、晚关，充分利用流体惯性，提高充气效率，为高转速、大功率工作段。

（5）曲轴相位角的调节范围为 20°～30°，只是早开、晚关的时间变了，配气相位角不变（时间平移），气门升程不变，但进、排气重叠角变了（它的大小影响废气排出量和回火）。

（6）功率调节控制点为 1 300r/min：低速时，气流惯性小，进气门早开、早关，为大转矩区段，适于一般行驶工况；高速时，气流惯性大，进气门晚开、晚关，为大功率区段，适于高速行驶工况。

（7）电脑 ECU 根据发动机转速信号和其他相关信号，通过电磁控制阀上的滑阀，使润滑系统的主油道油压驱动调节器中的控制活塞动作，使弧板分别上升或下降，进气凸轮轴即转动一个 θ 角，改变了气门的开闭时间。

（8）V6 发动机可变气门正时机构分左右两排，一个正时皮带驱动左右两排的排气凸轮轴，左右两侧调节器一前一后地安装，其液压操纵的方向相反，但原理相同。即左侧弧形滑板向上运动时，右侧弧形滑板向下运动，左右两排的进气凸轮轴都同向转过一个 θ 角。

三、可变相位调节器、电磁控制阀的构造和工作原理

1. 构造

它是在液压紧链器的基础上，加装了用 ECU 控制的电磁阀，形成了一个配气相位调节总成部件，如图 8-5 所示。

（1）紧链器上下弧形滑板，利用其筒孔套装在一起，各有其弹簧上下张开，使链条有一定的预紧度。发动机工作后，润滑系主油道的油压又通过止回阀进入筒内，推动上下弧形滑板产生张紧力，保证链条机构可靠地工作。

(2)下弧形滑板筒上有控制活塞，在液压作用下能上下移动，可分别对正时链条产生推力，能改变进气凸轮轴相对于排气凸轮轴的角度值，产生提前或迟后调节力。

(3)电磁控制阀线圈的电阻值为 10～18Ω，控制滑阀轴向移动，滑阀上有四道隔墙，使控制油道转换，产生提前或迟后调节。滑阀的中间隔墙上有一沟槽，使滑阀微量轴移，即产生封闭或沟通作用。

(4)主油道进油口处有节流球，可使控制油压柔和地变化。回油道孔在滑阀末端隔墙内，保证 B 油道在不提前时泄油；提前时又封闭回油道。

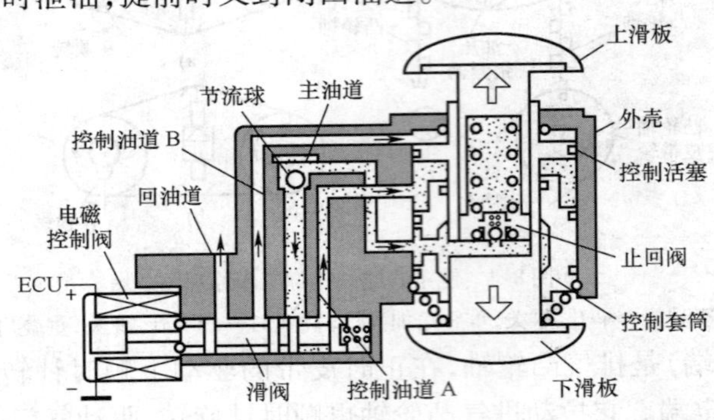

图 8-5　大众车系链条式配气相位调节机构

2. 工作原理

(1)当发动机转速低于 1 300r/min 时，电磁控制阀不通电，滑阀使 A 油道与主油道相通，控制油压即作用在控制活塞的下方，推动控制活塞向上运动，使上部链条变长，进气凸轮轴即反向转动一定角度 θ，进气门早开角度变小，进、排气门的重叠角变小，防止发动机回火，低速运转平稳。

(2)当发动机转速高于 1 300r/min 时，电磁控制阀通电，磁吸力使滑阀右移，沟通 B 油道和主油道，控制油压即作用在控制活塞的上方，推动控制活塞向下运动，使下部链条变长，进气凸轮轴即正向转动一定角度 θ，进气门早开角度变大，进、排气门的重叠角变大，废气排出率提高，容积效率和转矩值也相应增加。

(3)当发动机转速高于 3 600r/min 时，电磁控制阀又断电，调节工作结束，进气门又回到不提前的位置，晚开和晚关角度加大，可利用气体的惯性能量提高功率值。

第三节　丰田车系智能可变气门正时系统(VVT-i)

一、概述

合理、自动地选择配气相位角，可使发动机的功率、转矩、燃油经济性和净化性得到提高，配气相位角中，进气门晚关角度的大小对充气效率影响最大，其次就是重叠角的大小，它影响废气排出的多少和回火的发生。

智能可变气门正时系统(Variable Valve Timing Intelligent)系统简称 VVT-i，用来控制进气凸轮轴在 40°曲轴转角范围内，保持最佳的气门正时，以适应发动机工作状况，从而实现在所有速度范围提高转矩和燃油经济性，减少废气排放量的目的。这种结构只是改变进气门开、关时间的早晚，配气相位角值不变(时间平移——即早开、早关；晚开、晚关)，不改变进气门升程的大小。该机构的相位角调节范围宽、工作可靠，功率可提高 10%～20%，油耗可降低 3%～

5%。这种结构在其他车系也广泛使用,如新款的本田车系等。VVT-i 系统结构原理如图 8-6 所示。

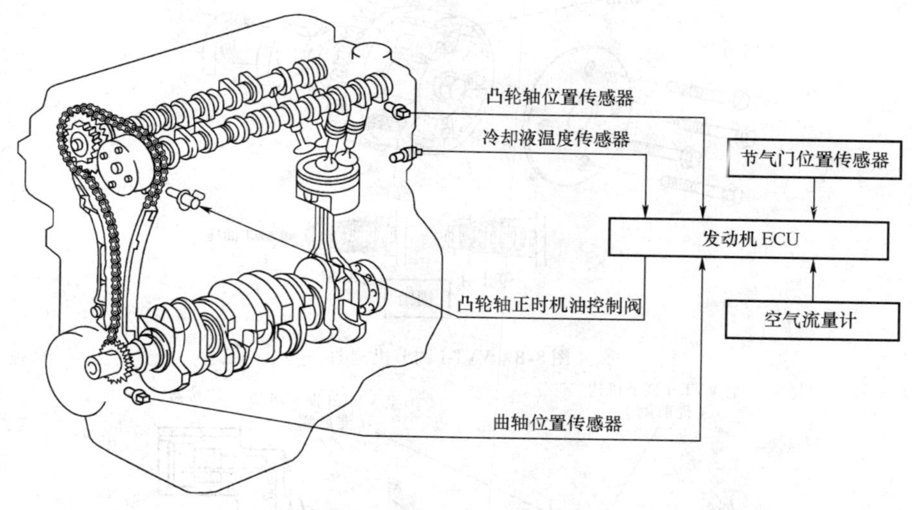

图 8-6　智能可变气门正时系统结构图

二、部件结构

丰田车系可变配气相位调节机构,由外壳、四齿转子、锁销、控制油道、电磁控制阀等组成,如图 8-7 所示。

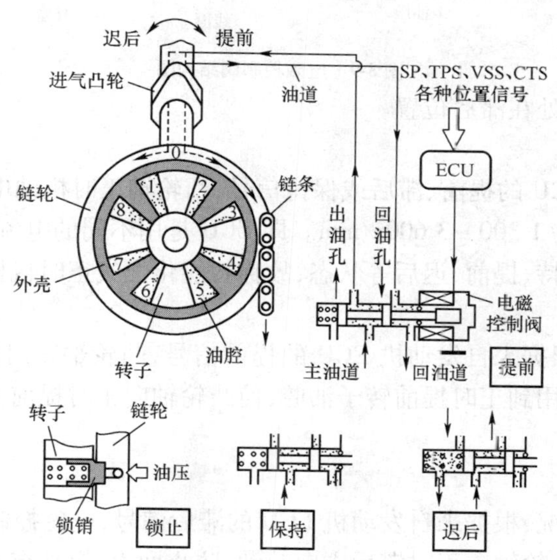

图 8-7　丰田车系可变配气相位调节机构工作原理简图

(1)其外壳与正时齿轮固接,四齿转子与进气凸轮轴固接。四齿式转子与外壳的隔墙形成 8 个控制油腔,4 个油腔充油,4 个油腔泄油,在进气凸轮轴上的提前或滞后油路传送机油压力,使 VVT-i 四齿转子沿圆周方向旋转,连续改变进气门正时。VVT-i 的结构如图 8-8 所示。

(2)当发动机停机时,进气凸轮轴多处在滞后状态,以确保起动性能。液压没有传递至 VVT-i 调节机构,锁销会锁止 VVT-i 调节机构,以防止产生回火。

(3)电磁控制阀结构如图 8-9 所示。凸轮轴正时机油电磁控制阀,根据发动机 ECU 负荷的变化,改变控制滑阀的位置,从而分配液压控制至提前和滞后侧。当发动机停机时,凸轮轴

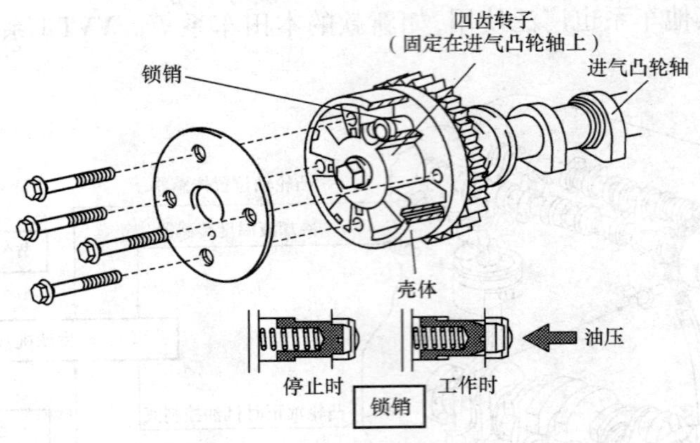

图 8-8　VVT-i 调节机构图

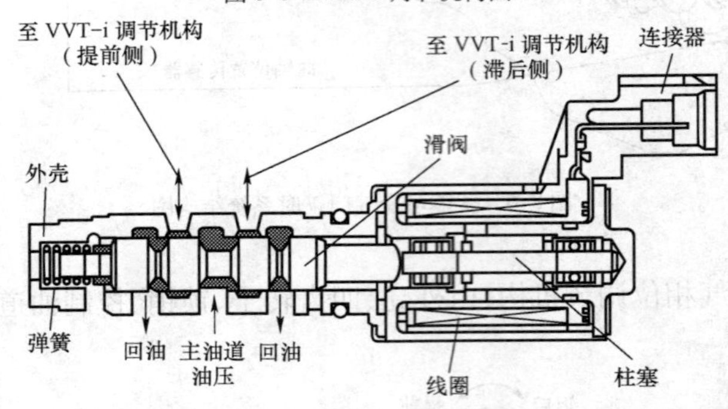

图 8-9　电磁控制阀结构图

正时机油电磁控制阀即处在滞后位置。

三、控制原理

根据来自发动机 ECU 的提前、滞后或保持信号，凸轮轴正时机油电磁控制阀，选择控制通路，它的功率调节范围为 1 300～3 600r/min。即 ECU 是用不同的电流值，调节滑阀的位置，随发动机工况的变化有保持、提前、迟后等状态，故称智能化配气正时机构。

1. 提前时

在中等负荷工况，根据来自发动机 ECU 的提前信号，凸轮轴正时机油电磁控制阀导通的电流值最大。总油压作用到正时提前转子油腔，使凸轮轴向正时提前方向转动，改善缸内废气排出性能，提高功率。

2. 滞后时

在怠速和大负荷工况，根据来自发动机 ECU 的滞后信号，电磁控制阀断电，总油压作用到正时滞后转子油腔，使凸轮轴向正时滞后方向转动，防止回火，提高充气效率和转矩。

3. 保持时

发动机 ECU 根据移动状况计算出预定的正时角，预定正时被设置后，电磁控制阀控制电流值即变得较小，使滑阀处在空挡位置，保持气门正时直到移动状况改变。

根据发动机转速、进气量、节气门位置和冷却液温度，在每个传动条件下，发动机 ECU 计算出一个最优气门正时，来控制电磁控制阀工作。此外，发动机 ECU 还根据来自凸轮轴位置传感器和曲轴位置传感器的信号检测实际的气门正时，进行反馈控制，以获得预定的最佳气门正时。进排气的配气正时和转矩特性如图 8-10 所示。

4. 不同传动条件下的控制表（表 8-1）

表 8-1

不同传动条件下的控制表

工作状况	区域范围	配气相位	对象	结果
怠速工况/小负荷工况	1、2	图 8-11a)	将进气门和排气门同时打开的时间变为最短(重叠角小),能减少回流到进气侧的气体(回火)	稳定怠速转速,燃油经济性更好
中等负荷工况	3 3	图 8-11b)	增加进气门和排气门同时打开的时间(重叠角大),改善缸内废气排出性能,减少吸气损失,提高功率	燃油经济性更好,改善排放控制
低速至中速范围带重负荷时	4	图 8-11c)	进气门关闭正时提前,加大重叠角,以改善容积效率(充气效率)	改善低速至中速范围的转矩
高速范围带重负荷时	5	图 8-11d)	进气门关闭正时滞后,以改善容积效率(充气效率)	改善输出转矩
低温工况		图 8-11e)	将进气门和排气门同时打开的时间变为最短,防止进气回流进气侧,导致稀燃烧,并稳定快怠速转速	稳定快怠速转速,燃油经济性更好
起动/停机工况		图 8-11f)	将进气门和排气门同时打开的时间变为最短,并将回流到进气侧的气体减到最少	改善起动性能

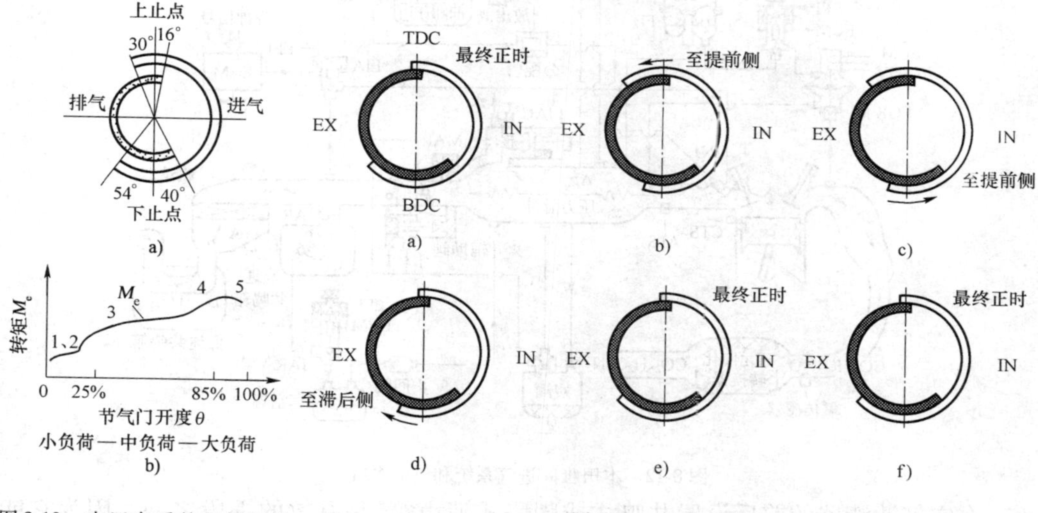

图 8-10 丰田车系的配气相位和发动机转矩特性

a)配气相位图(提前时);b)发动机转矩特性

图 8-11 配气正时图

第四节 本田、丰田、大众乘用车系进气系统的特点

因各车系的电喷发动机供油系统基本类同,在此,只介绍本田和丰田车系的进气系统特点,从而掌握电喷发动机进气系统的规律性知识。

一、进气共鸣控制系统(IAR)

1. 进气噪声的由来

高速发动机的进气噪声(气流噪声)主要声源在进气门处,仅次于排气噪声,其性质相同,形成的原因有两个:

(1)高速气流通过进气门时,产生涡流噪声,并向外辐射。这是因为进气歧管多为螺旋形,产生涡流有利于雾化,但噪声加大了。

(2)进气门周期性地高速开闭,进气管内压力起伏变化,产生压力脉冲,此压力波也向外辐射形成噪声。这是由于进气过程中进气门突然关闭,气流惯性使气体压缩,压力上升,气体惯性过后,被压缩的气体开始膨胀,形成压力波,并向气流的相反方向反射,压力即随之下降。压力波到进气管口处,因滤芯的阻挡又被反射回来,如此反复振荡形成噪声(呜…)。可见,良好的凸轮外形、液力挺柱、小质量弹簧的四气门机构都是减小进气和排气噪声的有利手段。

气流噪声的强度和发动机的转速、缸数成正比,当转速增加一倍时,进气噪声增加10~13dB(A)。通俗地讲,进气管中的气流可认为是一个弹性空气柱,该空气柱的固有振荡频率与周期性的激发噪声主要频率相等时,空气柱即产生共振(共鸣),噪声叠起,反复振荡,使进气阻力加大,影响其他汽缸正常的充气效果。

2. 进气消声措施

(1)空气滤清器具有一定的空腔容积和过滤功能,能起滤波和消声作用(图8-12)。

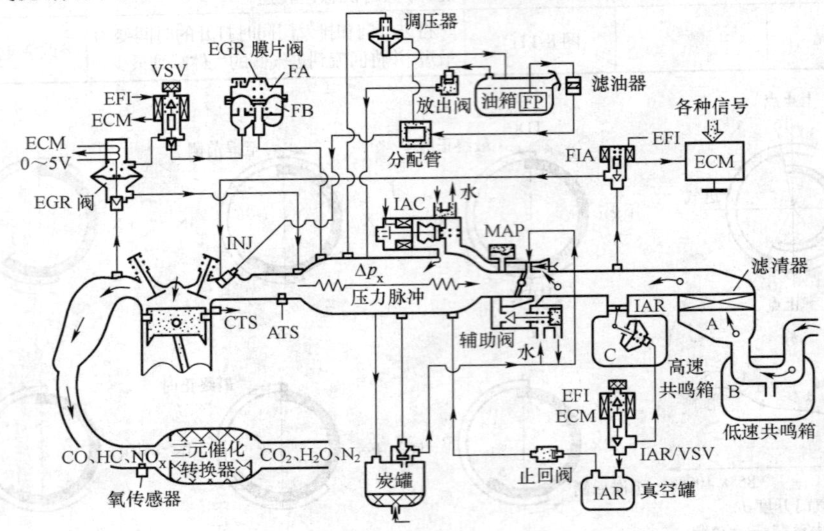

图8-12 本田雅阁进气系统和供油系统

(2)在空气滤清器的前后设置共鸣式或膨胀式消声箱,是有效的手段之一。因为它能对脉冲性质的振荡能量起摩擦、阻抗和衰减的作用,因而又叫谐振箱。在这里共鸣的含义不是同时鸣叫,而是共同作用起阻抗和衰减而得名。

膨胀式消声原理是:在进气管中串有膨胀空间,由于容积的膨胀,使反复震荡的压力波,在容器的壁上通过能量反射摩擦而消声。

共鸣式消声原理是:在进气管中并接一个封闭的容器(形状各异),通过导管或多孔与气流通道相通,形成了一个旁通式的滤波器。形象地讲,导管孔颈中的空气柱类似一个活塞,容器类似一个弹簧,空气柱振动时,相当于声能,其壁面摩擦阻尼力产生声阻,转化为热能,压力波的能量就消失在这里,只有少量的声能反射回声源处或者辐射到管路外。

因为汽车发动机转速变化幅度较宽,进气管内气流的流速差异也很大,这对可燃混合气的形成和燃烧极为不利。因此,在高速时,控制进气管的容量也是有效办法之一。在空气滤清器前后各设有共鸣箱,前者在发动机转速低于3 000/min的低速区起作用;后者在发动机高于3 000/min的高速区起作用。在低速区运转时,后共鸣箱的IAR控制阀不打开,进气管的容积不变,提高了进气管的流速,加大了进气惯性和充气效率,改善了混合气的形成和燃烧条件。

当转速高于 3 000r/min 时，进气管流速加大，气流的惯性也加大，进气速度的提高会产生气流再生噪声，IAR 控制阀接收 ECM 的搭铁信号使 VSV 阀导通而打开，共鸣箱投入工作，起增大容积和消声的作用，并控制了进气流速和合理的燃烧过程。同时，使进气阻力得到降低，提高了充气效率，发动机的动力性和经济性得到改善。

两个共鸣箱为塑料制成，最怕碰撞破裂，一旦出现漏洞，工作中就产生噪声，严重时进气软管共振抖动，应及时修补换新。

二、燃油喷射空气控制系统(FIA)

它利用 ECM 控制的 FIA 电磁阀，将进气管中的空气引通到喷油器(INJ)喷孔处，由于压差的存在，以射流的方式提高雾化区的雾化质量，使动力性和经济性和净化性有所提高。

当发动机转速在 1 200 ~4 500r/min 之间时，ECM 提供搭铁信号，使 FIA 电磁阀打开，将射流空气送到喷油器的喷孔处。其优点是:加强了喷油雾化能力，改善了燃烧条件和自洁能力。该阀在怠速工况不投入工作，以保证怠速的稳定性(图 8-12)。

三、汽油蒸气回收系统

当节气门进入中小负荷工况时，将油蒸气吸入进气管，实为对能源的回收利用。炭罐受电磁阀 VSV 控制，使油蒸气在中小负荷工况投入工作，实现量化控制(图 8-12)。

四、废气再循环控制系统(EGR)

废气再循环 EGR 的量化控制，本田车系用高度传感器，丰田车系则利用热敏电阻。

(1)EGR 阀上方装有高度传感器(电位器)，控制阀门的开度，如图 8-12 所示。其下方膜片上的真空度，受电磁阀 VSV 的控制，ECM 用脉冲电压控制 VSV 阀的通电时间，调节废气循环量的多少。因此，最好是恒压控制，增设了真空控制膜片恒压阀，使 EGR 系统量化控制功能更加完善。膜片阀上方通大气，下方通进气管和 VSV 阀，膜片弹簧 $F_A < F_B$，发动机在不工作时真空道阀开；工作时 $F_A + \Delta p_x > F_B$，真空道阀关闭，关闭时的真空度(Δp_x)为 27kPa (200mmHg)，此即谓 EGR 阀的恒压控制真空能量基准值。

(2)EGR 阀的高度位置传感器是一个电位器，其开度大小以电压信号(0 ~ 5V)反馈给 ECM，ECM 与理想的高度信号比较后，得出偏差值，通过 EGR 的 VSV 阀，用脉冲电压以占空比的方式调节空气量的多少，改变了真空管路中的负压值(Δp_x)，从而改变了 EGR 阀的开启高度，获得最佳的闭环控制的废气再循环量。

(3)EGR 阀的热负荷大，易脏堵犯卡(常开、常关)，引起怠速失控；VSV 阀的故障多为脏堵；恒压阀的故障多为关闭不严；软管漏气是常见故障。检验 EGR 阀性能好坏的方法是，在怠速时突然加速到 2 000r/min 以上，从散热通风口观察，锥阀应上升为好，EGR 阀控制管路的真空度应为 27kPa。

(4)真空电磁阀的真空软管不能接错，否则 EGR 阀失控，废气长期进入，造成怠速工况不良，这是常见故障之一。

五、进气惯性增压结构

本田车系、丰田车系、大众车系中多有类似的结构，如丰田 TOYOTA—3. 0L 等车种，如图 8-13 所示。

进气惯性增压系统又称谐振增压系统(ACIS)。该系统有效利用联通式进气管中的空气流体的惯性(前缸进气)，使压力脉冲进行惯性增压(后缸增压)。如果再利用旁通阀的开闭，对气流进行正确的引导，改变进气管容积的大小或进气管的长度，还可保证怠速和小负荷时混合气良好的形成，对净化性的提高有良好的保证。本田和丰田车系多缸、大排量发动机的进气系统,成功地利用了这两项功能,获得了良好的动力性、经济性和净化性。

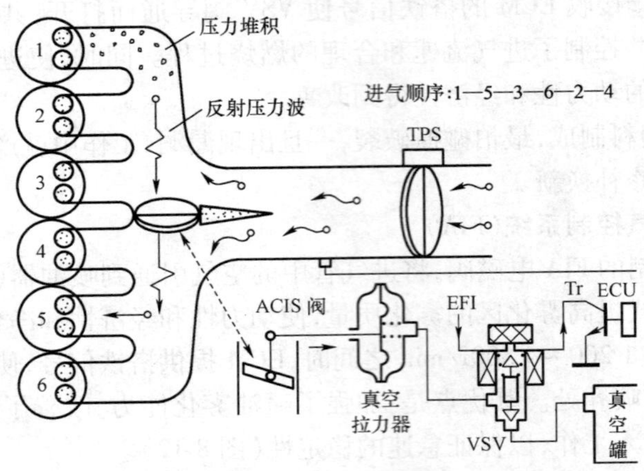

图 8-13　丰田车系进气变容积惯性增压系统(ACIS 系统)

1. 作用和工作原理

由于前一个缸进气形成高速气流,进气门周期性地高速开闭,气流因惯性产生压力堆积,形成的压力波向相反方向反射,如果使这个脉冲压力波与另一个缸进气配合,会有增压效果,提高了充气效率和发动机功率。

ACIS 控制阀是将 6 个进气歧管分为两组,低转速时阀门关闭。进气管路容积小,气流速度高,保证了怠速和小负荷工况可燃混合气的良好形成。随着节气门开度的增大,当进气管真空度 Δp_x 降至 53.3kPa 时,此值为转换控制点,由压力传感器 MAP 来感知,如图 8-14 所示。ACIS 控制阀由 ECU 的搭铁信号使 VSV 导通,真空拉力器使阀门开启,充气效率明显增高。

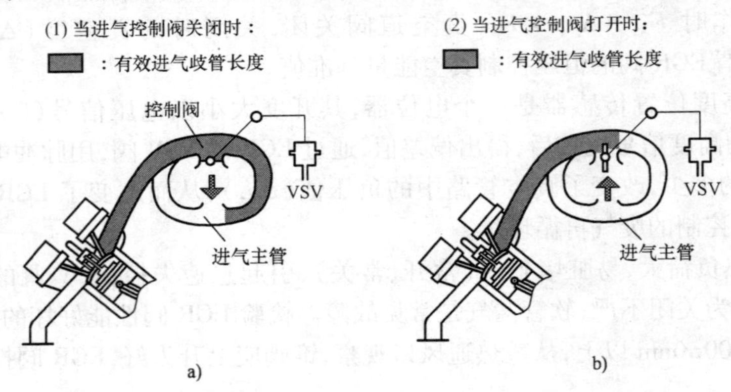

图 8-14　改变进气管长度的惯性增压系统

a)低速时,管变细长,涡流强度大,转矩加大;b)高速时,管变粗短,充气效率高,功率大

可见,怠速和小负荷工况,是高 Δp_x 工况,阀门关闭;中等负荷和大负荷工况,是低 Δp_x 工况,阀门常开,开和闭由 ECU 来控制,ECU 选定的 Δp_x 控制点,取决于转速信号 SP 和节气门信号 TPS 的大小,因 Δp_x 的大小与转速成正比,又与节气门开度成反比,因而保证了进气惯性增压功能以 53.3kPa 为限值而实现自动转换。

2. 常见故障分析

(1)进气管的积炭,常使阀门动作失灵,应定期用清洗剂喷洗,否则,阀门失控。

(2)定期在进气管上接上真空表,检查控制点的真空度,真空拉力器应灵活地动作。

(3)真空电磁阀 VSV 的故障多为脏堵而失灵,应定期清洗维护。

第五节　大众车系和本田车系发动机冷却系特点

近年来冷却系有三大变革：一是节温器的安装位置不在出水的缸盖上；二是普遍采用电动风扇送风冷却，风扇转速和工作时间由专门的风扇电脑控制；三是采用了电加热式的节温器，ECU 利用进出口温度信号，以占空比方式进行加热和量化控制，使冷却系进入了智能化领域。

一、为什么不装节温器发动机仍然过热

发动机冷却系的石蜡式节温器，在常温工况下是一个渐变开关阀，多为双阀式结构。能根据冷却液温度的高低，自动切换和调节通路截面积的大小，进行大范围循环或小范围循环，改变循环强度，控制发动机的工作温度，使其在热起快、油耗低和磨损小的正常状态下工作。其结构如图 8-15 所示。

节温器膨胀体内石蜡漏泄后，大阀即关闭，发动机即产生过热故障。应急做法是拆除节温器，只进行大范围循环，防止过热。但是，此法对新款车不灵，仍然是过热状态，严重时还拉坏汽缸和活塞。究其原因是对节温器的布置方式的变化缺乏机理认识。

二、节温器的布置方式

其布置方式有两种：出口温度控制方式（传统式）和进口温度控制方式（新款式），如图 8-16所示。

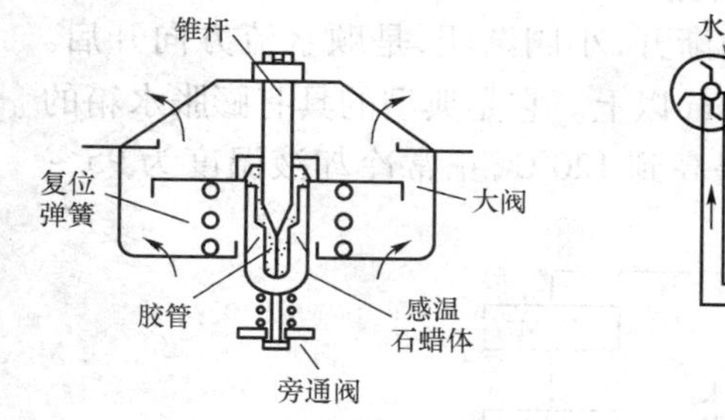

图 8-15　石蜡式节温器简图

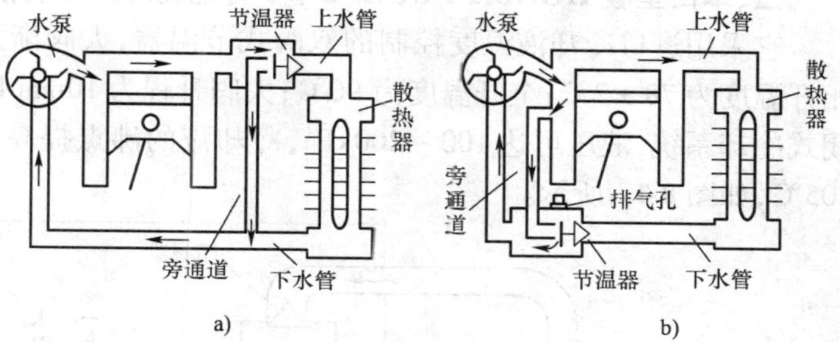

图 8-16　节温器的布置方式流程图

a）出口冷却液温度控制方式；b）进口冷却液温度控制方式

1. 出口冷却液温度控制方式（传统式）

它是把节温器安装在位置较高、冷却液温度较高的出水管口中，其机理是：

（1）热源集中、感温灵敏，添加冷却液和循环流动时，所产生的气泡容易排出释放，减小了气穴腐蚀现象（它是一种物理现象，是离心水泵工作时在低压腔产生气泡，在高压腔被挤压破裂，穴蚀水泵和水套内壁）。

（2）一旦节温器因石蜡漏泄而损坏，大阀即关闭，大循环就截止，只能进行小循环，发动机即过热。

（3）应急办法是拆除节温器，只进行大循环，防止过热。但在冬季冷起动后，热起时间会延长，加大了油耗和发动机的磨损。为此，必须及时更换节温器，这是多年来的传统做法。

（4）试验证明：节温器在冬季初始工作时，并不是稳定的渐变开关阀。刚开启时，因温度和压力骤然变低，阀又关闭，温度和压力瞬时又变高，反复地交替动作。这时开启力和弹簧力的相互作用，会产生较长时间的开启振荡，直至全开，才进入渐变稳定状态。

再者，大小阀的开启是逆水流方向，又增加了一个振荡动载荷。在热起过程中，开闭振荡使出水口的截面积极不稳定，会影响节温器的使用寿命（石蜡漏泄），也会使水泵负载巨变，加大了热起油耗量，特别是寒冷地区会加大汽缸、活塞、轴瓦的磨损。又因，发动机的磨损量50%是在冷起动和热起过程中，缩短热起时间至关重要。因此，高寒地区国家的汽车，率先萌发了变革措施。

2. 进口冷却液温度控制方式（新款式）

20世纪90年代，高寒地区国家，如德国大众车系、日本本田车系，率先发现了开闭振荡的病症，将节温器安装在进水管口中，其机理如下：

（1）该处的液体温度比出水口低10℃，其温度和压力较稳定，大小阀的开启是顺流方向而动，开闭振荡小，延长了节温器的使用寿命。

（2）小循环路线短，缩短了热起时间，降低了热起油耗，减小了发动机磨损。试验证明：热起时间缩短了1/2，冷起动后2min内，冷却液的温度即达60℃，满足了起步行车的要求。

（3）因节温器在缸盖的下方，在添加冷却液时和流动循环中，气泡不容易排出释放，多在节温器处设有放气螺钉，应及时拧开放气。否则，影响加注液量和冷却效果，这一点应格外注意。

（4）节温器损坏，应立即换新。如果拆除不用，旁通管路就近小循环，将大循环管道短路分流，降低了大循环的流量，也会产生过热故障。为了应急使用，堵死旁通管道，迫使水流大循环，也是办法之一。

总之，维修冷却系时，应先认定节温器的安装位置和控制方式，方能对症下药。

三、本田里程 HONDA-LEGEND-V6 智能化冷却系特点

它采用进口冷却液温度控制的双阀式节温器，大阀渐开，小阀渐闭，是顺水流方向开启。始开温度为78±2℃；全开温度为90℃；大阀升程为10mm以上。它是典型的具有膨胀水箱的闭式冷却系统，液压可达100～200kPa，冷却液的沸点提高到120℃，正常冷却液温度为95～105℃，如图8-17所示。

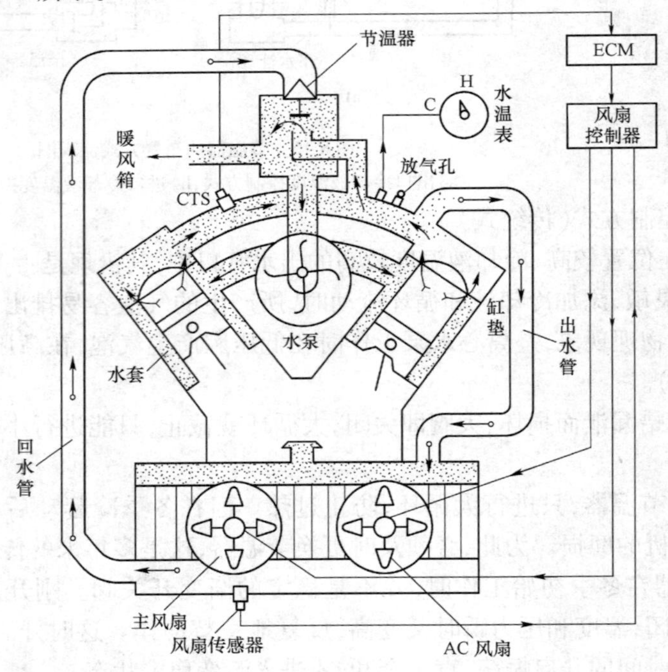

图8-17　HONDA—LEGEND—KY—V6—3.2L冷却系统

——→小循环；○—→大循环；≻—→燃气

为了控制合理的送风量和送风时间，又在散热器中专门设置了风扇传感器（NTC 型）和风扇控制器（电脑），并和发动机电脑联网工作。它能根据冷却液温度传感器信号、空调开关信号、发动机转速信号、散热器中风扇传感器信号，计算出最佳风扇转速和送风时间的长短。即高速或低速和单扇工作或双扇工作，又称智能化风扇系统。正常情况下，不会有过热或过冷故障的发生。

四、冷却系统内漏故障规律

根据多例内部漏气、漏水故障，可总结出冷却系内漏故障规律，如表 8-2 所示。

冷却系内漏故障规律　　表 8-2

内漏程度	故障现象	故障原因	查找方法
轻度	急加速时，冷却液温度上升。不及时排除故障恶化	高压燃气窜入水套，使节温器阀关闭，水泵流量减小，停止大循环	运转中观察散热器加水口处翻水流中有气泡连续排出
中度	排气中有白烟；冷却液温度高、水耗大、行驶无力	较多的燃气窜入水套，水套中的液体也会吸入汽缸	运转中散热器加水口大量喷水，废气中水蒸气量大（冒白烟）
重度	个别汽缸停止工作，排气管大量喷水，不能运转，严重时，顶弯连杆	大量燃气窜入水套，大量液体窜入汽缸	故障明显，容易查找

五、大众车系——高尔夫 Golf—APF—4 缸—1.6L 乘用车智能化冷却系统

现代汽车发动机的特点是：高转速、高压缩比、高功率、低油耗、低污染。因为它的机械负荷大、热负荷大、摩擦热大，冷却液的最佳温度为 95～105℃。为此，加热型的石蜡式节温器和智能化的冷却系统就应运而生，它已在大众车系和福特车系中成功使用。

发动机工作温度对动力性、经济性、净化性的好坏影响极大，而机械驱动的离心式水泵和石蜡式节温器冷却系统，已经满足不了电控汽油喷射发动机转速范围宽、工况多变的需求。因水泵的流量与转速成正比，依靠石蜡式节温器来调节流量和依靠一个恒速电风扇来调节空气量，已经无法保证最佳温度状态。

因为石蜡式节温器不是一个真正的渐变开关阀，它热起反应速度慢，是极不稳定的振荡式开关阀。又因离心水泵的流量特性，发动机在特殊工况中，易发生过热和过冷故障，热量的冷却损失难以控制，且无偶发故障自动应急补救功能。例如：

（1）热天爬长坡时，负荷大、转速低、外界温度高、冷却液循环强度小、迎面空气流速小，易造成过热，加剧相关机件磨损。

（2）冬天下长坡时，负荷小、转速高、外界温度低、冷却液循环强度大、迎面空气流速大，易造成过冷，加大冷却损失和加剧相关机件磨损。

发动机热量分配和冷却液温度与 p_e、g_e 的关系如图 8-18 所示。

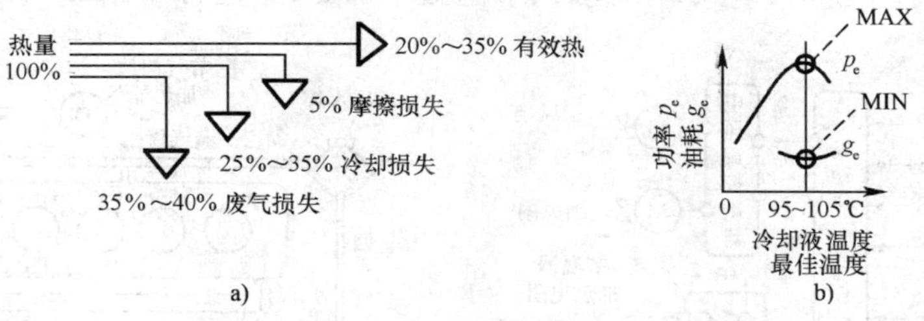

图 8-18　发动机热量分配和冷却液温度与 p_e、g_e 的关系

a）发动机热量分配；b）冷却液温度与 p_e、g_e 的关系

1. 发动机过热和过冷的恶果

1）发动机过热

（1）降低了充气效率，导致功率下降。

(2)早燃和爆震的倾向加大,降低了使用寿命。

(3)润滑情况恶化,运动件的正常间隙被破坏,加大了磨损。

2)发动机过冷

(1)可燃混合气的汽化条件和燃烧条件变坏,功率下降,油耗加大。

(2)润滑油黏度加大,润滑不良,加剧磨损。

(3)冷却损失加大,未汽化的燃料冲刷摩擦表面的油膜,加剧机件磨损。

可见,只有保持发动机最佳工作温度,才能提高使用性能和延长使用寿命。

应对以上问题的具体措施是:

(1)在传统的石蜡式节温器中,加装电脑控制的电加热器,提高了流量控制能力。

(2)采用两个电风扇(主、副),用电脑双速控制(L 挡、H 挡),提高了冷却能力。

(3)融入 ECU 控制网络,能随转速、车速、负荷、气温、冷却液温度的变化而随机智能化调节,有效地防止过热或过冷故障的发生,并具备了偶发故障自动应急补救功能。加热式节温器结构如图 8-19 所示。

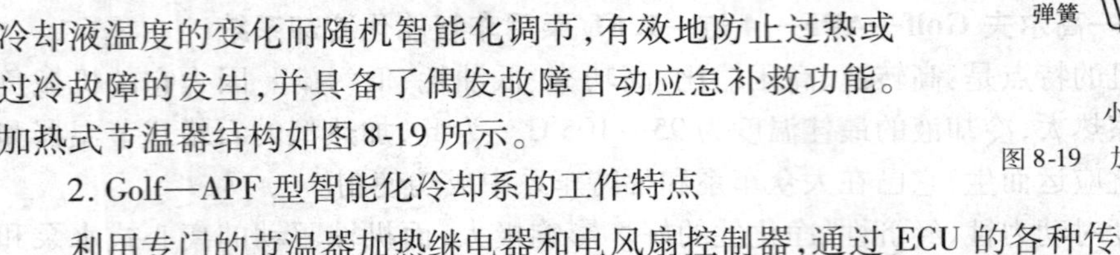

图 8-19 加热式节温器结构

2. Golf—APF 型智能化冷却系的工作特点

利用专门的节温器加热继电器和电风扇控制器,通过 ECU 的各种传感器综合信号,计算出最佳风扇转速和送风时间的长短,即高速(H)或低速(L)和单扇工作或双扇工作,并计算出节温器加热时机和加热强度,转化为控制参数,使节温器和电风扇按工况需要,智能化地投入工作,并有故障应急自动补救功能,如图 8-20 所示。

其工作特点如下:

(1)在石蜡式节温器中加装加热电阻,由 ECU 用脉冲电压信号,以占空比的方式进行加热,使膨胀元件快速地量化热起,阀门产生位移,调节冷却液流量,实现渐进开闭量化控制。

(2)加热信号是根据缸盖出口温度传感器 CTS-1 和散热器出口温度传感器 CTS-2 的温度差异的量值而定。冷却液的最佳温度差值应为 8 ~ 10℃,高于或低于该量值会造成过热或过冷,ECU 据此决定节温器是否加热,并调节电风扇的挡位及投入数量的多少。

(3)冷却液最佳温度的调节原则是:

①冷起动热起工况时,电风扇不运转,节温器不加热,只进行小循环控制,以便快速热起,如图 8-21 所示。

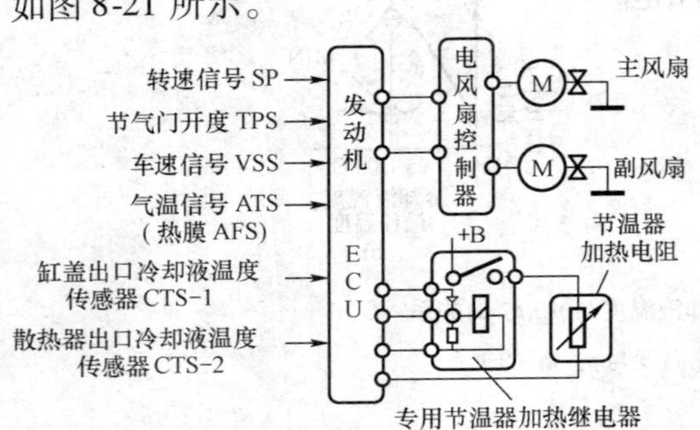

图 8-20 高尔夫 Golf—APF—4 缸—1.6L 发动机冷却系统控制电路原理简图

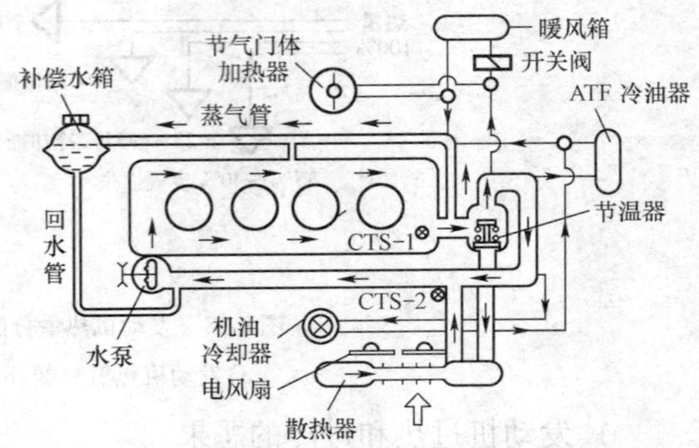

图 8-21 高尔夫 Golf—APF—4 缸—1.6L 发动机冷却系统布局图

②小负荷、中负荷、大负荷工况时，对节温器不加热，只依靠电风扇调节空气流量，为大阀微开的大小循环混合控制，使冷却液温度保持在95～110℃范围内。此时，发动机温度较高，使汽化条件和燃烧条件得到改善，动力性、经济性、净化性好。

③全负荷工况时，对节温器加热，使石蜡完全熔化，大阀全开，小阀全关，为大循环控制，冷却液温度保持在85～95℃范围内。此时，进气加热程度变小，充气效率较高，以保证较高的动力性。

④空调系统（冷或热）投入工作时，可人工调节该系统的冷热控制，两个电风扇都运转，防止过热。当车速大于100km/h时，电风扇即停止工作，利用迎面风冷却。

⑤如果主电风扇损坏时，副风扇即被其控制器自动激活投入运转，保持冷却强度，此谓自动应急补救功能。

⑥如果两个电风扇都损坏时，节温器加热继电器即对节温器进行加热，大阀全开，进行大循环，保持冷却强度，此谓自动应急补救功能。

⑦如果冷却液温度传感器CTS-1或CTS-2损坏时，电风扇控制器使电风扇用低速挡（L挡）常转，保持冷却液温度为95℃，此谓自动应急补救功能。

⑧如果两个冷却液温度传感器CTS-1和CTS-2都损坏时，电脑即使节温器加热电阻加载最大脉宽，大阀全开。并使电风扇以高速挡（H挡）常转，保持冷却液温度为95～110℃，此谓自动应急补救功能。

因此，该系统称为智能化冷却系统。因加装节温器加热电阻和扩展ECU的控制功能，极易改动实现，各车系广泛应用将指日可待。

第六节　本田、丰田车系四缸机平衡轴的知识

一、平衡轴装错后的症状

一台本田雅阁乘用车来厂报修，症状有三：怠速时，运转不平稳，机体不停地抖动；中高速时，振动幅度加大，在车内有明显的振动感；加速行驶时，在车内有明显的震耳声。

起初怀疑是油电路故障，用仪器检查了汽缸压力、进气管真空度、喷油器脉冲宽度、点火时间、点火波形，一切都为正常状态。据此，开始怀疑平衡轴装配有误。将一缸活塞摇到上止点，用平衡轴检查棒查看能否从检查孔插入，结果是不能。说明装配有误，拆检证明，后平衡轴相差角度达180°，对齐后故障即排除。

二、活塞往复运动惯性力（F_j）的由来

由于活塞是往复运动，其运动方向和运动速度周期性地不断变化，在上下止点时，因要改变运动方向，速度为零；在1/2行程时，运动速度最大，因而就必然产生往复运动的惯性力（F_j）。

惯性力（F_j）的大小与活塞的质量（m）和加速度（j）值成正比。即：$F_j = m \times j$。其方向在加速度时与运动方向相反；减速度时与运动方向相同。即在上半行程时，活塞为加速度，F_j向上；在下半行程时，活塞为减速度，F_j向下。因而，其惯性力（F_j）的大小是个变量值，在上下止点时，活塞的运动速度为零，加速度（j）为最大，惯性力（F_j）也最大；在1/2行程时，活塞的运动速度最大，加速度（j）为零，惯性力（F_j）也为零。如果平衡不好惯性力，会使发动机振动，曲轴和轴瓦产生偏磨损。这是传统的惯性力$F_j = m \times j$推论学说，它在教本中人云亦云地沿袭了多年，如图8-22所示。

就四缸机而言，曲轴为对称排列，1、4 缸的活塞和 2、3 缸的活塞运动方向相反，在上下止点时，惯性力(F_j)达最大值。总体而言，可以得到平衡。但是，因为它只是在一个垂直平面内，对曲轴必产生一个弯曲力偶矩(M)，会加大曲轴相关轴颈和轴瓦不同程度偏磨损，如图8-23所示。

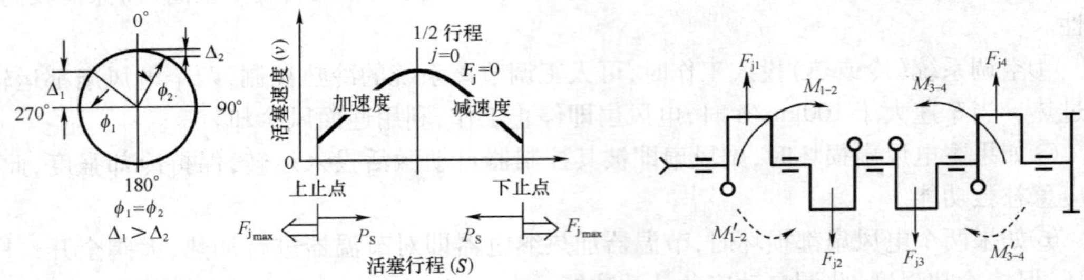

图 8-22　活塞的运动速度及惯性力的方向和大小图　　　　图 8-23　力偶矩的产生

因惯性力 $F_{j1}=F_{j2}$；$F_{j3}=F_{j4}$。故力偶矩 $M_{1-2}=M_{3-4}$。从总体而言，垂直平面上的力偶矩(M)相等。但从局部看，曲轴承受弯曲荷载，加大了相关轴颈和轴瓦的偏磨损。即第三道荷载最大；第一、五道荷载次之；第二、四道荷载最小，为此，在相应的位置，增设了平衡重，使其产生大小相等、方向相反的力偶矩 M'_{1-2} 和 M'_{3-4}，用以平衡其惯性力(F_j)和旋转离心力(F_c)，这是传统的多缸发动机常用的平衡措施，人所共知的事实。

但是，人们又发现由于活塞是变向和变速运动，往复运动惯性力(F_j)的产生，不单在上下止点位置时达到峰值，而是在整个的活塞行程中交替地变化，在 1/2 活塞行程时也产生一定的惯性力峰值，为不同程度的交变状态惯性作用力，称为二次交变惯性力。又因发动机转速范围不断扩大，活塞交替变速和变向的量值增大，除在上下止点产生较大的惯性力外，在整个的活塞行程中，所产生的高频率二次惯性力，又附加了新的振动和偏磨损，如图 8-24 所示。

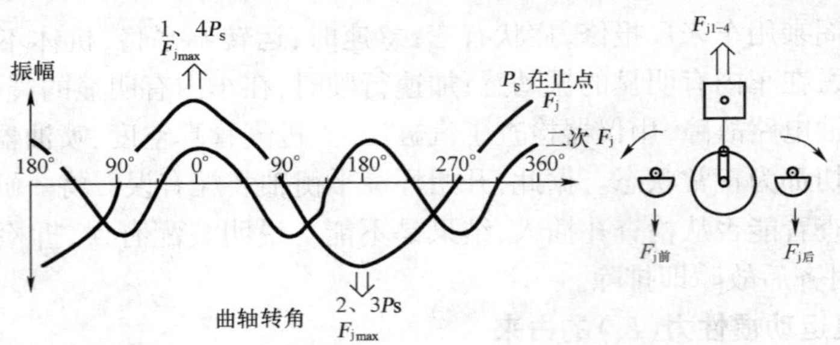

图 8-24　二次惯性力的产生

四缸机在一个垂直平面上对称排列，与六缸机在三个方向对称排列相比较，不平衡度较大。为了平衡和抵消二次交变惯性力，四缸以内的高速发动机，又在曲轴的两侧，加装了平衡轴。前平衡轴用皮带轮直接升速驱动，后平衡轴通过增速换向齿轮驱动，其主动齿轮与皮带轮一体，平衡轴与被动齿轮一体，并设有标记和锁止孔，以保证准确的装配定位。两平衡轴滑装在机体轴承孔中，是压力润滑方式。

实际上，平衡轴也是一个旋转的曲轴。两个平衡轴的转速两倍于曲轴，保证其偏心重块的位置始终与活塞相对运动，并用它产生的偏心旋转惯性力矩，以平衡各缸活塞在不同的行程位置时所产生的往复惯性力矩。从而也就有效地抵消了各缸活塞在 1/2 的行程位置所产生的交变二次惯性力。即

$$F_{j前} + F_{j后} = F_{j1}或F_{j4};F_{j前} + F_{j后} = F_{j2}或F_{j3}$$

又因为还要相互抵消两平衡轴本身的旋转惯性力,故前后平衡轴的旋转方向应是相反的。为此,后平衡轴的驱动端另设有齿轮箱,以便增速换向之用,如图 8-25 所示。可见,正确的装配位置决定了平衡效果。如装配有误,不仅起不了平衡作用,反而引发更大的动不平衡,即振动和偏磨损。

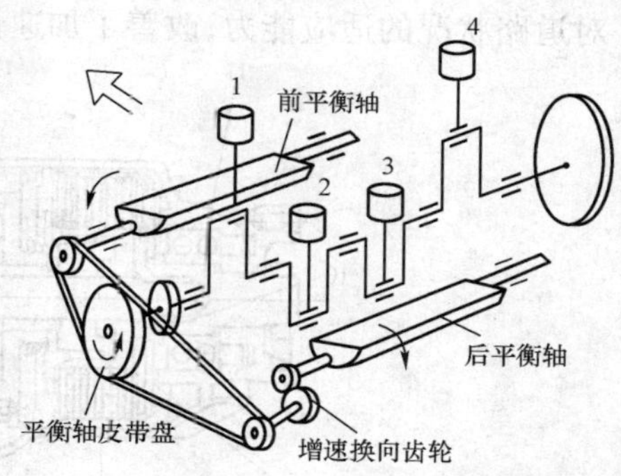

图 8-25　本田车系平衡轴的布置和传动方式

三、平衡轴装配注意事项

1. 首先应完成配气正时的装配

将一缸活塞处于上止点位置,凸轮轴、曲轴皮带盘上的正时标记对齐,挂好正时皮带。张紧轮都是处于皮带的松弛段,皮带的张力应符合要求。这些内容一般维修人员都能处理好,关键是平衡轴的正确装配。

2. 平衡轴正确的装配程序(图 8-26)

(1)对齐前平衡轴皮带轮标记,并用扳手将其固定。

(2)再拆下后平衡轴驱动齿轮箱,使两齿轮脱离啮合。

(3)拧下机体后侧前端的平衡轴检查孔螺塞,使轴孔与检查孔对齐。

(4)用专门的平衡轴定位棒插入检查孔和轴孔,将后平衡轴也固定。

(5)转动后平衡轴皮带轮,使其标记对齐,再将增速换向齿轮啮合装入固定。

(6)再挂上平衡轴皮带,并利用张紧轮张紧即可。

以上几点是平衡轴装配的诀窍,多数装配错误都是错在这里,特此命笔详述。

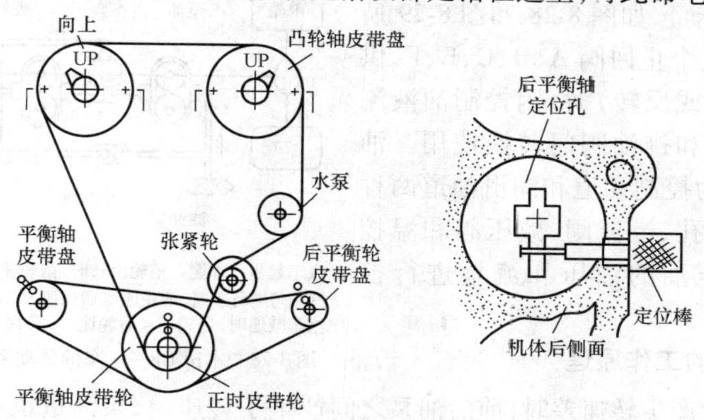

图 8-26　本田雅阁车系发动机正时标记

第七节　本田 CR-V 乘用车的四轮驱动系统(4WD)

一、概述

4WD 是 4 Wheel Drive 的缩写,其含义是四轮驱动。传统的四轮驱动汽车,为了提高其越野能力和爬坡能力,将分动器和变速器串装一起,将驱动力分散给 4 个车轮,减小打滑现象。它通过操纵手柄人工控制,投入工作的时刻只能由驾驶员来操纵,反应速度慢,操纵动作繁多,降低了汽车对路面条件的适应能力。为此,液压自动控制的 4WD 机构就应运而生。

在自动控制的四轮驱动车的后差速器总成中,装备有液压离合器和液压控制机构,如图

8-27 所示。正常条件下，车辆由前轮驱动，当两前轮驱动力和路面条件不适应时（滑转），无须驾驶员操作，车辆从 2WD（前轮驱动）自动变成为 4WD（四轮驱动）。简化了操作，提高了汽车对道路状况的适应能力，改善了加速性和越野能力。

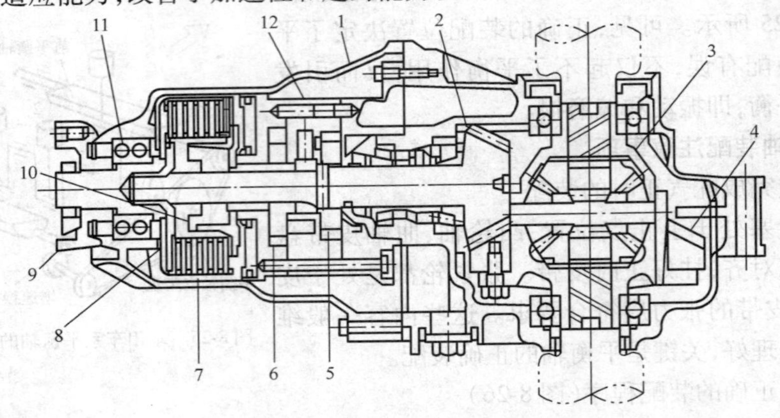

图 8-27　CR-V 后桥主传动和差速器总成图

1-外壳；2-准双曲线主动锥齿轮；3-差速器；4-准双曲线被动齿轮；5-后油泵；6-前油泵；7-离合器片；8-离合器转毂；9-凸沿盘；10-膜片式复位弹簧；11-轴承；12-油泵体

二、本田 CR-V 四轮驱动系统的组成

在后桥主传动和差速器总成中，增设了液压控制机构和离合器，不接合时为"2WD"驱动模式，接合后为"4WD"驱动模式。油泵体中有两个齿轮式油泵，前油泵由传动轴和转毂驱动泵油（即前轮驱动），后油泵用后桥主传动齿轮驱动（即后轮驱动），如图 8-28 和图 8-29 所示。油泵体中有五个止回阀 A、B、C、E、F，供前进和倒车（正转或反转）时，因控制油液流动方向相反，进油和排油阀门转换使用。油泵体中的油道分为控制油道和润滑油道两种类型，各设有节流孔、溢流阀、减压阀和温控开关，分别对液压油的油压和流量进行控制、润滑及冷却。

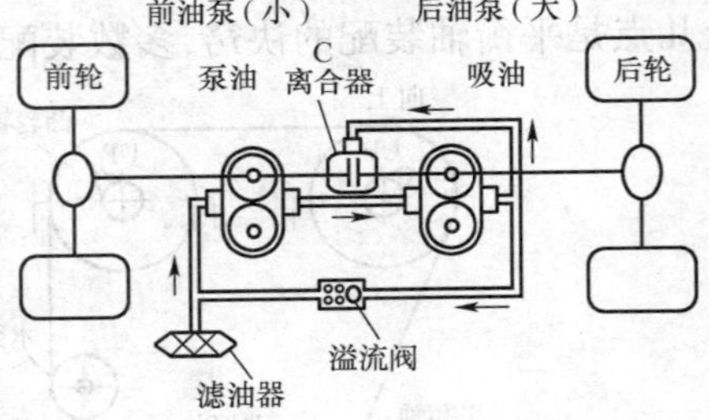

汽车起步、加速、前轮滑转时，前轮速＞后轮速 -C 接合 -4WD；
汽车匀速行驶时，前轮速 = 后轮速 -C 分离 -2WD；
汽车减速时，前轮速＜后轮速 -C 分离 -2WD

图 8-28　本田 CR—V 车的传动系统和油泵的驱动简图

三、四轮驱动的工作原理

当前轮和后轮产生转速差时，前后油泵之间产生了转速差，泵油量也不同，来自前后油泵间的液压量差使差速器离合器自动接合，驱动力即加在后轮上，变两轮驱动为四轮驱动或相反，这是驱动模式转换的基本原理。后油泵的容积比前油泵大 2.5%，用来平衡前后车轮直径的差异引起的转速差造成的后果。又因为离合器控制活塞复位弹簧的弹力，来保证不会出现半联动状态所造成的无谓的磨损。

因汽车行驶中工况多变，其具体驱动模式如下：

1. 起步加速时

起步加速为四轮驱动模式（4WD），包括倒车起步加速。此时，前轮转速快于后轮，前油泵转速快于后油泵转速，前油泵从止回阀 B 处吸油而排出（倒车时则从 A 阀处吸油），排出的压力油液一部分被后油泵吸收，而多余的压力油液，经止回阀 E 进入离合器的控制腔，使离合器接合，成为四轮驱动模式。因油泵不停地泵油，离合器控制油压应保持在定值内，控制腔上设有节流量口,使油液及时回流到腔外,形成系统内部循环,并对离合器、轴承进行润滑和冷却,如图 8-29 所示。

2. 匀速行驶时

匀速行驶为两轮驱动模式,包括倒车匀速行驶。此时,前后轮转速相同,故前后油泵的转速也相同,前油泵排出的压力油液都被后油泵吸收,无多余液压输出,故离合器处于分离状态,为两轮驱动模式。

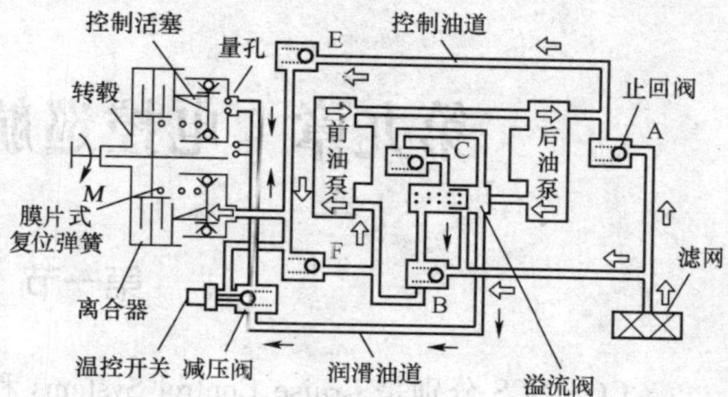

图 8-29 本田 CR—V 车后桥差速器的液压控制系统

⇨控制油压;→润滑油压

3. 温控开关和减压阀的作用

当汽车处于四轮驱动状态长时间工作,液压油温升高到一定值时,温控开关将打开减压阀,使离合器的控制液压下降,由四轮驱动状态转换到两轮驱动状态,使油温下降。当油温下降后,减压阀又关闭,又自动恢复 4WD 模式。

四、几点说明

(1)后桥总成必须使用本田车专用的自动变速器传动液 ATF 油,不准使用双曲线齿轮油。

(2)汽车在底盘测功机上测功时,应利用自由滚筒支承后轮,并固定好车身。

(3)2WD 和 4WD 驱动模式转换功能的评价,可在举升机上测试。

(4)系统常见故障:不能进入 4WD 模式或无法返回 2WD 模式;齿轮或轴承噪声;可能原因为油量不够或油液类型不对。

第九章　电控巡航系统(CCS 或 SCS)

第一节　概　　述

CCS、SCS 分别是 Cruise Control Systems 和 Speed control system 的缩写，源于航空术语，在汽车上应称定速控制系统。该系统多在高档乘用车上安装，也是新款高档大型长途乘用客车的常备结构。

一、电控巡航系统的作用

随着高速公路的发展，汽车的平均车速已达 100km/h 以上，高速化后控制加速踏板的腿部肌肉疲劳加大，严重时腿部抽筋，失去制动能力，这也是不安全因素之一。为此，当车速达 50km/h 以上时，用手按下巡航控制开关，便进入自动控制状态，使汽车按设定的车速行驶，两手只控制转向盘，两腿处于自由状态，可提高行驶的安全性。

二、巡航系统的使用时机

只能用于好的高速公路段，坏路和滑路段不能使用，具体使用条件是：四车道以上的高速公路段；道路平坦，坡度小于 6%；路面干燥，雨雪天不能使用；交通流量正常，不拥挤；车速在 50km/h 以上(低于此值时，不起作用)。

三、巡航系统的类型

手动和自动变速器都可设置巡航系统。它分为真空控制式和电动机控制式两种类型。

(1)真空控制式结构简单，应用较广，但调节范围较小，为 4 ~ 5km/h，需频繁地操作。

(2)电动机控制式可靠准确，控制能力强，调节范围宽，可达 15km/h，在高档汽车上和柴油发动机汽车上使用，其 ECU 单独设置。

第二节　真空控制式巡航系统

一、组成

真空控制式巡航系统如图 9-1 所示。

1. 巡航电脑(CCS)

巡航电脑用来完成巡航自动控制和自诊任务。可使用扩展的发动机 ECU 电脑，也可单独设置专用电脑，与发动机电脑 ECU 和自动变速器电脑 ECT 联网工作。

2. 巡航控制开关

用来设定车速、调节车速和取消巡航控制。可采用按键式或手柄式两种形式。它有巡航主开关(Cruise)、设定开关(Set)、复位开关(Resume)。

3. 伺服机构

用来控制进气管真空度的大小，调节节气门开度的大小。

(1)真空拉力器的拉索和加速踏板并联控制节气门开度的大小，是单向传动机件，共同控制，互不影响。

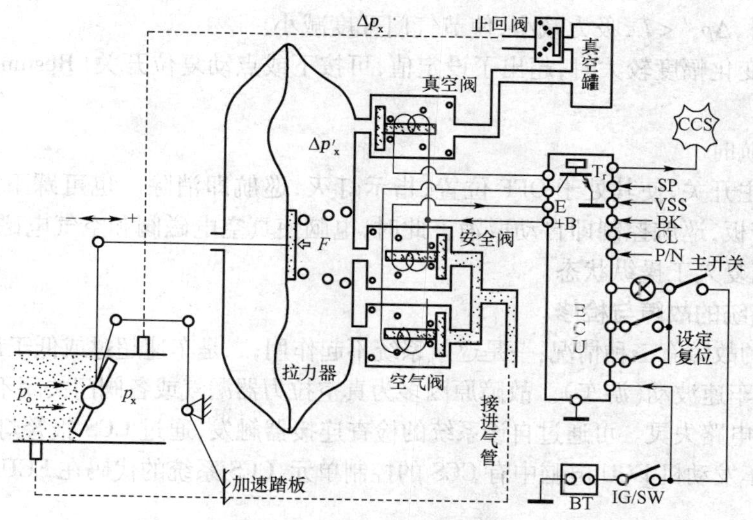

图 9-1 真空控制式巡航系统

（2）真空电磁阀的作用是导通和关闭真空通道，电脑用占空比的方式通过 Tr 管控制其搭铁回路，是用脉冲电流控制的频率阀。

（3）空气电磁阀也是用 Tr 管控制其搭铁回路，导通和关闭真空腔的空气通道，调节真空腔内真空度 Δp_x 的大小，它也是频率阀。

（4）安全电磁阀是开关阀，也是用 Tr 管控制搭铁回路，电脑根据车速信号、制动信号、离合器信号、P/N 挡信号、巡航控制系统开关信号，通过安全电磁阀自动截止巡航控制，保证节气门回到怠速位置。

（5）真空罐存储一定的真空 Δp_x，作为控制的动力源，保证巡航系统工作时不影响进气管中的真空度。止回阀在熄火后罐内仍保持真空。

（6）三个电磁阀绕组的电阻值各异，空气阀和安全阀为 40～60Ω；真空阀为 30～50Ω（本田车系）。

二、巡航系统的工作过程

1. 未按下巡航开关时

未按下巡航开关时，由人工操纵节气门状态，安全电磁阀通电打开，其他两个电磁阀仍处于关闭状态。真空腔内是大气压力，膜片在复位弹簧的作用下处于左端位置，对节气门不进行控制。

2. 按下巡航开关时

按下巡航主开关 Cruise，使其处于 ON 的位置，指示灯亮，进入等待状态。当车速达到理想值时，再按下设定开关 SET，即进入巡航状态，即可松开加速踏板。此时，安全电磁阀断电关闭，脉冲电流使真空电磁阀开启，真空腔内产生真空度 $\Delta p_x'$（$\Delta p_x' < \Delta p_x$），在 20～30kPa 范围内变化。Δp_x 的大小由空气电磁阀脉冲电流的大小来调节，定值的 Δp_x 吸动膜片右移，通过拉索接过加速踏板所定的节气门位置，保持设定车速。

3. 自动保持车速的原理

巡航定速调节是电脑根据发动机荷载的变化，通过两个频率阀来调节真空腔内 $\Delta p_x'$ 的大小，利用 $\Delta p_x'$ 和弹簧力 F 的争斗平衡，保持设定车速。调节有三个过程：

（1）恒速时，$\Delta p_x' = F$，两力恒定，保持节气门不动。

（2）加速时，$\Delta p_x' > F$，吸力增大，使节气门开度加大。

(3)减速时，$\Delta p_x' < F$，吸力减小，使节气门开度减小。

如果车速变化幅度较大时，超出了设定值，可按下或点动复位开关（Resume），达到理想值后再松开。

4. 截止巡航时

按动巡航主开关，使其处于 OFF 位置，指示灯灭，巡航即消除。也可踩下加速踏板、离合器踏板、制动踏板，巡航控制即自动取消。此时，电脑使真空电磁阀和空气电磁阀关闭，安全电磁阀打开，又恢复人工操纵状态。

三、巡航系统的故障与检修

巡航系统的故障有三种情况：一是巡航系统不起作用；二是车速超过或低于设定车速时不能自动调节；三是车速波动（游车）。故障原因多为真空拉力器漏气或各阀门关闭不严，频率阀开闭失常，控制开关电路失灵。可通过自诊系统的检查连接器触发，通过 CCS 报警灯闪烁故障码，换件维修。有的车发动机 ECU 电脑中有 CCS 的控制单元，CCS 系统的代码在 ECU 系统中。

第三节　电动机控制式巡航系统

与真空控制式相比，电动机控制式可靠准确、控制能力强、调节范围宽，可达 15km/h，在高档汽车和柴油发动机汽车上使用，其电脑单独设置。

一、组成

电动机控制式巡航系统如图 9-2 所示。

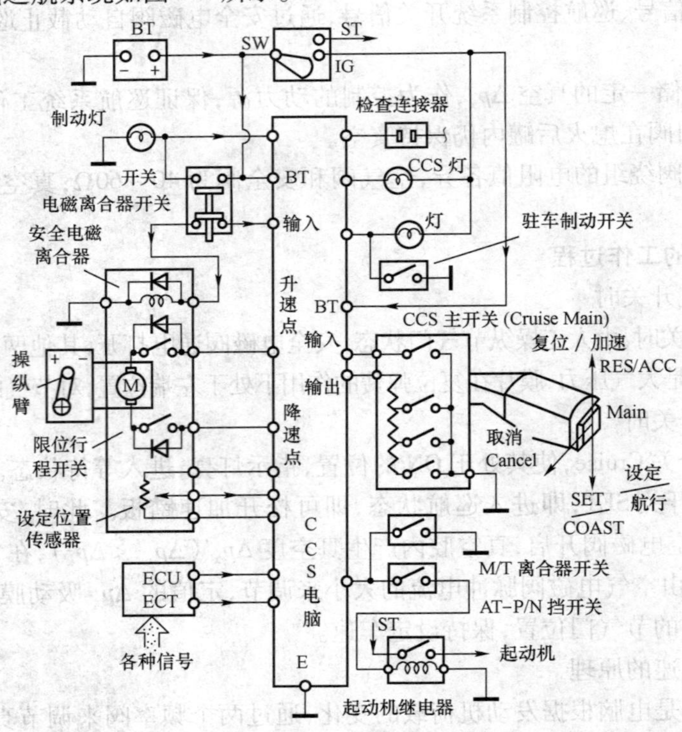

图 9-2　电动机控制式巡航系统

1. 巡航电脑（CCS-ECU）

巡航电脑接受指令，完成巡航控制，并和 ECU 及 ECT 联网控制，传感器信号共享。

2. 巡航控制开关

巡航控制开关发出多功能控制信号和不同的电压信号给 CCS 电脑,完成车速设定、车速调节、取消巡航等任务(开关的附加电阻各异,并有自检监控作用)。

(1)巡航主开关(Cruise Main)。

(2)设定/航行开关(SET/COAST)。

(3)复位/加速开关(RES/ACC)。

(4)取消开关(Cancel)。

3. 伺服机构

执行电脑的指令,由正反转直流电动机、安全电磁离合器、设定位置传感器等机件组成。节气门开度的大小由电动机通过操纵臂控制,其间有安全电磁离合器,一旦巡航系统有了故障,就切断电动机与操纵臂的联系,起安全保护作用。

二、巡航系统的工作过程

1. 按下主控制开关时,CCS 指示灯亮,即进入等待状态

当车速达到理想值时,压下"设定/航行"控制开关,松开加速踏板,即进入巡航状态。此时,CCS 电脑经安全电磁离合器开关,给电磁离合器加上工作电压,离合器处于接合状态。同时,电动机和操纵臂转动,又给设定位置传感器(电位器)加上与节气门位置传感器相同的工作电压。因操纵臂和电位器的摆臂是同轴转动,两个电位器电压同步后,CCS 电脑即进入接班巡航状态。

2. 当实际车速低于设定车速时

CCS 电脑的驱动电流通过升速点、电动机、降速点形成回路,使电动机正向转动一定角度,操纵臂沿加油方向摆动而提高车速。当操纵臂到达预定角度后,CCS 电脑从电位器输出的信号感知到位,即切断升速点的操作电流。

3. 当实际车速高于设定车速时

电压信号从降速点输入电动机,使电动机反向转动而减小车速。电动机中有限位行程开关,交替控制着升速点和降速点的电路,当实际车速升降到大于设定车速 15km/h 以上时,碰撞限位行程开关即切断自动控制电路,电磁离合器也断开,起保护作用。

4. 再加大选定车速时

当巡航控制曾中断过或意图加大选定车速时可将"复位/加速"开关上抬,CCS 电脑即发令使电机沿加油方向转动,达到理想值后再放开"复位/加速"开关。也可采用点动加速方式,每点动一次开关,车速上升 1.6km/h。

5. 再减小选定车速时

将控制杆按"设定/航行"方向压下或点动,电动机即减速操作,达到理想值时再放开即可。

6. 取消巡航控制

有六种操作情况,可解除巡航控制,都利用各开关的搭铁信号结束巡航。

(1)拉动控制杆至"取消"位置,该开关对 CCS 电脑发出搭铁电压,即切断对电动机的输出信号而停止巡航。电磁离合器开关切断而分离,巡航控制自动取消。

(2)断开主开关时。

(3)自动变速器手柄在 N 挡时,A/T-N。

(4)手动变速器踩离合器踏板时,M/T-分离。

(5)踩下行车制动或拉动驻车制动时。

(6)实际车速比设定车速差 15km/h 以上时。

第十章 电控空气悬架系统

第一节 概 述

电控空气悬架是利用压缩空气充当弹簧起作用,弹簧的刚度和车身的高度根据汽车行驶状况而自动控制;减振器的减振力控制也用来抑制汽车行驶和停止中车身形态的变化。其具体功能有三个方面:

(1)在水平路面上高速行驶时,使车身变低、弹簧变软,以提高舒适性。

(2)在凹凸不平的路面行驶时,车身变高,使悬架变硬,以消除颠簸,提高通过性。

(3)防止纵向仰头和栽头及横向倾斜,保持前照灯光轴不变,提高安全性。

电子调节空气悬架的控制包括减振力和弹簧刚度控制以及汽车高度控制两方面。

一、减振力和弹簧刚度的控制

1. 防侧倾控制

侧倾发生于汽车在横向坡道高速行驶和汽车高速转弯时,根据汽车行驶速度和转向角度,使减振力和弹簧刚度转换为坚硬状态,抑制转弯期间的侧倾,这种控制持续时间大约为2s,然后恢复到最初减振力和弹簧刚度,持续时间较长。

2. 防制动栽头控制

根据汽车行驶速度,制动开关信号和汽车高度的变化,减振力和弹簧刚度转换为坚硬状态,抑制制动期间的栽头现象。

3. 防后坐控制

根据汽车速度,节气门开启角度和速度的变化,减振力和弹簧刚度转换为坚硬状态,用来抑制汽车起步和急加速时后坐,在2s后或当汽车速度达到一定水平时,恢复最初的状态。

4. 高速控制

当汽车行驶速度超过一定设置水平时,减振力和弹簧刚度分别转换为中等和坚硬状态,以提高直线行驶稳定性和操纵性能。

5. 不平道路、颠动或跳动控制

按照道路的不平整性,减振力转换为中等刚度和坚硬状态,弹簧刚度转换为坚硬状态,用来在不平整路面上,抑制汽车底盘的颠动和跳动,因此能提高乘坐的舒适性,该控制系统能分别精确地对前、后轮发令执行,当汽车行驶速度低于10km/h时,不能进行调整。

二、汽车高度控制

1. 自动水平控制

当高度控制传感器检测到由于乘客和行李重量变化而引起汽车高度发生变化时,按照变化量,压缩空气被加入或从可充气气缸释放,以保持汽车高度在一恒定水平,保证夜晚行驶具有良好的视野。

2. 高速控制

当汽车在良好路面高速行驶时,若汽车高度控制开关选择在"HIGH"上,汽车高度将自动转换为“NORM”上，以提高汽车行驶时的稳定性和减小空气阻力。

3. 点火开关 OFF 控制

仅在点火开关关闭后，汽车高度降低，以减小占据空间，使行驶更加安全。

第二节 电控空气悬架系统的组成

空气悬架系统包括：每一车轮有一个可充气的气缸和减振器、一个空气压缩机、干燥器、各种控制阀、高度控制传感器、转向角度传感器等，能精确地检测车身高度和行驶状态。

空气悬架系统各部件的位置如图 10-1 所示。

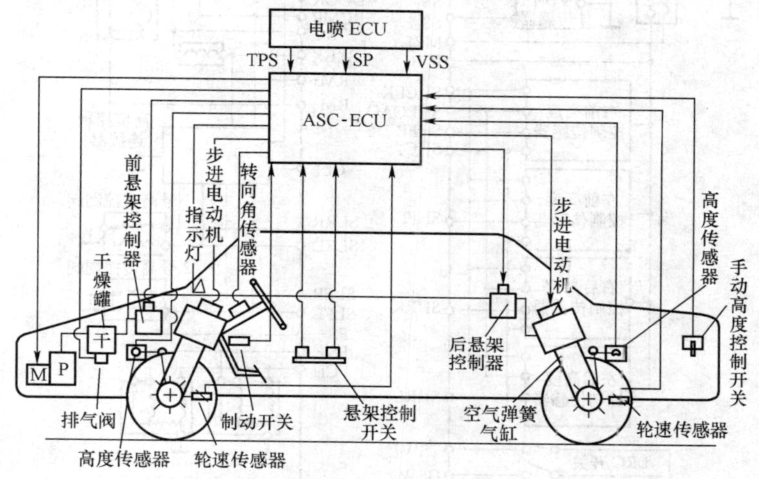

图 10-1 空气悬架系统的组成

各种车系的空气悬架控制系统都由传感器、悬架 ECU、控制开关、悬架执行器等四部分组成，如图 10-2 所示。

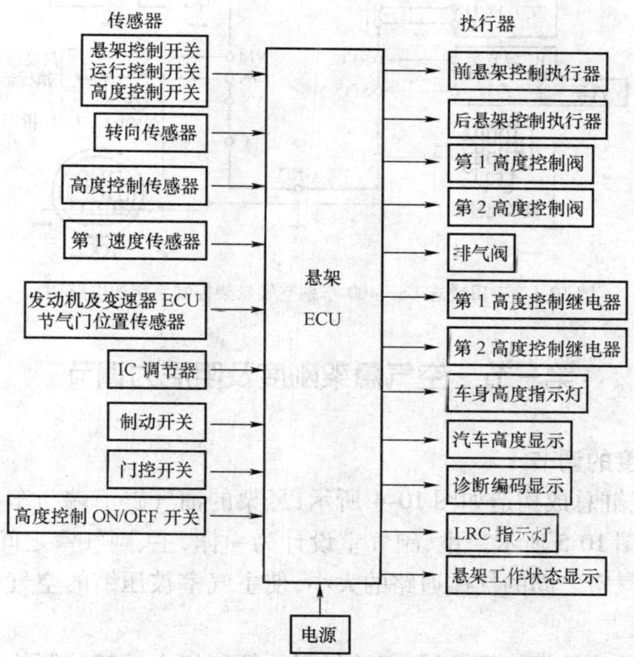

图 10-2 空气悬架系统的传感器和执行器

图 10-3 为丰田凌志 LS—400 车系空气悬架控制系统的电路图，本章以该车系的相关结构为主导内容。

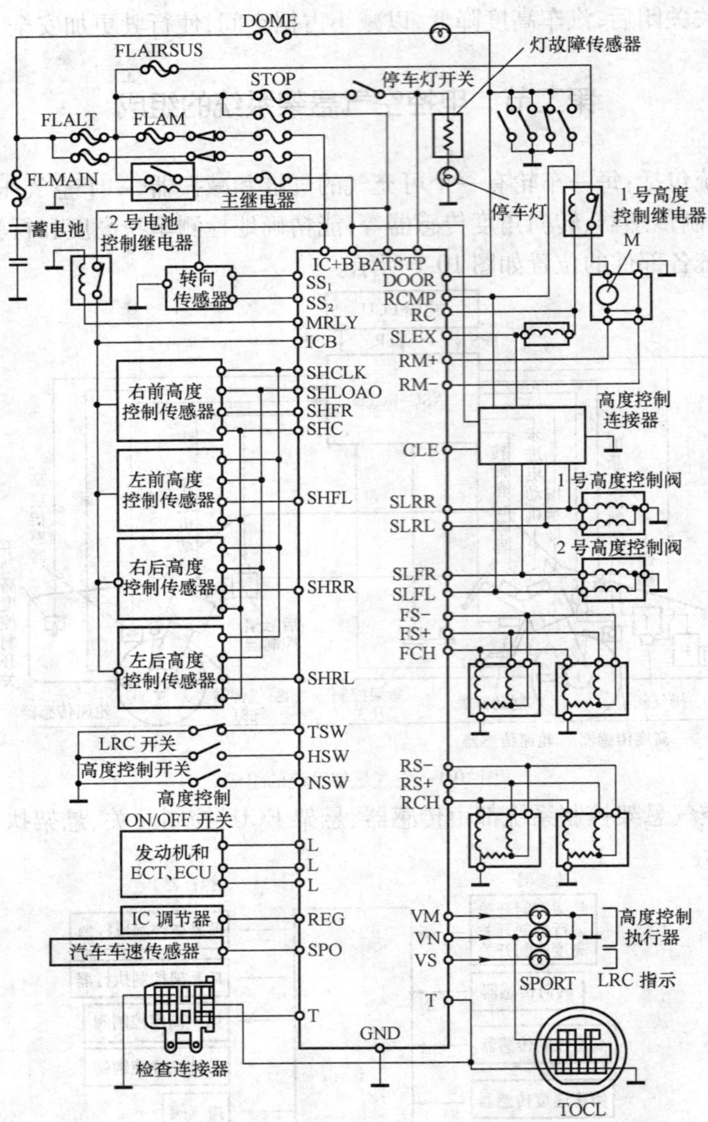

图 10-3 丰田凌志 LS—400 车系空气悬架控制系统的电路图

第三节 空气悬架刚度及阻尼力调节

一、空气悬架刚度的调节

空气悬架的油气缸总成构造如图 10-4 所示，悬架的油气缸上端与车身相连，下端与车轮相连，其内部结构如图 10-5 所示。主、副气室设计为一体，主、副气室之间有一通路供气体相互流动。改变主、副气室之间的气体通路的大小，使主气室被压缩的空气量发生变化，就可以改变空气悬架的刚度。

主、副气室之间的通路靠气阀控制，开关气阀的控制杆由悬架控制执行器驱动，当气阀处于不同的位置时，即大开、小开、关闭时，可实现空气弹簧低、中、高三种状态的刚度调节。

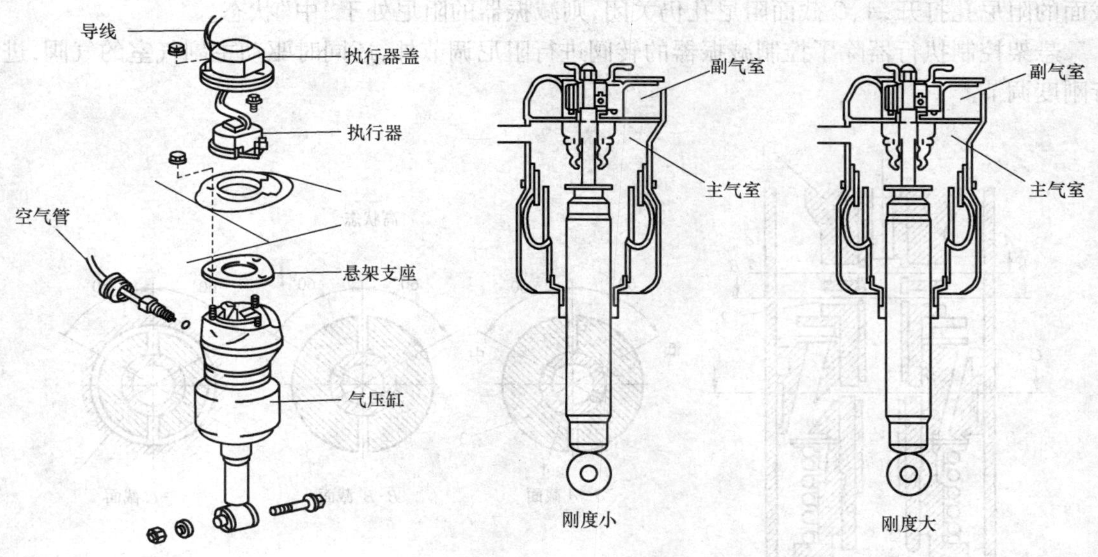

图 10-4　空气悬架油气缸的组成

图 10-5　空气悬架油气缸结构图

当阀芯的开口转到对准图 10-6 所示的“低”位置时，气阀开度大，主、副气室的通道截面较大，主气室的气体经阀芯的中间孔、阀体的侧面孔与副气室相通，增大了承担缓冲的容积，悬架处于刚度低的状态（俗称“变软”）。

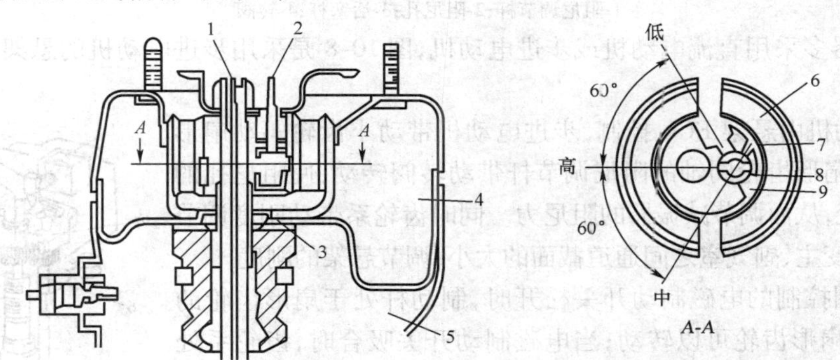

图 10-6　悬架刚度的调节原理

1-阻尼调节杆；2-气阀控制杆；3-主辅气室通路；4-副气室；5-主气室；6-气阀体；7-小气体通路；8-阀体；9-大气体通路

当阀芯的开口转到图示的“中”位置时，气阀的开度较小，两气室之间空气流通的通道较小，悬架处于中等刚度状态。

阀芯开口转到图示“高”位置时，气阀完全关闭，悬架的缓冲由主气室单独承担，可压缩的气体容积减小，悬架处于刚度高的状态。

二、悬架阻尼的调节

悬架阻尼大小的调节是通过改变减振器阻尼孔截面积的大小得以实现，如图 10-7 所示。

与减振器阻尼调节杆连接的转阀上有三个阻尼孔，悬架控制执行器驱动阻尼调节杆转动，从而使转阀转动，开闭三个阻尼孔，改变油路截面积，实现高、中、低三种阻尼状态的调节。

当 *A*、*B*、*C* 三个截面的阻尼孔全部被回转阀封住时，只有减振器下面的主阻尼孔（D 部）工作，减振器的阻尼最大（阻尼处于“高”状态）；转阀从高状态逆时针转动 60°，则三个截面的阻尼孔全部打开，减振器的阻尼最小（阻尼处于“低”状态）；转阀从高状态顺时针转动60°，则B截面的阻尼孔打开，A、C截面阻尼孔仍关闭，则减振器的阻尼处于“中”状态。

悬架控制执行器除了控制减振器的转阀进行阻尼调节外，还同时驱动主副气室的气阀，进行刚度调节。

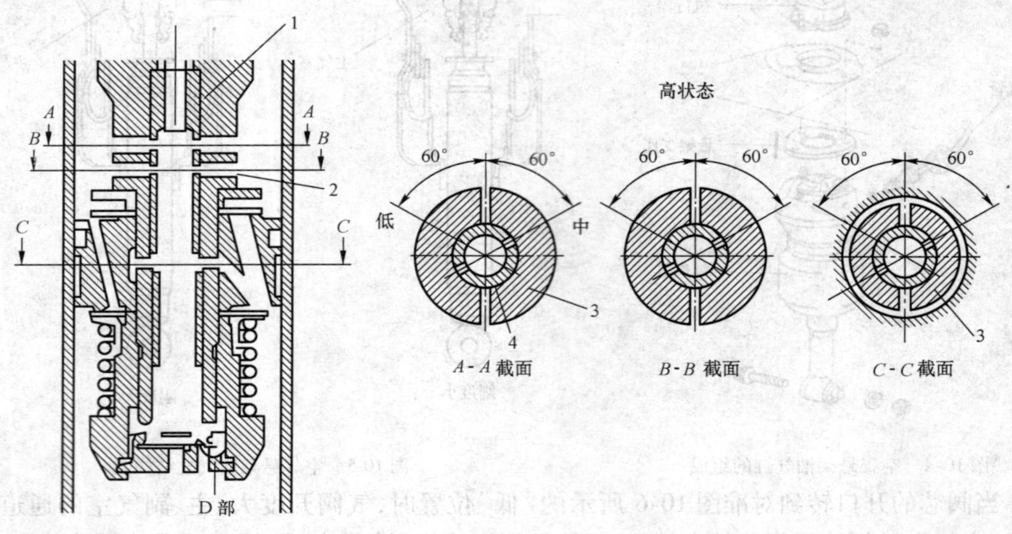

图10-7　悬架阻尼调节原理

1-阻尼调节杆；2-阻尼孔；3-活塞杆；4-转阀

其控制器多采用直流电动机或步进电动机，图10-8是采用步进电动机的悬架控制执行器结构。

步进电动机由悬架ECU控制，步进电动机带动小齿轮驱动扇形齿轮转动，与扇形齿轮同轴的阻尼调节杆带动转阀转动，使阻尼孔的开闭数量改变，从而调节减振器的阻尼力。同时齿轮系带动刚度调节杆转动，以改变主、副气室之间通道截面的大小，调节悬架的刚度。

电磁线圈控制的电磁制动开关松开时，制动杆处于扇形齿轮的滑槽内，此时扇形齿轮可以转动；当电磁制动开关吸合时，齿轮系处于锁住状态，悬架刚度及阻尼参数保持相对稳定的状态。

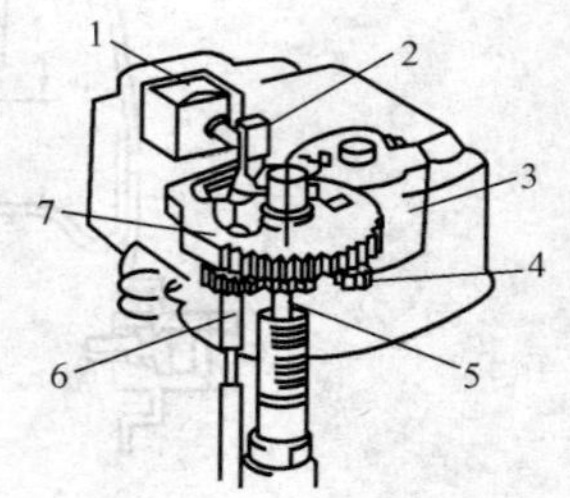

图10-8　悬架控制执行器结构

1-电磁线圈；2-制动杆；3-步进电动机；4-小齿轮；5-阻尼调节杆；6-刚度调节杆；7-扇形齿轮

步进电动机的转子由永久磁铁制成，定子有两对磁极，其上绕有A-B、C-D两相绕组，其基本工作原理如图10-9a）所示。当电流从A-B绕组的A端流入，B端流出时，永磁转子将在定子磁极磁场作用下，处于图10-9b）所示的“低状态”位置；当A-B绕组不通电，C-D绕组接通电源时，永磁转子处于图示“高状态”位置；当电流从A-B绕组的B端流入，A端流出时，永磁转子处于图示“中状态”位置。

三、车身高度的调节

根据汽车内乘坐人员或车辆载重情况自动调整车身高度，以保持汽车行驶所需要的高度及汽车行驶姿态的稳定。

如图10-10所示，车身高度调节装置由空气压缩机、直流电动机、高度控制电磁阀、排气电磁阀、调压阀、空气干燥器等组成。

当需要增高车身高度时，直流电动机带动压缩机工作，压缩空气通过空气干燥器后，由高度控制电磁阀进入悬架空气室，使车身高度增加。达到规定高度时，高度控制电磁阀断电关闭，车身维持在一定的高度。

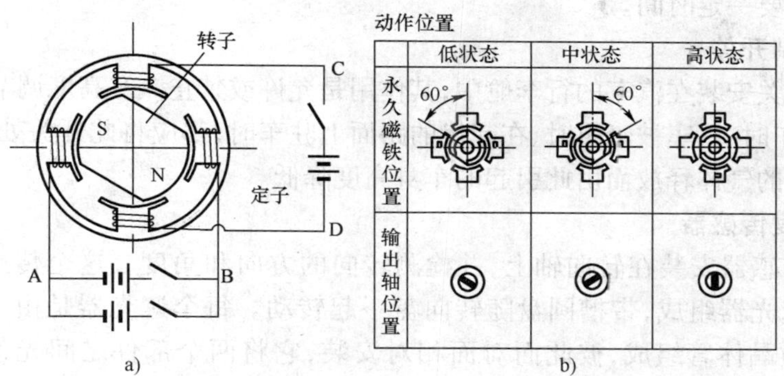

图 10-9　步进电动机的工作原理和动作位置

a) 工作原理；b) 动作位置

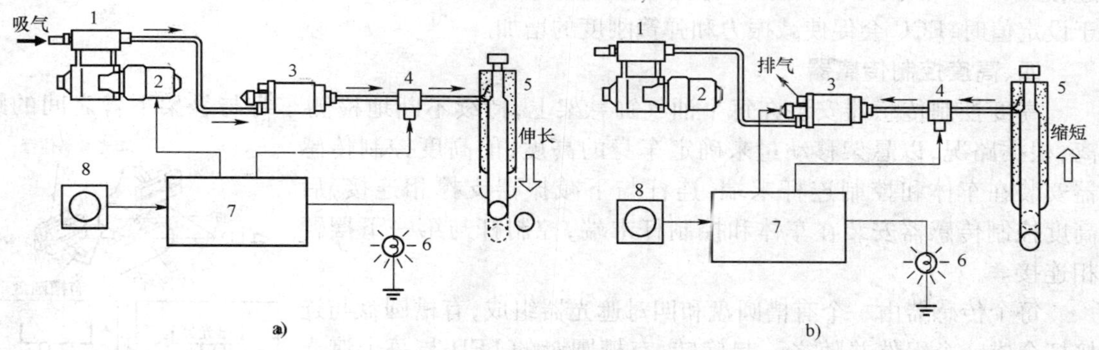

图 10-10　车身高度调节装置

a) 充气：车身高度提高；b) 排气：车身降低

1-空气压缩机及调压器；2-电动机；3-干燥器及排气阀；4-高度控制电磁阀；5-空气悬架；6-指示灯；7-悬架电脑；8-车身高度传感器

当车高需要降低时，高度控制电磁阀和排气阀同时通电打开，悬架主空气室空气排出，车身高度下降。

第四节　空气悬架系统主要组成部件结构、工作原理与检修

一、悬架控制开关

悬架控制开关安装在变速器操作手柄附近，是两个跷板式开关 LRC 开关和高度控制开关。

1. LRC 开关

选择减振器阻尼力和弹簧刚度（SPORT——运动自动；NORM——正常自动），LRC 开关的操作可通过仪表盘中的指示灯显示出来，处于“SPORT”时，仪表盘中“SPORT”灯亮；处于“NORM”时，指示灯灭。

2. 高度控制开关

选择汽车目标高度(HIGH——高;NORM——正常),高度控制开关的操作也通过仪表盘中的“NORM”和“HI”灯显示,高度控制开关变换到一个位置时,仪表盘中的灯很快显示,但离达到目标高度需要一定时间。

二、高度控制开关

高度控制开关安装在汽车的行李舱中,其作用是允许或禁止汽车高度调节,如在使用千斤顶、举升机上升车时、汽车被牵引时、在起伏的路面上驻车时,都应将此开关处于OFF位置,防止可充气气缸中的气体释放而由此引起的车身高度降低。

三、转向角度传感器

转向角度传感器安装在转向轴上,并检测转向的方向和角度。这个传感器由一个带槽的圆盘和一对遮光器组成,带槽圆盘随转向盘一起转动。每个遮光器是由一个发光二极管LED和一个光敏晶体管组成,彼此面对面相对安装,它将两个部件之间光信号转换成开关信号。

如图5-23所示,当转向盘转动时,带槽的圆盘随之转动,并控制在两个部件之间的光传递,悬架ECU根据每一个输出的变化检测转向的方向和角度。当判定转向盘的转角和车速大于设定值时,ECU会促使减振力和弹簧刚度的增加。

四、高度控制传感器

高度控制传感器安装在每个油气缸悬架上,持续不断地检测车身与悬架下臂之间的距离,根据路况,以悬架移动量来确定车身的高度,前高度控制传感器安装在车体和控制连杆末端,连杆与下减振器支撑相连接,后高度控制传感器安装在车体和控制杆末端,控制杆与第一下摆臂相连接。

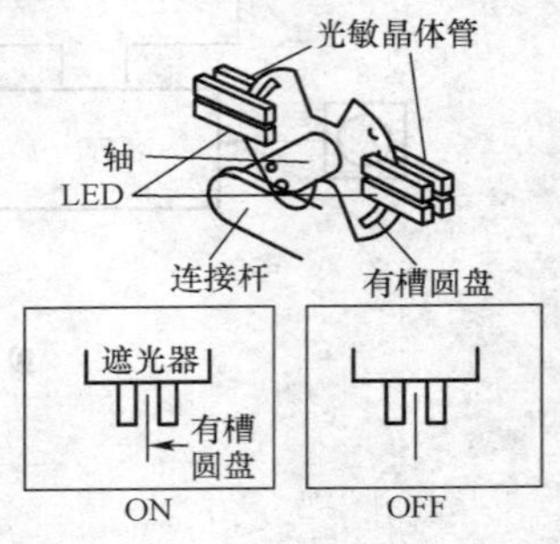

图10-11 高度控制传感器

每个传感器由一个有槽圆盘和四对遮光器组成,有槽圆盘与连接杆合成一个组件并随之一起旋转,有槽圆盘的LED与每个遮光器的光敏晶体管之间旋转,就像转向传感器的槽盘一样,如图10-11所示,高度控制传感器通/断信号的输出组合,用16个脉冲检测汽车高度,并将它们转换成串行数据送至ECU,汽车高度有五种位置:极低、低、正常、高、极高。

五、高度控制用空气压缩机

空气压缩机和电动机提供压缩空气以增加汽车高度,压缩机使用往复活塞和连杆式,压缩电机是直流电动机,具有极大的转矩特性和显著的快速压缩空气特性。

六、高度控制干燥器和排气阀

高度控制干燥器分离压缩机产生的压缩空气中的水分,其中充满氧化硅胶。当汽车高度下降时,分离的水分被释放到大气中,不需要更换氧化硅胶。

高度控制排气阀固定在干燥器的末端,当它接收到ECU发出的降低汽车高度信号时,它从系统中释放压缩空气到大气中。

七、1号和2号高度控制阀

按照悬架ECU的信号,高度控制阀控制压缩空气流向或流出可充气气缸,ECU使高度控制阀的电磁线圈通电后,电磁线圈将高度控制阀打开并将压缩空气引向充气气缸,从而使汽车高度上升。

当汽车高度下降时,ECU 不仅使高度控制阀电磁线圈通电,而且还使排气阀电磁线圈通电,排气阀电磁线圈使排气阀打开,将气缸中的压缩空气放到大气中。

1 号高度控制阀控制前悬架,它有两个电磁阀分别控制左侧和右侧的可充气缸,2 号高度控制阀控制后悬架,也由两个电磁阀组成,与 1 号高度控制阀不同的是,它们不能单独操作。为了防止空气管路中产生不正常的压力,2 号高度控制阀中有一个溢流阀,如图 10-12 所示。

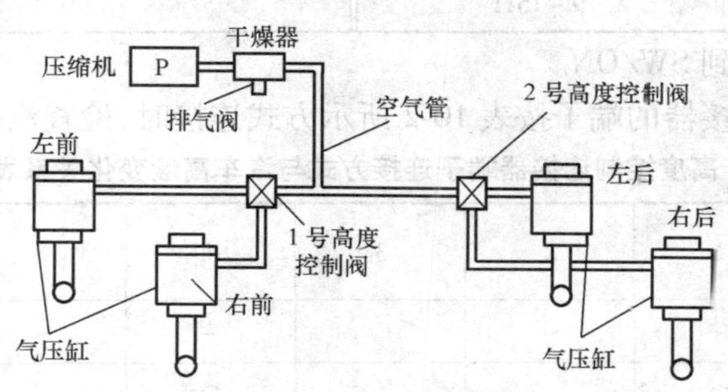

图 10-12　高度控制阀布置

八、悬架控制执行器

悬架控制执行器驱动减振器的旋转阀和可充气气缸的空气阀,持续不断地改变减振器减振力和悬架弹簧刚度。悬架控制执行器安装在每个可充气气缸的顶部。执行器由电磁驱动,以便能准确地响应不断变化的运动状态,执行器由四个转子铁芯和两个副转子线圈组成,电流流入每一线圈,在铁芯中产生磁场力,电流由悬架电脑确定流向两个转子线圈。电脑改变转子铁芯极性,从 N 到 S 或相反,或无极性的状况,永久磁铁受转子线圈磁场力的吸引而转动,空气阀控制连杆与减振器控制连杆一起转动,两个控制连杆是用一对齿轮相连接的。

九、可充气气缸

每个可充气气缸由一个充满低压氮气的可调减振力的减振器,一个储存压缩空气的主空气室和一个副空气室组成。

减振器的减振力的改变是通过改变旁通活塞节油流口的流量来实现的。悬架弹簧刚度改变是通过由改变压缩空气从主空气室经空气阀进入副空气室量的大小来实现的。汽车高度是由 1 号和 2 号高度控制电磁阀和排气阀密封或释放在主空气室的压缩空气来进行改变的。

十、悬架 ECU

根据各种传感器的信号,以及悬架控制开关操作方法的选择(LRC 开关和高度控制开关),悬架 ECU 控制减振器减振力,悬架弹簧刚度和汽车高度,ECU 还具有自我诊断功能,能对悬架控制系统故障进行诊断,储存和警告驾驶员。另外,ECU 还具有失效保护功能,当出现故障时,能停止或暂停悬架的控制。

十一、失效保护

当悬架控制系统发生一个故障时,ECU 不仅储存诊断编码.也阻止或暂停悬架控制,当电脑程序发生故障时,全部悬架控制被暂停,直到点火开关关闭,当蓄电池电压下降极大时,悬架控制也被暂停。

十二、高度控制连接器

装备这个高度控制连接器可以很容易检查和维修高度控制系统。当特殊的端子被连接时,不通过电脑,可以操纵空气压缩机电动机、高度控制阀和排气阀,在这个连接器中,装备的两个端子也用来清除储存在 ECU 记忆中的故障诊断码。该连接器安装在行李舱中,紧靠悬架 ECU。拆下行李舱右侧盖测量高度控制连接器各端子间的电阻,如表 10-1 所示。

端子间电阻 表10-1

端子	电阻	端子	电阻
2—8	9～15Ω	5—8	9～15Ω
3—8	9～15Ω	6—8	9～15Ω
4—8	9～15Ω		

(1)将点火开关转到SW/ON。

(2)当高度控制连接器的端子按表10-2所示方式连接时,检查汽车高度的变化。

高度控制连接器端子连接方式与汽车高度变化关系表 表10-2

高度＼端子	1	2	3	4	5	6	7
右前汽车高度上升	○	–	○	–	–	–	○
左前汽车高度上升	○	–	–	○	–	–	○
右后汽车高度上升	○	–	–	–	○	–	○
左后汽车高度上升	○	–	–	–	○	–	○
右前汽车高度下降	○	–	○	–	–	–	○
左前汽车高度下降	○	–	–	○	–	–	○
右后汽车高度下降	○	–	–	–	○	–	○
左后汽车高度下降	○	–	–	–	○	–	○

注:○——接通。

汽车高度上升或下降情况与表10-2相符。为了保护电路,切勿将高度控制连接器的端子1与8连接。

第五节 电控空气悬架的功能检查

一、汽车高度调节功能的检查

操作高度控制开关,检查汽车高度的变化

(1)检查轮胎气压是否正常。

(2)检查汽车高度。

(3)起动发动机,将高度控制开关从“NORM”位置转换到“HIGH”位置,检查完成高度调节所需的时间和汽车高度的变化量。操作高度控制开关至压缩机起动约需2s;从压缩机起动到完成高度调整需20～40s,汽车高度变化量为10～30mm(增加)。

(4)在汽车处于“HIGH”高度调节的状态下,起动发动机并将高度控制开关从“HIGH”位置转换到“NORM”位置,检查完成高度调节所需要的时间和汽车高度的变化量。从操纵高度控制开关到开始排气约需2s;从开始排气到完成高度调节约需20～40s;汽车高度变化量为10～30mm(减少)。

二、溢流阀的检查

迫使空气压缩机工作、检查溢流阀动作。

(1)将点火开关转到SW/ON,并使高度控制连接器的1和7端子连接,以迫使空气压缩机工作。

（2）等空气压缩机工作一段时间后，检查溢流阀是否放气。

（3）将点火开关转到 ACC。

（4）消除诊断码，当迫使空气压缩机工作时，ECU 中会记录一个诊断码，在完成检查后，务必将这个诊断码消除掉。

三、漏气检查

（1）检查连接管和接头是否漏气。

（2）将高度控制开关和接头拨到“HIGH”位置，使汽车高度上升，使发动机停机。

（3）在连接管和接头处加肥皂水检查是否有任何漏气。

第十一章　电控安全气囊系统(SRS)

第一节　安全气囊系统(SRS)的重要性

随着高速公路的出现,汽车的平均车速已达100km/h,一旦发生碰撞事故,伤亡力度加大,乘员的主要损伤部位是头部、胸部、腹部、腿部。为此,安全气囊已成为现代汽车的必备装置,它能有效提高汽车的被动安全性。

SRS是英文(Supplemental Restraint System)的缩写,意思是“辅助约束装置”。可见,主要约束装置是座椅安全带及其收紧器。约束装置有两个内容:一为座椅安全带(电动或气动)收紧机构,发生碰撞时将人员收紧在座椅上,起定位保护作用。常用的为惯性扭簧收紧机构,有慢拉“松”、快拉“紧”的特性,使乘员有一定的操作自由度;二为安全气囊,它通过膨胀加大定位、缓冲、保护作用,防止乘员受到碰撞伤害,因而在空间和时间上都起到了保护作用,如图11-1所示。

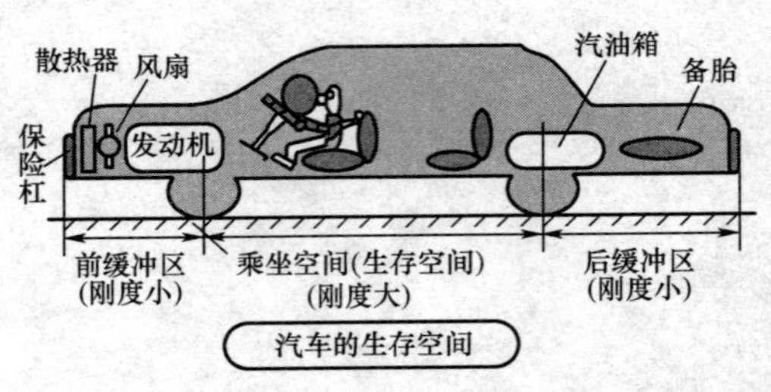

图11-1　汽车的缓冲区和生存空间

汽车的安全性能包括了两个内容:一为主动安全性,它决定于制动系统、转向系统、灯光照明、视野和环境条件等方面的好坏;二为被动安全性,就是出现事故后,对人和物的受损保护功能。它决定于车身结构设计的好坏、安全带的好坏、是否配备了安全带、安全气囊的好坏等条件。

安全气囊多以正面碰撞而设置(前方60°范围),追尾或侧面碰撞时无效。这是因为,交通事故统计结果显示:前部撞车事故占65%;后部被撞事故占13.2%;侧向垂直碰撞事故较少,车内乘员受伤部位统计情况如下:头部占40%;胸部占22%;腹部占5%;腿部占20%。这些都是致死或致残的部位,多数是因正面碰撞而引起的。

随着高速公路多车道的出现,横向碰撞和横向滚翻损伤概率加大,相继在前后乘员的正面和侧面装置了安全气囊。所以,四气囊、六气囊、八气囊布置方案,以汽车的不同档次而视情加装,有的车在腿膝部也装有小型保护气囊。

试验证明:从碰撞到伤亡是瞬间灾祸,当汽车以80km/h以上的车速碰撞时,只需0.2~0.7s的时间,即造成乘员伤亡。因此,安全气囊必须在这一瞬间释放,在时间上和空间上,使人和车之间形成弹性隔离气垫,起定位、缓冲作用。

第二节　安全气囊的引爆条件和不引爆条件

一、安全气囊的引爆条件

汽车产生碰撞后,安全气囊不一定全部打开或不打开,而是纵向或横向引爆逻辑条件成熟后才能打开,以防止气囊无谓地工作和损耗。

(1)正面碰撞和侧面碰撞都有一个控制范围,正面引爆区为前方60°,以便确定引爆何方气囊,此任务由电脑的逻辑电路来判定。

(2)纵向或横向减速度极大,超过了传感器的设定值才能引爆气囊。车速低于30km/h时发生碰撞,损伤力度不大,安全气囊不必引爆,只依靠电动式安全带收紧器收紧定位即可(或只引爆气动式收紧器)。

(3)车速较高,碰撞导通持续时间相对较长,确认碰撞力度较大,是伤亡性碰撞,才会引爆气囊。以便准确地排除制动减速度所产生的惯性力影响,防止误引爆。

(4)伤亡性的碰撞有两级波形,第一级冲击波是车身软组织变形产生的,是非伤亡性碰撞,一般不会引爆气囊;第二级冲击波是结构组织硬化后产生的,成为刚性组织变形,波幅加大,才能引爆气囊。

二、安全气囊不引爆的条件

(1)正面碰撞超过前方60°控制范围时,只引爆侧向气囊。无侧向气囊时,即无侧向保护作用。

(2)受横向碰撞或绕纵轴翻滚时,正面气囊不会引爆,无侧向气囊时,即无侧向保护作用。

(3)受后方追尾碰撞时,因对乘员伤亡力度较小,且惯性力有别于正面碰撞,不会引爆气囊。

(4)行驶中紧急制动或在台阶路面上行驶时,因减速度达不到传感器的规定值,气囊不会引爆。

(5)汽车发生绕纵向轴线侧翻时(可能引发侧气囊起爆)或纵向减速度未达到设定值时(行驶中紧急制动或在台阶路面行驶时)。

第三节 安全气囊系统(SRS)的组成和工作原理

电控安全气囊系统SRS由碰撞传感器、SRS电脑、充气元件和气囊、螺旋电缆、安全带收紧器等五部分组成,如图11-2所示。

一、碰撞传感器

碰撞传感器是一个惯性式机械电开关,是碰撞信号输入元件,当冲击力超过设定值时,起导通作用,将信号传入SRS电脑。它的数量和位置因车而异,多为2~4个,控制正面的分别装于左右前照灯附近;控制侧面的分别装于左右侧门的边框下方。电脑固装于车身受力最敏感的部位,即底板主骨架上。当碰撞惯性力超过其定位弹簧的设定值时,即导通将信号输送给电脑中的安全传感器。

碰撞传感器是依靠碰撞时减速度惯性力而导通电路,其安装部位不受限制,不少汽车将它装于电脑SRS-ECU中,省略了控制电缆,减少了故障点。个别车因右行交通制度,左侧碰撞率大于右侧,在左后挡泥板内侧或车门框架内,也装有一个碰撞传感器。碰撞

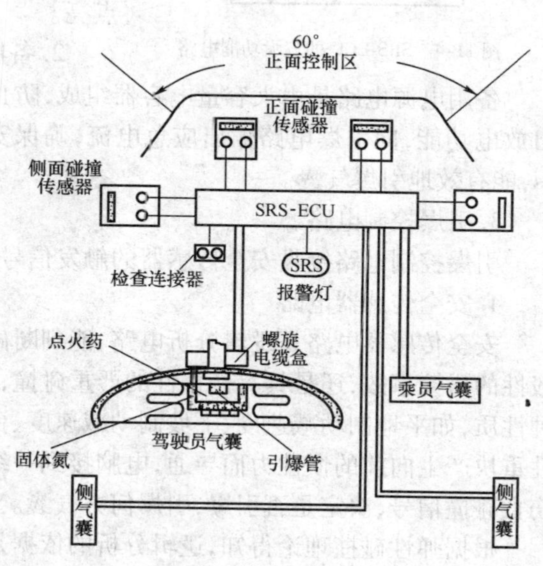

图11-2 电控安全气囊系统SRS原理图

传感器不是因直接碰撞到它本身而导通的，而是控制着整个正面碰撞区，依靠碰撞时减速度惯性力引爆起作用，当时的行驶速度必须在30km/h以上。

碰撞传感器由塑料外壳、惯性重块、触点、限位元件、自检监控电阻等组成，如图11-3所示。碰撞传感器的工作原理：在正常情况下，惯性重块被限制在一个固定的位置，电开关触点不导通，是OFF状态。当汽车发生正面碰撞时，其碰撞强度达到设定值后，惯性重块由于减速度惯性力的产生，克服了卷簧的约束力，向SRS电脑输出导通信号，电脑的安全传感器对碰撞性质进行分析，判断是否是伤亡性的碰撞，认定后即引爆气囊。它的外壳上有朝前的安装方向标记，以确保碰撞导通的正确性。限位元件有多种形式，多采用卷簧式，都是利用其约束力将惯性重块限制在一个不导通的位置。

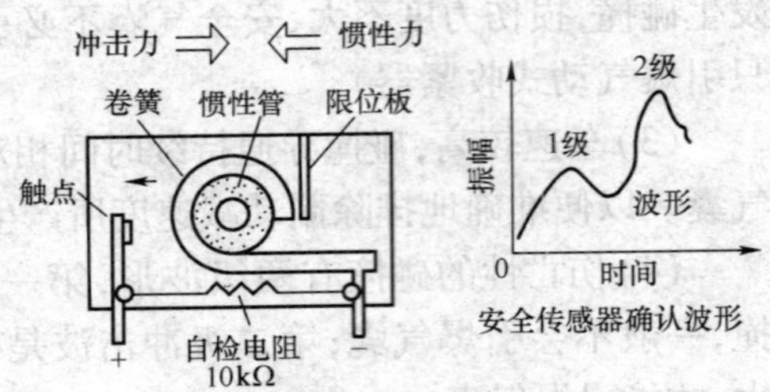

图11-3　碰撞传感器原理图

自检监控电阻串接在触点间，用来对系统电路进行自检，监控碰撞传感器与SRS电脑间连接导线是否断路或短路。它可提供导通时间的长短信息，便于逻辑判断。因自检用的电阻的电阻值较大（10kΩ左右），触点两端虽有电压，但流过的电流极小，气囊不会因此而引爆，在电控系统的开关电路中经常使用这种自检用电阻，起自诊、监控作用。

二、SRS电脑

SRS电脑是独立的安全控制系统，不与其他系统联网使用，它是五功能控制电路组成的智能总成，如图11-4所示。

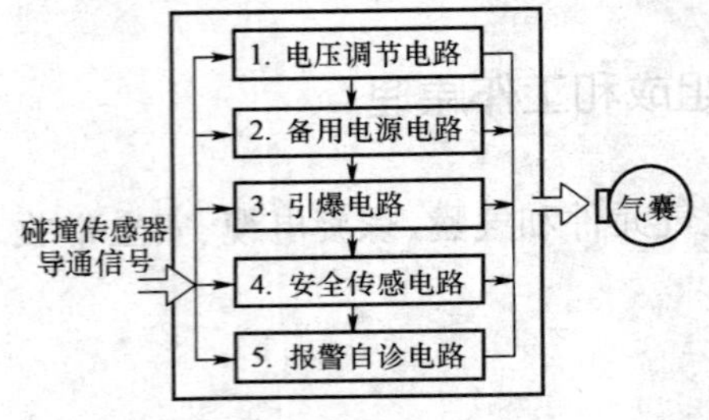

图11-4　SRS-ECU的五大功能电路

1. 电压调节电路

因汽车上的电器负载变化频繁，许多电感线圈和开关通断时，会造成负载电流的突变。它能维持SRS系统各元件工作电压的平衡，使控制电路始终处于最佳状态。一旦控制电路出现断路或短路信号，报警灯立即点亮。

2. 备用电源电路

备用电源电路是由大容量电容器组成，防止碰撞后电路断电，而不能引爆气囊。通过它的自放电功能，向引爆电路输出应急电流，确保安全气囊及时引爆。备用电源的供电时间只有6s，能有效地引爆气囊。

3. 引爆控制电路

引爆控制电路接收安全传感器的触发信号，向气囊的电热引爆管发出引爆大电流。

4. 安全传感器电路

安全传感器电路是逻辑分析电路，能判断碰撞性质和程度的大小、碰撞的方向，是属于一般性的碰撞事故，还是具有伤亡性的严重碰撞，决定引爆信号是否发出。因为汽车减速度有多种性质，如平地制动减速度、下坡制动减速度、台阶路面冲击减速度等，都会使碰撞传感器的惯性重块产生向前的惯性力而导通，电脑接到一级触发信号后，要进行分析判定，是否是真正的伤亡碰撞信号，决定是否引爆，引爆何方气囊。

根据弹性碰撞理论得知，逻辑分析的依据是：碰撞速度的大小，持续时间的长短，冲击波形的状态。真正的伤亡性碰撞冲击应该是：减速度极大，超过惯性设定值，且持续时间较长，有两级冲击波形。第一级冲击波形的产生是汽车前部软组织体，缓冲变形损坏造成的（如保险杠、水箱、挡泥板等变形），继而结构组织硬化，冲击力叠加在车体上，形成了刚性传力组织，冲击波辐大增，从而可准确无误地判定后引爆，这是引爆的条件。

如果只有一个类似的一级引爆波形动作，碰撞传感器导通后也不引爆，只能引起报警灯长亮，为偶发性的故障信号，可以通过检码和消码恢复正常状态。

5. 报警自诊电路

SRS 系统的报警灯 SRS 灯或 Air-Bag 灯，设在组合仪表中。在正常情况下，点火开关导通，该灯亮起，SRS 系统进入自检状态。如系统无故障，6s 后灯灭，SRS 系统即进入等待状态。汽车在行驶中 SRS 系统如因振动、减速度或其他偶发性原因，电路和元件有故障时（包括瞬间断路或短路），报警灯即点亮，并将故障码存储于电可擦可编只读存储器（EEPROM）中，应及时检测维修。

三、充气元件和气囊

充气元件包括电热引爆管、点火药、产气物质等元件，充气元件和气囊形成一个不可分解、一次性使用的总成。气囊由尼龙布制成，内表面涂有树脂层，用以加强密封。驾驶员侧的气囊在转向盘的中央，随盘转动，膨胀后为球形，容量为 60 ~ 90L；乘员侧的气囊在杂物箱上方，膨胀后为矩形，容量为 150 ~ 300L，有较大的覆盖面，它为等待式缓冲元件；侧气囊在座椅的靠背外侧，膨胀后为枕头状，容量为 30 ~ 60L，它为插入式缓冲元件，它的引爆速度快于正面气囊。

当确认是伤亡性正面碰撞时，引爆控制电路向电热引爆管发出加热大电流，其点火介质使点火药着火燃烧，当引爆管点火后，点火药将固体氮加热，变为无毒的 N_2 气体，瞬时经滤网冷却后，充入气囊急剧膨胀，缓冲乘员向前的惯性冲击。气囊充气胀大，温度达到定值后，其前侧面有 1 ~ 2 个泄气孔的薄膜溶化泄气，目的是防缓冲后又反弹，造成二次伤害。它是边泄气、边吸收冲击能量，起软垫作用，从胀大到泄气瞬间的充气时间只有 0.3s，充气压力可达 160kPa。

四、螺旋电缆

驾驶员侧的气囊安装在转向盘的中央，随盘转动，电热引爆管与 SRS 电脑间连接必须安全可靠，不能采用传统的滑环接触式连接，只能采用螺旋电缆连接方式。

螺旋电缆由 5 ~ 7 个导线制成扁平状态绝缘线束（两个导线为引爆线，其余是喇叭或巡航开关线），它螺旋松绕在电缆盒中，约 10 ~ 15 圈，长度可达 5m。电缆盒由盖和底座组成，底座固定在转向器的外罩上，是电缆的固定端，盖随转向盘一起转动，它是电缆的另一端，盖随盘转动 5 圈以上时，才能使电缆转紧。因此，当转向盘在中间位置向左右方向各转 2.5 圈时，该导线也不会拉紧，仍是松绕状态，保证了信号线可靠导通。

新的电缆盒上中间位置有定位板，安装连接后拆下即可。如因维修转向器总成拆下电缆盒装复时，应将电缆的中间位置找准，以免拉断电缆气囊失控。

五、安全带收紧器

旧款车多用电动机式安全带收紧器，现在多用灵敏度极高、一次性使用的燃爆气动式安全带收紧器，车速在 30km/h 以内碰撞时，只是收紧器引爆，安全气囊不引爆，如图 11-5 所示。

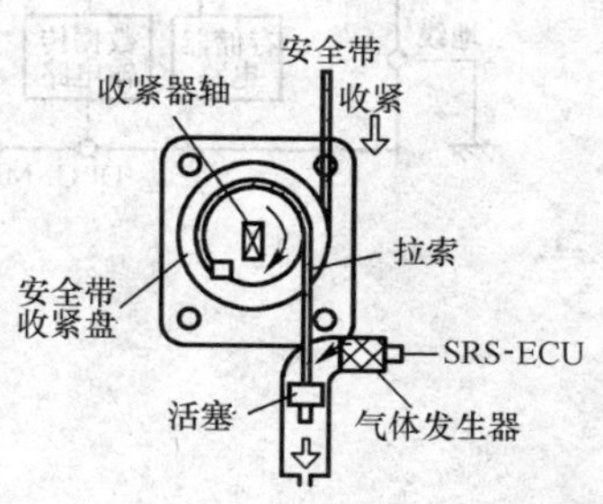

图 11-5　一次性使用的气动式安全带收紧器

第四节　典型车系智能化安全气囊系统（SRS）原理介绍

2000 年后，本田车系的市民、时韵、CRV 三个车种的 SRS 系统有较大变革，如增加了侧气囊、安全带收紧器改为气动式、加装了乘员坐姿检测装置等，使保护能力大大提高，进入了智能化领域。其结构原理、检测方法、故障码、检修要点完全相同。

一、智能化 SRS 系统的组成

智能化 SRS 系统是由电脑 SRS-ECU1；两个正面安全气囊 2、4；一个螺旋电缆盘 3；两个正面碰撞传感器 5；两芯取码接头 6；OBD-Ⅱ-16 孔取码接头 7；两芯消码接头 8；两个侧面碰撞传感器 9；座椅安全带收紧器 10；两个侧面安全气囊 11；座椅安全带锁扣开关 12；OPDS 坐姿传感器 13；OPDS 乘员坐姿检测装置 14 等组成。

其安装的关系位置如图 11-6 所示。

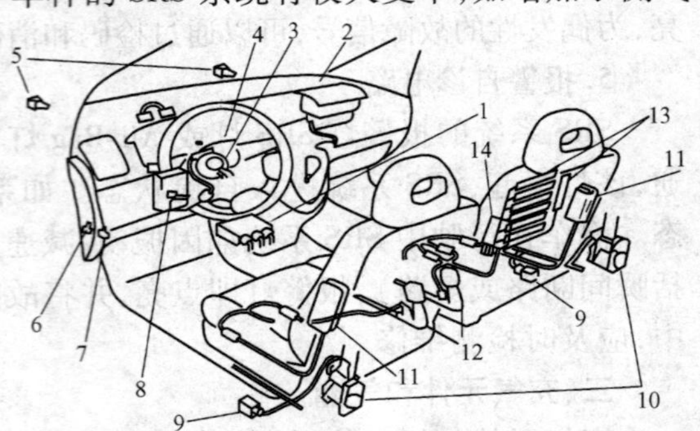

图 11-6　本田车系市民、时韵、CR-V 乘用车 SRS 系统的组成图
1-电脑 SRS-ECU；2、4-两个正面安全气囊；3-一个螺旋电缆盘；5-两个正面碰撞传感器；6-两芯取码接头；7-OBD-Ⅱ-16 孔取码接头；8-两芯消码接头；9-两个侧面碰撞传感器；10-座椅安全带收紧器；11-两个侧面安全气囊；12-座椅安全带锁扣开关；13-OPDS 坐姿传感器；14-OPDS 乘员坐姿检测装置

二、智能化 SRS 系统的电元件网络图（图 11-7）

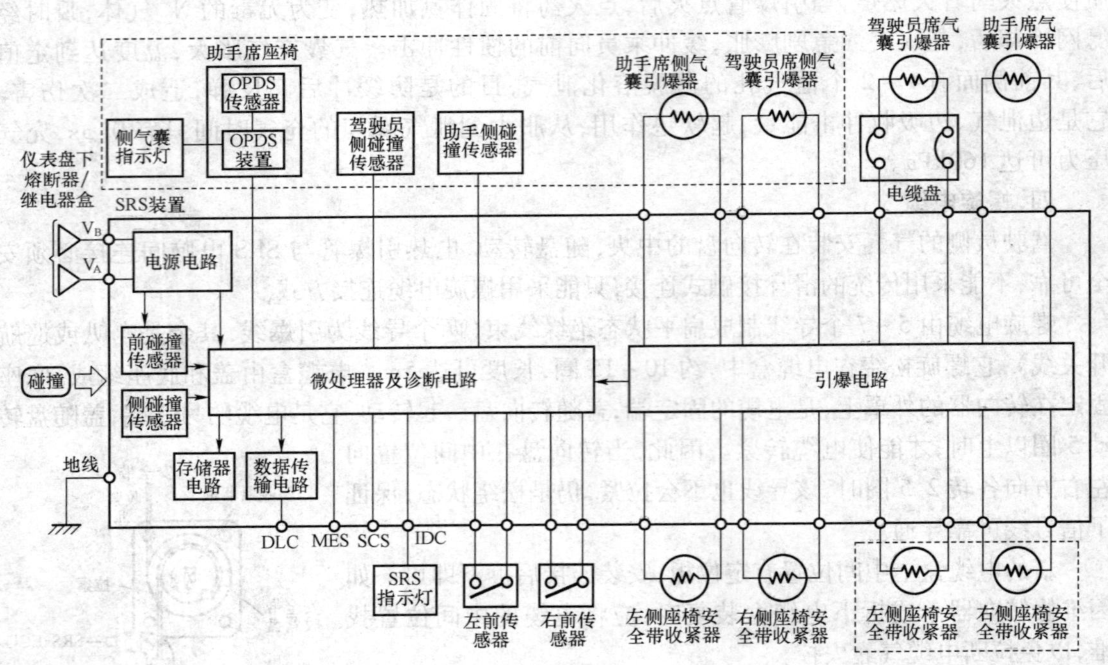

图 11-7　智能化 SRS 系统电元件网络原理图

三、智能化 SRS 系统的特点

除 SRS-ECU 电脑原四个气囊等传统电元件外，又增装了乘员坐姿检测装置 OPDS 和坐姿传感器、监控型座椅安全带锁扣开关和气动一次性使用的安全带收紧器。

1. 乘员坐姿检测装置 OPDS 和坐姿传感器

它安装在乘员座椅的靠背中,其传感器为压敏型,分布面积较大,能将乘员的高度和位置的数据信号,发送到电脑 SRS-ECU 中。例如:

(1)乘员矮小(儿童),其压靠变形面积极小。

(2)乘员斜倚,压靠变形面积也较小,根据其压靠变形特点,脸部朝里或朝外也能感知。

(3)椅上放置了物品或动物,无压靠变形面积。

(4)乘员直坐,其压靠变形面积为最大,为坐姿正确。如果坐姿不对或放置了物品,侧面气囊即不会引爆,仪表盘上的"侧面安全气囊断路指示灯"即点亮警告。当移开放置的物品或乘员的坐姿纠正直靠后,指示灯即熄灭,能保证事故发生后及时引爆。

(5)OPDS 乘员坐姿检测装置的安装,有三个目的:

①可防止侧面气囊无谓引爆,造成浪费。

②监控和纠正乘员的坐姿,提高其被动安全性。

③对乘员进行无伤害保护。如坐姿是脸部朝外,且位于侧面气囊的保护区内,引爆后会伤及脸部器官。这是因为引爆时枕状气囊是属于高温摩擦楔入方式,不同于正面气囊为等待缓冲方式,其损伤力度较大。OPDS 乘员坐姿检测装置,在多气囊系统中广泛使用,成为 SRS 系统的"智能化管理员"。

2. 座椅安全带锁扣开关和安全带收紧器

座椅安全带是用三点式定位方式,将人的上半身牢固定位,防止紧急制动和碰撞时前扑碰撞伤害。因为乘员的运动速度与车速相等,在 30km/h 的车速下急减速时,靠人的腕力不能够支撑住前扑的身体,必然发生碰撞伤害,乘员侧的损伤力度大于驾驶员侧。

试验证明:车速在 50km/h 以上急减速时,乘员如不配戴安全带或无防范措施时,惯性力会使乘员前冲撞碎玻璃,飞出车外。

行车中乘员不配戴安全带是违规行为,主要是嫌麻烦和受约束、不自由心理影响。为此,安全带的收紧器都具有"慢拉松动、快拉锁止"和"直拉松动、斜拉锁止"的功能,给乘员一定的自由活动环境,以减轻乘员的受约束感。同时,还应有发生事故后紧急收紧的定位功能。

(1) 座椅安全带锁扣开关。它是一个插入式电开关,用来监控乘员是否佩戴安全带,如果锁扣未插入,其电开关信号为 OFF,SRS-ECU 即使故障灯点亮,以便纠正。否则,安全气囊即不引爆。为此,有的车系又加装了蜂鸣器或发动机不能起动等措施。

近年来其锁扣也加装了气动收紧器,在正面碰撞时和另端的安全带收紧器同步工作,双向收紧定位牢固,它们都是一次性使用的电元件,引爆后必须换新。

(2) 座椅安全带收紧器。它是一个巧妙的多功能棘轮机构,未发生事故时,乘员有一定的自由度,一旦发生事故即自动快速收紧,将人体上部牢固地锁在座椅上,防止前倾,起主要定位保护作用。它是用电引爆其点火药而产生气膨胀收紧式机构,只能一次使用。

第五节 安全气囊系统(SRS)的检修要点

安全气囊是"生命保护神",配件价位较高,"管、用、养、修"人员应有正确的认识,一旦 SRS 故障灯常亮,应及时检修。

(1)已引爆过的 SRS 电脑和气囊不能重复使用,只能全部换新,也不能使用其他车辆的零部件代替,目的是确保 SRS 系统的完好状态。未引爆的电元件可不更换,但必须保证完好无损，无故障码。

(2)汽车整形作业或使用电弧焊时，先断开电源线和气囊的电接头，进行安全保护。3min后才能施工，以防电容器自放电而引爆气囊。修好后，先连接正极导线，后连接负极导线，以确保安全。

(3)SRS 系统的螺旋电缆盘是易损件，线束有断路或损坏时，应更换线束总成，不要自行修补，以确保可靠使用。

(4)碰撞传感器更换时，应分清位置和方向，按外壳上的方向标记安装(如 FR 右前、FL 左前等标记)。

(5)只能用数字式高阻抗万用表测量 SRS 系统的电路(10kΩ/V 以上)，其输出值应小于10mA。测量前应断开气囊和收紧机构的电缆。千万不能测量气囊引爆管的电阻和安全带收紧器的电阻值，防止引爆发生。

(6)维修转向器时，在断开 SRS 系统任何线束之前(黄色包扎)，螺旋电缆盘和车轮应居中装复，以防松紧不当，拉断盘中的导线(这是维修作业中常发生的无知故障)。

(7)当因维修需要断开电源前，应先查清时钟、音响、防盗系统的密码内容，并做好记录，以便检修后重新设置。

(8)电脑 SRS-ECU 对环境温度的适应能力为 -22 ~ +65℃，维修车身烤漆时，应拆下电脑或控制加热温度(包括其他电控系统的电脑)。

(9)维修转向器总成时，如需拆下螺旋电缆盘，装复时应居中连接，以防转向时拉断电缆线(有的电缆盘在车轮居中拆下时，即自动居中锁止，装车后又自动解除锁止)。

(10)当碰撞发生在速度临界区(30km/h 左右)或角度临界区(60°左右)范围附近时，气囊处于模糊控制状态，有可能不引爆或只引爆一侧气囊。

第十二章　汽车新结构简介

第一节　汽车车载网络通信系统(CAN-BUS)简介

CAN 是英文 Controller Area Network 的缩写,是“多路信息传输系统”之意,它由数据总线和控制单元组成。所谓数据总线是指一条线上可传递许多信号,可以被多个系统共享,通过控制单元的处理,完成汽车各控制系统的工况控制。各种信息搭乘了公共汽车而共享,故称 CAN-BUS。

随着汽车燃油电喷、电动门窗、电动座椅等电控系统的增加,如果仍采用常规的布线方式,即电线一端与开关相接,另一端与用电设备相通,将导致汽车上电线数目急剧增加。

目前,一根线束包裹着几十根电线的现象很普遍。在一些高级轿车上,电线的质量占到整车质量的4%左右。电控系统的增加虽然提高了轿车的动力性、经济性和舒适性,但随之增加的复杂电路也降低了汽车的可靠性,增加了维修的难度。

一、汽车电气数据总线简介

所谓数据总线,就是指在一条数据线上传递的信号可以被多个系统共享,从而最大限度地提高系统整体效率,充分利用有限的资源。例如:常见的电脑键盘有 104 位键,可以发出百多个不同的指令,但键盘与主机之间的数据连接线却只有 7 根,键盘正是依靠这 7 根数据连接线上不同的电平组合(编码信号)来传递信号的。如果把这种方式应用在汽车电气系统上,就可以大大简化目前的汽车电路。可以通过不同的编码信号来表示不同的开关动作,信号解码后根据指令接通或断开对应的用电设备(前照灯、刮水器、电动座椅等)。这样,就能将过去一线一用的专线制改为一线多用制,大大减少了汽车上电线的数目,缩小了线束的直径。当然,数据总线还将使计算机技术融入整个汽车系统之中,加速汽车智能化的发展。

20 世纪 90 年代以来,汽车上的电控装置越来越多。例如:电子燃油喷射装置、防抱死制动装置(ABS)、安全气囊装置、电动门窗装置、电动悬架等。随着集成电路和单片机在汽车上的广泛应用,汽车上的电子控制器的数量越来越多。因此,一种新的电子控制器局域网络的概念也就应运而生。为使不同厂家生产的零部件能在同一辆汽车上协调工作,必须制定标准。按照 ISO 有关标准,CAN 的拓扑结构为总线式,因此称为 CAN 总线。

二、汽车用局域网系统的应用与形式

车用局域网的应用例子非常多,按照应用加以划分,车用网络大致可以分为四个系统:车身系统、动力传动系统、安全系统、信息系统,如图 12-1 所示。

1. 动力传动系统

在动力传动系统内,利用网络将发动机舱内设置的模块连接起来,在将汽车的主要因素:跑、停止与拐弯这些功能用网络连接起来时,就需要高速网络。动力传动系统模块的位置比较集中固定在一处。

在动力传动系统中,数据传递应尽可能快速,以便及时利用数据,所以需要一个高性能的发送器,高速发送器会加快点火系统间的数据传递,这样使接收到的数据立即应用到下一个点火脉冲中去。CAN 数据总线连接点通常置于控制单元外部的线束中,在特殊情况下,连接点也可能设在发动机电控单元内部。

例如,自动变速器与电喷系统 CAN 数据总线连接方式共享的 6 个信号,借用两根线传送,节省了 10 余根导线,如图 12-2 所示。

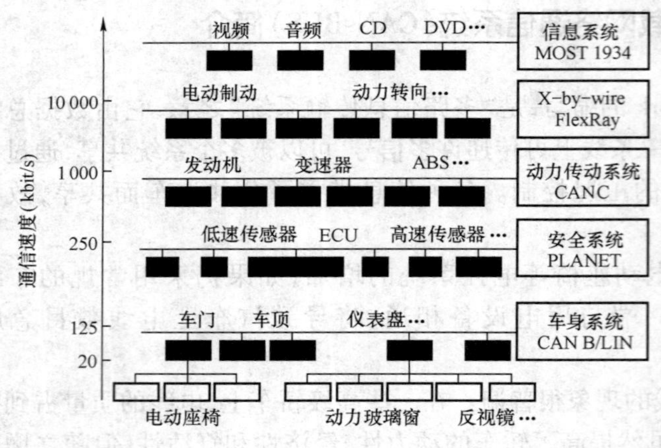

图 12-1 车用网络的拓扑图

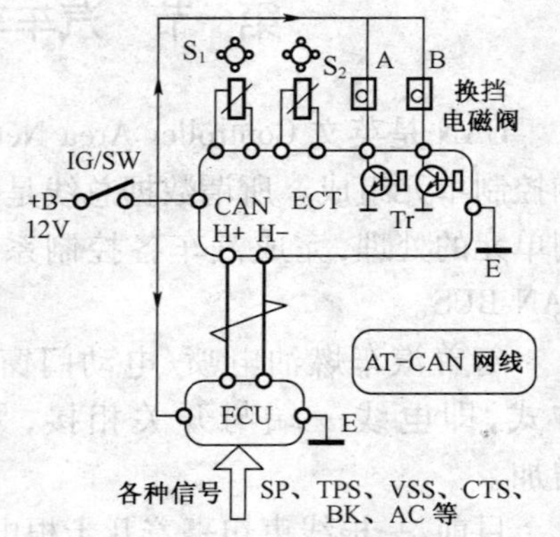

图 12-2 自动变速器与电喷系统 CAN 数据总线

2. 车身系统

舒适 CAN 数据总线连接五块控制单元,包括中央控制单元及四个车门的控制单元。舒适 CAN 数据传递有五个功能:中央门锁、电动窗、照明开关、后视镜加热及自诊断功能。控制单元的各条传输线以星状形式汇聚一点,这样做的好处是如果一个控制单元发生故障,其他控制单元仍可发送各自的数据。

该系统使经过车门的导线数量减少,线路变得简单。如果线路中某处出现对地短路,对正极短路或线路间短路,CAN 系统会立即转为应急模式运行或转为单线模式运行。四个车门控制单元都由中央控制单元控制,只需较少的自诊断线。

数据总线以 62.5kbit/s 速率传递数据,每一组数据传递大约需要 1ms,每个电控单元 20ms 发送一次数据。优先权顺序为:中央控制单元→驾驶员侧车门控制单元→前排乘客侧车门控制单元→左后车门控制单元→右后车门控制单元。由于舒适系统中的数据可以用较低的速率传递,所以发送器性能比动力传动系统发送器的性能低。

3. 安全系统

安全系统是根据多个传感器的信息使安全气囊启动的系统,因此使用的节点数将急剧地增加。对此系统的要求是:成本低、通信速度快、通信可靠性高。

4. 信息(娱乐、ITS)系统

对信息系统通信总线的要求是:容量大、通信速度非常高。因此,相关人士正在讨论通信媒体应该采用光纤还是应该采用铜线。

除上述所介绍的系统之外,还有面向 21 世纪的控制系统、高速车身系统及主干网络等。这就意味着将会有不同的网络并存,因此就要求网络之间可以互相连接,也可以断开。为了实现即插即用,都将各个局域网与总线相连,根据汽车的平台选择并建立所需要的网络,典型的车用网络如图 12-3 所示。

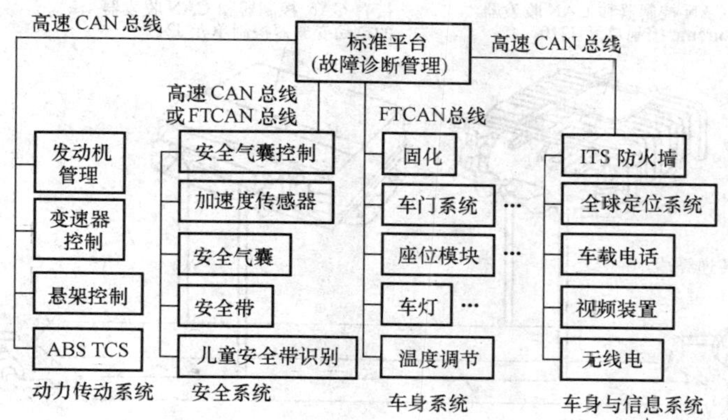

图12-3　车用网络的平台

三、一汽宝来(BORA)乘用车CAN数据传输系统

1. CAN数据传输系统组成

一汽—大众汽车有限公司生产的宝来轿车,已于2001年上市,该车在动力传动系统和舒适系统中装用了两套CAN数据传输系统(图12-4)。

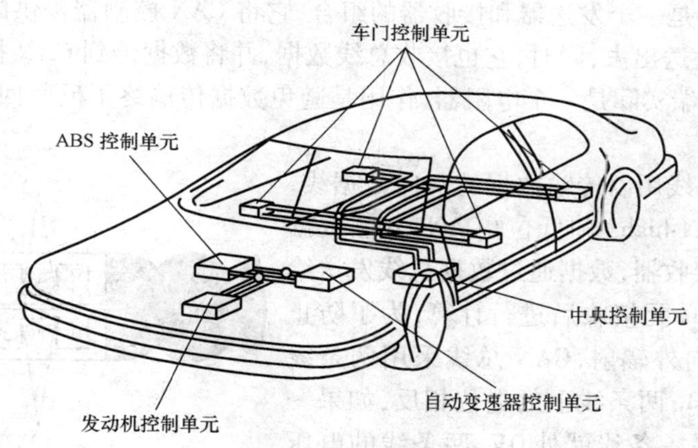

图12-4　两套CAN数据传输系统

CAN数据传输系统中每块电脑的内部增加了一个CAN控制器,一个CAN收发器;每块电脑外部连接了两条CAN数据总线(图12-5和图12-6)。在系统中作为终端的两块电脑,其内部还装有一个数据传递终端(有时数据传递终端安装在电脑外部)。

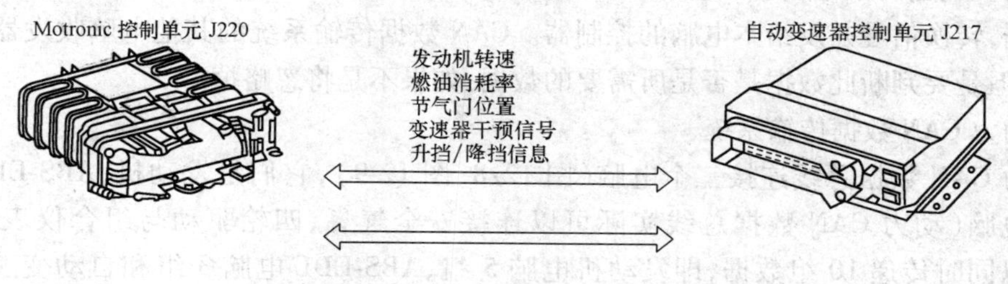

图12-5　采用CAN总线传递数据

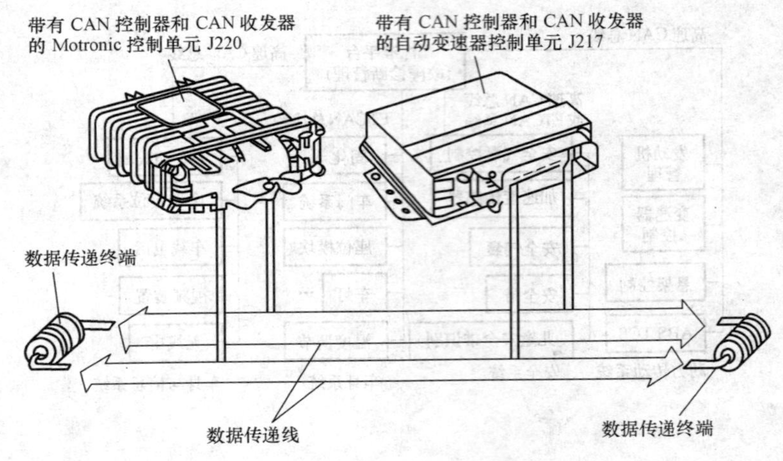

图 12-6　CAN 数据总线的组成

1)CAN 数据传输系统中各部件功能

(1)CAN 控制器的作用是接收控制单元中微处理器发出的数据和接收数据并传给 CAN 收发器。同时 CAN 控制器也接收收发器收到的数据,处理数据并传给微处理器。

(2)CAN 收发器是一个发送器和接收器的组合,它将 CAN 控制器提供的数据转化成电信号并通过数据总线发送出去,同时,它也接收总线数据,并将数据传到 CAN 控制器。

(3)数据传递终端实际是一个电阻器,作用是避免数据传输终了反射回来,产生反射波而使数据遭到破坏。

(4)CAN 数据总线用以传输数据的双向数据线,分为 CAN 高位(CAN-high)和低位(CAN-Low)数据线。数据设有指定接收器,数据通过数据总线发送给各控制单元,各控制单元接收后进行计算,为了防止外界电磁波干扰和向外辐射,CAN 总线采用两条线缠绕在一起(图 12-7),两条线上的电位相反,如果一条线的电压是 5V,另一条线就处 0V,两条线的电压总和等于常值,通过这种办法,CAN 总线得到保护而免受外界电磁场干扰,同时 CAN 总线向外辐射保持中性,即无辐射。

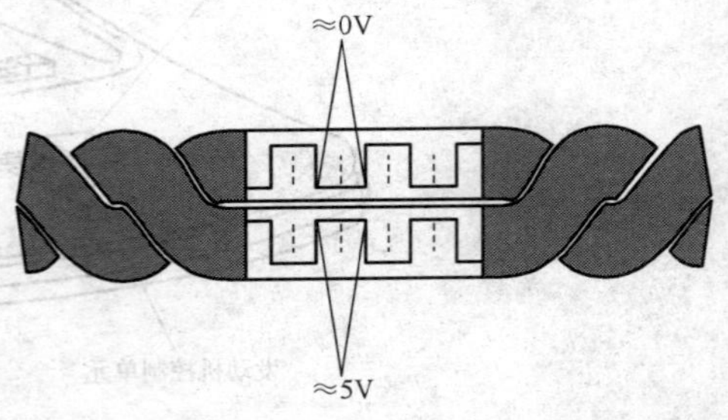

图 12-7　CAN 数据总线采用两条线缠绕在一起

2)CAN 数据传输系统数据传递过程

发动机电脑向某电脑 CAN 收发器发送数据,该电脑 CAN 收发器接收到由发动机电脑传来的数据,转换信号并发给本电脑的控制器。CAN 数据传输系统的其他电脑收发器均接收到此数据,但是要判断此数据是否是所需要的数据,如果不是将忽略掉。

2. 动力 CAN 数据传输系统

动力 CAN 数据总线连接三个电脑(图 12-8,图 12-9),它们是发动机、ABS-EDL 及自动变速器电脑(动力 CAN 数据总线实际可以连接安全气囊、四轮驱动与组合仪表等电脑)。总线可以同时传递 10 组数据,即发动机电脑 5 组、ABS-EDL 电脑 3 组和自动变速器电脑 2 组。数据总线以 500kbit/s 速率传递数据,每一数据组传递大约需要 0.25ms,每一电控单元

7～20ms 发送一次数据。优先权顺序为 ABS-EDL 电控单元、发动机电控单元、自动变速器电控单元。

在动力传动系统中，数据传递应尽可能快速，以便及时利用数据，所以需要一个高性能的发送器，高速发送器会加快点火系统间的数据传递，这样使接收到的数据立即应用到下一个点火脉冲中去。CAN 数据总线连接点通常置于控制单元外部的线束中，在特殊情况下，连接点也可能设在发动机电控单元内部（图 12-10）。

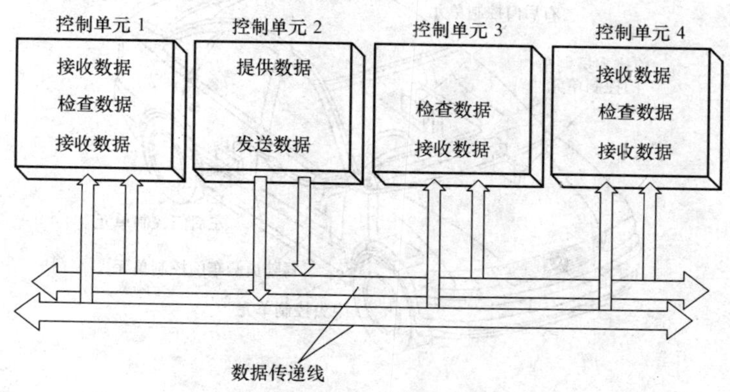

图 12-8　数据传递过程

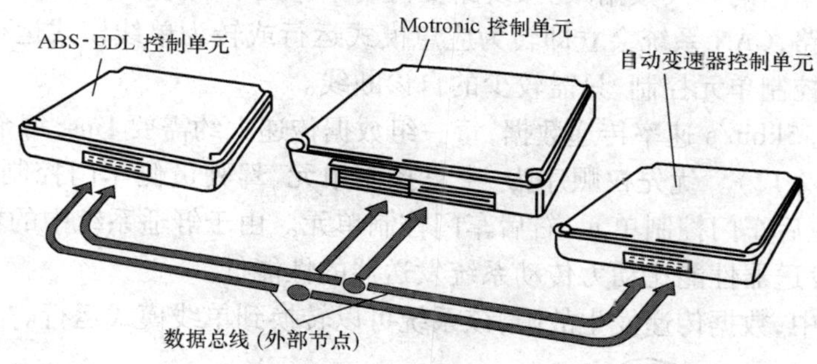

图 12-9　动力传递系统 CAN 数据总线

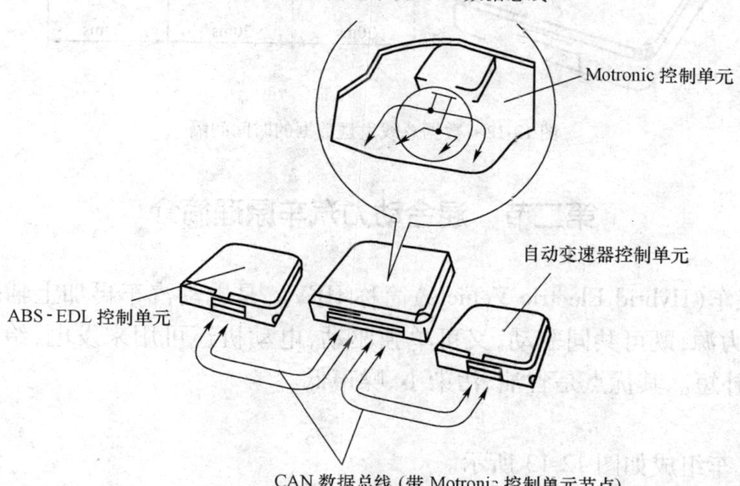

图 12-10　设在控制单元内部的节点

3. 舒适 CAN 数据传输系统

舒适 CAN 数据总线连接五块控制单元，包括中央控制单元及四个车门的控制单元(图 12-11)。舒适 CAN 数据传递有五个功能：中央门锁、电动窗、照明开关、后视镜加热及自诊断功能。控制单元的各条传输线以星状汇聚一点，这样做的好处是，如果一个控制单元发生故障，其他控制单元仍可发送各自的数据。

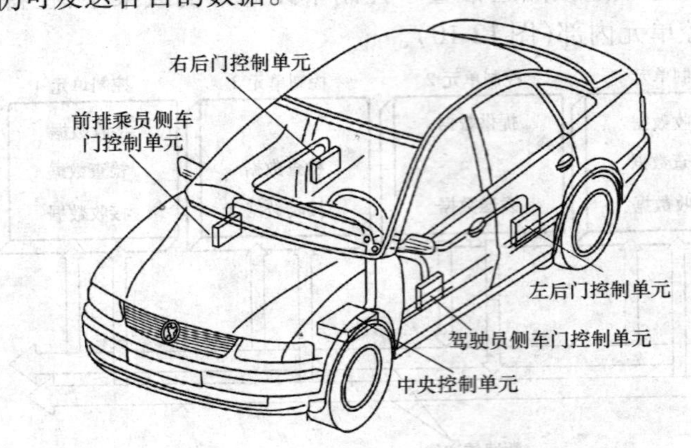

图 12-11 舒适系统 CAN 数据总线

该系统使经过车门的导线数据减少，线路变得简单。如果线路中某处出现对地短路，对正极短路或线路间短路，CAN 系统会立即转为应急模式运行或转为单线模式运行。四个车门控制单元都是由中央控制单元控制，只需较少的自诊断线。

数据总线以 62.5kbit/s 速率传递数据，每一组数据传递大约需要 1ms，每个电控单元 20ms 发送一次数据(图 12-12)。优先权顺序为：中央控制单元、驾驶员侧车门控制单元、前排乘客侧车门控制单元、左后车门控制单元、右后车门控制单元。由于舒适系统中的数据可以用较低的速率传递，所以发送器性能比动力传动系统发送器的性能低。

如果舒适系统中，数据传递发生故障，该系统可以转换到单线模式运行。

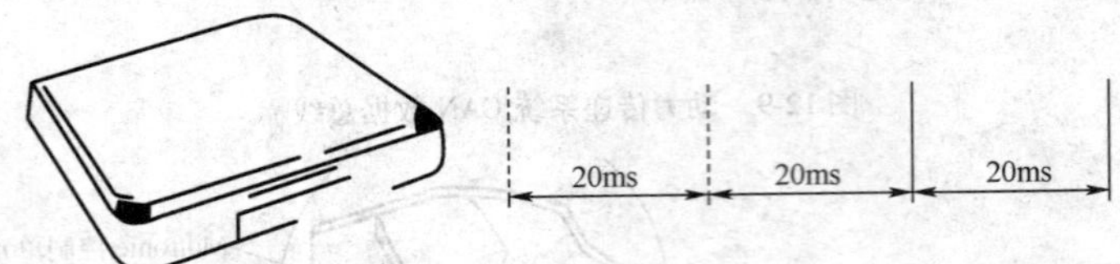

图 12-12 数据总线发送数据的时间间隔

第二节 混合动力汽车原理简介

混合动力汽车(Hybrid Electric Vehicle)简称 HEV。是电动汽车再加上辅助动力(小排量内燃机)作为动力源，既可共同驱动，又可单独驱动，电动机还可用来发电，给电池充电，它们并肩战斗、取长补短。其优点是省油、污染小、噪声低。

一、组成

混合动力汽车组成如图 12-13 所示。

(1)控制系统——对内燃机和驱动电动机进行工况控制，能量转换控制，变频器具有变频功能和升压变流功能，用来完成交、直流转换和升压、发电、充电等工作。

(2)驱动系统——变电能为机械能,驱动车轮行驶。

(3)辅助动力系统——小排量内燃机,驱动行驶或驱动交流发电机充电。

(4)蓄电池组——为高压 HV 电池(200V),用来存储电能和释放电能。

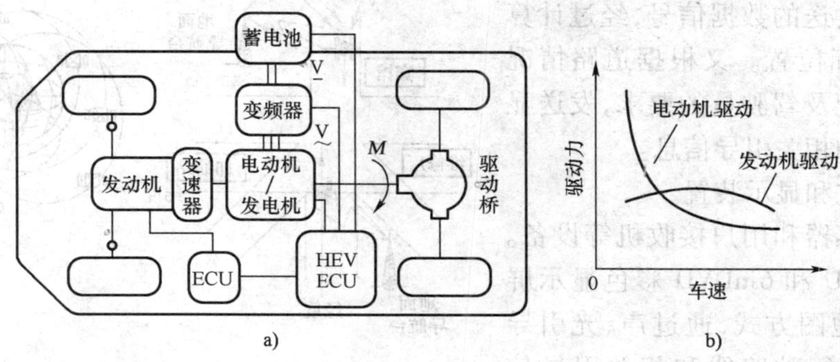

图 12-13　混合动力汽车简图

a)混合动力汽车的驱动方式之一;b)混合动力的驱动特性曲线

二、工作原理

汽车行驶时,HV 蓄电池输出高电位直流电(200V),经变频器的三相桥式电路变为高压交流电(500V),驱动体积小、功率高的交流电动机输出转矩 M,经传动系驱动车轮。其工况转换如下:

(1)起步和低速行驶时,电池处于饱满状态,电动机驱动,内燃机不工作。小体积的交流电动机驱动,调速范围宽,起步加速牵引力大,符合汽车牵引特性要求。

(2)电池储量低于 60% 时,内燃机驱动行驶,并对电池充电。

(3)当需要大能量驱动时(急加速、爬坡),电动机和内燃机同时驱动行驶。

(4)当需要小能量驱动时,内燃机驱动行驶,电动机变为发电机,并对电池进行充电。

(5)汽车制动或减速滑行时,车轮反拖电动机转动,感应式电动机变为交流发电机,经变频器变交流为直流,向蓄电池充电。将汽车的动能变为电能,称“再生制动”功能,既可发电,又可在发电时产生制动阻力,使汽车减速。

(6)因是混合动力,内燃机工作时,可稳定在最佳工况内,减少了多项修正控制内容,省油、污染低。

第三节　全球定位系统(GPS)简介

全球定位系统 GPS 是英文 Global Positioning System 的缩写,它利用导航卫星来检测汽车运行中的时间、距离和位置。又称“卫星导航系统”,如图 12-14 所示。它的特点是:全天候、高精度、自动化、高效益。我国已于 20 世纪末,发射和建立了专为交通运输应用的“北斗导航定位系统”,已在北京、天津、上海、广州、深圳等大城市中使用。

全球定位系统 GPS 由空间部分、地面监控系统、车内导航和显示装置组成。

1. 空间部分

利用距离地面约 20 183.6km 的 24 个工作卫星,以不同的轨道运行,形成了全天候监控全球的卫星网。通常用三个以上的卫星跟迹信号,即可利用三维交会方式,标定汽车、舰船、飞机的经度和纬度坐标位置,定位精度可达 3 ~5m。

2. 地面监控系统

地面监控系统又称“导航台”，按道路情况和地形条件决定其布设密度。它不断地接收卫星发送的数据信号，经过计算得出汽车的坐标位置。又根据道路情况和相关道路标记及驾驶员的要求，发送显示汽车的位置和相关引导信息。

3. 车内导航和显示装置

即地磁传感器和用户接收机等设备。由定位系统 ECU 和 6inDVD 彩色显示屏组成。以电子地图方式，通过声、光引导系统，提供最佳行驶路线和相关引导信息。如：汽车的即时行驶位置；行驶路线和预计到达时间；街区；附近的地形、地物、山川、河流；加油站；维修厂；银行；宾馆；交通情况；天气情况等。

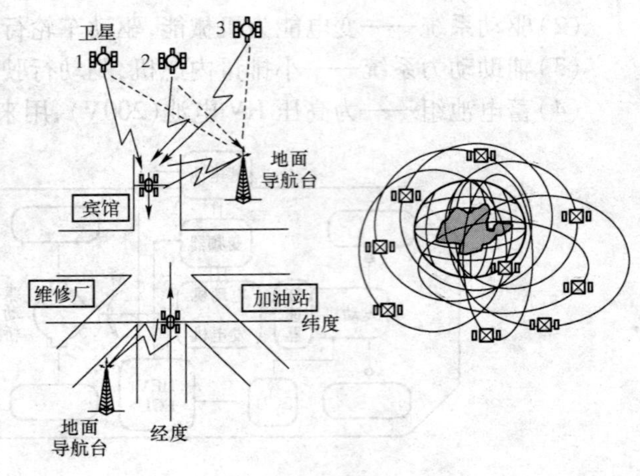

图 12-14　全球定位系统 GPS 原理

但是，车辆在隧道、地下停车场、高架桥下、森林、群山、高层楼群、磁性矿区中行驶时，GPS 卫星信号可能被阻断或误导。

第四节　防盗报警系统原理简介

一、作用

(1) 当用不正当的手段开启车门、门窗、发动机罩、行李舱，起动发动机时，起报警和阻行作用。

(2) 防盗报警方式——喇叭、灯光并举。

(3) 阻行方式——切断点火、喷油、起动机、门窗的电路。

二、工作原理

防盗报警系统的工作原理如图 12-15 所示。

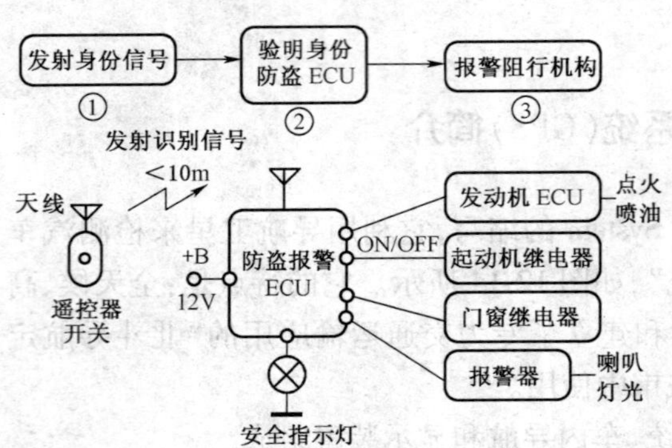

图 12-15　防盗报警系统工作原理

三、正确使用防盗报警系统

(1) 用点火钥匙将转向盘锁定后，抽出钥匙。

(2) 关闭车门、车窗、发动机罩、行李舱。

(3) 安全指示灯开始闪烁，证明防盗系统已调定激活，人可以离开。

(4) 防盗报警系统调定激活方式有两种：

①被动方式——关闭车门、车窗，利用遥控器开关，启动防盗报警系统。

②自动方式——不必操作，车门全关闭后，该系统自动进入工作状态。

(5) 在 10m 内发射信号，当判定无误时，防盗 ECU 即发令，使阻行机构解除锁止。有的车系须将点火钥匙插入锁孔，转到 ACC 位置，防盗系统才能解除。

第十三章　利用真空表诊断汽油喷射发动机故障机理的分析

第一节　概　　述

利用真空表检测进气管真空度的方法，来判断汽油机的故障，在很长一段时间内没有被充分利用，究其原因是对真空表的使用价值认识不足，没有从机理上探明它能够反映的各种现象。随着电控汽油喷射式发动机的广泛使用，汽油机的故障诊断变得越来越复杂。在这种情况下，充分发掘真空表在故障机理分析方面所独有的优势，以基础检验为前提，配合检码器检出的故障码为向导，对发动机故障进行综合分析，可以迅速、准确地诊断出汽油机的真实故障，这是通过实践验证过的真理。

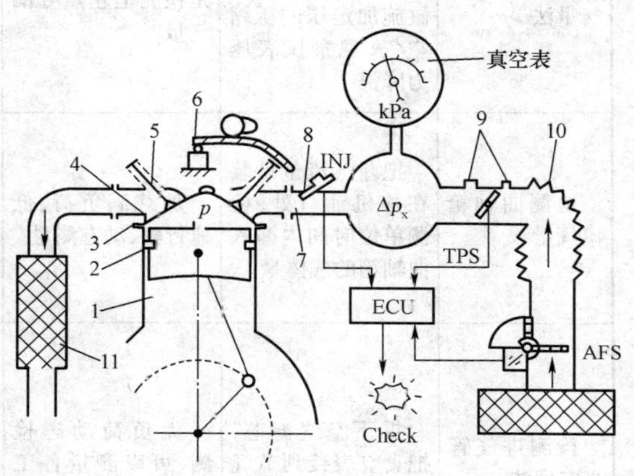

图 13-1　进气系统密封性能的检测部位

1-汽缸；2-活塞和环；3-汽缸盖和垫；4-气门和气门座；5-气门弹簧和导管；6-液力挺柱；7-进气管垫；8-喷油器密封圈；9-节气门前后的真空管路；10-进气软管；11-三元催化转换器；ECU-电脑；TPS-节气门传感器；AFS-空气流量计或进气压力传感器（MAP）；INJ-喷油器；p-汽缸压力；Δp_x-进气管真空度

发动机使用性能的好坏，多以动力性、经济性、净化性来度量。对于汽油机来说进气系统的密封性、点火性能及空燃比的好坏是影响其作用性能的三大因素，其中进气系统密封性的影响尤为关键。它包括汽缸内部因素和汽缸外部因素两个方面，应该是汽油机基础检验的常规内容。密封性好坏检测的连接部位如图 13-1 所示。

第二节　进气系统密封性能的检测方法和比较

影响进气系统性能好坏的汽缸内部因素是：汽缸、汽缸垫、活塞、活塞环、气门、气门座。汽缸外部因素是：气门导管、气门弹簧、液力挺柱、进气管垫、喷油器密封圈、节气门体垫、进气软管等。值得重视的是：汽缸外部的漏气比汽缸内部的漏气对 Δp_x 的影响更为突出，严重时汽油机将不能正常运转，因为喷油量信号源是来自汽缸的外部。

检测进气系统的密封性常用的方法有四种：测汽缸压力法、测汽缸漏气量法（或漏气率）、测曲轴箱窜气量法、测进气管真空度法。四种方法的利弊对比结果如表 13-1 所示。

四种检测方法的对比 表 13-1

检测方法	作业内容	检测状态	覆盖内容	漏测内容	结果分析
检测汽缸压力法	拆下火花塞和空气滤芯，节气门全开，用汽缸压力表测各汽缸压缩力	起动机带动，动态检测汽缸压力，对汽缸进行全行程测量	汽缸、汽缸盖、汽缸垫、活塞、活塞环、气门、气门弹簧	气门导管，进气管垫、化油器垫、喷油器垫、压力传感器软管、进气软管、节气门体垫等汽缸外部位	起动机转速高低，缸壁和环槽机油过量，燃烧室积炭，造成测量值偏高，是假象值。它对缸内的小缝隙漏气并不敏感。但能分辨各汽缸密封的好坏
检测汽缸漏气量法	拆下火花塞，活塞在压缩终了处，锁死传动系统，逐缸施加定压的压缩空气，观察仪表压力降值	无负荷静态，仅是检测上止点处漏气量	汽缸、盖和垫、活塞及环，气门及弹簧，还可通过进排气管口，加机油口、水箱盖口、判断漏气部位		只测到各汽缸上止点处的漏气量，不是汽缸的全行程，未完全覆盖"拉缸"的影响，并需用专用仪器（漏气仪）
检测曲轴箱窜气量法	把漏气流量计装在加机油口处，检测单位时间内漏入曲轴箱的气体量	加载满负荷、低速行驶，动态测量	汽缸、活塞、活塞环，是各汽缸漏气量总和指标	气门及座和弹簧，测不到汽缸外漏气部位，无法反映具体缸密封的好坏	检测值较真实，但覆盖面太窄，需用其他方法辅助检测，不能分辨各汽缸密封的好坏
检测进气管真空度法	拆下空气滤芯，把真空表接到节气门后方	无负荷动态检测，可以测量各工况密封性能的好坏	汽缸及其盖、垫、活塞及环、气门及座、气门导管及弹簧，进气管垫、喷油器垫圈、压力传感器软管、进气软管	几乎无漏检内容，而且可感知空燃比及点火正时和各汽缸点火喷油的好坏	检测值较真实，覆盖面广，包括汽缸内外，这是不解体动态检测，综合指标性能好坏的主要手段，也是电控汽油喷射发动机必备的检测仪表

第三节 进气管真空度产生的机理及应用

一、进气管真空度产生及变化的机理

汽油机运转时，进气管中就产生真空度，进气管真空度的大小可用 $\Delta p_x = p_o - p_x$ 表示。是汽油机各缸交替进气时对进气管形成的负压总和，其负压值的高低及稳定性的好坏与工作汽缸多少、汽油机的转速、进气系统密封性、点火性能好坏及空燃比（A/F）的好坏程度成正比，而与节气门的开度成反比。

转速（n）的高低和节气门开度（θ）的大小，是汽油机工况的基本表征，两者均直接影响空燃比及燃烧条件的好坏。Δp_x 值的高低及波动幅度的大小，反映了汽油机工况的好坏。例如，当节气门开度（或转速）一定时，若点火性能变坏，燃烧条件随之恶化，转速下降，Δp_x 下降，继而又影响喷油量的多少和空燃比的大小，如此相互反馈形成连锁反应。因而，Δp_x 的大小成为汽油机好坏的度量值。即进气系统密封性、点火性能（早晚强弱）、空燃比（大小）等因素变化时，Δp_x 直接受其影响形成连锁反应，如图 13-2 所示。

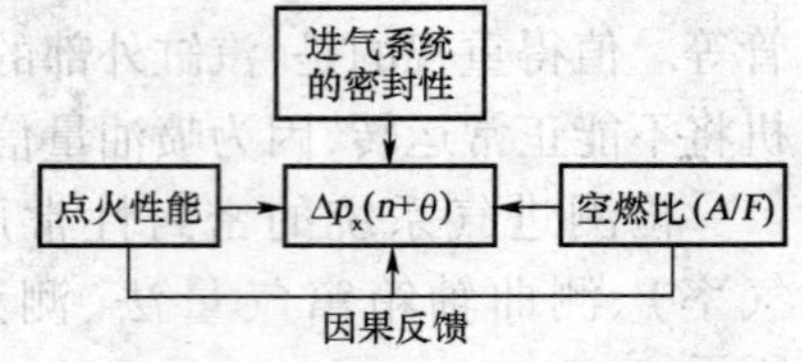

图 13-2 进气管真空度因果反馈机理图

二、进气管真空度的应用

利用真空表对汽油机的 Δp_x 进行检测，简便易行，覆盖面广，是行之有效的检测手段。电控喷射汽油机是利用 Δp_x 作为度量喷油量的依据(压力型或流量型)。由于喷油器的安装口是一个潜在的漏气点，再加之节气门前后的真空管路交叉排列，极易产生漏气和错装故障。所以，检修故障时真空表的作用将更为重要。其具体作用如下：

1.判断进气系统的密封性能

包括汽缸内和汽缸外的相关部件，一旦漏气就会造成 Δp_x 达不到标准值(60kPa 以上)。

2.判断排气系统有无堵塞

排气系统的堵塞主要是由于三元催化转换器和消声器内因结胶、积炭或破碎而形成。由于时通时堵，排气时反压力大，使 Δp_x 过低，导致排气不彻底、进气不充分、转速不稳、加速无力、空燃比失常、点火调节失控等故障的发生。

3.判断空燃比(A/F)的大小

化油器式和电控喷射汽油机可燃混合气的配制，都是利用 Δp_x 的大小来控制喷油量的多少。空燃比过大、过小，会使燃烧条件恶化，反过来又影响转速和 Δp_x 的高低和表针的稳定性。此时，利用真空表可以定量地显示出 Δp_x 低于标准值，表针处于不稳定状态。为净化性的好坏提供第一手资料。

4.判断点火性能和配气正时性能好坏

点火性能好坏的指标包括火花能量、点火时刻以及各工况有无缺火、断火、交叉点火现象等。点火正时的前提是配气正时无误，而点火时刻又直接影响汽缸内燃烧情况的好坏，关系到汽油机的转速和 Δp_x 的高低；反过来 Δp_x 的高低又影响空燃比的大小。

理论分析和实践验证得知，当进气系统的密封性和空燃比及燃油品质均为正常，动态的最佳点火提前角所对应的是最大的 Δp_x 值。

实践证明：当单缸断火时，若该缸原工作正常，则 Δp_x 值会明显跌落(跌落值可达 5kPa)；若该缸原本不工作或工作不好，则 Δp_x 值无变化或跌落值较小，说明该缸的点火、喷油及密封性不好。当加大或减小最佳点火提前角时，Δp_x 均有所下降。不仅在 Δp_x 数值上有明显变化，并在表针的稳定性上也有明显变化，如图 13-3 所示。

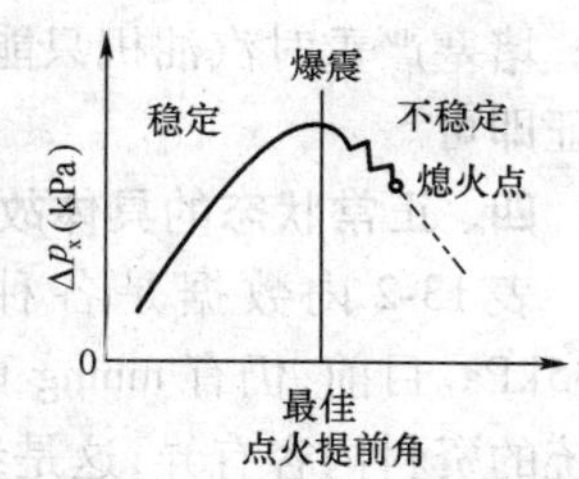

图 13-3　点火提前角对 Δp_x 的影响

调整点火提前角时，如果真空表显示的数值低于正常值时，可转动分电器外壳，找出最高真空度的位置，即可获得最佳点火提前角。无分电器的汽油机，如 Δp_x 偏低，除密封性原因外，多数是点火、喷油质量不好和正时皮带(或链条)错牙所致。规律是：密封性不同，对应的最高 Δp_x 必然不同。利用真空表来调整和监控点火正时和点火性能的好坏，其准确程度不亚于点火正时灯和转速仪。这一点已得到充分验证，值得推广。

但应注意，空负荷测得的最高真空度 Δp_x，应适当减小 2 ~ 3kPa，作为实际应用的最佳点火提前角所对应的 Δp_x 为好。

由此可见，最高真空度 Δp_x 对应的必然是最佳密封性能、最佳空燃比(A/F)、最佳点火性能(强、弱、早、晚)。

第四节　进气管真空度的检测方法及故障机理分析

检测进气管真空度时，应将真空表接于节气门的后方，汽油机在正常状态下按规定的怠速值无负荷运转，拆下空气滤清器滤芯，查看真空表的读数和指示状态。

一、密封性能正常状态

怠速时，表针应稳定在64～71kPa之间（摆幅的大小、摆速的快慢与密封性、空燃比及点火性能有关）。若怀疑某缸工作不良，可采用单缸断火诊断，Δp_x 的跌落值应越大越好，它是判定各缸工作好坏的指标（点火、喷油、密封）。

迅速开闭节气门，若表针在6.7～84.6kPa之间灵敏摆动，说明 Δp_x 对节气门开度变化的随动性较好，意味着各部位在各工况的密封性均较好。

若密封性不好时，怠速时 Δp_x 低于正常值，且明显不稳；迅速打开节气门时，表针会跌落到零，关闭后也回不到84.6kPa处（注：迅速开闭应和实际运用情况相符，不宜过快）。

为了验证各工况密封性的好坏，应将真空表换接在机油尺口处，曲轴箱内的压力应为负压值。若为正压值，表明密封性不好，或PCV阀堵塞。

二、点火正时不对、配气正时不对及电火花不良时

点火正时、配气正时不对及电火花不良时，燃烧条件就会变坏，功率损失和转速波动较大，形成不了高真空度，并造成怠速不稳加速无力（该机理也适于空燃比过小或过大）。

怠速时，表针在46.7～57kPa之间摆动，若点火过早，表针摆幅较大；若点火过晚，表针摆幅较小。配气正时有误时，现象和点火正时类同，应分辨处理。

三、排气系统堵塞时的状态

由于排气系统有较大的反压力，在怠速状态 Δp_x 有时可达53kPa，但很快又跌落为零或很低。堵塞严重时汽油机只能勉强运转。此时，可通过观察排气管冒烟状态或拆下排气管，运转验证即可。

四、正常状态的具体故障内容

表13-2内数据是各种非标准海拔状态下的数据。海拔每升高500m，真空度减小4.35kPa。目前，仍有mmhg真空表，1mmhg＝133.32Pa，可换算使用。表内的相关内容，与过去传统的资料内容有异，这是编者在山东省多年来的验证、筛选之作。

非正常状态情况分析　　表13-2

故障原因	故障性质	影响参数	表针显示	机理分析
汽缸垫松动、烧毁	大缝隙变量漏气	p Δp_x	怠速时，表针在17.3～64kPa之间大幅度摆动	工作气压影响着缝隙的变化，漏气量较大，Δp_x 波动大
进气管垫、化油器垫漏气	大缝隙定量漏气	Δp_x	怠速时，表针在17.3kPa以下	缸外漏气比缸内漏气对 Δp_x 影响更大，重则熄火
活塞环、缸壁磨损、黏结对口、拉缸	大缝隙定量漏气	p Δp_x	怠速时，Δp_x 低于正常值，降低程度取决于磨损程度，快开节气门时，表针下降为零	活塞的密封性变差，Δp_x 降低，导致功率下降，上机油冒烟（蓝、黑烟）
气门及座烧蚀、结胶	小缝隙变量漏气	p Δp_x	怠速时，表针跌落值在6.7kPa以上，摆幅不大	气门和座不严，导致 Δp_x 降低。进气门漏回火，排气门漏放炮
液力挺柱顶死	大缝隙定量漏气	p Δp_x	怠速时，Δp_x 的跌落值更大	液力挺柱损坏时易顶死气门或加大噪声

续上表

故障原因	故障性质	影响参数	表针显示	机理分析
气门导管磨损漏气	小缝隙变量漏气	Δp_x	怠速时，表针在46.7～60kPa之间摆动	气门随机偏摆运动，缝隙变化无常
气门弹簧弹力不足，关不严	小缝隙定量漏气	p Δp_x	怠速时，表针在33.3～74.6kPa之间缓慢摆动，且随转速的升高而摆动	燃烧情况欠佳，发动机功率下降所致
混合气过浓		p Δp_x	怠速时，表针在44～57kPa之间缓慢摆动	燃烧情况欠佳，发动机功率下降值大，造成怠速游车
混合气过稀或个别缸工作不良		Δp_x	怠速时，表针跌落值大于过浓状态，摆幅较大，且不规则	燃烧情况恶劣，发动机功率下降值大，造成怠速游车
点火过迟或配气相位滞后		p Δp_x	怠速时，表针在46.6～57kPa之间轻微摆动	燃烧不及时，功率下降，经调整能恢复正常
点火过早或配气相位提前		p Δp_x	怠速时，表针在46.6～57kPa之间大幅度摆动	燃气最高压力形成过早，Δp_x波动大，加速时爆震，甚至熄火
排气系统阻塞		p Δp_x	怠速时，表针有时可达53kPa，但又快速跌落为零或很低	排气系统存在较大的反向压力，导致Δp_x波动大且异常

注：p-汽缸压力值(kPa)；Δp_x-进气管真空度(kPa)。

第五节　利用真空表检测电控喷射汽油机故障实例分析

电控汽油喷射发动机自诊断系统显示的故障码有两重性：一为自生故障（真性），换件维修后即可排除；二为他生故障（假性），是由其他因素影响而产生的。有时假性故障掩盖了本质，会造成误诊。所以，故障诊断时需采用检取故障码配合机理分析，方能准确判断。在进行机理分析时，真空表就可发挥其独特的作用。

实例1：是空燃比大吗？

某热线型（HL型）喷射汽油机（丰田系列），出现怠速游车、加速无力、故障灯报警。检出故障为“25”空燃比(A/F)过大。

起初怀疑喷油器脏堵或电动汽油泵工作不良，检测证明汽缸压力及汽油泵油压力均正常。用真空表测Δp_x时，发现其值仅有49kPa，且表针轻摆，显示故障症状为点火时间过晚。转动分电器壳体加大点火提前角，Δp_x迅速回升至70kPa。经消码，试车恢复正常。

结论：点火时间过晚，导致燃烧不及时，废气中氧含量较大，与混合气过稀相似。如果在检测代码前就检测Δp_x值，可少走弯路。因此，Δp_x值的测量应在检代码之前，是基础测量的内容。

实例2：是空燃比小吗？

某压力型（D型）喷射汽油机（丰田系列），怠速和小负荷时冒黑烟，大负荷工况正常，故障灯报警。检出故障码为“26”，是空燃比(A/F)过小。

起初怀疑冷起动喷油器常喷，对其断电、断油试验后故障依旧。检测汽缸压力亦正常。用真空表测压力传感器MAP软管处的Δp_x时，仅30kPa，另一管口真空度为60kPa（通炭罐）。

将两根软管的接头调换以后，故障消除。

结论：Δp_x是喷油多少的度量值，由于MAP的软管接头与炭管软管接头错接，使其错误检取了节气门前方的信号，导致喷油量加大，造成怠速冒黑烟；而大负荷高速时，节气门前后的压力几乎相等（接近大气压力），故工作正常。

实例3：L型喷射系统最怕在节气门前漏气！

某流量型（L型）喷射汽油机（日产系列），各工况都游车、行驶无力、故障灯报警。检出故障码为“45”和“12”。前者是空燃比（A/F）不正常码；后者是空气流量计AFS有故障码。对AFS测量均正常。

起初怀疑汽油泵供油不足或喷油器脏堵，检测证明汽油压力及汽油泵油压力均正常，Δp_x亦正常。但加速时节气门前后的Δp_x有明显的差异。箍紧空气流量计AFS与节气门体间的连接软管后，发现故障现象消除。

结论：空气流量计AFS的流量板开度与节气门开度因漏气而不同步，导致依靠空气流量计计量的喷油量与需要不符。

实例4：假象掩盖了实质！

某压力型（D型）喷射汽油机（通用系列）怠速不稳、行驶无力，伴有回火和放炮现象，故障灯报警。检出故障码为“33”和“45”，前者是进气压力传感器MAP故障码；后者是氧传感器有故障，但换件维修后故障依旧。用真空表测Δp_x时，仅30MPa且大幅度波动，有两个缸的汽缸压力只有0.2MPa，加少许机油再测缸压依旧很低。判定为进排气门漏气，清洗该两缸的液力挺柱后恢复正常。

结论：MAP和O_2S的代码均系假性故障，液力挺柱脏堵进排气门关闭不严，产生回火、放炮，并导致Δp_x太低，是产生这种假象的根源。

实例5：三元催化转换器堵了！

某压力型（D型）喷射汽油机（丰田系列），只能怠速运转，冒黑烟、加速熄火且有回火现象、故障灯报警。检出故障码为“31”和“28”，前者是进气压力传感器MAP故障码，后者是氧传感器O_2S故障码。

起初怀疑MAP和O_2S有故障，但换件后故障依旧。用真空表测Δp_x仅有45kPa，且摆动幅度较大，各汽缸压力也只有0.75MPa（太低），并发现三元催化转换器内有较大的异响。拆下排气管后运转正常，后经更换三元催化转换器即恢复正常。

结论：三元催化转换器破碎后堵塞排气通路，加大了发动机排气时的反向压力，导致汽缸压力及Δp_x均有所减小，计量失准，燃烧条件恶化，从而产生一系列的假性故障。

实例6：空燃比过小、过大相互矛盾的故障码！

某热线型（LH型）喷射汽油机（凌志—V8），怠速不稳、加速无力、排气管过热（发红），故障灯报警。检出故障码是“25”和“26”，为空燃比（A/F）过小、过大故障码，故障码自相矛盾，令人费解。

起初怀疑点火正时有误或喷油器工作不良，采用相关措施后故障依旧。检测证明汽缸压力正常，汽油压力也正常，但Δp_x仅有50kPa，同时发现左侧点火线圈火花太弱。判定该侧点火线圈有故障，更换后故障排除。

结论：由于左侧点火线圈产生故障，发动机有效工作缸数减少一半，功率损失大，导致Δp_x较低，部分未曾燃烧的混合气在排气管中又被排气管中的高温燃气点燃，由于不同工况下混合气被点燃的程度有所不同，故氧传感器时而检测出过小的信号，时而检测出过大信号。

实例7：错了一个牙齿，Δp_x降低30kPa！

某压力型（D型）16气门双凸轮轴汽油喷射发动机（大宇系列），怠速不稳、加速无力、冒黑烟，明显为空燃比（A/F）问题，氧传感器报警。检测 Δp_x 为 40kPa。

起初怀疑进气管垫漏气，又转入对配气正时检查，发现进气凸轮轴错了一个牙齿，对正运转，Δp_x 达 70kPa 恢复正常。

结论：挂正时皮带时，两个张紧轮的位置处理得不好，皮带的拉紧段和松弛段处理不一致。旋转后错了一个牙齿，使配气正时不准，特别是进气凸轮轴错牙，影响力远大于排气凸轮轴。Δp_x 达不到规定值，压力传感器 MAP 接收的信号不准，导致此故障的发生。

实例 8：只有真空表对小缝隙漏气最敏感！

某压力型（D 型）喷射汽油机（本田系列），冷态怠速运转正常，热起后怠速不稳，无故障码。

起初怀疑怠速空气调节器 IAC 不灵，清洗后故障依旧。测量汽缸压力为 1 150kPa，但 Δp_x 仅为 56kPa，明显偏低，判定气门间隙热态过小，经调整后恢复正常，Δp_x 达 70kPa。

结论：不少电喷汽油机的气门挺柱，不采用液力挺柱，运转时有轻微噪声，实属正常。如不按规定间隙调整，必造成如此后果。

实例 9：火花塞间隙过大、过小，也使 Δp_x 降低！

本田雅阁轿车行驶发闷，上坡有爆震现象，无故障码，经检测，Δp_x 为 60kPa，点火正时良好，发现火花塞间隙过大（2mm 以上），换了 4 个火花塞，即恢复正常，Δp_x 达 68kPa。

结论：火花塞间隙过大、过小，或绝缘磁体发黑、漏电，点火性能会下降，应及时更换，不能凑合。

实例 10：真空表也离不开汽缸压力表

凌志 V8—L400 轿车能高速行驶，无怠速，无故障码。经检测，节气门半开时，Δp_x 在 0 ~ 20kPa 内大幅度波动，节气门开大时，转速上升，Δp_x 也缓慢上升，现象反常。起初怀疑进气管垫漏气，更换后无效，后经检测各缸压力，有一个缸压等于零，拆检后有一个小螺钉卡在进气门上，清除后恢复正常。

结论：检测进气管真空度时，应同时检测汽缸压力。否则，会走弯路。该故障表现实为特殊，一个汽缸成了压气泵，致使 Δp_x 过小且波动，高速时因影响力远小于其他缸，故有此荒唐的症状。

附录　本书常用缩略语释义

A

ABS	anti-lock brake system	防抱死制动系统
ACIS	acoustic control induction system	谐振增压系统
AFS	air flow sensor	空气流量计
ALDL	assembly line diagnostic link	检查连接器(诊断传输线路插座总成诊断连接线)
ASR	anti-spin regulation	防滑转系统
AT	automatic transmission	自动变速器
ATF	automatic transmission fluid	自动变速器用油
ATM	automatic transmission module	自动变速器模块
ATS	air temperature sensor	进气温度传感器

B

BT	battery	蓄电池
BK	brake	制动

C

CAN-BUS	controller area network bus	多路信息传输系统(控制器区域网络总线)
CCS	cruise control system	定速巡航系统(巡航控制系统)
CTS	coolant temperature sensor	冷却液温度传感器

D

DCT	dual clutch transmission	双离合器式自动变速器

E

EBD	electronic braking distribute	制动力分配系统
ECD	electronic control diesel	电子控制柴油机
ECD-CR	diesel accumulator fuel-injection system common rail	柴油机蓄压式共轨喷油系统
ECT	electronically controlled transmission	电控自动变速器
ECVT	electronically controlled variable transmission	电子控制的无级变速器
ECM	engine control module	发动机控制模块
EDL	electronic differential lock	电子差速器锁
EDS	electronic differential lock system	电子控制的差速锁系统

EEPROM	electrically erasable programmable read only memory	电可擦可编只读存储器
EFI	electronic fuel injection	电子控制汽油喷射
EGR	exhaust gas recirculation	废气再循环
EPS	electronic Control power steering	电控动力转向系统
ESP	electronic stabilization procedure	电控行驶稳定系统

F

FIA	fuel injection air	燃油喷射空气控制系统
FP	fuel pump	燃油泵
FPC	fuel pump controller	油泵继电器(燃油泵控制器)
FWD	front wheel drive	前轮驱动

G

GDI	gasoline direct injection	缸内直喷式汽油机(汽油缸内直接喷射系统)
GPS	global positioning system	全球卫星定位系统

H

HEV	hybrid electric vehicle	混合动力汽车

I

IAC	idle air control	怠速空气控制速阀(简称"怠速阀")
IAR	intake air resonator	进气共振器(谐振器)
ICM	ignition control module	点火控制模块
IDL	idle switch	怠速开关
IGN. SW	ignition switch	点火开关
IGT	ignition timing	点火正时
INJ	inject	喷油器

K

KNK	knock sensor	爆震传感器

L

LED	light emitting diode	发光二极管
LUBO	lubricating oil	润滑油

M

MAP	manifold absolute pressure	进气歧管绝对压力(压力传感器)
MPI	multi-point fuel injection	多点燃油喷射
MT	mechanical transmission	手动变速器

N

NSW	neutral switch(signal)	空挡开关(信号)
NTC	negative temperature coefficient	负温度系数

O

OPDS	occupant position detector sensor	占位检测器传感器,乘员坐姿检测装置

P

PCM	power control module	动力控制模块
PCV	positive crankcase ventilation	曲轴箱强制通风
PD	photo-diode	光敏二极管
PROM	programmable read only memory	可编程只读存储器,学习控制修正存储器
PTC	positive temperature coefficient	正温度系数
PWM	pulse width modulation	脉冲宽度调制器

Q

QDM	Quad(quadrant)driver module	四线路驱动器模块

R

RAM	random access memory	随机存取存储器
ROM	read only memory	只读存储器,永久性存储器

S

SP	speed sensor	转速传感器
SRS	supplemental restraint system	辅助乘员约束系统(安全气囊系统)
ST	starter	起动器
SW	switch	开关

T

TCC	torque converter cluth	液力变矩器锁止离合器
TDC	top dead center	上止点
TCS	track control system	跟踪控制系统(防滑)
TPS	throttle position sensor	节气门位置传感器
TR	triode	三极管
TRC	traction control system	驱动力控制系统
TWC	three way catalyst converter	三元催化转换器

V

VSS	vehicle speed sensor	汽车速度传感器

VSV	vacuum solenoid valve	真空电磁阀
VTEC	variable valve timing & valve lift electronic control system	可变气门正时与升程电子控制系统
VVT	variable valve timing	可变气门正时
VVT-i	variable valve timing-intelligent	智能型可变气门正时系统
4WS	4 wheel steering system	四轮转向系统